世界传播学经典教材中文版

媒介法原理

〔美〕韦恩·奥弗贝克（Wayne Overbeck）著
周庆山等 译
陶楠 审校

北京大学出版社
PEKING UNIVERSITY PRESS

北京市版权局著作权合同登记号 图字 01－2003－7285 号
图书在版编目(CIP)数据

媒介法原理/(美)奥弗贝克(Overbeck,W.)著;周庆山等译.—北京:北京大学出版社,2011.9
(世界传播学经典教材中文版)
ISBN 978－7－301－18757－9

Ⅰ. ①媒… Ⅱ. ①奥… ②周… Ⅲ. ①传播媒介－法律－美国－教材 Ⅳ. ①D971.221

中国版本图书馆 CIP 数据核字(2011)第 057977 号

Major Principles of Media Law
Wayne Overbeck

Cengage Learning Asia Pte. Ltd.
5 Shenton Way, # 01－01 UIC Building, Singapore 068808

书　　　名:媒介法原理
著作责任者:〔美〕韦恩·奥弗贝克　著　周庆山　等译
责 任 编 辑:胡利国
标 准 书 号:ISBN 978－7－301－18757－9/G·3101
出 版 发 行:北京大学出版社
地　　　址:北京市海淀区成府路 205 号　100871
网　　　址:http://www.pup.cn　电子邮箱:ss@pup.pku.edu.cn
电　　　话:邮购部 62752015　发行部 62750672　编辑部 62765016
　　　　　　出版部 62754962
印　刷　者:三河市富华印装厂
经　销　者:新华书店
　　　　　　730 毫米×980 毫米　16 开本　43.5 印张　780 千字
　　　　　　2011 年 9 月第 1 版　2011 年 9 月第 1 次印刷
定　　　价:78.00 元

《世界传播学经典教材》
编　委　会

《世界传播学经典教材》总序

龚文庠

“传播学”是20世纪诞生于美国和欧洲的一门新兴学科，引进中国只有二三十年的时间。十年前国家教育部才将它正式列入学科目录。中国经济持续高速发展，带动了媒体产业的大改革、大发展，传播学就成了顺应时代潮流的热门学科。

然而由于这是一门年轻的“舶来”学科，按照一些学者的说法，尚处在从“译介”到“本土化”的初级阶段。在教学、研究的过程中，我们常感到对一些术语、概念、理论难以把握，往往是众说纷纭、莫衷一是，有时在激烈争论之后才发觉问题出现在翻译上。例如将 communication 译为“传播”，有人就方便地将传播误解为“宣传 + 广播”。有人将新闻与传播混为一谈，用“新闻传播学”(news communication)来涵容传播学。有人说，新闻学研究新闻媒体，新闻媒体就是大众媒体，所以新闻学与传播学没有多大区别，因为新闻学研究的就是大众传播。于是出现了将传播学视为新闻学之分支的怪现状。究其原因，一些模糊或错误概念的产生，根子还在对原义的理解。例如英文 communication 在中文里没有对等词，译为“传播”是很勉强的。communication 含有双向的意思，如：to share or exchange opinions (*Longman Dictionary of Contemporary English*)，而中文的“传播”有明显的从一方传往另一方的倾向。如果直接阅读英文词典或原著中对 communication 的界定和解释，就很容易把握原义，在讨论中也可以避免因译文歧义而白费口舌。

以本人阅读译文的亲身体验为例。在读亚里士多德的《修辞学》时我查看了几种英文译本，其中最令我受益的是1926年的译本，它采用希腊文原文与英译文逐页对照的版式。其他英译本多将书名译为“*Rhetoric*”(中国人民大学出版社的最新中文译本也译为《修辞学》)，而1926年英译本却译为“*Aristotle's 'Art' of Rhetoric*”。这是按照希腊文原版本直译出来的，中文对应译文为《亚里士多德的讲演“读本”》。希-英对照译本传达了其他译本中“损失”掉的一个重要的意义：“art”在希腊文中是多义词，此处的 art 意为 handbook(读本、手册)，也就是讲演手册。亚氏写此书的背景是，他不满于当时“智者派”(Sophists)们撰写的多种读本(art)，于是自己写一部读本来正本清源，因而书名为《亚里士多德的讲演“读本”》。如果不是读到1926年的希-英对照译本，笔者就无法了解原著书名所含有的如此重要而丰富的信息。

我们当然不能一概否定和取消翻译,因为没有翻译,不同文化之间就无法交流,艺术家、科学家、思想家的智慧就不可能为全世界共享,人类文明也不可能像今天这样灿烂。然而目前我们的翻译作品,尤其是学术著作的翻译中,存在着浮躁、不负责任的风气。我们需要大力提倡认真、严谨的译风,像严复那样,“一名之立,旬月踌躇”。对于学术译作,如果有条件,我们还应当尽量提供方便,让读者在遇到疑问时能够查对原文。

基于以上理由,北京大学新闻与传播学院决定编选这套《世界传播学经典教材》书系,分为英文版和中文版两类。英文版为原著影印本,加上我们的导读和部分译文;中文版为全文翻译,而每部英文中译本都有原作可以对照。

这套书系选取下列类型的著作:1. 传播学中有影响的名著,如曾10次再版的《说服:接受与责任》(*Persuasion: Reception and Responsibility*)。2. 传播学的重要分支学科,如《组织传播:理论学派与传播过程》(*Organizational Communication: Approaches and Processes*)、《跨文化交流》(*Communication Between Cultures*)、《媒介法原理》(*Major Principles of Media Law*)、《电子媒介经营管理》(*Management of Electronic Media*)等。3. 综合性研究,如《媒介研究:文本、机构与受众》(*Media Studies: Texts, Institutions and Audiences*)、《影响的互动:新闻、广告、政治与大众媒介》(*The Interplay of Influence: News, Advertising, Politics, and the Mass Media*)等。书系中所有影印本和中译本都将依据我们获得版权的原著最新版本。

书系的编选将采取开放式,除已经取得版权的十几种著作,还将陆续纳入新的选题。传播学理论的译介是一项庞大的工程,我们欢迎并希望更多同行、专家和有志者参与其事,互相切磋,共同推进传播学在中国的发展。

书籍的前言中经常流行一句套话:由于时间仓促,水平有限,错误在所难免,请读者见谅。有人批评说,时间仓促就不要急着出书,水平有限就应当等水平够格再发表,怎么反过来要求读者原谅呢?这话说得真好。我们将以严肃负责的态度,尽力把好本书系的质量关。读者诸君如发现问题,恳请不吝赐教。

目　录

第一章　美国的司法制度

美国已经成为一个由法律、律师与诉讼控制的国家。自 20 世纪 70 年代至今,记录在案的诉讼案的数量和受雇作为律师的人数均增加了一倍。无论是否合理,越来越多感觉不平的人们正在走上起诉他人的道路。

大众传媒也没能逃脱诉讼的洪流。国家的广播电视从业者、有线和卫星电视提供商、报纸、杂志、通讯社、互联网提供商和广告公司在不断地打官司。几十年之前,媒体运作很少需要法律顾问来行使他们的职责,但是今天,很少有传媒企业在运营团队中不包括律师,至少会聘请法律顾问。

而且,法律问题不仅使高层经理们头疼,一线新闻记者(以及其他大众传媒从业者)也经常受其困扰,面临诉讼甚至刑罚。事实上,如今已经有太多的记者由于坚持他们的原则而面临监禁的处罚,以至于除非是在事件的发生地,记者被判入狱不再是轰动的新闻。

大众传播媒介面临上百万美元处罚的裁决不再罕见,全国性媒体也不再是唯一的诉讼目标。例如,爱达荷州一家中等报纸被勒令在一个诽谤案中支付 190 万美元,不是因为该报发表了严重的诽谤性谎言,而只是因为它拒绝透露是谁告诉记者如何从公共记录中发现一家保险公司不良行为的。更高一级的法院最后驳回了这一裁决。但是到那时,该报已经花费了数千美元来为自己辩护(西拉生命诉魔谷报案(*Sierra Life v. Magic Valley Newspapers*), *6 Med. L. Rptr. 1769*)。同样,从事音像制作、提供广告复制品甚至在互联网上发布信息都可能会面临诸如从诽谤到版权侵权的诉讼或诉讼警告。媒介法知识对于希望在大众传播领域取得成就的人士来说,比以往任何时候都更加必要。

本教材是为传播学学生和媒体从业人员编写的,而不是为律师或法律专业学生撰写的。因此本书从解释美国的司法制度如何运作开始。

法院的关键作用

大众传媒法主要是以法院判决为基础建立起来的。即使国会和 50 个州的立法机关制定了许多影响大众媒介的法律,法院在解释那些法律方面仍然扮演着起决定性作用的角色。法院还拥有对我们最重要的法律文件——美国宪法作出解释的最终权力。法院有权修改甚至推翻由州立法机关和国会通过的法律，特别是当它们与宪法有冲突的时候。法院有权建立法律先例，作为其他法院判决类似案例的时候需要加以遵守的原则。

当然，不是所有的法院判决都可以形成法律先例，法律先例为后来的判决提供指引的重要程度亦不一样。美国联邦最高法院是国家的最高法庭，它的判决对所有下层法院都有强制约束力。涉及各州的法律问题，每个州的最高法院（一般称州最高法院）有最终裁决权，除非其判决在某个方面违反了美国宪法。涉及联邦事务时，美国上诉法院的地位仅次于美国最高法院。所有这些法院为上诉法院，案子一般从初审法院上诉到这些法院。

初审法院与上诉法院有重要的区别。上诉法院的主要功能一般是裁定适用判例以作出法律解释，而初审法院有责任来判定事实（诸如一名被控有罪的人有罪或无罪）。这种事实发现的程序一般不会成为判例。例如，一个法官或陪审团对一个谋杀案作出的判决，不能为另一个谋杀案设定任何先例。使某人被断定为谋杀犯的犯罪事实不能用来证明另一个犯罪嫌疑人也是有罪的。

在民事（非刑事犯罪）法律诉讼中也是这样。初审法院可以判定一份报纸是否由于不实地将当地市长与一件丑闻联系起来而构成诽谤。但是即使在这个诉讼案中市长胜诉了，也不能由此证明另一份报纸上关于某个市长的丑闻的报道也是诽谤行为。每一位市长或杀人嫌疑犯在法庭上都有各自申辩的机会。

初审法院通常对这些问题采用哪些事实拥有最终决定权。上诉法院可能会对初审法院针对一个案件事实作出判决的法律适用错误作出纠正，但是上诉法院一般不会重新认定案件的事实。取而代之的是，它会将案子返回初审法院，指示它们按照上诉法院给出的新法律指导原则来重新核对并评估事实。例如，一个上诉法院或许判定一个谋杀案的审理中使用的一些证据不是合法获得的，所以不能采用，要求初审法院重新评估有罪还是无罪的事实，而完全不考虑非法获得的证据。上诉法院的规则指导对案件的结果有很大的影响，但是判定有罪还是无罪，仍然是初审法院的工作，正如同上诉法院的职责只是为此类法律诉讼中诸如证据是否被采用的问题等设定规则。

这不意味着初审法院从不作出法律（与之相对的是查证事实）判定。他们必须针对每一个事实给出法律依据作出判决。但是，当一个初审法院在一个法律议题上提出自己的观点时，这个观点与上诉法庭所提出的相比，影响非常小。

有时在法庭上会上演很戏剧性的场面，而它可能会引发媒体广泛的报道。一项收视率调查显示，观看 1995 年 10 月 O. J. 辛普森谋杀案的陪审团法庭判决的观众人数，比美国电视史上观看其他事件的观众人数要多得多。

一个初审裁定可能甚至会激发（或者是打消）更多的同类诉讼案件。然而，却很少有长期的法律效应。另一方面，上诉法院一个不引人注目的决定可能会从根本上改变我们的生活方式。这就是为什么像本书一样的法律教科书，集中关注上诉法院判决的原因，特别是美国联邦最高法院的判决。

美国法院的体系结构

由于法院在法律塑造过程中扮演着十分重要的角色，因此有必要对法院自身的体系结构作一说明。图 1 所显示的是州和联邦法院的组织架构。在联邦体系方面，最下层是由遍布全国各地的地区法院形成的网络。高一级的是 12 个居间的上诉法院，它为美国的不同区域服务，而体系的最上层是最高法院。

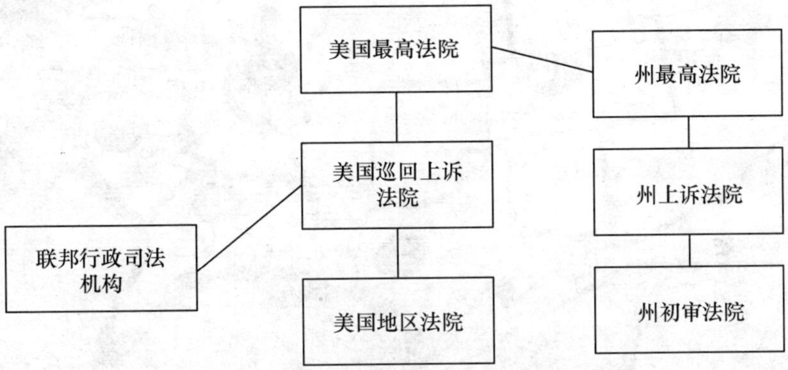

图 1　联邦法院和代表性州法院系统组织图

美国的地方法院

在联邦体系中的 50 个州和哥伦比亚特区中，至少有一个被称为美国地方法院的初审法院。一些人口众多的州则不止拥有一个联邦司法管辖区，每一个区都有自己的初审法院。

作为初审法院，美国地方法院被限制了设立法律先例的权限。尽管美国地方法院的裁定意见偶尔会被作为判例来看待，然而这些法院的基本职责是作为联邦体系中的初审法院来行使一般管辖权,即负责处理一系列联邦民事和刑事具体事务的案件。美国地方法院的案子在很多情况下也是有新闻价值的。这些法院审理从民事版权纠纷到控告某些人针对美国进行恐怖活动的刑事诉讼等所有案件。

美国的上诉法院

在联邦法院体系中的第二层是联邦上诉法院,它也常被称为巡回法院,因为整个国家被划分为地理上的不同巡回区域(参见图 2)。顺便提一下,"巡回"这个词汇来源于美国建国初期,当时所有联邦法院的法官(包括最高法院法官)需要经常"巡回出行"审理案件。他们从一个城镇旅行到另一个城镇,期间开庭审理联邦案件。

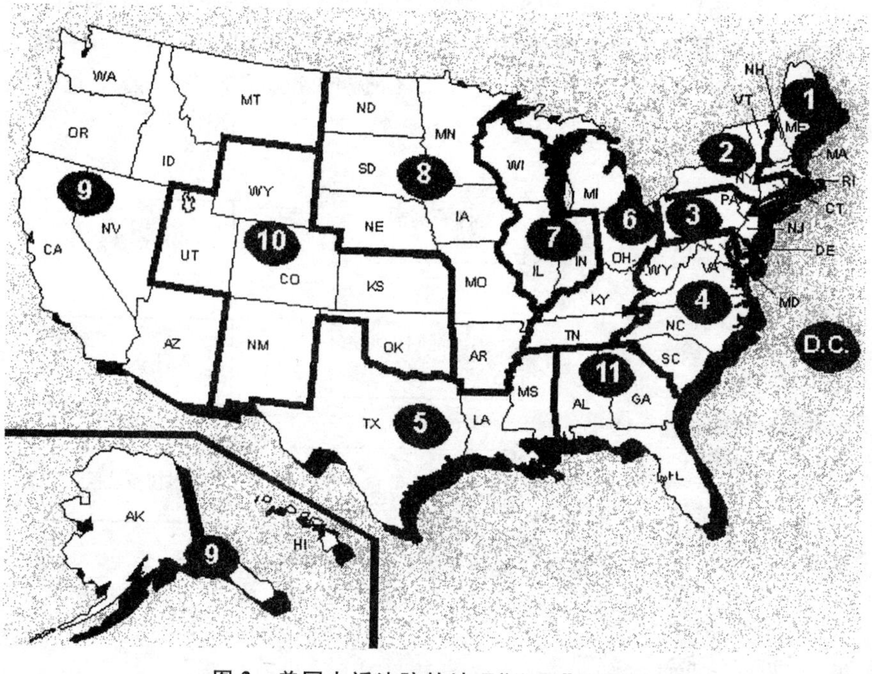

图 2　美国上诉法院的地理"巡回"区域图

目前,每一个巡回法院都服务于国家的某一个特定的地理区域,而且大多数巡回法院要审理他们管辖区域内不同城市的案子。目前美国共有 11 个区域性巡回法院。图 2 显示了美国的司法巡回区域情况。此外,还有一个单独的巡回法院(美国华盛顿特区上诉巡回法院)专门为华盛顿特区提供服务,该法院经常审理针对联邦机构判决作出的相关上诉,很多案件都涉及一些高度引起关注的法律议题。许多华盛顿特区巡回法院的法官被提拔到最高法院。除此之外，还有一个为美国联邦巡回区域服务的上诉法院，与其他巡回法院不同的是，这个法院不单独服务于特定的地理区域，它对一些特殊类型的案件拥有全国范围的管辖权，包括专利和海关上诉以及一些针对联邦政府的上诉，这个法院是由旧的联邦索偿法院[①]、海关和专利上诉法院合并而形成的。

随着人口的增长，近年来一些巡回法院已经被重新划分。在 1981 年，第五巡回法院的辖区还包括阿拉巴马州、乔治亚州和佛罗里达州等现在的第十一巡回法院管辖范围内的所有州。律师和法官如今已在讨论创建一个新的巡回法院，将服务范围过于广阔的第九巡回法院辖区重新划分，这个巡回法院目前负责阿拉斯加州、夏威夷以及七个西部州。这个建议在沿太平洋海岸的西北地区的律师中很受欢迎，他们认为第九巡回法院太加利福尼亚化了——因为加州庞大的人口导致许多第九巡回法院的法官来自这个州。第九巡回法院有 28 名现任法官，目前是法官人数最多的法院，它处理的案件数量是其他巡回法院 50 年前案件总数的 4 倍。

规模第二大的巡回法院是第五巡回法院，目前有 17 名现任法官，每个巡回法院还有不少资深法官，他们虽然已经正式退休，但仍以志愿者的身份审理案子。

美国地方法院审判中败诉的一方可以上诉到本地区的巡回法院。巡回法院的判决创设了很多重要的司法判例，在联邦法律事务中，这些法院的判决在重要性上仅次于美国联邦最高法院的判决。尽管每个巡回法院都有很多法官，但是，大多数案件是由三名法官组成的小组来审理。三个人中两个形成一个多数，并可以签署一个“多数意见”，这个意见为法院作出判决提供法律依据。有时由于案件特别的重要性，法院要指派一个较大的小组来审理，在这种情况下的案件一般称之为“大法庭”审理案件。一般来说，“大法庭”包括该巡回法院里所有的法官。随着巡回法院规模不断扩大，国会在某些情况下授权小规模“大法庭”来审理某些案件，美国第九巡回法院就是由 11 名法官组成审判小组来审理“大法庭”案件的。

由于这些受理上诉的法院只针对法律适用问题作出裁定，所以在这些法院里没有陪审员。只有初审法院有陪审员，这些陪审员也只是裁定事实问题（例如裁定一个刑事案件的被告是有罪还是清白），而不是确定法律适用问题。无论是联邦还是州法院的体系中，上诉案件都是由法官独立裁决，而无须借助陪审团的协助。

---

① 联邦索偿法院（Court of Claims）：该法院专门审理美国政府被列为被告的案件。

关于美国巡回法院创立法律先例的重要程度需要说明的一点是，只要它的判决不与美国最高法院的任何判决发生冲突，每个巡回法院都可以自行对其案件的法律适用问题提出判决意见，并且该意见对巡回区域内低层法院判决有强制约束作用。然而，一个巡回法院不一定必须遵循国内其他巡回法院建立的先例，尽管其他巡回法院的判例通常由于具有一定影响力而被参考沿用。

在个别情况下，两个不同的巡回法院在同类法律事宜的判决上可能会做出不同的裁定。当这种情况发生时，每个地区初审法院没有其他选择，只能遵守本地巡回法院的判决，其他巡回地区的初审法院可能会选择这两种冲突判例中的一种来遵循或者哪一种也不遵循。鉴于这种法律适用的不确定性对每个人都不利，因此，美国最高法院经常要介入，希望确立在全国范围内适用的统一的法律规则。

除了审理联邦初审法院判决的上诉外，巡回法院还审理许多来自特别法院和联邦行政机关的上诉，例如联邦贸易委员会（FTC）和联邦通信委员会（FCC）的判决也可能被上诉到这些法院，这些案件通常由美国华盛顿特区巡回上诉法院来审理，从而使该法院在相关传播法的形成过程中起着主要的作用。

美国最高法院

美国最高法院当然位于美国法院体系的最高层，它的九个法官是美国国内级别最高的法官，它所裁决出的司法判例是最有影响力的，这些判例对所有下一级法院都有强制的法律约束效力。

由于最高法院的强大权威性，卷入法律诉讼的人如果威胁说“一直打到最高法院”也不足为奇。但是，事实上很少案件有机会通过层层法律系统上诉到最高法院，毕竟美国最高法院只有一个，而它每年裁定的案件数量有限。最高法院每年要从7000个到8000个要求复议的案件中选出最多几百个案件进行审理。这些案件中每年最终得到法院签署正式意见的不到100个。最近几年里最高法院受理的案件更少，一般每年80或90个左右。很显然，能上诉到最高法院的案件是需要筛选的。

在筛选时，最高法院尽力选择那些最能引起重大法律争议的案件、下级法院犯了不能容忍的错误的案件和下级法院的判决有冲突需要调解的案件。尽管如此，事实上最高法院拒绝审理某些案件并不意味着最高法院一定同意下级法院的判决，相反，最高法院可能反对那个判决，但是它会选择维持下级法院的判决，因为它还有更重要的事情要处理。

事实上,最高法院拒绝重审一个下级法院的判决并不设立法律先例,因为与最高法院接受一个案件重新审理并认同下级法院的判决不同,当最高法院拒绝接受某个案件时,下级法院对此案件的判决仍然有效,但它仍仅仅是下级法院的一个判决。但是,一旦最高法院接受了某个案件的上诉,即使是仅仅确认了下级法院的意见而没有提出不同意见,也赋予下级法院的意见以最高法院裁定同等的法律效力。

最高法院的九名法官投票决定他们会审理上诉案件中的哪一件案件,根据最高法院的程序规则,如果有四票同意就会将案件列入到最高法院的日程中。

案件被送达最高法院有很多途径。其中之一是宪法赋予最高法院对于某些类型的案件有"原讼司法管辖权"(Original Jurisdiction)(也就是说最高法院作为这些案件的一审法院)。例如,涉及两个州之间的纠纷和外国使节的案件由最高法院行使"原讼司法管辖权"。即使是此类案件,有时也可能会经最高法院九名忙碌法官的同意由下级法院来审理。

此外,有少数案子是下级法院审理后败诉的一方依法自动上诉到最高法院的。例如,当一个下级联邦法院或州最高法院判决一项国会决议案违背宪法时,美国最高法院必须在政府请求重审时受理这个上诉案,重新检视这些案件。

还有很多案件是最高法院可审可不审的。虽然最高法院并没有义务必须审理这些案件,但是,鉴于其中一些会引发一些非常关键的争议,因此,法院会选择重审。在这些案件中,下级法院败诉的一方要求最高法院发出调卷令。从技术层面来看,调卷令是最高法院命令下级法院提交案件记录的一个命令。如最高法院签署"调卷申请认可书"意味着最高法院同意受理上诉,而如果是"调卷申请否决书"则意味着最高法院决定不审理这个案件。

这种调卷程序是目前案件能够到达最高法院的最普遍的途径。尽管被拒绝的上诉申请远多于被受理的上诉申请,案件还是有机会从下级联邦法院和州法院上诉到最高法院。美国最高法院常常审理州法院的上诉案件,但通常只在涉及一个重要的联邦问题时才这样做,比如牵扯到《宪法第一修正案》的保障自由之类的案件。最高法院建立的大多数有关诽谤和侵犯隐私的判决都是以这种方式上诉到最高法院的。

只有在走完州司法程序后,美国最高法院才会考虑是否接受牵涉州事务的案件的上诉,也就是说,只有在州最高法院审理案件并提出意见或者拒绝审理后。

美国最高法院的九名法官在塑造、修补美国法律中的重要性是怎么夸张也不过分,这就是为什么美国参议院在批准那些提名为最高法院法官的人选上经常发生激烈的论争和角力的原因。法院成员的构成能够决定《宪法第一修正案》言论自由的范围,影响到提供给受刑事指控的被告程序权利的范围大小,以及堕胎是否合法性和其他上千种重要法律议题。正如第五章里介绍的,1992 年最高法院通过 5:4 投票确立了罗诉威德案(Roe v. Wade)中一个里程碑性的堕胎问题的基本原则,三位由反对堕胎的总统提名的法官中,安东尼·肯尼迪(Anthony Kennedy)和桑德拉·戴·奥康纳(Sandra Day O'Connor)是由罗纳德·里根提名,戴维·苏特(David Souter)由乔治·布什提名,形成了支持罗诉威德案的多数派核心成员。他们中哪怕有一位按提名他们的总统希望地那样投票的话,罗诉威德案的结果可能完全相反。当然没有人能够预测到一个法官在高等法院将如何投票。比如,被认为是保守派的苏特在取代自由主义者威廉·布伦南(William Brennan)时,撰写了一些令人惊讶的自由主义观点,包括一个保卫言论自由的令人轰动的意见(参见第八章)。相反,取代瑟古德·马绍尔(Thurgood Marshall)(第一个就职于最高法院的被公认为自由主义代表的美籍非洲裔人)的克拉伦斯·托马斯(Clarence Thomas),却选择了与他的前任法官相比显然保守得多的路线。

1993 年,拜伦·怀特大法官退休离任,民主党总统自 20 世纪 60 年代以来首次有机会任命的一位最高法院大法官,总统克林顿提名长期担任联邦上诉法院法官的鲁斯·巴德·金斯伯格(Ruth Bader Ginsburg)替代怀特。一年以后,一位在罗诉威德案中因撰写了法庭主要意见而声名远播的大法官哈里·A. 布莱克曼(Harry A. Blackmun)也退休了。克林顿在此之后又提名斯蒂芬·G. 布雷耶(Stephen G. Breyer),另一位联邦上诉法院法官担任最高法院大法官。金斯伯格和布雷耶都被认为是温和派人士。具有讽刺意味的是,他们取代了被民主党总统提名的保守派法官(怀特被约翰·F. 肯尼迪提名)和被共和党总统提名的温和派自由主义法官(布莱克曼,由理查德·尼克松提名)。

最高法院有些时候打上它的首席大法官的印记,首席大法官一般会为整个法庭确定一个基调。例如,以埃尔·沃伦(Earl Warren)名字命名的"沃伦法庭",对于《宪法第一修正案》进行现代阐释方面发挥了重要作用,埃尔·沃伦是从 1953 年到 1969 年担任首席大法官的,在本章后面和第四章就介绍了沃伦法庭在改造美国诽谤法上所发挥的主要作用。不过沃伦法庭的作用远非仅此而已,它还通过两个案件的判决结果改写了美国淫秽问题的相关法律原则并大大地扩展了被起诉触犯刑律的被告的相应权利。自从自由主义的沃伦法庭终结几十年以来,更多的保守主义法官被提名担任最高法院法官。目前,在保守派首席大法官威廉·伦奎斯特（William Rehnquist）主导下，最高法院已经开始推翻由沃伦法庭确立的法律先例，特别是在与之相关的刑法领域里。当然，至今许多沃伦法庭里程碑式的裁决还依然有效，它是沃伦及他的法官同事们影响力的颂歌。一个有趣的注脚是，尽管"沃伦法庭"一词常作为司法自由主义代名词，但是，沃伦却是被共和党总统D.D.艾森豪威尔提名的、老资格的共和党人。

各州法院

正如前面所述，美国50个州的每个州都有它们自己的法院系统，大一些的州，诸如加州、纽约州、俄亥俄州、宾夕法尼亚州、德克萨斯州、伊利诺斯州和密歇根州，它们的州司法系统与联邦结构相类似，拥有两级州上诉法院和各种审理法院。

在这些州，处于中间的州上诉法院（通常简称为"上诉法院"）处理各种州高等法院无暇顾及的案件。州最高法院只复审一些最重要的案件。特别需要说明的是纽约州体系，它在结构上与其他人口稠密的州相类似，但是其命名是反过来的。在纽约，"最高法院"是一个初审法院，它还拥有州上诉法院的司法权限，在该州有许多这样类似的法院。纽约州的最高层的法院则被称为"上诉法院"。马里兰州也称它的最高层法院为"上诉法院"。

在一些小的州，初审法院直接将案卷送达州最高法院，这个法院将由3名到9名法官来审理该州所有的上诉案件。随着人口和法律诉讼数量的同步增长，越来越多的州增加了上诉法院数量。

各州比联邦政府更愿意增加更多的各类初审法院，因为州法院必须要处理更多联邦法律根本不考虑的各类小案件。一个典型的州法院体系包括各类地方法院，处理一些小的交通事故、民事纠纷和一些轻微的刑事犯罪。这类法院常被称为市立法院、乡镇法院以及低级法院（由治安法官主持审理）。

在一些州，最高法院不仅要审理最重要的案件，也要承担一些受理上诉的职责以及复审一些下层法院的判决。

州与联邦司法权

一个国家有两套完整的司法体系并驾齐驱看起来似乎是效率低下的一种表现。那么将各州的州法院与该州内的联邦法院统一在每个州内，是否就会更加简便和减少浪费呢？或许如此，但是美国最重要的一个传统，是要在联邦和州之间分权。从以前到可预见的将来，我们还将继续区隔州与联邦的法律，同时建立不同的法院系统来解释这些法律。

在这样的情况下,如何分配联邦和各州法院的权力呢?州的司法权限和联邦司法权限有时会重叠,但是一般情况下,州法院具有“剩余管辖权”,也就是说,除了被特别置于联邦管辖权限范围内的案件之外,州法院对于其余的法律问题都有管辖权。任何事情只要不涉及联邦事务就自动归属州法院的管辖范围之内。不仅如此,州法院甚至对联邦事务中的特定法律问题有管辖权(例如,涉及《宪法第一修正案》权利的问题)。

什么问题属于联邦司法权管辖范畴呢?宪法规定,法律中的某些领域属于联邦问题。例如,宪法特别授权国会将版权法纳入联邦管辖范畴,而国会依据宪法授权,将版权以及其他许多事务纳入联邦范畴。例如国会行使宪法赋予的规范跨州贸易的权力作为其管制广播的法律基础。因此,由于问题特定使然,某些法律纠纷就自然成为联邦问题。

此外,如果一个州法院对州辖案件的裁决结果与宪法发生冲突,则会由联邦法院来加以干预。许多大众传播法律就是基于这类案件。在本教材中所讨论的几乎每一个州法领域的问题,美国最高法院都在不同时期加以干预,针对州法院相关问题结合宪法原则提出干预意见。当然,大多数情况下,被《宪法第一修正案》所保护的表达自由是宪法中的一个重要范畴,因此最高法院经常推翻州法律或法院作出的违反第一修正案的判决。

除上述联邦问题外,联邦法院有时同意审理有关“居住地管辖权”(diversity of citizenship)争议的案件。这个原则仅适用于当一个州的居民起诉另一个州的居民时,例如,一个纽约人和一个宾西法尼亚人涉及一起严重汽车交通事故,他们都试图避免在对方的州法院参与诉讼。如果提出诉讼,最好是将它移送到一个联邦法院而不是在州法院审理。

宪法制定者考虑到迫使任何人在对手的地盘打官司是不公平的,所以他们要求联邦法院为涉及两个不同州居民发生的纠纷案提供一个中立的场所。他们认为一个州法院或许会偏袒本州居民而反对外州的居民。当一个联邦法院审理一个涉及同一州内居民的案子,就意味着其涉及管辖范围上的差异性而并非联邦事务性问题。在一个有居住地管辖权争议的案件中,诉讼当事人在他所在州提起的诉讼一般是在联邦法院而不是州法院。

法律对涉及“居住地管辖权”争议也有一些限制。如果没有这些限制,联邦法院或许会被大量的小案件给拖垮。为了避免这种情况发生,联邦法院只受理纠纷标的在75000美元以上的“居住地管辖权”争议案件。这些年来,标的额度已经多次提高,到1988年它已经从1万美元增加到5万美元。尽管如此,联邦法院还是不得不处理相对来说比较小的民事案件——联邦法官认为应当通过再提高门槛从而将这些案件留给州法院去处理。

另一个对该管辖争议的限制,是要求所提起的争议必须具有完全意义上的居住地差异。也就是说,诉讼中的任何一方当事人都要来自不同的州,这就意味着一个纽约人起诉一个宾西法尼亚人以及一家在纽约的保险公司就不符合联邦管辖范围的条件。

无论是由于联邦事务还是居住地争议而符合联邦法院管辖条件,法院有时需要面临很多的管辖权转移问题。一方当事人可能会希望案子在州法院进行,而另一方可能更喜欢在联邦法院进行,这样的案子可能会在州法院立案,然后移送到联邦法院,最后再被送回到州法院。

有关联邦与州司法权关系中还有一点值得说明,那就是如同我们已经提到过的,某些特定司法问题绝对属于联邦管辖范围,无论是宪法规定还是国会的法案都对此作出了明确规定。在这些领域联邦政府具有优先权,也就是说,州法律对于此类问题是没有法律效力的,联邦政府享有绝对的管辖权,版权法就属于这样一个领域。

在某些特定法律领域,国会颁布了一些没有优先权的联邦法律。州议会也可以在这些领域立法,前提是这些州法不与任何联邦法律发生冲突,这些领域属于"共同管辖权"的范围。在这方面有很多媒介法的例子,诸如广告规范、反垄断法和商标法规范。在此领域的法律中,分界线在诸如商标法规范方面表现得特别典型,其中联邦《兰汉姆法案》保护跨州贸易中的商标问题,同时许多州也制定保护本地商业的商标法律。

除了联邦政府享有优先管辖权以及共同管辖权的领域之外,大量的法律问题还是留给了州一级司法机关来处理,除非州相关机关在行使权力的过程中违反了联邦基本原则。比如诽谤和侵犯隐私权就是媒介法领域内两个基本属于州管辖范围的法律。最近,美国最高法院通过限制国会剥夺各州传统管辖权的方式来重新定义了联邦法律的基本概念,这种情况将在后面加以讨论。

法律的类型

尽管法院在塑造法律的过程中扮演了主要角色,但是政府的其他部门也有权通过各种途径制定法律。事实上,"法律"一词泛指一些不同类型的规则和规范,从政府管理机构的行政命令到被我们称为"普通法"的不成文法律原则。这一部分阐述了在形成美国现存的各种各样法律的过程中,法院与其他政府机构之间是如何互相影响的。

宪法

宪法是美国现代法律最重要的基础，与之相违背的法律是无效的。作为美国法律系统的基础，美国宪法确定了联邦政府的架构以及联邦与各州之间的关系，它在联邦政府三个部门之间划分权力并限制它们的权力，并为各个州和他们的下一级政府（如城市和乡镇）保留了大量的权力。

对于大众媒介而言，《宪法第一修正案》是至关重要的原则。它仅用45个英文字，提出了在美国实行新闻自由、言论自由和宗教信仰自由的原则。第一修正案条文如下：

> 国会不得制定任何法律确立某种宗教的绝对权威，或者限制人们自由的信仰活动，或者剥夺人们的言论、出版以及为了纠正某种不公正而和平集会和向政府请愿的权利。

这段话的含义是什么呢？解释这段话含义的任务落在了上诉法院身上。而为了解释这45个英文字，法官们已经写了数百万字。例如，第一修正案中关于“国会不得制定任何法律……”的表述看起来是绝对的自由赋权，然而，法院反复重申说这些话不是绝对的，表达自由应该与其他权利之间取得平衡。在司法实践当中，《宪法第一修正案》实际上表达出来的更像是这样的意思：“国会在大多数情况下不得制定任何法律……”或者“国会应尽可能地不制定法律……剥夺言论自由、出版自由……”，下面章节中将会讨论到法院为了平衡第一修正案而使用的许多其他权利。

另一个关于第一修正案的问题是，它原本规定只适用于国会而非其他任何机构。之所以作出如此规定，是因为其制定者们认为，告诉州政府不要否认公民的这些基本自由权利不属于宪法制定者的职责范围；制定者意图让那些担心新的联邦政府或许会否认这些基本自由的公民感到放心。他们认为许多基本自由权利已经牢固地植根于普通法当中，不需要用成文的法律条款来保证各个州保护这些自由权利。然而，多年来，如同联邦政府一样，各州和地方政府时不时做出损害公民的权利的事情。因此，最高法院最终明确第一修正案也适用于州和地方政府。

本书第二章介绍了美国表达自由的演变历史，其中强调了美国宪法在美国法律中所具有的核心作用。任何与宪法相违背的法律都不应颁布或执行。法院，特别是美国最高法院，在释宪方面扮演着中心角色，这种司法实践情况是国父们在二百多年前制定这部法律时做梦也想不到的。

也许宪法之所以可以历经二百多年而没有被废除，就是因为法院可以根据变化的需要来加以调整——只要国会获得强烈支持来采取这一措施时，宪法就会被修正。例如 1913 年通过的《宪法第十六修正案》，在联邦政府需要找到一条可以增加更多收入的途径时，赋予联邦政府征收联邦所得税的权利。而 1933 年通过的《宪法第二十一修正案》，废除了对含酒精饮料的限制性规定（从而结束了《宪法第十八修正案》颁布以来实施的“禁酒令”）。修订宪法的正常程序是，国会两院议员以三分之二以上的赞成票通过修订宪法的提案，然后经过四分之三以上的州批准才能生效。

除了联邦宪法，每个州也有自己的宪法，它们是各州法律的基本宪章，任何州法不能与州宪法以及与联邦宪法发生冲突。每个州的法院都必须解释州宪法，并且推翻与之相冲突的法律。

同样，许多城市和郡县也有地方自治宪章，它们确立了地方政府的基本结构和权力分配。如同州宪法和联邦宪法一样，地方宪章是法定权力的基本来源。另一方面，也有许多地方政府依据州立法机关制定的法律来运作，没有制定自己的地方宪章。

在所有这些情况下，当一个政府行为违背了任何基本法律文件原则精神，无论是国会的做法，还是地方警察部门的行动，法院就必须及时作出裁定，制止这类违例是法院的一项重要工作。

普通法

普通法是数百年前由英国法院的判决起源并逐步演变而来的，它是美国最古老的法律形式。它是一种以经过几百年流传下来的成千上万的法院判决为基础而形成的没有具体形式的法律原则的汇集。它是不成文法，也就是说，它不像那些由国会颁布的成文法那样清晰地写明了各种状况。大约在一千年之前，英国的法官开始遵循以前案件形成的司法判例来判决案件。每一个新的判决都对这个逐渐积累的法律体系做出一点新的贡献，就是在这个逐渐积累的过程中，普通法形成了一个包罗万象的惯例体系，包括形成的从谋杀、抢劫之类的犯罪行为到诸如违反合同契约之类的非刑事犯罪的所有规则。

1789 年，当美国权力机构根据宪法形成现在的结构时，将在北美殖民地已运行多年的英国普通法整个接收下来，作为美国普通法的基础。从那以后，美国法院作出的成千上万种新的法律判决使各州的普通法得到了发展和完善。

应该强调的是，普通法主要是州法而不是联邦法律，这是美国最高法院几年前通过一个重要裁决做出的规定。每个州的法院都发展了他们自己的司法惯例，这些惯例形成了各州普通法的基础，造成各州普通法之间可能有相当大的不同。

近年来,美国最高法院的一些有争议的判决强调了普通法作为一种法律其效力的连续性,连国会都不能忽视。在奥尔登诉缅因州(Alden v. Maine)(527U. S. 706, 1999)案和其他一些案件中,最高法院回顾了在1789年宪法通过之前的普通法的地位,作出结论:深深扎根于普通法的一个概念——"国家豁免权"原则并没有被宪法废除。"国家豁免权"原则使"统治者"被免于法庭控罪。在18世纪的英国,"统治者"是指国王或女王。在美国宪法颁布之前,各州享有"国家豁免权"。

"国家豁免权"原则对现代美国的影响如何?在最近的一些判决中,最高法院以5:4的多数票作出表决规定,各州依然享有"国家豁免权",国会没有权力在联邦法院或在州法院对各州提起诉讼。其结果是:法院支持各州从各种联邦法律中得到了最大程度上的豁免权,而这些联邦法律原本允许私人主体(如个人和公司)控告一个州。例如,法院支持各州(但不是私人主体)在许多侵害专利权(以及版权)的案件诉讼中享有豁免权。在2002年,最高法院坚持,各州不仅在许多诉讼案中享有豁免权,而且对联邦管理机构制定的一些行为规范也享有豁免权。(联邦海事委员会诉南卡罗莱纳州港务局案(Federal Maritime Commission v. South Carolina State Ports Authority),535 U. S. 743)

这些判决结果受到了媒体广泛的批评。作为最高法院多数成员的意见,这些基于普通法原则的扩展观点沿用至今,成为法学院常规教学内容。当然,各州具有完全的"自由决定权"(voluntarily)通过制定法律来允许在各种各样情况下对自己的诉讼,从而对他们的合法豁免权加以限制。

和联邦宪法一样,由于普通法建立在法院判决的基础上,因此它们的演进和修改不需要立法机关通过相应法案。当一种新的情况发生时,上诉法院可以行使它们自己的权力来建立新的合法权利。隐私权的出现就是普通法通过法院判决日积月累得到发展的一个很好的例证。正如第五章所介绍的,隐私作为一项权利直到20世纪才确立下来。但是随着政府和大众媒体的影响力日益强大和广泛,对隐私权的要求也日益凸显了出来。许多州法院的判决允许那些隐私权受到侵害的受害方起诉侵权者,并建立可被其他法院援引的判例。

除了隐私权法,几个大众传媒法的其他主要领域也有其普通法的渊源,其中包括侵害名誉、诽谤及最早形式的版权保护。

如果一切诉讼都通过司法判例来解决,如同法院所期望的那样,按照法院以前判决设定的榜样来判案,那么普通法如何更正以前的错误呢?

普通法体系能够一直存在近一千年,就是因为它有随着时代变迁而变化的机制。法院并不总是沿用司法判例，他们还有其他的选择。

如果一个法院沿用以前的判决，就意味着它在遵守“遵循先例”（*stare decisis*）的原则，该拉丁语大意可翻译为“切勿破坏已有的定论”。然而，法院不是总需要一定坚守“遵循先例”原则，相反，面对新的现实情况，法院会判断旧的普通法法则是否适用新的法律事实。新的案件可能与旧的案件有很大不同，因此就会有不同的判决结果。当法院因新的案件有些不同而拒绝沿袭整个先例，这种情况就称为与前案不同的特殊案例。当一个上诉法院这样做时，普通法就应时应事改变了。

当然，法院的另一种选择是拒绝沿袭先例，尽管现实情况与先前的法律事实相似。这种情况被称为先例的“倒转”或“推翻”。当时间和条件发生改变，使得先例显然不公正或难以运转的情况下，这种做法是恰当的。

这方面一个很好的例子，是1954年美国最高法院在一所著名学校废除种族歧视的案子中的判决，即“布朗诉教育局（Brown v. Board of Education）”案（347 U. S. 483）。虽然这个案件是基于释宪并成为宪法原则延伸而非普通法原则延伸的例证，但它是法律不断发展完善的好例证。当最高法院受理布朗案件时，已经存在一个司法判例，即，1890年最高法院对“普莱西诉弗格森（Plessy v. Ferguson）”案（163 U. S. 537）的裁决。在该早期案例中，宪法允许种族隔离制度存在，只要给不同种族提供的设施“分隔但均等”。但是，1954年最高法院认为，在“普莱西诉弗格森”案原则指导下半个多世纪的司法实践证明，“分隔但均等”方法无法进行实际操作。最高法院指出，隔离设施（对各种族来说）几乎总是不均等的，因此裁定美国的公立学校必须废除种族隔离措施。作为这项新判决的结果，1896年建立的先例不再具有强制约束力，新的判例将取而代之。结果，“布朗诉教育局”一案成为20世纪最重要的法院裁决之一。

成文法

美国第三种主要法律类型是大多数人们听到法律这个词联想到的法律概念，这就是成文法，它是国会法案、州立法法案甚至城市、郡县政府采用的法令的总称。

如果说法官释宪和普通法属于未成文的（或者至少是未成法典的）法律形式，它们是法院判决累积起来的结果，那么成文法则恰恰相反，它经过系统化后形成。成文法一般会编撰成法典。法典是相似主题下法律的汇集，按主题索引编排而成。大多数联邦法律可从《美国法典》中找到，《美国法典》中的每一个标题都围绕一个特定主题或一组相关主题。例如主题17，围绕的主题就是版权法,相关内容我们将在第六章加以介绍。在州这一层面上,许多成文法形式类似联邦法律,尽管不是所有的州都将成文法汇编成法典。

尽管成文法是由立法机关制定的,如同在其他法律类型中一样,法院仍然在成文法的立法中占有重要的地位。法院之所以能拥有这样的权力,是由于法院有权对成文法的含义作出解释并将之应用于实践中。正是因为这个原因,法律典籍中包含的成文法条常常含有注释。这意味着成文法的每一段落都附有上诉法院裁决解释的简短归纳要点。由此,人们可以迅速了解到一个已经存在的成文法是被认可的或是被法院认定部分或全部无效的。注释法典还包含成文法其他相关交叉参考信息,诸如律师归纳的观点或法律评论文章。

为什么法院会确认一个成文法无效?这种情况的发生有很多原因,首先,如果成文法与任何州或联邦宪法相违背,则理所当然是无效的。此外,有时候被同一个州立法机关或国会通过的两部成文法相互冲突,在这种情况下,必须协调两者的差异,这就要重新解释甚至宣布其中一部法律无效。此外,法院还能避免成文法与成熟完善的(但未成文的)普通法原则相冲突。例如在本书第八章就介绍了一些州立法机关所通过的一些保护记者新闻来源的"新闻保障法"。但是,一些法院已经推翻了这些保护性法律,理由是它们侵害了宪法或普通法原则中赋予的司法特权。

在成文法的发展过程中,法院与立法机构之间有大量的相互影响的情况。正如上面提到的,新的法律概念经常先被法院认可,以法院判决的形式成为普通法的一部分。在有些时候,法院的某些行动可能引起立法机构的注意,通过颁布针对那个主题的法令条例,立法机构将之正式编撰为成文法典。法院可能重新解释成文法,作为回应,立法机关也可以通过制定另一个成文法来推翻法院的判决。

我们也能在大众媒介法的几个领域看到立法机关和法院之间的这种互动关系,特别是在版权、新闻保障法和广播电视领域。例如,最高法院曾经裁决大多数私用的、家庭内录制电视节目是合法的,不违反版权法(其原因在本书第六章将有说明)。国会于是考虑重新修改现行版权法来推翻法院有关判决并使家庭录像非法。最终该法案被否决了,因为国会大多数成员认为舆论支持法院对法律的解释。另一方面,如果最高法院认定宪法原则(如第一修正案)保护家庭内录制电视节目并限于私人使用的合法权利,那么,推翻那个规定的唯一途径就是修宪,或者等待法院自己推翻以前的判决。国会不能通过颁布一部成文法来推翻最高法院通过解释宪法含义所做出的判决。当然,国会可以提出修改宪法的提案,然后提交到各州来批准。简言之,大多数情况下国会可以做的是:当一部成文法被裁定违宪时,国会可以修改它,使其与宪法保持一致。

行政管理法

美国另一种重要的法律是行政管理法。在美国联邦政府和各州操纵的巨大官僚政治体系中存在着大量行政机构,它们有权颁布和实施行政规章,这些规章同样具有法律效力。"行政管理法"一词似乎与分权原则自相矛盾,但这些机构的确具有一定的立法权。

事实上,这些机构拥有太多的权威以至于看起来违反了传统的分权理念。他们可以制定规章,实施并审理被指控的违法行为,对那些被证明有罪的罪犯执行实际处罚。例如,联邦通讯委员会就是一个对电子媒体享有那类权力的管理机构,联邦贸易委员会则对广告产业行使类似的权力。

虽然这些机构享有相当大的权力,也存在着一些限制它们权力的监督和平衡机制。例如,他们的裁定能被上诉到法院,从而给予上诉法庭对这些机构适用规定的否决权。

此外,许多机构是依据立法创制的,在最近几年,国会和各个州立法机关已经证明了它们可以采取一定措施收回它们授权出去的某些权力,这些收回措施既可以是直接修改相关法规,也可以间接通过削减预算来实现。一个显著的例证就是 1980 年国会对联邦贸易委员会采取的限制措施(参见第十三章)。此外,虽然政策制定部门和这些行政机构的委员会也很少是由选举产生的,这些委员一般是由选举产生的总统或州长提名,但是,他们的提名一般必须经过立法机关的认可。

在具有行政规章制定权的几千个政府机构中,一些重要的机构(除了联邦通信委员会和联邦贸易委员会之外)还包括州际贸易委员会、联邦航空管理局和原子能规范委员会这些联邦层面的,和决定公用事业收费标准等事务的州层面的管理实体。

衡平法诉讼

这是应当提到的最后一种"法律",实际上不是一种纯粹的法律形式,而是一种法律救济,即被称为衡平法的法律错误补救措施。

在几百年前的英国,有时法院依照法律行动可能导致权利侵害,这种情况日益突出。在有些情况下,简单地忠实履行法律往往不一定导致公平的判决。例如,普通法总是坚持金钱赔偿可以纠正错误,而且直到损害实际发生后法院才能介入,尽管到那时法院除了要求赔偿受害方金钱之外已没有其他办法。显然,法庭不采取任何措施而坐等伤害的发生是无法令人满意的。这种危害可能会导致严重后果，以至于任何数目的金钱赔偿都无法挽回损失。在这种情况下，法院有权行使衡平法则，签署一个禁令来阻止发生中的错误。适用衡平法的一个很典型的案例就是，当高速公路建造者要挖掘并导致毁坏了一个重要的考古遗址的时候，那些寻求保护遗址的人们不能等到损害发生之后再去诉讼，因为那些被毁坏的东西可能是无价之宝。

衡平法则的理念自古就存在，它在中世纪时得到发展。在英国普通法早期发展阶段，人们面临无法挽回的损失时，开始向国王上诉，因为他高于法律，能够赋予法院所不能给予的公正。随着请求此类特殊考虑的案件数量不断增加，国王开始指派特别的官员来专门受理那些无法从法律法庭中获得公正的上诉，这类官员逐渐为人们所知，他们被称为“大法官”(chancellar)，他们的法庭逐渐被命名为“大法官法院”(court of the chancery)。随着时间的推移，这种独特的建立在依靠某些人的良知理性下的法律类型逐渐简化为今天为人所知的衡平法。

衡平原则在今天大多还是按照原有模式运作，但是在美国没有专门的衡平法院，可是法院在适用法律时经常参照衡平法原则。

不像有详尽说明和具体规则的法律，衡平法仍然是一个建立在法官良知支配下的理性的体系。衡平法只有在法律没有足够救济的情况下才可以适用，并且只有对争议中的另一方同样公平时，寻求“衡平救济”一方的诉求才可能成立。

有许多法律行动建立在衡平法而非一般法律基础之上。或许达成目的最重要的就是禁令，它们可能是法院命令，要求人们去做应当做的事情(或者限制人们去做一些可能产生无法挽回的损失的事情)。在第三章中我们将讨论几个联邦政府的尝试:阻止发布一些被政府官员认为可能对国家安全产生无法弥补的危害的信息。当法院要求编辑不得发布某些信息时，就是运用衡平法的典型例子。

刑法与民法

法律中另一个主要的区别是刑法和民法的区别。尽管刑法和民法不像成文法、普通法或行政法类别上具有可比性，但是刑法和民法之间还是有很多重要的区别。

在一个刑事案件中，某人被指控犯有危害全社会的罪行，例如谋杀、强奸或者抢劫，因此，社会作为一个整体(即“人民”)将起诉这个人，由纳税人来支付“人民”律师，也就是常常被称作地区检察官(或者联邦案件中的联邦检察官)的账单。如果被告贫困潦倒,纳税人还会支付被告从地方或联邦公共辩护办公室雇用辩护律师为他们辩护的费用,有一定经济保障的被告也可以自行雇用辩护律师,但是,必须要记住的基本点是,这种法律争端是被告和"人民"——作为整体的社会之间的纠纷。此外,由于被告的生命或者自由可能处于危险中,检察机关必须掌握超越合理怀疑的犯罪证据,这是一个高难度标准的举证。

在民事案件中,情况会有所不同。在这里,如果一方声称另一方对其个人造成了伤害,而这种伤害没有坏到足以构成危害整个社会的犯罪行为,那么这仅仅是两个个人(或者两家公司或两个政府机关等等)之间的纠纷,法院只是单纯提供一个中立论坛来听取双方的私人争端。举证责任在民事案件中相应地要求不高:要获得胜利,起诉方必须证明在这个案子中自己的证据优势,但是没有必要像在刑事案件中那样需要超越合理怀疑。

不要以为所有的法律案件都要么是刑事的,要么是民事的——有些案件既是刑事的,又是民事的。相同的系列事件可能既涉及民事纠纷又涉及刑事诉讼。例如,有人在醉酒驾车时造成了交通事故,他既可能因醉酒驾车而面临刑事指控,同时,受害者也可以因个人伤害和财产损失等对他提起民事诉讼。

民事侵权和损害赔偿金

另外两个需要解释的法律概念是民事侵权行为和损害赔偿金。

大多数不涉及违反合同的民事诉讼属于民事侵权诉讼。民事侵权指任何引起受害者起诉作恶者的民事过错行为。几乎任何时候,一方当事人侵害另一方引发的法律诉讼都属于侵权诉讼。

例如,当你步行穿越街道并且被一位粗心大意的司机开车撞倒,你就有权就你个人受到的伤害提起"过失"民事侵权诉讼。再比如事故发生后你需要手术,而医院医生做完紧急手术后忘记把一块海绵从你体内拿出来,你可以就"医疗疏失"提起民事侵权诉讼。

另一方面,如果你能证明车撞倒你不是因为司机粗心大意,而是因为汽车制造商生产缺陷导致刹车失灵,你可以向汽车制造商提起"产品质量责任"民事侵权诉讼。

最后,如果当地报纸报道中称你犯了罪,正在逃离犯罪现场时被车撞了,那你可以起诉报纸对你构成了名誉诽谤。

所以这些诉讼和诸如此类许多情况都可以归为民事侵权诉讼,被控犯错的人被称为侵权人,他或她成为法律诉讼中的被告,同时,受害者就是"原告”。

几类影响大众媒体的重要法律诉讼属于民事侵权诉讼，比如，诽谤和诋毁名誉、侵犯隐私权和不正当竞争等。

一般来说，为了在诉讼中胜诉，原告必须出示侵权人不当行为的事实，通常包括疏忽大意或者恶意所为的情况，原告也可以提出他所受到损害的一些事实，而当特定的不当行为发生时，法院有时允许推算赔偿数额。

损害赔偿金的定义在大众传媒法导论中是一个核心问题。在许多州，有三种基本的损害赔偿情况：一般损害赔偿、特殊损害赔偿和惩罚性赔偿。

一般损害赔偿是在受害方的损失无法用确定数额的金钱来计量的情况下，对受害方提供金钱补偿的一种形式。如在车祸造成的个人损害中，你可以获得一般损害赔偿来弥补你受到的痛苦和伤害，显然，这种伤害是无法用金钱衡量的。在涉及诽谤的诉讼中，原告寻求一般损害赔偿来弥补在社会中他的声誉受到的侵扰和损害，这种损害也是金钱所无法估量的。

特殊损害赔偿则有一点不同。在这方面，原告必须证明自己在损害中存在金钱损失才能获得补偿。如前面所举的车祸例子，你可以出示医生或医院的账单作为补偿一定数量金钱的依据，也可以出示证据来证明数月或几年内你将丧失工作能力，或者需要家庭护理或康复治疗。这些都是法院采纳作为特殊损害赔偿的有价值的证据。特殊损害赔偿用来对可证实的损失进行补偿。

有时也用其他术语来描述不同的损害赔偿类型。实际损失或者补偿性损害意味着损失可证明，包括金钱损失（特殊损失），在有些情况下还包括难以计量但依然存在的实际损失（例如一般损失）。推测性损失赔偿由法院根据事情假定发生将导致的损害来计算，不需要提供任何证据来证明的损害后果。许多年来，诽谤罪的原告可无须证明实际名誉损害而获得推定损害赔偿。在一些诉讼中，如版权侵权案例中，法院可以判给“法定赔偿金”而无须提供有形的或无形的损失证明。与其他赔偿金判给方法不同，法定赔偿金在诸如版权法等成文法条文中加以明确的规定。在一些法律领域中，还采用三重赔偿（三倍于实际损失的赔偿金）来制止一些不良行为。例如，联邦反垄断法和反广告欺诈法就采取三倍赔偿金。

与一般性和特殊性损害赔偿金不同，惩罚性损害赔偿不基于任何有形的或无形的损失。相反，这种措施是针对某人（或公司）的恶意侵害行为作出的一种惩罚。对于受害者来说，他们得到大笔横财——美国国税局征收同样多的税款；对于侵害实施人来说，这是一种非刑事犯罪性的惩罚方式，法院采取这种严厉处罚的目的是为了威慑此类非法行为。

惩罚性赔偿金只在受害者证明加害方有恶意时才能够判决给付。如同我们在第四章所见到的,“恶意”一词在法律上不仅仅只有一个含义。在大多民事侵害行为诉讼中要赢得惩罚性赔偿,需要证明加害方针对受害者有错误或邪恶的意图存在。在诽谤案例中,它有着不同的含义。但无论是什么含义,一般很难证明恶意的存在,除非加害方实际从事了故意的侵害他人的行为。

近年来,法官已经给予据称是公司明知故犯而被侵权时受害者几百万(有时上亿)美元的惩罚性赔偿,以侵害公司被告人“正当程序”权利的理由推翻一些巨额惩罚性赔偿金,而这些指控一般只能证明属于一般损害赔偿和特殊损害赔偿范围。美国最高法院对于这种情况作出了回应。在2003年一个具有里程碑性的判决中,最高法院裁定惩罚性赔偿一般不应该超过一般赔偿金和特别损害赔偿金的十倍。例如,当一个原告应该得到10万美元一般补偿金时,法院的法官判给的惩罚性赔偿金上一般不应超过100万美元。通常法院所作出的惩罚性赔偿金要远远少于那个数目(参见州农场诉坎贝尔案(State Farm v. Campbell),123 S. Ct. 1513)。这个裁定可能对于大众传媒有利,因为它可以避免陪审团在诸如媒体涉嫌诽谤的案件中判罚它们支付很大一笔惩罚性赔偿金。

正如我们后面所指出的,关注各种损害赔偿金问题对于大众传媒法好几个领域是很重要的。有时一种类型的损害赔偿金的存在并不意味着另一些也成立。例如,对某个诽谤诉讼中的原告来说,并不鲜见的是,他被拒绝除了特殊赔偿金以外所有其他的赔偿要求权利,因为报纸已经印发了一个撤销相关报道的声明。

一个诉讼实例

或许描述司法系统如何运作的最佳途径是剖析一个诉讼如何一步步走过各级法院。我们将回溯一个称为《纽约时报》诉沙利文(New York Times v. Sullivan)民事案例(376 U. S. 254),这个诽谤诉讼案由于确立了一个非常重要的司法判例而被载入史册。它对诽谤法的影响将在第四章中讨论它的实际影响。与此同时,该案例也是描述法庭程序的一个最佳案例,因为该案的审理涉及了几乎每一个民事诉讼的法律程序。

任何人认为一份报纸中的报道侵害了他或她的名誉,都有权利起诉报纸构成侵权而要获得赔偿金并补偿他或她的损失,本案例涉及的就是这样一个名为L. B. 沙利文与《纽约时报》之间的法律诉讼。

本案始于《纽约时报》发表的一则来自一个非裔美国民权团体领袖的广告,该广告描写了指控美国南方警察粗暴行为的事例,一些事例发生在阿拉巴马州的蒙哥马利。广告中大部分内容基本正确,但是它的确存在一些事实错误。

广告没有点任何个人对其所指控的警察不当行为负责,然而,蒙哥马利三位当选行政长官之一、负责警察和消防服务的沙利文认为该广告损害了他的声誉,所以他聘请律师起诉《纽约时报》诽谤,他坚称批评警察就是在批评负责监管警察部门的市政当局长官,其结果就是该诉讼经过一系列中间环节后一路打到美国最高法院。

诉讼的启动

当沙利文的律师提出书面诉讼请求文件(一份称为"原告控诉书"的文件)时,初审法院的职员为了便于保存诉状而分配给案件一个号码,于是该案变成了"沙利文诉《纽约时报》(Sullivan v. New York Times)"案。在美国的法律体系中,法院的案卷通过控辩双方名字来标识,在两个名字之间用一个小写的"v"(是"与什么相对"的意思)隔开。当双方有多个纠纷主体时,案卷多以每一方的第一个人的名字来区分,提起诉讼一方(原告)的名字在前面,被告一方的名字排在后面。当被告在初审中败诉后提起上诉,则两个名字有时会颠倒过来,因此,该案后来变成"《纽约时报》诉沙利文"案。

作为原告,沙利文寻求获得金钱赔偿的判给,当然,《纽约时报》希望说服法庭相信它没有做任何伤害沙利文的事情,因此,也不应给予任何损害赔偿。

沙利文可以选择在纽约州法院甚至可以在联邦法院(基于居住地管辖权争议原则)对《纽约时报》提起诉讼。然而,许多南方人历来非常憎恨北方人在南方推动非洲裔美国人民权运动的种种企图,对于阿拉巴马州的许多人来说,《纽约时报》代表着他们所讨厌的一切,所以,沙利文的律师知道他的当事人在阿拉巴马州会比在纽约州能够获得更多的同情。除此之外,对于他们来说在此打官司当然更方便一些(当然,对于《纽约时报》来说却不是这样)。

在合适的阿拉巴马州初审法院签署起诉书后,下一步就是要"送达"《纽约时报》,也就是说"诉讼文件送达①"意味着必须把诉状的复印件投递给报纸的合适代表。有些州允许原告仅仅简单地邮寄一份复印件给被告,这要视案件的性质来定。

沙利文要将诉讼文件送达《纽约时报》时遇到了点麻烦,因为该报在阿拉巴马州没有任何办事机构或正式员工。沙利文提起诉讼后不久,该报的一名

---

① process server:又作 serve of process,诉讼文件送达。普通法中,倘若诉讼中被告方未能"on notice",即被告知遭诉缘由,则法庭可能因抗辩缺陷而影响诉讼结果。

记者到该州报道民权示威活动,然而《纽约时报》在纽约的律师建议这位记者在沙利文的诉状送达给他之前离开这里,而记者的确照吩咐做了。

沙利文最后还是将诉讼文件"送达"《纽约时报》一位当地兼职记者手中。《纽约时报》马上向阿拉巴马州法院当庭提出动议,要求"撤销"诉讼文件送达,急于获得《纽约时报》司法管辖权的阿拉巴马州法院拒绝了这个动议——并从《纽约时报》的法律请愿书中找出一个技术细节,使自己能够有足够的理由审理该案件。

鉴于许多阿拉巴马州居民对《纽约时报》保持的敌视态度,这似乎是一个基于"居住地管辖权争议"而应在联邦法院审理的一个典型案件。然而,阿拉巴马州法院裁定,《纽约时报》在要求使诉讼文件送达无效的字句中所显示的态度,等于主动接受阿拉巴马州的管辖权。

尽管《纽约时报》在该州发行量只有 390 份,而在蒙哥马利只有 35 份,但是由于一个法律技术处理上的失误,《纽约时报》被迫服从阿拉巴马州法院的司法管辖权。

一旦阿拉巴马州法院确立了管辖权,被告就必须应诉。因此,该报签署了一个答复(被称为答辩状),来否认沙利文的指控。如果不提出这个答辩状,就视《纽约时报》弃权,那就意味着法院可以自由应许沙利文提出的任何赔偿要求,而时报在这件事上无法进行任何争辩。但是《纽约时报》签署了答辩状,否认负有任何侵权责任(指称过错的责任)的指控。

审判前请求

《纽约时报》也提交了一系列法律动议,打算使案件在审理之前就被拉出法庭,他们试图向大家表明:"看,这只是一个毫无意义的骚扰诉讼,没有必要浪费时间完成整个诉讼程序。"

两种审判前动议能够使案件在审理之前就被驳回。其中一种称为"抗辩"行动(或简称为"驳回请求"),被告主张诉讼没有任何法律依据,尽管原告声称的所有事实都属实。另外一种称为"简易判决",通常这基于被告认为诉讼没有任何事实依据来作出进一步审理,即使原告宣称的所有事实都完全属实。"简易判决"也可能在控辩双方对于事实都没有重大争议的情况下行使,法官可以仅仅认为案件没有继续审理的必要而按法律直接判决。

《纽约时报》提交了一系列的抗辩意见书来辩白说:广告中的内容没有哪一点提及沙利文,因此并没有任何法律依据让沙利文可以提起诉讼(正如第四章所解释的,诽谤诉讼必须是被诽谤者能被公众识别出来,并有诽谤事实存在的情况下,才能提起诉讼)。

抗辩和简易判决对于大众媒体具有特殊的重要意义，因为媒体经常遭到被不友好的新闻报道激怒的人们起诉，而这些人可能并没有诉讼所需的有效依据。在这样的案件中，媒体有权要求驳回来避免接受开庭审理的花销。然而，诉前抗辩否决了原告获得法庭庭审的机会，因此，法院针对这样的请求必须根据提出异议的具体情况作出有利于原告的决定。如果原告有任何可能赢得审判的话，审前驳回一般来说是不正确的。

认识到这一点是重要的，因为对媒体上诉要求审前驳回的一些裁决表明了最高法院对这个问题的态度，例如，尽管报社或电视台的审前驳回请求被否决，而美国最高法院也确认了否决裁定，也并不意味着最高法院认为原告最终会胜诉。更确切地说，它仅仅意味着原告可能有一些机会来赢得诉讼，而在美国的司法体系下，原告有权利去尝试一下。如果你将法庭程序的这个情况记在心里，我们以后将讨论的一些看似反对媒体的裁定可能就不显得那么刺目了。

我们回到沙利文案件，阿拉巴马州法院否决了《纽约时报》的审前驳回请求，因此这起案件审理最终还是被提上了日程。

证据开示

为使案件在上庭前就被终止，除提出"简易判决"与"抗辩"等动议作为法律策略外，另外一个非常重要的诉前程序是证据开示程序。它是一个允许控辩双方找出对方握有什么有利和不利证据的法律程序。诉讼各方被允许询问对方各种口头问题（以"宣誓作证"的方式）以及书面问题（以"质询书"的方式）。在宣誓作证中，每一方被许可会见并向已宣誓的敌意证人提问（这些证人一般要宣誓，承诺诚实作证）。

被告或许会在证据开示过程的结果中发现一些情况，比如了解原告的实际损害到底有多大。一个原告如果在证据开示过程中说了错话，可能会对他们的案件产生致命后果。而且每一方诉讼当事人可以评估另一方证人在法庭上的可信度。在证据开示过程中有大量重要信息被披露出来。

为什么法院允许进行证据开示？实践表明，证据开示程序有利于诉讼得到庭外和解，避免在庭内纠缠的情形。如果你发现你的对手的确在案件中处于有利地位，你或许很可能会做出一个更加宽容的妥协。实际上将一个案子推上庭审耗费太多的时间和金钱，所以只要可能的话，案件能够在庭外和解符合每个人的利益。任何一方越是了解对方的情况，就越可能在他们之间达成一个一致协议。

然而，在沙利文和《纽约时报》的案件中，他们之间的分歧很大，没有达成庭外和解的可能。沙利文起诉要求50万美元的赔偿,而《纽约时报》认为这是不可理喻的。时报在沙利文所在的城镇只有35份发行量,而且报上也没有具体提到他的名字与头衔,《纽约时报》认为该报广告不可能造成价值50万美元的名誉权损害。

初审

沙利文与《纽约时报》在审判庭中摆好了控辩阵式。初审的第一个步骤是选择一个陪审团,该程序在民事案件审理中是另一个争议焦点。

陪审团在民事案件中拥有的权利与在刑事案件中是不同的。刑事案件的被告由陪审团审判的权利是美国刑事司法系统的基础之一,但是在民事案件中则没有如此严格的宪法保护。现实存在一个不断增长的发展趋势:不断减少民事陪审团的人数,从传统的12人团队减少到6人,而且允许民事陪审团在未能达成一致意见时上交多数意见。而在裁决刑事案件时,只有少数州允许减少陪审团人数或陪审团不用达成一致意见。

事实上,许多民事案件的审理都没有陪审团,因为失败一方得为陪审团的费用买单,这一风险是任何一方都不愿意承担的(相对而言,刑事案件的被告则无须因坚持陪审团审判的宪法权利而支付陪审团费用)。此外,作为一种策略,一些民事案件诉讼当事人也试图摆脱陪审团审理,因为他们认为如果让法官根据事实依法作出判决可能会更顺利地达到他们的目的。然而从另一方面,也存在一些事例,某个民事案件的原告会坚持陪审团审理,希望能够引发陪审员的同情,作出(对其有利的)重要判决,这种情况就发生在沙利文案件中。

沙利文的律师没有忽视在20世纪60年代初该案审理时,许多南方白人对于民权运动和《纽约时报》的敌意情绪,当时阿拉巴马州陪审团中的黑人成员还很少,律师明显意识到他的客户将得到陪审团的好感——事实也确实如此。

这样,审理开始了。作为原告,沙利文首先呈示了他的证据,然后《纽约时报》回应,原告总是先行,被告在后。很多证人为各方作证,沙利文的证人指出他们确实会将蒙哥马利警察的行动与沙利文联系起来,而且假如他们认为对《纽约时报》做出处罚,他们会看低沙利文,另外一些证人则作证说《纽约时报》广告里所说的是不准确的。

作为回应,《纽约时报》坚称发布广告是受《宪法第一修正案》保护的,而且广告内容一点没有提及沙利文。这一争执的重要性在本书第四章将会加以明确,在那里将讨论这样的诽谤案件要胜诉需要证明什么和报纸在这样的诉讼中要维护自己需要证明什么。

所有证据进入庭审展示完毕后，法官便在法律相关知识上指导陪审团，告诉陪审员该案是一个诽谤类的法律纠纷。因此，他们的工作仅针对《纽约时报》是否要对发布负责以及该广告是否确实涉及了沙利文。法官指出，沙利文无须证明广告造成了多少财产上的实际损失，因为依据阿拉巴马州法的规定，只要确定构成诽谤，损害赔偿就已经存在。

最后，陪审员休庭闭门商议后，达成了一个决议：判给沙利文50万美元赔偿（沙利文所请求的实际数额），他们期待着《纽约时报》为发布所谓有关阿拉巴马州蒙哥马利警察粗暴行为的广告付出代价。

裁决作出之后，《纽约时报》采取了两个重要的程序性步骤。首先是提起了重新审判请求，指出其认为原来审判错误的和不合法理的地方，这个请求立即被驳回，这其实是比较少发生的情况。

如果一个初审法庭的法官觉得陪审团偏重某些证据或是不公平，或者如果在庭审中出示了不适当的证据，或者在审判中发生了其他程序性错误，则败诉方有权提出重审要求。在本案中，重审要求被驳回了，因此，《纽约时报》只有做出其他选择，上诉到阿拉巴马州最高法院。

上诉

当一个案子被上诉，术语上可能有一点变化。提起上诉的一方变成了上诉人，另一方则变为应诉人。如果初审中败诉方上诉，则名称可能会颠倒过来，如同我们对这个案件之前预测的那样。因此，《纽约时报》变成了上诉人，而沙利文成为应诉人，案子也就变成了知名的《纽约时报》诉沙利文案。

阿拉巴马州最高法院同意受理《纽约时报》诉沙利文的案子。当一个上诉法庭同意接受像这样一个上诉案时，需要完成以下几步：首先，每一方要提交一份“诉讼事实摘要”，对本案涉及的法律议题做了详细阐述——“摘要”并不总是简要的。上诉人的诉讼事实摘要必须给出初审法庭在针对已有事实法律适用上的错误的证据，而应诉人必须为初审法庭裁决辩护。

在诉讼事实摘要被提交并被上诉法庭法官读取后，通常会安排双方进行口头辩论。在口头辩论阶段，每一方的律师都会被给予一段时间来阐述他们的主要论点。法官会询问他们一些问题，有时会针对不清楚的要点发问，这可能会使律师花光分派给他们的时间，以致无法说出他们最重要的主张。有时律师（以及一些有经验的观察者，如报道法庭新闻的记者们）可以根据法官提出的问题猜测哪一方可能会胜诉。通过所问的问题的性质、种类，可以透露上诉庭法官对哪一方持同情态度。

经过口头辩论之后，法官们将正式投票来决定如何判决。一旦大多数法官的立场明确以后，一个法官将会被指派来写出“多数决议”——决议将会被广泛应用从而变成一个法律判例。如果其他法官反对这个决议，他们可以写下“反对意见”，指出多数决议是错误的。或者某个法官同意多数人作出的结论但不同意其中的一些理由，当这种情况发生时，可以写下一个“附和意见”。一个法官也可能会同意另一个法官的附和意见或反对意见。

这些反对或附和意见是很重要，因为随着时间的推移，围绕一个曾经的少数意见形成新的多数意见的情形并非鲜见。一个反对意见可能会变成日后一个多数意见的基础。在第二章里介绍的涉及《宪法第一修正案》权利的一个例子中就出现了上述情况。

日后当上诉意见被收录入法律书中正式出版（该法律书逐字逐句记载特定法庭的书面裁决），那些裁定会成为正式的司法判例，从而为不断成长的法律体系作一点补充。

并非所有的上诉裁决意见都会被刊发：许多法庭只刊发他们认为最重要的一些意见。没有刊发的意见通常很少有判例那样的分量，因为它们不太可能在日后的案件中被法官或律师引证。许多联邦和州上诉法庭只将很少的一些上诉裁决作为判例刊发，而没有出版的则一般不会被考虑作为司法判例。有时，加利福尼亚州最高法院通过简单地收回刊发许可命令，撤销它不赞同的下一级上诉庭的裁决。一个被收回刊发许可的下级法院的裁决可能还会出现在法律书中，但却不能再成为判例。最近几年来，一些州或联邦法院开始允许引用一些未刊发的意见，给予这些意见类似判例的价值。美国华盛顿特区上诉法院和德克萨斯州最高法院在2003年就采取了这样的做法。

也有其他一些情况使得一个上诉法院的裁定失去其作为司法判例的重要作用。例如，当一个更高一级的法院对下属法院的裁定进行重新审核并就这一争议作出自己的解释时就会发生这种情况。

在《纽约时报》诉沙利文的案例中，阿拉巴马州最高法院确认了初审法院的全部判决结果，维持了给予沙利文50万美元诽谤赔偿的判决。在详细阐述的法律意见书中，阿拉巴马最高法院认可了初审法院对《纽约时报》案拥有管辖权的裁决，然后支持初审法官对陪审团有争议性的法律指导，在指导中，初审法官告诉陪审团员说沙利文不需要证明他的任何实际损失来赢得诉讼，最后，州最高法院还确认了其他所有裁定，包括巨额赔偿金。

经过这样一个挫折，《纽约时报》只剩下唯一的希望：希望美国最高法院或许会同意审理这起传统上纯属州法事务的民事诽谤案子。《纽约时报》提交了一个“诉讼文件调取令（writ of certiorari）”，坚决主张这一诽谤判决违反了《宪法第一修正案》,因为它可能妨碍公众对于争议性议题,诸如民权问题的讨论。

令一些法律专家诧异的是,最高法院同意受理这个上诉案。

美国最高法院的裁定

当《纽约时报)诉沙利文案到达美国最高法院时,所有的步骤与前面介绍的几乎一样,重新进行了一遍。双方提交精心制作的诉讼事实摘要,九位最高法院的法官聆听了双方的口头辩论,然后私下交换意见,并选择大法官威廉·布伦南(William Brennan)写出多数意见,该意见注定要成为关于诽谤法的判决中最著名的一个。

本书第四章将介绍最高法院在这个标志性判决中的法律推理。就这一点而言,可以简单来说《纽约时报》胜诉了。阿拉巴马州法院的裁定被推翻并且发回,这就意味着最高法院废止了下级法院的裁定,要求阿拉巴马州法院依照最高法院所确定的新的法律原则重新审核案件事实。

作为一个实际案件,有时这样做出的一个裁定就终结了案件的审理,因为原告知道无望在一个新的法律基本原则下赢得这场官司。当最高法院推翻并发回阿拉巴马州法院的裁决时,这起案件即使在理论上还没有结束,实际上已经终结了。

其他选择

除了推翻或发回下级法院要求重新裁定,对于上诉法庭来说还有其他选择,即维持(确认)裁定或者确认裁定中的一部分并推翻另一部分,之后一个新的审判可能列入日程。但是,无论案件审判的最终结果如何,最重要的一个方面是上诉法院设定的先例。在学习大众媒介法的过程中,你会发现对案例的讨论一般集中在主要法律争议上,而不是法律诉讼的最后审理结果。这个具有标志性意义的上诉裁定说明,可能需要许多年在初审法庭层面来完成各类法律技术动作,并且最终解决一个诉讼,或者仅仅一个高级上诉法院的裁定就可终止案件审理了。

当然,针对美国司法系统的批评是认为将一个案件推向审理的时间过长是有根据的:案子上诉到上诉法庭,如果必要的话再返回到初审法庭重新审理。正如司法系统批评者指出的那样,“迟来的正义即非正义(justice delayed is justice denied)”,美国司法系统的程序过于繁琐,导致很多的冤枉路,对不少人来说即非正义。

所有这些问题引发的伦理问题，很显然就是高得足以令人却步的诉讼成本。当一个案子上诉到美国最高法院的时候，每一方一般来说都已经花费了成百上千美元的律师费用、庭审费用甚至印刷费用。

如何查找法律？

一旦你了解各种类型的法律以及美国司法体系如何与之相互协调，学习任何既定主题的法律就不会太困难。从事法律研究，例如，查询一个特定主题的法律内容的过程，一般须懂得如何使用一些基本在线参考或者如何使用有序排放在法律图书馆书架上的书籍，大多数大一些的镇法庭要么有一个法律图书馆，要么坐落在一个法律图书馆附近，因为每天必须作出法律裁决的法官们在作出判决前需要随时查询相关的法律。此外，每个获认证的法学院都有一个规模大的法律图书馆，大多数此类图书馆都向公众开放，你可以走进去查阅相关法律。

与以往不同的是，目前还可以使用互联网或者计算机法律数据库，如 Lexis-Nexis（律商联讯公司）或者 Westlaw 等来从事法律研究。这些计算机数据库过去成本很高，只有那些有实力的法律事务所才负担得起，而现在却可以通过许多大学图书馆在线网络获得，尽管律商联讯公司的高校版在法律研究方面还不是很完善。

如果没有可利用的专门法律数据库，互联网本身也已变为一个强大的法律研究工具，因为州和联邦的法庭以及许多其他政府机构已经开始将它们不断增加的法律判决文书、管理规范与案例以及其他文件发布在它们的网站上。例如，在美国联邦贸易委员会的网站上（www. ftc. gov）有大量关于广告的法规信息，在联邦通信委员会网站上（www. fcc. gov）则有很多电子媒体相关法规。在更综合性的在线法律资源方面，最常用的包括美国国会图书馆法律信息网站——托马斯（Thomas. loc. gov）；找法（www. findlaw. com），一个私有的综合性法律网站；康奈尔法律信息研究所中心网站（www. law. cornell. edu），被公认为最好的法律网站之一；西北大学多媒体网站 oyez（oyez. nwu. edu）；美国最高法院的网站有法庭口头辩论的录音资料；联邦法院系统的官方网站（www. uscourts. gov）有大部分联邦法院最近的判决，包括最高法院和上诉法院判决的全文。

互联网上可资利用的法律信息资源的数量巨大，并且每日俱增，还在不断增加，并且成为法律研究变革的一个趋势。

本章解释了一些法律研究的基本原理。无论在法律图书馆查找相关书籍,或者利用计算机来获取相关的法律信息时,这些原理都是很有用的。

法院判决书

设立先例的上诉法庭的判决书一般来说不难查询,因为有一个检索系统能够告诉你到哪里找到每一个案例。在本书的每一章,你都将会发现对该媒体法领域重要法院判决的援引例证。在每一个案子的两方名称之后,你将会看到案件的索引(一系列数字和字母)。比如我们已经讨论过的标志性的诽谤案裁决,《纽约时报》诉沙利文案,当你在本书或其他任何法律方面书籍上查找这个案例,你将会在这个案例名称后面找到一个法律索引号:367 U. S. 254,字母和数字会准确告诉你到哪里可以找到一本法律书,书中载有关于该案美国最高法院判决的全文。

位于中间的"U. S."告诉你哪一个法院对该案作出了判决,因为它表示《美国判例汇编(United States Reports)》,它是载有美国最高法院判决书正式文本的系列书籍之一。因此,如果要找判决的印刷本,你可以问一个法律图书馆员,哪里存有《美国最高法院判例汇编(U. S. Supreme Reports)》。当你找到放置这些卷册的地方,剩下的事情就简单了。该索引中的第一个号码376表示"《纽约时报》诉沙利文"案记载在第几卷法律汇编中。你可以从一排书中查找下来,找到书背卷标为"376"号的书,然后将其抽出。

现在你恰好查到了这本书,在"U. S."之后的号码则是案例在书中的页码。翻到《美国判例汇编》376卷的第254页,就可以发现"《纽约时报》诉沙利文"案。在实际文本之前,有一个导引性说明解释判决,以便于迅速了解案例的要点。有些判决书还会包括判决的时间,如"《纽约时报》诉沙利文"案就标引为376 U. S. 254,1964。

利用在线方式检索时,通过案件的名称,或者通过索引,或者两者均用,都是可行的搜索方式。例如,利用Lexis-Nexis学术系统查找"《纽约时报》诉沙利文"案,可首先选择"法律研究",然后选择"联邦判例法",此后还有好几个步骤。在那里还有很多选择,或许比较容易的是用"指南检索"替代"基本检索",然后在日期选择方面选择"所有可能的日期"。下一步选择查找"索引"(非"全文"),输入"376 U. S. 254",由此将链接到"《纽约时报》诉沙利文"案,再进一步点击就将判决全文显示在你的计算机屏幕上。有许多其他途径也可以找到结果,但是在"指南检索"选项中输入索引,能够让你直接找到你所需要的案例,不需要按更多的键(否则会出现很多结果,因为很多案例会有对"《纽约时报》诉沙利文案"的引证)。

你也可以通过同样的方式准确查找任何其他出版的上诉法庭判决。本书

第六章提到一个著名的版权判决,“如斯蒙特公司诉兰登书屋”(Rosemont Enterprises v. Random House)案,它的法律索引号是“366F. 2d303”,索引的中间号码告诉你那个案子是联邦巡回法院而非美国最高法院的判决。“F. 2d”意思是“联邦判例汇编,第二版系列”,它是包含有各类美国上诉法院判决的系列法律工具书。为什么是第二版系列呢?出版商在许多年前开始印刷出版这些书,经过一段时间后,最初版本的编辑处理甚至装订风格显得陈旧过时了。因此,出版商从第一卷开始开始重新编撰翻新书籍,出版第二版系列。在1993年,出版商再次从第一卷开始重新编撰开始发行第三版系列。如果你看一个索引号为“F. 3d”,那么这个案子就是1993年或以后的美国上诉法院的判决。

你如何找到如斯蒙特(Rosemont)案件呢?你可以首先在法律图书馆找到《联邦判例汇编》第二系列,然后你找到第366卷,翻到第303页。在Lexis-Nexis系统中要查找“F. 2d”或“F. 3d”索引,按照上述介绍的所有步骤,但是有一条例外——在首页的“联邦判例法”项下的“指南检索”部分,选择“上诉法庭”,而不是“最高法院。”

在本书中,你将会看到一系列法庭判决的相关司法索引,每一个案例法律索引中间的字母会告诉你哪个法庭作出了判决。联邦地区法庭那些作为判例(许多是没有的)刊发的判决会编入《联邦判例汇编补遗(Federal supplement)》中(在索引中一般缩写为“F. Supp.”)。

检索系统对州法院的运作模式几乎与上述介绍的相同。如在第五章中引用了一个隐私权案例,称为“布里斯科诉读者文摘”案(Briscoe v. Reader's Digest), 4C. 3d 529。那是一个加利福尼亚州最高法院的裁定,案例被编入“加利福尼亚法院判例汇编”第3系列。要找到这个案子,你需要找到那个系列的第4卷,翻到第529页。本书第八章中引用了一个有关记者权利的案例,称为“泽兰卡诉威斯康星”案(Zelenka v. Wisconsin), 266 N. W. 2d 297,它是威斯康星最高法院的判决,但是索引指向了《西北部判例汇编(the Northwestern Reporter)》第2系列。在那一系列中载有一些中西部各州的一些重要的法庭判决。作为《国家判例汇编体系(the National Reporter System)》的一个部分,一个出版社各区域报汇编结成一个覆盖50个州的整体。

需要说明的是,不要以为你所在地区的法律图书馆只收藏你所在州的法庭判例,任何一个大型法律图书馆都藏有《国家判例汇编体系》,以及或许其他各州上诉法庭的重要法律判决。不论你是在纽约、佛罗里达或者阿拉斯加州,你都可能会发现其他州最高法院的判决书全文。

在很多情况下,你将会发现你所在的法律图书馆拥有不只一套收录大多重要法律判决书的法典。之所以如此，部分原因是因为处于竞争中的法律出版公司，每一个都寻求提供一套完整的重要上诉案例汇编。为了说明这一点，再回过头来看"《纽约时报》诉沙利文"案，它有一个更加完整的索引系统：376 U. S. 254，84 S. Ct. 710，11 L. Ed. 2d，686（1964）。不要被所有这些号码所吓倒，我们可以一步一步地掌握它。你已经知道了"376 U. S. 254"的含义，因此你需要知道的就是找到《美国最高法院判例汇编》第376卷。但是如果你到一个法律图书馆却没有找到那一卷，那也没有关系，只需另参考另一个索引，"S. Ct."意思是《最高法院判例汇编》，如果你抽出第84卷，翻到第710页，就找到了案卷。或者你可以参考"L. Ed. 2d"，意思是律师版（Lawyer's Edition）《美国最高法院判例汇编》第2系列，然后抽出第11卷、翻到第686页，这些书的每一种当中，最高法院的判决文本都是相同的，只是其中的导论说明以及编辑风格会有所不同。许多法律图书馆收藏所有关于最高法院判决汇编的三套书籍，至少部分原因是由于美国官方判例汇编公布之前一般早有民间汇编印刷出版。

在本书中偶尔会出现一个空白索引（例如，122S. Ct. ——）。那就意味着书出版的时间距案件判决非常近，因此，书印刷的时候还没有完整的索引。一些新案件被收录入了诸如 Lexis-Nexis 这样的计算机数据库中。事实上，对计算机数据库使用的不断增长，或许将很快彻底改变这里所描述的法律索引系统。当然，应用于传统索引中的页码系统基于图书页码，这与在计算机屏幕上显示时编页码的方法是相当不同的，因为它采取的是典型的大约为24行一页的形式。科罗拉多、路易斯安纳和威斯康星州已经采用了新的索引系统从而更好地与计算机的检索方法相一致，其他一些州和联邦政府也正在考虑在采用类似的法律索引变化形式。

在大众传播领域，另一个便捷的检索法院判决书的方式是利用《媒介法判例汇编（the Media Law Reporter）》。它每年出版一卷，而且收录了媒介法领域大多数成为判例的法庭判决书全文，其中包括最高法院判决书、下级联邦法院的判决以及州法院的案例。在本书中就有一些引自《媒介法律判例汇编》（缩写为 Med. L. Rptr）。

当你联机检索法律资料时，不仅可以利用名称或索引查阅诸如"《纽约时报》诉沙利文"这样的案件，还可以把问题本身作为关键词进行检索（举例来说，本案中就可用诸如"实际恶意"这样的词语作为关键词）。此外，你可以迅速看到此后涉及的一些典型性案例。利用关键词搜索的方法使电子检索法律资料比传统的书本检索便捷得多。

法律百科全书

我们刚刚介绍了查找任何主要上诉法院判决书的方法，但是，如果你不了解法院判决书的名称而又想了解某一专题的法律知识，那该怎么办呢？

在这种情况下，你或许需要一本法律百科全书。法律百科全书和你使用了多年的一般百科全书一样，不过它只介绍法律内容。在美国法律百科全书主要有两种，由两个不同的出版社出版：American Jurisprudence（美国法律大全，一部完整的州法与联邦法百科全书，共400多个主题），或简称为"Am-Jur"；Corpus Juris Secundum，或简称为"CJS"。"CJS"出版社（拉丁文为法律判例汇编大全第二套之意）现在刊发了一套被称为"Corpus Juris Tertium"或称为"法律全书第三版"的百科全书。

尽管它们的名字复杂难懂，但是法律百科全书使用起来并不困难。它们将探讨的许多法律主题按字母顺序排列，并且简要总结了每个领域主要的法律原则。唯一需要掌握的技巧就是在何处找到某个特殊专题，为此，在每套书后附有详尽的索引。如果你想知道更多有关诽谤方面的法律知识，你只要查找"诽谤"这个词，它就会告诉你到何处查找更多的信息。当然，使用关键词索引它不总是一找就能找到的，因为你头脑中的名词可能不是百科全书索引中使用的关键词，因此你或许不得不考虑使用一些同义词。一旦你找到了索引中使用的准确词汇，你可以由此找到你所要找的法律概要，无论是破产法还是刑法、不正当竞争法以及医疗事故相关的法律问题。

如同一些全国性的法律百科全书试图归纳概括出全国适用的法律基本原则一样，有些法律百科全书专门归纳适用于某个州的法律原则。大多数人口稠密的州都编有这样的法律百科全书，例如佛罗里达法理（Florida Jurisprudence）、加利福尼亚法理（California Jurisprudence）、德克萨斯法理（Texas Jurisprudence）或者纽约法理（New York Jurisprudence）等。

当你查阅法律百科全书时，需要注意的问题之一是百科全书附带的口袋书。法律年年在变化，常常幅度不小，每年更新的主要法律内容汇集成册塞进每卷书背后的书袋中。因此，要养成首先检查每卷书后面书袋的习惯，以免浪费时间去学习一些已经失效的法律。

由于重要的法庭判决有成千上万个，并且它们中的大部分做出了看上去不一致的结论，当法律通过每一次法庭判决不断完善发展时，美国法律研究协会委托一些法学学者不断重新撰写概览以使能跟上法律发展。这些称为法律的重释，法庭给予它们相当程度的重视。《民事侵权重释（二版）》总结概括了诽谤、隐私及其他领域的民事侵权法，成为这些领域重要的参考著作。重释比其他法律百科全书在权威性的分量上重得多,尽管对于从事法律研究的新人来说似乎它不是很容易阅读。

注释的法典

一旦你在法律百科全书中阅读了你所查阅的主题的纵览,你可能想要更多地了解该主题,这可以通过阅读一些百科全书中收录、概括的法庭判决和成文法来达到目的。本书已经说明了在法律书中如何通过案例索引查找法庭判决书的方法,查找成文法的条文一般会更容易。

许多重要的州法及联邦法是依照主题加以组织的。要找查一部成文法,选择好一套合适的州或联邦法律汇编的法律百科全书,将会指引你找到与你需要的主题相关的成文法及法院判决。例如,如果你需要阅读联邦版权法案,你可以利用它的法律索引,即“17. U. S. C. A. 100 et seq.”。索引表示你要找的法案标题它的意思是《美国法典》的第 17 卷、第 100 节,然后你顺着该项找下去就会发现版权法的全文。在图书馆查找版权法的内容时,你可以问法律图书馆员在哪里可以找到《美国法典》,然后找到第 17 卷中第 100 节的内容。在一部联邦或州法典的名称前面的数字表示题名、书或者卷册号码,名称后面的号码将会引导你找到准确的章或节。不同的州对术语可能有不同的表述,但是原理是一样的。

利用这种方式来查找成文法有两个需要牢记的注意事项。第一是绝大部分成文法典都加有注释,也就是说法典里通过对法庭判决所做的简要总结对成文法所做的解释,与成文法本身的条文一样重要。它们包含一个简要的关于法庭判决的概述来对成文法及正文加以解释。查阅这些注释是非常重要的,因为这样可以保证你所要掌握的法律是否已被法庭的判决推翻。

另一件你需要注意的事情是要再一次检查书背后的口袋,以确认你所查阅的法律内容仍然有效。就像法律百科全书一样,每年,几乎所有没有完全修订的法典后面的书袋中都会收录以附页形式更新的内容,告诉你法律修订的情况,以及任何新的法庭判决对法律作出的解释。

正如百科全书一样,成文法的解释汇编也拥有一个详尽的索引,例如,如果你想了解西弗吉尼亚有关诽谤的法律,你可以很方便地查找西弗吉尼亚法律汇编中有关诽谤的索引,然后找到相关成文法规和注释中提及的案情摘要。本书的一些章节,会介绍一些如何做简单的法律研究的方法,学习如何研究所在的州某个特定主题的法律。没有任何一本全国性的法律书能针对每个州的具体情况作出详尽的阐述,但你可以用同样的方法来研究你所在州的具体法律规定。

如果你做在线法律研究，有很多网站和数据库也提供成文法、法庭判决及法规信息。

行政法规

行政法规非常众多而庞杂，因此这里不作详尽的介绍。然而，如果同学们对广播电视有特殊兴趣，为便利研究，就应当关注联邦通讯委员会的规范。

法律著作《联邦法规法典》(简称 CFR)第 47 章包含联邦通信委员会的规章制度。从其内容目录上你可以很快查到针对某个特定的广播电视管理规范的具体内容，CFR 经常更新，因为行政管理部门经常修改他们的规章。

一些主要的行政机关会自行出版一些诉讼处理概要。在联邦通信委员会的案例中，有著名的法律报告提供商，如“Pike and Fisher”提供有关行政机关判决的信息。许多大型法律图书馆都收藏完整的特定法律参考资料，诸如上面提到的“Pike and Fisher”。当然许多执法机关现在建立了自己的网站，其中汇集了很多法规、新闻发布资料及报告的汇集。

更进一步信息

在归纳法律研究的方法时，我们试图用数页书的内容来涵盖法学院全部课程的内容，显然是不可能覆盖全部细节的。

然而，如果你承担法律研究项目的话，另外一些问题需要留意。一个是法院会不断解释并再诠释前面的判决。在你引述任何法院判决前，需要确定它没有被更高一级法院或以后的法庭判决推翻。有一个好的办法是查询一个跨参考的索引，即“谢泼德索引(Shepard's Citator)”。包含该索引美国最高法院部分的 Lexis-Nexis 数据库在大部分大学图书馆中都可以找到。事实上，所有法律图书馆都有全部联邦和州上诉法院的谢泼德索引。在引述前总是“谢泼德索引”案件可以避免引述十几页已经被推翻了的法院判决的错误。

最后，养成随时到法律图书馆或者使用在线数据库来查询问题的习惯。如果你读到这里，你或许已经比很多到参考咨询台甚至法律图书馆咨询问题的人们知道得更多。

第二章　自由的传统

美国人视自由为理所当然。在有些情况下，这使他们备受责难。但对他们而言，《宪法第一修正案》就像是自然界的一条普遍规律、一项永远存在的准则一样，谈论起来一点也不费劲。

诚然，事实并非如此。今天，美国和其他一些民主国家所允诺的表达自由，当是世界历史上空前未有的。我们现在所享有的自由，是经过数个世纪的艰苦斗争才得来的，但也很容易失去。即使是今天，在全世界，也只有不到一半的人是生活在充分认可诸如言论自由、新闻自由和宗教自由这样的一些基本自由的国度里。在许多国家，政府领导人认为，"国家安全"（或者是他们本人在职期间的个人安全）比人民的自由更为重要。更为甚者，许多领导人视大众媒体仅仅为一种宣传或国家发展的工具——用于抵制国内外敌对势力的武器。即使是在美国，"9·11"（2001 年）事件过后，恐怖主义的威胁促使对公民自由施加新的限制。例如，作为"提供打击与防止恐怖主义的适当工具以团结并强化美国"的《美国爱国者法案》（*USA Patriot Act*）于"9·11"袭击之后迅速得以通过。该法案创设了"国内恐怖主义罪"的罪名，扩大了联邦政府对电话及因特网通讯实施监控的权力，并且授权司法部长可以拘留任何他认为会对国家安全构成威胁的外国人。

在大多数国家中，政府直接审查大众媒体仍然司空见惯。而即使是在那些名义上宣称媒体可以免受审查的国家，新闻记者和其他致力于民主改革的支持者也时常会受到逮捕、拷问和谋杀。在一些国家，新闻记者"失踪"极其频繁，以致外界几乎无法察觉。除此之外，政府官员可以通过一种更为微妙的方式来控制媒体。例如，提供有利于政府的"广告"，而发布或传播这些"广告"似乎只是纯粹的新闻。一旦失去了政府补助，许多新闻媒体将会很快破产——这个事实令这些新闻媒体难以维护任何名义上的编辑独立。

1989 年以及 20 世纪 90 年代初期横跨整个东欧、由共产主义者掌控的政府被推行包括新闻自由在内的民主改革的、由非共产主义者所控制的政府取代了。即便是长期被多数西方人视为极权主义象征的前苏联，也进入了一个公开化与改革的时期，这是一个通向自由选举、新的大众媒体自由的开放与重构时代,并最终摧毁了苏联本身。

英国的审查制度

有关表达自由演变的概述,我们以古代为起点,这仿佛就是对现代文明的哲学基础进行一番重新审视。早在数千年前,古希腊和世界上的其他地区就已出现了各种有关表达自由雄辩有力的观点,而美国的言论自由传统更多地直接追溯到四百年前的英国。

17 世纪,英国陷入了一场政治与宗教相互交织的战争之中。英国君主政体及由政府援助的教会坚决镇压“不服从国教者”,其中大部分是清教徒。此外,在贵族与日益崛起的中产阶级之间的经济斗争也与这场宗教政治斗争密切地联系到了一起。

在这场意识形态的斗争中,斗争双方的领导者都通晓印刷业的重要性,而且不时求诸于各种暴虐手段对那些他们认为是危险的思想进行了审查。在那个时候,就有不止一位英国人由于表达不为当权者所容的思想而锒铛入狱、遭受拷打并最终被处死。那些令当今美国人或英国人为之大为震惊的残忍行径,在当时的英国却是屡见不鲜。

官方审查制度的实行,始于早在 1530 年就已实施的印刷许可证制。许可证制禁止那些观点与当权者不一致的人员从事印刷业,同时,它还支持政府代表在出版物发行前对内容进行预览和预查。此外,通过颁授令人垂涎的印刷许可特权,政府就可以对地下出版加以有效控制。获得许可证的出版商为了保护自身的利益,就会协助搜寻那些地下出版商。

弥尔顿与清教徒

审查制度直到 17 世纪早期一直被用于镇压各种威胁现存秩序的思想。当时的一些重要政治思想家受此启发,纷纷撰写了雄辩有力的呼吁表达自由的论著,以此来辅助他们获得所寻求的、从宗教和政治压迫中得到更为宽泛的自由。表达自由的早期倡导者是弥尔顿,他在《论出版自由》(*Areopagitica*)(1644 年)一书中提出了反对政府审查制度的著名观点。弥尔顿以这样的陈述来向“长期国会”表达其自由思想:

> 尽管放纵各种学说,思想扰乱着世界,但是,真理也在其中。许可证与禁止使我们不甚明智地怀疑真理的力量。就让真理与谬误进行角斗吧——又有谁会相信,在一个自由而且公开的决斗中,真理会被打败?

从这一陈述中,我们可以觉察到一些现代理念。其中强调通过对有争议的问题进行公开辩论,就可以产生一种自我校正(self-righting)的作用。弥尔顿认为,审查制度是没有必要的,因为真理终将战胜谬误。从某种程度上来说,弥尔顿倡导了"思想市场理论(marketplace of ideas)"的某些思想。这是一种革命性的思想:在弥尔顿所处的那个时代,几乎没有一个人会认为表达自由应该是普遍的。即使是弥尔顿本人,对自由的认识也有一定局限。尽管弥尔顿追求能够超越他所处时代的更多自由,但是,他却认为表达自由权利不能延伸到某些人身上,因为这些人所倡导的思想在弥尔顿看来具有高度的谬误性或颠覆性。在他为自由发出的呼吁中,特别将"蔑视天主教教义与教皇制度以及公开宣扬异端[①]"和"不虔诚的和邪恶的"思想排斥在外。

事实上,在克伦威尔(Cromwell)所领导的清教运动夺得英国的控制权并于 1649 年处死查理一世(Charles I)后,弥尔顿便接受了政府任命。从一定程度来说,该职务要求他充当一名政府审查官的角色。他的一项职责就是监控官方报纸——《政治快报》(*Mercurius Politicus*)。距弥尔顿向政府呼吁应该允许正确观点与错误观点互相进行辨论以使正确观点得到普遍认同,此后仅七年,1651 年弥尔顿开始从事思想审查的工作。他所服务的政府,在英国强制推行严厉的清教信仰,毫不容忍其他宗教信仰的存在。

弥尔顿后期的工作与《论出版自由》相矛盾吗?或许是。但直到今天,对于弥尔顿在克伦威尔政府中实际扮演的角色,学者们依然众说纷纭。一些学者对弥尔顿是否真正从事了审查工作提出质疑。无论弥尔顿在后期做了什么——或者没有做——均是出于生活所需,他的《论出版自由》依然是雄辩有力的表达自由呼吁书,对后来英国的政治思想产生了重要影响。

客观地说,在克伦威尔政府的职员中,在倡导表达自由方面,还有一些人比弥尔顿认识得更为深刻。如马萨诸塞殖民地前清教牧师罗杰·威廉斯(Roger Willams),由于其争议性的宗教思想被放逐到罗德岛,后来回到英国,就在《论出版自由》出版的同一年,他撰写了《迫害的血腥原则——以道德的名义》(*Bloudy Tenent of Persecution for Cause of Conscience*)一书。威廉斯甚至力促给予天主教徒、犹太人和穆罕默德信徒以表达自由,但是,在弥尔顿的"思想市场理论"中,这些人并不能享有表达自由。

17 世纪 40 年代的平等派是一个激进的清教团体,他们强烈赞同对"免除审查、给予自由"的主张。他们发行的小册子上始终刊载着声讨审查制度和许可证制度的几句话。他们认为,对于宗教自由以及他们所热烈追求的限制

① 原文有误。应是"popery, and open superstition"而非"popery and open superstition"。

政府权力而言,自由表达是基础。

1648 年,平等派在致国会的请愿书中提出了新闻自由的诉求。该请愿书指出,在"真理受压制"和民众处于无知中时,这种无知"恰好适于暴君和压迫者所追求的不公正"。一个政府要想做到"处事公正"和"分配合理",就必须"听到所有的意见与评价。为达到这种目的,它必须准许新闻自由,否则永远都无法做到这一点。"

尽管清教徒能言善辩,但是,英国仍于 1660 年恢复了君主政体,而且继续采用印刷许可证制(尽管那时候国会拥有了更大的发言权)。根据英国有关文献记载,虽然 17 世纪 60 年代后的王政复辟时期是以英国文化空前的自由——甚至是猥亵为标志,但它也是一个宗教受压抑的时期。例如,《议会法案》(Act of Parliament)(1662 年)就对印刷机数量加以限制,而且禁止出版与基督教宗教信仰相抵触的书籍以及带有煽动性、反政府性的著作。

约翰·洛克(John Locke)与自然权利

17 世纪后期,正当国王与国会之间的争斗日趋白热化之时,支持表达自由的新一代思想家诞生了,他们之中执牛耳者或许就是约翰·洛克。他的观点未必是自己首创,但是,他却能如此雄辩有力地表达这些观点,使他成为那个时代举足轻重的政治理论家之一而流芳于世。洛克著名的社会契约理论认为,政府是民众的仆人而不是民众的主人。他认为,人生而被赋予特定的自然权利,包括生存权、自主权和财产所有权。洛克指出,人民与政府之间达成了一种契约,人民赋予政府管理的权力,作为回报,政府必须向人民做出捍卫人民自然权利的许诺。

洛克认为,在这些自然权利中,处于核心位置的当属表达自由。因此,1694 年,在英国的许可证制被重新检视时,洛克列举了必须废止该法令的 18 项理由。而该法令之所以期满终止,主要是因为"行业管制上的困难"。有关英国争取表达自由斗争更为全面的描述,读者可阅读弗雷德·席伯特(Fred Siebert)的经典著作《英国新闻自由》(*Freedom of the Press in England*)(pp. 1476—1776, Urbana:University of Illinois Press,1952)。

在英国,来自社会其他方面的力量也推动着表达自由。举例来说,在 1688 年的"光荣革命"中,国会在与王权的斗争中赢得了重大胜利。詹姆斯二世(James II)公然以天主教国王自居,态度咄咄逼人[①],最终导致几个相互斗争的反对派系联合起来对抗他。他于 1688 年不得已逃离英国。1689 年,国

① 当时英国新教势力占据统治地位,詹姆斯二世以天主教国王自居,等同向新教势力宣战。

会颁布了《权利法案》(*Bills of Right*),而且邀请奥兰治的威廉(Willam of Orange)及其妻子玛丽(Mary),即信仰新教的詹姆斯的女儿,出任权力受到严格限制的君主。在《人权宣言》(*Declaration of Rights*)中,威廉与玛丽接受了上述条件,国会与王权之间长达一个世纪之久的斗争也随之终结。

此外,英国出现了两党制,一个公开的、健康有力的政治辩论时代到来了。辉格党与托利党这两个政党很大程度上是通过出版物来向民众宣传各自的观点。

被视为犯罪的煽动性诽谤

到了 18 世纪,虽然作为政府审查制度之一的出版许可证制在英国已不复存在,但是,煽动性诽谤的犯罪指控(即是对政府或政府官员的批评)依然是有效的威慑,可以阻止人们出版抵毁政府的诽谤性册子。

与此有关的一个典型例子便是 1704 年的图钦(John Tuchin)案。图钦因"创作、撰写和发表冠以《观察者》(*Observator*)为名的某些虚假的、恶意的、煽动性的诽谤文章(参见瑞克斯诉图钦案(Rex v. Tuchin), *Howell's State Trials*, p. 1095)"而受到审判。

图钦被定了罪。在审理过程中,主审法官引用了普通法(common law)中有关煽动性诽谤的解释:

> 声称政府委任腐败官员管理事务,这在一定程度上是对政府相关情况的反映。但是,用一种对政府怀有恶意的观点来蛊惑人心,倘若没有人因此而受到追究,那么,没有一个政府可以存在。对政府来说,人民对政府持友好的态度显得非常必要。对任何政府而言,最糟糕的事情莫过于有人竭力煽动人民仇视政府,以便就此操纵政府。这种行为就是一种犯罪;除非惩罚这种行为,否则没有任何政府是安全的。

普通法的这一准则一直都没有遭到任何异议。废除许可证制的成功可能使得新闻自由倡导者的力量得以增强,而倡导更多自由的文章和小册子,就如一阵风吹开了 18 世纪。然而在整个 18 世纪,批评政府仍被视为一种犯罪,而且批评的真实性不能作为免受指控的辩护词。在当时,盛行的法律准则就是,"真相越多,诽谤也就越多"。

这是怎么回事呢?这一假设所蕴涵的哲理让人不禁联想到弥尔顿的观点:如果印刷者对政府进行虚假抨击,他将受到人们的漠视。如果印刷者对政府进行的抨击属实,那么人们很可能由于相信他,或者可能因此而出现叛乱,从而引发混乱和无政府状态。

国会认识到有关煽动性诽谤的普通法可能被滥用，于是在1792年国会通过了《福克斯诽谤法案》(*Fox Libel Act*)，该法案允许陪审团而不是法官决定言论是否具有诽谤性。在此之前，法律仅允许陪审团裁定被告是否因出版诽谤性印刷品而犯罪；而法官裁决出版物是否真正具备诽谤性的法律问题。

法律的改革并没有消除煽动性诽谤的诉讼，却使得政府更加难以处罚批评者——因为陪审团的成员可能会赞同被告涉嫌诽谤的言论，而他们将决定该言论是否具有诽谤性。

1843年，英国出现了另外一场改革，它进一步增强了批评政府者的力量，同一年，英国议会通过了《坎贝尔勋爵法案》(*Lord Campbell's Act*)，明确规定在所有煽动性诽谤案中，真相可作为辩护词。从此，"真相越多，诽谤也就越多"的旧准则被废除了。

正当英国有关言论自由之战风起云涌之时，在英属北美殖民地上，同样的斗争也在进行着。

一个新国家的自由

为逃避宗教或政治迫害，许多早期殖民者离开英国或欧洲大陆来到北美。尽管如此，在一些殖民地中，殖民地居民却处在(或营造)了一种远非自由的氛围中。当这些流亡到北美新大陆的清教徒夺取新英格兰控制权时，他们建立了一种密切的政教关系。持有异于主流宗教思想或政治思想的人士，与他们在英国时相比，并没有得到更为热烈的欢迎。

事实上，北美用于限制新闻自由的法律要比北美的第一份报纸早出现约三十年。即使没有任何特殊授权，殖民地统治者仍想当然地认为他们有权审查与之意见相左的出版物，理由是英国当局就有这种权力。甚至在英国废除许可证制后，殖民地领导者仍继续实行审查，好像他们真的具有此项权力。一些殖民地报纸须在报头处印上"政府授权出版"的字样。而数年之前，在英国无须政府许可的出版权便已确立了。

此外，北美跟英国一样，煽动性诽谤的诉讼也被用来作为一种对新闻加以控制的手段，法律更针对报纸征税。例如，1765年的《印花税法案》(*The Stamp Act*)，即以强制出版商购买印花税票并将其贴附在每份报纸上的方式对报纸进行征税。结果，殖民地出版商对英国当局进行了极其激烈地抵抗，最终帮助激起了反抗母国的革命。

曾格诽谤案的审理

在殖民地出版事业的早期发展历程中，曾经出现过一个轰动大西洋两岸的煽动性诽谤案件：约翰·波特·曾格（John Peter Zenger）案（1735）（首席检察官诉约翰·波特·曾格案（Attorney General v. John Peter Zenger），*Howell's State Trials* V.17,675）。

曾格，一位德国移民，是《纽约周刊》（*New York Weekly Journal*）的出版商和印刷商。该刊是反对特别不受欢迎的皇家总督威廉·科斯比（William Cosby）的宣传者。总督通过玩弄一些法律花招将曾格投入监狱，并指控他"印刷和出版虚假的、造谣中伤的和煽动性的文字，使总督蒙受极大的不公正耻辱，是一个无视法律和正义的人。"

非常幸运的是，来自费城且在殖民地中最受尊敬的律师之一——汉弥尔顿（Hamilton）为曾格提供了法律援助，他动身前往纽约为曾格辩护。汉弥尔顿无视科斯比亲手选出来的法官的权威，直接向陪审团申诉。他力劝陪审员不理睬"真相越多，诽谤也就越多"准则，自主决定涉案言论是否与事实相符，并指出只在发现这些言论有违事实时才将它定为诽谤。

汉弥尔顿说："造物主和国家法律赋予我们一种权利，而且也给予我们一种自由。使我们可以通过写出或者说出真相的方式，来揭露和抵抗专制强权。"

汉弥尔顿力劝陪审员驳回法官的论断，一旦认定曾格所言属实即应宣告其无罪。在此过程中，汉弥尔顿显然已逾越了法律的限制。倘若他不是一位享有声望的律师，恐怕早已因公然藐视法庭权威的行为而受到处罚了。但是，汉弥尔顿并没有受到传讯，他向陪审团提出的雄辩有力的陈情发挥了作用：尽管曾格确实是批评政府言论的出版商，陪审团仍对他做出无罪判决。

在给英属北美殖民地皇家官员带来的心理冲击上，曾格案的重要性如何夸张都不过分。然而，该案对美国和英国判例法的直接影响实际相当轻微。即使是在曾格案判决后，类似的犯罪判决仍然依据没有强制力的法律先例。英国法院一如继往地惩罚那些以事实挑战政府权威的出版商。例如，发生在1763年英国的审理约翰·威尔克斯（John Wilkers）刊发"不道德和煽动性诽谤文字"案清楚地说明，普通法并没有因为曾格案受到改动。

然而，有关"发表不涉及行动的批评政府的言论——特别是那些符合事实的言论，并不是一种罪行"的争论却反复出现。1773年，尊敬的菲力普·弗诺（Philip Furneaux）强调，只有公然反抗政府的行为才应受到惩罚。他写道：

法则意向对社会各阶层一视同仁,尽管这可能引起不快,但只有当某些行为公然损害公共治安和公共秩序时才构成法律议题,亦即只有当行为发生,政府当局才可以着手实施处罚,也就是说,政府只可以处罚公然的犯罪行为,而不应处罚并不具有任何实际伤害性的意向;因此,刑法应该仅仅直接适用于实际伤害的犯罪行为。

《宪法第一修正案》

当一系列的事件使得英国与美洲殖民地之间的关系紧张并导致双方关系破裂时,1776 年,殖民地居民宣告独立。然而,即使已经脱离了英国的藩篱,美国人仍大量借鉴母国的思想。托马斯·杰斐逊(Thomas Jefferson)的思想,甚至是他在《独立宣言》(*Declaration of Independence*)中的一些用语,明显借鉴了英国政治思想家洛克的观点。在《独立宣言》中,多次出现洛克所阐述的自然权利和社会契约思想。

独立战争取得胜利后,根据《邦联条例》(*The Articles of Confederation*)的协定,美国经历了一个短暂的、低控制强度的中央政府时期。之后,依照各州于 1788 年批准通过的《宪法》,美国成为一个联邦国家。尽管《宪法》得到各州批准,但是,多数美国人对新组建的联邦政府仍心存畏惧,尤其是《宪法》并没有保证尊重公民的基本自由。虽然《宪法》拥护者宣称,这些公民自由权利早已牢牢扎根在那些承袭自英国的普通法中,许多人对此还是持谨慎的态度。一些州政府就是在得到《宪法》将很快进行修订并加入《权利法案》这样的保证后才批准《宪法》的。

诺言得到了兑现。国会在第一次会议上就起草了《权利法案》并提交给各州批准。该法案于 1791 年年底宣告生效。当然,与大众传播媒体最为密切相关的当是《宪法第一修正案》。《宪法第一修正案》规定如下所述:

> 国会不得制定法律、确立国教,或禁止信教自由;不得制定法律剥夺言论自由或新闻自由;不得制定法律剥夺人民和平集会的权利以及请求政府主持公道的权利。

确切地说,《宪法第一修正案》几乎包括了新闻自由倡导者所期望的方方面面。但是,对上述表述的理解时常难以形成共识。时至今日的两百多年来,对于《宪法第一修正案》的确切含义,人们一直存在着激烈的争论。

《宪法第一修正案》的早期问题

有关国会在起草《权利法案》时的讨论记录并没有完整保存，因此，我们不可能明确国会当时的意向。《宪法》研究学者提出了各种各样的理论，但是，多数学者却对下述观点心存疑问，即，《宪法》的大多数制定者意图使《宪法第一修正案》对以任何方式限制新闻自由的所有政府行为都加以禁止。

在此之后，一个至关重要的问题，也是本章接下来的一个讨论焦点，即是：对自由的限制哪些是《宪法》所准许的，哪些却不是？已经出版的许多学术著作都试图回答这个问题。一些历史学家更是花费大量精力来核查当时的记录、讨论报告和文件，以求找到问题的答案。对其中的部分结论，本书将作简要介绍。

无论第一届国会制定宪法的真正用意是什么，仅仅过了几年，国会就制定了一些看来似乎是公然违背《宪法第一修正案》的法律。1798 年，国会迅速批准通过《外侨及煽动法》(*Alien and Sedition Acts*)，这一法案被用来压制备战法国的政治上的不同意见。对于这场对法战争，政府从未宣告过。《外侨及煽动法》使得谈论或发表煽动性思想成为一种被联邦法律认定的罪行。该法案有一个重要的安全阀：真相可作为辩护词保护自由言论。然而，任何人若敢从事以下行为，将被处 2000 美元以上的罚金，同时被判处 2 年的有期徒刑。

> 撰写、印刷、散布和出版，以及故意或自愿协助撰写、印刷、散布和出版任何虚假的、诽谤性的、恶意的作品或仇视美国政府、美国国会和美国总统的作品；故意抵毁或羞辱政府、国会和总统；或者是具有藐视上述政府、国会和总统的声名或和损坏其声名的故意；或者意图激起美国公民的仇恨，反对政府、国会或总统中的任一个；或者有意在美国国内煽动暴乱。

该法案的实施在美国国内引发了 25 起拘留事件和 15 起控告事件。所有事件都是针对总统约翰·亚当斯(John Adams)与联邦党的反对者。在那时，由于联邦党执掌了国会，因此能够越过杰斐逊及其支持者的反对。尽管联邦党人旗下的报纸时常因恶意攻击杰斐逊及其他非联邦党政府官员而触犯法律，但是，在《外侨及煽动法》实施期间，并没有一位联邦党人因触犯该法案而受到起诉。两党制形成了，而杰斐逊党，或者叫反联邦主义者，成为《外侨及煽动法》的真正目标。

历史上由《外侨及煽动法》引发的一个著名审判是库珀博士案。托马斯·库珀(Thomas Cooper)出版了一个一览表，上面列举了他所认为的亚当斯总统犯下的所有错误，他因此受到指控(美国诉库珀案(U. S. v. Cooper)，25F. 631，1800)。

不久以后,库珀出任哥伦比亚大学校长,并就他已被广为流传的案件发表声明,谴责《外侨及煽动法》对新闻自由的压制。库珀指出,"从各种事件的当前情形来看,对那些撰写政府颂词者而言,出版是开放的;而法律威慑的却是那些谴责当权者行为的人。"

此外,库珀指出,如果言论自由受到遏制,那么,信息之路也将封闭,选民也就不能明智地选出政府领导人,因为当权者为"我们这些有一定任期的统治者所犯下的大量渎职行为披上了面纱"。

作为对库珀的回击,主持库珀案的联邦党法官塞缪尔·蔡斯(Samual Chase)在宾夕法尼亚州的联邦法院向陪审团作出如下陈述:

> 我所了解或听说的所有政府均对那些诽谤政府的行为进行处罚。如果一个人试图损害其政府官员、最高长官和立法机关的信誉,那么,实际上,他是在腐蚀这个政府的根基。

陪审团判决库珀博士有罪。而在美国其他地方,大约有七个人也被定了罪。在日益不满联邦党领导的民众看来,这些人当中的部分人士成了民间英雄。

由杰斐逊所领导并渐露矛头的反对党,充分利用这种动荡的局面,赢得了民众的广泛拥护——在某种程度上,源于联邦党人施行的严厉高压政策引起不满。

当时已任副总统的杰斐逊竭力反对《外侨及煽动法》。在杰斐逊的支持下,肯塔基州和弗吉尼亚州议会通过决议,宣布《外侨及煽动法》"无效",由此引起了一些涉及州权的争议,直到南北战争爆发,这些问题才得到解决。

后来成为杰斐逊政府的国务卿、再之后出任美国第四届总统的麦迪逊(James Madison),在起草《弗吉尼亚决议案》(*Virginia Resolution*)时就明确表示,他认为《外侨及煽动法》违背了《宪法第一修正案》。麦迪逊相信《宪法第一修正案》的作用应该是禁止联邦政府采取任何限制新闻自由的行为。

或许杰斐逊也同意麦迪逊的观点。在他给朋友的一封信件中,他这样写道:"我崇尚新闻自由,反对任何违背宪法规定、以暴力手段而不是以理服人的方式压制国民抗议政府的抱怨或批评,不论它们公平不公平。"

1800年,在竞选总统时,杰斐逊将《外侨及煽动法》当作一个主要议题。而公众对这些法律的不满成为杰斐逊获胜的重要因素。就任总统后不久,他就下令赦免那些因触犯《外侨及煽动法》而被定罪的人士。

然而,作为拥护新闻自由的战士,杰斐逊在这方面的记录并非完全没有污点。就任总统期间,杰斐逊一直遭受着反对派报纸对他实施的无情人身攻击。

尽管他时常保护反对者表达自身观点的权利,但最终他还是被激怒了,并怂恿他的支持者在州法院起诉这些反对者。

《宪法第一修正案》:学者的观点

《外侨及煽动法》于1801年被终止了。大约一百多年后,国会才试图重新将批评政府的行为定为一种联邦罪行。

然而,这并不能表明《宪法第一修正案》的意图排除煽动性诽谤作为一种罪行的可能性,关于这一问题的争论一直持续到20世纪。研究宪法的资深学者、历史学家莱昂纳德·里维曾经写道:

> 显然,并没有任何证据让我们可以做出这样的理解:《宪法》对于新闻和出版自由的保障意味着往后的煽动性言论可免受起诉……至少在正式通过《宪法第一修正案》的时期,在政府公开声明中一直认为,防止诽谤性言论和攻击以确保国家安全,比任何其他社会利益都要重要。

莱昂纳德·里维指出,最有可能发生的事就是,《宪法第一修正案》的制定者并不能确定《宪法第一修正案》的全部含义是什么,但是,大部分制定者都认为,未来对煽动性言论提起起诉的可能性是存在的。

然而,在对美国早期报纸内容进行深入广泛研究的基础上,莱昂纳德·里维重新审视了他先前的结论。他最后认定,《宪法第一修正案》制定者的确有意透过《宪法第一修正案》提供"一种权利,使民众能够就所有有关公共利益的话题进行讨论,即使这些辩论令人焦躁、腐蚀人心和充满敌意"。他对《宪法第一修正案》的更早也是更为刻板的看法,在他1960年的著作《压制的传统:早期美国历史中的言论自由与新闻自由》(*Legacy of Suppression*:*Freedom of Speech and Press in Early American History*)中有所阐述。1985年,他出版了该书的增订版,并将它命名为《新闻自由的诞生》(*Emergence of a Free Press*)。对于在这方面感兴趣的人来说,莱昂纳德·里维在1985年这本书中所阐述的观点与以前相比发生了急剧的逆转,这也使得他的新版本更加吸引读者。在新版本的序言中,莱昂纳德·里维写道:

> 我曾错误地断言,美国在政治言论自由方面的经历,就如我从概念和法律角度对《宪法第一修正案》进行狭隘地理解那样,是那么的微不足道……不管是在州的层次还是在联邦的层次,在战时(独立战争)还是在和平的18世纪80年代和90年代,新闻界对政府政策和政治人物的批评,就如它们在反对大不列颠的《印花税法案》和列克星敦之战时那样,是那

么地轻藐、激烈，以致惹人恼怒。独立后，一些州使用成文宪法来保护新闻自由，而另一些州却没有。无论有没有法律保障，在这些州中，新闻业活动得就好像《外侨及煽动法》压根儿不存在一样。

在修正观点的过程中，莱昂纳德·里维更加同意其他一些著名法律历史学家的观点。例如，哈佛大学的泽凯里亚·沙菲教授写道，事实上，《宪法第一修正案》确实有消除普通法中煽动性诽谤罪名的意图，并且“在美国永远消除因批评政府而受到进一步的起诉，并且不会导致法律受到破坏”。

在1941年发表的著作中，泽凯里亚·沙菲指出，对于真理的产生和知识的进步，表达自由是极为重要的。他说，真理的寻求“只能通过完全没有约束的讨论”来实现。然而，他又解释道，政府也有其他的目的，如秩序、培养年轻一代和抵抗外来侵略，并指出这些目的也应该受到保护，一旦公开的讨论妨碍到以上目的，就必须找出两者之间的平衡点，“但是，言论自由应该占重要的分量”。

泽凯里亚·沙菲不赞成对言论实施预先约束。他认为，只有言论已明显危害到国家，它才应该受到限制。他写道：

> 国会和法院必须认识到，用于区分言论是合法还是非法的原则，就是对两种非常重要的社会利益——公共安全和探求真理加以权衡。只有这样，《宪法第一修正案》的合理边界线才能确定下来。我们应该允许各种合理的尝试，以保证公共安全和探求真理两者都没有受到削弱。只有公共安全的利益确实受到损害时，才可以牺牲言论自由带来的最大利益。而不应该像大多数人所认为的那样，仅凭猜想，以为公共安全可能会受些微的影响，便可以牺牲言论自由的最大利益。因此，在战争期间，言论不应该受到审查制度或处罚的约束，除非它确实给战争行动带来直接和危险的伤害。

于是，泽凯里亚·沙菲的合理边界线将言论引发非法行为作为可否牺牲言论自由的分界点。正如后来我们所看到的，最高法院对于《宪法第一修正案》含义的新近认定，正好也是以此为判断依据的。

第三位著名的宪法研究学者是米克尔约翰(Alexander Meiklejohn)，他同意泽凯里亚·沙菲关于《宪法第一修正案》的大部分解释。他说，只有言论引发了非法行为，才应该受到惩罚。他进一步指出，只有非法行为发生了，而且言论与非法行为有直接的关系，才可认定煽动行为成立。然后，也仅在此之后，才可对发出这些言论者实施处罚，尽管《宪法第一修正案》保护表达自由。

米克尔约翰指出，制定《宪法第一修正案》期间，大部分人对即将被采用的政府制度怀有敌意。因此,制定者完全知道政治自由问题是一件危险的事情。他指出,尽管如此,制定者还是采用这种方式来制定《宪法第一修正案》,而不是采用法院在20世纪重新阐释时采取的做法。他说,如果立法者希望联邦政府控制言论,那么《宪法第一修正案》就该这样写:

> 按照立法机关的看法,只有秩序和安全利益使得控制言论成为一种合理行为时,国会才可以剥夺言论自由。

泽凯里亚·沙菲和米克尔约翰都认为,选民只有在获得充分信息的情况下才能做出明智的决定。这两位学者都赞同弥尔顿的"思想市场理论",米克尔约翰更是支持弥尔顿的一个观点,即,真理将在各种思想的碰撞中胜出:

> 没有人会否认真理的胜利对于实现自治的重要性,但这并非我们最深远的需要。更为重要的是,如果人民即将当家作主,则要求所有可能为人们所利用的真理,都应该交到人民手中。《宪法第一修正案》是分享我们已获得的真理的一种保障。

以上所讨论的问题大部分有很强的理论色彩。但是,在现实世界中,一旦美国最高法院不得不艰难地确定《宪法第一修正案》的含义和范围时,诸如泽凯里亚·沙菲、米克尔约翰和莱昂纳德·里维这些学者的观点时常会影响着最高法院的决定。

19 世纪的新闻出版自由

无论《宪法》和《权利法案》制定者的本意是什么,上述问题在19世纪已很少受到关注。19世纪是美国致力于处理国家扩张和奴隶制度这些至关重要问题的时期。令人惊讶的是,在19世纪的大部分时间里,几乎没有人去关注《宪法第一修正案》的含义。相反,国家和法院将大部分时间集中在其他事务上。

最高法院与司法审查

1803年,最高法院获得权力,宣告国会的多项法案因违宪而失效。在具有深远意义的马伯里诉麦迪逊案(Marbury v. Madison)中,法院实际所采取的行动,也仅仅是宣称法院具有推翻国会法案的权力。或许,法院之所以侥幸成功,主要是因为杰斐逊及其下属满意该案的判决。

联邦党人约翰·亚当斯(John Adams),一位"跛鸭总统",在他总统任期行将结束之际任命了许多联邦法官。由于任命误期，他们被称为“午夜法官”。新任的这些法官都是联邦党人，杰斐逊派极力阻止这些人赴任。杰斐逊政府的国务卿麦迪逊拒绝向其中一位新任法官马伯里（Willam Marbury）颁发任命状。为了得到任命状，马伯里提出起诉。通过推翻被这些新任命法官用来作为诉讼法律依据的《1789 年司法系统组织条例①》（Judiciary Act of 1789），最高法院著名的首席法官马歇尔（Marshall）做出裁决，驳回马伯里的诉讼请求。对此，杰斐逊派感到高兴。在当时错综复杂的政治活动中，联邦党人马歇尔在一些小事（如马伯里任命案这一件事）上站在杰斐逊派这一边，但正因为这样，马歇尔却在一些重大事情上获得胜利：法院拥有审查其他政府机构的行为是否合乎《宪法》规定的权力。

具有讽刺意味的是，首席法官马歇尔自己也是亚当斯总统在他任期内最后一年任命的。尽管联邦党的势力逐渐减弱并且再也不能在国家选举中再度获胜，但是，马歇尔却担任最高法院首席法官长达 34 年之久，这使得联邦党的政治思想在联邦党退出历史舞台后，仍对美国产生着影响。

马歇尔担任最高法院首席法官时，最高法院宣告它在许多其他领域拥有权力，并试图确定联邦权力的范围与界限。1812 年，最高法院规定，联邦法院没有权力受理诸如犯罪性诽谤等普通法犯罪诉讼。在美国诉古德温·哈德森（U.S. v. Goodwin Hudson）（7 Cranch 32）一案中，最高法院宣称，州法律的适用范围不能超出州界。此后，这一思想基本上都没有变动。而另一方面，1819 年，在同样被列为马歇尔最为著名的判决之一的麦克罗赫诉马里兰案（McCulloch v. Maryland）（4Wheat. 316）判决中，马歇尔裁定国会享有建立国家银行的权利以及对经济实施管制的权利，尽管从一种严格的和字面的角度来理解，《宪法》并不允许这样做。通过这一判决，随后马歇尔宣称，各州不得对联邦政府机关征税。

当《权利法案》被加入到《宪法》后，《宪法》制定者希望对联邦政府实行严格限制以免其侵占州政府的权力。《宪法第十修正案》（*Tenth Amendment*）规定，“《宪法》未授予联邦政府也未禁止各州行使的权力，保留给各州或保留给人民行使。”

令许多美国人感到惊讶的是，二百年以后，最高法院通过的一系列判决，重申了对联邦政府权力实施严格限制的原则。例如，2000 年，最高法院通过法律（美国诉莫里森案（U. S v. Morrision），529 U. S. 598），推翻了《妇女反暴

① 美国宪法虽然确立了三权分立原则，但对司法系统的规定非常简略。1789 年，宪政体制的反对者害怕联邦法庭权力过大，推动通过《司法系统组织条例》分解最高法院的权力。

力法案(1994)》(Violence against Women Act of 1994),判决国会侵犯了保留给各州的法律领域。

在19世纪的大部分时间里,联邦政府都没涉及大众传播法,而州政府却填补了这一空白。整个19世纪,各州都在扩充普通法,并在诬蔑和诽谤等法律领域上使用成文法。

在各州的案件中,最为著名的便是1804年纽约哈里·克罗斯韦尔诽谤案。克罗斯韦尔(Croswell)在出版物中抨击杰斐逊总统而被以诽谤的罪名受到起诉。克罗斯韦尔被裁定有罪,于是他上诉到上级法院,他的辩护律师,联邦党领导人亚历山大·汉弥尔顿辩称,真相和“出于正当目的的良好动机”应成为这类案件的辩护词。

由四名法官组成的上诉委员会以二比二的对立意见相持不下,使克罗斯韦尔败诉了。尽管如此,真相可以作为应诉诽谤指控的辩护词这一理念被人们称为“汉弥尔顿原则”,并被当时许多州所采用。例如,在1805年的条例中,纽约州议会(New York legislature)制定的条例中就准许将真相作为抗辩理由,规定陪审团有权决定涉案言论是否真正具有诽谤性。一些州甚至在这之前就已认可真相可作为抗辩诽谤的理由。当然,1798年的《外侨及煽动法》就已经从联邦层面上准许了这一点。然而,七十多年前,费城著名律师安德鲁·汉弥尔顿在曾格案中所据理力争的观点,却直到另一位也姓汉弥尔顿的著名律师将这一观点作为辩护理由后,才在美国得到普遍接受。①

当然,亚历山大·汉弥尔顿并没有长命百岁,无法享受汉弥尔顿原则给他带来的名声。在克罗斯韦尔案审讯期间,因为一篇报纸报道披露了据说是他发表的言论,进而引发了一场事关名誉的决斗。在这场决斗中,汉弥尔顿被随后出任美国副总统的亚隆·伯尔(Aaron Burr)杀死了。

奴隶制与言论自由

有关诽谤的法规日渐完善。除此之外,19世纪有关美国表达自由的一场或许是最为重要的冲突,却是起因于有关奴隶制的斗争和南北战争。

19世纪初,正当美国国内有关奴隶制的争论处于白热化时,南部许多州就已颁布了“缄口令”(gag law),禁止出版发行那些鼓吹废除奴隶制度的报纸和其他印刷品,尽管它们明显属于预先审查法令,违背了《宪法第一修正案》的精神,但是由于《宪法第一修正案》当时仍没有适用于州,这些法令从未受到合宪性的检验。

---

① 前后两位律师恰好同名。——译者注

北部一些州也试图通过各种法律来控制废奴主义者的印刷品。也由于《权利法案》尚未适用于这些州,所以这些法律也免于受到宪法审查。

即便是国会,为了压制有关奴隶制的争论,也采用了一些与《宪法第一修正案》的精神、或许是字面表达相违背的原则。当那些反对奴隶制的团体向国会提交请愿书要求废止华盛顿州的奴隶交易时,众议院通过了内部"言论钳制令",以便阻止这些请愿书不被提出和不受到考虑。这些规则不仅支持对国会中反对奴隶制的议员进行审查,而且矛头直指《宪法第一修正案》中确保公民向政府请愿的权利规定。马萨诸塞的共和党人约翰·昆西·亚当斯(John Quincy Adams)在他就任美国第六届总统后才重返议会,并领导了一场反对"言论钳制令"的斗争。在亚当斯抵达华盛顿时,已经有超过50000人在反对奴隶制的请愿书上签名。当他将这些请愿书正式提交被阻止时,他将这些请愿书高高地放置在他位于众议院的办公桌上,以示对"缄口令"的无声抗议。1844年,年逾77岁的亚当斯终于获得足够的支持,废除了国会的"缄口令"。

在美国内战期间,北部出现了一场声势浩荡的反战运动,而支持反战的编辑被称为"铜斑蛇"(Copperheads)(南北战争时同情南方的北方人)。他们中的一些人将推动战时新闻自由的努力进行到顶点,公然支持南部获得胜利。

"铜斑蛇"雄辩有力的言语常常阻碍了联盟军队的征兵。有些时候,北部军队的指挥官会采取反对"铜斑蛇"的行动。这使林肯总统陷入两难的窘境:他严格遵守《宪法第一修正案》,也希望战争早日结束。在反对"铜斑蛇"编辑的恶意批评方面,人们认为他有着极大的克制。有一次,他竟然下令取消一位将领占领《芝加哥时报》(*Chicago Times*)办公室的决定,尽管这样可结束该报对战争的抨击。

然而在1864年,当纽约两篇报纸发表了虚假报道,声称一次大规模的新征兵号召即将到来——一种必将引发激烈反征兵暴动的言论,林肯再也无法容忍了。他下令将这两家报纸的编辑逮捕并派军队控制这两家报纸,直到发现这两家报纸的报道源自一份伪造的美联社急电,以致报社对之毫不存疑。查出来的结果显示该报道是由一位丧失道德的记者捏造的,他希望通过这一报道引发大恐慌而在股票市场中获取暴利。

内战结束后,美国通过了《宪法第十四修正案》。该法案要求各州必须保护州内居民的公民基本自由。《宪法第十四修正案》的相关规定如下:

> 各州不得制定或执行剥夺美国公民基本权利或豁免权的法律。没有经过正当的法律程序,各州均不得剥夺公民的生命、自由和财产;在管辖范围内,各州不得否认任何人都应受到法律的平等保护。

和《宪法第一修正案》一样,《宪法第十四修正案》有着深远的意义,这在它获得通过时也没有得到充分理解。它的直接推动力来自一个请求,即保护先前的奴隶免受南部各州法律的压迫。在20世纪,《宪法第十四修正案》中有关"自由"的条款得以生效,是依靠将各种各样被《权利法案》保障的联邦权利,包括《宪法第一修正案》,推行到各州。根据对宪法的新理解,任何一个州都不得制定或执行在内战前被多个州采用的"言论钳制令"。

约翰·斯图尔特·米尔(John Stuart Mill)的观点

在美国全力进行废除奴隶制度的战争时,英国的一位政治思想家约翰·斯图尔特·米尔从理论上提炼出言论自由的概念。

在其1859年第一次发行的《论自由》(*On Liberty*)一书中,米尔阐述了现代国家中自由和权力的界限。他说,到19世纪中叶,新闻舆论起到了一种"防止政府腐败或专制"的重要保障作用,这一点至少已在诸如英国和美国这样的一些国家中获得充分认可。他强调指出,任何压制言论的企图,哪怕被压制的只是一人之言,都会剥夺人民最为重要的权利。他指出,"如果见解是正确的,对其进行压制就会使他们(人们)失去将谬误修正为真理的机会;如果见解是错误的,对其进行压制,则会使人们失去几乎是最大的收益,即获得对真理更为明晰的理解和生动的印象,而这些理解与印象的获得,离不开真理与错误的碰撞"。

米尔提出了保护言论自由的四点建议。他指出,第一,一个见解可能蕴涵真理,对该见解施加压制,就可能丧失真理;第二,如果包含有些微真理的错误见解受到压制,那么些微的真理就会丢失;第三,假如已被人们认可的某个见解是真理,公众除非被迫奋起捍卫它,否则公众会倾向将它视为一家之言而不是在理性基础上去接受它;第四,如果一个被普遍接受的见解不再一次又一次地接受挑战,就会失去它在行为和特征上的活力和效果。

在这些建议中,米尔发展了弥尔顿的"思想市场理论"观念。20世纪中叶,这些思想对于言论自由的进一步发展产生了显著的影响。

20世纪的煽动性言论

战争和战争的威胁使得法律制定者更为担心国家的安全,而不是关注言论自由理想。在对法战争看起来一触即发之际,《外侨及煽动法》(1798年)出台了,同时,内战带来对反战者实施审查的压力。

20世纪早期,美国卷入一场被多数美国人认为是能结束所有战争的第一次世界大战。在国家为应付这场倾国之战而进行筹备的过程中,国会再次决定必须进一步削减国内自由。1917年,国会制定了《间谍法案》(*Espionage Act*),同时,在1918年新的《外侨及煽动法》中进一步扩大对自由的限制。

在审查通过这些法律的过程中,国会所表现出来的并不仅仅是压制不受欢迎的观点的共同愿望。事实上,一场社会基础性变革的、让多数美国人都感到威胁的世界性运动正在发展着。在俄罗斯,马克思主义革命已经在进行之中,社会主义者、无政府主义者和马克思主义者在这个国家已是随处可见。此外,美国即将发动反对德国的战争,可是数以百万计的德国后裔生活在美国。此外,诸如世界产业工人组织(Industrial Workers of the World)这样的劳工工会(Labor Unions)获得了广泛的支持,他们号召对资本主义制度进行彻底改革。

美国正式宣布参战后,《间谍法案》在非常短的时间内被通过。该法禁止那些可能会妨害战争取得胜利的煽动性言论。这部联邦法律特别瞄准那些可能会妨碍军队征兵的人士。它的规定是如此宽泛,使得一位祖母因为写信给自己的孙子,要求他不去参军而受到指控。

与1798年的《外侨及煽动法》仅仅引发了少数诉讼不同,1918年的《外侨及煽动法》得到了强有力的实施。大约有2000人因为触犯《间谍法案》和《外侨及煽动法》而被逮捕,其中将近1000人被定罪。一些被判有罪的人申诉到美国最高法院,但最高法院对它所有的复审案件均作出维持原判的判决。

有关表达自由的早期判决

第一个关于《间谍法案》即《外侨及煽动法》并上诉到最高法院的案件是1919年"申克诉美国(Schenck v. U.S.)"(249U.S.47)案。时任社会党总书记的申克(Charles T. Schenck)和另外一名社会党人因为向军队新兵和被征召入伍者散发了大约15000份传单,按照《间谍法案》和州有关无政府主义以及煽动暴动的相关法律规定,两人被定了罪。在传单上,他们公然抨击征兵是一种违宪的强制性奴役形式,这是被《第十三修正案》所禁止的。他们力劝受征召入伍者离开军队,并称战争是一场为大资本的利润而进行的残酷冒险。

当最高法院对其有罪判决进行复核时,社会党人辩称他们的言论和传单受《宪法第一修正案》保护。因此,最高法院不得不在《宪法第一修正案》的范围和含义之内进行裁决。由法官奥利弗·温德尔·赫尔姆斯(Oliver Wendell Holmes)撰写的著名裁决驳回了社会党人的辩解:

> 我们承认,在和平时期的许多场合中,被告宣传单上所有的内容是他们享有的宪法权利。但是,认定各种行为的特征有赖于行为发生的环境。每一个案件的争论点在于,已发表的言论是否被用于这种环境以及这些言论是否"导致明显和即刻危险"(create a clear and present danger),假如引起实质性伤害,国会有权加以防止。

简而言之,最高法院宣称,《宪法第一修正案》并非禁止国会限制任何言论自由。一旦言论给特定环境下的国家利益造成"明显和即刻危险",国会就可以剥夺这种言论自由。

在得出这一结论的过程中,赫尔姆斯进行了著名的类比:"言论自由并不保护一个谎称剧院失火并引发恐慌的人。"因此,他写道,永远不能将言论自由认为是绝对的。相反,对于自由的每一次剥夺都应对剥夺的目的进行衡量,从而确定这种剥夺是否合适。

尽管事实已经证明,"明显和即刻危险"的检验标准不够明确而且难以执行。但是,这一标准依然取代了普通法,因为据说若实行过度的自由限制,则危害性言论将更加难以管制。旧普通法检验标准,即"合理倾向或不良倾向(reasonable tendency or bad tendency)"产生于18世纪的英国,与英国其他英国普通法一起被美国继承下来。这一标准可以用来禁止任何趋向导致对公职人员、机构和法律负面观感的言论。这给予了检举者宽泛的自由来起诉任何被控犯有煽动性诽谤罪的嫌疑人。

不管"明显和即刻危险"标准的局限性是什么,与旧的"合理倾向"检验标准相比,它更加精确,并且对那些不被普遍接受的言论给予了更多的保护。

按照申克案的判决,法院迅速批准对另外两个被指控违反《间谍法案》的人进行定罪:德语报纸编辑雅各布·弗洛沃克(Jacob Frohwerk)和美国社会党的著名领导人尤金·V. 德布斯(Eugene V. Debs)。后来,当德布斯被监禁之时,他获得了将近100万张选举他为美国总统的选票。

申克案、弗洛维克诉美国(Frohwerk v. U. S.)案和德布斯诉美国(Debs v. U. S)案过去八个月后,最高法院判决了另一起与《间谍法案》有关的案件,即艾布拉姆斯诉美国(Abrams v. U. S.)(250 U. S 616)案。最高法院支持了对艾布拉姆斯(Abrams)及其他四位印制反战传单的人士判定有罪。但是,这一次,最高法院却遇到了新的反对者:赫尔姆斯法官重新考虑其立场,为表达自由撰写了一份雄辩有力的辩护书,并得到路易斯·布兰戴斯(Louis Brandeis)法官的附议。

在最高法院维持有罪判决的多数意见书(majority opinion)中,克拉克(Clarke)法官写道:

在战争的高危时刻，他们宣传最清楚不过的目的就是激发不满、骚乱和暴动，同时，他们希望通过这种局促不安的局势引发国内革命，并尽可能挫败政府在欧洲的军事计划。

克拉克声称，艾布拉姆斯以及其他同案被告人的主要目的就是帮助敌方，这种行为就构成对国家利益的明显和即刻危险。但是，另一方面，赫尔姆斯和布兰戴斯却辩称：

只有当前的犯罪行为引起即刻的危险或者有引起即刻危险的故意，国会才被授权可以不考虑私权而对言论自由加以限制。国会当然不能禁止试图改变国民思想的所有努力。现在，没有人会认为，一个不为公众所知晓的人仅仅是印制一份愚蠢的传单便会引起即刻的危险；也没有人会认为，单凭这种传单的观点就会阻碍政府目标的顺利实现或者具有阻碍政府目标顺利实现的明显倾向。

在表示异议的意见书中，赫尔姆斯法官重复了弥尔顿和米尔对思想自由交换的诉求：

一旦认识到时间可以推翻许多引起争斗的信仰，人们就会尝试相信自我管理的基础，即他们所期望的最终利益通过思想的自由交流将可以更好地实现。检验真理的最佳标准就是处于市场竞争中的思想为人们所接受的能力，他们的愿望得以安全实现的唯一基础就是这种真理。

这一观点对后来有着巨大的影响，但在当时只是少数意见。不管是民众还是最高法院，都没有能够容忍政治激进分子的情绪。

在审理最后一起有关《间谍法案》的案件中，最高法院批准下级法院作出如下判决，即驳回《密尔沃基领袖报》（*Milwaukee Leader*）的二等邮寄特权。《密尔沃基领袖报》是美国国内最著名的、由社会党人承办的报纸。最高法院查明，《密尔沃基领袖报》的文章“企图让读者相信，对外派兵是不合法的”。因此，对其实施制裁是适当的。（美国政府行为密尔沃基社会民主出版公司诉布尔森案（U. S. ex rel Milwaukee Social Democratic Publishing Co. v. Burleson），255 U. S. 407，1921）。

按照今天的标准，最高法院的这些判决似乎带有压制性。第一次世界大战期间，那些在当今《宪法第一修正案》的保护下可以得到认可的言论表达却引发了各种刑事诉讼。显然，此时的《宪法第一修正案》处于初期阶段。法院认为，当左翼分子看起来对大多数美国人构成威胁时，法院没有责任去遵守宪法的各个细节规定。

《宪法第一修正案》与各州的法律

在20世纪早期，至少有二十个州制定了本州用于禁止各种政治激进活动的法律。这些法律的共同之处表现为，各州对那些试图变革美国政治和社会制度并倡导通过暴力来实现其目标的团体心存畏惧。很快地，这些法律的合宪性便受到因这些法律而被定罪的人士的质疑。随后不久，与这些法律有关的一些案件被上诉到美国最高法院。

在各州有关诽谤的案件中，最为重大的一个案件或许就是吉特洛(Gitlow)诉美国案，该案于1925年被上诉到最高法院。吉特洛(Benjamin Gitlow)是纽约州的一位社会党人，他与其他三人因撰写《左翼宣言》(*Left Wing Manifesto*)一文而被指控触犯州的《反罪动乱法》并被认定有罪。此外，他们还因发行报纸《革命时代》(*The Revolutionary Age*)而被认定有罪。

吉特洛辩称，纽约的法律侵犯了他受《宪法第一修正案》保护的言论自由权利。与此同时，吉特洛要求最高法院翻转1833年的判决，该判决称《权利法案》仅适应于联邦政府(巴伦诉巴尔的摩案，Barron V. Baltimore, 7 Peters 243)。吉特洛称《宪法第十四修正案》对各州必须维护居民“自由”作了规定，这就意味着《权利法案》所保证的公民自由不能再受到各州的侵犯了。

内战后制定的、用于保护先前奴隶人权的《宪法第十四修正案》特别适用于各个州。此外，《宪法第十四修正案》中一项被人们称为“正当程序条款”的规定是这样阐述的：“没有经过正当的法律程序，任何州都不得剥夺任何人的生命、自由或财产。”吉特洛辩称，作为《宪法第十四修正案》中使用的术语，“自由”囊括了《宪法第一修正案》所保证的所有自由。

通过这一辩解，吉特洛为表达自由赢得了巨大而长久的胜利。但是，他自已的上诉却失败了。最高法院用令人惊讶的短短一段话，重新撰写了宪法的规定，承认《宪法第十四修正案》确实使得《宪法第一修正案》适用于各州。但是，最高法院同时宣称，吉特洛的所作所为并不受《宪法第一修正案》保护，维持了纽约州法院对吉特洛的有罪判决。

最高法院宣称，“州可以行使治安权处罚那些发表不利于公共利益的言论而滥用这种自由的人，因为他们具有腐蚀公众道德、煽动犯罪或扰乱公共和平的倾向。”

尽管最高法院维持对吉特洛的有罪判决，但是，该案几乎是即刻重写了在州和地方层面控制表达自由权利的各项基本准则。通过要求各州(及其行政分支，如市、县政府)尊重言论、出版和宗教自由的方式，最高法院大大地扩展了美国人民的权利。

吉特洛案判决两年以后,另外一起引发出一个保护表达自由的著名观点并已经由州法院做出有罪判决的案件出现了,最高法院维持了州法院的有罪判决。在惠特尼诉加利福尼亚(Whitney v. California)(274 US 357)案中,美国共产主义劳工党(Communist Labor Party)党员的夏洛特·安妮塔·惠特尼(Charlotte Anita Whitney)因为触犯加利福利亚《犯罪帮会法》(*Criminal Syndicalism Law*)而受到起诉。该法将成为一个提倡暴力变革组织的成员定为重罪。惠特尼辩称在被起诉前曾经在一次会议上反对共产主义劳工党的武力政策。

尽管惠特尼的所为使得形势有所缓和,但是,最高法院仍然维持对惠特尼的有罪判决。基于技术原因,布兰戴斯法官赞成了而不是反对法院的判决。尽管如此,由他撰写的附合意见(法官赫尔姆斯也参与其中)却是一种对自由的强有力呼吁:

> 那些通过革命为我们赢得独立的人并非懦夫。对于政局的变化,他们不为之畏惧。他们也不赞成以自由为代价来换取秩序。对于勇敢、独立的人来说,他们具有一种自由力量支配下的自信,无惧于将辩论引入民选政府的整个运作过程中。在他们看来,除非言论引发的已被察觉的罪行迫近得以致没有机会对之进行全面讨论,才可将这种由言论所引发的危险认为是明显和即刻的。如果有时间通过辩论来揭露谎言和谬论,应该采用教育的方式来消除罪恶,而纠正措施就是使用更多的正确言论加以纠正而不是实施强迫性的压制。

布兰戴斯认为,只有处于紧急状况时才可以抑制言论自由,并且对所有美国人而言,只要指出当前并没有紧急状况他们就可以质疑任何剥夺言论自由和集会自由的法律。

在1927年发生的另外一起案件——费斯克诉堪萨斯(Fiske v. Kansas)(274 U.S.380)案中,最高法院终于首次推翻了对表达激进思想的有罪判决。在这一案件中,被告仅是由于身为世界产业工人组织的成员就受到起诉,起诉的主要证据是"摇摆者"宪法的导言,没有证据能够证明费斯克一度支持、从事任何暴力或其他非法的行为。法院宣称,仅凭导言并不能提供足够的证据来证明费斯克存在违法的故意,从而不能将他定罪。

战后的煽动叛乱和异议

1918年《外侨及煽动法》与其前身——1798年的《外侨及煽动法》一样,

有效时间极短:1921 年,它的大部分规定均被废除。1917 年《间谍法案》的主要部分仍被保留,但由于该法特殊的规定,故只适用于战争时期。因此,1921之后,在将近二十年的时间里,并没有联邦法律禁止煽动性言论。但是,在第二次世界大战来临之际,那些认为有必要为国家安全利益限制自由的人士在国会中再度获得支持。最后,有关惩治煽动叛乱的规定被附加在《外国人登记法案》(*The Alien Registration Act*)(1940 年)中,这就是著名的《史密斯法案》(*Smith Act*)(1940 年)。之所以采用这一名称,缘于该法案的一位起草人乃是来自维吉利亚的国会议员——霍华德·史密斯(Howard Smith)。

不仅新出台的惩治煽动叛乱的条款被附加到与之毫不相关的法案中,而且,整个操作过程都是在悄无声息中进行的,以至直到数月以后,言论自由倡导者才知道发生了什么事。

此外,新出台的惩治叛乱煽动法规将主张暴力推翻政府,或者甚至是加入主张暴力推翻政府团体的行为均视为犯罪。除此之外,还有条款规定,劝诱他人加入以暴力推翻政府为目标的团体也是一种犯罪。该法规并不要求提供证据来证明团体的成员在被起诉之前,团体已经确实在它的成员之间贯彻了团体的任何一个目标,仅仅是支持该团体就足够定罪了。这一法规的适用时期并不只是局限在战争时期。

起先,1940 年制定的这一法律很少被使用。事实上,与其他战争相比,第二次世界大战几乎没有受到美国民众的反对。之所以会这样,或许是因为美国卷入战争的方式以及已被广为宣扬的纳粹暴行。然而,在二战结束后紧张的"冷战"时期,《史密斯法案》则被用来起诉美国共产党的众多成员。

在 1951 年一起涉及对 12 名共产党员进行指控的案件——丹尼斯诉美国(Dennis v. U. S)(341 U. S. 494)一案中,《史密斯法案》的合宪性首次受到美国联邦法院的审查。丹尼斯和其他人被指控蓄意共谋武力推翻美国政府而受到审判。经过一场长达九个月的争议性审判,他们被定了罪,最高法院最终也维持了有罪判决。

首席大法官文森(Fred Vinson)认为,不应该专门将明显和即刻危险的检验标准应用到被告的行为上,这一看法获得其他三位法官的赞同。法院采用由著名的受理上诉法官——利尔德·汉德(Learned Hand)法官所制定的检验标准。在这件案子还没有被上诉到最高法院时,汉德审理了该案。他的检验标准是这样的:

> 在每一件案子中,法院都应该询问,"罪恶"的严重后果是否因为它的不可能发生性而有所削弱,并将这种对言论自由的侵犯视为是出于避免危险的必要。

通过采用由汉德修改后的明显和即刻危险的检验标准，最高法院就有可能在无须提供证据证明共产党实现其所宣称的目标是一种真正危险的情况下维持有罪判决。文森法官裁决：尽管美国共产主义运动规模不大，但已构成足够的“罪恶”，因此按照《史密斯法案》对其言论自由进行的限制是正当的。就目前而言，即便是加入主张暴力推翻政府的组织，这种行为也是违法的。大法官文森这样写道：

> 诚然，由于革命者人数或力量的贫乏，武力推翻政府的企图从一开始就注定要失败，即便如此，它依然是一种足以需要由国会出面加以防止的罪恶。

文森法官继续写道：

> 毫无疑问，对政府而言，暴力推翻政府是政府之所以限制言论最为实质的利害所在。事实上，这是任何社会的终极价值。

丹尼斯案顺利审判完毕后，美国司法部在《史密斯法案》的指导下，发起了新的系列起诉。20 世纪 50 年代初期，至少有 121 人因触犯《史密斯法案》中有关谋叛的规定而受到起诉。当中大多数人之所以受到起诉，仅仅是因为加入主张暴力推翻政府的组织。

这看起来似乎违背了美国言论自由的传统，此举令人担忧，但却是与时代气息同步。20 世纪 50 年代是麦卡锡主义（McCarthyism）盛行的时期，在这一时期，一些有名望的美国人士受到同情亲共分子的指控，而这种指控通常很少有证据或者是没有证据的。例如，许多著名的作家和电影明星在受到无书面证据的控告后即被列入娱乐业的黑名单。在国会，众议院非美活动委员会（the House Committee on Un-American Activities）领导的调查在持批评态度的人士看来，与（中世纪）追捕女巫没有什么区别，用于折磨持有不被广泛接受的思想的人士。

然而，时代在变化，最高法院的组成也在变化。约瑟夫·麦卡锡是威斯康星州的参议员，其名字与“红色恐慌”（Red scare）划上等号，他受到国会中同事的责难，而且直到他于 1957 年去世，公众对其所使用的手段的谴责仍明显地有增无减。同时，最高法院新增了一些法官，最引人注目者当属首席大法官沃伦（Earl Warren），他引导最高法院进入一个空前的司法自由主义时期。首席法官文森去世后，1953 年，沃伦被任命为首席法官。

1957 年，为顺应这些变革，在耶茨诉美国（Yates v. U. S）（354 U. S. 298）一案中最高法院作出的判决修改了丹尼斯原则。按照《史密斯法案》的有关规定，该案对怀疑是共产党人的公民提起诉讼。在此案件中，最高法院撤销了有罪判决,下令对这十四位被指控从事共产主义活动的人士重新进行审判。在这一判决中,最高法院的关注点是,将暴力推翻政府的愿望作为一种抽象理论加以宣扬与确实支持暴力行动这两者之间的区别。法院宣称,由于给予陪审团的指导中并没有要求做出这样的裁决,即,该案确实存在支持引发暴力行为的倾向,因此,有罪判决无效。

最高法院宣称,《史密斯法案》只能用于制裁“鼓吹与教唆实际行动来实现暴力推翻政府”的行为,而非“与行动相分离的原则”的行为。此外,最高法院也没有重新采用明显和即刻危险的检验标准,而且法院坚持认为,它并没有放弃丹尼斯原则。但是,对证据的新要求,即被告号召行动者而不是一种抽象教条的宣扬者,这就使得法院很难对任何一个人进行定罪。因此,在这之后,这一受到争议的法律几乎再也没有被用来制裁在政治上持有不同意见的人。

变革时期:20 世纪 60 年代

1957 年后或许是一个值得庆幸的时期,在此期间《史密斯法案》很少被用于制裁激进分子,因为 60 年代是 20 世纪美国史无前例的政治分歧时期。数以千计直至最终演变为数以百万计的美国人不同意美国政府处理越南战争的方式,他们当中有不少人大声叫嚷着变革导致如此一场不受欢迎战争的政治制度。假如这种情况发生在政府准备全力执行《史密斯法案》的时期(以及法院愿意将《宪法第一修正案》撇开而任由事态发展),那么,越南战争期间,因反对政府而入狱的人数将比第一次世界大战期间因触犯《外侨及煽动法》而被监禁的人数还要多得多。

在 1969 年联邦最高法院一场备受争议、涉及三 K 党成员的判决中,《宪法第一修正案》对那些因煽动性言论而受指控的人士提供了更多的保护。在这起勃兰登堡诉俄亥俄州案(Brandenburg v. Ohio)(395 U. S. 444)的案件中,因违反俄亥俄州《犯罪帮会法》而被宣告有罪的勃兰登堡(Brandenburg)声称,他的行为受《宪法第一修正案》保护。他在三 K 党聚会上的演讲被拍成影片。随后,影片中的一些片段被电视传遍全国。尽管他所说的大多数内容莫名其妙,但是,其他的一些表述却十分清楚。他迫切要求将“黑鬼”(niggers)遣送回非洲,而将犹太人遣送回以色列,而且他还谈及“复仇”的必要。

按照耶茨(Yates)原则,勃兰登堡的所为是否就是一种应该受到起诉的行动号召呢?还是仅仅是一种宣扬抽象教条的行为呢?在解决这一问题的过程中,联邦最高法院给言论所提供的宪法保护,远远超过于它在耶茨案的判决中给言论所提供的宪法保护。在这起案件中,法院宣称,只要言论不可能引发一种即刻的违法行为,《宪法第一修正案》甚至会保护这些作为行动号召的言论。因此,《宪法第一修正案》停止保护煽动性言论的分界点不再是,这种言论是一种行动号召,而是此种言论作为一种行动号召是如此的使人信服和具有影响力,以致很有可能引发即刻的危险后果。法院宣称:

宪法保证的言论自由不允许受到州的管制……除非言论直接引起或产生即刻的违法行为,或者是很有可能刺激或者是引发这种行为。

最高法院撤销对勃兰登堡的刑事定罪,同时使俄亥俄州的《犯罪帮会法》失效。通过这一举措,最高法院推翻了 1927 年"惠特尼对加州"案的判决,在案中的州法与俄亥俄州的州法极其类似。这也就作为一个有趣的例证说明,一代人少数的反对意见或附加意见可以激起另一代人的多数人意见。法官布兰戴斯在惠特尼案中附加的观点,即必须具备即刻危险的条件才能定罪——《宪法第一修正案》不准许对政治演说进行制裁,除非这种政治演说具有引发即刻的违法行为的危险,四十多年以后被联邦最高法院用在对勃兰登堡案的判决中,而惠特尼案的多数人意见则被抛弃了。

即使是现在——勃兰登堡案的判决过去多年,数以百万计的美国人还是强烈认为联邦最高法院是错误的:他们认为,三 K 党和其他种族主义者不应受到《宪法第一修正案》保护。20 世纪 80 年和 90 年代期间,美国发生了一场规模较大的有关"仇恨言论"的全国性辩论。许多州制定法律以禁止这种言论,联邦最高法院最终也因对两起争议(1992 年和 1993 年)的裁决而加入到这场辩论中。本书第三章将谈及这些涉及现行《宪法第一修正案》问题的案件。

《宪法》的解释

在追溯受《宪法第一修正案》保护的言论自由的发展历程中,我们已经谈到一些试图帮助人们解释《宪法第一修正案》含义的思想和"检验标准"。由于解释《宪法第一修正案》(包括《宪法》的其他条款)对于媒介法的研究极其重要,基于这一点的考虑,我们将总结出与此有关的一些宪法解释的基本原则。

几乎所有与宪法权利有关的辩论都会涉及到某一种"平衡标准"(balancing test)。法院必须权衡各种相互冲突的权利并决定哪一种权利是最为重要的。这就意味着,有时一条宪法准则必须让步于另外一条宪法准则——宪法中几乎没有绝对的准则。

当然,对大众媒介来说,这并非一种令人感到开心的事实。如果《宪法第一修正案》是绝对的,那么,媒体所面对的许多法律问题也将不复存在了。假定《宪法第一修正案》有关言论自由的规定是绝对的准则,就不会有煽动暴乱或者事前限制出现。同时,媒体也不太可能为书面诽谤(libel)和口头诽谤(slander)、侵犯隐私权或者侵害版权而承担责任。当然,也不会出现有关猥亵言论的法律,而且也不会对报道刑事司法体系加以限制。但是,如果当真出现上述情况,那么许多其他的社会利益将被迫屈从于言论自由和新闻自由。

幸与不幸,取决于你从什么角度来看待。在美国联邦最高法院,《宪法第一修正案》的绝对主义理论永远都不会是多数人的观点。美国宪法的某些奠基人物,如麦迪逊,可能会认为《宪法第一修正案》多多少少为言论自由提供一种绝对的保护。20 世纪 50 年代和 60 年代分别于联邦最高法院任职的两位著名法官——布莱克(Hugo Black)和道格拉斯(Willam O. Douglas)持绝对的立场。然而,多数意见总是认为,《宪法第一修正案》必须与其他权利和社会利益取得平衡。因此,多年以来,法院的任务就是制定各种合适的指导方针,给这种平衡过程提供协助。

用于平衡《宪法第一修正案》与其他利益最为著名的一个指导方针当属明显和即刻危险的检验标准。诚如前文所述,在 1919 年申克案的判决中,赫尔姆斯法官第一次引用了这一检验标准。自那以后的许多年里,这一检验标准就时常被运用到涉及政治言论的案件中。尽管近年来在有关言论自由的重要判决中,联邦最高法院已不再提及这一检验标准。正如本书第八章所阐述,联邦最高法院也将明显和即刻危险的检验标准应用到解决媒体和法院之间的矛盾上。在诸多这样的案件中,法院往往被迫在《宪法第一修正案》对新闻自由的保障和法官行使权力、判处蔑视法庭罪之间进行平衡。在权衡的过程中,法院运用了明显和即刻危险的观念。

一些宪法学者赞成使用"优先地位"(preferred position)的检验标准,以此作为在《宪法第一修正案》与其他权利和社会利益的平衡中可供选用的标准。在他们看来,在宪法中,《宪法第一修正案》在整个宪法中应占有突出的地位,应该很少让步于其他利益。一些人士认为,在沃伦就任联邦最高法院首席法官期间,最高法院倾向于上述看法。事实上,许多对媒体最为有利的判决都是出自"沃伦法院"。

更全面地说,在权衡宪法所保护的利益和其他价值的过程中,最高法院总是运用优先地位的检验标准。在 1948 年美国对 C. I. O 案中,怀利·拉特利奇(Wiley Rutledges)法官清楚地阐明了这一观点。他指出,司法解释的标准规则要求法院采用推定以便支持成文法的有效性。然而,他指出,如果一部成文法限制了《宪法第一修正案》所保护的权利,那么推定就必须撤销。因此,就会存在一个与其有效性抵触而不是支持其有效性的推定。这样一来,他主张在成文法受到宪法挑战时进行"与合宪性相违背的推定"。

与其他利益相比,《权利法案》所保护的权利处于优先地位,这一观念在联邦最高法院其他的许多判决中已有所提及。然而,现实中支持宪法权利的倾向并不一定转化为实际结果。法院所能采取的措施依然是平衡各种相互竞争的利益——虽然尺度稍微倾向于宪法权利。

最高法院也制定一系列更为详细的指导方针,以便用于评价各种认为某一成文法或政府行为违背了宪法权利的申诉。

一旦成文法(或者是州政府在普通法适用上)受到质疑,法院通常仅仅是在法律与政府合法的目标之间寻求一种合理关系。例如,当州的法律受到质疑时,州可能会通过说明该法律与州的治安权之间存在一种合理关系,或者说明该法律具有增进本州公民的卫生和福利责任,从而为该法的合法性提供辩护。

然而,一旦有主张认为成文法违背了《宪法》保护的基本权利,那么,州政府就必须阐明"迫切而重要的州利益"(compelling state interest)来证明成文法的存在是合理的。实际上,州政府必须让法院确信其制定该成文法的目标是具有压倒一切的重要性,因此,基本权利(如表达自由)就须为该成文法让步。本书第十三章将介绍与此相关的一个典型例子,并对最高法院在《宪法第一修正案》和商业言论方面具有里程碑意义的判决进行讨论。在一些诸如这样的案例中,最高法院要求州政府证明"迫切而重要的州利益",以便证明对广告权利的限制是合理的。(这方面的例子可参见比奇洛诉维吉尼亚案(Bigelow v. Virginia),421 U. S. 809,1975)

法院,尤其是联邦最高法院评价受质疑的州成文法和联邦成文法的另一种方式就是判定这些法律是否不够清晰,又或是过度宽泛。如果对宪法保护的权利加以限制的法律太过宽泛,使得它对自由的限制超过了实现合法的政府目的的必要性;又或者是这种法律过于含糊,以致人们难以准确认识什么言论或行为应该受到禁止,那么,它就有可能因为过度宽泛或含糊不清而被废除。

如果法院行将使一部成文法失效,它会有两种选择:(1) 裁定成文法违宪。因此,无论在什么情况下,该成文法都是无效的;(2) 一旦法律被适用到一个对该法表示质疑的人身上,即裁定该成文法违宪。此外,假定一部法律是含糊不清的,那么,法院就有责任采取这种方式来消除其含糊性,以避免可能出现的宪法上的冲突。美国最高法院在联邦成文法的用语解释上享有最终的解释权,但是,州政府只在州法律的解释上享有最终解释权。联邦最高法院裁定州法律是否违宪，只能根据州法院对其所做出的解释；联邦最高法院不得重新对州的成文法作出解释。

这就意味着，联邦最高法院有时得把案件送往州法院以明确州法律的确切含义。一旦州法院阐明了该法律的含义，联邦最高法院就可裁定已经由州法院作出解释的该法律是否确实违背了美国宪法。当然，如果违背了，联邦最高法院就会宣告其无效。但是，如果州法院能够以一种避免该法律与宪法出现冲突的方式对其加以解释，那么，该法律仍然是有效的。

显然，裁定一部具体的成文法或政府行为是否违背《宪法》是一件困难而又具有主观色彩的工作。联邦最高法院对此有各种各样的指导方针，在任何特定的情况下，可以选择遵循这些指导方针（或者是选择不用）。这种程序的批评者怀疑，在一个具体案件中，无论采用什么样的检验标准，或者不采用什么样的检验标准，案件的最终结果更多的是取决于九位法官的价值观和优先权，而不是取决于事实是如何地相悖于那一组指导方针。简而言之，无论采用什么检验标准，案件的判决是建立在一个相当主观的平衡过程的基础之上，在这一过程中，各种相抗争的价值观、利益和社会目标都会被加以权衡。

前法官道格拉斯（Willam O. Douglas）在他的自传中记述了他到联邦最高法院任职后不久与时任首席法官的查尔斯·伊文斯·休斯（Charles Evans Hughes）之间的一场非常有启迪意义的辩论：

> 休斯当时向我所作的说明让我感到震惊。可数年以后，它却成为事实："道格拉斯法官，你必须记住一件事。在我们所面对的《宪法》这一层次上，90%的判决都是带有主观性的。而我们的理性为支持我们的偏袒提供了理由。"

最后，研究联邦最高法院的大多数学者可能同意上述观点。桑福德（Bruce Sanford）最有可能同意休斯的观点，他是一位为专业记者协会工作的资深《宪法第一修正案》律师。桑福德发现，最高法院在1989年的三个不同判决中坚定维护不受欢迎的《宪法第一修正案》原则，然后又在另外两个可能公众都没有注意到的案件中限制了《宪法第一修正案》中规定的自由。因此，桑福德认为《宪法第一修正案》是"最高法院审判规程中最难预见之处"。他还指出"有关《宪法第一修正案》的学说以及将这些学说应用到具体案件的方式上并没有明晰的一致性"。

理论上的争议是如此之多，这就意味着必须对法院在《宪法第一修正案》意义解释上看起来不相一致的裁决加以合理化和一致化。

恐怖主义时代自由的未来

在本章中,我们追溯了将近四百年的表达自由斗争史。就人类整个历史而言,这仅是极短暂的一段。那么,未来的四百年,自由将何去何从呢?可能更为重要的是,不久的将来——对世界大多数地区而言——一个可能笼罩在恐怖主义威胁的时代,自由的前景又是如何呢?

显然,没有人能够回答这些问题。在美国,自由的法律地位取决于由谁掌管着国家——以及世界,也取决于哪些人在美国最高法院、联邦诉讼法院以及五十个州的诉讼法院中任职,同样也取决于哪些人被选举进入国家、州和地方的办公机构任职。也正是这些人将对法律进行调整。

就更深一层的含义而言,自由的前景总是取决于不断变化着的社会氛围。正如后面几章所要阐述的那样,今天的美国,越来越多的观点支持对表达自由加以限制。民意测验经常显示,许多人认为,对于那些在言语和议题选择上可能带有攻击性的艺术家、音乐家和其他人,其作品不应受到《宪法第一修正案》的保护。另外一场日趋激化的争论则关注因特网作为一个自由思想市场——政府控制的论坛的对立面,将能走得多远。与此同时,当前确保政治正确的压力确实使表达攻击性言论和非大众化观点的自由受到削减。这种情况在大学校园和大众媒体上更为突出。

然而,在美国,决定自由未来的法律地位最为重要的因素很可能是反恐战争的进展。对于一些问题的法律争论已经盛行起来了。例如,布什总统颁布的行政令规定,由军事法院而不是民事法院负责审判被指控为恐怖分子的人士,有关这种审判的适当性的法律辩论就很激烈。相对于民事法院,军事法院并不具备美国《宪法》所保证的一些保护措施。

只要社会感受到来自国内破坏势力或是国外强大敌人的威胁,自由就会受到损害。在过去的两百年中,当战争看起来似乎一触即发之际,《宪法第一修正案》所保障的自由就会再三受到削减。首席法官伦奎斯特(Willam Rehnquist)于1998年——“9·11”事件发生的几年之前出版了一部追溯有关这方面历史的著作。在“万法之外:战时的公民自由(All laws but one: Civil liberties in wartime)”一章中,伦奎斯特将焦点集中在最高法院对那些被指控从事颠覆性活动的人进行军事审判的合宪性而作的重要判决上。

在2002年威廉斯堡司法会议的讲话中,伦奎斯特总结了他书中的一些精彩论断,并指出,“这些案件(最高法院对使用军事法院的判决)暗示着,在战时法律肯定不会保持缄默,但法院作出的解释却与和平时期大为不同”。但是,伦奎斯特在书中也得出了这样的结论,即,随着战争的发生,美国人会更加保护公民自由,更加不愿意放弃宪法所保护的权利,即使国家看起来似乎是处于一种紧急状态。

在恐怖时代这一切将依然是事实吗?除决定由军事法院来审判一些受指控的恐怖分子外,2001 年的“9·11”事件还促使政府采取了另外一些行动。在前面已经提到,“9·11”事件过后不久国会即通过了《美国爱国者法案》,进一步扩大了政府的监督权力。与第一次世界大战期间对自由的强制性限制相比,“9·11”事件后《宪法第一修正案》所规定的自由被削减的幅度是最小的。但是最近的事件也再一次表明,面对国际性危机,要在保护国家安全的同时维系原先的公民自由水平是有难度的。

除了恐怖分子的威胁给公民自由所造成的影响,还有其他一些我们不应忽视的问题。大众媒体本身的行为或许能帮助确定我们拥有多少自由。新闻业的煽情主义、不精确、傲慢自大——以及垄断的媒体商业运作——导致政府对新闻业采取惩罚措施。如果媒体要保护自身的自由,它就必须坚决抵制所有层面上政府的指控;当然,在享受自由时,媒体也要认真负责。

第三章　现代事前限制

“审查制度”一词，从殖民时代发展至今一直伴随着诸多的感情冲突。然而，随着时代的变迁，该词的含义已经发生了变化。今天，法律意义上的审查制度常常意味着信息传播前由政府机关实施“事前限制”，不是对撒布非法信息的“事后惩罚”。诚如第二章所描述的那样，《第一修正案》不是绝对的：法庭允许对表达自由进行多种限制。然而这些限制中的大部分应看作是事后惩罚，而不是事前限制。例如：指控某人诽谤或侵犯隐私的诉讼是来自事后惩罚的威慑，而不是事前限制。媒体可以自由地传播中伤他人或侵犯他人隐私的信息，但是他们必须做好面对后续法律后果的准备。

然而，事前限制在偶然的特殊情况下仍然允许存在，比如当政府机关以某种形式实施了事前限制时。一般认为，与事后惩罚相比，事前限制会给自由带来大得多的威胁。如果媒体可自由地发表有争议的事实或未被广为认可的观点，而它在面对事后惩罚的威胁前能免于政府干涉的话，那么至少会有一些敢于冒险的出版商或广播公司情愿冒着风险将有争议的材料公开。假如这些材料具有社会价值，而发表者可能仍旧因此受到惩罚，但是人们至少能获知这些信息，从而引发公众的讨论。但是如果权力机构能在这些信息公开前就进行阻止的话，公众将永远不会知晓那些重要的事实或观点，民主的进程将受阻。一旦政府实施的事前限制被广泛应用，民主社会将不可能长存。

当今美国只有很少形式的事前限制被允许，甚至许多强烈攻击某些人（或许是所有人）的传播内容会被《宪法第一修正案》保护而免受审查。尽管如此，事前限制还是时有发生，或企图发生。其结果可能会引发一场大论战——也可能产生一个里程碑式的法律决议。例如，有时政府官员试图审查新闻媒体以阻止被认为有可能威胁国家安全的信息得以传播；有时候一些不受欢迎的团体被剥夺在人行道或公园等公众场合演讲或散发印刷品的权利。另一种事前限制与某些法律密切相关，这些法律主要是用于禁止发表基于种族、宗教、性别或性倾向敌意的“仇恨言论”。对大众媒体进行差别征税也是政府审查的一种形式。其他事前限制事例还包括：对有争议电影的政府审查；对股票市场新闻报道的管制；禁止媒体公布诸如青少年罪犯或强奸受害者姓名等保密信息的规定。这些事前限制的各种情形有一个共同点:政府机构或官员力图对某些被认为不可接受的传播进行检查——这种行为引起了涉及《第一修正案》的问题。本章将讨论上述各种形式的事前限制。

尼尔诉明尼苏达案

以 70 年前发生的、具有里程碑意义的最高法院的一个判例来开始我们对事前限制的讨论是非常好的开端,这个案例解决了这个领域最基本的法律问题。在 1931 年尼尔诉明尼苏达州政府(Near v. Minnesota ex rel. Olson)(283 U.S. 697)案中,美国最高法院判决指出,一般情况下,事前限制并不合法。这个案子源于明尼苏达州法律允许政府官员将那些“恶意的、诽谤的、破坏名誉的报纸”视为“妨害公共秩序的行为”(public nuisance),并禁止其发行。根据这一法律,一位县级检察官提起诉讼,要求关闭一家由霍华德·吉尔福德(Howard Guilford)和 J. M. 尼尔(J. M. Near)主办的名为《星期六新闻报(*The Saturday Press*)》的小型周报。

吉尔福德和尼尔曾在两个月内发表数篇针对某些公务员的批评文章。在这些文章中,他们指控一名帮派分子在明尼苏达境内操纵赌博、非法倒卖和四处诈骗,而执法机构却未做任何事阻止犯罪。他们还特别指控警长明显疏于职守,与该名帮派分子存在非法关系并且参与了犯罪。

初审法院依据明尼苏达州法律裁定这份报纸为“妨害公共秩序的行为”并禁止其进一步发行。明尼苏达州最高法院支持了这个裁定,尼尔以判决违反了《宪法第一修正案》和《第十四修正案》为由向美国最高法院起诉。

在这一次对美国宪法发展起到推动作用的判决中,美国最高法院推翻了下级法院的判决,允许尼尔继续出版他的周报。在这份以五比四的十分接近的票数通过的多数意见判决书中,最高法院追溯了事前限制的历史,作出结论认为除了特殊时期外,报纸在出版前不应受到检查。首席大法官查尔斯·伊文斯·休斯在判决书中指出:

> 近 150 年来几乎都不曾有过对内容涉及公务员的不良行为的出版物强加预先限制的先例,它源自根深蒂固的信念,即这些限制肯定会侵犯宪法权利。根据宪法保护新闻自由的通行原则,在各州宪法下作出的许多判决同意给予新闻界免予事前限制的特权。

为了支持这一结论,法庭援引了詹姆斯·麦迪逊(James Madison)对《第一修正案》的解释以及 18 世纪广受尊敬的英国法理学家威廉·布莱克斯通

(William Blackstone)的观点。布莱克斯通反对事前限制但支持对违法的出版进行事后惩罚。

最高法院也指出申克诉美国一案作为(第二章中已论及)事前限制在特殊情况下是合法的一个例子。首席大法官休斯指出,事前限制除了适用于保护国家安全外,还可用于控制猥亵和煽动暴力行为。法庭认为:“宪法保障言论自由,但这并不意味着人们可以不受禁止发表引发暴力后果的极端言论的禁令的约束。”

在具有里程碑意义的尼尔诉明尼苏达案判决生效后的数十年里,在最高法院就事前限制投票票数的接近程度常常未引起重视。尼尔案中赞同事前限制的异议者只需多得一票就会获胜。事实上,回顾一下历史,他们就会发现,《第一修正案》真正禁止的唯一一项事前限制,就是行政机构对出版实施的许可证制度。

尽管正反意见票几近持平,但尼尔诉明尼苏达案确立了一种模式并被后世沿用。法庭常常判决对媒体实施事前限制无效,并声称事前限制在适当的条件下可以被允许,但多数情况都不符合这些条件。

国家安全和“五角大楼文件”案

最具争议的事前限制形式是政府为了防止潜在的国家安全漏洞而对新闻媒体进行检查的行为。1971 年最高法院判决了一个以国家安全为名进行审查的重要案件,由当时的总统理查德·尼克松对垒两家颇具影响的全国性大报《纽约时报》和《华盛顿邮报》。尽管此案的正式名字是《纽约时报》诉美国案(New York Times v. U.S)(403 U.S. 713),但广为流传的却是“五角大楼文件”案。这是美国历史上联邦政府首次要求对大型报刊进行事前限制以防止它们公开出版涉嫌危及国家安全的秘密文件。

在越南战争期间,一份国防部关于美国政策研究的机密文件被秘密地复印并且其部分内容被送给了几家报纸。这份文件揭露了四位总统(杜鲁门、艾森豪威尔、肯尼迪、约翰逊)把美国引向越南战争的有问题的决定。尽管这份“五角大楼文件”的内容仅止于 1968 年前,没有牵扯到尼克松总统的任期(尼克松 1969 年上任)内发生的事情,但是,《纽约时报》和《华盛顿邮报》的编辑知道如果该文件出版,尼克松将会震怒。尽管如此,在向几位资深《第一修正案》律师咨询后,时报和邮报还是毫不迟疑地将文件发表了。

当基于“五角大楼文件”的系列连载的第一部分刊登出来后,尼克松政府要求《纽约时报》和《华盛顿邮报》停止后续连载,但《纽约时报》和《华盛顿邮报》拒绝停载，司法部向一位联邦地区法官申请了临时禁止令，禁止《纽约时报》刊载更多有关“五角大楼文件”的文章。后来，该法官改变了看法，撤销了临时禁止令，但是，一个联邦上诉法院却恢复了禁止令。案件立即被上诉到了美国最高法院。与此同时，另一个联邦上诉法院反对禁止邮报继续刊载“五角大楼文件”的有关文章。

考虑到针对时报的禁止令带有明显的事前限制性质，美国最高法院的法官们利用夏季休假的时间，在争议发生两周后就做出了裁决。但尼克松政府坚持认为刊载“五角大楼文件”会威胁到国家安全，损害美国外交关系。

两家报社认为，这是一起与《第一修正案》密切相关的案件，涉及了美国人民需要了解的极其重要的信息。报纸进一步主张应对整个保密文件分级系统进行修改。现有的体制仅依靠总统令，并没有建立在国会法令基础上。而且至少有一位五角大楼的官员在国会作证时承认，数百万的机密文件中仅有小部分真正涉及了军事秘密或其他影响国家安全的材料。

最高法院以六比三的多数意见驳回了事前限制，允许刊载相关文章。记者们称颂胜利，就好像赢了“超级碗”比赛一样。《新闻周刊》在封面放上粗体金色大字“新闻界的胜利”，撰文指出：“人们难以想像出比最高法院做出的、有利于新闻界的判决还更能体现《第一修正案》的自由精神和美国社会开放性的标准和例证。”

不幸的是，这场胜利并不彻底。

在简要的声明中，法庭仅表示政府没有充分的证据能证明文章会损害国家安全，因此对全国性报纸实施事前限制没有充足的合法理由。反对实施事前限制的法官由布莱克、布伦南、道格拉斯、马歇尔、斯图尔特和怀特组成。支持实施事前限制的法官由哈兰、布莱克姆和首席法官伯格组成。

除了法庭提供的简要声明外，九名法官各自发表了意见书来解释他们的观点。法学研究者们在分析这些意见书时，发现判决并没有给新闻界带来决定性的胜利。

只有两名法官（布莱克和道格拉斯）坚持认为政府的事前限制企图是决不为宪法所允许的。法官马歇尔指出法院不应实施国会根据成文法拒绝实施的禁令（即：批准事前限制）。法官布伦南认为，在这个案件中政府仅是没有充分的证据证明实行事前限制是合法的。

但是，另外五名法官明确表示，他们支持此案的审查制度，或者至少同意赦免刊载了“五角大楼文件”相关文章的《纽约时报》和《华盛顿邮报》的犯罪制裁。在这个案例中，至少有两名法官（哈兰和布莱克姆）支持事前限制，而首席法官伯格虽然没有签署事前限制的实体法令，但他赞成禁止公开以便下级法庭有更多的时间考虑案件。法官怀特和斯图尔特认为政府没有足够的证据证明该事前限制是合法的,但同时也指出(像伯格一样)编辑们在刊载文章后可能会面临泄露机密文件的刑事诉讼。

因此,就表达自由而言,“五角大楼文件”案件并不是一次彻底的胜利,但至少全国性媒体已被允许发表基于“五角大楼文件”有关的报道。虽然政府对首先复印该文件的社会学家丹尼尔·埃尔斯伯格(Daniel Ellsberg)提起了诉讼,但却没有胜诉,同时,也没有记者因“五角大楼文件”被起诉。

美国政府也对那些在其他事件中泄露秘密信息的人提起刑事诉讼。例如,1988 年的美国诉莫里森案(844 F. 2d 1057)案便是一个备受注目的判例。在这起案件中,美国上诉法庭维持了对斯坦德利·莫里森(Stanley Morison)的有罪判决。《简氏防务周刊》是一家专门报道全球军事技术的著名英国杂志,斯坦德利·莫里森向其透露了美国武器装备情况。法庭驳回了莫里森认为根据《第一修正案》的规定他有权利把此类军事信息透露给公认的军事出版商的无罪辩护。

1979 年,以国家安全利益为名的事前限制问题也出现在具有争议的美国诉《美国展望》(U. S. v. *The Progressive*)(467 F. Supp. 990)案中。不幸的是,这个案件并没有得到上诉法庭充分的重视,更不用说最高法院了,因此作为一个判例来说价值有限,但这个案例戏剧性地揭示了新闻自由和国家安全之间的冲突。

《美国展望》(*The Progressive*)是一家自由派的杂志,准备刊登一篇题为“氢弹的秘密:怎样制作氢弹,为什么我们要讨论氢弹”的文章。文章的作者霍华德·莫兰德(Howard Morland)把从图书馆检索到的关于氢弹的资料汇编成一篇详尽的文章。杂志社在文章发表前将其送到联邦政府,并附上一封信请求对文章的技术准确性进行核实。美国能源部宣称文章的发表将会违反 1954 年《原子能法》中的保密条款,美国司法部则寻求法庭命令禁止该文发表。

联邦法官罗伯特·沃伦发出禁止杂志刊载该文章的命令。他说文章可能会“加速促使无核国家进入热核俱乐部”。他以此类关于氢弹的文章的发表会产生对国家安全的现实威胁为由将此案和“五角大楼文件”相区别。他裁决到:尽管没有法定的权力可以审查“五角大楼文件”案,但该“氢弹”案却有特别的成文法条款作为依据,《美国展望》不能公开发表该文章。最后,他还提出了审查制度的实用基本原理:

> 面对维持延续生命的权利和新闻自由的权利之间的困难选择时,大部分法学家都不难在获得继续呼吸的机会和保护的表达自由的工作职责

之间做出选择。

由于对上述非白即黑判决持有异议,《美国展望》对沃伦的判决提起上诉。然而,在联邦上诉法庭判决之前,其他的杂志刊载了相同的讲述氢弹制作方法的文章,这使得再对该案件进行审理已无实际意义。当同样的信息在其他杂志上发表后,政府放弃了对《美国展望》所要发表文章的进行检查的打算。

因此,《美国展望》案件留下了许多悬而未决的重要问题。其中一个最大的困扰便是文章采集的信息是从非保密渠道获得的,然而,当杂志社就采集的信息所组成的文章向保密系统咨询时,美国政府便试图对它进行审查。法官沃伦摒弃了宪法《第一修正案》,导致了上诉重审。在重审沃伦的判决时,上级法院应解释清楚在哪些领域国家安全保密体系可以优先于宪法《第一修正案》。

对政府雇员和前雇员的检查

政府雇员和其他公民享有同样的宪法《第一修正案》权利吗?在中央情报局等有机会接近政府秘密的部门工作,并且根据要求签署了不泄密协议的工作人员享有何种权利?而那些对政府秘密没有特别知晓权的一般雇员又应享有哪些权利?

对国家安全保密体制的一次较大质疑跟中央情报局的两名前雇员有关。这两名雇员都出版了有关他们在中央情报局工作经历的专著。在这两起事件中,政府都试图对其前雇员的作品进行审查,依据是雇佣合同中规定,在没有获得中央情报局的预先核准时,中央情报局前雇员不得出版工作期间所获得的信息。两名前雇员都主张合同条款侵犯了赋予他们的言论自由权利。

第一个案件,即美国诉玛尔凯蒂(U. S. v. Marchetti)案(466 F. 2d 1309, 1972)缘起于维克托·L. 玛尔凯蒂(Victor L. Marchetti)离开中央情报局,并出版了分析中央情报局活动的一本书和一篇杂志文章之后,当中央情报局得知他准备再出版一本书时,便从法院获得临时禁令,要求停止该出版计划。经过秘密的审判(大部分证言是保密的),法庭裁决指出,玛尔凯蒂必须提交所有的可能涉及中央情报局的材料用于审核。玛尔凯蒂对判决提起上诉,但是美国上诉法院在很大程度上维持了原审法院的判决。

然而,上诉法院判定中央情报局只能审查机密情报。在后续的法律判决中,针对政府试图禁止新书中的166段内容,地区法院只允许对其中的27段实施审查。

尽管美国最高法院拒绝重审玛尔凯蒂案,但 1980 年法院判决了一个相似的案件,即斯耐普诉美国(Snepp v. U. S.)(444 U. S. 507)案。中央情报局前情报人员弗兰克·斯耐普(Frank Snepp)于 1976 年辞职,并写了一本专著指控中央情报局在越南战争中的失职。他没有按照雇佣合同的要求把专著提交审查以获取中央情报局的准许。专著出版之后,美国政府以违反合同的罪名对斯耐普提起了诉讼。斯耐普声称合同侵犯了宪法《第一修正案》和《第五修正案》赋予他的权利。

初审法院判决斯耐普上交所有的售书收益,而且以后必须将涉及中央情报局的手稿提交给政府审查,以获取预先核准。上诉法院撤销了部分判决,提请最高法院审理此案。

最高法院甚至没有完全听取控辩双方的论辩就维持了初审法院对斯耐普的判决:法院自始至终都没让斯耐普递交申诉书。但是,高等法院尽管维持了合同的有效性,却忽视了这类合同牵涉到的事前限制问题。法庭判决:他故意、私自违反了上交材料进行出版前审核的义务,暴露了机密情报,把委托他保管的机密情报置于泄密的危险之中。

斯耐普案子的判决依据是斯耐普和中央情报局签署的雇佣合同条款,但并不适用于没有签署此类合同的人。然而,数千在职的和离职的中情局雇员却受到这个合同的制约——中情局有权审查离职人员的手稿。此外,许多记者开始质疑,如果政府决定对其他的政府雇员施行相似的表达自由限制,那么会发生什么情况呢?他们不必长久猜测的事实就已摆在眼前。

1983 年,里根总统起草了一项总统令,要求十多万名政府雇员签合同,同意由政府审查机构对他们余生中的作品进行“出版前审阅”。这条法令适用于国防部、州、司法部和其他一些部门的高层雇员。法令立即引起了自由主义者、大众媒体和许多议员的反对。国会最终决定推迟执行,后来里根总统搁置了该提案。

另一个有关政府雇员言论自由限制的争论发生在 1989 年,当年,国会修改了《政府伦理法案》(*the Ethics in Government Act*),不仅禁止国会成员,事实上也禁止所有的联邦工作人员收取“酬金”——写文章或演讲的报酬——即使其内容与工作职责无关。

政府雇员为他们所负责的特殊利益集团发表与工作相关的报告时不应收受报酬,并没有太多人对此提出质疑。但是,贯彻该法律的联邦条款并没有到此为止。一名国内税收部门的工作人员指出,她每年有约 3000 美元的自由投稿收入可作为其 22000 美元年薪的补充。她的文章是关于野营和户外活动的,与工作无关,但新法令还是禁止她以写作获得报酬。其他以美国黑人历史、贵格教派和舞蹈表演为主题写作或演讲的工作人员也受此法令的约束。一些收受了与工作无关的写作或演讲报酬的工作人员提起了诉讼，他们主张应该和其他公民一样享有获得写作和演讲报酬的权利。

在1995年的美国诉国家财政部雇员联盟(U.S. v. National Treasury Employees Union 513 U.S. 454)案中，最高法院对此问题进行了裁决。法院认为，禁止联邦雇员收取稿费和演讲费的限定过宽，违反了《第一修正案》。法庭以六比三的多数人意见认定国会在此问题上走得太远，不但禁止高级官员，还包括行政部门低层与文书工作雇员获取写作和演讲报酬。法院裁定那些低于联邦级别GS-16(注：GS是General Schedule，即，联邦政府职员总表的缩写)的雇员可以不受此法令的限制。在撰写多数意见书时，法官约翰·保罗·斯蒂文森(John Paul Stevens)认为禁止政府高层官员收取与他们职务有关的政策演讲和写作报酬是有合法依据的，但他认为低层官员和其他公民一样，拥有相同的《第一修正案》权利，包括获得写作及演讲报酬的权利。高等法院完全推翻了禁令对低层政府雇员的限制，法官斯蒂文森表示，如果禁令只适用于与职务有直接关系的演讲和文章，那么，国会应该改写禁令，以使其合法。

其间，1993年，国会通过修正《政治活动哈奇法案》(*Hatch Act*)扩大了联邦工作人员自由表达的权利。《政治活动哈奇法案》是一部有着长达五十多年历史的禁止联邦雇员参加政党政治活动的法案。根据1993的修订案，只要是利用业余时间，联邦工作人员就可以参与政治竞选活动、募集政治献金、在政党中任职。然而仍旧不得在政党选举办公室任职。但是，对于在执法部门和国家安全等敏感部门工作的八万五千名工作人员来说，没有被纳入1993年修正的《政治活动哈奇法案》内，即使是在业余时间他们也被禁止参加党派政治活动。

一个与此相关的问题经常出现在记者和公共关系从业者之间，即在没有得到公共事务官或其他政府官员事先许可的情况下，政府是否可以禁止其雇员接受媒体采访。美国第二巡回上诉法院在1998年哈曼诉纽约(Harman v. City of New York)(140 F.3d 111)案中的判决指出这种要求事前获取许可的做法违反了《第一修正案》。

在此案中，某电台就一个小孩死亡的事件采访了儿童福利工作者。采访播出后，政府以该雇员没有遵照纽约市关于政府雇员在接受媒体采访之前必须获取纽约媒体关系办公室许可的政策而将其停职。该雇员因此起诉政府，上诉法院认为纽约市政府不能证明对政府工作人员进行这样的审查是合法的。虽然纽约政府主张这项政策并不是要真正阻止纽约政府工作人员同媒体对话，但法院还是认为它会导致纽约政府阻碍雇员发表评论，从而导致他或她的评论失去新闻价值。法院还认定这项政策的适用范围过宽。

审查“仇恨言论”

在美国,仇恨言论是当今有关宪法《第一修正案》最受争议的问题之一。在20世纪80年代后期到90年代期间,几百所大学制定了规定,禁止发表针对性别或性取向、种族或异教徒的敌视言论。作出这些规定的目的是为了提供一个不会让任何一个群体感到受敌视的校园环境。但是由于这些规定大多过于宽泛,导致它可能会被用于禁止就社会问题表达不适宜的观点,批评家们指责这些规定事实上在强制推行“政治正确”论。同时,有四十多个州通过法律宣布各种形式的“仇恨言论”违法。像多数针对校园言论的规定一样,为了阻止可怕的暴力行为,有些法律禁止思想表达自由。

这些规定试图惩罚那些发表极端言论的人,许多人坚定地拥护这些规定,其中包括许多民权自由意志主义者。但是,这些法律法规真的符合《第一修正案》吗?拥护者宣称它们和《第一修正案》是一致的,并引用最高法院50年前用来解释“挑衅字眼原则”的一个著名判例,即夏普林斯基诉美国新罕布什尔州(Chaplinsky v. New Hampshire)(315 U.S. 568,1942)案来论证他们的观点。案例中美国最高法院维持了有罪判决,认定被告的言论可能会引发直接的暴力后果——破坏和平。因此,法院判决引发冲突的言论,诸如在希特勒主义盛行的年代(就如同夏普林斯基事件)称某人为“该死的法西斯”是被禁止的。拥护者们宣称,就像称某人为法西斯分子这类行为应被禁止一样,根据挑衅性言论不受保护的原则,“仇恨言论”也应被禁止。

然而,1992年最高法院再次处理了这类争执性问题并作出判决规定,尽管应该禁止暴力行为,但“仇恨言论”不应基于内容来禁止。在罗伯特·维克托拉诉圣保罗市(R. A. V. v. St. Paul)(505 U.S. 377)案的判决中,最高法院推翻了明尼苏达州圣保罗市的法令,此法令试图惩罚那些焚烧十字架、展示纳粹党万十字章标志或以其他方式表达种族或宗教仇恨的人。在此案中,一个白人青年在一个黑人家庭的前院焚烧了一个自制的十字架,该青年被以纵火、入侵等多项罪名起诉,但市政府官员选择以“仇恨言论”法令对其提起诉讼。因为他是青少年,开始他被以大写的姓名首字母“R. A. V.”来指代。后来,媒体称他为罗伯特·维克托拉(Robert A. Viktora)。

推翻圣保罗法令时,法官斯卡利亚(Antonin Scalia)作出了以下陈述:

> 在别人的院子里焚烧十字架理应受到谴责,这一原则没有错。但是,

对于纵火案，圣保罗法院不必引入《第一修正案》就有足够的手段来防止此种行为的发生。

有一种观点认为，《第一修正案》广泛保护那些不受欢迎的、具有攻击性的思想。斯卡利亚认为政府不应仅仅因为某些言论具有攻击性，引起了攻击对象的感情痛苦就惩罚这些“传播种族、性别或宗教歧视”的人。

最高法院一致同意推翻圣保罗“仇恨言论”法令，但是法官推翻该法令的法理依据各不相同。四名法官（拜伦·怀特、哈里·布莱克曼、桑德拉·戴·奥康纳、约翰·保罗·斯蒂文森）认为法令违宪仅仅是因为它过于宽泛，而不是根据“挑衅字眼原则”来限制可能引起暴力冲突的言论。

赞同多数人判决意见的五名法官从更为宽泛的角度看待发表“仇恨言论”的人的《第一修正案》权利。他们认为任何把具有“偏激仇恨”的言论挑选出来做特殊惩罚的法律都是违宪的。虽然多数意见没有明确地推翻夏普林斯基诉美国新罕布什尔州案的判决，但却做出了“挑衅字眼原则”不能简单适用于限制关于种族、宗教、性别的敌视性言论。他们认为此类对发表“偏激仇恨”言论者限制的观点违反了《第一修正案》。

R. A. V. 诉圣保罗市案的判决引发了新一轮关于《第一修正案》含义的全国论战，并导致了自由联盟的分裂。美国公民自由联盟（American Civil Liberties Union）是圣保罗青年的代表，他们强烈主张圣保罗的“仇恨言论”法令违反了《第一修正案》。但是其他的一些传统自由主义者，如美国精神宣扬基金会（People for the American Way）等支持公民自由的团体却批评最高法院的判决。

圣保罗案判决使民众再次质疑其他“仇恨言论”法令和近年来校园所采用的言论禁令的合宪性。但是，这决不是法庭第一次判决“仇恨言论”应受《第一修正案》的保护。在最高法院判决圣保罗案以前，几所大学的言论禁令已经被初级法院推翻。

最高法院1992年关于“仇恨言论”的判决使人联想到了1969年勃兰登堡诉俄亥俄州（395 U. S. 444）案，该判决支持了一个三K党的成员享有《第一修正案》的权利。正如第二章所说，法院判决三K党有权在其集会上发表具有攻击性和偏执性的言论，只要言论不会引起即时的暴力行为。这个判例代表了《第一修正案》保护范围的扩张。

另一方面，如果暴力行为是由种族、宗教、国籍、性别或性取向等仇恨因素所引起的，《第一修正案》不保护这种行为。实际上，政府可能会对因仇恨言论引起的暴力行为给予比非仇恨言论引起的暴力行为更为严厉的惩罚。在1993年的威斯康星诉米切尔（*Wisconsin v. Mitchell*）（508 U. S. 476）案中，最高法院作出了一致性判决。此案缘起于几个黑人少年观看电影《密西西比在燃烧(*Mississippi Burning*)》后袭击了一个白人少年。19 岁的托德·米切尔看完电影后问他的朋友:"你敢袭击白人吗?"然后,他看到了一个 14 岁的男孩穿过街道,"那有个白人男孩,抓住他!"受害者昏迷了几天后幸存下来。米切尔以严重伤害罪被判有罪,根据州仇恨罪法令,他被加重判决。

首席法官威廉·伦奎斯特在法庭的一致意见上写道:"身体攻击不是《第一修正案》所保护的思想表达行为的范畴。"

在做出判决时,法院维持了威斯康星州的法律,其他州也有许多相似的法律。对具有仇恨性动机的犯罪判决比没有仇恨动机的犯罪判决更为严厉。2000 年,最高法院给这一法律增加了附带条款:如果对一仇恨性犯罪给予加重判决(即:如果犯罪动机是仇恨性的,犯罪将受到更为严厉的惩罚),判决应由陪审团做出,而不是由法官事后完成(参见埃普伦迪诉新泽西州案(Apprendi v. New Jersey),530 U.S. 466 案)。

2003 年,最高法院再次解决了《第一修正案》和立法机构试图阻止诸如焚烧十字架等仇恨表达的冲突。

法院再次重申焚烧十字架受《第一修正案》保护,但如果焚烧行为是为了胁迫某人,而不是象征性言论,这种行为不受《第一修正案》保护。在弗吉尼亚诉布莱克(Virginia v. Black)(123 S. Ct. 1536,2003)案中,法院重审了弗吉尼亚全面禁止焚烧十字架的规定,支持弗吉尼亚法律用于起诉那些出于威胁居住人或其他人为目的、在邻居的私有场地上焚烧十字架的人。但多数法官通过的判决意见指出,除非证明焚烧行为有明确的威胁目的,否则在公共领地举行的政治集会上焚烧十字架应视为受《第一修正案》保护的象征性言论。

在撰写法院判决时,法官桑德拉·戴·奥康纳认为,三 K 党用焚烧十字架来威胁黑人、犹太人和其他一些人的历史证明,弗吉尼亚禁止出于威胁某人的目的而焚烧十字架的法律是合法的。她这样写道,"暴力威胁超出了《第一修正案》的保护范围",同时还补充道:"焚烧十字架常常是作为一个威胁的信息,企图引起受害人对身体伤害的恐惧。"她表示,历史证明弗吉尼亚判决(其他许多州也做出了相同的判决)把焚烧十字架作为"即临暴力的信号"加以禁止是合法的。

但是,最高法院推翻了对第一被告巴里·埃尔顿·布莱克(Barry Elton Black)的有罪判决。巴里·埃尔顿·布莱克是一个三 K 党党徒,他领导了在弗吉尼亚一个农场公共场地举行的三 K 党集会。集会上,有人发表了攻击"黑人和墨西哥人"的言论,还有人发表了攻击前总统比尔·克林顿和他的妻子希拉里·罗德汉姆·克林顿(Hillary Rodham Clinton)的言论。法院判决,没有充足的证据证明此次政治集会有明确的试图威胁的对象。相反地,法院将其视为受保护的象征性言论的一种形式。集会在奇迹恩典(Amazing Grace)的歌声中结束,并象征性地焚烧了一个30英尺的十字架。

另一方面,法院判决另两个在黑人邻居的院子里焚烧十字架的被告将因此受到法律制裁。

法官奥康纳解释说,判决仅仅保护象征性言论,不保护企图威胁他人的焚烧十字架行为。她的解释使弗吉尼亚诉布莱克案和R.A.V.诉圣保罗市案的判决相一致。

"禁止威胁性焚烧十字架行为的法令与R.A.V.诉圣保罗市案的判决是完全一致的,禁令是根据《第一修正案》作出的",她解释道。

2003年的判例中几个法官单独发表了一致的或不同的观点。最引人注目的是法官克拉伦斯·托马斯的观点。托马斯是高等法院唯一的黑人法官,他说他完全支持弗吉尼亚州法和其他反焚烧十字架的法律。在此案的早期口头讨论中,托马斯称焚烧十字架是恐怖统治的象征。案件判决时他在他的单独意见中表述道:"焚烧十字架永远不应被认为是象征性言论而受《第一修正案》保护。"

他写道:"就如同一个人不能焚烧别人的房子作为一种政治观点然后又寻求《宪法第一修正案》的保护一样,怀有仇恨的人不能用恐吓和威胁来宣扬自己的观点。"

另一方面,法官大卫·H.苏特(David H. Souter)、鲁斯·巴德·金斯伯格(Rush Bader Ginsburg)和安东尼·M.肯尼迪(Anthony M. Kennedy)表示他们相信《第一修正案》保护将焚烧十字架作为象征性言论的权利。他们说他们不赞成任何禁止焚烧十字架的法律。苏特认为任何禁止焚烧十字架的禁令都是对象征性信息"基于内容"的禁止,不可能符合《第一修正案》,金斯伯格和肯尼迪都赞成这一观点。

在弗吉尼亚诉布莱克案中,极具讽刺意味的是,在初级法院根据最高法院重审意见使此州法失效之后,弗吉尼亚修订了焚烧十字架法规。新的法律要求要有明确威胁意图的证据,根据最高法院多数法官所持的基本原理,新的法律可能会得到全票支持。

在几年前,最高法院在加利福尼亚判决的科恩诉加利福利亚案(Cohen v. California)(403. U. S 15, 1971)的复审中承认一种具有煽动性、攻击性的言论形式可受到《第一修正案》的保护。本案中,保罗·科恩(Paul R. Cohen)被提起有罪诉讼,原因是他在洛杉矶法庭上穿了一件印有标语"该死的征兵(Fuck the Draft)"的皮夹克。法庭当时正在对几个参加反对越南军事征兵的示威者进行审理。最高法院作出的最后判决认为虽然标语具有攻击性，但该行为属于受宪法保护的观点表达自由。在判决书中，法官约翰·马歇尔·哈兰（John Marshell Harlan）写道：

> 本案引发诉讼的四字单词 fuck（脏话）或许比与它的同类单词更令人生厌。但是，某人眼中粗俗不堪的表达却有可能被他人认为是高雅的抒情用语，这是一种事实。实际上，由于政府官员无法在这个领域作出明确的原则性区分，宪法因而将品味和风格的问题留给个人去决定。

可能所有这些案件的要点是不管发言者的想法（或选择的词或标记）如何无知与粗俗，《第一修正案》保护多种形式的观点表达。然而，《第一修正案》不保护诸如威胁、暴力、纵火或入侵等非法行为。

至 21 世纪早期，有关仇恨性言论和校园规范的争议逐渐平息。在几个法院根据《第一修正案》推翻了校园规范后，许多大学废除或修改了他们有关的言论规范。私立的斯坦福大学在被初审法院判决其制定的言论规则违反了加利福尼亚法律后没有提起上诉，此案引起了全国关注。根据加利福尼亚州法律，《第一修正案》保护的言论自由甚至被扩大到了私立大学。

2001 年，联邦上诉法院第三巡回审判庭作出了一个判决规定，全面反对学校的反骚扰政策。反骚扰政策禁止针对任何人的种族、宗教、性别、性倾向或残疾、其他的原因而进行的可能造成"威胁、敌对或攻击性"的多种"口头、书面或身体行为"。两个基督教学生和他们的监护人反对该政策，他们认为反骚扰政策阻止了他们表达他们认为同性恋是一种犯罪行为的宗教信念。在萨克斯诉州立学院校区（Saxe v. State College Area School District）（240 F. 3d 200）案中，法院判决反骚扰政策侵犯了学生言论自由的权利。法院认为学校管理者不能证明被禁止的言论将会破坏学校运转或侵犯他人的权利。法院要求学校根据廷克尔诉社区学校校区案（Tinker v. Community School District）这起牵涉到《第一修正案》的、具有里程碑意义的判决，对否定学生权利的合法性进行证明，而廷克尔案将在第 14 章进行详细讨论。

焚烧国旗和宪法《第一修正案》

当禁止"仇恨言论"的宪法自由问题在大学校园激烈争论的时候，媒体和国内各级法庭也在争论另一个有关自由表达的焦点问题：国旗亵渎。美国人因最高法院的两个维持焚烧国旗是受保护的一种自由表达形式的判决而被痛苦地分成对立的两派。像焚烧十字架一样，焚烧美国国旗激起了许多人强烈的感情，他们很难发现允许这种象征性"言论"的价值何在。

当这个问题在全国范围内受到广泛关注后，显然，千百万的美国人相信美国的国旗是国家的象征，应受到特殊保护。一个政治抗议者永远都不应被许可把亵渎国旗作为一种言论自由的形式。但是，最高法院却判决准许《第一修正案》保护三K党成员们亵渎国旗的行为。像许多民权自由意志主义者一样，法院判定这些案件涉及一个更高的原则，即一个真正民主的社会必须把自由表达的权利扩大，甚至将自由表达的权利赋予那些对大多数人来说思想或政治行为应受指责的人。

1989年和1990年，最高法院判决了两个相互独立的焚烧国旗案件，把焚烧国旗作为象征性言论的一种形式纳入《第一修正案》的保护范围之内。1989年得克萨斯诉约翰逊案（Texas v. Johnson）（491 U.S. 397）中，法院判决格里高尔瑞·约翰逊（Gregory Johnson）不应因他在1984年共和国全国大会期间焚烧国旗以示反对里根总统的政策而受惩罚。在一个激起四名法官表达强烈反对意见的判决中，多数意见指出焚烧国旗是受保护的象征性言论的形式之一，特别是如果焚烧行为发生在明显的政治环境之中时（就如本案一样）。

就像1969年关于三K党的判决及1992年关于"仇恨言论"的判决一样，焚烧国旗判决引发许多人的激烈反对。例如，乔治·布什（George Bush）总统呼吁制定一个宪法修正案来推翻约翰逊案的判决，认定焚烧国旗是一种犯罪行为。

另一方面，许多公民自由意志主义者担心修正案的制定会终止受《第一修正案》保护的其他自由权利，比如表达就种族问题的争议性观点和准许成年人拥有非猥亵性色情作品。

经历了对焚烧国旗较多的公众争议后，国会1989年颁布了《国旗保护法》（*Flag Protection Act*）。该法是一部联邦法律，对亵渎国旗的人处以一年监禁和1000美元罚款。布什总统同意法案没有他的签名就生效实施，他宣称他更期望一项宪法修正案，而不是可以被法院推翻的成文法。

毫无疑问，新的法律一生效后就受到了法院的质疑。在意识到问题的严重性后，最高法院同意加快速度审查此类新案件。1990年，仅在产生此问题的第一个判决后一年，法院宣布新的《国旗保护法》违宪。

在美国诉艾希曼（U.S. v. Eichman）（496 U.S. 310）案中，最高法院以相同的五比四多数意见再次重申了早期判决，认定亵渎国旗是受《第一修正案》保护的象征性言论的形式之一。法官威廉·布伦南（William Brennan）撰写了多数人意见书，他写道："《第一修正案》的基础原则是政府不应仅仅因为发现一种思想本身具有攻击性或让人不愉快就禁止这种思想的表达。"

在艾希曼案的口头辩论期间，法官安东尼·肯尼迪(Anthony Kennedy)(一名保守法官，投票时，他站在多数人意见的一边，扩展了《第一修正案》对焚烧国旗者的保护)指出亵渎国旗已成为国际公认的政治抗议形式，宣称在1989年导致共产主义政府崩溃的东欧巨变中，东欧每一个国家的反对者都有亵渎国旗的行为。

而另外四名持异议的法官再次提出法律论据来解释为什么他们认为《第一修正案》不应保护亵渎国旗的行为，就如在一年前(1990年)一样，他们也采取不寻常的步骤，批评那些在亵渎国旗问题上利用大众感情为党派谋利益的政府官员。在异议书中，法官约翰·保罗·斯蒂文森(John Paul Stevens)写道："国旗的完整性被一些人玷污了，这些人是那些侵犯了个人利益却仍提倡国旗强制崇拜的领导者，或者是那些为了卑鄙的目的，把国家意志象征(即国旗)作为党派争斗借口的人。"

然而，艾希曼案的判决立即触发了修改《宪法第一修正案》的新一轮运动，要求把亵渎国旗排除在宪法保护的范围之外。议会立即于1990年进一步讨论这一问题。但是这一次，由于是美国历史上第一次修改《第一修正案》，多数的争论集中于这种行为是否明智。1990年6月，在艾希曼案判决后仅几天，反焚烧国旗修正案的提议由于没有获得修宪所需三分之二代表的支持而遭众议院否决。争论的结果是，许多议员认为国旗是美国自由的象征，这其中甚至包括把焚烧国旗作为一种政治抗议的手段。

1990年国会投票表决后的几年间，公众和国会对有关国旗亵渎的问题的关注似乎减退了。但是，最近几年新的宪法修正提议多次被提起，但从未得到国会两院的批准。

1995年，一项国旗保护修正提案很快在众议院获得了三分之二的多数支持。但是，1996年，该法案由于差三票未能达到三分之二多数而未能通过参议院。在随后一届国会中，另一保护国旗的宪法修正案被提起，1997年，众议院以310比114通过了该提案。但是，1998年该届国会结束之前，法案从未在参议院举行过投票。1999年，该议案再次被提出来，并在众议院中再次获得了三分之二的必要支持，但是没有获得参议院三分之二代表的支持。《国旗保护修正案》再次于2001年被提出来，众议院再次通过了提案但参议院否决了提案。2003年，另一国旗保护修正案以三分之二多数得到了众议院的通过，再次将问题留给了参议院。

因为49个州的立法机关早就签署过这样的宪法修正案，如果扫除了国会两院的阻碍，法案也必须得到所需的四分之三州的支持才能获得正式批准。

最近几个宪法修正提案仅这样表述：国会应有权阻止对美国国旗的实际

亵渎。

众议院司法委员会主席共和党议员亨利·海德(Henry Hyde)指出,或许在20世纪90年代后期国会中流行一种观点,即认为应从一种更为深层的意义上把《国旗保护宪法修正案》作为"美国主流社会重申社会标准的努力"来进行认识,这是一种对我们社会庸俗化的大众反抗。

国旗保护修正案实际上是受欢迎的:根据《自由论坛》(*The Freedom Form*)的报道,1998年的民意测验表明75%的美国人支持此类修正案。

是否R.A.V.诉圣保罗市案判决支持种族或宗教偏激的人拥有《第一修正案》权利以及得克萨斯诉约翰逊案和美国诉艾希曼案判决支持焚烧国旗者的《第一修正案》权利,意味着除非有实际上可能导致非法行动的号召行为,否则《第一修正案》从不允许将言论或象征性言论认为是一种犯罪?一般来说,答案是肯定的,即使言论具有高度攻击性也是如此。但是如果非法暴力行为真的发生,就不再受《第一修正案》保护,就如最高法院在威斯康星诉米切尔案中所规定的那样。

此外,最高法院认为,在某些环境下言论本身可能会被检查,例如,高等法院经常判决《第一修正案》不保护法律认定的猥亵言论或作品。当然,问题是必须判定清楚一部具体的作品是猥亵的或仅是色情而非猥亵的。此项任务落到了最高法院的身上,最高法院有时不得不逐个对具体的电影、书籍和照片是否猥亵做出裁决。第十章将讨论猥亵、色情和《第一修正案》问题。另一个一直没有得到《第一修正案》充分保护的言论类型是商业言论(包括商业广告),尽管此种情形现在似乎有所改变(见第十三章)。此外,广播也没有像其他大众媒体一样享受相同的《第一修正案》权利。法院有时支持政府控制广播的内容,但如果同样的控制运用到其他媒体上将会违宪(见第十一章)。

控制散发传单

如果《第一修正案》不允许对"仇恨言论"或焚烧国旗这类具有攻击性的表达形式进行直接审查的话,那么政府还有其他方法可以控制那些企图参与此类表达形式的人吗?当地政府可以直接地拒绝三K党或纳粹党等团体在公共场所举行集会或散发传单吗?对有争议意见的团体,比如数目庞大、以举行抗议示威闻名的反堕胎组织——抢救行动(Operation Rescue)应如何处理?

多年来,关于此类问题有着数以百计的法院判例。基本的回答是联邦、州和当地政府可以对《第一修正案》允许的行为采取内容中立的时间、地点和方式的限制。但是有些团体希望通过运用有关公众集会和散发传单的法律来实现不用接受审查就可发表有争议的言论的目的。例如，政府机关可以要求所有的团体在进行大街游行或在公园举行集会之前先获取许可，通过许可便可对此类事件的时间或噪音强加限制。并且，政府机关可以对团体在何处散发传单或搜集请愿签名进行限制。但是，没有一个政府可以在给予那些与政府意见相投的团体许可的同时否决那些意见与政府不一致的团体的集会、游行和散发传单的请求，除非有一个非常重要的国家利益诉求能证明这种对《第一修正案》所保护的言论采取中立限制的行为是合法的。最高法院对涉及此类争议的案件作出了多次判决，裁定政府不可以随意否决有争议或不受欢迎的团体在公共场所散发传单、举行集会或示威的权利——公共场所是《第一修正案》允许的活动和集会地点。

耶和华见证会案

对限制散发传单合宪性的第一次认定跟耶和华见证会的改宗运动联系在一起。这个宗教组织为了自己不为多数美国人认同的教义，展开挨户访问和街角布道，目的是为了改变人们的宗教信仰。这种努力导致20世纪30年代末期许多市政当局对他们的行为颁发了限制性条例。耶和华见证会的成员在一系列诉讼中以《第一修正案》权利为依据质疑这些限制，其中几个案件于40年代早期被上诉美国最高法院。案件裁决的结果确立了新的自由表达保障条款，保障条款的受益人不仅是耶和华见证会，也包括许多其他的宗教和政治理想的拥护者。2002年，最高法院又审理了另一起耶和华见证会案件，显示了这类议题的永恒性。

第一个耶和华见证会案件是1938年判决的拉夫尔诉格里芬市（Lovell v. City of Griffin）（303 U. S. 444）案。阿尔玛·拉夫尔（Alma Lovell）是一名耶和华见证会成员，她没有按当地法律的要求征得城市管理者的许可就在乔治亚州格里芬市（Griffin, Ga）散发小册子。她虽只被罚款50美元，但却把案子一直起诉到最高法院并且赢得了胜利。

最高法院裁决城市市政当局的禁止性无效，宣称条款“让新闻自由受制于许可和审查动摇了新闻自由的基础。”格里芬市政当局主张《第一修正案》只适用于报纸和杂志，不适用于拉夫尔的小册子。最高法院不赞同这种主张，认为：“新闻自由不局限于报纸和期刊，必须包括小册子和传单。小册子和传单事实上也是捍卫自由的具有历史意义的武器。”

此外，法院强调《第一修正案》保护散发和出版作品的权利。

许多地方试图用反乱扔物品条例来制裁耶和华见证会。美国最高法院于1939年施耐德诉新泽西州市（Schneider v. State of New Jersey）（308 U. S.

147)案中裁决了几个反乱扔物品条例。

法院判决,城市确实有阻止乱扔物品的权利,但它必须惩罚实际上乱扔东西的那个人,而不是惩罚把印刷品分发给自愿接受者的人。高等法院判决即使接受者后来把小册子丢弃,散发小册子的人也不应因此受到惩罚。

在施耐德案中,最高法院还判决一个要求任何人从事逐户散发传单之前必须先得到警察许可的市政条例无效。

法院认为,赋予警察在居民自己讨论前确定哪种思想可以或不可以进入居民区的处理权是对《第一修正案》的侵害。法院判定,一个城市可以限定逐户访问的时间,但是当许可制度赋予警察赞同他们喜欢或拒绝他们不喜欢的行为的权力时,要求预先许可是违宪的。

1942 年,最高法院开始赞同,而后又使另一个用于反对耶和华见证会成员的市政条例失效,这个条例要求所有的游说者必须要获取一个 10 美元的"书籍代理"许可。在这个琼斯诉奥派利卡案(Jones v. Opelika, 316 U. S. 584)案件中,最高法院最初支持了这个 10 美元的许可要求。但是 11 个月后,又撤销了原判决并正式将原来的不同意见作为多数意见。法院之所以做出这样的最终判决是因为该条例赋予了市政官员不需解释就授予或撤销许可的权力。

令许多人惊奇的是,60 年后,最高法院又在另一个耶和华见证会案例中对同类的问题作出了判决,即守望台圣经书社诉斯特顿镇(Watchtower Bible and Tract Society v. Village of Stratton)(536 U. S. 150)案。斯特顿是俄亥俄的一个小城镇,该镇颁布了一个规定,宣布"游说者"没有事前获取市长办公室的许可挨家挨户宣传"任何主义"的行为属于一种轻罪。条例同时规定任何人到贴有"谢绝推销"的私人住宅进行宣传也是一种犯罪,耶和华见证会没有质疑这一条款。

初级法院很大程度上维持了斯特顿条例,但最高法院以八比一的多数人意见推翻了斯特顿的许可要求。起草法院判决书时,法官约翰·保罗·斯蒂文森裁定,扩大对宗教和政治倡导者以及其他非商业游说者的许可限制侵犯了《第一修正案》。法院没有取消只应用于商业游说者的许可制度。

法官斯蒂文森判定斯特顿条例过于宽泛并且"具有攻击性——不仅攻击《第一修正案》的准则,也攻击自由社会的观念。他谴责那些要求市民"根据每天公众讲话内容"首先告知政府他们讲话意愿,"然后获得一个讲话许可"的法律。

斯蒂文森强调宗教和政治倡导者有从事匿名演讲的权利(这是距早期耶和华见证会案件很久以后最高法院第一次认可这一权利),任何针对这些游说者的许可制度必将侵犯宪法权利并妨碍那些穿过街道和邻居讨论某种主义的自发行为。斯蒂文森说,市民可能宁愿沉默也不愿去获取心胸狭窄的官员的言论许可。

针对政府关于此方面的条例是必要的保护居民隐私和保护居民免受侵害的论点,斯蒂文森解释道:"犯罪者不可能在进入某人家门以前先获取许可,对不想受打扰的人来说,'谢绝推销'标志是一个合适的保护形式。"

只有首席大法官威廉 · H. 伦奎斯特(William H. Rehnquist)对斯特顿案的判决持有异议。他认为:"(多数意见)致使当地政府无力处理'游说者'造成的真正威胁。"他进一步指出,判例可能会迫使更多的居民贴上"谢绝推销"标志,从而导致面对面交流的减少。

这些涉及耶和华见证会案件的判决结果确立了一个宪法原则,即:政府权力机构不能专断地授予倡导流行观点人的游说请求,却拒绝那些倡导不受欢迎观点人的游说请求。甚至一个仅控制自由表达时间、地点和方式的"内容中立"的许可制度也会引发宪法问题,因为许可制度妨碍了匿名的宗教或政治演讲,强迫了那些想参与这类活动的人事先向政府请求同意。

虽然这些案件都涉及政府机关试图控制在公共集会场所传播思想或挨户访问游说的活动,但如果此类活动发生在一家公司拥有的商业中心或私人购物中心的话,相关规定是否依然有效呢?

私人场所和散发传单

最高法院第一次受理在私人场所散发传单的问题是1946年的马什诉阿拉巴马州(Marsh v. Alabama)(326 U.S. 501)案。该案发生在阿拉巴马州的契卡索(Chickasaw Alabama),契卡索是一个海湾造船公司拥有的企业生活区,未获生活区所有者的许可而散发传单的行为是被禁止的。

案子起因是一名耶和华见证会成员试图在契卡索分发小册子,被告知在布道以前必须先得到许可,而她没有得到许可,故企业生活区命令她离开,但她拒绝了,所以被以侵入罪起诉。

尽管整个企业生活区为私人所有,但最高法院还是维持早期马什案的判决不变。考虑到该企业生活区从实际用途上来说是一个城市,法院运用了它曾应用于其他城市的同样规则。法院指出生活区实际上是为公众所开放的,并且生活区与一四车道公共高速公路直接毗邻;即使街道是私人的,公众仍把它们当作公用街道来使用。因此法院作出如下判决:

> 所有权并不总是意味着绝对的控制权。一般来说,一个所有者为了

自身利益将其地产开发为公用的程度越高,他自身权利就会更多地受到成文法及宪法的限制。

20 多年后,在地方食品业 590 雇员联合会诉洛根山谷集市广场(Amalgamated Food Employees Local 590 v. Logan Valley Plaza)(391 U.S. 308,1968)案中,最高法院对一个私人拥有的购物中心运用了相同的逻辑推理方式作出判决。这个案件涉及工会罢工纠察①。购物中心禁止在其经营场所内发动罢工纠察行为。工会质疑这一规定并赢得了胜利。

最高法院把私人购物中心和马什案的私人生活区进行了比较,判定在私人购物中心存在相同的散发传单的权利。但是,法院解释作出此判决的一个原因是,此案涉及购物中心店主和雇员的劳资纠纷。法院没有裁定如果购物中心的商人和罢工纠察不存在密切关系的话,《第一修正案》是否适用。

但是,通过 1972 年的莱德公司诉坦纳(Lloyd Corp. v. Tanner)(407 U.S. 551)案中,最高法院判决允许俄勒冈州波特兰市的很多购物中心可以禁止反越战者散发传单,因为散发的材料和购物中心的业务没有关系。

在洛根山谷案和此案判决之间的几年内,尼克松总统任命的四位法官取代了自由派"沃伦法庭"的关键成员,在这四个法官的推动下形成了一个新的多数人意见,并从以前对在私人领地散发材料主要持支持态度的立场上退了回来。法院判决,如果是在传单内容和商场常规业务没有关系的情况下,此类案件不存在散发传单的宪法权。但是,多数人意见书没有明确指出此判决是否推翻了洛根山谷案的判决。

1976 年,最高法院开始摇摆不定。在另一个购物中心案件中,即哈珍斯诉全国劳工关系委员会(Hudgens v. NLRB)(424 U.S. 507)案中,最高法院明确宣布撤销洛根山谷案的判决。哈珍斯诉全国劳工关系委员会案牵涉到了举行罢工的巴特勒鞋业公司货栈员工。当员工在亚特兰大购物中心的巴特勒鞋业商店前示威抗议时,中心的经理要求他们撤出商场,全国劳工关系委员会(NLRB, National Labor Relations Board)判定这是不公平的劳动准则,为此购物中心所有者提起上诉。

哈珍斯案的多数人意见书明确指出不再有任何在私人购物中心散发传单的宪法权利,即使传单明确涉及了和购物中心某一商人的劳资纠纷。法院解释,考虑到《第一修正案》和《第十四修正案》,传单内容并不重要,即传单内容和购物中心的常规业务是否有关系并不重要。哈珍斯案的多数意见书判定,

① 工会纠察员通常指在罢工期间,驻扎在工作单位外面以表示不满或反抗,阻止非罢工雇员或顾客进入的人或一群人。——译者注

在私人购物中心散发不管哪一种主题的传单都没有宪法权利。但是,判决没有阻挠全国劳工关系委员会基于另一法律命令雇主允许示威抗议活动;法庭仅仅排除宪法权利。例如,全国劳工关系委员可以判决认为否定示威抗议权利是一种不公平的劳工准则,侵犯了联邦劳工法。

有人认为哈珍斯案解决了在私人购物中心散发传单的问题,但是他们错了。1980 年,最高法院在梅干园购物中心诉罗宾斯(Pruneyard Shopping center v. Robins)(447 U.S. 74)案中对在私人购物中心散发传单的判决中做出了极大的改变。

此案展现了最高法院占据主流位置的保守派成员在私有财产权和州权力之间的艰难选择,这两种权利有时是保守派的战斗口号。在一个靠近加利福尼亚州圣何塞市的购物中心,一群高校学生试图散发反对联合国反"犹太复国主义"决议的传单。因为被政府拒绝给予许可,他们向加利福尼亚法院起诉。州最高法院判决加利福尼亚宪法比联邦宪法提供了更宽容的自由表达保障,在加利福尼亚,人们有权在私人购物中心散发传单,即使联邦宪法没有保障此类权利。

购物中心所有者向美国最高法院提起上诉,主张加利福尼亚最高法院的判决否决了联邦宪法赋予他们的财产权和正当程序权。理所当然,被告人提出辩驳,他们声称根据州权利条款,州赋予它的居民比联邦宪法更广泛的言论自由权利。

在七比一的多数人意见书中,法官威廉·伦奎斯特认为州权超越财产权,裁决从定义居民自由权利的角度来说,联邦和州拥有同等重要的分量,因此加利福尼亚最高法院的判决没有侵犯购物中心所有者的任何联邦权利。伦奎斯特解释,美国最高法院早期有关进入购物中心的判决没有规定"限制各州履行它的治安权利或限制各州超出联邦宪法规定,通过州宪法赋予个人更为广泛的自由权利。"

总而言之,最高法院肯定了加利福尼亚有权制定法律,赋予比联邦宪法规定更为广泛的权利。梅干园案判决的后果是最高法院决定把是否同意在私人地产散发传单的权力留给各州立法机关和法院来裁决,就像加利福尼亚法院所做的那样。

梅干园案判决后的几年,其他几个州的最高法院至少承认了在私人购物中心从事多种形式自由表达的有限权利。这些判决建立在不同的法律依据上,包括州宪法的一般自由表达条款和选举的流动拉票权,被一些州的宪法所承认。

已经承认大型室内购物中心自由表达权利的州有马萨诸塞,参见贝奇德诉跨国联合商贸会(Batchelder v. Allied Stores Int'l), 445 N. E. 2d 590 案, 俄勒冈,参见劳埃德公司诉维芬(Lloyd Corp. v. Whiffen), 849 P. 2d 446 案, 科罗拉多,参见博克诉威斯敏斯特商场(Bock v. Westminster Mall Co.), 819 P. 2d 55 案,华盛顿,参见阿尔德伍德协会诉华盛顿环境委员会(Alderwood Associates v. Washington Environmental Council),635 P. 2d 108 案;也可参见南中心合资公司诉国家民主政策委员会(Southcenter Joint Venture v. National Democratic Policy Committee), 780 P. 2d 1282 案,此判决约束了在华盛顿室内购物中心除了流动请愿以外的其他自由表达形式以及最近才承认的新泽西,参见新泽西州反对中东战争联盟诉 JMB 实业公司(New Jersey Coalition Against War in the Middle East v. J. M. B. Realty Corp., 650 A. 2d 757, 和新泽西州绿党诉哈茨山工业协会(Green Party of New Jersey v. Hartz Mountain Industries), 752 A. 2d 315 案。

例如,新泽西州最高法院在反战联合会案中,判决大型地方性购物中心的所有者必须允许受合理的时间、地点和方式限制的散发传单行为和其他类似政治言论的发表。在 2000 年绿党案的判决中,新泽西最高法院判决购物中心不能要求想散发传单者交付一百万美元的责任保险金。法院解释道,这样高的金额会构成事实上的禁止。购物中心的管理者也不能限制人们只能在一年中的某一天散发传单,以上限制都是不合理的。但是,法院也强调它只批准散发印刷品,不认可手提式扩音器、喇叭、布告、标语、游行或类似的抗议入侵行为。法院强调它批准的自由表达行为只限于大型区域性室内购物中心,不包括较小的购物中心、露天足球场、剧院或其他会吸引人群的私人场所。

新泽西的判决类似于加利福尼亚法院对梅干园案的判决结果,亦只允许在大型室内购物中心散发传单。例如,1999 年,在乔氏贸易公司诉跃进运动公司(Trader Joe's Co. v. Progressive Campaigns Inc.)(73 C. A. 4th 425)一案中,加利福尼亚上诉法院判定相对于那些许多商店聚于一起的室内购物中心而言,人们无权在一家独立的商店门外流动请愿。21 世纪初,加利福尼亚的其他几个法院做出了相似判决,禁止在私人财产周围的自由言论表达,禁止范围甚至包括了大型的独立商店和不配备中央天井的零售中心商店的周围地区(参见,康斯托克公司诉格兰特(Costco Companies v. Gallant), 96 C. A. 4th 740, 2002, 以及艾伯森公司诉杨氏(Albertson's Inc. v. Young), 107 C. A. 4th 106, 2003 案)。

2001 年,在金门户中心诉金门户出租协会(Golden Gateway Center v. Golden Gateway Tenants Association)(26 C. 4th 1013)一案中,加利福尼亚最高法院更进一步否决了任何在大型综合性公寓大楼出口散布印刷品的权利。此案中,法院以四比三的多数判决指出,除非私人地产是“对公众自由开放的”,否则加利福尼亚宪法不保障在私人地产上的言论自由。对功能不等效于商业区人行道的地区,判决为梅干园规则制定了一个例外法院解释,这些地方不存在州政府许可的行为。但是,法官贾尼丝·罗杰斯·布朗(Janice Rogers Brown)起草判决意见书时指出,判决“没有赋予公寓所有者抑制房客言论的权利”。她表示房客不一定要在门口留下通讯集,还可以用多种方式彼此交流,这正是房客协会想做的。

在内华达发生的相似的法律论战涉及在拉斯维加斯沿街闹市区拥挤的人行道上散发传单的问题。某些街道于90年代早期扩建时,当地权力机关允许几个大型旅馆把新的人行道作为他们的私人地产保留其所有权。

旅馆所有者因此禁止在新的街道散发那些“色情”娱乐区的传单,并辩称作为私人场所的人行道不是公共场地,并且一些县也限制在沿街地区散发商业传单。2001年,内华达最高法院在具有分歧性的判决中维持了禁止在赌博娱乐场所散发上门服务以及相类似的商业广告的禁令。三名法官形成了一份多数意见书,他们认为人行道不是公共场地。另两名法官认为即使人行道是一个公共场地,有问题的广告也不受《第一修正案》保障,因为这些广告包含了明显的非法商业信息,参见S. O. C. 诉玛瑞奇(S. O. C. v. The Mirage),23 P. 3d 243,2001案。

然而,旅馆所有者很快意识到控制私人人行道并不顺利。两个月后,美国第九巡回区上诉法院作出了沿街地区的人行道事实上是《第一修正案》适用的公共场地的判决(参见拉斯维加斯威尼斯人旅馆诉拉斯维加斯地方联合执行委员会(Venetian Casino Resort v. Local Joint Executive Board of LasVegas),257 F. 3d 937案)。在一个涉及工会的示威抗议案中,联邦法院驳回了威尼斯人旅馆试图使人行道不受自由表达限制的申诉。2002年,美国最高法院拒绝审理该旅馆的申诉,使第九巡回区的判决成为强制性判例,保障传统的《第一修正案》的权利,比如沿街的工会请愿、游行等活动。旅馆和当地权力机关禁止商业广告的禁令能否承受新法律的质疑,还需拭目以待。

另一个有关曾经公有以后被私有化的人行道的争论发生在盐湖城。2002年,美国第十巡回区上诉法院维持了盐湖城神殿广场(Salt Lake City Temple Square)和教堂所辖的综合区之间的、与主大街紧密相连的人行道仍然是公共场地的判决。

在第一基督教教堂等诉盐湖城公司(First Unitarian Church et al. v. Salt Lake City Corp)(308 F3d 1114)一案的判决中,法院裁定即使城市把街道出售给了教堂,耶稣基督后期圣徒教会(the Church of Jesus Christ of Latter-day

Saints)也无权禁止在人行道自由表达言论的活动。教堂买下主街道街区后，对街区进行大量景观美化，把街区变成了一个“基督教公园”，然而，为了保证人行道对公众保持开放，城市保有步行区所有权。教堂保持该街道的人行道的开放，但是却禁止诸如散发传单、布道、请愿和其他多种原因的示威等传统自由表达活动。

有几个当地组织对教堂的禁令提出质疑，并得到了美国公民自由联盟的支持。他们抗议道，市政府不能因出售街道和人行道给教堂就终止了该地的公共场地的属性。法院同意这种观点，裁定公共人行道所有权包含了保留公共人行道作为自由言论区的权利。法院判决书写道：“市政府不可能创造一个‘非《第一修正案》’的‘自由区’。他们如果这样做的话，注定要失败，”

教堂声称它将向美国最高法院起诉。后来，在放弃人行道所有权的情况下，城市和教堂开始讨论和解方案，允许教堂控制和禁止表达此类活动，同时，作为回报，市民获得了其他的权利。

有关私人场所《第一修正案》权利的另一个问题是地方条例禁止房产所有者在其私人场地内放置含有政治信息的标语牌，这导致了1994年美国最高法院作出了一个重要判决。在拉都市诉吉里奥（City of Ladue v. Gilleo）(512 U.S. 43)案中，最高法院推翻了密苏里州莱度（St. Louis的一个高档近郊住宅区）的一个条例，此条例禁止所有私人家庭在其前院放置标语牌。

案件发生于1990年，一个居住在莱度市的妇女玛格丽特·吉里奥（Margaret Gilleo），在其院子里树立了一块反对1990年波斯湾战争的标语牌。标语牌被人盗走，于是她又重新立了一个标语牌。有人把标语牌推倒，她向警察报告这种故意破坏行为。警察告知她标语牌是违法的，她提起诉讼，宣称市政府侵犯了她的《第一修正案》权利。初审法院裁定城市不应实施标语条例之后，吉里奥在其窗户上贴了一大张纸，写道：“海湾和平”，这种行为可能侵犯了莱度市的条例，但是好在最高法院判决市政府苛刻的标语条款是违宪的。法院解释，禁止几乎所有的庭院标语破坏了完整的言论自由，并违犯了《第一修正案》。法院承认莱度可以禁止前院的商业标语（但不包括“出售”标志，见第十三章关于此争论点的讨论），但是，条例审查庭院标语表达的政治和宗教信息的规定太过极端。

事前限制和反堕胎

上世纪80年代和21世纪早期，堕胎争议的增多导致了有关《第一修正案》新的争论。议会、法院、州和地方政府都卷入了这场极为激烈的争论之中，争论不仅包括堕胎本身，也包括反堕胎者的示威活动。另外还有一些相关问题也被涉及到，诸如：什么情况下医疗诊所附近的示威需要被约束？什么时候针对医生和其他诊所工作人员的示威需要被限制？什么时候《第一修正案》保障反堕胎者的激烈言辞？联邦反诈骗法可以用于反对那些主张诸如堕胎是道德败坏等思想的群体吗？

1998 年，在弗瑞斯贝诉舒尔茨(Frisby v. Schultz)(487 U.S 474)一案中，最高法院第一次解决了市镇部门是否可以禁止在医生和其他堕胎诊所工作人员的居住地附近举行示威的问题。在此案中，威斯康星州密尔沃基市布鲁克菲尔德镇(Brookfield, Wisconsin, Milwaukee)的一个小郊区——当反堕胎者在一医生家门口进行数次示威抗议后制定了禁止在私人住宅附近举行示威的条例。桑德拉·舒尔茨(Sandra Schultz)和其他的反堕胎示威者对拉塞尔·弗瑞斯贝和其他市镇官员提起诉讼，指控该条例侵犯了他们《第一修正案》言论自由权利。

法院裁决布鲁克菲尔德镇有权禁止针对特定私人住宅的示威抗议。总的说来，多数法官认为虽然居民区街道总体上是一个公共集会场地，但明确的私人住宅前的空间不是公共集会场地。这意味着城市必须允许示威者举着标语沿居民区街道游行，但如果他们在特定的住所附近停留和徘徊过久，他们的行为将不受《第一修正案》保护。当地政府有权禁止针对某人住所的示威抗议。

法院判决主要基于这样一种思想，即一个人在家里时有一定的隐私权和免受骚扰的自由权。在法院判决意见书中，法官桑德拉·戴·奥康纳(Sandra Day O'Connor)写道：

> 考虑到"受困"的听众不能逃避令人不愉快的言论，《第一修正案》允许政府把攻击性言论作为侵入加以制止。……被布鲁克菲尔德镇所禁止的此类示威抗议便是这样的一种"困扰"行为，居民被象征性的完全困于家中。由于此种示威抗议独特而强烈的影响，致使困于家中的人们无法避免令其讨厌的言论。

最高法院判决弗里斯比诉舒尔茨案后的几年，关于堕胎示威的争议开始升温。一些反堕胎团体大量地发起了针对从事堕胎的医生和诊所工作人员住所的运动。到 2000 年，在布鲁克菲尔德条例颁布和最高法院判决了另外两个反堕胎抗议案之后，许多城市追随其后对针对私人住所的示威抗议进行了限制。

20 世纪 90 年代期间，许多城市和州，甚至议会通过法律，不仅禁止在诊所工作人员住宅附近的示威，也禁止在开展堕胎的诊所附近的示威。1994

年，议会制定了《自由进入诊所法》(FACE)(Freedom of Access to Clinic Entrances Act)，禁止抗议者阻塞堕胎诊所入口或恐吓病人和诊所员工。第一次违法处以6个月监禁和1万美元罚款。再次违法者将面临终身监禁和最高25万美元的罚款。

新的联邦法律一生效，反堕胎者便上诉至法院。他们主张新的联邦法律过度限制了他们的《第一修正案》自由，对那些行为没有超出公民权利和反战示威者60年代行为(把参与非暴力反抗作为道德行为)的人处以如此严厉的惩罚，违犯了《第八修正案》中规定的禁止处以残忍而异常刑罚的禁令。在1995年伍道尔诉里诺案(Woodall v. Reno)(47 F.3d 656)和美国生命团体诉里诺(American Life League v. Reno)(47 F.3d 642)两个案件中，两个联邦上诉法院否决了这些主张。美国第四巡回区上诉法院判决，由于《自由进入诊所法》只针对那些诸如堵塞出口等不受保护的行为，不包括《第一修正案》保护的和平示威，所以它没有侵犯《第一修正案》的言论自由权。

审查"纽伦堡文件"

2002年上诉法院在一个引起激烈争议的判例中也采用了《自由进入诊所法》作为其判决依据，此判决在一定程度上支持对反堕胎活动处以大额罚金，也肯定了一名法官对某个网站颁布的检查令，该网站涉嫌煽动暴力来反对堕胎诊所的工作人员。

在裁决哥伦比亚/威拉姆特计划生育组织诉美国生命活动家联盟(Planned Parenthood of the Columbia/Willamette v. American Coalition of Life Activists)(290 F.3d 1058)案时，美国第九巡回区上诉法院以六比五的多数人意见裁定原判决没有侵犯反堕胎者的《第一修正案》权利。此案涉及一个名为"纽伦堡文件"的网站，该网站把堕胎医生称为"婴儿屠夫"，并附有从事堕胎的医生姓名、家庭住址、营业执照号以及其配偶和孩子的姓名。如果一个医生被杀，网站会在医生的名字上画一条横线。

当一群提供堕胎服务的人以《自由进入诊所法》为依据提起诉讼时，一个联邦陪审团判给上诉人1.07亿美元的实际和惩罚性损害赔偿金。美国上诉法院以6:5的多数人意见维持了实际损害赔偿金的判决，但要求初审法院重新考虑惩罚性损害赔偿金的数额。多数人意见同时维持初审法院法官下令删除"通缉"榜的命令，勿庸置疑，此命令是对有争议的公共问题进行传播前的事前限制。

由于"大法庭"以联席的方式重新审理了此案，由11个法官而不是原来的三名法官组成了合议庭进行判决。早期的时候，第九巡回法院的三名法官组成的合议庭把网站和“通缉”榜作为受保护的言论的判决被全体法官的联席判决驳回。

意见书指出，即使没有进行直接地威胁，但网站的言论对医护人员构成了“实际的威胁”。起草多数意见书时，法官帕梅拉·赖默(Pamela Rymer)表示，使一个有理性的人可以预见到他会遭到人身伤害的威胁并不受《第一修正案》保护。

赖默写道，“被告打算威胁和能够实施威胁不是必要条件，构成实际威胁的唯一必要条件是被告故意地或知道传播了威胁”。

在三份不同意见书中，五名持异议的法官认为多数人意见书由于漠视反对者的表达自由权利削弱了《第一修正案》的言论自由。另四名法官与法官亚历克斯·科津斯基(Alex Kozinski)意见一致，他写道：“虽然今天反堕胎者被挑出来严厉处置，法院做出的判决先例……将在随后几年使那些政治异议者三思而后行。

在另一个异议书中，法官玛莎·波泽恩(Marsha Berzon)认为，面临大额罚款的反堕胎者“没有谋杀任何人”，她补充“他们没有倡导谋杀，他们发布的“通缉”榜和网站应为受保护的言论……如果我们不愿意对那些我们认为是社会异类的人提供严格的《第一修正案》保护并对他们同我们所认同的人一样进行公正审判……那么《第一修正案》会成为形同虚设的规定。”

有些被告宣称他们会要求最高法院听取第九巡回区的上诉。

最高法院对堕胎抗议的裁决

在“纽伦堡文件”案判决之前，堕胎反对者在诊所附近的抗议示威行为引发了美国最高法院的三个判决。所有的判决都要求平衡反堕胎者和诊所投资方及员工的权利。2003 年，最高法院作出了关于堕胎反对者权利的第四个判决。

在 1994 年马德森诉妇女健康中心(Madsen v. Women's Health Center)(512 U.S. 753)的一案中，最高法院维持了佛罗里达法院禁令，此禁令要求示威者与堕胎诊所入口的距离保持在 36 英尺以上。最高法院法官以 6:3 的绝对多数判决了此案。首席法官威廉·伦奎斯特(William Rehnquist)在判决意见书中写道：“36 英尺的缓冲区不是对示威者《第一修正案》权利的过度限制。”

但是，在马德森案中，最高法院推翻了佛罗里达法院禁令的其他几个部分，包括禁止示威者在诊所 300 英尺以内的任何地方接近病人及禁止在诊所工作人员住所周围300英尺内示威等规定。伦奎斯特说，尽管对居民区示威时间和持续长度实施限制，以及在诊所工作人员住所周围设立的禁止示威缓冲区被缩小后，该禁令是可以接受的，但就目前来说该禁令对反堕胎示威者的权利限制过宽。在做判决时，伦奎斯特坚持了在前文讨论过的弗里斯比诉舒尔茨案中的观点。在马德森案中，最高法院还推翻了佛罗里达法院禁止示威者向诊所病人展示的“可辨认图像”的规定。伦奎斯特说，尽管禁止包含威胁的标语是可容许的，但就该禁令本身来说，对标语的完全禁止过于宽泛。另一方面，伦奎斯特的判决意见书维持了在堕胎抗议中禁止过多噪音的命令。

1997年，最高法院进一步保护反堕胎示威者的《第一修正案》言论自由权利，推翻了纽约市法官要求示威者保持与诊所顾客和员工15英尺距离的命令。在判决申克诉Pro-Choice网络(Schenck v. Pro-Choice Network)(519 U.S. 357)案时，法院以8:1的多数意见裁定示威者享有在公共人行道接近诊所病人的权利。最高法院否决了在诊所病人周围建立一个反堕胎者不得进入的15英尺的限制区域的命令，但是，维持了该命令的另一部分，即在诊所入口制定一个15英尺的非示威区。

再次撰写法院判决意见书时，首席大法官伦奎斯特强调示威抗议、散发传单和高声抗议是“《第一修正案》精髓所在的传统言论表达形式”。伦奎斯特解释道:“人行道的抗议者没有推拉或阻挡去堕胎诊所的路人的权利”，但是他也表示，纽约法官关于接近诊所投资方和医护人员的禁令太过宽泛。

首席法官解释道:“为了保证交通顺畅和公众安全，我们反对表达言论者出现在为进入或离开诊所的人设置缓冲区。”

在判决示威的所有具体限制时，最高法院认为他们遵循了“内容中立”原则(即:不管示威者发表什么论点，判决都一视同仁)。因此，除非这些限制在《第一修正案》自由权上是一个比服务于重要的政府利益更为必要的义务，否则这种表达便是正当的。法庭多数人意见裁定保护诊所工作人员和病人并确保他们能自由地进入和离开诊所是一项重要的国家利益。但同时认为，诊所入口附近的一小片缓冲区足够达到这些目的，在诊所顾客或工作人员周围设立更大的缓冲区或移动缓冲区会对自由表达带来过多的限制。

在对判决申克诉Pro-Choice网络案判决后，下级法院在几个案件中运用了相似的原则。例如:1997年一个联邦上诉法院在萨佩尔库诉凤凰城(Sabelko v. City of Phoenix)(120 F.3d 161)案中推翻了亚利桑那州凤凰市城市条例的几个条款，其中包括要求抗议者已经在诊所入口15英尺之外，亦要与诊所人员和病人拉开8英尺距离的规定。在推翻加利福尼亚州圣巴巴拉市条例时，同一法院又做出了相似的判决。因为圣巴巴拉条例制订了一个围绕诊所工作人员和病人的八英尺的流动缓冲区规定(参见爱德华兹诉圣坦·巴巴拉市(Edwards v. City of Santa Barbara), 150 F. 3d 1213, cert. den. 526 U. S. 1004 案,1999)。

但是,2000 年最高法院维持了科罗拉多州的法令,该法令要求建立一个八英尺的移动缓冲区。在希尔诉科罗拉多州(Hill v. Colorado)(530 U. S. 703)案中,法院以 6:3 的多数人意见判决科罗拉多法令恰好可以通过合宪审查。该法令要求在每一个医疗机构的入口划定一个 100 英尺的区域,在该区域内,不可以散发传单、展示标语或在别人的八英尺移动缓冲区之内从事堕胎劝阻活动——除非得到被劝说人同意。在不包括八英尺移动缓冲区的 100 英尺区域外展示标语是合法的。

在第一次判决科罗拉多州法的内容中立原则合宪以后,法院裁定该法规是对言论表达的时间、地点和方式的合法控制。法院指出,在八英尺的距离外,反对标语可以被展示,一般的交谈亦可以进行,故而称此距离为"标准交流距离"。法院认为"禁止接近"限制区域不会妨碍抗议者散发传单,因为人们适时可以分发传单。

"这个法规仅仅赋予公民在进入医疗机构时阻止游说者在其八英尺范围之内追随他们说一些他们不想听的话的权力。"法官约翰·保罗·斯蒂文森(John Paul Stevens)在判决书中这样写道。

总而言之,法官们在希尔诉科罗拉多州案上的多数意见完全不同于申克案,该案中划定的移动缓冲区是合宪的。

2003 年,最高法院在施耶德诉美国全国妇女组织(Scheidler v. National Organization for women)(537 U. S. 393)案中作出判决,联邦《受勒索影响与组织腐化法案》(Racketeer Influenced and Corrupt Organization Act, RICO)不能一般性地用于为堕胎提供者获得三倍赔偿金或作为反对反堕胎者的全国性法律。

堕胎诊所附近的示威者仍然可以因违反《自由进入诊所法》遭到起诉,但是,此法律并没有规定三倍赔偿金条款,同时需要逐州起诉堕胎反对者。

高等法院法官以 8:1 的票数做出判决,指出即使堕胎反对者阻塞诊所入口是以关闭诊所为最终目的,他们也不属于一般意义上的 RICO 规定的敲诈罪犯罪行为。判决有效地结束了近 20 年来由 NOW(美国全国妇女组织)和其他一些堕胎支持者利用 RICO 的规定对两个反堕胎组织支持声明行动联盟(the Pro-life Action League)、抢救行动(Operation Rescue)提起的诉讼。

包括人道对待动物协会(People for the Ethical Treatment of Aninmals)(PETA)在内的几个组织因不同的原因举行示威,他们也担心自己会被以 RI-

CO 法规的名义被索偿三倍赔偿。

首席法官威廉·H. 伦奎斯特在法院多数意见书中写道,法庭裁决不应影响 RICO 作为反对组织犯罪的有效武器。在一致性判决意见书中,法官鲁斯·巴德·金斯伯格和斯蒂芬·G. 布雷耶表示根据 RICO 的宽泛解释,该法在 20 世纪 60 年代可以用于反对堕胎支持者极为推崇的民权示威。

几年前,最高法院对另一个示威权利问题进行了判决:在华盛顿外国大使馆周围示威的权利。在布斯诉巴里(D. C. in Boos v. Barry)(485 U. S. 312, 1988)案中,法院推翻了华盛顿特区地方条例的部分条款,这些条款目的是为了防止大使馆外令人难堪的示威游行。

法院判决国会在通过华盛顿地方管理条例时不应禁止那些可能带有让人觉得尴尬的示威标语。在撰写多数人意见书时,法官桑德拉·戴·奥康纳表述道:"华盛顿条例的条款,从其字面来看是违宪的。它是一个基于内容的、对发生在政治论坛的政治言论的言论内容限制,条款不能只迎合强制性的国家利益。"

但是,最高法院肯定了条例的另一部分:如果警察认为示威者威胁了大使馆的安全,警察可以要求示威者保持与大使馆 500 英尺以上的距离。

其他的抗议示威及相关问题

如果禁止在私人住宅前举行抗议示威是为了避免干扰居住者的生活的话,那么是否可以禁止其他可能干扰、引起他人不便或让人感到尴尬的行为呢?最高法院曾处理了多起此类问题。

1971 年最高法院在奥斯丁更好生活组织诉基夫(Organization for a Better Austin v. Keefe)(402 U. S. 415)案中碰到了此类事前限制的问题。杰罗姆·基夫(Jerome Keefe)是一个实业地产商人,据说他在伊里诺斯州靠近芝加哥的奥斯丁社区采用了"街区房地产跌涨牟利"策略。换句话说,他被指控试图散布黑人将涌入社区等谣言诱使白人房主以低价出售其产业。奥斯丁更好生活组织(OBA)为了停止这场白人纷争,开始散发传单抗议基夫的"贩售恐慌"策略。基夫取得法院禁令,禁止 OBA 散发传单或示威抗议。禁令得到了伊利诺斯州上诉法院的认可,OBA 向最高法院起诉。

最高法院废除了该禁令,并认可和平的小册子是受《第一修正案》保护的,"禁止"是一种事前限制行为。法院意见写道:

> 任何送达法院的关于表达的事前限制,其合宪性都有很大的疑问。

因而被告必须承担证明这种强加限制的合理性的举证义务。但他没有满足这种义务。

最高法院在一系列涉及克利须那运动的案件中处理了一些更难于对付的有关《第一修正案》言论自由的问题,这些案件让人想起了耶和华见证会系列案件。

1981年的哈佛伦诉国际克利须那觉悟运动①(Heffron v. International Society for Krishna Consciousness)(452 U.S. 640)案中,法院需要裁定克利须那(Krishna)组织的信徒应有多大的集会参与权。

像耶和华见证会运动的成员一样,克利须那组织追随者相信他们的信仰要求,他们散发传单并向公众募捐。克利须那组织试图宣传他们的信仰并在人们聚集的地方募捐,他们经常引用早期的耶和华见证会的案子来支持他们的权利。哈佛伦案起因是克利须那组织的信徒被拒绝给予在明尼苏达州集市上自由散发传单和募捐的许可。他们被告知只能在一个单一的摊棚中举行活动。根据市集条例,所有的团体都可以以非歧视的先来先得原则获得摊棚。

克利须那组织的信徒以该条例侵犯了《第一修正案》为由质疑这一规则,案件最终到达最高法院。克利须那信徒申辩散发传单和募捐是宗教仪式活动的一部分,认为限制这些活动就如施耐德诉洛弗尔(Schneider v. Lovell)案(前面已讨论过)所强调的一样,是对《第一修正案》言论自由的侵犯。明尼苏达市集管理方承认像耶和华见证会成员或其他人一样,克利须那信徒拥有在市集上传播他们思想的权利。但是,为了维持市场秩序,把这些组织限定于摊棚内是必要的。

最高法院多数法官同意这种看法。法院表示,要求克利须那信徒在一个摊棚而不是在整个集市范围内从事宗教活动没有侵犯《第一修正案》。多数意见书指出,克利须那成员拥有在人群中行走和口头发表言论的自由,但是判决维持了将募捐和散发传单活动限制于单个摊棚的规定。法院解释,如果克利须那组织可以在整个集市范围内从事劝诱改宗的活动,其他所有的组织也应被给予同样的权利。

① 克利须那觉悟运动:Hare Krishna movement。由 A. C. Bhaktivedanta Swami(1896—1977)建于1965年。该运动在20世纪六七十年代在欧美流行,信徒在公共场合着橘黄色长袍,唱圣歌、跳舞、要求布施,相当多的人是素食主义者,反对饮酒、吸毒和赌博。

公共机场进入权

如果在政府主办的活动中,比如在集市内散发宗教小册子的权利会受到限制,那么在政府拥有的其他可能会引起混乱的地方,比如大型机场,是否也可以限制这种散发传单的活动呢?

最高法院在克利须那信徒引发的两个案件中回答了这个问题。在1987年航空委员会董事会诉福音派基督教组织事奉耶稣的犹太人(Jews for Jesus)(Board of Airport Commissioners v. Jews for Jesus)(482 U.S. 569)案中,法院推翻了管理洛杉矶国际机场的政府机构采用的一个禁止在这一政府拥有的设施内举行任何《第一修正案》所允许的活动的禁令。

在初级法院否决了机场管委会几个早期禁止克利须那组织在机场内散发传单的做法之后,机场管委会颁布了在机场完全禁止《第一修正案》活动的禁止令。根据这一规定,一个与福音派基督徒组织事奉耶稣的犹太人有联系的牧师被禁止在机场发传单。事奉耶稣的犹太人决定以《第一修正案》言论自由表达为依据质疑禁令的合法性。

最高法院一致认为从规则文义来看,这一全面禁止规定是违宪的。在撰写法院意见时,法官桑德拉·戴·奥康纳指出,几乎所有的旅行者都可能违反这样一个无所不包的活动禁令,甚至比如当你和一个朋友谈话或阅读一份报纸时就违反了条例。但是,法院没有排除更严密的限制散发传单的时间、地点和方式的法令通过宪法审查的可能性。然而,到2003年——最高法院判决后的16年——洛杉矶机场职权部门仍然没有起草出能经受司法审查的布道法令。联邦法官反复驳回各种试图控制洛杉矶国际机场布道的法令。

1992年,最高法院作出了另一个案件的判决,此案件起源于克利须那组织成员在机场的散发传单活动。法院指出,尽管在公共机场适宜的地方散发传单应被许可,但禁止布道性募捐的活动。在判决李诉国际克利须那觉悟运动协会(Lee v. International Society for Krishna Consciousness)(505 U.S. 830)案时,法庭以6:3的多数人意见裁定纽约的三个公共机场可以禁止克利须那组织成员进行募捐。五名法官认为机场不同于街道和公园,不是《第一修正案》自由表达活动的传统公共场所。但是,在一份单独意见书中,法院以5:4的多数人意见判决机场仍然必须向那些与募捐活动相比较不具侵入性的活动开放(例如散发免费传单等)。

在支持在机场散发非募捐性传单受《第一修正案》保护这一观点上,法庭沿用了两年前一个涉及美国邮政部的案子,即美国诉克肯达案(U.S. v. Kokinda)(497 U.S. 720,1990)的判决模式。在此案中,法院维持了邮政总局禁止在邮局布道的法规。案件的发生源于几个国家民主政策委员会的代表在美国马里兰州 Bowie 城的邮局里支起桌子散发传单和募捐而被提起诉讼。他们主张他们的活动受《第一修正案》的保护。

在一份招致法官布伦南、马歇尔、布莱克曼和斯蒂文森强烈反对的 5:4 的多数人意见书中,法院维持了禁止在邮局募捐(但不是所有的活动)的禁令。在撰写法院意见时,法官奥康纳表示邮政总局发令禁止募捐是合法的,因为在邮局募捐经常会干扰邮件服务。她作出判决,邮局从来不是《第一修正案》规定的言论表达论坛,并补充道:“不论邮电业是否许可其他形式的言论,但由于募捐会阻碍交通进而破坏营业,因此将其禁止是合理的。”

法官安东尼·肯尼迪支持裁决,但他主张用另一基本原理来解释。他表示,邮局可以是公共广场,但禁止募捐是对自由表达的合理时间、地点和方式的限制——因此是合法的。四名持不同意见的法官表示他们认为邮局是公共广场,以他们的观点来看,禁止募捐不是一个合理的时间、地点和方式限制。

这些案件的判决结果均认为,不仅机场和邮局可以禁止募捐活动,其他向公众开放但不是传统公共广场的公共设施也可以禁止此类活动。但是,在这些场地上,政府必须允许其他诸如散发传单等形式的活动。在传统的公共广场上仍然保有乞求捐赠的《第一修正案》的权利——仅受制于当局对自由表达实施的合理的时间、地点和方式限制。

另一方面,诸如购物中心等纯私有场所不是一般的言论表达论坛。在私有场所,无论何时所有者都可以选择禁止活动,《第一修正案》允许的活动因而经常被禁止。但如果所有者希望允许自由表达活动——或者如果一个州选择要求所有者允许这些活动——即使美国国会没有保障任何在私人地产内散发传单的权利,自由表达活动依然可以在私人场所进行。

这里,我们还应注意到最高法院另一个有关散发传单案件的判决,该判决涉及散发无署名传单的权利。在 1995 年麦金太尔诉俄亥俄州选举委员会案(McIntyre v. Ohio Elections Commission)(514 U.S. 334)这起重要案件中,最高法院推翻了几乎所有州的禁止散发匿名政治传单的法令。基于匿名政治“评论文章”不公平、不准确并且经常诽谤性的观点,许多州制定法令要求政治传单必须写上作者的姓名、地址。但是在 1995 年的判决中,法院裁定匿名文件可能存在的欺诈和诽谤并不能作为对《第一修正案》权利进行彻底限制的理由。法院注意到,俄亥俄州对匿名传单的禁令甚至用于禁止内容完全真实的传单的散发。根据麦金太尔案的判决,现在人们拥有散发匿名政治传单的宪法权利。2002 年,高等法院裁定此项权利也适用于没有事前获取城市许可、挨家挨户进行非商业性布道活动的权利。任何许可都会强制要求游说者放弃他们受宪法保护的匿名权，就如法院在前面讨论过的守望台圣经书社诉斯特顿镇案中的解释一样。

游行及公园、组织的开放权

个人在公共场所主办的游行和集会是否是对所有观点开放的公共论坛，或者主办者是否拥有《第一修正案》赋予的权利来决定谁可以参加或谁不可以参加，这是最近几年引起较多争议的问题。同性恋者试图参加圣帕特里克节（St. Patrick's Day）的游行从而引发出此类相关问题的争论焦点。在纽约，作为罗马天主教互助会组织，古爱尔兰修道会（the Ancient Order of Hibernians）主办了全美历史最悠久的圣帕特里克节游行活动，该活动第一次举办于1762年。根据他们的宗教信仰，古爱尔兰修道会拒绝男同性恋或女同性恋者参加游行。该游行每年吸引15万参与者及两百万观众。1993年，联邦法院判决古爱尔兰修道会有权拒绝他们不喜欢的群体参加活动。

而在波士顿，最大的圣帕特里克节游行由退伍军人组织而不是宗教团体主办。1994年，马萨诸塞法院根据保障同性恋者平等进入公共场所的州法，下令要求退伍军人组织允许男同性恋或女同性恋者参加游行。退伍军人团体决定宁愿取消游行也不允许同性恋者参加。1995年，他们对圣帕特里克节游行进行了修改，除了传统的携带绿旗的游行者外，还增加了携带黑旗以反对法院法令的游行者。与此同时，退伍军人向高等法院提起上诉。马萨诸塞最高法院维持了初审法院的判决。但是，1995年，最高法院推翻原判决，支持退伍军人组织。

在赫尔利诉爱尔兰-美国波士顿同性恋、双性恋组织（Hurley v. Irish-American Gay, Lesbian and Bisexual Group of Boston）（515 U.S. 557）一案中，最高法院一致判决退伍军人组织拥有《第一修正案》权利来选择哪些团体可以参加他们的游行。法官戴维·苏特在法院判决书中表示州不能用《公共设施法》（public accommodations law）强迫私人团体同意他们不喜欢的人参加游行。

苏特表示游行本质上是一种思想表达活动，主办者有权决定他们的要旨。苏特解释道："言论自由原则的重要表现形式之一是一个人可以选择说什么和不说什么。"

苏特解释，《公共设施法》的进步目的，是因其作出了防止对同性恋歧视的规定，但是州不能强迫一个私人组织改变他自己的要旨。苏特还解释，单个的男同性恋者或女同性恋者作为任何被允许参加游行的团体的成员，一样有权在游行队伍中行进，男同性恋者或女同性恋者当然也可以自由地掌控他们自己在城市街道举行的游行（依此而推，如果他们愿意，他们也可以排除退伍军人组织的成员参与他们发起的游行）。

相关的问题同样发生在诸如美国童子军（the Boy Scouts of America）这样的团体身上。美国童子军一直禁止同性恋参加他们的组织。州法律保障同性恋平等进入公共场所权或禁止商业公司歧视同性恋的条款是否适用于私人组织？这些法律能够与私人组织的结社自由权相一致吗？还有，这些法律能要求童子军接纳那些不愿接受童子军信仰上帝的誓言的人吗？

2000 年，美国最高法院在广受关注的美国童子军协会诉戴尔（Boy Scouts of America v. Dale）（530 U. S. 640）案中对此类问题作出了裁决。法院以 5:4 的多数人意见判决童子军可以禁止同性恋者做童子军的领队，认为一个私人组织有权拥有自己的道德规范和提出自己拥护的观点。

在做出这个判决时，最高法院推翻了新泽西最高法院的一个判决，此判决根据在公共设施禁止歧视的州法律要求童子军必须允许同性恋者任童子军的教练。

在撰写法院判决书时，首席法官威廉·伦奎斯特表示童子军拥有《第一修正案》规定的结社自由，包括根据他们的信仰或性别倾向来接纳或排除某人的权利。因此，童子军可以拒绝接纳詹姆斯·戴尔。詹姆斯·戴尔曾获得童子军最高军衔，从事童子军助理教练工作多年，直至童子军领导知道他是同性恋后将其免职。

“很明显，同性恋已经得到了更多的社会认同，但这决不能作为否定那些拒绝接受这些观点的人的《第一修正案》权利的论据。”伦奎斯特写道。“戴尔在童子军担任多年教练的经历，最低程度上迫使该组织向其年轻的成员和全世界传递一个信息，即童子军承认同性恋是一种合法的行为方式。”

美国最高法院的戴尔案判决和 1998 年加利福尼亚最高法院针对同一问题的另两个判决是一致的。加利福尼亚最高法院在库兰诉美国童子军协会迪亚夫洛郡委员会（Curran v. Mt. Diablo Council of the Boy Scouts of American）（17 C. 4th 670）案中判决童子军有权拒绝同性恋任童子军教练。在兰德尔诉美国童子军协会奥兰奇郡委员会（Randall v. Orange County Council of the Boy Scouts of America）（17 C. 4th 736）案中，加利福尼亚最高法院维持了童子军有权拒绝那些不愿宣誓相信上帝的人的决定。

1996 年，美国最高法院处理了另一涉及同性恋和同性恋批评家的宪法权利争议。尽管此案不是一个跟《第一修正案》密切相关的案件，但在此也应给予一定的关注。在罗默诉埃文斯（Romer v. Evans）（517 U. S. 620）案中，最高法院推翻科罗拉多投票倡议禁止州及地方法律给予同性恋者法律保护的权利。此项议案为科罗拉多的多数选民所支持。在6:3的多数人意见判决中，最高法院表示州不能基于"憎恶"而单独挑出一个团体来处以"不受欢迎的待遇"。法官安东尼·肯尼迪在撰写多数法官意见书时表示:"利用《第二修正案》区别对待同性恋者不会导致同性恋者带来不平等,科罗拉多不能这样做。"该判决并没有在所有的法律领域内保障同性恋者的平等权,但却标志着最高法院第一次推翻了试图使歧视同性恋合法化的法律。

另一方面,1998年最高法院拒绝复审美国第六巡回区上诉法院的一个判决,此判决支持俄亥俄州辛辛那提市的城市宪章不考虑给予男或女同性恋者特殊保护的规定。辛辛那提市宪章规定,排除男女同性恋任何因声称少数或弱势群体而要求进行保护、定额优待或其他优先对待的权利要求(参见大辛辛那提平等基金会诉辛辛那提市(Equality Foundation of Greater Cincinnati v. City of Cincinnati),128 F. 3d 289,cert. den. 525 U. S. 943案)。

当政府对诸如公园这样的一些公共场所的使用管理成为一种实质性的审查时,最高法院处理过此类案件。在托马斯诉芝加哥公园区公司(Thomas v. Chicago Park District)(534 U. S. 316)案中,最高法院于2002年支持了芝加哥政府有关规定的合理性,此规定用于决定是否同意示威者在公共公园举行活动。

法院一致判决芝加哥13条准则(其中包括要求超出50个人的团体证实他们在举行示威活动时有安全保证的能力)没有违反《第一修正案》,因为此准则不管言论内容,平等地适用于所有的团体。芝加哥政府官员辩称,为了确保个人和大型组织都有公平的公园使用权,实施该政策是必要的。

法官安东尼·斯卡利亚(Antonin Scalia)在撰写法院判决书时表示,"这里讨论的许可制度并非涉及议题的内容审查的问题,而是态度中立的对公共场所言论的时间、地点和方式进行控制。"判决书进一步指出:"不仅是政治活动或游行典礼,也包括野餐聚会和足球活动,只要超出了50个人数的限制就必须申请许可。"

案件起因是大麻合法化运动的支持者经常申请在芝加哥市内公园举行示威游行的许可,有时他们获得许可,但有时他们遭到拒绝。

9·11事件后,为了使通过高速公路的人能看到标语,在高速公路的立交桥上放置美国国旗和其他的爱国主义表达物的现象非常普遍。许多州的官方允许这种行为,然而有的州设有管理旗子和标语的规定,有的州则没有。但是如果官方移走了诸如反对伊拉克战争等表达其他观点的标语后会发生什么样的情况呢？当加利福尼亚高速公路管理者移走了圣塔克鲁斯和平行动分子放置在高速公路立交桥上的反战标语后,该组织提起上诉,结果联邦上诉法院判决如果权力部门允许在立交桥上放置旗帜,他们也必须允许在相应场所放置反战旗帜,除非有证据表明旗帜会引起特殊的交通危害(参见布朗诉加州交通局(Brown v. Calif. Dept. of Transportation), 321 F.3d 1217,2003 案)。相反,某州上诉法院在几个月前否决了一个反堕胎激进组织的上诉,这些激进分子被命令停止在萨克拉门托附近的高速公路立交桥向驾车者挥舞标语(参见人类生活圣洁组织诉加利福尼亚州高速公路管理局(Sanctity of Human Life v. Calif. Highway Patrol), 105 C.A.4th 858,2003 案)。法院认为挥舞标语会分散驾车者的注意力。

新闻报栏法令

另一个值得关注的跟《第一修正案》有关的难题是置于公共场所上的新闻报栏。例如,许多州和城市采取法令控制人行道书报摊的大小和位置,而有些州则完全禁止在公共场所设置报刊架。由此引发的争端导致了多种相互冲突的法院判决。1988 年,最高法院第一次明确处理了这个问题,给新闻媒体带来了意义重大的胜利。

在雷克伍德市诉普莱恩·迪勒出版公司(City of Lakewood v. Plain Dealer Publishing Co.)(486 U.S. 750)案中,法院以 4:3 的多数人意见推翻了俄亥俄的雷克伍德条例(Lakewood Rule)。雷克伍德条例赋予市长很大的自由处理权力,决定是否同意发行人在公共人行道上放置报刊架。法院判决,报刊架是受《第一修正案》保护的公共论坛的一种合法表达形式,城市不能基于出版物的内容来决定是否同意新闻报栏在公共场所拥有相应的空间。

案件起因是克利夫兰城郊雷克伍德市市长驳回了克利夫兰普通经销商在城镇 18 个场所放置新闻报栏的请求。经销商认为市长的决定是不合理的,因为它侵犯了《第一修正案》。

法官威廉·布伦南在撰写多数人意见书时表述道"宪法要求城市制定中立标准来确定许可决定(例如,新闻报栏许可权)而不应以被判断的言论的内容或观点作为根据"。

布伦南承认一个城市可以断然禁止所有的报刊架,但不能专横地根据报刊的内容禁止一些报刊在人行道上放置的同时却许可另外一些报刊放置。最高法院把案子发回原审法院,要求原审法院审核如果允许内容歧视的条款被删除,雷克伍德条例是否有效。

法官拜伦·怀特以及另两位法官起草了一份言辞激烈的不同意见书,意见书把报刊架和软饮料贩卖机进行比较并对它们享受《第一修正案》保护的权利提出了质疑。怀特表示,实际上法院根据多数人意见作出的判决会促使许多城市允许私人公司在人行道上从事商业活动。首席法官威廉·伦奎斯特和法官安东尼没有参与法院判决。

1993 年,最高法院进一步维持了在公共场所放置报刊架散发印刷品的权利。在辛辛那提诉探索频道(Cincinnati v. Discovery Network)(07 U.S. 410)中,法院表示辛辛那提市不能在断然禁止在公共场所放置新闻报栏的同时却允许报纸自动贩卖机的存在。辛辛那提市官员命令探索(一本描写有关成人教育和娱乐路线的免费杂志的出版商)和免费房地产杂志的出版者从市内公共场所上撤走了 62 个新闻报栏,但却允许在公共地产上保留 2000 多台报纸贩卖机。

在 6:3 的多数人意见中,法院否决了因为仅仅是商业言论就可以被禁止的论点。法院判决商业言论受相应的《第一修正案》保护,除非政府机关可以提供禁止的合理根据,否则不能禁止商业言论。法院驳回辛辛那提市认为禁止这 62 个商业新闻报栏将可以美化城市容貌的主张,认为既然在同一时间该市没有采取行动移除 2000 个自动报纸贩售机,那么他们便无权要求移除这 62 个新闻报栏。此案的商业言论问题将在第 13 章中讨论。

许多下级法院亦曾处理过类似的问题。例如,2002 年,一个联邦上诉法院维持了夏威夷州的火奴鲁鲁市限制新闻报栏数量和通过抓阄的方法授予新闻报栏场所的权利。法院认为城市制度的内容是中立的,是一个态度中立的时间、地点和方式的正当限制——因为城市在注意美化城市的同时为每个要求设置新闻报栏的权利人提供了公平的权利(参见《火奴鲁鲁周报》诉哈里斯(Honolulu Weekly v. Harris),298 F.3d 1037 案)。

作为审查的差别税

政府对大众媒介进行控制的一种最古老方法是差别税收。17 世纪和 18 世纪英国权力部门把税收作为一种控制新闻界的手段。在独立战争以前,殖民地人民最为不满的是把报纸和法律文书挑选出来课以重税的《印花税法案》。每个人都可能要承担此类赋税,但是如果政府在免除其他商业形式的税收的同时却对新闻媒体征收高额赋税的话,就可以促使遭其讨伐的新闻组织破产——或者使他们为了躲避惩罚性征税而完全听命于政府。

独立战争后的许多年,试图单独对报纸征收特别税的现象在美国非常少见,但是此种征税的一个经典例子却在 20 世纪 30 年代出现了。并且 20 世纪 80 至 90 年代间,发生了多次指控各种税收计划把媒体单独挑选出来加以不公正对待、由此侵犯了媒体《第一修正案》权利的案件。

1936 年，正好在里程碑式的尼尔诉明尼苏达案判决后的第五年，最高法院判决了葛罗斯金诉美国出版社（Grosjean v. American Press）（297 U. S. 233）案。此案起因是，在路易斯安那州州长 Huey Long 的独裁政治控制下，该州对 13 家最大的报纸征收特殊的毛收入税，这 13 家报纸中有 12 家是州长的反对派。该政策针对所有每周发行量超过 20000 份的报纸和杂志的广告收益进行特殊征税。

报界向法院起诉这一税收政策，一个联邦地区法院认为此项税收政策侵犯了《第一修正案》，颁布命令加以禁止。最高法院受理了案件的上诉并以一致的意见维持了原审法院的判决。

法官乔治·萨瑟兰（George Sutherland）在判决意见书中追溯了英国和美国对知识征税的历史，萨瑟兰说，《第一修正案》条款禁止差别税收形式的事前限制。他解释说，许可税以两种方式充当了事前限制的角色。第一，许可税收将削减广告收益；第二，许可税收可用于限制发行量。萨瑟兰认为路易斯安那州税收政策是“非正常形式的税收，它具有反对新闻自由的长期故意滥用的唯一属性”。

但是最高法院的判决没有免除媒体作为一种商业活动的普通税收责任。此原则在 1953 年的科罗娜市诉《克罗那独立报》（*City of Corona v. Corona Daily Independent*）（115 C. A. 2d 382）案中被阐明。该报拒绝支付 32 美元的城市商业许可费，声称此费用侵犯了《第一修正案》。上诉法院裁决道：

> 《第一修正案》和《第十四修正案》条款有足够的权力要求为了支持地方政府，报纸和报纸出版企业不能免除普通税。

美国最高法院拒绝受理此案。征税作为一种控制或惩罚媒体的手段是为《第一修正案》明确禁止的，但这并不包括对所有商业活动（包括媒体商业活动）征收的普通税。

最近，最高法院推翻了三个其他州的税务机构把媒体挑出来征收不合宪税收的不当决定。1983 年，最高法院推翻了明尼苏达州计划对一些报纸——而不是对所有报纸——的征税行为。

1971 年明尼苏达制定了一项报纸墨水和纸张“使用”税。但是在一些小报纸抱怨税收引起经济困难后，立法机关修改了法令，规定每家报纸每年购置墨水和纸张的第一个 10 万美元免于征税。因此，该法实际上免除了小报纸的使用税，换言之，该法把大报纸挑选出来课以特殊税收。到 1974 年，报业公司明尼阿波利斯明星论坛报（the Minneapolis Star and Tribune）支付的税款占到了明尼苏达此项税款总额的三分之二。明星论坛报公司引用格罗斯吉恩案的判例来质疑此项税收的合宪性。

在《明尼阿波利斯明星论坛报》公司诉明尼苏达州税务局长(Minneapolis Star and Tribune v. Minnesota Commissioner of Revenue)(460 U.S. 575,1980)案中,最高法院以8:1的多数人意见推翻了明尼苏达州的墨水和纸张税。法官桑德拉·戴·奥康纳起草了法院判决书,警告说因为这种税收“针对一小部分报纸”,所以税收“毫无益处,难以证明它的合理性从而表明了明尼苏达存在滥用职权的可能。”法官威廉·伦奎斯特对此持不同意见,主张此案所讨论的使用税比起其他商业形式所支付的普通营业税来说小得多,明尼苏达免除了报纸的州营业税(这在其他州也是很普通的一个惯例),实际上给予了新闻界很大的益处,从某种程度上讲,州如此行事没有侵犯《第一修正案》。

但是,多数法官的意见认为,因为一些报纸被挑选出来课以税收而另一些却排除在外,故而明尼苏达税的问题非常清楚。如果明尼苏达对所有的商业(包括报纸出版者)形式征收统一的营业税或使用税的话,那么将不存在侵犯《第一修正案》的问题。

此外,法官奥康纳强调此案与格罗斯吉恩案不具可比性,因为没有证据表明明尼苏达差别税制定的目的是为了惩罚那些大的报业公司。但是奥康纳表示这种权力滥用的可能性已足够判定该税违宪。

1987年,最高法院推翻了另一个州的征税计划,同样地,此计划要求部分媒体上税,而其他媒体却不必上税。此案涉及阿肯色州的一项营业税,仅用于普通的营利杂志但不适用于报纸和特殊杂志(例如:宗教、专业、贸易和体育出版物)。在堪萨斯州著作工程诉拉格伦(Arkansas Writers' Project v. Ragland)(481 U.S. 221)案中,最高法院根据《明尼阿波利斯明星论坛报》公司诉明尼苏达州税务局长案的相同原理判决阿肯色州此项税收违宪。

法院认为,实际上阿肯色州税收制度甚至比明尼苏达税收制度更为公然地违反了宪法,因为它要求政府官员把税收征收与否建立在媒体内容的基础之上。法官瑟古德·马绍尔在多数人意见中写道,“官员详细检查出版物,将出版物的内容作为征税的基础,这与《第一修正案》保证的新闻自由完全不一致”。

马歇尔表示,实际上,任何给予一些媒体优惠待遇而没有将优惠扩展到所有媒体的做法都是违宪的。但是,法院没有明确的排除州政府可以对某个类别媒体整体收税的可能性,例如,对所有的报纸征税而免除所有杂志的税收。

判决招致了法官安东尼·斯卡利亚和威廉·伦奎斯特(当时的首席大法官)的激烈反对。斯卡利亚在不同意见书中表示,与促进新闻自由相反,判决通常实际上将破坏政府其他基于内容的税收制度,比如给予公共广播、教育出版和艺术的补助金等。

1989 年,最高法院继续以同样的方式推翻了得克萨斯州的税收制度,该项税收制度同意免除宗教性书籍、杂志和报纸的营业税,但不免除非宗教出版物的营业税。在《德州月刊》诉布洛克(Texas Monthly v. Bullock)(489 U.S. 1)案中,多数人意见判决得克萨斯州税收违宪,因为它侵犯了《第一修正案》要求政教分离的规定。多数法官认为,实际上,给宗教予以补贴的税收政策是一种违宪的行为。在一份独立判决意见书中,法官拜伦·怀特认为该税收制度无效,因为它侵犯了《第一修正案》保证的新闻自由。无论从何种角度来看,得克萨斯州的计划,都像其他根据媒体内容或规模对一些媒体征税而免除另一些媒体税收的方法一样可被判决为违宪。

另一方面,1991 年最高法院再次明确表明只要税收制度没有把媒体不合适地单独挑选出来征税,那么媒体就要像其他商业种类一样承担同样的赋税。在莱瑟诉马克米洛克(Leathers v. Medlock)(499 U.S. 439)案中,法院以 7:2 的多数人意见维持了阿肯色州对有线和卫星电视服务征收与公用车业公司、旅馆等其他商业种类一样的营业税的制度。法官桑德拉·戴·奥康纳在撰写法院判决时认为,此项税收不同于最高法院以前推翻的媒体税。她写道:

> 阿肯色州税收制度没有把新闻界单独挑选出来,因此没有威胁到新闻界作为政府活动监察人的职能……此案没有迹象表明阿肯色州把有线电视作为目标,故意干涉有线电视开展《第一修正案》准许的活动。

法官瑟古德·马绍尔和哈里·布莱克曼对此持不同意见,认为此类营业税可被用于抑制自由表达。他们特别为阿肯色州向付费电视征税却不向以订购方式出售的报纸和杂志征税的事实感到不解。然而,法院还是维持了判决。

但是,最高法院同时将该案发回阿肯色州法院重审,以判定既然税收运用于有线电视却没有运用于其他的付费电视,那么是否有线电视公司可以得到为期两年的税收退款。(当该种税第一次对有线电视征收时,没有对卫星电视征收,但是,阿肯色州立法机关为了避免产生一种类型的付费电视征税却未对其他形式的付费电视征税的法律问题而进行了更改。)

在最高法院维持了阿肯色州对有线电视征税后的一周,最高法院处理了三个涉及媒体税收的案件。法院拒绝审查田纳西和依阿华关于媒体税的判决。但是在第三个案件,即米亚米·赫勒尔德诉税务部(Miami Herald v. Department of Revenue)(499 U.S. 972)案中,最高法院直接向佛罗里达最高法院发布了一个命令,要求该最高法院重新考虑应用于杂志但没有应用于报纸的营业税的合法性。州法院遵照美国最高法院的命令——再次判决州当局不能只对杂志征税。法院在1992年的判决中指出这种税收不合适,因为它是以内容为基础的。(参见税务厅诉美国杂志出版商(Department of Revenue v. Magazine Publishers of America), 604 So.2d 459案。)

总的来说,这些最高法院关于媒体税收的判例基本表明媒体不可以被处以歧视性税。如果一些媒体基于内容或经营规模必须承担没有运用于其他媒体的税收的话,那么,此项税收便是违宪的。但是如果税收全面地运用于相似的媒体——特别是如果它也运用于其他商业形式的话,那么税收是合法的。

其他事前限制问题

20世纪是一个政府管制的时代,是许多形式的活动第一次处于政府监管之下的时代。但是,当监管活动涉及了思想或信息交流时,监管经常受到是否侵犯《第一修正案》的质疑。这就强迫国家法院——最终是最高法院——审查政府控制多种表达活动的合法性。本章将概述一些最为重要的问题。

审查和股票市场

联邦政府有权禁止那些具有可疑背景的人出版股票市场投资建议业务通讯吗?此类不顾《第一修正案》的事前限制是可接受的吗?或者《第一修正案》是否可以不管出版者过去的不法行为仍保护其出版此类业务通讯呢?

此类问题于1985年最高法院审理的洛伊诉证券交易委员会(Lowe v. Securities and Exchange Commission)(472 U.S. 181)案中被提出。根据联邦《投资顾问法》(Investment Advisers Act), SEC(证券交易委员会)被授权管理投资建议的发布。尽管投资建议以可被《第一修正案》保护的形式出版,但SEC还是有权对其实施管理。然而,法案豁免了"守信的"报纸和杂志的出版审查。

克里斯托弗·洛伊(Christopher Lowe)被以违反规程运行客户资金而被宣判有罪,证券交易委员会取消了他的投资建议执照。但克里斯托弗·洛伊继续出版他的业务通讯。当证券交易委员会试图阻止他出版时,克里斯托弗·洛伊主张他拥有出版业务通讯的《第一修正案》权利。

最高法院判决认为洛伊的业务通讯事实上是"守信的"出版物,因此可免受SEC的管制。最高法院没有对另一更为重要的问题做出判决——既然注册程序用于防止个人传播投资建议,那么SEC的注册程序是否侵犯了《第一修正案》呢？但是法院肯定了洛伊出版业务通讯的权利。

法官约翰·保罗·斯蒂文森在多数法官意见书中解释道，洛伊的业务通讯包括了对众多读者的无私的投资建议，而不是对具体单个客户的私人建议。法院表示 SEC 可以管制那些提供私人建议的人，而不能管制那些对普通读者提供多种投资分析的出版者。法院指出，洛伊的业务通讯定期出版，并没有提升其拥有的金融利润的股票价格，因此是一个“守信的”出版者，并非投资顾问。

总而言之，法院从字面上解释联邦《投资顾问法》的豁免“守信”出版物条款，从而避开了法案限制提供投资建议所涉及的《第一修正案》问题。法院没有解决什么时候传播股票市场评论才受《第一修正案》保护的问题。

但是，SEC 因洛伊案在最高法院判决中败诉一年后，放弃了许多试图管理出版及传播投资建议、经济问题探讨的努力，但继续反对那些涉嫌影响股票价格的误导性出版物。1988 年，在美国上诉法院审理的 SEC 诉华尔街出版协会有限公司（SEC v. Wall Street Publishing Institute Inc.）（851 F. 2d 365）案中，SEC 再次败诉。案中《股票市场》杂志的出版公司被指控出版了和公司“推销词（即公司或公司关系户写的一贯极力吹捧的文章）”（一位联邦法官提出的措词）一样的文章。

SEC 想要法院下令要求《证券市场杂志》公布文章来源。上诉法院判决认为无论 SEC 还是法院在探究文章的作者的来源时都不可能不违反《第一修正案》。但是，上诉法院把案件发回初审法院，要求初审法院对是否有一些文章是付费广告伪装成的新闻做出判决。法院表示如果杂志接受了出版文章的酬劳，SEC 便有权强制其批露真相。付费刊登的文章是一种广告文章，这样的文章应被区别对待。

2002 年，像安然公司那样制造试图提升股价的虚假或误导报告的公司和分析家受到了广泛的批评。与之相应，纽约证券交易所和其他机构向 SEC 提出法规议案，试图迫使记者批露那些可能导致股票价格利益冲突的新闻的来源。法规还将禁止分析家接受那些未能提供必须公布的事实的记者的继续采访。法规议案受到了新闻自由拥护者的批评，他们认为议案间接侵犯了记者可决定报道什么和不报道什么的《第一修正案》权利。证券市场和 SEC 于 2003 年中止了上述议案。

“政治宣传”和外国电影

联邦政府强制影剧院把政府不喜欢的外国电影标为“政治宣传”是事前限制的一种形式吗？被称为“政治宣传”的电影的开端是美国检查总长写的

长篇警告,如果你去看这样一部电影你会作何感想? 它会影响你对电影的评价吗? 如果因为有警告标识,你告诉你的朋友不要去看那部电影,那么这会影响电影制作者的《第一修正案》权利吗? 你会认为应少一些“政治宣传”电影的放映展览吗? 这些可能会影响展出者《第一修正案》权利的言词是一种侮辱标志吗?

以上是最高法院在 1987 年米斯诉基恩(Meese v. Keene) (486 U. S. 465)案中所遇到的部分问题。根据 1938 年《外国代理人登记法案》的一个不清晰的条款规定,如果检查总长认为外国电影是政治宣传,司法部有权要求外国电影做出“政治宣传”的标识说明。

司法部长埃德温·米斯(Edwin Meese)下令将三部加拿大电影归为“政治宣传”范畴,其中包括一部名为《如果你爱这个星球》的奥斯卡获奖电影短片。三部影片都倡导加大保护环境力度,其中有两部针对酸雨问题——美国发电厂的污染使得加拿大(以及美国)的环境受损。

此案起因是巴里·基恩(Barry Keene)、加利福尼亚参议院多数党领袖和一位民主党人,筹备将电影上映,他反对被指责为外国“政治宣传”的展出者。基恩从初审法院那里赢得了删除警告标识的命令。

最高法院以 5∶3 的多数人意见做出判决,推翻了初审法院的判决,并表示“政治宣传”表述不会侵犯《第一修正案》,相反,标识给予公众更多的电影信息。法官约翰·保罗·斯蒂文森在撰写法院判决书时表示,标识“没有贬损的含义”,标识不等于审查。实际上,斯蒂文森是这样写的:既然议会给予检查总长标识外国电影为“政治宣传”的权利,那么标识过程不是一种审查行为。

法官哈里·布莱克曼和另两名法官对此持有不同意见,他们回击道:“法庭断定标识‘政治宣传’为一种中立的分类简直是一种滥用。”他们认为,由于很久以前此术语与纳粹德国的政府信息传播存在着广泛联系,使它至今带有消极含义,他们进一步强调指出,如果政府能给他们不喜欢的电影打上烙印,显而易见,这将对《第一修正案》提供的自由产生冷却效应。

审查海外美国电影

前文所讨论的问题的反面也存在着法律争议。当美国政府把他们不喜欢的外国影片标识为“政治宣传”时,政府也采取措施防止美国电影制片者出口他们不认可的电影。此惯例导致了法院 1988 年的一个判例,这一次,政府电影政策被判侵犯了《第一修正案》。

在巴夫罗格电影公司诉维克(Bullfrog Films v. Wick) (847 F. 2d 502)案

中，美国上诉法院判决美国新闻署(USIA, United States Information Agency)不能以是否认同电影内容来对该电影的“教育性”具备与否作出判断。许多国家对商业电影征收高额进口税，根据1949年一个国际条约——《贝鲁特协定》(Beirut Agreement)，豁免征收“教育、科学和文化电影”(即纪录影片)的高额进口关税。(娱乐性的电影通常会吸引大批观众，产生的收益足够支付进口税，但纪录片一般不能实现。因此，出口一部没有被原产国标为“教育、科学或文化”的纪录片通常从经济上说是行不通的。)

巴夫罗格电影(Bullfrog Films)公司制作了一系列获奖的纪录片，这些纪录片的主题是核战争、尼加拉瓜的桑地诺政府和越战中使用的橙剂。美国新闻署否决了该系列纪录片的教育类归属，因此有效地控制了它的海外发行。巴夫罗格认为这种导致其影片被拒绝给予教育归属的管制制度使得美国新闻署拥有不受约束的权力，从而可以支持与其意见相同的电影而否决那些批评美国政策的电影。

上诉法院同意并下令美国新闻署起草内容中立法规，用于判断哪些美国生产的电影被归为教育、科学或文化类而可以获得海外税收优惠。

但是，巴夫罗格电影公司案并不意味着事情的完结。1988年，美国新闻署采用了在决定是否给予出口免税待遇时仍然考虑电影内容的新法规。美国新闻署署长查尔斯·Z.维克(Charles Z. Wick)宣称，如果新法规被法院判为违宪，美国新闻署将完全退出《贝鲁特协定》并将不认可任何一部美国电影为教育、科学或文化片。这将使美国纪录片制作者出口其作品变得非常困难并将引发新一轮的事前限制问题。

摇滚音乐会和《第一修正案》

如果电影普遍地获得《第一修正案》保护，那么，摇滚音乐会呢？政府当局限制在公园举行的摇滚音乐会的噪音标准是否触犯了《第一修正案》呢？

1989年，最高法院在沃德诉摇滚对抗种族主义(Ward v. Rock Against Racism)(491 U.S. 781)案中对此问题进行了判决。多年来，一个名为Rock Against Racism(RAR，反种族歧视的摇滚组织)在纽约中央公园的一个贝壳形露天音乐台举办年度音乐会。组织自备了音响设备和技师，但其噪音不断引起在公园散步的人们和公园附近居民的抱怨。

最后，城市当局开始限制该音乐会噪音水平并在座位区外放置了监视器测量声音的强度。由于RAR主办的音乐会不断超标，市政官命令其降低音量，但音乐会举办者拒绝此命令，于是，在音乐会举办期间，主办者因噪音过量问题被数次传讯。城市管理者最终切断了露天音乐台的电源，中止了音乐会，并拒绝允许 RAR 以后继续在中央公园举行音乐会。城市管理者同时决定使用自己的设备和音响技师,以便能控制其他摇滚音乐会的音量。

RAR 起诉纽约政府,认为对摇滚音乐会的噪音标准进行限制侵犯了《第一修正案》,他们特别反对纽约市使用该市的音响技师的决定,认为该决定赋予政府官员过多控制受保护言论内容的权利。

当案件送达最高法院时,法院承认摇滚音乐是受《第一修正案》保护的言论形式之一。但是,法院也判决纽约政府对噪音标准的限制是一个合理的时间、地点和方式限制,并没有剥夺 RAR 的《第一修正案》权利。法院多数法官表示纽约市的政策"没有实质影响任何表演者对声音质量实行完全艺术控制的能力"。法院承认城市使用自己的技师控制音量不是达到城市目标(即:降低音量)的最小的干预手段。如果噪音水平居高不下,城市可以继续监视噪音水平,发出传票,并在音量持续保持在高分贝时中止音乐会。在案件早期,政府曾被要求使用最小干预手段来控制受《第一修正案》保护的活动的时间、地点和方式。但是,法院中止了此项要求并表示没有必要对受《第一修正案》保护的活动的时间、地点和方式限制的方法做出尽可能不干预的要求。

法官马歇尔、布伦南和斯蒂文森反对法院宽泛的判决,其不同意见如下:

> 没有人怀疑政府对可能折磨我们生活的过量噪音进行控制存在实际的益处。不幸的是,依据多数人意见进行的判决运用了大众对噪音的厌烦来遮掩我们的《第一修正案》权利受损的事实。时至今日,言论自由的重要保障仍是政府有义务采取最小干预手段来达到目的。依据多数法官意见进行的判决,以强制顺从(地方官员决定)来取代严格的合宪性审查,放弃了对时间、地点和方式管理尽可能不干预的要求。

法官马歇尔认为给予城市当局在音乐会前完全控制音量的权力是不合宜的事前限制。尽管如此,法院的判决解决了政府控制摇滚音乐会的噪音标准问题:噪音标准可以被限制,为确保限制得到遵守,政府雇员可以在现场管理设备以确保限制得以执行,限制行为没有侵犯《第一修正案》。但是,这并不意味着政府官员可以完全控制在政府拥有的比赛或表演场所举行的表演。例如,美国上诉法院以侵犯了《第一修正案》为由,否决了加利福尼亚州伯克班市禁止所有在市属场地举行摇滚音乐会但允许其他形式表演活动的政策(参见辛尼维申公司诉伯克班市(Cinevision Corp. v. City of Burbank), F. 2d 560, 1984 案)。

审查电脑加密软件

政府对销售电脑加密软件，特别是出口电脑加密软件的限制行为，是最近出现的另一个事前限制争议。使未经授权的人不能读取信息是加密软件的主要功能。联邦政府实施这些限制，是因为害怕恐怖主义者或其他可能威胁国家安全的人运用加密技术从事法律执行部门不能加以截取和监视的秘密通讯活动。

这些出口限制最终被两个联邦上诉法院的判决破坏——后来联邦政府自己撤销了限制——一系列的法律行为将《第一修正案》的保护范围扩展到了计算机的源代码（即：构成软件的最基本的计算机命令）。然而，在 2001 年的"9・11"事件之后，司法部提起了一项新的限制加密技术议案。

1999 年，美国第九巡回区上诉法院在伯恩斯坦诉美国司法部（Bernstein v. U. S. Department of Justice）（176 F. 3d 1132）案中推翻了最初的出口限制。法院驳回了政府认为对加密信息的传播不加以管制会使其成为罪犯和恐怖分子助手的主张，以 2∶1 的多数人意见判决限制构成了不应被许可的事前限制。法院说管制赋予联邦官僚机构事实上的否决权来阻止计算机源代码的自由传播，使密码分析学家和密码编制者无法就加密技术交换想法和意见。

法官弗莱切（Betey Fletcher）写道，管制"击中了《第一修正案》的要害"，因为这种"事前限制"直接针对科学表达，赋予政府官员无限的处理权，缺乏充分的程序保障。

在最初的伯恩斯坦诉美国司法部案判决后不久，第九巡回上诉法院撤回了判决，重新评审此案——第九巡回上诉法院以 11 名法官代替原来 3 名法官组成的普通合议庭审理此案。但是，联邦政府自己放宽了海外销售加密软件法规的限制。根据新的法规，多数出口加密软件的限制都被中止，美国人可自由地出口加密软件，即使是最强的数据挖掘软件也无须出口许可。这使得美国人可以在因特网上自由地邮寄加密软件（联邦政府反对邮寄软件是因为这将使外国能获取加密软件）。法规改变后，第九巡回上诉法院把伯恩斯坦诉美国司法部案发回初审法院，裁决是否新的法规仍然构成违宪的事前限制。

2000 年，另一个联邦上诉法院明确判决计算机源代码，包括加密用的源代码，受《第一修正案》的完全保护。在杨格诉达丽（Junger v. Daley）（209 F. 3d 481）案中，美国第六巡回区上诉法院维持了法学教授杨格在其网站放置加密软件的权利，即使此种行为会使国外的因特网用户可以轻易地获取加密软件。具有讽刺意味的是，联邦政府曾允许杨格出口他的附有加密软件的计算机法律教科书，却拒绝授予他在自己网站上提供该软件的权利。

在确认计算机源代码受《第一修正案》保护后，第六巡回区法院下令原审法院判定杨格有理由要求放宽联邦加密软件法规的限制。可是，到了2003年，为了保护国家安全，一些联邦法律执行部门开始寻求对加密技术施加新的限制的权利，从而引发了新的《第一修正案》问题。

没收罪犯的版权收益

政府没收罪犯因讲述或写作他/她的罪行而形成的利润或版权费的行为是非法的审查形式吗？许多州及联邦政府的法律允许当局没收这类出版利润并把利润交给犯罪受害者。此类法律首先产生于纽约，因该法律是在自称为"Son of Sam(山姆之子)"的连续杀人犯戴维·伯克威兹收到购买其经历的高额报价后制定实施的，故这些法律通常被称为"Son of Sam"法。

最高法院在1991年处理了此问题。最高法院判决纽约的"Son of Sam"法违宪，因为该法基于信息的内容对信息交流施加了特殊的财务压力。在西蒙舒斯特公司诉纽约州犯罪受害人委员会(Simon & Schuster v. New York State Crime Victims Board)(502 U.S. 105)案中，法院判决纽约州必须说明存在强制性的州利益来证明以此种方式增加此方面的管制是合法的，但纽约州未能做到。

在写法院判决书时，法官桑德拉·戴·奥康纳表示法律的"范围过宽"，因为该法可适用于许多合法的文学作品，因此该法违宪。奥康纳写道，如果此法更早一点生效的话，法律会允许国家没收亨利·戴维·索罗(Henry David Thoreau)所著的《不合作主义(*Civil Disobedience*)》的利润。她补充道，此类法律中的其他法律与纽约的法律有很大区别，因而那些法律是有效力的。

根据纽约州法律，罪犯被要求放弃从有关他们犯罪的图书、电影和其他任何的传播形式中获取版权费和利润的权利，没收的所得将作为补偿受害者的基金。

法律受到西蒙舒斯特(Simon & Schuster)出版公司的质疑，该出版公司向名为亨利·希尔的前黑手党成员支付了近10万美元来购买他从一名犯罪集团成员成为政府内线的经历。根据亨利·希尔的经历写成的《聪明家伙(*Wiseguy*)》成为一本畅销书并被拍成广受欢迎的电影《盗亦有道(*Goodfellas*)》。当纽约州犯罪受害者委员会正式提出利润没收主张时，西蒙舒斯特公司手里正握着应再支付给希尔的27000美元。西蒙舒斯特出版公司没有依从判决，质疑"Son of Sam"法案并获胜诉——最高法院判决该法违宪。

西蒙舒斯特出版公司案后的几年内，有些州制定更严格的法律，将被判有罪的重罪犯们诉说其犯罪经历的所有收入都授予犯罪受害者。但这些法律的适用范围较窄,一般只运用于实际被宣判犯了某项罪名的人并将收入范围局限于他们对该项犯罪的具体、详细的描述赚取来的收入。

在有些法令幸免于合法性质疑的同时,2002 年,加利福尼亚最高法院在基南诉州上诉法院(Keenan v. Superior Court)(27 C. 4th 413)案中推翻了其中的一个法律。巴里·基南(Barry Keenan)于 1963 年绑架了某著名歌手的儿子弗兰克·西纳特拉(Frank Sinatra),30 年后据说他从关于他的经历的电影版权中赚取了 100 万美元的收入。法院否决了西纳特拉试图根据加利福尼亚"Son of Sam"法没收基南收入的主张,裁定该法律太过宽泛,可能被运用于干涉那些在著作中碰巧详细描述了某一犯罪行为的作者获取收益的权利。

加利福尼亚立法机构对基南案判决做出反应,制定了一项新的法律,规定暴力犯罪的受害者可以在重罪犯获得假释后长达十年的期限内提起损害赔偿金请求。早先的法律中,受害者只能在从罪行发生时算起的一年内提起诉讼请求。

新的法律被用于允许受害者起诉罪犯但并不侵犯罪犯出售其故事的《第一修正案》权利。加利福尼亚州州长格雷·戴维斯(Gray Davis)表示新的法律是"用巧妙的方法得到了相同的结果。"他补充道:"罪犯仍然能写书和制作电影……但是货币酬劳将会进入受害者的口袋,而不是罪犯的口袋。"

鼓动犯罪应承担的责任

另一个困扰《第一修正案》的问题,是如何判决被指控对其读者或观众的罪行负有责任、涉嫌鼓动犯罪的传播媒介,如电影、网站、电视、图书、新闻故事、杂志文章或广告等,承担何种责任的问题。最近发生了许多这样的案子。尽管这些案子涉及的更多的是事后惩罚而不是事前限制,但随之引发的《第一修正案》的问题也应在此进行讨论。

1998 年,最高法院拒绝介入涉及一本涉嫌推动犯罪的书的案子,即赖斯诉帕拉丁公司(Rice v. Paladin Enterprise)(128 F. 3d 233,1997)案。在此案中,一本名为 *Hit Man: A Technical Manual for Independent Contractors*(《职业杀手:独立合同者技术手册》)的书的出版者被三名受害者的家庭提起诉讼,因为凶手依据这些书的细节说明杀害了三名受害者。出版者以《第一修正案》为主张寻求驳回诉讼,但是联邦上诉法院判决该书不能以《第一修正案》为由免除民事诉讼,因为该书在描写如何实施谋杀方面"非常全面、详细和明晰",并判决在此类状况下,受害人(或死者家属)可以起诉出版者。

上诉法院称这本 130 页的书为"一步一步教导谋杀的手册,暗杀者的训练教程"。上诉法院判决,因为此书用于训练潜在谋杀者而非娱乐,所以超出了《第一修正案》的保护范围。

当最高法院拒绝介入时,受害者家庭顺利地把出版者推上了审判席。此案引起了媒体组织的警惕。出版者、广播公司和电影制作者以及其他的组织强烈要求最高法院听审此案,他们认为相同的推理可能被用在其他断言图书、杂志、科学和军事手册、电影和其他媒体鼓动或帮助了某人犯罪的诉讼中。

相似的问题出现在最近几个受人注目的案件中。其中一个案件发生在密歇根州奥克兰市,一个男人被另一个和他同时在珍妮·琼斯(Jenny Jones)电视谈话节目中露面的男人杀害。受害者在电视上曾说他对那个后来朝他开枪并杀死了他的人有同性恋兴趣。陪审团下令珍妮·琼斯电视谈话节目支付3000万美元给受害者家属。2002年,密歇根上诉法院推翻了陪审团判决,裁定当被告离开演播室三天以后及数百公里以外后,节目制作者"没有责任预见和防止他的谋杀行为(参见格雷夫斯诉华纳兄弟公司(Graves v. Warner Bros.),656 N. W. 2d 195 案)。

1999年,美国最高法院拒绝审理一个相似的案件。案中路易斯安那上诉法院判决只要他们能证明制作者意图鼓动他人从事暴力犯罪,那么枪击受害者的家属就可以起诉电影《天生杀人狂(*Natural Born Killers*)》的制作者。在拜尔斯诉埃德蒙森(Byers v. Edmonson)(712 So. 2d 681, cert. den. U. S. 1005)案中,最高法院拒绝针对路易斯安那法院的判决上诉进行审理。帕齐·拜尔斯(Patsy Byers)是一家便利店的雇员,他被一对沉迷于《天生杀人狂》并走上了无节制的犯罪之路的夫妻严重打伤。最高法院的拒审扫清了帕齐·拜尔斯家属的诉讼道路。

但拜尔斯家属未能证明电影摄制者奥利弗·斯通和其他涉及制作电影的人在企图鼓动观众暴力犯罪,一名路易斯安那法官最终驳回此案,判决斯通和其他的发行人受《第一修正案》的保护。但是,当一名犯了某罪的人看了关于同类犯罪的一部电影或电视节目——或读了一本书、一个新闻故事或一篇杂志文章时,伴随冗长及昂贵的争论的拜尔斯案得来的法律胜利并未使媒体免受犯罪受害者和他们家人的诉讼。

尽管宣称媒体鼓动犯罪的诉讼变得更为平常,这并不是一个新现象。在这些案件发生前大约十年,某家庭起诉《军事冒险者(*Soldier of Fortune*)》杂志并获得了巨额赔偿,因为杂志刊登了一个雇佣杀手的广告。联邦上诉法院最终维持了赔偿判决并驳回了杂志社的《第一修正案》主张(参见布劳恩诉《军事冒险者》杂志(Braun v. Soldier of Fortune Magazine),968 F. 2d 1110, 1992 案)。

1985年,《军事冒险者》杂志刊登了一则广告"一个37岁的独立的、秘密的职业雇员,征寻保镖、护送和其他需要特种技能的工作"。刊登广告者接受了亚特兰大某个人的雇佣去杀人，后来被抓获，承认了他的罪行。受害人家庭以误导性死亡为由起诉该杂志，陪审团判给该家庭430万美元的赔偿。

许多出版者和行业组织共同提起诉状，主张判决会打击《第一修正案》规定的自由，请求最高法院重审判决。但是，高等法院拒绝重审此案，维持了原判决。

审查保密信息

禁止媒体公布关于犯罪和法院记录等机密信息的法律和法院命令被视为另一形式的事前限制。这种事前限制引发的法律问题归入几个领域，包括新闻自由与公平审判（fair trial-free press）（第七章讨论）和犯罪受害者的隐私权（第五章讨论）。本章讨论最高法院关于这些法律涉及的审查问题所作的一连串判决。

涉及该领域的最为复杂的问题之一是有些法律禁止媒体泄露犯罪受害者的姓名，特别是性犯罪的受害者。尽管保护犯罪受害者的隐私对案件有益，但最高法院判决如果消息是从公共记录合法获得的，媒体有公布受害者身份的《第一修正案》权利。法院在1975年做出的如上判决推翻了乔治亚州对一个公布了强奸受害者姓名的广播公司的判决。在考克斯广播公司诉库恩（Cox Broadcasting v. Cohn）（420 U.S. 469）案中，一名电台记者从法庭记录中获得了受害者的姓名，电台播出受害者姓名后面临了侵犯隐私的民事诉讼。尽管公布姓名是非法的，但电台却没有被指控有罪。美国最高法院表示《第一修正案》和《第十四修正案》不允许对公布合法的、从正式法院记录获取的真实信息的行为加以有罪制裁或提起侵犯隐私的民事诉讼。但是，如果政府希望，他们可以对受害者姓名加以保密。

两年以后，在俄克拉荷马出版公司诉地区法院（Oklahoma Publishing v. District Court）（430 U.S. 377，1977）案中，美国最高法院推翻了俄克拉荷马法院发出的禁止公布一个涉嫌参加致命枪击案的11岁男孩姓名的命令。

记者们出席了男孩的最初扣押审讯并得知了男孩的姓名。当地报纸和广播公司刊登了男孩姓名，但是一名法官下令他们不能再刊登男孩的姓名或照片，俄克拉荷马出版社向州最高法院提起了对此法令的上诉请求，州最高法院支持法官的命令。美国最高法院推翻原判，判决该命令等同于事前限制，侵犯了《第一修正案》和《第十四修正案》。高等法院以考克斯广播公司诉库恩案的判决作为依据，判决不存在证据能表明新闻界是在非法或甚至没有得到政府许可的情况下获取了消息。

1979年，最高法院推翻了一项西弗吉尼亚法律，此法对公布青少年罪犯的报纸加以有罪惩处。在史密斯诉《每日邮报》(Smith v. Daily Mail)(443 U.S. 97)案中,一家报纸公布了发生在某初中的杀害了其同学的少年的姓名。记者通过收听警察的无线广播及采访目击证人获悉了少年的姓名。

最高法院再次判决媒体不应因公布了从合法渠道获得的真实消息而受到惩罚。法官威廉·伦奎斯特起草了一份意见书认为,令他感到特别惊奇的是此法令禁止报纸公布青少年姓名的同时没有宣布广播同样的消息为不合法。

公布另一类保密信息的案件导致了1978年美国最高法院的另一个判决。在兰德马克通讯公司诉维吉利亚(Landmark Communications v. Virginia)(435 U.S. 829)案中,兰德马克通讯公司公布了一份报道州委员会评论在职法官行为的会议记录《弗吉尼亚领航者》,此外,该报还公布了法官的姓名。弗吉尼亚有法律规定这些会议记录是保密的。报纸被提起有罪诉讼并因公布了会议记录而受罚,州最高法院维持了原判决。

美国最高法院判决弗吉尼亚法律侵犯了《第一修正案》。最高法院表示法官没有比其他人或机构拥有更多的免受批评的权利。如果报纸是合法获取诸如上述这类处于争议之中的会议记录的话,便不能因刊载了它所知道的东西而受处罚。

1989年,最高法院在佛罗里达明星周刊诉B.J.F.(Florida Star v. B.J.F.)(491 U.S. 524)案中再次处理了此类争议。根据佛罗里达实行的法律,媒体被禁止公布性犯罪受害者的姓名。但是,《佛罗里达明星周刊》的记者从张贴在杰克森威里县治安官的记者室墙上的警察报告中复印了强奸受害者的姓名。姓名被公布后,犯罪受害者提起诉讼。她赢得了报纸赔偿97000美元的判决,但是最高法院推翻了原判,裁定既然报纸是合法地从警察记录中获取了姓名,便不应受到处罚——尽管警察让记者获取受害者姓名的行为侵犯了佛罗里达法律。法院以6:3的多数人意见拒绝判定媒体总是可以免于承担他们公布合法获得的消息的责任。法院表示考克斯广播公司(Cox Broadcasting)和其他早期的案例实际上突然免除了合法获取消息的如实出版行为的所有责任。当报道涉及的是法庭记录时,法院似乎也不得不表示媒体可自由出版他们合法获取的任何信息。

有趣的是,在佛罗里达明星周刊诉B.J.F.案即将结案时,禁止大众媒体公布性犯罪受害者姓名的州法最终被佛罗里达最高法院判决违宪。在佛罗里达州诉环球通讯公司(Florida v. Globe Communications Corp.)案中,州法院判决佛罗里达法律过于宽泛,因为它不考虑任何条件就禁止公布受害者的姓名,同时法律也过于狭窄,因为它仅运用于大众媒体。此案的起因是一家名为《环球》的小报公布了一名指控前总统约翰·肯尼迪和参议员爱德华·肯尼迪的侄儿威廉·肯尼迪·史密斯犯强奸罪的妇女的姓名。就像佛罗里达明星诉 B. J. F. 案一样,《环球》合法地获取了声称受害的人的姓名。该妇女最终同意公布其姓名——在史密斯被宣判无罪后,她甚至在全国性的电视节目中公开露面。当《环球》因公布姓名被提起有罪诉讼时,初审法院、州上诉法院以及最后的佛罗里达州最高法院都支持认为州法律违宪。

佛罗里达明星诉 B. J. F. 案结束后不超过一年,最高法院判决了另一个涉及公布合法获取信息的权利的佛罗里达案件。在巴特沃思诉史密斯(Butterworth v. Smith)(494 U. S. 624,1990)案中,一名已经在大陪审团前宣誓作证的记者表明他想公开其所作的证言——包括一个地方公共官员的不良行为。但是根据佛罗里达法律,大陪审团证人在任何时候泄露他/她的证据都是违法的。

最高法院推翻了佛罗里达法律,判决即使在大陪审团调查结束以后还禁止证人公开披露自己的证词是违宪的事前限制。在法院判决书中,大法官威廉·伦奎斯特指出此案中记者并没有揭露任何从秘密的大陪审团调查中获得的消息,与之相反,这仅仅是一个记者被禁止公布他在作证以前就已拥有的信息的案件,法院判决坚持认为这侵犯了《第一修正案》。

对媒体公布合法所获信息权利进行限制的一个值得注意的问题涉及某一新闻组织被卷入诉讼的情况下的审前披露程序。最高法院判决法官可以禁止报纸公布它于审前披露程序中所获得的消息。在《西雅图时报》诉莱恩哈特(Seattle Time v. Rhinehart)(467 U. S. 20,1984)案中,最高法院判决《西雅图时报(*Seattle Time*)》和其他报纸不得公布他们在反驳被认为诽谤了一个宗教团体的诉讼过程中所得知的消息。在审前披露程序中,原告(一个牧师)被命令提供他的组织成员名单、纳税申报单和其他财务信息。最高法院维持了初审法官禁止报纸出版这些材料的命令。法院表示如果报纸自己得到了信息,他们可以自由地公布同样的信息,但当一个原告在诽谤案中被迫提交信息时,法官有权要求将信息保密。这种法院命令可能是一种事前限制,但最高法院置《第一修正案》于不顾,判决该命令合法。

1990 年,出现了一个有些相似的事前限制案例,涉及了前巴拿马独裁者罗纽尔·诺里加(Manuel Noriega)毒品交易审讯。美国有线电视新闻网(CNN, Cable News Network)获得了诺里加与其律师电话对话的部分录音带。在 CNN 播出了部分录音带后,某联邦法官命令美国有限电视新闻网不许播放更多的内容。最高法院驳回了 CNN 的紧急上诉,保持禁令有效。法官最终还是取消了禁止令,并规定录音带不能威胁到诺里加获得公正审判的权利。但是,1994 年,联邦检察署迈阿密办公室指控在禁止令有效期间传播录音摘要犯了藐视法庭罪。就如在第七章中所言,CNN 被判藐视法庭并被罚款。

司法审查问题在 1995 年于一个引人注目的、涉及《商业周刊》(*Business Week*)杂志的案件中再次出现。《商业周刊》获得了宝洁公司(Procter & Gamble Co.(P&G))在反对银行信托公司的复杂诉讼中提交的 300 页文件。在诉讼过程中,P&G 宣称由于银行信托公司的违法行为,它蒙受了巨大的投资损失。这些文件像许多人在审前披露程序中向法庭提交的文件一样被密封——不对公众监察开放。《商业周刊》从参与此案的一名律师手中获得了这些文件,但是联邦法官命令《商业周刊》不得公布文件信息。在一连串的法律程序后,杂志最终被允许公布文件内容。后来,第六巡回区上诉法院判决,法官首先审查杂志是不合适的。在宝洁公司诉银行信托公司(Procter & Gamble Co. v. Banker's Trust Co.)(78 F.3d 219)案中,法院以 2:1 的多数人意见判决,法官没有令人信服的法律理由可证明对新闻媒体的事前限制是合法的。多数人意见说,文件只是诉讼的常规归档,将其出版不会威胁到任何重要的政府利益。虽然上诉法院的判决是新闻自由的一个胜利,但案件还是提出了新的问题,即在诉讼期间按惯例密封文件来禁止新闻界和公众获得信息的问题。

为什么此案判决不同于《西雅图时报》案,在什么情况下最高法院会维持法官享有命令报纸不能公布法庭文件的权利?《西雅图时报》是诉讼当事方,其反诉方被法院强令交出机密信息,而此案中的《商业周刊》不是诉讼当事人,它独立、合法地获取了法院文件。为此,法官没有强制性的理由实施对媒体的事前限制。在判决媒体可不被禁止公布他们合法获取的法院文件时,《西雅图时报》案是一个少有的例外。

事前限制概要

什么是事前限制?

事前限制是政府审查制度采取的行动,用以阻止那些被政府认为不能接受的事实或思想传播。事前限制比事后惩罚制度更多地限制了表达自由。事后惩罚允许不经审查的出版但将会因出版行为导致的伤害而惩罚出版者。

美国允许事前限制吗?

根据《第一修正案》,事前限制仅在极端必须的情况下才被允许,政府机关试图强加此类检查时必须承担证明其合法性的繁重责任。

什么情况下一个直接的事前限制是合宪的?

在"五角大楼文件"一案中,最高法院判决如果政府能证明出版会对国家安全造成不可挽回的损害，那么对新闻媒体的事前限制是被允许的。但是，在此案中，政府不能证明国家安全受到了足够威胁，没有证明事前限制的合法性。

当今存在其他的关于事前限制的法规吗？

政府可以合法管制《第一修正案》保护的各类活动发生的时间、地点和方式，只要政府法规是内容中立的。在公共场所过度限制散发传单或其他表达自由活动的法律或政府行为可能构成事前限制，他们经常被法院宣布无效。另一方面，尽管一些州承认在诸如大型购物中心等私营公用地存在有限的自由表达权力，但私人场所的所有者通常可以禁止其场所内发生的《第一修正案》保护的各类活动。挑选出一些媒体加以特殊对待的差别税收作为事前限制也被宣布违宪。限制出口电影的自由或过分限制在公共音乐场地内举行音乐演出的政府行为也被作为不合适的事前限制而遭到否决。根据《第一修正案》，禁止种族和宗教“仇恨言论”的法律被推翻。

媒体可以被禁止公布犯罪受害者的身份吗？

禁止媒体公布从合法渠道所获信息的法律或法院命令通常是违宪的，即使消息是从法律上讲属于秘密（例如：有些犯罪受害者的姓名）。虽然媒体没有此类消息的获取权，可一旦媒体拥有了此类消息，政府一般不能阻止媒体发表（如果消息是来源于公共记录的话）。

第四章　书面诽谤与口头诽谤

自从美国记者赢得他们基本的《第一修正案》中规定的自由，因破坏名誉罪——书面或口头诽谤被起诉的危险成为他们面对的最严重的现实法律问题。虽然其他对新闻自由的威胁也时有发生，但在上两个世纪中，伴随着数以千计庭内解决和庭外和解的案件，诽谤成为一个持久性的法律问题。对于诽谤诉讼案的顾虑甚至经常促使记者扣留能发表的具有新闻价值的报道，因此形成了可能违背公众利益的某种程度的自我审查。

书面诽谤以书面中伤的形式破坏名誉；口头诽谤则是一种口头中伤的形式破坏名誉。有关书面和口头诽谤的法律条款用以保护名誉遭受不当损害的人。显而易见，这种保护是十分必要的。然而，很多诽谤案并不是由那些真正被诬蔑的人，而是由那些因公开了令其不悦的但真实的（即非诽谤性的）状况而很恼火的人起诉的。怀有敌意的陪审团有时针对大众传媒作出巨额惩罚性赔偿费的判决，而不慎重考虑诽谤起诉本身的合理性。

一桩诽谤案可能造成财政上的毁灭性损害，甚至对于一家实力雄厚的传媒公司也如此。一家位于纽约州的监视全国诽谤案的组织诽谤应诉资源中心（the Libel Defense Resource Center）[①]报告，仅从 1990 年到 1991 年，就有六起针对大众传媒的超 1000 万美元的诽谤判决。1996 年 LDRC 报告，大众传媒在诽谤案和相关案件中的平均损失达 280 万美元。

虽然大多数巨额诽谤判赔最后被上诉法庭推翻，这种诽谤案的辩护成本也经常高达数百万美元。对于一个小市场的广播公司或报纸发行商来说，甚至一件最终获胜的案件都能将这家公司推向破产的边缘。例如，伊利诺伊州的一家小型报纸《奥尔顿电报公司（*The Alton Telegraph*）》在 20 世纪 80 年代的一桩诽谤案中损失 920 万美元后向法庭申请破产保护。该案原告方最后同意接受 140 万美元的调解方案，这家报纸也成功地借到足够的钱在行业中继续生存，但仅仅是勉强维持而已（格林诉奥尔顿电报公司案（Green v. The Alton Telegraph），438 N. E. 2d 203，1982）。

---

① 下文称 LDRC。——译者注

如果说小的地区报纸是诽谤案的目标,那么对于愤怒的陪审团成员来说,著名的全国性媒体是更大的目标。曾经有一个陪审团判给一个前"怀俄明小姐"选美比赛冠军 2650 万美元,因为《阁楼》杂志刊载的文章中虚构一个与她相似的角色"怀俄明小姐"。上诉法庭最终驳回了判赔并不受理此案,但是到那时为止,《阁楼》已经在法律费用上花费了超过 100 万美元(普瑞诉《阁楼》案(Pring v. Penthouse),695 F. 2d 438,1983)。2650 万美元并不是诽谤案判赔的最高记录,还有一些金额更大的判决。

1990 年,陪审团在一桩针对《费城问讯报》(*The Philadelphia Inquirer*)的诽谤案中判给费城律师斯巴拉格(Richard A. Sprague)3400 万美元,这个判决在 1994 年被一家上诉法庭减至 2400 万美元。该报披露,作为检察官,斯巴拉格曾经中止了一桩谋杀案的调查来帮助一位警局官员,因为谋杀案发生时该名官员的儿子在场。斯巴拉格赢得了陪审团判赔金额最高记录不到一年,该记录就被打破了,德克萨斯州瓦科市的一个陪审团判给被达拉斯市电视台 WAFF 指控因受贿而隐瞒酒后驾车案的前地区检查官 5800 万美元。这两个判决都被提起上诉,然后以不予透露(但必定是数额巨大)金额庭外和解。斯巴拉格案尤其值得注意,因为该诽谤案发生在 1973 年,结案却在 1996 年,拖延了 23 年。

所有这些判决与 1997 年的一次判决相比,可称是小巫见大巫了。休斯顿的陪审团要求《华尔街杂志》向一个投资经纪公司支付 2.227 亿美元(包括惩罚性赔偿费两亿美元),因其报道该公司所谓的困境后公司很快被淘汰出局。然而,法官没过多久就否决了两亿美金惩罚性赔偿费的判决,最终他也取消了判决中剩余的赔偿,判定经纪公司隐瞒的关键性证据证实了杂志报道的准确性。但是到那时,杂志已经在庭上为捍卫自己花费了几年时间和数千美金。

多年以来,针对新闻媒体组织的最有争议的判决之一,是美国广播公司(ABC)黄金时间直播(Prime Time Live)有两名员工以虚造的身份获得了狮王食品公司(Food Lion)的职位,陪审团 1997 年判给狮王食品公司杂货连锁店 550 万美元惩罚性赔偿费。美国广播公司员工用隐蔽式摄影机录下(该公司)违反规程的食品处理流程。虽然狮王食品公司并没有指控美国广播公司的报道属于诽谤,但陪审团认为美国广播公司在收集新闻的过程中犯有非法侵入、欺骗和其他罪责。法官后来将惩罚性赔偿费降到 31.5 万美元。1999 年美国第四巡回上诉法庭推翻了判决,仅仅判处 2 美元(千真万确,是 2 美元)的赔偿费,理由是美国广播公司的非法侵入行为和美国广播公司的两名员工为得到新闻报道潜入狮王食品公司的行为违反了员工效忠雇主的职责(参见狮王食品公司诉大都会美国广播公司案(Food Lion v. Capital Cities/ABC),194 F.

3d 505)。

以此为开端,美国广播公司的辩护人将狮王食品公司的案件视为一个不能证明美国广播公司报道错误但千方百计控告传媒的公司试图规避诽谤法律的终结。上诉法庭的判决大大支持了美国广播公司,但留下了长达数年的诉讼和数额巨大的法律费用。

虽然上诉法庭经常取消或减低这些针对媒体的几百万美元的判决。这些确并非一直会发生。1987 年美国芝加哥市的上诉法庭确认了布朗与威廉逊烟草公司诉雅各布森(Brown and Williamson Tobacco Co. v. Jacobson)(827 F. 2d 1119)案中判处哥伦比亚广播公司(Columbia Broadcasting System, CBS)和一名新闻记者以诽谤罪赔偿 305 万美元(827 F. 2d 1119)。最高法院拒绝在 1998 年审理进一步的上诉,使得美国上诉法庭的判决成为终审判决,此案源于芝加哥新闻播音员雅各布逊(Walter Jacobson)在广播中指责烟草公司在广告中以年轻人为目标受众。他引用了一个未被真正投入使用的广告为例。

虽然这些都是极端的例子,但应对书面与口头诽谤的诉讼是大众媒体常常将要面对的困扰性问题。对卷入法律纠纷的畏惧会对新闻自由产生十分严重的负面效应:致使一些新闻组织避开有争议的新闻以尽可能减少招致书面或口头诽谤官司的机会。

烟草行业针对媒体揭露烟草公司罪恶的报道持续进行的攻击就是这一点的最有力证明。事实表明,1987 年布朗与威廉逊烟草公司的诽谤案的胜利仅仅只是开端。近来,布朗与威廉逊烟草公司和其他大型烟草公司连续起诉或威胁要起诉一些大的媒体,其用意显然在于企图阻止那些揭露烟草危害和烟草公司行为的强有力的报道。

1994 年,美国广播公司在它的《一天》节目中报道:烟草公司为了保持烟民上瘾,正调整他们香烟的尼古丁含量,菲利普·莫里斯提起标的高达 100 亿美元的诽谤诉讼,1995 年美国广播公司用 1500 万美元私了了此案。虽然制作这个获奖节目的新闻记者坚持有足够的证据证实他们的指控,但美国广播公司还是在(电视)黄金时间时道歉了两次。《一天》节目的制作人沃特·波格丹尼奇(Walt Bogdanich),作为获普利策奖的广播新闻记者拒绝在道歉书上签字——然后宣布他打算转入哥伦比亚广播公司加入《六十分钟》。

这桩案件的解决方式和道歉是否会对其他广播网报道烟草争议产生负面影响?波格丹尼奇后来在《广播与有线电视》杂志表示肯定。当忽视大公司的罪行时,“我担心我们将(不得不)挑选无足轻重的对象,而放过那些巨型公司的违法行为”,他说。

具有讽刺意味的是,波格丹尼奇发表此议论数月前,鉴于对布朗与威廉逊烟草公司再度起诉的畏惧,哥伦比亚广播公司决定不播送《六十分钟》节目已制作好的对曾在布朗与威廉逊烟草公司任职的一位专家的访谈。迈克·华莱士(Mike Wallace)是《六十分钟》的记者兼编辑之一,他斥责这个决定的话被广泛引用,虽然砍掉这个节目的最初决定下达数月后访谈仍被播出了。华莱士在1996年的调查记者会议上说:"我们继续追踪大事件,因为大事件才是有价值的。"

尽管如此,它所有这些会对那些小型媒体组织产生什么影响?那都是些根本不能开出1500万美元支票以摆脱一桩案件的公司。

诽谤的定义

书面诽谤与口头诽谤案究竟如何界定?

它们是对中伤性的传播内容采取的法律行动,以补偿名誉受损的受害者。正如上面已经提到的,书面诽谤是针对书面形式的中伤提起的诉讼,而口头诽谤是针对口头形式的诋毁提起的诉讼。最高法院的裁定和电子媒体影响的日益扩大使这两者间的差别在今天已经不那么重要了。因为书面诽谤远比口头诽谤发生得频繁,我们通常提到"诽谤"时指的是这两种中伤形式。

书面诽谤和口头诽谤诉讼的历史几乎与英国普通法诞生的历史一样悠久。甚至早于美国成为殖民地前,书面诽谤与口头诽谤就被确认为法律诉讼理由。事实上,一个人的好名声具有一定的价值,破坏它是罪过这样的观念,可以被追溯到至少古罗马时代。

大多数诽谤案如今被当做民事侵权行为处理,在双方的个人争执中法院仅提供一个中立的平台。以前,书面诽谤被视作刑事犯罪:流行的观点是中伤的字句可能招致和平的毁灭,因此应被视作是刑事犯罪,尤其是在煽动性的诽谤中(如批评政府的罪行),原因在第二章中已解释过。虽然很多州仍在条文中规定有刑事上的诽谤条款,但这些法律今天很少执行了。有些条款被裁决违反宪法。因此,本章的大部分将用来阐述民事的而非刑事的诽谤。

诽谤案通常是州级案件,而非联邦级案件。最高法院近来介入一些州级诽谤案中,提醒各州他们的诽谤法对新闻自由可能会产生负面影响。但是除了最高法院能从宪法上设置对诽谤案的限制,这仍然属于州法律的领域。

然而,这并不意味着诽谤案从未上过联邦法庭。偶尔当双方处于不同州时州级诽谤案也会提交到联邦法庭上,但甚至在那时,联邦法庭多适用州法而非联邦法。

虽然诽谤在州法的调整范围内,它的基本原则却在全美通用,正如美国大量法律源于英国普通法。更为重要的是,最高法院的裁决倾向于使诽谤法在各州间更为统一。虽然仍存在州与州间的重要差异,读者可通过学习自己州的诽谤法补充这一全局观。

诽谤法简介

在学习诸如诽谤法这类复杂的法律问题时,非常容易迷失于细节中而忽略了一些重要的原则。这个部分概括了诽谤法律的基本原理。

当构成诽谤的要件都具备时,诽谤诉讼就发生了。只要你看一下这些要件的清单,你就会意识到每天都有很多诽谤性的言论被出版或播出,不过那并不意味着每天都有那么多针对大众传媒的诽谤案发生。正相反,大多数诽谤性的出版物和广播节目不可能引来官司,因为它们都可被诽谤法的一种或多种辩护理由所保护。因此,决定一个特定的信息是否会招致官司的不仅在于是否构成诽谤的要件都具备,而且是否存在可成立的辩护理由。

一桩诽谤案发生,至少要具备四个要件——很多案件需要第五个要件,它们是:

1. 该言论必须确实具有中伤性——它必须很可能伤害某人的名誉。

2. 言论必须明确提到可能的受害者,或者点名或者是其他能被受害者以外的人理解的标志。

3. 言论必须确实被传播:它必定被发表或播放,这样除受害者和施害者以外不止一人看到或听到过它。

4. 在大多数情况下,还必须存在错误(美国最高法院规定,在围绕公众关注的议题的诽谤案中必须有证据证明传播了错误的内容以及出版者存在实际恶意或至少犯有疏忽指责)。

5. 如果受害者不能证明发表源于实质恶意,则必须有损害赔偿费(即可用金钱作弥补的损失额)的证明。在最高法院加入这项要求前,州法院有时认定媒体对诽谤性言论负全责,不需任何实质伤害存在的证据就假定损害的成立。

一旦这些要件存在,诽谤就成立了。诽谤的形式如何无关紧要,无论是直接引语、读者来信、广告、广播访谈节目或是其他。除个别例外,任何参与传播诽谤的人都可能被起诉,即使诽谤是由其他人引起的。这表示撰写报道的记者,审稿的编辑和其他参与制作过程的人都可能成为诽谤案的被告。当然,正常的法律策略是追索“财力雄厚的公司”的人——那个有足够的钱让官司打得值得的人。因此,第一被告通常是企业法人代表或出版公司,而不是真正制作了诽谤材料的雇员们。如果你被一封致编辑的信中伤,你可能想起诉写信者和选择刊出信件的编辑,但你的第一被告很可能是所有人。在这个大众传媒实行公司制和连锁制的时代,这更有可能出现。

在你决定是否诽谤案的要件在给定情境中存在后,下一个关键问题是是否有辩护理由成立。辩护理由有些什么?最主要的三条在普通法基础上发展起来并且已被承认了多年。另外,一些次要的辩护理由也至少在一些州得到承认,这些后面会谈到。主要的辩护理由有如下这些内容:

1. 事实:任何本质上真实的言论受到保护。事实是诽谤案中最古老的普通法的辩护理由,但最近最高法院的裁定使它更有力。起诉媒体的主体必须承受证伪的压力:他们不但必须证实中伤的内容是虚假的,还要证实它是由疏忽过失或实际恶意引起的。

2. 特权:立法机关、法院和政府执行机构履行职责中公正和准确的记述,包括各类政府文件中的准确的报告,享有特权,这表示即使它们含有诽谤性文字也是受保护的。

3. 公正的评论:对公众注目的人(如政治家、演员、运动明星等)的表现发表的意见可以用普通法的公正评论理由进行辩护。(此外,在最高法院最近的裁定中,有时观点表达受第一修正案的保护。)

如果一项或更多的辩护理由存在,大众传媒可以无惧打输诽谤官司的危险,发表损人名誉的资料。然而,很多诽谤案是被那些明知自己最终胜诉机会很少的人提出的。单单强迫一家报纸或广播公司走上法庭的机会也许就让那些感到自己受到不公正的公众注意的人十分鼓舞。因而,为一桩诽谤案辩护的成本本身成为了出版可能引起争议的报道的顾忌,不论辩护理由有多有力。

在传统的事实、特权和公正评论的辩护理由以外,最高法院对于原告需证实被告疏忽或实质恶意的新要求有时被引用为"宪法的特权"或"第一修正案辩护理由"。这个概念如被视作原告方案件的构成要件而非诽谤案的辩护理由更为准确,但它一般被称为辩护理由并为保持统一在此处提出。

简言之,要具有诽谤性一种陈述必须具有中伤性,它必须用某种能理解的方式确指受害者,它必须被传播,通常媒体方犯有过错,而且受害方必须遭受某些能被证实的伤害。但即使构成诽谤罪的所有要件都存在的言论也可能不会导致一桩诽谤案胜诉,这取决于是否任何公认的辩护理由成立。另外,其他需考虑的某些因素也决定着任何特定的中伤性言论是否会成就一桩成功的诉讼。

谁会因受谤起诉

分析任何潜在的诽谤性因素的第一步是决定是否存在原告——会因受谤起诉的一方。一般说来,任何活着的人或其他私有法律主体(例如公司或商业性非团体组织)可以因受谤起诉。因受谤起诉的权利被认为是人身权利而非财产权利。这意味着这项权利随着个人死亡而消失:大多数州遵从普通法规定继承人无权代表已逝之人起诉,除非受害者的继承人本人被诽谤。新泽西州和宾夕法尼亚州允许在特殊情况下,诽谤受害者的继承人可以起诉,但那是例外。不过,很多州允许诽谤受害者在结案前去世的话继承人可以维持该案件诉讼。

另一方面,公司不受生命期或个人任期的限制。他们可以几十载继续一个案件,不受某个官员任期的约束。但是对于公司发起控告的状况,企业组织本身的名誉必须遭到破坏,而不仅仅是因企业的个别管理者。

大公司会因为受诽谤而起诉看似令人称奇。但无论如何,法院通常规定,当其声誉被错误和中伤性的言论损害时,一家公司拥有和个人同样的权利提起诽谤诉讼。但是,当中伤针对的是产品而非公司本身时有时特殊规则会奏效。很多州承认一种被称为"产品歧视"或"贸易诽谤"的特殊法律诉讼。在一桩贸易诽谤案中,起诉公司一般必须证明诬蔑言论实际损害了它的生意,有时这是难以证明的。

多年来产品歧视法很少能用上,但在上世纪 90 年代广受欢迎,当时至少 13 个州出台新法律保护易坏食品免受负面媒体的影响。这些所谓的"素食者诽谤"法律在这章后半部分会进行讨论。

如果公司能因受谤起诉,非营利性组织和其他非团体组织该作何处置?他们在一些州同样可以因受谤起诉,但这点上的规则在不同地区或多或少有些变化。

政府机关又该如何?在这个问题上,法律不再松动:政府不能因受谤起诉。但若个人名誉受诽谤伤害政府官员个人可以私人身份起诉。

团体受谤

诽谤施加于一个团体的人时情况又会变成怎样?个人可以起诉吗?一项很早就得到承认的法律条文规定当团体名誉受到损害时,所属成员个人可以起诉,但必须满足以下两个条件之一:(1) 这个团体必须小到诽谤影响到成员个人的名誉;或者(2) 诽谤言论必须特别提到起诉的个人。

对于有五个成员的城市委员会的诽谤非常明显会伤及成员个人的名誉，但对于一个大组织，例如美国军队的诽谤会吗？声称“所有大兵都很愚蠢”在法律上是安全的吗？

法院很久以前解决过这类团体诽谤问题。当诽谤指向如此大的一个团体时，个人无权起诉。5 到 100 人时可能存在机会，这得看你选择的是哪个法院，一家法院曾在俄亥拉克马大学橄榄球队受到诽谤时允许其单个橄榄球运动员提起诉讼。然而另外一些法庭拒绝了稍小于足球队规模的团体受谤时的个人起诉。一般来说，团体越庞大，个人能因受谤而起诉的几率越小。

一般来说，当受诬蔑时任何活着的人都可以起诉，公司也是如此。非团体组织在一些州可以起诉但在其他州不行。政府机关不能因受谤起诉，虽然政府官员能因个人受谤起诉。如果一个相当小的团体受诬蔑，所属个人可以起诉。

在就可能发生的诽谤诉讼分析其细节时，确定了存在潜在原告后的下一步是检查构成诽谤的要件并看看是否全部具备。如果是这样，你就应该接着检查辩护理由，看看是否任何一个能够保护你。这种分析过程要求对诽谤要件和辩护理由更为详细的了解。

诽谤的构成要件

中伤

在诽谤案的诸多要件中，最难记住的却是最显而易见的：言论必须要有中伤性（即破坏名誉性）这个要求。不具有中伤性就不存在诽谤，所以分析一种言论具有潜在的诽谤性的第一步，是决定是否真正存在中伤。

多年以来，法院裁决很多言论具中伤性，将他们划为两类：“本质诽谤（libel per se）”和“实质诽谤（libel per quod）”。本质诽谤是一种典型的诽谤形式，其中言辞本身能伤害一个人的名誉。诸如“谋杀者”、“强奸者”、“种族主义者”和“勒索者”的语词是明显的例子，当然还有成千上万其他的指责。任何词或短语都可以有中伤性，如果它错误地指控一个人犯有极凶恶的罪行，对公众或私人做不道德的事，染上某种令人厌恶的疾病（如艾滋病）或精神错乱，或者渎职。甚至那些不落入此类的词语都可能被判为诬蔑，如果它们使其他人躲避和回绝某人。

当词语本身不必再加任何解释（就像刚刚引证的例子中的那些单词）就传播了诬蔑之义，你遭到了本质诽谤。但是另一方面，当话语本身的诬蔑之义不是立刻显露的,或者人们必须知道其他事实才能了解其中的中伤之意时,它被称为实质诽谤。

一个典型的实质诽谤例子出现在费洛诉《国家问讯者》案(Fellows v. National Enquirer)(42 C. 3d 234, 1986)中。《问讯者》报道电视导演阿瑟·菲洛(Arthur Fellows)正"频繁约会"一位著名女演员。这种言辞通常并不能算作诽谤——如果没有他已结婚多年的事实存在。报道未提到他已结婚,而且很少有人知道这个使此言辞称为实质诽谤的附加事实。如果《问讯者》指出他犯了通奸罪,很可能会变为本质诽谤。但仅说他在约会女演员而不提他的婚姻就仅是实质诽谤(除非他已结婚的事实人尽皆知)。

菲洛起诉时列出证据证明他未和除妻子以外的某著名女演员或其他人约会,但他以失败告终,因为他不能证明有"特殊损失(任何可证实的钱财损失)"。许多州要求在实质诽谤案中出示特殊损失的证据,但是本质诽谤案中仅要求出示一般损失的证据(痛苦和折磨或因名誉有损导致困窘)。菲洛可能因《问讯者》的文章感到困窘,但他没有遭到任何重大财产损失(如果有,这篇新闻可能有助于他的职业生涯)。

不过如今,本质诽谤和实质诽谤间的差异已经不那么重要了。多年来,法院一般都规定本质诽谤自动享有可诉讼权,这意味着,原告甚至不用证明一般赔偿费。法院将假定损失,因为诬蔑已经被公开了。但另一方面,如果仅是实质诽谤,原告必须证明特殊损失的存在。

然而,在格茨诉韦尔奇案(Gertz v. Welch)(418 U.S. 323)中最高法院的裁定,我们在后面会谈到的1974年的一个重大裁定,禁止在很多针对媒体的诽谤案中假定赔偿费。不管是本质诽谤还是实质诽谤,原告如今都必须准备证明他们所遭受的至少是一般损失。唯一能在围绕媒体的案件中假定损失的情况是原告证实被告蓄意而为(即在公开时就知道是诬蔑或不计后果地歪曲事实)。有的州甚至在不涉及媒体的案件中废弃假定损失的做法。

所以,在媒体被牵涉进去时,本质诽谤和实质诽谤是没有多少本质差别的。如果言辞带中伤性(或是在表层含义中或是因言辞特定的上下文语境),媒体可能要为一桩诽谤案辩护,如果受害者能证明其他诽谤要件存在的话。

不同类型主题的时间引起的诽谤案数量也是不均衡的。例如,犯罪的新闻报道很可能比其他报道引起更多的诽谤案。在美国的裁判系统中,公民被假定为是清白的,直到被证明有犯罪行为:在被法院判定前诬蔑别人是"强奸者"或"谋杀者"的报道尤其危险。避免官司缠身的最好办法是在报道新闻时尽可能准确和具体。如果某人因涉嫌某个犯罪事件被拘留盘问,报道仅说这么多,不要添油加醋。如果这个人被正式逮捕了,报道这个事实但不要超出事实,谈论演绎出的推测。如果这个人被传讯、控告、押去审讯、得到保释或其他,注意仅报道真正发生的事而不要随意增加。如果警方正寻找某人问话,留神在报道时不能草率地将他定为嫌疑犯。

一些其他领域的新闻报道引起的诽谤案超过其应占份额。近年大量诽谤案由指责某人参与黑手党或有组织犯罪团伙的报道引发。另一危险领域——由于证明特殊损失很容易——是质疑某位专业人士的能力的言辞。与其他职业相比,在医生、心理学家和律师等专业人士的生存在很大程度上依靠公众信任度。如果一家本地报纸上发表的报道质疑一个医生或律师的诚信或专业水平,并且他们的生意因此下滑,那么特殊损失一般可以被证实。错误的或误导的关于一些专业人士的言论(或甚至是暗示)常招来诽谤案。

那些找公共机关茬子的人是另一群招来大量诽谤官司的人。虽然媒体现在在被官员或公众人物起诉时有宪法为强大后盾,但官员们经常倾向于提起诉讼,如果没有其他理由的话至少作为挽回面子的一种方法。即使政治家最终获胜机会十分渺茫,但为一桩诽谤案辩护的成本会给出版商和广播电视业者压力,在发表一篇反映政治家人品或能力的报道时权衡再三。

另一个问题领域是关于名人私生活的八卦性报道。一些以这类"新闻"为其主要吸引力的出版物预计到(也已准备好)要面对频繁的诽谤案。当然,许多名人更希望让这些事件平息和避免诽谤案带来的开销和反而增加的公众的关注,而不是起诉一家"超级市场诽谤纸"。但是那些决心起诉的人可能颇有胜算:传播者知道或已经清楚是虚假的关于名人私生活的传言不在《宪法第一修正案》保护之内。

因此,这些是破坏名誉的言论容易招致风险的领域,当然其他领域也会存在风险。

传播要件

一旦存在破坏名誉的报道,构成诽谤案的下一个要件即它被发表或播放。这一领域的规定是不严格的:除发表该中伤言辞的团体以外的任何人以及受害者在任何时间听见或者看见它,就存在了公开行为。实际上,如果只有一小部分人看见或听见该诽谤言论,原告在证实受打击时可能面临困难。然而,也存在诽谤仅被传播给少数人就构成犯罪的情况。

当然,在多数情况下,针对媒体的诽谤案起于真正发表或播放的言论,在那些案件中证实传播要件并非难事。

这里要重申的是参与传播诽谤的每个人都会被起诉。即使诽谤首先出现在给编辑的信中、在公开演讲中,或甚至在有线服务传送过程中,几乎无一例外每个传播它的出版者或播放者都会受到起诉(与书面诽谤和口头诽谤的始作俑者同罪)。除非某个被告的辩护成立,媒体可能因准确报道某个人的言论而遭到起诉。发言者会被起诉——但多数情况下传播者也会。要成为被起诉者并不一定非是诽谤制造者。

确指要件

原告在诽谤案中必需证明的第三个要件是确指。至少一部分读者或听众要清楚破坏名誉的言论指向谁。

如果某个人的姓名被点出,证明确指就没什么困难了。不过,很多情况是一个人并不是由姓名确指身份。任何提及——不论怎样间接——都足以(构成确指),只要原告能找到证人,其证言能令人信服地证实他们确实知道诽谤言论是针对哪一个人。

也许因间接提及产生一桩诽谤案的典型例子,是最高法院审理的十分著名的《纽约时报》诉沙利文(376 U. S. 254)一案。正如第一章提到的,该案原告是阿拉巴马州蒙哥马利市的警察局局长。造成这起诉讼的(原因)是《纽约时报》刊登的一则称南部(包括蒙哥马利)警察行为不端,但从未以姓名或警察局局长明确提及沙利文的广告。他说服陪审团对当地警署处置的责难伤害了他的名誉,因为很多人知道他作为警察局局长的职责之一即监督警署。在数年后翻案时,美国最高法院表示对广告确指沙利文的怀疑。但同时,案件在美国法律系统里一级级上诉耗费了数千美元。

简言之,不要期望以难以辨识身份的理由逃脱诽谤案。即使只有少数你的读者明白你在谈论谁,构成诽谤案的确指要件已经满足。

引起许多诽谤案的另一个问题是针对性太模糊以至于指向不止一个人。超过半世纪前发生的著名诽谤案证明了这点。华盛顿特区有两个名叫哈里·肯尼迪的律师,一个使用他中间名字的首字母,另一个不用。经常使用中间名字首字母的那个人因严重犯罪行为被逮捕。《华盛顿邮报》报道了这个事实,但省略了中间的首字母。另一个哈里·肯尼迪起诉诽谤,声称他的名誉受到伤害,最终他打赢了官司(《华盛顿邮报》诉肯尼迪案(Washington Post v. Kennedy),3F. 2d 207, 1924)。

这个故事的寓意十分明显:当你出版或广播一则会破坏人名誉但真实的报道时,一定要尽可能完整地确指涉及的这个人或这些人,以免轻率地指向无辜的一方。这是规范的新闻实践在可能破坏别人名誉时以全名、地址和职业确指对象的理由之一。

一些出版者甚至不惜刊登特别公告指出某人没有牵涉进某则破坏名誉的

报道中。当1978年琼斯镇大屠杀新闻爆发时，数千吉姆·琼斯(Jim Jones)牧师的追随者在美国南部丛林被谋杀或自杀，该新闻的报道中牵连到一个叫拉里·莱顿(Larry Layton)的年轻人。在数千公里外的洛杉矶，另一名叫拉里·莱顿的人是著名律师。一家洛杉矶报纸发表了单独的一则新闻告诉读者在琼斯城案中的拉里·莱顿和著名的本地律师不是同一个人——即使没有一则关于琼斯城的新闻以任何形式暗示过与律师有关系。

除在出版有中伤内容的报道时存在不止一人名字相同的危险以外，只要记者会出错，两人有相似姓名的陷阱也要避免。一个著名的例子是在加州班宁市同一医院工作的两个医生拉尔夫·A. 贝伦德(Ralph A. Behrend)和R. 艾伦·贝伦特(R. Allen Behrendt)。《洛杉矶时报》报道贝伦特医生因盗窃罪和滥用麻醉剂被捕。可以肯定，被捕的是贝伦德医生——因为编辑部的错误贝伦特先生和《洛杉矶时报》打了一场诽谤案大官司(贝伦特诉时代镜报公司案(Behrendt v. Times Mirro Co.),30 C. 2d 77,1939)。

《洛杉矶时报》和《华盛顿邮报》这样严谨的报纸都碰到了确指问题并因此面对了诽谤官司，你可以了解为何这种事情是个很严肃的问题。

过错要件

直到1964年，原告要打赢一场诽谤官司必须证明的东西基本上要完全涵盖了这点。然而，那年美国最高法院作出了重大的《纽约时报》诉沙利文案的判决。十年后，最高法院作出了另一个十分重要的诽谤案——盖兹诉韦尔奇案的判决。两案都就诽谤和宪法作了深入讨论，关于诽谤要件的规定归纳如下。

在《纽约时报》诉沙利文案中，最高法院规定为书面诽谤或口头诽谤起诉的公共机构官员必须证明被告确实存在“实际恶意”(actual malice)，法院将之定义为明知有错却任由妄言公开，或者不计后果地歪曲事实。在盖兹诉韦尔奇案中，最高法院将这条原则扩展应用在涉及公众关心事务的一切诽谤案中，原告必须证实对方犯有某种程度的过错。媒体不再需要在面对诽谤案时受“严格责任”法律条款的约束，这种教条假定不论错误何时发生，施动一方会负有严格意义上的责任(不论过失究竟在谁)。没有这个保护，最高法院认为，对诽谤官司的心有余悸会使媒体过度地限制那些在自由社会里本应报道的有争议的新闻。因此，这些安全措施对保障《宪法第一修正案》自由是必须的。

从本质上说，最高法院在格茨诉韦尔奇案中建立了两类媒体错误的标准：疏忽和实际恶意。法院认为如果公众人物和官员不能证明实际恶意，各州不应让他们的诽谤案立案,这些也已经在《纽约时报》诉沙利文案以及盖兹诉韦尔奇案以前的几个案子中阐述过。但法院规定(这是第一次)公众人物可以个人身份打赢官司,只要他能证明媒体方面存在过错。法院规定各州能允许公民以个人身份起诉时只需展示低程度的过错而不必证明实际恶意,可能仅须证明存在疏忽。任何希望这么做的州也可以自己掌握,将证明有实际恶意企图的严格要求施加于起诉媒体诽谤的私人和公众人物。盖兹诉韦尔奇案提出两个法律问题:

1. 什么是疏忽,它与实际恶意的分界在哪里?
2. 谁是公众人物,谁又是平民?

疏忽作为民事侵权诉讼理由的历史很长,但它以前未被用于诽谤案。它指一方未完成他有责任完成并胜任的事情。在诽谤案中,它意为未完成诸如校对事实这类的事而不符合好新闻的标准。一些州的法院规定普通人在针对媒体的多数诽谤案中以个人身份起诉的私人必须拿出证明超出疏忽——但低于实际恶意——的证据。

恶意是另一个古老的法律术语,但最高法院在《纽约时报》诉沙利文案中给了它一个特殊的意思,即明知有错却任由妄言公开或不计后果地歪曲事实。"不计后果地歪曲"通常指当你十分怀疑它有错时仍发表一篇虚假的报道——或者甚至以此怀疑为乐。在诽谤案中这很难证实。

因为证实实际恶意要比证实疏忽困难,盖兹诉韦尔奇案的裁决使确定谁属于普通人(因为在大多数州只需要证明存在疏忽)和谁属于公众人物(需要证明存在实际恶意)变得重要起来。

为何要让公众人物赢得诽谤官司更困难?法院对这个办法的理论解释有两点。第一,官员和公众人物比普通人有更多接近媒体回应诽谤攻击的机会。第二,那些将自己放在聚光灯下的人需要准备面对一些反面的公众意见,而普通人不必过多地屈服于他们并不追求的公众关注。

因为打赢一场诽谤官司通常普通人要易于名人,所以几乎每个提起诉讼的人都想到被划为普通人。而媒体当然希望多数原告被划为名人。自从盖兹诉韦尔奇案以来,一些最高法院的裁决帮助划清谁是和谁不是公众人物。

损害证明

最高法院在格茨诉韦尔奇案中的判决改变诽谤法律的另一方面是,正如前面提到的,它废弃了所谓的"推算的"损失,除在一些原告可证明实际恶意的案件中。

在传统的估算损失规则下,许多州允许诽谤案的原告轻而易举地跳过证明他们被中伤性出版物或广播节目伤害的困难。如果诽谤成立,法院会简单地假定存在损失,而无须任何证据。

最高法院在格茨诉韦尔奇案中的决定改变了一切。现在所有不能证明媒体犯有实际恶意的原告——甚至是普通人——必须证明损失才能打赢官司。原告能通过证明实际损失来获取特殊损害赔偿。但此外,最高法院规定原告也要收集关于非物质如困窘和名誉损失这类一般损害赔偿的证据。显然,这类证据不能以美元来计量,但如果原告能证明他或她确实受到伤害,法院(即法官或陪审团)可能随后能决定原告应赔偿多少美金作为弥补。

这与估算损失有什么不同呢?差别很细微,但差别在于:在旧有的估算损失教条下,原告甚至不必提供任何社会名誉受损的证据。法院会假定不良公众影响会产生反面作用。现在原告必须证明他们的名誉受到了破坏。这怎么能做到呢?例如,原告可以带证人前来证明中伤言论对于他的名誉产生的作用。通常原告本人证明了他们以前的朋友在诽谤发生后远离他。

在格茨诉韦尔奇案的裁决中,最高法院更进一步对诽谤案的赔偿费设定了限制。它也坚持如果没有证实媒体存在实际恶意(即将错就错和不计后果地发表谣言),甚至原告是普通人也不能判定惩罚性赔偿费。此前,一些州的法院允许在证明另一类实际恶意的条件下判处惩罚性赔偿费(包括巨额赔款)。这种实际恶意包括揭露出版者或播放者对原告心存不轨的企图或实际恶意。在这条规定下,由于最高法院定义了"实际恶意"的含义,出版者在不存实际恶意的情况下也会面对大量惩罚性赔偿费。

前面提到,自格茨诉韦尔奇案后惩罚性赔偿费在诽谤案中并没有被废止,但在新的定义下要赢得惩罚性赔偿费,原告必须证实存在实际恶意。

诽谤侵权辩护

在分析诽谤案中的既定的新闻(或广告、准许展映的影片等),在确定了是否要件都存在后下一步就要确定是否任何被承认的诽谤辩护理由成立。然而,在这方面分析方法稍有不同。为了打赢诽谤官司,原告必须说服法院相信构成诽谤要件都存在:这不是被告的责任。原告在这部分承担着搜寻证据的压力,但当对诽谤诉讼提出坚不可摧的辩护理由时,这经常是另一码事:被告承担提出证据的责任。因此,很多案子里出版公司或广播电视公司相信他们具备诽谤辩护理由是不够的:根据法院关于证据的规定他们不得不提出证据。

这会成为一个问题。关于证据的规定给证明在调查新闻中挖掘出的东西造成了困难。一个记者可能对于报道的正确性胸有成竹:信息源可能完全可靠,并且他可能反复检查了事实。但那并不意味着事实能在法庭上得到证明。例如,法院规定,道听途说(能证实的被其他人告知的话)是没有资格作为证据的。记者收集的大量信息会被认为是道听途说。

另一问题在于记者承诺保证信息来源身份的秘密。没有这种来源,很多重大新闻不可能报道出来,但在诽谤案中记者可能要在暴露线人和官司败诉中作出两难选择。法官不会相信线人存在这种理由,在审理过程中,线人可能需要公开身份,甚至出庭作证。如果不能违背新闻职业道德暴露线人,官司可能败诉。

出现这些问题时,你应该核对那些能应用于一桩潜在的诽谤案的辩护理由。只有存在辩护理由——并且能当庭证明——这个报道才算是安全的。可能有些时候有必要冒一下险,发表一则对簿公堂无十分把握的报道,赌一把的决定必须十分谨慎和在计算风险后聪明地作出。

事实

在所有辩护理由中历史最长的——并且绝对是最显而易见的——就是事实(有时称为正当理由)。早在美国独立之初,法院允许出版者把证明他们发表的是事实作为为民事诽谤案辩护的一种办法。

多年来,存在一种理解:在一些州,对事实的证明必须结合出版者无不正当动机的证明。例如,一个出版商有时会被起诉参与人格损毁自己的敌人(经常是与之竞争的出版商),即使所有的指控都是可靠的。

当然,也存在一种理解,即只有那些能被法院承认的证据证明的事实才在判决中有效。正如已经提到的,对于新闻记者来说这是个严重的问题。

不过,美国最高法院最近对诽谤案中对事实的规定作了修改,尤其是将搜寻证据的任务由媒体转移到原告方。以前提过,在格茨诉韦尔奇案判决中最高法院提出,如果原告不能证实存在过错(过错指由疏忽或恶意引起的虚假事实的出版)宪法不允许裁决大众媒体诽谤。

最高法院在 1986 年《费城日报》诉海普斯案(Philadelphia Newspaper v. Hepps)(475 U. S. 767)的裁决加强了这点。在该案中,《费城问讯报》(*Philadelphia Inquirer*)发表的多篇报道将饮料经销商毛利斯·海普斯与有组织的犯罪行为联系在一起。当他起诉受到诬蔑时,他不能证明指控是错误的,但记者也不能完全证明报道是正确的。

最高法院指出确定地证实那种指控是十分困难的,这种说法保护了记者撰写主要报道的自我审查制度,因为起诉诽谤的人至少在卷入公众关注的话题时必须承担证明报道错误的责任。在这些案子里，州不能要求媒体证明报道是正确的，而起诉者必须证明它是错的。

在多数人意见书中，桑德拉·戴·奥康纳法官解释了这种新规定：

> 为了保证就公众关注事件发表的真实言论不受妨碍，我们坚持普通法的这种规定：在就公众关注的议题上，当原告向作为被告的媒体要求损害赔偿时，他必须证明那些损害名誉的言论有无法成立的过错。搜寻事实的过程总是存在难以完全证实言论真伪的例子。在这些例子中，谁负有举证的责任将有决定性影响。

因而，如今的规则是要打赢由媒体对任何公众关注话题的报道引起的诽谤案，原告始终承担证明诽谤报道的错误这一责任。但不涉及公共话题的诽谤案如何处置？最高法院将自主权留给各州：各州只受宪法要求将公共话题的诽谤案寻找证据的责任赋予原告。然而，一些州已经完全废除了普通法假设所有中伤性报道都虚假这一规定，并且要求原告证实声称诽谤的报道的过错所在。同样，在多数案子里对事实加正当动机的要求也不再有效。作为通用法则，除非材料能被证明存在错误，否则就不存在针对媒体的诽谤案胜诉的机会。如果不能被证实是错误的，出版者的动机在多数案件中也无关紧要。

如果发表的内容属实，出版者的动机是无关的；如果发现内容存在错误，它们就十分相关了。在那种情况下，关键可能是出版商或广播者是否以前或公布时已经知道中伤性报道是虚假的。如果是这样，法院就会发现存在实际恶意，这意味着政府要员或公众人物能打赢针对媒介提起的诽谤官司。而在普通人而非公众人物的案子里，因非故意的疏忽发表错误的报道——由于审查事实时的草率——可能足以输掉一场诽谤官司。

在断然宣称《宪法第一修正案》中不允许就公共议题的诚实言论作出对媒体不利的诽谤案判决时，我们要强调，诽谤不是大众媒体唯一可能面对的法律问题。例如，出版商或广播业者可能因侵犯隐私权被起诉。正如第五章中解释的，事实在私人案子里并不一定能成为辩护理由。报道真实的事实可能排除原告在一桩诽谤案中胜诉的可能，但在隐私侵权案中则未必。

特权

特权这一法律概念由来已久，它为媒体制造了一个强有力的诽谤辩护理由。

特权是法律义务的豁免权，这个术语被用于不同的法律环境中。第八章讨论记者的特权，这个概念指记者能免于被迫证明他的信息来源和未公布的内容。其他特权使律师和医生免于证明他们的客户和患者出于信任私下告诉他们的大部分内容。

当这个术语被用于书面与口头诽谤的法律时，特权意味着对案件的豁免权。这个概念在美国宪法的第 1 章第 6 部分里得到确认，它确立了国会成员在国会参与辩论时的绝对豁免权。他们不会为他们说的任何话受起诉，他们在国会辩论中享有绝对的言论自由。

多年来，绝对特权的概念扩展到政府官员、政府行为和政府文件方面。如今，地、州级和联邦级立法机构中存在广义的特权，它延伸到政府行政机关的主要官员和法庭诉讼过程中。当履行他们公务上的职责时，很多政府官员有绝对的特权，他们不会因执行公务引发的书面与口头诽谤受起诉。

随着政府官员特权的发展，法院也认识到在民主社会中媒体需要有自由权利向公众报道他们选举出的领袖在做什么和说什么。这引出了限制性特权的概念，有时被称作有条件的特权或公正报道的特权。

限制性特权是一种诽谤辩护理由，它使媒体能无惧于遭受诽谤诉讼的威胁，记录并报道政府行为，只要他们提供公正和准确的报道。一篇有偏见的报道或从上下文能得出中伤性结论的报道不能受限制性特权辩护理由的保护。然而，这个辩护理由可以被广泛用于允许媒体在官方发表的政府文件或政府官员言论的基础上发表很多报道而不必担心言论本身是否属实。如果对错误的某个指控存在于官方文件中，如一份法院档案，即使它后来被证实是假的，媒体也可以将它发表。但是，这个辩护理由至少引起两个主要法律问题：

1. 什么官员和行为包含在它的范围内？

2. 在什么情况下它起作用——官员什么时候算执行公务，什么时候算做别的事情？

要解释清限制特权辩护理由涵盖哪些官员和行为需要一个州一个州详细说明，但多年来已发展出一些适用规则。首先，这项辩护理由清楚地应用于从当地到国会的官方有法律效力的记录，但未必适用于非正式和非官方的记录。一个地方政府官员在城市议会或委员会的会议中所讲的话受特权保护，但同一官员在士兵俱乐部的会议或者竞选活动露面时（或新闻声明中写下的内容，这将被简要解释）发表的言论可能有时是性质不同的。

在政府行政机关中，多数州将特权用在被选举出的高级官员的政府行为上，但低层官员或被任命的则未必。例如，在官方场合州检查总长发表的谈话可能有特权，但他的下级官员发表的言论则未必有特权。场合越不正式，发表言论的人地位越低，受特权保护的可能性越小。然而，围绕非官方的公共事件开展的情境谈论到公众关注的事情，那么许多法院也承认特权辩护理由。另一方面，一些州法院在向反方向前进，拒绝将特权扩展到政府官员以外。例如在纽约，上诉法院规定一位普通市民在纽约市社区董事会会议上的发言不受特权保护（600 西第 115 号街道公司诉冯·加菲尔德案（600 West 115th Street Corp. v. Von Gutfeld)，80 N. Y. 2d 130，1992）。

在司法中，特权在公开的法庭记录和官方档案中起作用，但是它可能对未向公众公开的记录和档案不起作用。如果一种特殊的记录按惯例不向公众公开（如在一些州离婚和青少年的档案），从秘密记录中得到的这些档案或出版物的信息的记者不受特权辩护理由保护。当指控的错误来自于"泄露"给新闻界的非公开文件中时也会产生危险。

即使证明得自向公众公开的法院文件，对记者而言也存在陷阱。《匹兹堡邮报》因出版得自迪萨尔诉 P. G. 出版公司案（DiSalle v. P. G. Publishing Co.）（544 A. 2d 1345，1988）证言中的信息不得不支付近 300 万美元的赔偿和利息。《匹兹堡邮报》发表的报道称一位后来成为法官的律师帮助与他有染的妇女伪造了一份遗嘱。这个指控出现——或者至少是暗示——在此妇女的兄弟的证言（经宣誓证明的审前预备会议证言）中，他随即对这份遗嘱的有效性进行了质疑。这个报道是在法院判定遗嘱不是伪造之后发表的。美国最高法院拒绝听取报社的上诉，因此原封不动地保留了宾夕法尼亚州法院对报纸发表该报道时怀有实际恶意的判决。

报道法庭新闻的另一问题涉及那些已被提出但未经法官审查的文件。很多州规定法庭文件在以某种方式被法官承认前不具有特权（即使他们能被公开）。

最严重的特权问题莫过于对警察的报道。执法部门的官员有时让记者查看未向公众公开的警署档案。基于此类报告的新闻可能不受限制性特权辩护理由的保护：如果警察私底下怀疑某人涉嫌犯罪并且他们判断失误（即当庭不能证实罪责），就存在诽谤的危险。注意从潜在的怀疑中产生的可能永远不会被证实或记录在公开档案里的指控。关于某人被捕和受到讯问的报道几乎一直有特权，引述警察猜测的报道却没有。

这并不意味着记者在指控被正式记载或逮捕令下达前不能报道执法部门对某个严重犯罪嫌疑人展开调查的法律进展。在一些场合这类报道是重要新闻。有时候，报道不受限制特权辩护理由保护的信息是必要的。但迈出这一步必须十分谨慎，充分意识到被起诉诽谤的可能性。在这种情况下，新闻用词的准确性至关重要。如果某人未被指控有罪，在报道中限定某人只是一个"被推断"的谋杀者并不起作用，但称他"因与案件有牵连被拘留盘问"可能有作用——如果这正是发生的事实。

同样的麻烦出现在政府官员参与公务以外的活动时。一个典型案例，是1979年最高法院判定美国联邦某参议员参加一项具有完全新闻性质的活动时不受特权保护。哈钦森诉普洛克斯默尔案（Hutchinson v. Proxmire）（443 U.S. 11）围绕森·威廉姆·普洛克斯默尔（威斯康星民主党议员）授予很多个人和组织每月星光奖，因为他认为他们以一种引人注目的方式浪费纳税人的钱。

这个讽刺性奖的其中一个得主——是罗纳德·哈钦森（Ronald Hutchinson）博士，一位心理健康研究员接受政府给予的近50万美元经费，研究诸如压力下猴子咬紧牙关习惯之类的课题。哈钦森博士起诉，声称这个讽刺性的奖损坏了他的学术名声。因为普洛克斯默尔议员定期发布新闻稿公布每月星光奖的人选，哈钦森可以举证构成诽谤的要件，包括超出普洛克斯默尔作为议员绝对特权限制的公开出版活动。最高法院表示这项特权涵盖在国会档案上记录的参议员的评论，但不包含新闻稿，即使它是逐字复制那些评论。

最高法院这项裁定值得铭记之处主要是它裁决普洛克斯默尔不属于公众人物，因此不用证明存在实际恶意。裁定的那方面在后面会讨论到。但最高法院也规定特权辩护理由不能保护普洛克斯默尔。该议员在发布新闻稿时超越了他的职权，即使报道与他在国会大厦里说的话一字不差。

如果一个美国的议员拿他认为是政府支出的浪费来取笑不受特权辩护理由保护，明显地显示出这种诽谤辩护理由的局限性。然而，我们应注意这桩诽谤案是针对议员，而不是针对报道该奖的媒体的。可能没有哪个州会判（《宪法第一修正案》也不允许）准确报道普洛克斯默尔在国会中公布奖项的演讲内容的新闻媒体败诉。这个议员的错误是在国会大厦之外的地方重复发表了自己的评论。

哈钦森诉普洛克斯默尔案的判定困扰了很多记者，因为每月星光奖不仅有新闻价值而且涉及公众关注的议题（浪费的政府支出）。无论好坏，最高法院选择限制国会成员拥有的宪法赋予的绝对特权。但那对媒体报道公众关注话题的限制特权影响甚小，这项特权近年来不断扩大。它也不影响其他公共官员发布新闻稿，至少有两项法庭裁定扩展了公共官员发布新闻稿的普通法特权。哈钦森诉普洛克斯默尔案真正起的作用是限制那些在国会工作的人的宪法特权。

作为保护媒体公正、准确地报道公开文件和公共事项的手段，限制性特权提供了重要保障。但公共官员在政府行为中卷入口头诽谤的诉讼中，或当政府的公开证词中有中伤性指控，特权辩护理由让媒体能将此有价值的新闻报道给公众。

1991 年联邦上诉法庭的裁定说明了特权辩护理由的宽泛性，这个裁定支持《国家问讯者》(*National Enquirer*)杂志揭露演员恩格尔贝特·汉弗尔丁克(Engelbert Humperdink)患有艾滋病——即使有记者被告知这个指控是虚假的。在多西诉 N. E. 案(Dorsey v. N. E. ,952 F. 2d 250)中，法院再次肯定和阿诺德·多西(汉弗尔丁克的真名)生有一女的女子的证词受特权保护，该女子因多西是 HIV 病毒携带者要求额外的赔偿。《问讯者》在头版头条中指出，"他孩子的母亲在法院中称……恩格尔贝特携带有艾滋病毒"。报纸还刊登了注有汉弗尔丁克否认携带 HIV 病毒的照片。

报道可能出现在公开文件上的错误指责显然会引起很严重的道德问题，然而，从法律立场看它通常是允许的——只要报道内容是公正和准确的。这种报道可能招来官司，但多西诉 N. E. 案说明，特权辩护理由一般能奏效。

除限制性特权辩护理由外，有一种情形下大众媒体享有绝对特权辩护理由。在《通信法案》(*Communication Act*)第 315 节，广播业者必须给竞选某个公职的候选人提供同等的播出时间。该法案杜绝了广播业者控制候选人广播言论的可能。广播业者无权阻止一个政治家通过广播丑化某人。事实上，政治竞选本身的架构就是一种容易引起中伤的设计。

1959 年的裁定中(农民教育与合作联盟会诉 WDAY 案(Farmers Educational & Cooperation Union v. WDAY, 360 U. S. 525))中，最高法院提供给广播公司在这些环境中对书面与口头诽谤的绝对豁免权。法庭规定，因为第 315 节严令禁止修改或对政治演讲内容作其他调整，所以广播公司无权阻止诽谤发表，不应该对此负责。

一些州进一步发展这种逻辑：他们使广播公司免于责任，因为中伤言论作为电视网传输节目的一部分，不允许在本地修改(虽然电视网具有这种能力)。

公正意见和批评

另一个典型的普通法诽谤辩护理由被称为公正评论。虽然它近年来已被最高法院颁布的媒体的宪法保护部分取代。它在很多州仍是重要的并有必要在这里介绍一下。

公正评论辩护理由保护对自愿将自己置于公众面前的人物，如演艺人员和政治家公开表现发表的看法。很久以前法院就承认，评论公众人物的表现是新闻界的正当职责并应受保护，即使有时这意味着为诽谤寻找借口。

随着法院对此辩护理由的扩展，只要满足两个条件，它甚至开始保护怀有敌意的观点:观点是以正确和准确的事实为基础的,它必须是对其公共场合表现而非私生活的评论。

近年来,很多州取消了这些要求,将诽谤保护扩展到符合上面要求的所有观点。而仅允许对事实表述有误的条件下为诽谤案立案。这个趋势受了最高法院盖兹诉韦尔奇案裁定主要观点的极大鼓励,其中说道:

> 在《宪法第一修正案》中不存在"错误的观点"这样的概念。不论一个观点看起来有多么恶毒,我们判断它的正确性不是靠法官和陪审团的善恶观,而是靠和其他观点的比较。

这句话看起来把诽谤案和观点的表达划清了界线。1990年最高法院在米尔科维奇诉洛伦杂志公司案(Milkovich v. Lorain Journal Co.,497 U.S. 1)中加入了一个重要条件。在米尔科维奇诉洛伦杂志公司案中,最高法院受理一高中摔跤教练起诉体育专栏作家的案件,该作者指控教练在校园摔跤比赛争执的调查中作伪证。一下级法院判定整个体育专栏是表达意见,因此并非中伤。

最高法院规定表达意见在诽谤案中不享有单独的宪法保护。但是法院在费城报诉海普斯(475 U.S. 767, 1975)中重申了它的支持条件,该案在后面有更为详尽的探讨。费城报诉海普斯案支持诽谤案原告必须证明据称为诬蔑的言论的错误,至少在围绕公众关注事件的案件中,并且因为意见本身无所谓对错,观点的表达不能成为胜诉的诽谤案的基础。然而,在米尔科维奇案中不止是一种意见的表达:存在可能错误的事实性断言。例如,指控一教练作伪证相当于指控他犯罪。这是发表观点的专栏文章——但它也包含了可能被证实是错误的事实性陈述。最高法院规定在这种情况下各州允许诽谤案立案。主法官威廉·伦奎斯特撰写法院意见中举例说明了事实和观点的区别:

> 和"我认为琼斯市长是个谎言大师"这样的言论不同,"我认为琼斯市长接受马克思列宁主义显示了他极度的无知"这样的言论是不可控告的。

虽然一条纯粹的意见表达不能成为诽谤案的基础,一个包含了错误的事实暗示(如"琼斯市长是个谎言大师"这样的指责)不受宪法保护。如果作者或演说者不能证明琼斯市长确实在至少一个特定的场合说过谎,那么该言论可成为能被控告的诬蔑,而非受保护的意见表达。声称某人说过谎是事实性陈述,要么被证实要么不能被证实,声称某人"极度无知"只是某人的观点。

事实和观点的差距往往是很微妙的。因此,有必要开展完备的诽谤审查,陪审团才能由此决定某言论是受保护的意见表达或是错误的或中伤性的事实陈述。

但是,公正言论辩护理由为那些纯粹的观点的传播提供了很好的保障。公正评论经常保护媒体躲避尖刻的政治性修辞、社会评论和艺术批评的责任。这个辩护理由允许媒体使用尖锐的语言并躲避责任,只要言论非常清楚是表达意见。人们认为公正评论辩护理由保护夸张的修辞。例如,在一年中很多法院允许媒体:指责教堂"纳粹式的反对亲犹太人主义",称某人是全镇"最差"的体育解说员,指出一家报纸出版商"接近尼安德特人[①]",其报"由偏执狂为偏执狂"出版。(参见耶稣基督协会诉斯库亚·埃尔斯维尔出版社案(Holy Spirit Assn. v. Sequoia Elsevier, 426 N.Y.S.2d 759, 1980);梅耶斯诉波士顿杂志案(Myers v. Boston Magazine, 403 N.E.2d 376, 1980)和罗卜诉新时代案(Loeb v. New Times, 497 F.Supp. 85, 1980))。

两个联邦法院的裁定能帮助解释事实的陈述(如果虚假会导致诽谤案的胜诉)和观点的表达(如果虚假不会导致诽谤案的胜诉)。1985年奥尔曼诉伊文斯(Ollman v. Evans,750 F.2d 970)和1986年的詹克洛诉《新闻周刊》案(Janklow v. Newsweek,788 F.2d 1300)中,两个不同的联邦巡回法庭面临区分事实和观点的问题。

第一个案子的出现是因为辛迪加专栏作家罗兰德·伊文斯和罗伯特·诺瓦克指责纽约大学政治学教授波特尔·奥尔曼不仅公开宣称自己是马克思主义者,还企图利用他的教授职位作为政治教化的平台。他起诉专栏作家诽谤。

第二个案子里,《新闻周刊》的一篇报道里说南达科他州的官员威廉·詹克洛(William Janklow)与当地美国土著激进主义分子丹尼斯·班克斯(Dennis Banks)长期不和。《新闻周刊》暗示:詹克洛作为南达科他的州检查总长,在班克斯误指他强奸印第安少女后,詹克洛对班克斯提起公诉以施加报复。詹克洛起诉《新闻周刊》诽谤。

在两桩案件中,联邦法院不得不将事实和观点区分开来。这两案中,法院认为这些陈述是观点,因此不是一桩诽谤案的合理依据。这两个裁定都特别重要,因为它们是大法庭的裁定——由特殊的巡回法庭的所有法官而非一般程序中三个法官同意的。

奥尔曼案应用指导方针并稍作修改,詹克洛案的裁定列出了下列用于判断言论是可能的诽谤性事实还是受保护的观点表述的四个标准:

1. 有争议的言论的准确性和具体化。称某人为"法西斯主义者"是模糊的,因此是观点,指控某人有具体的错误行为则是事实陈述。

① 这里指粗鲁、不文明。

2. 言论的可证实性。法院认为,"如果言论不能合理地被证实,不能被视为'事实'"。

3. 言论的文字表达情况。法院可以查看出版类型,它的写作风格和目标听众来决定言论是事实还是观点。

4. 言论的"公开情况"。在一个公开的、政治性的活动场合"发表"的言论或"涉及第一修正案的核心价值"的言论更可能是观点表述而非事实陈述。

总结对《新闻周刊》文章上下文的分析后,詹克洛案裁定认为:

这里我们对现为官员的一州检查总长的行为有批评意见,也对另外两州的其他三个官员的行为存在质疑,这些都涉及国内重要的话题,对印第安人的态度。其他对公众关注事物的讨论都不会对第一修正案的保护有这么强的要求。

虽然法庭在处理事实还是观点问题时不会都接受这四部分构成的检测标准,但它已被几个联邦巡回法庭采纳。它可能会被继续推广。

在 1994 年,一个知名度很高的联邦法院赞成一个书评家会因发表某本书包含了"太多草率的新闻报道"这样的观点被起诉,这引起了书评家和其他撰写批评性评论的人的恐慌。然而,法院九个月后改变了观点并推翻自己的裁定,使评论者们的情绪得以缓和。在莫尔迪诉纽约时代公司案(Moldea v. New York Times Co. ,15 F. 3d 1137, 22 F. 3d 310,1994)中,华盛顿特区的美国上诉法庭就这两个惊人的观点展开了辩论。

案子源于《纽约时报》体育记者吉拉德-埃斯凯纳齐对莫尔迪案(Dan E. Moldea)所著书《干预:有组织犯罪如何影响职业橄榄球》作的评论。在《纽约时报书评》上发表的此评论提供了莫尔迪书中的大量例子证明包括"草率的新闻报道"的指责。

莫尔迪起诉其诽谤,指责《纽约时报书评》上的书评毁掉了他的作家生涯。一审法庭几乎立即驳回了这个案件,莫尔迪上诉。起初,上诉法庭恢复了诉讼,但随后三位法官组成的审判该案的法官团体做出不寻常的举动推翻了这个决定。在第二次审判中,法院坚持裁定并非诽谤罪,认为书评家的批评必须"通过引用他所评价的文章的实际文本来合理地支持"。简言之,书评所说的不能超过理性评述的程度。

如果上述裁定成立,它会大大限制书评家和其他批评性的新闻记者表达对书或他们观摩的表演的负面看法的自由。但在它的第二次审判中,上诉法庭清楚地表示在书评中,诸如"草率的新闻报道"这样的指责只要以书中有效的例子作支持就不属于诽谤。

总结一下事实和观点的区别，对某人犯罪的错误指责可能被判为诽谤性的事实陈述，即使它出现在报纸的“观点”版面，以一种直接引用或给编辑的信或广告的形式出现。（但是，如果指责由公共官员发表或在政府行使权力的过程中出现，特权辩护词会发生作用，即使指责是错误的事实陈述并非受保护的观点表述。）

另一方面，受公正评论辩护理由保护，一篇明确指责公众人物不称职的专栏文章或评论很可能被判为观点。但在极端的误称某人是谋杀者（几乎肯定是事实陈述）和指责某名人缺乏才干或指责一政治家无能（通常被划入观点表述）之间，存在很大的灰色区域。在这个事实和观点间的不清楚的中间区，法院在决定是事实还是观点时可能因案而异。最高法院 1990 年对米尔科维奇案的裁定使灰色区域有所扩大。

话说回来，米尔科维奇案的决定使一件事变得明确了：不同于以往审查事实陈述的正误，大多数州继续不受理言论很明显是观点表述的诽谤案。当米尔科维奇案结案时，许多记者害怕会受到被媒体批评的人的起诉。除了某些包含了据称为错误的事实陈述的观点报道（遭到起诉），其他情况并没有引发诉讼。甚至在米尔科维奇案发生的俄亥俄州，州高级法院按照州宪法扩展了对观点表述的保护范围，参见范尔诉老实人出版公司案（Vail v. Plain Dealer, 649 N. E. 2d 182, 1995）。

自米尔科维奇案判定以来，大多数法院继续自由解释公正评论辩护理由，扩大观点表达的保护范围。也许美国第九巡回上诉法院在 1998 年的裁定说明法院拒绝受理基于观点表达的诽谤案的态度。在杜德斯诉美国广播公司案（Dodds v. American Broadcasting Company, 145 F. 3d 1053）中，法院不受理一法官起诉美国广播公司的黄金时间现场（Prime Time Live）节目说他不称职的案子。史迪芬·林哈特法官撰写的法庭意见表示：“公民拥有经常用不中听的语言表达对政治家、公务员和仲裁官的意见的权利是美国传统的一部分。”

“的确，我们可能下结论说，上百万的公民和数百政治评论家每日都在施行书面或口头诽谤的行为”，林哈特补充写道，《宪法第一修正案》保护“关于一个在高层公共组织工作的人是否称职或有能力开展服务的观点表述……不管这些言论是否有事实根据，能够被证明或基于事实或被揭示的假设前提”。1999 年，美国最高法院拒绝受理符合此规定的上诉。

这些原则不仅对“政治家、公务员或仲裁者”起作用，也适用于很多其他有新闻价值的人，允许媒体批评他们，例如，O. J. 辛普森谋杀案后，《纽约邮报》专栏记者安德烈亚·戴斯尔（Andrea Dayser）撰文说辛普森的首席律师约翰尼·科克伦(Johnnie Cochran)“将为打赢官司说或做任何事,不惜以事实为代价”。

佩瑟尔也说科克伦有点类似“法律恶棍”,“为了让谋杀前妻的人洗刷罪名迷惑洛杉矶的陪审团购买他编造的全市警察共谋的离奇传说”。

2000年一联邦上诉法庭支持审理法官的决定不受理科克伦的诽谤案。法院认为佩瑟尔只是使用她受宪法保护的权利来批评科克伦的辩护策略,不是指责他有不道德的如说谎或其他任何可以诽谤罪控诉的行为,见科克伦诉美国纽约邮报案(Cochran v. New York Post Holding, 210 F. 3d 1036)。

次要的辩护

除被普遍认可的诽谤辩护理由外,还存在其他被部分法院接受的辩护理由。这里介绍两个纯粹技术性的辩护理由。

也许被承认少一些的辩护理由中最有趣的一项被称作中立报道,推动它出现的主要动力源于1977年联邦上诉法院在爱德华兹诉国家奥特朋协会案(Edwards v. National Audubon Society,556 F. 2d 113, 2d. cir. 1977)的裁定。案子围绕《纽约时报》对国家奥特朋协会和一群科学家的激烈争论展开,协会被指责受杀虫剂公司贿赂说谎。报纸试图照顾到争执的双方,一些科学家以报道针对他们的指责为由起诉诽谤,虽然记者试图描述他们的立场。上诉法院承认了这种情形下的特殊辩护理由,指出报纸试图在报道争执双方时保持中立。

虽然中立报道辩护理由吸引了那些相信大众传媒能够报道争执各方观点而不卷入诽谤案法庭,但这个概念还未被其他法院广泛接受。例如,爱德华兹案判定后不久另一个联邦上诉法庭拒绝追随先例,拒绝在看起来相似的情景中承认此辩护理由。一些州的法院(如佛罗里达州的)已经承认了中立报道,但其他的(如在纽约州和密歇根州的)则没有。在伊利诺州,一个上诉法院承认中立报道但另一个拒绝这个概念。

1998年加州最高法院在一桩广受关注的案件中否定中立报道原则,其中一小报《环球(*The Globe*)》再次发表了一本无名书中的指控,称一名曾是摄影记者的农民是参议员罗伯特·F.肯尼迪(Sen Robert F. Kennedy)的真正刺杀者。这位前摄影记者在肯尼迪被刺现场采访大选夜晚的庆祝仪式,但任何该刺杀案的调查从来没有将他与罪行联系起来。拒绝在以诸如该农民这样的个人为主体的诽谤案中使用中立报道的辩护理由时,加州法院认为它会被媒体利用逃避发表关于平民的已知有伪的言论,而这些平民由于与媒体接触少而几乎没有回应针对他们的指责的机会,见卡哈姆瓦诉环球通讯公司案(Khamwar v. Globe Communications, 19 C. 4th 254)。美国最高法院后来拒绝受理此裁定的上诉。

简言之,虽然中立报道已在一些审判中被接受为一种新的诽谤辩护理由,但它还没有得到很多新闻工作者梦寐以求的广泛承认。

另一个偶尔会被承认的辩护理由是回应权。它不应和在第13章讨论的回应大众传媒攻击权利这一更广的概念混淆起来。在诽谤案中,它陷入了一种境地,双方——经常是两个出版者——交换诬蔑性的指责。最终,一方起诉另一方,被告回应时指出它只是以牙还牙地回击原告发出的直接针对他的攻击。它有时被州法院接受作为一项有效的诽谤辩护理由,但今天它并不被普遍承认。

在技术性的(相对实在的而言)诽谤辩护理由中,有两点在这里应被提到:准许和有效期限的规定。当证实原告给予某个诽谤以发表许可,他不能事后以诽谤罪起诉。如果许可是自愿和在头脑清楚情况下给予的,它就排除了诽谤立案的可能。相似地,当有效期限的规定(一桩案件必须立案的限制时段)起作用时,被告有权轻而易举地从官司的困扰和花费中解脱出来。

诽谤和《第一修正案》

近年来美国最高法院修正美国诽谤法的程度从本章我们提到最高法院的次数中能得到说明。

直到1964年我们在总结对诽谤法的讨论时还几乎不会提到最高法院。在近200年的美国司法领域中,国家最高法院采取一种将民事诽谤诉讼看成纯粹的州的事务的态度,与最高法院无关。但在1964年历史性的《纽约时报》诉沙利文案结案时,宪法限制立即被创建并延续下去,约束各州在判决诽谤案时的作法。

推动最高法院这个重要决定的是针对《纽约时报》的50万美元的判决。在下达这个判决时,阿拉巴马州一陪审团裁定了巨额赔偿费,仅仅因为发现广告词中有对一位蒙哥马利市市政官员的贬损性言辞。这则广告从未提到沙利文,而且事实上只有少数这一期的《时报》散发到沙利文的社群中。

广告说了什么以致于引起这样一桩大型诽谤判决?广告里说,夹杂在其他事情中,蒙哥马利警察针对民权运动示威者采取了某些行动,但事实上他们并未采取行动。我们可以花几页篇幅解释在这个广告中隐藏的指控,沙利文律师使陪审团相信该广告伤害了他的声誉的方法,即使沙利文的名字并未被广告直接提及。然而,第一章讨论了这个案子来说明法庭程序,所以我们在这里不重复细节了。但沙利文打赢了这场官司，并且阿拉巴马州最高法院再次全力肯定了这一判决。

同时，其他蒙哥马利市公共官员针对《纽约时报》提起了附加诽谤诉讼，寻求总计约300万美元的赔偿费。《纽约时报》刊登了包含一些事实错误的宣传公民权利的广告、散发了几十万份报纸到阿拉巴马州蒙哥马利市，他们将为此付出昂贵的代价。

如果美国最高法院选择不审查此案——而是保持长期将民事诽谤法案完全由各州决定的传统——通过诽谤诉讼实现审查将成为（媒体）严重的威胁。最高法院法打破传统，同意严格地听审此案，因为像这样的案子是对《宪法第一修正案》自由的严重威胁。

威廉·布伦南法官为意见一致的法庭撰文说，针对《纽约时报》的巨额诽谤损害赔偿判决不能成立——理由有三。它说允许这样的判决成立会导致通过民事诽谤案进行政府新闻审查的新形式。为了避免将报纸寄到社区时引发当地官员提起诉讼，国家性的主要大报必定会清理掉有争议的主题。此外，布伦南写道，大众媒体在他们处理有争议的议题时需要一些“灵活空间”——包括在“粗野”的争论中当不可避免地发生错误时给予一些保护。

最后，布伦南指出当公共官员在申请职位时会自动进入公共领域，使他们比平民招来更多的观察。批评是他们必须准备面对的。相应的，公共官员与其他公民相比需要较少的诽谤保护。

在这个基本原则下，最高法院规定公共官员如果不能证实实际恶意则不能打赢针对大众媒体的诽谤案：

> 我们认为，宪法的承诺要求联邦规定的公务员严禁获得与他的公务行为有关的名誉损毁的赔偿所有权，如果他不能证明报道带有“真正的实际恶意”——即早知有错或不计后果地忽视是否存在错误。

这段话是书写在美国大众传媒法历史上最重要的话之一。如果你要记得这段讨论中任何一个观点的话，你应该记住公共官员必须证实实际恶意才能打赢诽谤案，你也应记住实际恶意是如何定义的。首先，实际恶意意味着发表了谎言。其次它意味着发表谎言时或者早知有错，或者不计后果地忽视是否存在错误。

实际恶意是个在其他语境中有其他意思的法律术语，经常指不良动机。但在诽谤法中，《纽约时报》诉沙利文案的判决赋予它特殊的含义。

当最高法院的重要决定作出时，往往会存在无法解答的问题——必须用另外的最高法院的规定进行解释。《纽约时报》诉沙利文案正是这样的结果。

首先,规定中公共官员的具体内涵是什么?它是仅对选举出的官员起作用还是也适用于哪些没有职务的公共人物?它是对所有公务员还是只对某些著名人物起作用?同样重要的是,“不计后果地忽视事实”是什么意思?

后沙利文案的判决

在《纽约时报》诉沙利文案判决后几年中,最高法院试着通过处理一系列另外的诽谤案的判决来解决这些不间断出现的问题。首先,在1966年罗森布拉特诉贝尔案(Rosenblatt v. Bear, 383 U.S. 75)里,法院说实际恶意的要求对普通公务员仍然适用。新罕布舍尔州报纸专栏记者罗森布拉特指控一家郡属滑雪娱乐场所的前主管处理公共基金不当。最高法院指出甚至是这个级别的公共雇员打赢诽谤官司也应证实实际恶意。法院规定,“公务员”的称号对所有“对政府行为实质上负有责任”的人成立。最近更多的规定质疑将实际恶意的要求指向广义的“公务员”的恰当性,但现在规定几乎任何拿公家薪水的和制定政策的人却不得不证实实际恶意。

1967年高等法院将实际恶意的规定应用到没有官职的公众人物身上,也在两桩其同时判决的案子,柯蒂斯出版公司诉巴特丝案(Curtis Publishing Co. v. Butts)以及美联社诉沃克案(Associated Press v. Walker,388 U.S. 130)中提供了“不计后果地忽视”这一概念的意思的解释。

柯蒂斯案起于由柯蒂斯出版的《星期六晚邮报》登载的一篇题为“校园足球队的内幕”的报道。这篇文章声称乔治亚州立大学的教练沃利·巴茨(Wally Butts)曾提前给阿拉巴马州立大学教练保罗·贝尔·布莱恩特(Paul Bear Bryant)乔治亚大学为备战两校间即将进行的比赛的运动计划。报道以亚特兰大州一位保险代理提供的信息为基础,此人声称由一次电子方面的失误听到巴茨和布莱恩特之间的电话对话。

虽然没有最后期限的压力并且在比赛后才发表,邮报没有向任何精通足球的人再次核实是否保险代理声称他无意中听到的信息事实上会帮助阿拉巴马大学或伤害乔治亚大学。

沃克案在几个方面有所不同。它是因美联社报道中详细描述前美军将领埃德维因沃克活动引起的,这位将军辞去军职,积极参与保守的政治活动,经常发表演说反对在校园中取消种族隔离制度。在密西西比大学取消种族隔离制度时沃克正在校园。一群白人攻击保护第一个进大学读书的黑人学生的联邦军队。美联社在突发事件开始后几分钟后就发出电讯,称前将军沃克领导了白人的这次活动。

沃克承认在场和参与了白人集会,但他声称已经提议以和平方式进行,告诚反对使用武力,他否认了领导这个活动。

巴茨和沃克各赢得约50万美元的诽谤赔偿判决,柯蒂斯出版公司和美联社向美国最高法院上诉。最高法院投票5:4赞成巴茨案针对《星期六晚邮报》的诽谤判决,但一致推翻沃克案针对美联社的判决。法院用这两个特殊事件来比较来说明不计后果地歪曲事实的意思。

首先,最高法院的大多数法官赞同两人都是公众人物,并应遵从《纽约时报》诉沙利文案的规定,虽然诽谤案中都不是公共官员。沃克不再是美军的军官,而巴茨从一个私人公司乔治亚运动协会而非从州政府那里得到薪水。

然而,两个人都涉及"公众有兴趣的重要的"事件。虽然法庭在决定纽约时报案的规定应该不仅用于公务员而且用于公众人物上意见不一致。对后者的规定近年来提上日程,而且如今写入了法律。因此,这两类人为打赢诽谤官司都必须证明存在不计后果地忽略事实的行为。

那么为何巴茨胜诉但沃克败诉呢?最高法院指出在两则报道中存在巨大的差别。美联社在紧张的限期压力下,没有时间再次核对它的信息,邮报则没有这种压力。美联社在现场有一个在报道的准确性上具备良好声誉的记者,邮报依赖一个非记者的不确凿的言论,这个人实际上过于自信,并且这个杂志的职员从未与有足球专业知识的人核对过报道。另外,美联社记者的报道与沃克在学校取消种族隔离制度话题上的言论是一致的。

简言之,因为最高法院在《星期六晚邮报》的报道和美联社之间找到的本质上的差别,针对邮报的诽谤案判决维持而针对美联社的被推翻。

1967年的柯蒂斯诉AP案(Curtis v. AP)判决后,最高法院作出了几个诽谤案的判决,继续保持保护媒体的态势,诽谤罪几乎不成为新闻记者法律上的危险。其中的一些裁定被认为在今天相对来说已经不重要,包括1968年的圣阿曼特诉汤姆森案(St. Amant v. Thompson,390 U.S. 727),1970年的绿色地带出版联盟诉布雷斯勒-汤姆森(Greenbelt Publishing Assn. v. Bresler,389 U.S. 6)案。圣阿曼特推翻了因一系列因未充分调查造成错误指责带来的诽谤判决,该案被记住的主要原因是法院表示不计后果地忽视的意思比失败的调查更进一步:它意味着必须有证据证明出版者"事实上为出版物中对真相的严重歪曲感到愉快"。绿色地带出版联盟不接受一个诽谤判决,这个判决基于一个词"勒索"(blackmail)——传统上构成诽谤如今被用于市议会召开前的热烈的公共辩论中。法院认为这个词不包含恶意:它是政治上的修辞,而不是事实的陈述。

最高法院继续保持推翻针对媒体的诽谤判决的趋势,1971上半年的3个案子体现了这一点,《爱国者观察》公司诉罗伊案(Monitor Patriot Co. v. Roy,

401 U. S. 265),《奥卡拉星旗报》公司诉达马隆案(Ocala Star-Banner v. Damron,401 U. S. 295)以及《时代》公司诉佩普案(Time Co. v. Pape,401 U. S. 279)。爱国者观察案起于一辛迪加专栏根据 1920 年代的一项定罪将一位美国参议员候选人描写为“第二流贩卖私酒者”。原告坚信出版者很易在诽谤案判决中占下风,因为这个判定围绕的是很久以前的他的私生活并且与他的公共表现无关。不出意料,最高法院判定不满足实际恶意要求,该诽谤案不受支持。毕竟,指责基本不是真实的。

在奥卡拉案中,最高法院推翻了一诽谤案的判决,该案中一家报纸混淆了两兄弟,确认其中竞选公职的候选人犯有伪证罪,但事实上是他的兄弟触犯的。最高法院认为在这个模板错误中不存在“不计后果地忽视事实”。那时,媒体似乎已从因偶尔的错指身份而妨害到公共官员或公众人物问题的责任中解脱出来,正如本章前面所探讨的。

时代公司诉佩普案围绕的是在《时代》杂志上发表的一篇文章,该文章包含美国人权委员会的一份报告,引起诽谤诉讼。时报已经在某些方面改变了被报道的信息,但最高法院在《时代》杂志的指责芝加哥警官暴行的文章中未发现不计后果地忽视事实的企图——即使报道未说明这些仅是推断。时报的不够准确的报道大体上被原谅了,因为报道本身模棱两可并且能有多种解释。

1971 年这三个案子的主题很明显:当原告是公共官员时对诽谤的传统规定必须让路,否则诽谤诉讼时威胁会过度地抑制对公共事务的报道。

几乎废止了诽谤罪:罗森布洛姆案

此外,1971 年下半年最高法院下达的判决在某种程度上预告了大众传媒面对诽谤罪威胁的最终胜利:罗森布洛姆诉都市传媒公司案(Rosenbloom v. Metromedia,403 U. S. 29)虽然没有多数取决,三位法官的多数意见看起来拒绝了针对媒体的涉及公众感兴趣话题的诽谤判决,不论公民是否属于私人范围。

罗森布洛姆是费城一杂志销售者,在警署扫黄运动中被捕,他被都市传媒公司拥有的广播台 WIP 称为“污染散布者”和“妓女读物贩售者”。他并未被判罪,并且因为销售的书籍不属于法律认定的淫秽书籍,他还得到法庭一道禁令,禁止警察干扰他的生意。罗森布洛姆起诉了广播台并赢取了 275000 美元的诽谤赔偿判决。上诉法院推翻了判决,虽然罗森布洛姆坚持他是平民而不是公众人物,不应要求证明存在实际恶意来打赢官司。

美国最高法院 5∶3 的投票赞成他不应赢得诽谤判决,但仅三个法官(布伦南, 伯格和布莱克曼)形成大多数意见。布莱克和怀特法官同意了结果,但持不同的理据。使罗森布洛姆案值得纪念的是多数意见的彻底性。布伦南法官撰写的法庭意见中说，弄清公共官员、公众人物和平民的差别“没有意义”。他说将来实际恶意要求成立的准则应是原告是否参与了“公共的或大众感兴趣”的事件。因此，法院似乎在说媒体能通过报道私人活动引起公众兴趣，然后以公众兴趣的理由使自己从诽谤诉讼中脱身。

在罗森布洛姆案以后，似乎任何名字出现在报纸上或广播里或电视中的人不得不证明实际恶意。因为证实实际恶意是如此困难，以至于在 20 世纪 70 年代初媒体最终从他们最头疼的法律问题——诽谤诉讼中解脱出来。

实际恶意、疏忽和格茨案

然而，诽谤罪被废除的希望三年后就破灭了，那是 1974 年最高法院下达了著名的格茨诉韦尔奇案的裁定。关于这个裁定已谈了很多，它对 50 个州的诽谤法产生了深远的影响——并因此为平民也包含在其中的现代诽谤法的创建奠定了基础。

芝加哥律师埃尔默·格茨(Elmer Gertz)是被芝加哥一警官杀害的年轻黑人家庭的委托人(该警官后来因此行为被起诉)。在格茨的帮助下，这个家庭通过案子得到了 20 世纪 60 年代末这桩意外致死的民事赔偿。

出现在极端保守的约翰·伯奇(John Birch)社团的一份杂志《美国舆论》(*American Opinion*)上的一篇文章，称格茨是玷污法律执行的共产党阴谋成员。格茨被称为一个“共产党先锋”和“列宁主义者”。这篇文章还错误地指责格茨参与了许多破坏性的活动。

格茨起诉了《美国舆论》的出版公司罗伯特·韦尔奇，并且在陪审团最初判决中从韦尔奇那边赢得 5 万美金的赔偿。然而，审判法官搁置判决并认定格茨是公众人物，如果像最初的庭审一样不证明存在实际恶意则不能赢得诽谤案。接着最高法院宣布了罗森布洛姆案的判决，上诉法庭支持初审法官的裁定，认为格茨只有证明存在实际恶意才能赢得对罗伯特·韦尔奇公司的诽谤诉讼。格茨提请最高法院重审他是公众人物的判定。

在极接近的 5:4 的裁定中，布莱克曼法官说他投票仅仅是因为国家需要在和诽谤法同样重要的这个议题中达成一个清晰的多数人意见。最高法院从罗森布洛姆案的裁定中退回来，重新恢复了区分平民和公众人物的做法。法院认为格茨虽然是芝加哥的著名律师，但在这件事前后并没有追求公众人物的地位。因此，他不应受宪法证明实际恶意的要求来赢得这桩诽谤案。

法院说，各州有自由裁量权允许像格茨这样的个人打赢针对媒体的诽谤诉讼，即使一定程度上证明实质恶意有困难。不过，至少 200 年以来无论在什么情况下媒体都不可能被强加以“严格赔偿责任”(或“没有过失也持有的责任”)为主要原则的法律。法院认为媒体必须犯有超出仅仅出版了错误言论以外的罪行——必须存在某种程度的过错。最高法院仍然没有表示各州必须允许平民仅仅证实存在疏忽。法院只是表示各州能依其自愿允许私人原告拿出较低标准的证据,法院也表示任何州如果愿意仍可以要求平民证实实际恶意。

因此,在所有50个州中公众人物必须证实实际恶意。但大多数州对平民不作要求。多数州接受了最高法院的鼓励,采用平民为打赢诽谤官司只须证明某种程度的疏忽的规定。不过,一些州已选择了要求所有诽谤案原告——平民和公众人物——在任何围绕公众关注话题的诽谤案中证实实际恶意(例如1999年印第安纳最高法院的裁定就是这样判下的:见盖塞特杂志公司诉伯纳多多公司案(Journal-Gazette Co. v. Bandido's,712 N. E. 2d 446))。

如今这两个术语——实际恶意和疏忽——在法律中有特殊含义。我们无法以一种所有州都适用的方式来定义它。我们已经表示疏忽与不计后果地忽视事实相比较而言,在违反好的新闻标准上程度要轻一些,疏忽可以解释为因草率的报道或甚至因未觉察的失误通过编辑部的审核出版了有误的言论。有些州认为它意味着遗漏了一个“明智的人”在这种环境下应该做的审核。

除了允许平民能在不证实实际恶意的情况下起诉诽谤的规定外,格茨案对诽谤损失的判决也有重要影响,上面已经提到。为了保证连续性和完整性,这里再重复一下格茨案的这个方面。

格茨案的规定要求大多数诽谤案原告人证明至少一般损害赔偿(有时被称为实际损害赔偿)。法院表示不指出实际恶意的话就不存在惩罚性或推算的赔偿费。只能证实疏忽而非实际恶意的原告只能赢得他们能证明的这种损失,虽然那些损失不限于仅仅口袋以外的损失(特殊损害赔偿)。

作为美国诽谤法律彻底变化的结果,再估价的新时期开始了,正如法院和立法机关努力地将他们的规定适应新的宪法的界限。有一个事实变得明显了,那就是未来诽谤案的重要议题将经常是原告是否为公众人物还是平民。为了帮助解决这个问题,格茨案的规定为公众人物和平民的问题提供了判断:

> 大体上讲在这个地位的人(公众人物)在社会事务中承担了尤其引人注目的角色。一些占据有令人信服的权力和影响的位置的人被认为是公众人物。更一般地说,那些被划入公众人物的人使自己挤入特定的公共议题争执的前列以影响议题的解决。无论在什么事件中,他们都招来注意和评论。

因此,最高法院表示很多公众人物被如此划分仅仅因为他们使自己置身于特定争执的漩涡中。这些人可能被称为“漩涡中的公众人物”,法院主要检查原告的个人行为来决定这个定义是否适用。

撇开这个引导,格茨案判决后五年中,最高法院发现在划分谁是公众人物谁不是时候使用另外三个规定十分必要。

格茨案有一个极具讽刺意味的脚注:在最高法院这个重大裁定后,格茨耐心地等待他的案子曲折地通过审讯前的议程并最后再次接受审判。虽然最高法院的裁定强调像格茨这样的非公众人物不必证实实际恶意,在第二次审判中陪审团同意他确实证实了实际恶意并判给他四十万美金的赔偿费(包括30万美元的惩罚性赔偿费)。1982年这个新的判决被一联邦上诉法庭再次肯定——那是最高法院裁定下达8年后和导致最初的诽谤案的警察枪杀的14年后(格茨诉韦尔奇案, 680 F. 2d 527)。

平民和公众人物

格茨案判决后,最高法院不得不一次又一次决定是否诽谤案原告是公众人物(需要证实实际恶意才能打赢官司)还是平民(打赢官司只要证实疏忽)。第一桩案子是时代公司诉费尔斯通案(Times Inc. v. Firestone, 424 U.S. 448,1976),围绕一个富有和社会瞩目的佛罗里达州家庭的离婚事件。轮胎公司财富的继承人拉塞尔·费尔斯通起诉要求与妻子玛丽·埃利斯离婚,理由是对方极端残忍和有通奸行为,这个案子受到了广泛关注。经审理,当双方婚姻不忠的证据确凿(法官说,证据充分到“令弗洛伊德博士的头发打卷”)判决离婚时,《时代》杂志报道离婚的原因之一是通奸。

然而,法官对于这桩离婚案的法律立场不确定,并且事实上佛罗里达法律中一个令人难解的规定是如果通奸是离婚的原因之一则禁止判予女方生活费。因为费尔斯通被判予生活费,她的所谓的通奸不能作为离婚案被判定的法律原因之一。《时代》记者忽视了佛罗里达法律这个令人难解之点——但那几乎不能被称为因不计后果地忽视事实造成的出版错误。(这可以被认为是报道中的疏忽么?)

显然,如果费尔斯通被判为公众人物她打赢诽谤案的机率会减小。有证据证明她确定是公众人物并甚至引人瞩目:她召开了两次新闻会议来与媒体讨论这桩离婚并订购了一项新闻剪报服务。在一家当地报纸中有不下45篇报道涉及此事。

然而,最高法院认定她不是公众人物。她没有主动使自己卷入公开的争执。法院说:“根据格茨案的裁定,通过法律程序解散婚姻不属于‘公开的争执’，甚至富豪的婚姻问题也只有部分读者感兴趣。”法院认为费尔斯通仅仅做了她被要求做的事——通过法庭中止一桩婚姻。

最高法院似乎是表达这样的意思：虽然一些名人和政治家是如此家喻户晓以致他们无论在何种情况下都是公众人物，但大多数人如果是不自愿地使自己卷入争执议题的公开讨论中就不会成为公众人物。所以，有些相对而言著名人物可能不被认为是公众人物，只要是基于他们的私人生活，他们可以起诉诽谤。当涉及犯罪案件中的人时，最高法院在费尔斯通案中的规定很清楚地表明他们不会被理所当然地划为公众人物：

> 当一些诉讼的参与者可能是真正的“公众人物”，或者一般情况下或者为了诉讼中的特定的目的，大多数人会更可能类似做出回应（费尔斯通），违反自己的意愿卷入公共论坛试图获得他们可能得到的赔偿或针对州或他人的行为为自己辩护。几乎没有理由让这些人完全丧失名誉损害法律给予的某种程度的保护。

在最高法院裁定费尔斯通不是公众人物后，她选择不再追加诉讼，这样案件最终被撤销了。

过分强调费尔斯通案的见解削弱了60年代末70年代初媒体所受的诽谤罪的保护是困难的。然而，最高法院继续在1979年作出了两个裁定。哈钦森诉普洛克斯默尔案（443 U.S. 111）以及沃尔斯顿诉读者文摘协会案（Wolston v. Reader's Digest Association，443 U.S. 157）中背离将有新闻价值的人划为公众人物的趋势。

哈钦森案（围绕普洛克斯默尔议员的星光奖）在前文中与它对特权辩护理由的反作用联系在一起时已讨论过。在这里，我们要补充的是，它在对谁是公众人物的议题上对媒体几乎没有好处。法院说哈钦森博士不是公众人物——无视他是一个主要州控制的心理健康机构的研究主任这样的事实——并从税收中赢得巨大的赏赐。

沃尔斯顿案遵循了收窄公众人物定义的相同政策，因此使更多人不证实实际恶意就能起诉诽谤。伊利亚·沃尔斯顿（Ilya Wolston）的叔叔和婶婶曾被指控为前苏联进行间谍活动并承认有罪，他被提及对未遵从国会的传票感到耻辱。除了提及感到耻辱，他从未有任何犯法行为。多年以后，一份《读者文摘》将他的名单列入在美国的“苏联间谍”名单。他起诉诽谤而地方法庭不受理，判定他是公众人物但不能证实实际恶意。最高法院翻案，认为他没有做任何使自己卷入公开争执的事。

诽谤案原告再一次被裁定为平民，他打赢官司不需要证实实际恶意，因此削弱了媒体的《宪法第一修正案》保护权并使原告胜诉容易得多。

公众人物或公共官员的定义很明显在变化。如果最高法院的一些早期的诽谤规定在新标准下作决定，运动教练巴茨还会是公众人物——或公共官员吗？滑雪场经理贝尔呢？或者芝加哥警察佩普。

费尔斯通、哈钦森和沃尔斯顿案判后几十年，毫不夸张地说，公众人物—平民问题在成千上万的地方法院案件中出现。如果说今天存在通用的规则，那就是很多出现在新闻中的名字不是公众人物——如果他们不使自己卷入公开争执或争取引人注目的行动，甚至那些有新闻价值但非经选举产生的政府官员也可能不必划为公众人物或公共官员。例如，在惊人的 1999 年的裁定中，俄亥俄州最高法院坚持公立高校的校长对于诽谤案来说既不是公共官员也不是公众人物，因此不必证明实际恶意（东坎顿教育协会诉麦金托什案（East Canton Education Association v. McIntosh, 709 N. E. 2d 468, cert. den. 528 U. S. 1061））。相反，俄亥俄最高法院早先规定公立学校监管者是公共官员（斯科特诉新闻先驱报案（Scott v. The News-Herald, 496 N. E. 2d 691, 1986）），而其他一些州的法院认为校长是公共官员。如今谁是公众人物或者平民？这个答案依赖哪个法院决定这个问题。

完善对实际恶意的规定

一旦谁被归入公共官员或公众人物，他就面临着最高法院规定证明实际恶意的艰难挑战——以打赢诽谤案。20 世纪 80 年代和 90 年代之间，高等法院阐明了实际恶意的规定范围，将它运用在几个困难的实际情形中。

对于媒体来说最重要的一桩案子是博斯诉消费者协会案（Bose v. Consumers Union, 466 U. S. 485）。这桩 1984 年的案子是对 20 年前《纽约时报》诉沙利文案裁定中新闻记者享有的宪法的保护的再次强烈肯定。案子起于一家高保真音箱的博斯公司起诉《消费者报告》杂志里说用这些音箱放出来的音乐“似乎在房间里漫游”。一位消费者联盟的工程师写了一份报告称这个牌子的音箱使小提琴听起来有“约十英寸宽”。

生产者起诉产品歧视罪并赢得六位数的损失赔偿。在审讯中法官总结工程师应说博斯音箱使声音听起来像它“沿墙壁”而非“在房间中”震荡。他说，这是实际恶意的证据。在上诉中，美国第一巡回审判法庭推翻了这个判决，裁定工程师某些用词和结论可进一步商榷，但杂志在其产品评论中不存在实际恶意。

正常情况下上诉法庭一般不对初审法院评估证据以决定事实议题作事后

批评(如在《消费者报告》的文章中是否存在实际恶意),但那正是上诉法庭在这个案子里做的事。最高法院支持那个裁定,规定媒体需要保护其能对判为实际恶意的庭审裁定上诉。法院说,不这样规定,拒绝媒体质疑法官或陪审团不公正判决的权利,就会不当地侵害《宪法第一修正案》自由。

总结该案不存在实际恶意时,最高法院约翰·保罗·斯蒂文森法官解释多数意见时写道:"……我们同意上诉法院对听见小提琴声在房间中震荡和听见声音来回荡漾合理地充斥着呼吸空间存在差异的判断,给予了《宪法第一修正案》新的生命力。"

因此,博斯案代表了媒体在《纽约时报》诉沙利文案裁定中享有的保护得到的重要的扩展。当法官或陪审团在很少有或没有"不计后果地忽视事实"的出版物或广播节目中找出实际恶意的证据,媒体现在有对那个判决第二击的机会。

上诉法庭有权对诽谤案证据再次评估对于新闻媒体来说非常关键,正如1990年围绕演艺人员韦恩·牛顿的裁定所说明的。韦恩·牛顿起诉国家广播公司(National Broadcasting Company, NBC)的节目推断他参与了有问题的商业交易并与涉及有组织犯罪行为的人有联系。拉斯维加斯的一个联邦陪审团——那里韦恩·牛顿是很受欢迎的名人——裁定他受了诽谤并判给他530万美元作赔偿,但美国第九巡回审判上诉法庭推翻了判决并命令对案子不予受理,判定韦恩·牛顿没有证明恶意并且国家广播公司的言论基本是正确的(牛顿诉美国国家广播公司案(Newton v. NBC, 930 F. 2d 662))。

格茨案判决范围缩小

在1985年,最高法院在缩小格茨案适用范围上进了一大步:它规定格茨案裁定仅仅适用于公共关注的案件,而不是从纯粹私人事务的讨论中产生的诽谤案。这发生在顿与布拉德斯特里特公司诉格林默斯建设者公司案(Dun & Bradstreet v. Greenmoss Builders, 472 U. S. 749)中。

这个案子起因是一家信用咨询代理机构顿与布拉德斯特里特错误地告诉他的几个客户,佛蒙特的一家建筑公司格林默斯建设者已申请破产。这份错误的信用咨询报告是由一年轻员工记录检查时的疏忽(但无实际恶意)引起的。虽然格林默斯不能证明实际恶意,它从顿与布拉德斯特里特那里赢得35万美元的诽谤判决。判决包括损失赔偿,虽然格茨案的裁定坚持甚至是非公众人物也必须证明实际恶意来赢得惩罚性损害赔偿。最高法院最终赞同了这一判决。

肯定这个诽谤判决时,三位法官的多数意见是信用评价报告不是公众关注的事情,因此不应受《纽约时报》诉沙利文案的裁定和盖兹诉韦尔奇案补充裁定对实际恶意要求的约束。这表示诽谤法律的一个新的区分:多数意见说格茨案对实际恶意的规定继续适用于围绕公众关注议题的诽谤案,但不适用于围绕纯粹私人事务的案子。

当持多数意见的三名法官(刘易斯·鲍威尔、威廉·伦奎斯特和桑德拉·戴·奥康纳)投票创造了对格茨原则的新例外,另外两名法官同时发表了意见(主法官沃伦·伯格(Warren Burger)和拜伦·怀特法官),他们认同格茨裁定对此情形不适用。但这两人还表示如有机会他们将推翻格茨案裁定本身。在1974年下达格茨裁定时他们是持异议者。

剩下的四位反对格林默斯裁定的法官,指出格茨案原则应运用于这个案子。创造了1964年《纽约时报》诉沙利文案主要观点的威廉·布伦南法官,同意瑟古德·马绍尔,哈里·布莱克曼和约翰·保罗·斯蒂文森一方,辩驳信用报告是真正受公众关注的法律性事务,应遵从格茨案对实际恶意的要求。

然而,意见一致的三位开创这个例外于格茨判决的法官——和两位要全盘推翻格茨案的法官——构成了最高法院的多数意见,认为格茨案裁定不能被简单地运用于围绕非公众事务的诽谤案。在这些案子里,各州有自由允许原告在不证明实际恶意或疏忽情况下打赢官司。(但尽管最高法院有此规定,有些州选择继续要求在所有诽谤案出示实际恶意或疏忽的证据。五位法官仅仅说了各州不被宪法要求必须使原告在纯粹私人事务的诽谤案中证明实际恶意或疏忽。)

肯定一个实际恶意的裁定

证实实际恶意是如此困难以致于几乎没有公共官员或公众人物打赢诽谤官司,这些人要赢得任何围绕公众关注事务的诽谤案必须证明实际恶意。可能有讽刺意味的是在1989年——《纽约时报》诉沙利文案裁定创出实际恶意规定的几乎25年后——最高法院自20世纪60年代以来首次肯定了围绕实际恶意的一项诽谤裁定。

在哈特-汉克斯通信公司诉康诺顿案(Harte-Hanks Communications v. Connaughton,491 U.S. 657)的规定中,最高法院一致同意地方法院对哈密顿市(俄亥俄州)贝康恩杂志犯有实际恶意罪的决定。报纸错误地报道了在一场竞选法官职位选举中的候选人丹尼尔·康诺顿不当地企图玷污对手的名誉。

最高法院再次肯定了它在1984年的博斯案(前面讨论过)中表达的指导意见,要求上诉法庭独立地评估被断为有实际恶意的证据。但法院随后赞同了上诉法庭认为该案存在实际恶意的结论。在为法庭写结案判词时，约翰·保罗·斯蒂文森法官指出报纸在审核它自己的新闻来源上的失败——和一位编辑拒绝聆听能令人对报道的准确性产生怀疑的采访录音的机会。那些编辑部工作构成的过错比背离正常的新闻专业标准更严重，法院下结论说，他们存在实际恶意。

陪审团判给康诺顿5000美元作为损失赔偿费和195000美元作为惩罚性赔偿费。最高法院赞同这一判决。

实际恶意和直接引语

有可能因错误引用别人的话犯诽谤罪吗？假设记者知道引语非说话人的原话，当一本书、一份报纸或杂志引用直接引语，读者会假设引语中的字词确实是说话人所说的话吗？这是否意味着记者出版一个明知有错或不计后果的错误——并且如果引语引起了诽谤案则记者犯有实际恶意罪？

1991年，最高法院审判了一桩存在这些问题的诽谤案——马森诉《纽约客杂志》案(Masson v. New Yorker Magzine,501 U.S. 496)。法院表示伤害个人名誉的严重的误引可能构成诽谤。但同时，法院支持新闻记者在不受诽谤判决威胁的前提下复述一个人讲话的权力。如果复述不产生“意思上的实质变化”。

案子起于曾是弗洛伊德论文档案保管人的精神分析学者杰弗里·马森(Jeffrey Masson)起诉自由撰稿人詹妮特·马尔科姆(Janet Malcolm)和《纽约客》杂志出版的一篇关于他的长篇报道包含至少六处他否认曾说过的引语。马尔科姆对马森作了长达40小时的电话录音采访。她称还有另外未录音的采访，她作了详细笔记：马森反驳了这个声明。他说她在多数非录音采访中未作笔记。而且马森当时找不到她的笔记。

在其他言语中，马尔科姆的引用马森自称为一个“聪明的吃软饭的人”和“至今最伟大的心理分析学者”。那些词语不在磁带采访中，但马尔科姆声称马森在未录音采访中确实说过。马森断然否认曾经说过那些话，指责他被严重地误解了——而且对他的观点的错误表述伤害了他的名声。

下级联邦法院在审讯前不受理马森的诽谤案，规定引语是对马森在磁带中所言的“合理解释”，因此不可控告。但最高法院恢复了该案并要求一个联邦上诉法院决定该案应进入审判程序还是不予受理。

法官安东尼·肯尼迪为最高法院撰文写道，新闻记者不能被要求每一个直接引语都绝对准确。然而，他说该文章中的引语与马森提供给陪审团庭审时的磁带录音相去甚远(他还必须证明马尔科姆确实误引了他的话，在明知

有错或忽略情况下作的,并因此损坏了他的名誉)。肯尼迪法官说:

> 我们反对语法或句子结构的改正以外的改变都证明了《宪法第一修正案》中决定与实际恶意有关的错误……在某种程度上,对逐字引用的改变是错误的,但作家和记者必须改变人们说的话,至少清楚语法和句子结构上的不足。如果每处改动构成了要求用以证明实际恶意的错误,《宪法第一修正案》标准意欲保护的新闻实践将要求作根本的改变,一种不符合先例和《宪法第一修正案》原则的改变。

因此,对公众人物引语作细微调整的记者受实际恶意规定的保护。但如意思是故意或不计后果的情况下发生了"实质"意义上的改变,并且这种改变伤害到了个人的名誉,则这个人可以起诉。(多数州的诽谤法规定,平民只需证明他们因疏忽引起的误引受到诽谤而不是故意或不计后果情况下。)简言之,最高法院对马森诉《纽约客杂志》案的判决中,在维持改变直接引语意义造成被引人名誉损害可以诽谤入罪外,也给予新闻记者处理直接引语时的一定的灵活余地。

当肯尼迪法官撰写马森案的法庭意见时,他也提供了对实际恶意规定本身的建议——从他加入最高法院前以作为一名法律专家的经验中得出。他说,"实际恶意"这个术语模糊不清,不应被用于陪审团的指示。他说法官应代之以仅告诉陪审团成员决定是否错误在明知有错或不计后果的违背事实的情况下出版。当然,问题是很多人从未读过媒体法的文本,它假定(以多数法典为依据)"实际恶意"意味着恶意或罪恶的动机。在围绕公众人物或公共官员的诽谤案中,它根本不是这个意思。

凭借着最高法院的规定,如果马森能证明以实质改变的方式被误引并因此名誉受损,则能打赢官司,马森使联邦上诉法庭将案件送还联邦初审法庭。在 1993 年的审讯中,陪审团强调诽谤成立,但在判决损失总额(如果有的话)时陷入了僵持,并宣布了审判无效。在一年后的第二次陪审团审讯中,陪审团的判决不利于马森,指出他未能提出足够的证据。马森随之再次上诉,1996 年联邦上诉法庭支持了陪审团的判决。这标志着一桩复杂的历时 12 年的法律争端的终结(马森诉《纽约客杂志》案,85 F. 3d 1394)。

到 1996 年,马尔科姆的法律开支超过了 250 万美元。具有讽刺性的是,在 1995 年马尔科姆说她最后发现了在未录音采访中作的长期失落的笔记,它们包含了几个马森否认说话的关键字眼。包括引语"聪明的吃软饭的人"。她说她的两岁大的孙女儿从书桌上拨下一堆旧书和纸,里面有一个红色笔记本,上面载有马森访谈的失落内容。如果她能在 1984 年出示这些笔记,该案可能早很多时间就结案了，节约了她和她的出版公司的一桩拖延案子里一笔巨大的法律开支。

诽谤和程序上的权利

法律程序上的细节看似神秘和无关的专门技术——显然不是会引起记者担心的事物。然而，近年来在三个重大的案件中，最高法院在诽谤案至关重要的程序问题上对大众媒体作出了不利的规定。另一方面，最高法院在其他一些诽谤案中在法律的专门技术上作了有利于媒体的规定。

这些规定的第一条，最高法院坚持1979年同意诽谤案原告有质询所指控的诽谤性报道的采访、写作过程中记者思路的权利。

在赫伯特诉兰多案(Herbert v. Lando,441 U.S. 153)的判决中，最高法院指出，因为原告经常必须在部分记者身上证实实际恶意或至少疏忽，他们有权在审讯前的证据开示诉讼程序中(在第一章中已作过解释)检查记者的态度和思维过程。

但是，赫伯特诉兰多案的裁定看起来对诽谤案产生了重要的心理影响。最高法院因此赞成和鼓励诽谤案原告侵略性地使用查证议程作为侦探出实际恶意或疏忽的证据的方法。自赫伯特诉兰多案后几年中，查证议程是诽谤案中媒体不断增加的负担。具有讽刺性的是，赫伯特最终输掉了他的官司，联邦上诉法庭在1986年撤销了他针对CBS的诉讼案——在案件开始后第12年。

开示过程和新闻来源

在越来越多的诽谤案件中证据开示过程使媒体陷入了新的困境。如果原告必须证实媒体一方的责任，这意味着他必须考查记者的报道方法来查看是否存在疏忽或实际恶意。

因此，越来越多的诽谤案原告要求知道记者从何处得到出现在推断为诬蔑性报道中的信息。那意味着原告想弄清记者的新闻来源的身份，这样他们能被访问并有可能在一桩诽谤审判中成为证人。然而，新闻工作最强烈的道德标准之一即保持不愿公开的来源的隐秘性(参见第八章对这点的进一步讨论)，近年来大量面对诽谤案的记者拒绝在开示过程中披露他们的来源。

这有时使媒体产生了问题。在证据开示过程的正常情况下，如果案件一方拒绝在交给另一方要求的证据上进行合作，这个证据可能被假设为不存在。

一些法官对记者拒绝在诽谤案中公开来源的回应是简单地判定为不存在来源,因此,法院可能的结论是该报道在不计后果地忽略事实情况下发表——不管来源确实有多么可靠。这个结果几乎意味着会导致诽谤案中必然的失败。

很多州有保护法使记者免于公开来源。但是,这些法律经常仅保护记者免于不受法庭传讯的蔑视罪,这些法律不能超越民事诉讼法中对证据开示的规定。在有些例子里,出版公司或广播电视公司不公开秘密来源就无论如何也不能为自己辩护,因此他必须在违背对新闻线索的承诺和输掉一桩大诽谤案间作出选择。

这个问题的典型例子是前伊朗人质杰里·普洛特金(Jerry Plotkin)起诉洛杉矶《每日新闻》的6000万美金标的的诽谤案。在人质被释放后不久,报纸报道说普洛特金——在美国使馆被占领时捕获的唯一美国人,不是在那里完成政府任务——而是在伊朗进行大规模药品买卖。

写这份报道的两个记者依靠的是秘密来源,在审讯前证据开示程序中,普洛特金要求知道来源的身份,但报纸一开始拒绝透露其姓名。审讯法官宣告报道存在错误,在不用证实报道是诽谤性的或错误的情况下为普洛特金赢得巨大的诽谤判决扫清了道路。

在那时,报纸换掉了原来的律师并采用了新的法律策略:报纸命令记者公开他们的来源并要求法官搁置对出版公司责任的判定,从而将案子留给记者自己应对。

法官最后恢复审理了该案——但判定"从法律上来讲"除了点名的人以外不存在新闻来源。记者最终指出了他们来源的身份:一位联邦调查局(FBI)的探员和药管局(Drug Enforcement Agency)的一名官员。这样,记者本人逃脱了诽谤案中必然的失败——但仅仅在他们能说服线人公之于众后,最后,《每日新闻》报以一笔不公布数目的钱庭外解决了该案。

虽然普洛特金案未成为法律上的先例,这桩案子和在其他场合发生的几桩相似的案件说明了调查报道中使用秘密线索的记者面对的严重问题。

这个问题是如此严重,以致于诽谤案立案后出版公司或广播电视公司不同意公开隐秘的新闻来源则一些诽谤的保护政策也将失效。维持线索保密可能要花费出版公司数千(可能上百万)美元,结果甚至可能是破产。这对新闻记者及其雇主造成了严重的职业道德困境。

撤回的作用

在至今33个州中,发表(或有些例子中为播出)对诽谤性条目的撤回或更正,会减低针对大众媒体的诽谤案胜诉的可能性或至少减轻新闻媒体组织面临巨额损失赔偿的危险。传播专家要理解的诽谤法律方面之一,是他所在州对撤回的规定。

大多数州有撤回的法律,公布对诽谤适时地撤回(和将撤回放在和对原告的诽谤一样显著的地方)减少了可能造成的损失。很多州中,撤回把原告限制在特殊损失补偿(可证实的现金以外的货币损失,这经常很难出示)。因此,在很多例子中公开撤回声明能有效地排除立案。

撤回法的假设前提因州而异。最强硬的一些出现在中西部和西部州,如亚利桑那州、加州、爱达荷州、内布拉斯加州和内华达州,这些州的法律要求可能的原告在规定时间内(通常是了解到诽谤的 20 天内)发出撤回请求,在这之后,媒体通常有另外 21 天来发表或播出撤回。

在这些撤回的法规之下,如果原告没有请求撤回或如合适的撤回被发表或播放,原告限获特殊赔偿(可证明现金以外的货币损失时)。在这些法规下原告要赢得其他赔偿费仅当:(1) 以及时的合理方式发出撤回请求和(2) 一份法律上充分的撤回未以及时的合理方式发表或播出。要在法律上充分,撤回通常必须收回所有的诽谤性指责并对可能的原告没有进一步的诬蔑。撤回也必须和原来的诽谤内容一样采用显著的方式发表。

另一方面,不是所有州的撤回法在对大众媒体的保护上同等广泛。约半数州的撤回法覆盖到了广播电视公司。几个其他州的法律覆盖到"所有媒体"或"所有诽谤案"。但有几个州仅适用于平面媒体或更窄,仅适用于报纸。加州的撤回法在这个方面不同寻常。它保护报纸、广播和电视但不保护杂志。这是女演员卡罗尔·伯纳特诉《国家问讯者》案(Carol Burnett v. National Enquirer)(本章前面提到过)的关键因素:审讯判定《国家问讯者》是杂志而非报纸,因此将之排除在撤回法保护之外(伯内特诉《国家问讯者》案(Burnett v. N. E., 144 C. A. 3d 991, 1983))。

另一方面,蒙大拿州的撤回法曾经广泛到超出宪法范围。蒙大拿最高法院判定该法违背了州宪法,因为它实际上否认了原告对他们可能忍受的不公正的任何合理的赔偿(参见麦迪逊诉扬克案(Madison v. Yunker, 589 D. 2d 126, 1978))。

蒙大拿的立法机关以 1979 年修订该州的撤回法来响应该裁定。修订后蒙大拿的撤回法比很多邻州的要弱:只有当原告要求惩罚性赔偿费时才要求在诽谤诉讼前实现撤回请求。而且发表撤回声明仅仅只能避免了惩罚性赔偿费。不管是否撤回,媒体仍可能不得不支付一般和特殊损害赔偿费。

撤回法对于确定犯有错误的媒体显然是有益的,但他们对很多产生案件的情形毫无帮助——在出版者感到他未犯错误并不想退却的情况中。此外,人性倾向于相信一开始的指责——而非任何人事后的否认。白纸黑字指责某人有罪然后收回,说这完全是个错误,必定使部分读者怀疑这其实并非错误。出于这个理由,一些人质疑是否撤回法对于诽谤受害者做到了真正的公平。

尽管如此,很多州有此类法律,并且它们对那些州的诽谤诉讼产生了重要影响。

因为撤回法因州而异,近年发生了标准化和加强这些法律的运动。1994年美国律师协会(American Bar Association)通过了示范性的《统一更正与撤回抵毁法》(*Uniform Correction & Clarification of Defamation Act*)。虽然ABA的通过不一定使任何州接受示范性法律,但各州立法机关以之为参考的可能性在增加。由国家统一州法委员会(National Conference of Commissions on Uniform State Laws)起草的示范法给诽谤受害者在破坏名誉的言论发表后90天的期限要求更正或澄清。出版者在接下来的45天内发表更正或澄清。示范法规定不首先要求改正或澄清的任何诽谤原告不能起诉要求赔偿,并且如合适的更正或澄清已发表,原告只能获得特殊赔偿费(证明货币损失的情况下)。

统一法的起草人说,该法创制是为了给诽谤受害人一个"对他的名誉迅速和完整的辩白"而给出版者"更正或澄清被确定的错误和避免昂贵的诉讼费的迅速和节省的办法"。它是否会被广泛接受仍不得而知。

远距离的管辖权问题

媒体另一个不断增长的负担——虽然仍不是新加的负担——是在离家乡数千公里以外的法庭为诽谤案辩护的花费。

多年来法律规定参与加州官司的个人和公司能在任何联系费用最小的州受到起诉,最高法院1945年就在国际鞋业公司诉华盛顿(International Shoe v. Washington,326 U.S. 310)案中规定了这一原则。

但是,一些记者驳斥说他们不应仅仅因为他们的报纸或杂志发行到那里或内容播送到那里被强制在很远的州为诽谤案辩护。最高法院从未理睬过这种驳斥,它两次裁定在这些案子里《宪法第一修正案》不应被考虑。相反,法院认为,针对记者的案件应和针对其他群体的案件同等对待。简言之,如果将生产汽车或除草机的企业拖入有其产品销售的很远一州的法庭是公平的,那么对大众传媒来说,在其"产品"销售的州受起诉也是公平的。

在1984年同一天判决的两案——考尔德诉琼斯案(Calder v. Jones,465 U.S. 783)以及基顿诉《皮条客》杂志公司案(Keeton v. Hustler,465 U.S. 770)——高等法院一致拒绝如下论点,即强制记者在很远的法庭为自己辩护将给新闻自由带来冷却效应。

这意味着全国性的媒体及其雇员会在任何州受到起诉——并且诽谤案原告有权挑选法庭。原告可以选择对其最有利的法律的州并在那里立案，不管任何可能的被告居住和办公的地点。

考尔德诉琼斯案源于《国家问讯者》发表了一篇报道声称制造商马蒂·英格尔斯(Marty Ingels)开车送妻子——女演员雪莉·琼斯(Shirley Jones)去喝酒。"……到下午3点她变成一个疯狂的酗酒者"，《问讯者》报道。琼斯和英格尔斯两人在他们居住的加州起诉引起轰动的小报。虽然总部在佛罗里达，《问讯者》本身未挑战加州法院的管辖权。但是，该报道的作者约翰·索思(John South)和《国家问讯者》的编辑伊恩·考尔德(Iain Calder)都争辩他们不应在离家乡近3000公里的法庭为自己辩护。

最高法院一致裁定作者和编辑服从加州审判，即使没有任何人去加州调查或撰写报道。撰写法庭判词的威廉·伦奎斯特法官指出，各期《问讯者》在加州卖出大约60万份——两倍于其他任何州的销量。"一个在加州受到伤害的人，不需要到佛罗里达州去，向虽在佛罗里达但引起了加州人的伤害的人索取赔偿"，伦奎斯特写道。

在最高法院考尔德诉琼斯案判决后不久，琼斯、英格尔斯和《国家问讯者》达成协议中止了该案。报纸答应发表撤销和道歉声明，并支付一笔巨额的调解费。双方都不公布调解费总额，但英格尔斯表示总数考虑到了他和妻子已支付30万美元律师费的事实。

虽然最高法院对琼斯案的判定让一些记者头疼，而基顿诉《皮条客》杂志公司案则走得更远了。琼斯和英格尔斯至少还在他们居住和工作的州立案，他们几乎不受"挑选法庭"[①]的谴责。但在基顿诉《皮条客》杂志公司案中，原告和被告都没有合适的理由在新罕布舍尔州起诉和立案。显然，选择新罕布舍尔州是挑选法庭的结果，它是唯一诽谤案立案的限制(如有效期限)法规未通过的州。

《阁楼》杂志的行政管理人员凯西·基顿(Cathy Keeton)以诽谤罪起诉《皮条客》上刊载的一幅卡通，暗示她从《阁楼》发行人罗伯特·古西欧克(Robert Guccione)那里感染了性病。她最初在俄亥俄州(《皮条客》总部所在地)起诉，但她的案子因为错过了俄亥俄州立案的有效期不被受理。到那时，显然在任何地方起诉都为时已晚，除了新罕布舍尔州允许发表后六年内都能立案(这个有效期自从该案后缩短为3年)。

① forum shopping：挑选法庭，又叫择地行诉。系指利用民事管辖权的积极冲突，从众多有管辖权的法院中选择一个最能满足自己诉讼请求的法院去起诉的行为。

当立案时,《皮条客》的各期在新罕布舍尔州售出了约 1 万份,除此之外与该州无任何瓜葛。而且基顿与该州也无任何关系:她在纽约生活和工作。新罕布舍尔州的联邦地区法院和联邦第一上诉法庭却裁定不满足司法管辖权要求。上诉法庭建议诽谤案应服从比其他类案件更严格的管辖权标准以保护《宪法第一修正案》自由。

最高法院推翻了这个判决并允许了基顿立案。伦奎斯特法官在法庭判词中写道,"……只要出版物在该地销售和发行,在此处要求《皮条客》对出版物内容作出回答不存在不公正"。

远距离的管辖权,诽谤和网络

另一个问题是被认为是诽谤的材料在网络上传播时远距管辖权是否适用。很多美国媒体律师在 2002 年提出警告,当澳大利亚最高法院判定澳大利亚开矿大亨洛斯夫·古特尼克(Loseph Gutnick)能在他居住的澳大利亚维多利亚州起诉出版《巴伦》和《华尔街日报》的美国公司道·琼斯。案件基于出现在新泽西州的《巴伦》网站上的诽谤。

澳大利亚高等法院认为澳大利亚的名人可以在本地起诉诽谤,即使诽谤发生在另一国的网站上,并且除站点能在那里被浏览的事实外网站的所有者与澳大利亚几乎没有关系。道·琼斯对只能在美国被诉的驳斥没能成功(道琼斯诉古特尼克案(Dow Jones v. Gutnick, 2002 H. C. A. 56)。

这个裁定困扰了很多网络出版商,因为它强迫他们在澳大利亚和数千里外的其他国家发生的更多案件应诉,这些国家距网站所在地成千上万公里远,仅仅因为能被浏览。这尤其困扰了媒体律师,因为澳洲的诽谤法比美国的不利于媒体被告。

另一方面,一些媒体律师在扬诉纽哈芬市《提倡者报》(*Young v. New Heaven Advacate*,315 F. 3d 256,2002)案中得到安慰,美国第四上诉法庭不同意澳大利亚高等法院的结论。澳大利亚的判决三天后,第四巡回审判法庭认为维尼吉亚州监狱的典狱官不能因康涅狄克州报纸网站张贴了据称诬蔑他的材料而在弗吉尼亚州起诉康涅狄克州的报纸。第四巡回法庭认为文章针对的是康涅狄克州的受众,否决了弗吉尼亚州对康涅狄克州报纸网站的管辖权。同时,加州最高法院规定加州没有审判州外公民的权力,仅仅因为他们的网站据推断对好莱坞或硅谷的业务有害。在帕夫洛维奇诉高级法院案(Pavlovich v. Superior Court,DVD Copy Control Assn,29 C. 4th 262, 2002)中,加州法院表示一得克萨斯州人在网上传播(计算机代码)软件让 DVD 能被拷贝的案件,不能在加州的远距管辖权法律下起诉。

诽谤和简易判决

如以前最高法院对诽谤案的几个裁定，考尔德案和基顿案涉及媒体试图通过申请简易判决或以其他程序性理由撤案，在审讯前中止诽谤案。正如第一章解释的，简易判决是法院不通过聆讯就作出判决，节省案子拖延带来的开销和麻烦。

然而，因为聆讯前撤案不偿还原告在法庭上支出，因此只有当原告绝对不会胜诉时才会勉强承认。

近年来，一些法庭意识到很多针对媒体的诽谤案立案不是希望胜诉而是作为侵扰的一种方法。因此，诽谤案有时被抛到庭外参与简易判决的程序。这个程序尤其适用于公共官员或公众人物的起诉都确实不能证明实际恶意的情形。

1986 年最高法院提出了这个问题——并同意很多有问题的诽谤案应在进入简易判决解决。判决安德森诉自由游说团案（Anderson v. Liberty Lobby, 477 U. S. 242）时法院指出，公众人物必须提供“清楚和令人信服”的证据使陪审团能在媒体方找出实际恶意——否则申请简易判决解决他们的案子。

安德森案围绕辛迪加专栏作家杰克·安德森（Jack Anderson）关于自由游说团（Liberty Lobby）组织（一个极端保守的政治组织）创始人威利斯·卡顿（Willis Carto）的三篇杂志文章，其中安德森称卡顿为“新纳粹分子”、“种族主义者”和“反犹太人者”。

卡顿的审理法官不受理此案，判定卡顿是公众人物，不能证明有疑问的言论出于恶意。法官提到安德森文章的材料基于大量的研究，这个事实使证明安德森犯有“不计后果地忽略事实”极端困难。卡顿上诉他不被受理的案子，最后到达最高法院。

高等法院以 6∶3 的多数意见判定如果卡顿这样的原告不能出示“清楚和令人信服的”证据支持他走完整个聆讯过程并胜诉，因此这个案子应被撤销使媒体避免审讯开支。

媒体和诽谤案原告的律师都同意这个判决对诽谤法将产生巨大的“纯经济的”作用。双方同意，它表示初审法官被明显鼓励用简易判决取代审讯的方式来解决诽谤诉讼。媒体律师普遍预计安德森案减低了新闻媒体为诽谤案辩护的高成本的问题。

自安德森案判决以来，这些预言基本成为现实。至少四家不同的联邦上诉法院坚持根据安德森案的要求，当决定一桩诽谤案是否允许接受简易判决，以及当原告必须证明实际恶意——但不能提出清楚的和令人信服的证据时不受理案件时,他们应对记录作出独立的评论。

但是2002年,第九联邦上诉法庭在围绕《消费者报告》杂志所谓的捏造产品检测结果的案子里不同意这个裁定。在铃木汽车公司诉消费者联盟案(Suzuki Motor Corp. v. Consumers Union,292 F. 3d 1192,2003 revised U. S. App. Lexis,9559)中,法院拒绝同意一个初审法官对简易判决的承认。上诉法庭说它不会主持对记录的独立审视,然后认可简易判决,但让陪审团来判断本案的赏罚。铃木公司提出证据表明,汽车并非如杂志所言容易翻滚,事实上在37次试验中从未侧翻过,在1988年在SUV系列中检测安全性排列最高,只到一个高级编辑要求修改结果,并认为有侧翻的可能。美国国家公路安全管理局(The National Highway Traffic Safety Administration)后来批评消费者联盟的监测不科学。

铃木汽车公司指出杂志在出版物中重复引用它对该武士牌车的测试并在原始检测后的十年中不断宣传。杂志评价该汽车的性能不可忽视因为它"在任何时候对任何汽车要求的操纵中很容易翻车"。

铃木汽车公司也推断消费者联盟在做检测的同时进行了募捐并要求有"非常震撼"的报道来引起全国的注意。上诉法庭规定财务的动机的声明和测试作弊的证据能允许陪审团找到铃木汽车公司要胜诉必须证明的实际恶意。

"我们的结论认为,动机和检测作弊的证据加起来,非常充分可排除简易程序判决并因此要求撤销(审判官对简易程序判决的承认)",华莱士·田岛法官撰写2:1的多数意见。不同意见中沃伦·弗格索法官认为多数意见裁决没有适用宪法自由的完整保护程序,从而在消费者保护和公共安全两个重要议题上限制了自由表达。2003年法庭拒绝重新进行全体法官审理,法官爱利克斯·克齐斯基由此创造了一个激起热议的辩护理由,他反对说铃木汽车公司不可能证明实际恶意因为消费者联盟详细描述了它一开始的和修正过的检测程序,并随后表达了对测验结果的受宪法保护的观点。

一些媒体律师说铃木案的裁定使编辑在处理重拳出击的新闻可能引起和这桩一样开支高和历时长的案子的报道时左右为难。

使"针对公众参与的策略性诉讼(SLAPP)"案件不予受理

新闻工作者有时发现,诉讼可能是威胁性的困扰。整个安德森案的关键点在于允许新闻工作者所受诽谤官司缠身的折磨能以简易判决的方式快速得到解决。近年来,在公共听证会上反对公司的项目或传播反对某项目的请愿书这种方式也经常引起财力雄厚的公司起诉平民活动家书面或口头诽谤。这些案子经常只是一种威胁——企图平息对公司的批评。最近描述这些案子的新的首字母缩写受到广泛接受:SLAPP 针对公众参与的策略性诉讼。

因为辩护费用很高,在公共场所反对公司活动的公民面对诉讼威胁时除了后退可能别无选择。通常,反对一项工程如大型房地产开发的公民组织的领导者会收到来自开发商律师的信,告诉他们如不停止批评这个项目就会被起诉书面或口头诽谤。这种案件被冠以缩写 SLAPP 因为他们将目标对准了民主的基础:公民在为征求公民意见而设立的听证会上发表对本地事务意见的权利。

SLAPP 由两位支持立法控制这类诉讼的丹佛市大学教授佩那洛普·卡南(Penelope Canan)和乔治·普瑞(George W. Pring)在 1994 年《加州西部大学法律评论》的一篇文章中首次提到。

到 2003 年,SLAPP 的法律已经以不同形式在至少下列州中生效:加州、特拉华州、佛罗里达州、乔治亚州、印第安纳州、缅因州、马萨诸塞州、明尼苏达州、内布拉斯加州、内华达州、纽约州、新墨西哥州、俄克拉何马州、俄勒冈州、宾夕法尼亚州、罗德岛、田纳西州、犹他州和华盛顿特区。

在科罗拉多,州最高法院甚至在没有反 SLAPP 法的情况下具结了普通法下平民运动家的权利,使侵扰性案件迅速撤案(参见保护山脉环境组织诉地区法院案(Protect Our Mountain Environment v. District Count, 677 P. 2d 136, 1984))。

加州被普遍认为具有美国国内最彻底的反 SLAPP 法。这个法律要求以公众场所的自由言论为理由起诉他人的人一开始就要证实该案有可能具备有效的基础并且不仅仅是一种侵扰的形式。如果法院决定原告不可能具备有效依据的案件,案子马上会被撤销,以节约被告应对一场持久法律战的开销,避免由此对言论自由造成冷却效应。

如侵扰案子在审理前撤回,这些案子的原告必须支付被告的法律费用。另一方面,在加州反 SLAPP 法下如法院规定案子足够有效不应在审理前被撤销,被告必须支付原告反对不予受理动议所需的法律费用。

也许加州反 SLAPP 法最引人注意——和有争议——之处是它允许被个人起诉的大公司迅速处置一桩有疑问的案子,然后从个人那里收取律师费,这使相信自己被诬蔑的市民在起诉大型传媒公司的问题上考虑再三,也限制了公民行使法律权利的机会。

在 1999 年的著名案件中,加州最高法院认为反 SLAPP 法应被宽容地给予解释来保护因在政府会议或调查中发表言论受到起诉的广泛的人群和实体。在布里格斯诉伊甸园希望与机遇委员会(Briggs v. Eden Council for Hope and Opportunity)案中，州高等法院认为反 SLAPP 法阻止了一位公寓主人起诉住宅促进委员会，该委员会向联邦住宅调查员指责雇主是个种族主义分子和偏见分子。最后联邦官员澄清了对这个公寓主人的所有错误的指责，这个房主起诉委员会。加州最高法院下令该案作为一桩针对公众参与的策略性诉讼案不予以受理，法院认为反 SLAPP 法适用于公共进程中的任何讨论。

多数其他州的反 SLAPP 法大致与加州法相似但范围更窄。一些州不包括要求所有案件原告支付被告法律费用的规定。尤其纽约州法仅适用于谈论某些领域，如像分区规划管理委员会这样的政府机构。

到 2003 年，在各州反 SLAPP 法下数千桩诉讼不予受理。仅在加利福尼亚一州就有不少于 75 份解释反 SLAPP 法范围的上诉法庭裁定，包括 2001 年的 17 份和 2002 年的 20 份（其中 4 份是州最高法院的裁定）。

也许明尼苏达州发生的一案是针对公众参与的策略性诉讼案的典型。在该案中，一个退休的野生动物专家在 80 岁生日前夕，因公开反对一开发商从他的家乡横跨爱美利亚湖（Amelia）建造城市用房的 40 年计划立即受起诉。动物专家争论说城市用房会破坏湖周围鸟类的生长环境。在花费了超过 2 万美元的法律费用后，他解决了这个案子——在他被禁止讨论的条件下。明尼苏达在公众对该案的呼声中正式通过了它的反 SLAPP 法。

另一个著名案件中，法院规定政治家可以用反 SLAPP 法处理基于竞选言论的无价值诉讼（贝连森诉联邦最高法院案（Beilenson v. Superior Court，44 C. A. 4th 944，1996）），一位前教堂成员用该法中止教堂的侵扰性诉讼（科学教会诉案（Church of Scientology v. Wollersheim，42 C. A. 4th 628，1996））和政府官员可以用反 SLAPP 法中止由公共记录中他们对事件的议论产生的诉讼（布拉德伯里诉联邦最高法院案（Bradbury v. Superior Court，44 C. A. 4th 1108，1996））。

在另一个新闻媒体大胜利中，1997 年加州上诉法院作出了对《旧金山纪事（*San Francisco Chronicle*）》报道一个有争议的州调查事件的彻底肯定，该调查针对的是一家大学医疗中心主任遭到解雇而报纸的报道据说出错——不用担心招来侵扰性诉讼（布劳恩诉纪事出版公司案（Braun v. Chronicle Publishing Co.，52 C. A. 4th 1036））。在该案中，法院不理会前主任针对《旧金山纪事》和其中一位记者的诽谤案。

总体看来，这些案子说明一部反 SLAPP 法在当新闻媒体和个人卷入有新闻价值的公众事件时保护他们远离愚蠢案件困扰的价值。但是，这些法律仍然有争议，因为他们甚至要求个人原告在最初就证明他们的案子成立——或冒着不仅案子不被受理而且承担被告法律费用的危险。

诽谤诉讼中的"术语规范"

虽然有时法律中的技术事项会伤害到诽谤案中的记者,其他时候则相反。时代公司曾因原告未能在法律文件中准确指出该大型传媒集团的名称而逃过一桩大案的责任。

在 1986 年的斯齐亚沃尼诉《财富》案(Schiavone v. Fortune(AKA Time Inc.),477 U.S. 21))中,最高法院以神秘的术语为由使时代公司逃脱。

《财富》为时代公司旗下的商业杂志,在 1982 年发表了一篇文章将几个新泽西人与有组织的犯罪和当时里根政府的劳工部长雷蒙德·唐诺文(Raymond Donovan)所谓的犯罪行为联系起来。唐纳德·夏沃妮(Donald Schiavone)和其余两人企图起诉《财富》诽谤——但因为他们的律师的一系列程序上的混乱,从未有机会立案。

在很多州(包括该案发生地新泽西)的法律下,诽谤案有一年有效期的规定。如果诉讼在一年内没有提起,它就不能再提起。一年期满之前,夏沃妮的律师针对《财富》提起诽谤诉讼,未点名该杂志是时代公司旗下的产品。

意识到这个错误后,夏沃妮的律师修改了法律文件,将被告的名称修改为"《财富》,也即时代公司"。然而,到那时一年限期法规生效:这个将成为诽谤案原告的人错过了他们的最后期限。

时代公司的律师注意到原始文件使用不完整的名称并且发展到因夏沃妮错过有效期使案件不予受理。他们指出《财富》只是时代公司拥有的一个商标,并非可以受起诉的独立实体。因为原始案件未点名母公司,整桩案子是空的和无效的,他们表示。一位初审法官同意并不受理此案。

夏沃妮上诉,最高法院最后以 6 人 3 票赞成不受理该案。这引起了约翰·保罗·斯蒂文森法官的异议。大多数法官认为,管理这类事情的规定很清楚——而夏沃妮的律师没有遵守那些规则。斯蒂文森法官对这种意见的回应,是指责多数人通过允许因原始控诉没有包含"规范词汇……'也即时代公司'",把整桩案件抛开而追随了一种"公正的赌博理论"。斯蒂文森说这些规定的关键是保证被起诉的一方收到诉讼的确实通知。时代公司的律师及时收到了诉讼的通知并理解它指向其出版物之一——《财富》杂志的事实是无可争辩的,他们仅仅因一个法律技术上的问题找到了躲避诉讼的方法。

尽管斯蒂文森发表了强烈的异议,最高法院的裁定仍成立。诽谤案原告的律师被公正地警告,他们最好使用被告完整和正确的法律名称,否则准备好为自己辩护——在发怒的诉讼委托人提起的玩忽职守诉讼中。

诽谤法中的其他问题

近年在诽谤性领域发生了大量其他的问题。这里讨论其中部分问题。

诽谤和感情伤害

诽谤是作为诉讼基础的很多法律理论之一。当某人起诉诽谤案，他可能也以其他一些法律理论为基础起诉，如对隐私的侵犯。完全有可能以诽谤起诉会败诉但在不同的法律基础上却胜诉——因为两种不同法律理论下的要件和辩护理由可能不同。原告可能起诉诽谤很无力（例如因事实辩护理由），但起诉隐私侵犯却很有力（事实在其他案子中未必是辩护理由）。近年来，起诉媒体诽谤的人增加其他指责的情况时有发生，通常会是侵犯隐私或甚至故意造成情感伤害罪，在第五章中我们讨论了这个趋势。

这种趋势引起了1988年最高法院对《皮条客》杂志公司诉福尔韦尔（Hustler magazine v. Falwell，485 U.S. 46）案作了泾渭分明的裁定。虽然被普遍报道为诽谤案，它主要是一桩感情伤害案。但最后，最高法院应用典型的《纽约时报》诉沙利文案的规定处理它，把它当成一桩诽谤案。

案子源于《皮条客》杂志刊登了一篇有讽刺嫌疑的广告，暗示公共道德活动（Moral Majority）的创始人杰瑞·福尔韦尔（Jerry Falwell）神父、《皮条客》发行人拉里·弗林特（Larry Flynt）的主要敌人在屋外厕所和他的母亲有首次性经历。这则福尔威尔的伪广告模仿 Campari 饮料的一则以“第一次”为主题的广告。福尔威尔的公共道德运动强有力地反对色情作品，经常攻击弗林特，其杂志被广泛认为是最直露的色情出版物之一。这则假广告是弗林特讽刺性的回击。它很明显如小说，不能被严肃地看待。

但是，福尔威尔以两个法律立场：诽谤和故意造成情感伤害起诉弗林特。陪审团以伤害感情罪成立判给福尔韦尔20万美金，但驳回诽谤案。因为福尔韦尔很明显是公众人物，它必须证明实际恶意来赢得官司。广告显然是讽刺性的，它不能被理解为陈述读者会从字面理解的事实。因此，福尔韦尔不能证明实际恶意。然而，在肯定陪审团判决时，下级联邦法院认为福尔威尔赢得伤害感情案时不用证明实际恶意。

这个判决警示了很多记者，因为它暗示大量其他不能以诽谤诉讼胜诉的公众人物可以绕开实际恶意规定的保护而以故意造成情感伤害罪起诉。

但是，最高法院投票一致决定推翻对福尔韦尔的判决。首席法官威廉·

伦奎斯特撰写的判词中说，公众人物自此裁定开始赢得伤害感情的赔偿费时必须证明实际恶意，正如在诽谤案中他们必须如此。如果不这么规定，将给政治性漫画家，包括其他人，增加工作压力。伦奎斯特写道：

> 政治性漫画或讽刺画经常基于曝光不幸的生理特征或令人尴尬的事件——这种曝光经常会伤害到当事人的感情。林肯的高瘦而难看的姿态，泰迪·罗斯福的眼镜和牙齿以及富兰克林·D.罗斯福的伸出的下巴和烟斗以政治性漫画的形式受到纪念……并且，没有他们我们的政治讨论将会更贫乏。
>
> 毫无疑问，发表在《皮条客》上的福尔韦尔讽刺画和上述政治性漫画相去甚远……但我们怀疑是否会存在某种标准允许法庭将政治性漫画和所谓"侮辱性的"《皮条客》的广告区分开来。"侮辱"在政治和社会讨论的领域中存在固有的主观性，这允许陪审团以成员品味或观点为基础，或也许以他们对特殊表达方式的厌恶感为基础裁定责任。

福尔韦尔裁定最能鼓励新闻工作者的不仅在于是对新闻自由的一个强有力的保护，而且它由伦奎斯特肯定，在他早期最高法院裁定中几乎对《宪法第一修正案》没有过宽容的看法。在法院扩展《宪法第一修正案》权利时伦奎斯特经常持异议。例如，他反对法院对诽谤案只能基于对事实的陈述而非观念表述的判决。但在1988年的案子里，他赞成法院先前对观念表达不能算诬蔑的规定，不论这个观点对于一些读者或评论者来说多么令人生厌。（在前面提到的1990年的米尔科维奇案中，伦奎斯特详细解释了他在受宪法保护的观点表达和貌似观点、但包含错误事实成分的陈述间的区别。）

媒体仍然必须面对很多伤害感情案件。事实上媒体律师有时称伤害感情为一种"如影随形的民事侵权诉讼"，因为原告的律师在起诉诽谤罪时如此频繁地提出这个声明。但自福尔韦尔案后，为赢得这种案子，原告显然要证明媒体确实参与了不可令人容忍的行为，不是故意的就是不计后果地，并且导致了严重的感情伤害。通常这是不容易做到的。当然，如果诉讼基于出现在媒体上的内容，原告如是公众人物则必须证明实际恶意。（正如第五章解释的，媒体经常以基于媒体工作人员新闻采集侵权，而非以发表或广播的内容被起诉。）

产品诽谤和"蔬菜诽谤"

在20世纪90年代，一种与诽谤关系密切的历史悠久的法律诉讼——产品诽谤——在多年沉默后成为有新闻价值的主题。一些区域的农民和牧场主对他们认为哗众取宠的媒体对所谓由食品引起的健康威胁的耸动报道警觉起来。他们举例说，当媒体声称某食品不安全后，公众对该易腐烂的产品的需求锐减，使食品生产商蒙受了巨大损失。食品生产者游说州法律允许他们起诉来回应媒体的这种曝光，这些法律被称为“蔬菜诽谤法”。

这个趋势始于一桩案子，华盛顿州苹果种植者起诉哥伦比亚广播公司的六十分钟节目的某一期，称一些种植者使用促进苹果成长和品相的化学药品能引起癌症。苹果消费出现大滑坡，种植者们声称哥伦比亚广播公司的报道是错误的或至少夸大其词——让他们损失了1.3亿美元。他们的案子最终不予受理，联邦上诉法庭判定种植者不能证明哥伦比亚广播公司的报道是错误的——为了打赢一桩产品诽谤诉讼，种植者不得不证实这点（奥维尔诉哥伦比亚广播公司60分钟节目案（Auvil v. CBS 60 Minutes, 67 F. 3d 816, 1995））。

应哥伦比亚广播公司将苹果和致癌化学物质联系起来的报道，很多州通过了比传统产品诽谤法更强硬的新法律，授权生产者，一旦有错误信息声称一种易腐烂的食品不安全，生产者就有权起诉。到2003年，至少13个州通过了这种法律：阿拉巴马、亚利桑那、科罗拉多、佛罗里达、乔治亚、爱达荷、路易斯安那、密西西比、北达科他、俄亥俄、俄克拉何马、南达科他和德克萨斯。大部分法律将错误信息定义为不基于“可靠的科学依据”的信息。允许生产者在这些条件下起诉引起《宪法第一修正案》的问题，因为生产者、新闻工作者和消费者团体不可能在什么是“可靠的”科学数据上达成一致意见。

这个法律在1997年和1998年引起全国注意，一群德克萨斯牧场主起诉脱口秀主持人奥珀拉尔·温弗里（Oparah Winfrey），因她节目的一位嘉宾讨论了疯牛病，一种引起英国至少20人死亡的疾病，并提出关于该疾病是否会传入美国的问题。牛肉价格迅速下滑，养殖业者以德克萨斯州“蔬菜诽谤”法起诉温弗里。

作为一场喧嚷的媒体圈表演，该案在德克萨斯州的阿玛里奥开庭审理。温弗里将她的电视秀制作现场搬到审讯现场。但该案几乎从一开始就不利于牧场主。几乎没有解释和无任何书面意见，审判法官拒绝受理基于“蔬菜诽谤”法的那部分诉讼，允许牧场主在一般的商业诽谤法下继续此案。最后，养殖者不能应商业诽谤法的要求说服陪审团相信温弗里或她的嘉宾通过散布已知对畜牧业不利的言论企图伤害德克萨斯州畜牧业。陪审团很快作出反对牧场主的判决——一桩新闻价值远超其法律重要性的案子。2000年，联邦上诉法院支持该判决（恩格勒诉温弗里案（Engler v. Winfrey, 201 F. 3d 680））。

但是，很多媒体律师担心未来“蔬菜诽谤”法会严重影响媒体合法地报道食品影响健康问题的《宪法第一修正案》权利。

互联网上的诽谤

传统情况下,多数诽谤案由报纸、杂志文章、广播或电视节目引起。但是最近一种潜在诽谤案新源泉出现了——赛博空间(本书使用的术语之一,“赛博空间”指一切与计算机联系的形式,包括互联网、BBS、商业在线服务和如律商联讯公司的数据库)。

在线传播爆炸性地成长,如今有几百万站点和每周几百万更多的用户将数十亿文字的新材料贴到网上和开展电子商务。其中一些材料不可避免,是诽谤性言论。

当一则诽谤性消息被贴到站点,公告栏,“聊天室”或新闻小组,它显然被传播:很多人可能看见它。但是否除消息发布者以外有其他人负法律责任呢?

在1995年,纽约州一位初审法官规定,计算机传播的商业提供者普罗迪奇会被起诉诽谤,因为——用户贴了一则消息指责一家投资公司犯罪行为(斯特拉顿·奥克芒特公司诉普罗迪奇服务公司案(Stratton Oakmont Inc. v. Prodigy Sevice Co. ,No. 11063/94))。法院裁定普罗迪奇承担编辑控制职责,因此他使用文本浏览软件(即检查攻击性的词语或短语的软件)在法律上等同于出版者想管理流入信息的内容。因此,法官认为在线服务能被起诉诽谤。虽然规定引起了在线服务提供者的关注,普罗迪奇最后仅以发表道歉声明的方式解决了此案。

1996年《电信法案》第五部分推翻了普罗迪奇裁定的基本内容,宣称不论网络服务提供者使用内容筛选系统挑出客观的材料还是不加选择地传递所有信息,他们不能和出版者同等对待和对他们承载的消息内容负责。互联网服务提供者现在能自由筛除他们认为淫秽的或不合适的内容,而且不为他们未筛除的所有内容负责。甚至当互联网服务提供者被告知贴着一则推断诽谤的消息并且那时未删除它,根据美国第四上诉法庭的裁定是免罪的(泽然诉美国在线案(Zeran v. America Online,129 E. 3d 327))。总之,上诉法院规定,在线服务在州诽谤法下对第三方贴的任何消息不负责任。1998年美国最高法院拒绝重审该裁定,完整地将它保留下来。

如果互联网服务提供者免于承担连带责任,那些制造诽谤的站点则不能。很多人面临着基于他们站点内容或甚至广泛传播的电子邮件的诉讼。例如2002年,加州硅谷的一家陪审团命令两位研究专家支付775000美元的惩罚性和弥补性赔偿费给一家高技术公司及两位管理者,因其在互联网消息板上贴了成千上万的诽谤消息(瓦利安医疗系统公司诉派利凡埃案(Varian Medical System v. Pelfine, #780187))。审判法官还发布禁令禁止这两人贴其他诽谤信息——一个引发《宪法第一修正案》问题的命令。此外，命令已不可能再加强，在命令宣布不久后，很多匿名信息被贴到互联网信息板上抗议该禁令并批评公司，一些包括了到两科学家网站的链接和法官禁止讨论的一些问题。科学家表示他们将上诉。

诽谤保险契约

因为一桩简单的诽谤案可以是灾难性的，很多出版公司和广播公司购买了诽谤保险，正如他们购买保险保护他们避开其他业务上的打击。然而，私人诽谤保险在一些州很难得到保障。此外，没有几个保险机构愿意负责保险某些高风险媒体。

为解决这些问题，一些主要的传媒行业商业协会安排了私人提供者给他们的成员办理诽谤保险。

例如国家广播业协会安排了两个层次的保险内容：一种契约包含了诽谤和隐私侵权诉讼，另一种加收 50% 的费用还包括其他《宪法第一修正案》的问题。重要的是，这不要求广播公司以同意公开隐秘来源作为保险条件。但这份计划也包括在一些高风险的附加费用。保险契约将支付最高达 200 万美元的判决并包括律师费和审判案。

诽谤保险的成本有多高？NBA 的计划要求广播电(视)台支付十倍于他们一分钟广告费最高额的年度保险金。电视台按它们转播 1 小时电视网节目的收视率估计费用。这一小时费用从小市场的几百美元到城市台如纽约、洛杉矶和芝加哥的总额超过 5000 美元不等。

当这组条件被加入时，NBA 预计近一半的商业性广播公司缺乏诽谤保险。

诽谤保险成本很高，但至少保护了面对灾难性的诽谤判决的出版公司和广播电视公司。然而，诽谤保险经常不涵盖惩罚性赔偿费，而且前面提到大笔惩罚性赔偿费的判定已变得越来越普遍。事实上，一些州有法律禁止保险公司保险范围包含惩罚性赔偿费：惩罚性赔偿费的核心是处罚性质而且他们应该受打击。

一些诽谤保险的另一个严重的缺点是他们只包含了诽谤判决而没有涵盖非常昂贵的辩护费用。诽谤诉讼的主要费用不在于支付上诉法庭最终的判定，而是打一场长期法律战斗的高成本。此外，如果媒体拒绝公开所谓诽谤性报道的新闻来源，诽谤保险有时不能保护媒体组织。

但是，保险在保护媒体遭受诽谤判决中起重要作用——对于那些能承担得起得媒体来说，具有讽刺意味的是，最不能承担他们自己辩护的小市场的出版者和广播者也最不能承担诽谤保险的费用。

诽谤和虚构

很多诽谤案的基本问题是事实还是假象:只有言论是错误的才能成为获胜的诽谤案基础。但如何处理小说作品中影射性的诽谤——它的本质是存心作伪吗？大多数出版者和广播公司在20世纪80年代前不担心这个问题,因为法院极少允许诽谤案以虚构作品为基础。一个更严重的法律问题是在虚构作品中认出他们自己——或认为自己做了那些事的人起诉侵犯隐私案的威胁。

然而,在70年代末80年代初这些开始变化。法院开始在虚构作品中找出充分的身份识别证据来支持诽谤判决。结果媒体走入不良循环:为避免任何人对号入座,小说、超短篇小说(指1万字内)和剧本的作者必须使他们角色虚构化。然而,如果一个现实生活中的人只要让法院相信他被写入小说,每个小说人物与真人不符的地方就是“错误”并因此引起诽谤。《纽约时报》诉沙利文案的判决有时被运用于——有人说是误用——这些对于媒体有灾难性后果的情形。在虚构作品中,角色必定与真人有异,但一些法院判定虚构化等同于知错犯错或不计后果地忽略引起的错误,因此证实实际恶意并向惩罚性赔偿费开启了大门。

对虚构化判决的趋势开端之案是加州一上诉法庭判定的宾德瑞姆诉米切尔案(Bindrim v. Mitchell,92 C. A. 3d 61,1979;cert. den. 444 U. S. 984)。作为一个州的中级上诉法院的裁定,它分量不足以重到成为先例,但它鼓励了其他基于虚构的诽谤案,包括在这章的简介中提到的针对《阁楼》的怀俄明判定(波令诉《阁楼》案, 695 F. 2d 438, 1983)。

在宾德瑞姆诉米切尔案中,小说家格温·戴维斯·米切尔(Gwen Davis Mitchell)描述了一个虚构出的“裸体谈心治疗马拉松”与心理学者保罗·宾德瑞姆(Paul Bindrim)博士的疗程相似。事实上米切尔参加过宾德瑞姆的一个疗程签署了不公开发表的协议。但在米切尔题为《感动》的书中,进行这一疗程的心理学者有一个不同的名字并且和宾德瑞姆一点不像。真人和小说人物的最主要共同点是他们都以裸体使疗程更有效为理论基础展开裸体谈心治疗。

但是,陪审团认为宾德瑞姆在小说虚构的叙述可被辨识出来,并且遭到诽谤,判定米切尔和她的出版公司双日公司赔偿总共75000美元给宾德瑞姆。这个判决后来减至5万美元。

加州和美国最高法院都拒绝重新审查该案,赞成法官决定宾德瑞姆就一个诽谤诉讼而言,可明确地辨识出来。上诉法庭的多数意见这样写道:“判断的标准理性的读者读了该书后去认为小说人物事实上是原告”。

宾德瑞姆案的判定普遍受到作家和出版公司的批评,美国作家协会发文催促美国最高法院复查此案。协会提起很多以前的文学作品都是真人的虚构化。协会举证著名电影《公民凯恩》是一部在宾德瑞姆案为先例下不能诞生的作品。在那部电影中,虚构的查尔斯·福斯特·凯恩与报纸出版商威廉·兰道夫·赫斯特的相像比《感动》中的人物与宾德瑞姆的相似更胜一筹。协会警告说,如果像《公民凯恩》这样的影片针对的是生活在今天的一个人,它会招来宾德瑞姆类型的诽谤诉讼。允许对小说作品判处诽谤会严重阻碍文学自由。

尽管有那些争论,没有更高一级的法院愿意复审宾德瑞姆案裁定。这并非首次以虚构作品为基础的诽谤判决:早在1920年纽约州上诉法院就作过相似的判决(参见科里根诉波宾斯-梅里尔公司案(Corrigan v. Bobbs-Merrill, 228 N.Y. 58)),一些其他的法院后来作出相似的结论,但没有一桩像宾德瑞姆案那样引起作家和出版公司的广泛惊恐。

但是,小说作家可以从针对《阁楼》的“怀俄明小姐”诽谤案最终裁定得到一些安慰。美国第十上诉法院推翻了几百万美元的陪审团判赔,而且最高法院拒绝受理进一步的上诉。

案件起因于《阁楼》杂志上一篇描述虚构的参与美国小姐选美比赛竞争的“怀俄明小姐”,一位冠军军乐队女领队,但有一个更令人感兴趣的才能:口交。故事说的是她在游行中面对全国电视观众表演口交行为。金·普瑞,一位在美国小姐游行中代表怀俄明的军乐队女领队,声称这个故事是关于她的并伤害了她的名誉,所以她提起诉讼。一个怀俄明的陪审团同意并判处2650万美元的赔偿费(其中2500万美元是惩罚性赔偿费)。

上诉法院推翻了陪审团的判决因为它认为这个故事“在一个不可能的背景下不可能实现”。因此读者不会理所当然地认为是金·普瑞的实际行为。

法院称《阁楼》的故事“粗俗,不舒服,浅薄”,但表示《宪法第一修正案》“并不限制意见、言论或立场的表达自由,无论是否正派或受欢迎”。法院也为含混的诽谤主题和小说提供了一些指导:

> 判断准则不是出版物中的故事是否具有“虚构”、“幽默”或其他任何特征,而是是否受到指责的部分被可合理地理解为描述原告所做的事实或她参加的实际事件。如果不能按此理解,指责的部分不能光从文字上作判断。

因此,法院认为《阁楼》的故事太不可信并且明显是假的而不够成对金·

普瑞或其他人的诽谤。然而,这个裁定为虚构小说的作者几乎没有提供安慰。如果故事是对生活的准确描写,它可能是一个更有力(并且听上去更有艺术感)的文学作品——但也更可能成为诽谤诉讼的基础。实际上,金·普瑞和《阁楼》案裁定说明童话故事可以避开诽谤判决,但真实的文学则不行。

诽谤和广播电视

至今,对于诽谤法原则的概述对印刷媒体和电子媒体而言并无差异。这是出于简明性和简单性的考虑——并且因为它通常被证实是适用的。然而,当广播电视媒体囊括进来后会存在一些特殊的诽谤问题。

问题之一是诽谤性的播放究竟是书面诽谤还是口头诽谤。在广播出现之前,口头诽谤(口头形式的中伤)是有限的法律诉讼,因为显而易见口头上的言论是转瞬即逝的,而印刷出来的言论可能历经数年被成千上万人传阅。由于口头诽谤有限性的特征,法庭一般规定除非口头诽谤落入几种特殊的攻击性类型之一,即通常被称为"实质诽谤"的情况,只有证实特殊伤害才能打赢口头诽谤案。因为这些限制,成功的口头诽谤案相对稀少。

但是当广播发展起来后,口头诽谤的潜在危害变得至少和书面形式一样严重。认识到广播诽谤的流行性后,一些州简单地宣称广播诽谤被视作书面诽谤,而非口头诽谤。其他州诸如加州将广播诽谤划入口头诽谤但放宽对成功的口头诽谤诉讼的要求,因此书面诽谤和口头诽谤就几乎没有差距了。一些州甚至接受了这条规定:在剧本中包含的诬蔑被视为书面诽谤(因为毕竟它被写下来了),而在即兴表演中的诬蔑则被视为口头诽谤。如今只有很少一些州坚持这条规定。

广播电视诽谤法的这些变化被视为奇异的——可能现今他们确实如此。不论名称是什么,广播电视诽谤在所有州是可成立的法律诉讼。前面提到免除本地广播电视公司对发生于他们无权修改的电视网节目转播中的诽谤的责任,但至少电视网仍然是可被起诉的。前面也提到,最高法院免除了广播电视公司对发生在政治广告中的诽谤的责任,因为《通信法案》第 315 节严禁广播电视传播者审查这种广告。

除了这些例外,广播电视诽谤和书面诽谤一样可被起诉,也许因电子媒体吸引受众之多,更应受到起诉。在评价一桩诽谤被广播甚于出版时,通常适用相同的规则。

然而,在广播电视中存在其他实际问题。如果广播电视公司对所有通过广播电视传播传递声音的人发布的诽谤负责,广播电视公司如何能保护自己?在这个行业中发展出了很多解决方法,其中一种操作是将尽可能多的广播电视节目放在磁带或胶卷上加强播出前的审核。脱口秀节目在这个方面为广播电视公司招来了问题;那些打进电话的人几乎不会遵守(甚至在知道的情况下)诽谤法的规定。一个普通的解决方法是使用短时滞后播出允许广播电视者过滤潜在的攻击性评论。当然,这意味着脱口秀主持人或者制作人必须能识别诽谤——并且迅速地删除它。

刑事性诽谤

在本章开头我们谈到很多州仍然在他们的记录中保留着刑事性诽谤法律,但这些条文很少被使用。因为这个原因,至今的整个讨论都基于民事性诽谤。

我们在文本中谈及刑事性诽谤时可以如此轻松的原因,是根据普通法传统和美国最高法院 20 世纪 90 年代的两项裁定,它已经成为荒废的法律动议。

刑事性诽谤法律一般适用于民事性诽谤法律不适用的情形。例如,一些州仍然坚持诽谤一个过世的人——一种在民事案件中极少出现的诽谤形式——是犯罪。除此之外,一些州的法律仍然禁止传播可能破坏和平的诽谤性文字。

最高法院曾经支持伊利诺伊州的一部曾经用于起诉散布种族主义文字的人的刑事性诽谤法。在 1952 年的判决中(布哈奈诉伊利诺斯州案(Beauharnais v. Illinois, 343 U.S. 250)),法院认为《宪法第一修正案》不保护那桩案子中的种族主义文字。极少有法律学者相信这桩案子在现在会得到相同的判决,因为从那时起法院对于《宪法第一修正案》的解释放宽了。

在 1964 年标志性的《纽约时报》诉沙利文案民事诽谤判决作出后不久,最高法院推出了另一个重要的刑事性诽谤裁定:加里森诉路易斯安那案(Garrison v. Louisiana, 379 U.S. 64)。那桩案子起于新奥尔良州的检举人吉姆·加里森(Jim Garrison)严厉批评一群法官,称他们赞成"欺骗的影响"和"冒险主义"。检举人加里森本人在路易斯安那州法律下被起诉犯有诽谤公共官员的罪行。

最高法院说加里森被起诉是《宪法第一修正案》不允许的,除非证明他是因为在故意或者不计后果地疏忽的情况下发表了错误言论。简而言之,法院认为适用于涉及公共官员的民事性诽谤诉讼的硬杠子也适用于对公共官员诽谤的刑事起诉:必须的确存在实际恶意。

这个裁定恐怕是对这个国家的煽动性诽谤法的最后一击。一些州仍然存在这种法律,但是他们几乎不被使用了。这些法律在被某些州法庭使用时容易在宪法基础上被推翻。

美国最高法院在1966年阿斯顿诉肯塔基州(Ashton v. Kentucky)案的判决中给刑事性诽谤另一击,一桩由攻击很多当地官员的小册子的传播引起的判决。传播者被起诉犯有刑事性诽谤罪,因为小册子被宣称威胁和平。最高法院的一致意见推翻了这个定罪,指出该判决超出界限并有违《宪法第一修正案》。

由于这些最高法院的裁定和很多州法院的相似规定,刑事性诽谤起诉在现代美国很少出现。那些仍然有效的刑事性条例对如今的大众媒体构成了极小限度的法律威胁。如果存在的刑事性诽谤条例被强化,它们很少能经受住宪法的挑战。

主要议题概述

在美国的大部分历史中,被起诉诽谤的威胁是大众媒体最严重的持续不断的法律危险,并且这种威胁并未消失。诽谤问题一度曾看似消减了。在《纽约时报》诉沙利文案后,最高法院在20世纪60年代和70年代早期下达了几项裁定使原告打赢诽谤官司变得困难一些。直到1971年的罗森布洛姆诉都市媒体,甚至卷入公共事务的平民都被要求证明实际恶意(例如,错误在明知有错却任由妄言公开或不计后果地忽视事实的情况下发表)。

然而,1974年的格茨诉韦尔奇案的裁定扭转了这个趋势。当格茨案在所有50个州中修改了诽谤方面的普通法,强迫诽谤案的原告,即使是平民,也必须至少证明疏忽(以前通常不作要求),它也重新将很多以前被认为是公众人物的划分为平民。因此,很多可能以前要求证明实际恶意的人只需要证实疏忽就能打赢诽谤官司。

但谈到疏忽、实际恶意,平民和公众人物必须依据法学理论。今天真正的问题在于诽谤案的陪审团倾向于忽视法律:他们经常交出大笔赔偿损失费判决时并不考虑是否质疑的材料确实是诽谤性的。已经有记录在案的上千件超过一百万美元判决的诽谤案。大多数最后被上诉法庭推翻了,但到那时法律费用已经比判决金额本身更大了。

为一桩诽谤案辩护的费用在最高法院的基顿诉《皮条客》杂志公司案以及考尔德诉琼斯案的判决后变得更高,这两个判决允许在诽谤案里面挑选审判地。很少有人质疑要求一个大公司在任何一个州为一桩案子辩护的公正性,仅仅因为他伤害的那个人在这个州做生意。几年前最高法院给各州对与某个州有极小联系的公司执行"远距管辖权"的自由权。但是在基顿案中,高等法院认为卖出几千份杂志构成了极小联系。

也许今天最大的问题在于是否网站构成的极小联系足以允许一个诽谤原告在任何能看到站点的地方起诉,包括外国。

另外,最高法院的米尔科维奇诉洛伦杂志公司案的判决向各州发出对诽谤案中的观点表达给予更少的保护的信息。虽然纯粹的观点陈述仍然排除在诽谤诉讼外,在观点表达中包含错误的事实判断的混合型陈述中却并不是绝对正确的。社论、给编辑的信、专栏、书评和评论经常是观点表达和事实判断混杂在一起的;如今他们在诽谤案中享有更少的保护。

另一方面,最高法院在一些诽谤案中也给过新闻媒体一些帮助。赫普斯诉《费城问询报》(Hepps v. Philadelphia Inquirer)案的裁定宣称在所有围绕大众传媒的诽谤案中举证的压力实质上落在了原告身上。媒体不需要证实所谓诽谤性言论的真实性,由原告证明它是错误的。而且博斯和消费者联盟案的裁定,告诉上诉法庭可以在必要时审查诽谤案证据以确定确实存在实际恶意。但是新的铃木和消费者联盟案的裁定是否标志着与这种保护背道而驰的趋势?

另一个对于陷入诽谤案中的媒体来说有益的趋势是:很多州接受反SLAPP法律来处理针对大众参与的策略性诉讼。虽然这些法律最初用来保护在有争议的事件上发表意见的市民活动家,在一些州他们也保护媒体远离那些侵扰性的诉讼,甚至在缺乏一部反SLAPP法的州中,当然,媒体辩护律师可以努力使一桩麻烦的诽谤案子在审讯前的简要审判中撤诉,一种受最高法院的安德森诉自由游说团案判决鼓励的策略。不幸的是,简要审判动议不能成立,直到后来多数反SLAPP法下维持案件比撤诉案件引起双方更大的法律费用。

最后,对于诽谤的讨论回到了最初的结论:我们观察到这个体系是成本高而且麻烦的,而且,诽谤无论在现在还是将来都仍然是大众媒体的一个重要法律问题。

书面诽谤和口头诽谤概要

什么是书面诽谤和口头诽谤?

书面诽谤与口头诽谤是用以保护名誉受到错误的严重破坏的人的法律诉讼。在传统意义上,书面形式的诬蔑被称为书面诽谤,口头形式的则被称为口头诽谤,但是由于广播电视媒体影响的扩大,这两者的差距变得模糊起来。如今在很多州两者本质上是一样的。

谁能起诉或者被起诉诽谤?

个人和公司但除去政府机关可以起诉。非公司型的协会在一些州也可以而在其他州则不行。个人能起诉群体受到诽谤,如果这个群体相当小并且诽谤指向特定的个人。一般情况下任何对诽谤性言论的发表或转载有贡献的人都能被起诉,即使诽谤出现在直接引语、现场采访、广告或者给编辑的信件中。

为打赢诽谤官司,原告必须证明什么?

为了打赢官司,原告(那个提起案子的人)必须证实所有诽谤的要素,他们是:(1) 破坏名誉;(2) 确指性;(3) 公开性;(4) 围绕公众关注的话题,错误在出版者或者广播电视播出者一方(即由于疏忽或者实际恶意而传播错误言论);(5) 在很多情况下,存在实际的损失。

有哪些诽谤辩护理由?

即使左右诽谤的要素都存在,如果被告能证明任何法定的辩护理由有效则原告也不能胜诉。主要的辩护理由有:(1) 事实;(2) 公正评论和批评;(3) 特权。最高法院规定原告通常担负着举证的责任;他/她必须证实诽谤性言论的错误——被告没有证实事实的责任。

对公众人物和平民有不同规定吗?

最高法院规定公共官员和公众人物必须证实实际恶意,即明知有错或不计后果地忽视事实导致错误内容的发表。在最高法院的允许下,多数州现在允许平民通过仅证实媒体方的疏忽而非实际恶意来赢得诽谤官司。如果涉及的是纯粹的私人事务而不是公众关注的议题,高等法院认为各州能允许平民在不用证实任何错误存在的情况下打赢诽谤案。

发表撤回声明有什么作用?

在很多州发布一则及时的撤回——与诽谤本身具有一样的显著性——将原告能得到的赔偿限制于特殊赔偿费(即可证实的货币损失)。

第五章 隐 私 权

隐私权的法律概念和诽谤与诋毁有很多共同之处。和诽谤相似，侵犯隐私通常是一种民事侵权行为即一类被伤害一方起诉要求货币赔偿的民事性诉讼。另外，隐私与诽谤相似，是一种基本的州级法律事务，虽然美国最高法院在这个领域中有时候和在诽谤法律中一样，针对各州行为设置宪法限制。事实上，最高法院在诽谤案中的一些主要裁定都被引用于隐私案件，而且最高法院在侵犯隐私案中的裁定有时被引用于诽谤案。

侵犯隐私和诽谤是如此相似以至于被大众传媒公开冒犯和羞辱的人经常同时以两种罪名起诉，希望赢得至少一类官司。诽谤和侵犯隐私是如此相互交迭以至于会经常招致这种双讼法律策略，尤其因为两种诉讼只在辩护理由上有轻微不同。在特定情景中，存在完美的诽谤辩护理由是极有可能的，但对于侵犯隐私案来说可能这还不够分量。

然而，诽谤和侵犯隐私间还存在着重要的差别，包括其历史。诽谤几百年前就出现在英国的普通法中，而侵犯隐私则是一个相对较新的法律行为，它到20世纪才被法院和立法机构广泛认同。

虽然隐私法起步较晚，但在20世纪90年代后期成为最重要和最有争议的传媒法之一。甚至在黛安娜王妃的悲剧性逝世之前的1997年发生的据报道是在躲避狗仔摄影师时司机的疏忽造成的交通事故，产生了攻击性和所谓侵犯性新闻收集活动引起的诉讼高峰。

隐私法的历史

“隐私权”法律概念是在大众媒体、公司和政府机关实力变得足够强大，并且技术上足够成熟到威胁到个人隐私以后发展起来的，它发生在20世纪早期。

直到1990年，力量最雄厚的报纸已经达到了每天接近一百万份的发行量，并且他们凭借的是强调对真实的耐人寻味的犯罪和丑闻的报道，这些故事并不总是真实和有品位的。显而易见，媒体能够毁掉一个人的名誉，有时候诽谤诉讼并不足以弥补这种损失。例如,假设一份煽情报纸曝光了一个人隐秘的(但真实的)私生活,真实辩护理由能排除诽谤诉讼的可能,但不应该存在某种方式使受伤害的一方在法庭上赢得正义吗?

在一篇1890年的被引用最广泛的法律评论文章中,萨缪尔·D.沃伦和路易斯·D.布兰迪斯谈到这个问题。(布兰迪斯后来供职于美国最高法院,发表了一些有关美国表达自由的著名观点。)他们在《哈佛法学评论》上发表的论文主张不论在普通法还是州成文法中都应该存在隐私权。他们觉得,这种权利应该保护著名人物远离对其私人事务的八卦报道。论文至少部分是因沃伦家庭的经历得到启发,在波士顿报纸中时不时能发现沃伦家庭的名字以一种不讨好的方式被提及。

"媒体大大超出了合适和庄重的界线,"他们写道。"闲谈不再是无聊和堕落的产物,而是成为一种商业活动被厚颜无耻和孜孜以求地追逐。"

虽然那篇法律评论后来变得很有影响,但它不能一夜之间造出一场法律革命。事实上,十二年后基于沃伦-布兰迪斯理论的案子才最后到达了纽约上诉法庭,并且法庭并不买账。这个案子(罗宾逊诉罗彻斯特折叠盒公司案(Roberson v. Rochester Folding Box Co.), 64 N.E. 442, 1902)原告是阿比盖尔·罗伯逊(Abigail Roberson),她起诉一个地板广告在未经同意下使用了她的照片。她起诉,但法庭判决"所谓的'隐私权'在法学中尚未找到一席之地……"

然而,罗伯逊在法庭上的败诉很快在纽约立法机关中扭转为胜利,他们迫于法庭裁定后公众的呼声通过了全国第一部关于隐私权的成文法。1903年生效的法案中立法机关制定了现在是《纽约民权法案》第50和51节的内容,一部分这样写:

> ……任何在世的人的名字、肖像、照片在首先获得这个人的书面应允之前不能被用于广告或者商业用途。

显然,这不是一部彻底的法律:它没有谈到沃伦-布兰迪斯思想中的隐私侵权的分类。它所关注的全部是对个人名字或者类似的东西在未经允许下不合法的商业使用——一种独立的违法行为,我们今天称为侵犯公开权。它并未涉及媒体在新闻报道中曝光个人私生活的隐私细节或参与扰民的新闻收集活动的情形。

纽约隐私法制定后两年,一个州高级法庭在司法上首次承认了和媒体有关联的隐私权。在1905年的案子(派维斯奇诉新英格兰生命保险公司案(Pavesich v. New England Life Insurance Co.), 50 S.E. 68)中,乔治亚州最高法院坚持画家保罗·佩夫斯奇(Paolo Pavesich)有权起诉新英格兰生命公司未获得准许下在广告中使用他的肖像,这则广告包含了佩夫斯奇的照片和推荐书,好像他认可了这家公司的保险。

另一桩著名的早期隐私案提出了一个不同的问题,使法庭(和新闻界)前所未有地烦恼:一个公众人物回到私人生活,当媒体在几年后发表了"他现在在哪里"的报道后起诉侵犯隐私权,这可以吗?在西迪斯诉F-R出版公司(Sidis v. F-R Publishing Co.)(113 F.2d 806, 1940)中,威廉·J.西迪斯(William J. Sidis)起诉《纽约客》杂志的发行人,因为他们发表了一篇关于他的文章。他曾经是个数学天才,16岁毕业于哈佛大学。这篇文章,出版于20多年后,曝光他住在房间简陋的屋子里而且是个低收入的小职员。文章讽刺了他,甚至包括一幅称他为"愚人节傻瓜"的标题的卡通画。

像威廉·J.西迪斯这样的人能起诉《纽约客》侵犯隐私吗?一家联邦上诉法庭判定这桩案子应该撤销,指出报道具有新闻价值。法庭认为,某些甚至是非自愿地成为著名人物的人(如西迪斯)不能在以后的生活中完全避免公开。

西迪斯案当然没有解决这个问题。陈旧但事实确凿的案子继续出现——并且媒体通过引证对这类主题持续的公众兴趣来证明覆盖此类报道的合理性。羞于公开的原告当然争论他们不应该被强迫像已经忘记他们(或者甚至不知道他们)的人暴露过去的行为。

然而,这些早期的隐私案中诞生了两个法律概念。首先,有观点认为新闻媒体不需要在处理具有新闻价值的主题时获得允许。但是另一方面,当个人的姓名或者肖像用于商业用途(如广告),必须获得这个人的允许。大多数州现在已经承认了至少这些方面的隐私权,通过成文法或者法庭裁定。

同时,美国最高法院开始承认也存在宪法规定的隐私权,虽然没有一项早期最高法院的裁定真正涉及大众媒体。相反,早期案件围绕的都是个人避免政府侵犯他们私生活的权利。高等法院承认早在1886年的博伊诉美国(Boyd v. U.S.)(116 U.S. 616)的法律职能部门文档中的隐私权。在那桩案子中,法院表示第四和第五修正案为政府侵犯"家庭的圣洁性和生活的隐私性"提供了保护。

在1928年,路易斯·布兰迪斯——那时是高等法院法官——发表了著名的反对意见催促承认奥姆斯特德诉美国案(Olmstead v. U.S.)(227 U.S. 438)中的隐私权。这个案子围绕政府偷听以获得针对走私嫌疑人的证据的行为,多数意见认为如果联邦代理机构没有为偷听而物理侵犯,并不存在任何隐私权的侵犯。但是在他的反对意见中,布兰迪斯要求是"不受打扰的权利”。他说宪法的制定者打算保护“美国公民的信仰、想法、情绪和感受……就像有反对政府的权力一样，他们认同不受打扰的权利——最广泛的权利和公民最看重的权利。”

从那时起，最高法院明确承认隐私权，不论是在媒体案件还是在其他领域中。例如，奥姆斯特德案的多数意见——允许政府偷听只要不存在对其进行实体的侵犯——在40年后的凯茨诉美国案（Katz v. U.S.）（389 U.S. 347）中被推翻。在那桩1967年的案子中，联邦探员使用了安装在公用电话亭顶的监控装置来收集针对赌赛马人（即在赛马上下非法赌注的人）的证据。法院判定认为个人隐私权延伸到所有在合理的预期存在隐私的领域。未经认可的法律执行部门的监视活动不需涉及实体侵犯就可以构成对宪法第四修正案的违反。

自从凯茨案以来的几十年，最高法院反复在隐私问题上作出判决，这些案子都产生于法律执行机构调查员使用其他技术在未授权下进行的搜查。2001年法院反对联邦代理机构使用热敏设备侦察室内大麻贮藏所。在凯洛诉美国案（Kyllo v. U.S.）（553 U.S. 27）中，法庭5∶4的多数意见宣布根据第四修正案热能成像设备的使用违背了隐私权，即使不存在对屋子的物理侵犯。法院认为这是真实的，即使成像设备仅仅从室外探测室内的热能辐射并且不向室内看。

在法院意见中，安东尼·斯卡利亚法官区别了广泛传播公开使用的技术（例如法院以前允许警察用双筒镜对私宅的侦察）和特别的技术，例如一种探察从使用热能探测灯探测贮藏约100株大麻植物的房间里面辐射出的热能。斯卡利亚说在这个例子中存在对于隐私的侵犯。

最高法院也极大地依靠隐私权的基本原理在关于出生控制、堕胎和同性恋权利等方面达成其著名裁定。

在1965年的推翻州法律反对避孕设施的规定（格里斯沃尔德诉康涅狄格州案（Griswold v. Connecticut）（381 U.S. 479）中，威廉·O.道格拉斯（William O. Douglas）法官说列在《权利法案》上的各种权利，合起来成为一种隐私权利，它禁止该州插手私人在婚姻中的性关系。虽然一些其他法官的决定基于不同的原理，道格拉斯的观点后来被广泛引用来支持有限的宪法规定的隐私权。道格拉斯说，夫妇决定使用避孕用品是私人事务，与州没有关系。因此，康涅狄克州禁止（甚至已婚夫妇）使用避孕用品的法律是违背宪法的。

在著名的1973年的最高法院推翻反对堕胎的州法律的裁定（罗伊诉威德案（Roe v. Wade）（410 U.S. 113）中，法庭在作出裁定时关注与个人隐私有关的概念，裁定认为堕胎是女人和她的医师间的私人事务，至少在怀孕早期的几个月中。

自从1973年以来,罗伊案成为20世纪最有争议的高等法院裁定。数百万美国人猛烈抨击这个裁定,它规定在怀孕最初六个月胎儿在母体外还不能存活的时候各州不能禁止堕胎。其他数百万人强烈支持法庭对这个领域中存在隐私权的裁定。

1989年一个意见分裂的法庭通过一个韦伯斯特诉人类生殖服务公司案(Webster v. Human Reproductive Service)(492 U. S. 490),案件短暂推翻罗伊诉威德裁定。在这个案子里,法院采用了一些已经被密苏里州接受的对堕胎的约束。法院肯定密苏里在公共医院中禁止堕胎和公共机构的雇员提供堕胎咨询的规定,以及如果胎儿已经超过20周要求医生在执行堕胎前测试胎儿的存活能力的法律规定。

直到1991年两个有名的坚决支持罗伊和威德裁定的自由派法官威廉·布伦南和瑟古德·马绍尔被更保守的法官戴维·苏特和克拉伦斯·托马斯取代。在1992年对一个案子的法庭判决前,对堕胎意见相左的很多人都期望最高法院推翻罗伊和威德案的裁定。但出乎多数人的意料,温和保守派领导的最高法院在详细审查东南宾夕法尼亚州东南计划生育组织诉凯西(Planned Parenthood of Southeastern Pennsylvania v. Casey)(505 U. S. 833)案中以5:4的投票再次肯定罗伊和威德案的裁定。这件案子里,桑德拉·戴·奥康纳法官与安东尼·肯尼迪法官和戴维·苏特法官的新联合决定各州让妇女选择在怀孕的最初几个月堕胎是"不恰当的负担"。当裁定宣布时,奥康纳说她个人非常反对堕胎,但她补充说:"我们的指责是规定所有人的自由,而不是贯彻我们个人的道德原则……"

法院支持宾州法律的规定:成年妇女流产前必须等待24小时以及要求十几岁的年轻人流产前要得到父母或者法官的准许。法院认为那些不是不恰当的负担。但法院推翻了宾州对已婚妇女必须让丈夫知道堕胎的规定。他们认为,这是不恰当的负担。

为罗伊和威德案撰写法庭意见的哈里·布莱克曼法官和约翰·保罗·斯蒂文森法官同时在1992年的判决中再次肯定罗伊案裁定。主法官威廉·伦奎斯特和其他三个保守派反对,暗示他们会推翻罗伊案判决。预言法庭会推翻罗伊案判决被广泛引用的布莱克曼法官也至少和其他人一样惊讶。布莱克曼说了可能是作为最高法院法官的最具有纪念意义的话之一:

> ……现在当这么多人期望黑暗过去的时候,火焰越烧越旺了……无疑,奥康纳、肯尼迪和苏特法官的联合观点是个人勇气和宪法原则驱动下的行为。

但布莱克曼在他的附议意见中也表现出了令人惊讶的坦率和发表了个人观点：

> 我已经 83 岁了。我不能一直待在法院里，当我离职时，我的继任者的确认工作将很可能集中在我们今天面对的问题上。我承认，那就很可能恰恰是两个不同世界所作出的选择。

当然，肯尼迪、苏特和托马斯法官的确认争执都集中在这个问题上。这三个人是被坚决反对堕胎的共和党的主席提拔的，但其中两人投票支持罗伊诉威德案裁定的基本原则。具有讽刺性的是，当布莱克曼在宾夕法尼亚州东南计划生育组织诉凯西案裁定下达两年后离开法庭时，他的继任者斯蒂芬·G.布雷耶在确认上的争论却主要集中在其他问题上。无论如何，没有一个——包括任命最高法院法官的总统——能预言下次对诸如堕胎这样有争议的话题的最高法院裁定的方向会是怎样的。

在 2000 年，最高法院判定了自从计划生育组织案以来的第一桩流产案件。法庭裁定内布拉斯加州法律禁止的“部分生育堕胎”给妇女中止怀孕的宪法权利带来不恰当的负担，因此违背宪法（斯滕伯格诉卡哈特案（Stenberg v. Carhart），530 U. S. 914）。内布拉斯加州法律将成形胎儿堕胎术定义为某个人为了完成某个程序，故意将未出生的活的婴儿经阴道取出来，或者将婴儿的部分取出来，明知这样会杀死未出生的婴儿。

实质上，法院认为这条法律（类似在约 30 个其他州中禁止成形胎儿堕胎术的法律）太宽泛了，排除了对母亲来说比某些在妊娠晚期流产更安全的流产方法。主法官威廉·伦奎斯特以及法官安东尼·斯卡利亚、安东尼·肯尼迪和克拉伦斯·托马斯反对，分别写出四个观点。实质上，他们争辩说一个州有很多理由拥有禁止成形胎儿堕胎术的自由。斯卡利亚说：“这个被法令禁止的杀死一个成形婴儿的方法如此残忍，以至于大多数诊所对此的记录使人颤栗。”

2003 年，国会通过了禁止成形胎儿堕胎术程序的联邦法律，这对未来的法庭提出了挑战，可能引起一些在最高法院的斯滕伯格案中出现的问题。

在父母计划生育案前一年，最高法院就联邦政府是否可以让那些接受联邦基金的健康医疗服务提供者不向夫妇提出堕胎建议作出裁定。在鲁斯特诉沙利文案（Rust v. Sullivan）（500 U. S. 173）中，最高法院坚持这样的联邦规定。在这种规定下，法院以 5∶4 的多数意见裁定医生没有第一修正案允许的权利告诉父母堕胎信息。（然而联邦规定后来修改，仅将禁令用于联邦支持的医生。）哈里·布莱克曼法官反对鲁斯特案裁定，称它为比以前保护第一修正案权利和隐私权的判决的一大退步。布莱克曼写道：

> 一个人必须怀疑第一修正案具有了某种强制性，如果妇女和医生间对话要看政府脸色的话。

因此，当一年后最高法院以 5:4 投票反对推翻罗伊和威德裁定时，布莱克曼感到非常惊讶。但当最高法院对于这些有争议领域的隐私权的裁定越来越多地见诸报端，法庭也认识到一些领域中的隐私权会直接影响大众媒体。本章后面部分关注纯粹和媒体相关的隐私法律。

当法庭考虑与堕胎有关的宪法规定的隐私权时，另一桩隐私事件在当时情况下迫在眉睫——同性恋权利议题。1986 年法庭以 5:4 投票裁定不存在宪法性的隐私权保护扩大到私人的和双方自愿的成人同性恋行为。但在 2003 年法庭自己把它推翻了，认为禁止成年人私人的同性恋行为的法律是违反宪法意义的隐私权。

1986 年最高法院拒绝在鲍尔斯诉哈德威克案（Bowers v. Hardwick）(478 U.S. 186)中承认宪法性的同性恋隐私权。在鲍尔斯案中，法庭赞同乔治亚州禁止诸如甚至自愿的成年人间的肛交这类性行为的法律。乔治亚法律和其他超过 20 个州的法律在作用上相似，将任何人，甚至是异性已婚夫妇的肛交视为犯罪，虽然它起先主要强制禁止同性间的性行为。乔治亚官员认为现在已经很少有检举。

1986 年拒绝推翻乔治亚法律时，法庭 5:4 的多数意见认为宪法作者在起草《权利法案》时肯定没有保护同性恋权利的意图。虽然法院以前坚持宪法包括与避孕和堕胎有关的隐私权，鲍尔斯案的多数意见判定当涉及同性恋的私人性生活时不存在相同的隐私权。拜伦·怀特法官在法庭意见中写道：

> 我们认为可以证实那些案例（围绕避孕、堕胎和相似问题的案子）中声称的权利没有一项和所谓同性恋肛交行为的宪法权利有相似之处。

鲍尔斯诉哈德威克案的裁定是有争议的，尤其因为刘易斯·鲍威尔法官曾经说他仅仅是非常勉强地同意了五人的多数意见，后来又说他改变了想法。1990 年跟纽约大学法学专业学生交谈时，鲍威尔说到在鲍尔斯案中的投票，“我想很可能犯了个错误。”如果鲍威尔投另一方，当然 5:4 投票决定的裁定将是另外一个样子，法院将在 1986 年承认同性恋是宪法性的隐私权。

在鲍尔斯裁定后，很多州在他们的州宪法中承认了同性恋的隐私权，规定这些州宪法比美国宪法提供了更广泛的隐私权。乔治亚州就是其中之一。在著名的 1998 年的裁定中，乔治亚最高法院认为导致鲍尔斯诉哈德威克案的肛交法律违背了乔治亚州宪法对隐私的保护（鲍威尔诉乔治亚州案（Powell v.

State of Georgia), 510 S. E. 2d 18)。1996 年美国最高法院规定,科罗拉多的选民不能通过对已经存在的州和当地保护同性恋权利的法律无效性的投票使同性恋歧视行为合法化。这个罗默诉埃文斯案裁定,已经在第三章中进行了探讨。

2003 年美国最高法院重审这个事件,跨越了不同寻常的一步:在 17 年后推翻了原来的一个裁定。在劳伦斯诉德克萨斯州案(Lawrence v. Texas)(2003 U.S. 5013)中,法院以 6:3 的投票否决了支持鲍尔斯案、与乔治亚法律相似的德克萨斯州的法律。在非常接近的 5:4 的投票中,法庭已经推翻了鲍尔斯案。

当休斯顿警察进入约翰·劳伦斯(John Lawrence)的公寓以调查后来证实为干扰的虚假报告时,新的案子出现了。他们发现劳伦斯和另一个男人在进行肛交。因违背德克萨斯的反肛交法律,两个男人都被捕了,监禁了一晚上并因违反德克萨斯的反肛交法被处每人 200 美元的罚款。两人质疑法律是否符合宪法。

起草多数意见时,肯尼迪法官认为,这两个男人享有隐私权,"他们的私生活有权受到尊重"。他补充说:"州法院不应通过判定他们的私人性行为是犯罪来贬低他们的存在或控制他们的命运。"

被推翻的裁定不仅有德克萨斯的肛交法律,还有 12 个其他州的禁止肛交或口交行为的法律。在劳伦斯案时,四个州(德克萨斯州、俄克拉荷马州、堪萨斯州和密苏里州)仅仅禁止同性间的肛交。九个其他州拥有禁止异性和同性间的这种行为的法律。

劳伦斯案裁定作为这么多年中最重要的最高法院裁定广受同性恋权益律师欢迎。一些保守者对此十分失望并表扬了三个持不同意见的法官安东尼·斯卡利亚、克拉伦斯和威廉·H. 伦奎斯特法官。

斯卡利亚在他的反对意见中写道:"法院在文化战争中站在偏于一方的立场上。"他也批评多数意见在仅仅 17 年后就凭自己的意愿推翻了原先的最高法院裁定,在他的观点中违背了"审慎决定"原则的行为。

托马斯说如果他是德克萨斯的立法机关成员,他将投票反对德克萨斯肛交法律,但作为最高法院的法官他不能投反对票来推翻它,因为他认为宪法不包括一般性的隐私权。

隐私权法律综述

当最高法院在关于隐私权的宪法问题上争执不下时,各州通常在涉及大众媒体的案件中明确他们各自的隐私概念。

1960年,当时最伟大的法律学者之一的威廉姆·普鲁瑟发表了对隐私法的分析,其中他认为隐私权其实可划分为四个不同的法律权利。他的分类被广泛接受并为后继的很多法庭判决提供了基础。普鲁瑟写道:

> 隐私法由四种截然不同的、侵害原告利益的侵权形式组成,他们被一个通用名字联系在一起,但其实除了各自代表对原告权利的侵害,即对库雷法官所说的"不受打扰"的干涉外,几乎没有共同之处。这四种非定义性的侵权行为能被描述如下几点:
>
> 1. 对原告独享的事情或私人事务的侵扰;
> 2. 对造成原告窘迫的私事的公开曝光;
> 3. 公开而使原告错误地暴露在公众视野;
> 4. 为被告的利益私自使用原告的姓名或肖像。(48 Calif. Law Review 383, 1960)

在普鲁瑟发表他的经典分析前很多州法院已经认识到这四种隐私侵权,很多其他州从此开始实践。虽然直至今天并不是所有州都认可所有四种隐私侵权是在民事诉讼中应得到补偿的违法行为。例如,至少十个州拒绝承认普鲁瑟的第三种隐私侵权,即违背意愿将某人暴露在公众视野中。这种错误曝光概念和诽谤相似,因此一些州选择不在诽谤之外承认它是独立的法律诉讼。但是在多数情况中,普鲁瑟的对隐私法的四种分类仍有效,并且本章就是根据这四个概念组织的。

侵扰的概念基于记者收集新闻的行为。对某人追踪得太厉害的记者——尤其是摄影或摄像记者——可能会面对这类案件。90年代末有大量这种案件爆发。

私人事务案经常因散布关于某人私生活私密或过去令人窘迫的信息引起,信息可能在事实上是正确的,因此将原告打赢诽谤诉讼的可能性排斥在外。

误导性将某人曝光于公众之前的案件和诽谤案相似,在传播中必须存在错误的成分。诽谤和个人被误导的基本差别是后者不必证实是错误的言论具毁谤性。

第四种隐私侵权在多数情况下发生在与广告或和娱乐相关的传播活动中,或者可以称为不当使用或对公开权的侵犯,它禁止为了商业利益对个人姓名、肖像、声音或其他关乎公众形象的成分未经授权的使用。

和诽谤法一样存在着辩护理由使媒体逃避隐私侵权案的责任。两个得到最广泛认可的辩护理由是新闻价值(或公众兴趣)和知情同意。如果媒体显示某新闻报道或广播的主题是具有新闻价值的,私人事务隐私诉讼中的原告极有可能输掉官司。然而,新闻价值辩护理由对侵犯或公开误导引起的隐私侵权无济于事。甚至名人有权躲避记者的折磨,虽然这种权利是很有限的。再多的新闻价值也不能原谅公开误导的新闻报道。当事情是未经授权对个人姓名或肖像的商业使用(例如在广告、影视片或海报中)时,新闻价值也不是有效的辩护理由。事实上,个人的新闻价值越高,越可能受到在未经允许下其姓名或肖像被使用于商业用途的伤害。

知情同意辩护理由在不当使用案中最有效:名人经常允许商业使用其姓名和肖像,但需要付给费用。知情同意辩护理由对其他种类的隐私案也可能有效,如果能证实起诉的人确实给予了允诺。

除了这两个普通法方面的法律辩护理由外,美国最高法院创造了隐私案中的宪法性辩护理由。事实上,《纽约时报》诉沙利文案的原则从诽谤移用到了隐私法并适用于某些隐私案中。另外,最高法院也承认了媒体具有宪法赋予权利出版一些合法取得的公开记录的内容,即使有人声称公开这种信息是隐私侵权。

虽然这些辩护理由能使大众媒体在法庭上打败隐私侵权的指控,这个领域仍存在着严重的法律风险。因此需要在这里更详细地介绍这四种主要的隐私侵权。

侵扰

侵扰概念的实质更多是对报社、摄影或摄像记者的行动而不是媒体内容的起诉。当记者不正当地侵犯某人的独处或隐秘或私人事务时对其进行补偿的法律诉讼。它经常涉及调查、偷听、使用隐形照相机或阻挡某人期望一点和平和安宁的权利。

一般来说,记者有权在公共场合提问和摄影,而不用冒侵犯隐私权的危险。事实上,在使用小型电子监听装置和长远距离摄像镜头的时代,技术为新闻收集创造了很多新机会(或者威胁到个人隐私,怎么看由个人观点决定)。虽然法律给予记者收集新闻的宽松环境,这种权利仍然受到约束:记者有时被起诉逾越了正当寻求新闻或视觉形象的界限。“小报电视”不断增长的受欢迎程度导致了大量新的争议和这个领域的案件,因为摄影记者密切跟踪他的目标——在跟拍时经常和执法人员一起进入私人住宅。这导致很多新的法院裁定坚持媒体有时能因侵犯性新闻收集活动被起诉,包括在两年中作出的两个著名的美国高等法院裁定。

1999 年美国最高法院的裁定制止了媒体跟拍。在威尔逊诉莱恩案(Wilson v. Layne)(526 U.S. 603)中,法院裁定,当执法人员有搜查证或逮捕证时允许媒体和他们一起进入私宅违反了宪法第四修正案。

虽然威尔逊诉莱恩案对一些新闻收集是严重打击,另一个高等法院的裁定则是极大的胜利。在巴尼奇诉沃坡尔案(Bartnicki v. Vopper)(532 U.S. 514)中,高等法院 2001 年支持媒体,如果是关于有新闻价值的主题,媒体享有第一修正案权利播放未知的第三方录制的私人移动电话交谈录音。这两个案件将在后文进行讨论。

早期侵扰案

早在电话偷听和媒体跟随执法人员拍摄成为全国性问题并导致高等法院裁定之前,很多个人起诉侵扰性新闻收集侵犯了他们的隐私。这些早期案件在形成侵扰的现代概念中扮演了主要角色。

早期迪特曼诉《时代》公司案(Dietemann v. Time Inc.)(449 F.2d 245, 9th cir., 1971)是记者侵犯隐私的典型例子。《生活》杂志的两个记者调查了一个怀疑假扮病人和她的丈夫,在没有许可证的情况下试验药品的人。他们在这个人的家——做试验的地方——采访他并暗中拍照。他们携带了窃听电子设备使附近的执法人员能监视和录下谈话。采访结果致一起犯罪起诉和一篇登在《生活》上的题为"打击庸医"的文章。

指控为庸医的这个人起诉侵犯隐私并最终赢得 1000 美金的一般赔偿费。但这已是几年后向美国上诉法庭上诉的结果。1971 年的裁定中上诉法庭承认照片和报道具有新闻价值,但认为记者在收集信息过程中侵犯了迪特曼的隐私权。杂志有权发表报道,但无权在别人屋里使用隐形电子装置获取信息。

如果新闻媒体不能悄悄进入私宅来获得报道材料,那么新闻记者有权进入火灾中的私宅并在公共官员允许时拍照吗?佛罗里达最高法院在 1976 年的佛罗里达出版公司诉弗莱彻案(Florida Publishing Co. v. Fletcher)(340 So. 2d 914)中处理了这个问题。一个摄影记者在火灾后拍摄了地板上女孩尸体的侧面像,女孩母亲随后起诉,声称侵扰及侵犯了隐私权。

佛罗里达最高法院发现在摄影记者行为中不存在可起诉的侵扰和隐私侵权。事实上,处理火灾的官员让摄影记者拍照因为他自己的相机没有胶卷了。法院说:"火灾是公众关注的灾难,而且非常清楚摄影记者和其他新闻媒体人员是在调查官员邀请后进入火灾现场的。"法庭认为记者在这种灾难现场跟随公共官员是惯例。1977 年美国最高法院拒绝重审这个案子。然而,前面提到,1999 年高等法院规定当执法人员有进入私宅的搜查许可和允许媒体随行时,很多情况下他们违背了第四修正案并会招致官司。

此案之前,记者未经户主或房东允许进入私宅会被成功起诉。在此类早期的米斯特拉尔诉哥伦比亚广播公司案(Le Mistral Co. v. CBS)(402 N. Y. S. 2d 815, 1978)中,纽约法院部分肯定了对 WCBS 电视台的侵扰判决。这个案子起于一个新闻摄影记者拍摄了一个风光一时的法国餐厅内部的管理缺陷来做一则关于违反卫生条件的报道。

弗莱彻尔案和米斯特拉尔案提出了隐私法下摄影记者的权利问题。概括这个问题很困难,因为规定因州而异,但在多数州摄影记者如果不在拍照前得到物主的允许会面临民事和刑事制裁。另一方面,摄影记者在公共场合可以为新闻拍摄任何主题——只要不是为了商业或广告目的,原因将在后面介绍。也有偶尔的例外,但普遍原则是为新闻目的、公共场合中相机可及范围的任何东西都可以拍摄。如果照片几乎没有多少新闻价值,并且如果没有以误导的标题造成错误印象,通常这是安全的。

但是即使在公共场合摄影记者也不能过于攻击性地拍照以至于严重影响到别人独处的权利。摄影记者侵扰的经典案件是葛莱拉诉奥纳西斯案(Galella v. Onassis)(487 F. 2d 986, 2d cir., 1973)。20 世纪 60 年代和 70 年代末期,靠为杰奎琳·肯尼迪·奥纳西斯(Jacqueline Kennedy Onassis)和她的孩子摄影为职业的自由摄影者罗恩·葛莱拉(Ron Galella)被联邦上诉法庭要求和奥纳西斯保持 25 英尺距离,离她的孩子甚至距离更远。这决不是个典型案例:在法院下命令前葛莱拉的行为是不可容忍的。他参与了很多攻击性活动,其中一些威胁到了奥纳西斯和她孩子的安全。他跟踪她和她孩子,摄影时冲撞人,惊吓她儿子正在骑的马,并且时时碍事。

事实上,原来的案件过去十年后,奥纳西斯再次状告葛莱拉侵犯她的隐私。她控诉他不断违背原先法庭的命令没有保持足够的距离。法庭同意并判葛莱拉藐视法庭(葛莱拉诉奥纳西斯案(Galella v. Onassis), 533 F. Supp. 1076, 1982)。法院再次强调葛莱拉有权在公共场合拍摄奥纳西斯(或其他名人),或者只要她愿意可以撰写关于她的文章。但是法庭说葛莱拉的行为如此蛮横以至于需要对他的行为进行约束。简言之,这是特殊情形。

在更加典型的情况下,名人对公众场合拍摄他们的行为无能为力,除非身边有保镖阻挡任何人拍照。事实上,偶尔那些想要拍摄名人的摄影者经常遭遇保镖的暴力。在那些案子里,摄影者有诉讼的法律基础——针对那些名人的保护者。但是这对拯救被保安毁掉的照片或者防止拍摄者被赶开无济于事。

然而近年来,记者使用强大的麦克风和远距摄影镜头来偷看和偷听人们在自己房间和其他私人场所的活动的能力,使很多人重新考虑是否记者有权利报道他们在公共场合看见和听见的一切事情。

侵扰的威胁:跟拍

到2003年,在州和联邦法庭提起了很多诉讼指控记者——尤其摄影记者、电视记者和使用隐蔽式相机的记者的各种错误的行为。很多此类案件不仅是宣称的对隐私的侵犯(侵扰的新闻收集),而且是故意的对情绪的伤害(参见第四章)。到现在很多此类案件上诉到了上诉法庭。法院最终的裁定提出了一个问题:记者的第一修正案自由和名人及其他处于例如事故这样具有新闻价值的情形中个人的隐私权间的正当界限在哪里。

事实上,法律的这个领域需要一个新名字:新闻收集侵权诉讼,这个术语包括各种不同的由那些想起诉记者新闻收集行为的人发展出来的法律理论——和因为出现在媒体中的内容起诉不同。当然,那些对记者的新闻收集活动很恼怒的人能起诉侵扰和伤害感情。此外,媒体正面临被起诉侵害、欺骗和"不可容忍",一些州认为这是民事侵权诉讼。

1999年美国最高法院对威尔逊诉莱恩案的裁定清楚地表明,媒体和执法人员对允许记者跟拍进入私宅冒责任风险,即使官员拥有搜查证。法庭认为虽然搜查证给予官员进入私宅的权力,但无论如何在未经户主允许下让记者进入私宅违背了宪法第四修正案禁止非法搜查和逮捕的条令。

法庭考虑不同的因新闻媒体随同官员跟拍时私宅(或在一案中是大农场)受侵犯的人的上诉后作出这一结论。威尔逊案发生于携带有逮捕证的执法人员早上6:45进入查尔斯和杰拉尔丁·威尔逊家中逮捕其实不住在那里的这两人的儿子。一名《华盛顿邮报》的记者兼摄影师和官员一起进入私宅并观察到了官员和查尔斯·威尔逊的混战,威尔逊那时衣衫不整地走出房间询问官员为何会在他家。报社没有发表一张关于这个事件的照片,但威尔逊家起诉官员允许记者进入他们的私宅。

最高法院规定执法人员在多数允许媒体和他们一起进入私宅实施搜查或逮捕的情形中违背了宪法第四修正案。威廉·伦奎斯特首席法官在法庭意见中写道:第四修正案反对不正当的搜查和查封"遵循了几个世纪以来保护住宅隐私的原则……允许官员进入(嫌疑犯的)家并不代表他们能带记者和摄影师进入。"

法院填补了在威尔逊诉莱恩案中官员能被起诉的空白,这和未来的案子不同。伦奎斯特强调关于跟拍的法律在最高法院这个明确规定前是不清晰的。但是将来,毫无疑问允许媒体一起进入私宅实施搜查或逮捕的执法人员将因违背第四修正案招致官司。

另一桩困扰很多记者的案子(并且归因于最高法院听证威尔逊诉莱恩案的裁定)是伯杰诉汉伦案(Berger v. Hanlon)(129 F.3d 505),一项1997年第九美国巡回上诉法庭的裁定。

在伯杰案中,美国有线电视新闻网安排一个电视工作小组跟拍联邦野生动物保护探员在蒙大拿一个75000英亩的大农场上实施的搜捕。联邦探员怀疑年长的农场主保罗·伯杰违反《濒危物种保护法案》(Endangered Species Act)杀死美国秃鹫。携带隐藏式麦克风的探员搜查了农场并在屋子里质问伯杰和他的妻子。

法庭认为通过同意和CNN合作,联邦探员"将搜查证的执行转变成电视娱乐"。玛丽·施罗德法官认为联邦探员和CNN双方能被起诉构成非法的侵扰,她补充说:"执法授权被用于帮助商业性电视,而不是帮助强化法律的目的。"

伯杰后来洗清了杀害保护物种的罪名,仅犯有轻微的滥用杀虫剂罪被处罚了1000美金。作为回报,伯杰家起诉联邦探员和CNN侵犯隐私,索取1000万美金的赔款。

对上诉法庭有利于伯杰家的裁定作出响应,伯杰的律师告诉媒体:"在10辆卡车里的20个武装的持枪探员涌向我的委托人的私宅寻找不存在的东西。他们做的只是表演给摄像机看。"

伯杰案上诉到美国最高法院。法院将它和威尔逊诉莱恩案联系起来考虑,然后将伯杰案发回美国上诉法庭让他们重新考虑基于威尔逊诉莱恩案的执法责任的问题。高等法院认为,联邦官员允许对伯杰进行跟拍时应给予有限的豁免权,因为当跟拍时法律尚不明确。上诉法庭随后紧跟这个推理,对允许跟拍的官员给予法律保护,但认为CNN本身并没有有限的豁免权,因此将CNN置于十分困难的法律处境(参见汉伦诉伯杰案(Hanlon v. Berger),526 U.S. 808)。

甚至在威尔逊诉莱恩案前,媒体律师根据以前不利的法庭裁定警告打扰别人的记者会面临法律危险。1998年加州最高法院通过判决警告很多媒体律师——当电视小组拍摄事故受害者被解救出轿车并在营救直升机上接受紧急药物治疗的录像,电视节目制作人可能被起诉。在舒尔曼诉W组制作公司案(Shulman v. Group W Productions)(18 C.4th 200)中法院判定事故的受害者鲁斯·舒尔曼(Ruth Shulman)拥有上诉权利,声称摄像人员对她的汽车事故的报道具有不正当的侵犯性。虽然州最高法院在辩论中有意见分歧,七人中有五人同意媒体能被起诉侵犯了事故受害人的隐私，即使事故本身具有新闻价值。另一方面，法官同意媒体能不因在接近主要高速公路的地方发生事故这样有新闻价值的情形与隐私事实有关联受到起诉。

凯斯琳·米克尔·沃德基尔（Kathryn Mickle Werdeger）法官在法庭主导意见中写道："……该州不能插手，决定新闻媒体发表或播出东西的适当范围，但媒体也不能在新闻收集的名义下不受限制地违法地窥探公民……陪审团有理由相信对人格尊严的基本尊重要求病人焦虑的旅程只和单独治疗他们的人在一起并且避开其他人（通过相机）侦察的目光。"

看起来在舒尔曼案中最困扰法官的是摄像人员使用隐藏在护理人员身上的麦克风秘密记录了舒尔曼在事故后和急救人员的现场和在直升机中的对话。

隐蔽摄像机或麦克风的使用在一些其他案件中成为核心问题，法庭在这些案子中判定记者会因侵扰性新闻收集而被起诉。这些案子以后，多数媒体律师警告他们的委托人，用相机或录像机跟拍执法人员进入私宅有法律危险，即使照片和录像从未被公布。现在很少有官员愿意冒着被起诉的危险允许进入私宅的跟拍（除非权威人士同意媒体这么做）。

侵扰的危险：隐藏拍摄和秘密录音

法院也显示出对不断增长的对于在私人或者半公开场合使用隐蔽式摄像机的不耐烦。在著名的1999年裁定中，加州最高法院裁定美国广播公司会因让记者斯特茜（Stacy Lescht）假扮成通灵者，使用隐蔽式摄像机拍摄通过电话给予顾客有偿通灵服务时雇员之间的对话而被起诉。桑德斯诉美国广播公司案（Sanders v. ABC）（20C. 4th 907）的裁定中，高等法院要求下级法院考虑恢复给予出现美国广播公司的《黄金时间直播》节目中提供通灵服务的两位雇员120万美元的赔款和律师费。

凯斯琳·米克尔·沃德基尔法官在起草法庭一致意见中写道，甚至公开与同事自由交谈的雇员有"有限的但合理的预期，他们的对话和其他活动不会被伪装的电视记者秘密拍摄。"然而，她也说桑德斯案裁定没有禁止记者在该州使用隐蔽式摄像机的一切情况。她说对隐私的侵害只发生于当侵扰"对理性的人具有很强的攻击性"，决定恰当性与否应考虑到新闻收集者的动机。媒体仍然会争辩，隐蔽式摄像机的使用是特殊情形的需要，这是不能由其他途径实现的收集新闻的合法需要。

在桑德斯案中，电话通灵者在向非雇员禁止开放的一间大房间中的小隔间中工作。她在其他雇员不知情的情况下，在帽子上的鲜花中放置了隐蔽式摄像机并在胸罩上别了一个麦克。法院总结说,那是不适当的侵犯,即使最终报道了具有新闻价值的事实:电话通灵者并不是一直严肃对待给予900条热线上打电话者的建议。

相同的美国广播公司秘密从事的调查也引发了1999年美国第九巡回上诉法庭的裁定。在这桩联邦案件中,法院规定隐蔽式摄像机披露的主题不能因联邦的偷听侵害行为而被起诉,除非他们能显示新闻组织企图触犯刑事或民事罪行。这个规定来自苏斯曼诉美国广播公司(Sussman v. ABC)(186 F.3d 1200, cert. den. 528 U.S. 1131)案。

在苏斯曼案中12个电话通灵公司的雇员申请赔偿,称对他们对话进行秘密录音然后在《黄金时间直播》中播放,美国广播公司违背了联邦反窃听的法令。他们的律师希望采用这项法律手段在不追随桑德斯案先例的州也可以建立针对媒体起诉的先例,但这并未奏效。亚历克斯·科津斯基法官在无异议的联邦上诉法庭陪审员意见中似乎在强调桑德斯案明确了偷拍曝光的媒体责任的界限。他写道:"虽然美国广播公司的录制在州法律下很可能是对隐私的侵权行为,原告没有提供有效证据证明美国广播公司在制作录像带时怀有非法或侵犯的目的。

桑德斯和苏斯曼案是另一个案件的重演,在这个案子里美国广播公司因为在卡罗莱纳州北部和南部的狮王食品公司连锁店中安排两个《黄金时间现场》的工作人员求职——并且使用隐蔽式摄像机记录食品处理过程中的健康危害而被陪审团判550万美元的赔款。正如第四章中所述,判决被审判法官减少到315000美元,后来被联邦上诉法庭减少到一个象征性的金额(2美元)。但是美国广播公司至少在法律诉讼费用上花费了一百万美元。

另一方面,最近一些法庭的判决支持记者使用隐蔽式摄像机和麦克风的权利。一个著名的例子是德特丽萨诉美国广播公司(Deteresa v. ABC)(121 F.3d 460)的一桩1997年的裁定,美国第九巡回上诉法庭解释加州隐私法允许电视网秘密录下制作人在他的一名不情愿的新闻线人的门廊上与他的对话,公布其中一部分。法庭驳回了空姐比佛利·德特丽萨(Berverly Deteresa)对媒体的诉讼,原告工作的航班曾经在尼科尔·布朗·辛普森和罗恩·戈德曼被谋杀的夜晚接载O.J.辛普森到芝加哥。

谋杀案发生后一周,一位美国广播公司制作人前往德特丽萨住所请她在美国广播公司节目中讨论这次飞行,她拒绝了。但她也承认听到新闻报道她知道的航班情况是错误的她很"失落"。在话语中,她质疑了辛普森在航班上一直把手放在冰袋上的报道。在深入交谈之后,她说她会"考虑"参加美国广播公司节目。

制作人第二天打电话给德特丽萨并再次请她露面。在她拒绝时，制作人告诉她他录下了前天在她门廊上的交谈，而且美国广播公司的摄制人员拍下了他们在附近街上的交谈。她挂断电话，后来她丈夫打电话给制作人要求不公布磁带。

美国广播公司在《一日》节目中播出了5秒的片断，以及她对辛普森在航班上行为的回忆的大概内容。

上诉法庭告诉德特丽萨在她和电视制作人在附近街道能看见的前门走廊上交谈时不存在隐私的恰当预期。法院认为加州关于窃听或偷录的法律禁止暗中对任何“私人交流”进行录音，但美国广播公司没有违背加利福尼亚的窃听法，因为法律仅适用于当某人有理由预期谈话内容是秘密的时候。法庭指出，德特丽萨知道她在和媒体代表交谈并且其他人能够看见或听见谈话。她继续告诉他在航班上的所见。根据这些事实，不存在对窃听法的违背。联邦上诉法庭断定也不存在可控告的侵犯隐私诉讼。美国最高法院后来拒绝听审德特丽萨案的上诉。

快速发展的偷拍采访涉及的法律复杂性的证明是，坚持美国广播公司有权公布在门廊上秘密录制的德特丽萨的影像资料的同一法院后来在类似案件中作了相反的裁定。

1999年美国第九巡回上诉法庭在阿尔法治疗公司诉日本广播协会(Alpha Therapeutic Corp. v. Nippon Hoso Kyokai)(199 F.3d 1078)案中裁定广播公司秘密在别人门口台阶上录制采访然后不经允许公布磁带是侵犯隐私的。这次法庭认为，一个内科主任和他的公司可以起诉，是因为日本政府控制的电视网NHK(日本广播协会)虽然和美国广播公司做了同样的事情——但公布了很多的磁带内容。

NHK的记者到阿尔法治疗公司的内科主任克莱德·麦考利(Clyde McAuley)家去并身带着隐蔽式摄像机在门口采访了他。和德特丽萨案一样，对话从停在街上的货车中进行秘密录制，然而，NHK播出了这次采访的音频。NHK仅在日本播出的一小时节目中使用了较多的采访录音。这个节目指控阿尔法治疗公司将污染了艾滋病毒的血液制品运到日本，然而，美国也播出了一个小片断。上诉法庭认为NHK作为外国政府的机构部分免于被诉。但法院同时判定在美国的播出和新闻的收集是可受控诉的。这个案子被返回下级法院进行庭审。

在阿尔法治疗公司诉NHK案中，上诉法院认为陪审团能断定偷录是侵犯隐私的，因为麦考利只知道他在跟记者交谈，他不知道谈话正被录音。法院认为:“一个人可以正当地预期隐私而反对电子录制交谈，即使他没有正当地预期交谈内容的隐秘性。”法院认为陪审团发现录制在私人场合进行，并且对理性的人有“高度的攻击性”——这两个元素构成了加州法律下可诉的侵扰。（像德特丽萨案，居住地的多样性决定了是联邦案件，要求联邦法庭使用州法。）法庭也引用了加州的偷录法律，它允许任何“私人谈话”的偷录受害者提起民事诉讼。

和其他州和联邦偷录法不同，加州偷录法要求“私人谈话”的所有参与者对其他人录制或监听的交谈给予许可。

加州最高法院 2002 年采纳了对“私人谈话”的更宽泛的定义，增加了大量会被认为是秘密的而因此禁止秘密录制或监听的交谈。法院否认了联邦法庭在德特丽萨案中使用的更加狭隘的“私人谈话”定义，增加了录制谈话但不清楚所有交谈方的记者的陷阱。在弗兰纳根诉弗兰纳根案（Flanagan v. Flanagan）（27 C. 4th 766, 2002）中，法院认为在交谈的任何一方认为不能被任何其他人录制或监听时，交谈是私人的，因此不能被秘密录音。在这种定义下，甚至知道交谈内容不保密的一方也能合理预期隐私，这样不允许秘密录音。

再次证明这个领域的法律的复杂和矛盾的例子，是美国其他地方另一个联邦上诉法庭在 1995 年的德斯尼克诉美国广播公司（Desnick v. ABC）（44 F. 3d 1345）案的裁定中肯定了美国广播公司有权使用隐蔽式摄像机收集新闻。在这个案子中，美国广播公司的《黄金时间直播》安排携带了隐蔽式摄像机的七个员工假扮诊所病人接受白内障治疗。结果，报道暗示在伊利诺伊、印第安纳和威斯康星州有 25 家连锁诊所的德斯尼克眼科中心替有医疗保险的病人做了不必要的白内障手术。美国第七巡回上诉法庭认为德斯尼克无权起诉侵权，即使美国广播公司让人假扮病人携带隐蔽式摄像机进入诊所。德斯尼克案的裁定非常引人注目，因为法庭意见是由一位美国最著名的上诉法官和被广为引用的隐私法专家理查德 · A. 波斯纳（Richard A. Posner）撰写的。

美国广播公司在 2003 年打赢了另一桩偷拍官司，美国第九巡回上诉法庭解散了针对媒体的诉讼案子，媒体网络使用隐蔽式摄像机披露亚利桑那州过程有疑点的医学实验室测试帕帕尼科劳[①]试验（医学实验室管理顾问组织诉美国广播公司案（Medical Laboratory Management Consultants v. ABC），306 F. 3d 806）。法院认为美国广播公司在《黄金时间直播》节目 52 秒的实验室片断中没有违背亚利桑那州法律和任何人正当的对隐私的预期。录像披露的仅仅是试验过程和相关商业事宜，并没有任何人的私事。

---

① 一种对女性生殖器官癌症的检查。

侵权的危险:一项最高法院裁定

暗中监听和录制电话交谈然后播出它们的问题导致了 2001 年美国最高法院的裁定。

前面强调过,这发生在巴尼奇诉沃坡尔案中。在这桩案件中,高等法院规定广播公司享有第一修正案权利播出具有新闻价值但是对私人电话的暗中录音,在 6 人 3 票的表决中,法院否决了认为广播这种录音违背了联邦窃听法的意见。

在这个案子里,宾州播音员弗雷德里克·沃坡尔(Frederick Vopper)获得了一盘记录两个教师联盟工会官员间对话的磁带。制作这盘磁带的人匿名传给了对教师工资的争论中的一个本地的反对收税的改革者。这个税改反对者随后把它交给沃坡尔,他数次在他的脱口秀节目中广播了录音。这个磁带中有对当地学校负责人激烈的言辞。其中,一个联盟官员跟另一个说:如果学校董事会成员拒绝联盟提高收入的要求,"我们打算去他们的家中……去敲掉他们的门"。格洛利亚·巴尼奇和另一个联盟领导人起诉沃珀尔广播了谈话录音。

没有人质疑监听了电话并且制作了这盘磁带的人违反了法律。但法庭判定当这种磁带涉及的是公众关注的事务并且媒体从第三方合法得到磁带而未参与非法录制时,媒体享有播出磁带的第一修正案权利。

约翰·保罗·斯蒂文森法官在得出这个结论时很大程度上参考了"五角大楼文件"案(《纽约时报》诉美国案在第三章中讨论过),这个案子里法庭允许《纽约时报》出版所谓"五角大楼文件"的摘要,即使他们是被非法复制后给《纽约时报》的。

斯蒂文森说,"陌生人的非法行为并不足以改变第一修正案对于公众关注事务的保护"。

然而,斯蒂文森和桑德拉·戴·奥康纳两位法官同时撰写了独立意见,他们对这些案子中的媒体权利的看法比斯蒂文森要狭窄。他们说媒体无权公布披露对某人私生活的闲言碎语的磁带,这与诸如教师收入这样的当地重要事件的讨论不同。首席法官威廉·伦奎斯特主法官、法官安东尼·斯卡利亚和法官克拉伦斯·托马斯存在不同意见。他们说媒体不应对公布私人电话偷录录音不负责任,即使它是关于公众关注的议题。

因此,这个结果是媒体的胜利,但很有限。传播偷录磁带的权利仅限于关于公众关注事件的谈话,这通常是政治或者社会事件。近年来新的电话技术也使媒体干涉私人电话变得难得多。媒体律师被广泛传言欢迎巴特尼基案这样的好裁定——虽然强调由于在数字时代私人电话保护技术的发展使其对隐私的真正影响很小。

重要的是,在巴尼奇案判定后不久,最高法院拒绝介入另一桩电视台在非法录音中扮演了重要角色的案子:皮维诉 WFAA 电视台(Peavy v. WFAA-TV)(221 F. 3d 158, 2000)案。在这桩案件中,美国第五巡回上诉法庭认为,电视台负有侵权责任,因为记者和非法监听并录制了邻居无绳电话交谈的家庭进行了合作。邻居卡弗·潘恩·皮维(Carver Dan Peavy)是被选举出的德克萨斯州达拉斯市的中学理事,被录下的谈话使电视台记者相信皮维在学校保险购买中拿了回扣。磁带并没有公开,但 WAFF 电视台在准备几个怀疑皮维犯法行为的报道时使用了它们。皮维提起诉讼,但审判庭根据第一修正案驳回了这个案件。上诉法庭恢复审理了这个案子。

侵权的危险:其他问题

除了一些例外,如今明显的趋势是法院对怀疑侵害了某人物理的孤独状态的攻击性新闻收集方法采用狭义的观点。在黛安娜王妃逝世后,记者开始遭遇对他们跟踪具有新闻价值的人或者使用高科技硬件观察私人场合的权利的法定限制。1998 年国会考虑立法禁止狗仔摄影者以及其他参与攻击性新闻收集的人,联邦个人隐私保护法案在起草后未被采纳。

1998 年加州制定了反狗仔队法律。在这部法律下,记者企图捕捉私宅中的个人或家庭活动的影像或者声音即构成侵权,如果诸如麦克风或长焦镜头这样的"强化装置"用来捕捉不使用这些装置无法得到的图像或声音,这种场合存在对隐私的合理预期。如果记者偷听以获得这种图像或声音,那也是侵犯隐私,无论他是否使用强化装置。在任何案子中,受害者可以索赔三倍赔偿费(实际损失的三倍)。

甚至在没有这种法律的州中,攻击性的新闻采访不仅有民事官司的危险而且会导致刑事制裁,记者会多次被指控窃听、攻击和不计后果的驾驶。

在很多提出诉讼的电视小报案中,很少有像克利夫诉纳拉甘塞特电视台案(Clift v. Narragansett Television)(688 A. 2d 805)那样引人关注和令人困扰,在这个案子里一个新闻人通过电话和一个待在自家的人威胁要自杀的人交谈。这个人显然看了电视新闻,包括早上 6:04 摘自电话的录音,然后 6:07 自杀——他的电视机还开在那个播出这个新闻的电视台。他的遗孀从多个法律角度起诉电视台,后来 1996 年罗得岛最高法院拒绝了电视台想让案子撤诉的动议。

隐私事实的披露

第二种广泛承认的隐私侵权是对私人事务的公开披露。在很多州,原告为了赢得隐私案必须证实对公众披露的私人事务是没有新闻价值并且采用的形式对这个人具有攻击性和令人不快。包括俄勒冈在内的一些州允许私人事务隐私诉讼只有当披露的事情确实是不可容忍的(不可容忍作为一个法律概念在本章后面会进行讨论)。包括纽约和北卡罗莱纳在内的一些州不承认这种形式的隐私侵权。1997 年印第安纳州最高法院的大多数人反对私人事务在州中成为法律诉讼对象(杜埃诉卫理公会教派医院案(Doe v. Methodist Hospital), 690 N. E. 2d 681)。另一方面,1998 年明尼苏达最高法院开创了新的法律基础,不仅承认私人事务概念,还承认在该州侵扰和不当使用是可控诉的隐私侵权形式(莱克诉沃尔玛商店案(Lake v. Wal-Mart Stores), 582 N. W. 2d 231)。

对曝光私人事务的法律控诉为羞于公开但因为曝光事实准确几乎没有机会打赢诽谤案的人提供了补偿。在很多州中这种隐私侵权给记者带来麻烦,因为他们经常很难参与可能引起官司的报道。对于记者来说看起来明显具有新闻价值的事件对其他人来说可能是对隐私的公然侵犯。也许介绍一些引起官司的这类例子有助于证实这个问题。

在一些州,出版或者广播某人羞人的过去会引起诉讼,如果这个人后来改变了他的生活方式尤其如此。多年来加州法院在这个领域中引领着潮流,在很多关于某人羞人历史的细节被曝光的例子中倡导诉讼保护。这些关于陈旧但真实的事实的案子中最早的——也可能是最著名的——是 1931 年加州上诉法庭对梅尔文诉里德案(Melvin v. Reid)(112 C. A. 285)的判定。这个案子源于一部披露被指控为谋杀者又宣告无罪释放的前妓女往事的电影。她少女时的名字被电影宣传片使用了。然而,在谋杀审判后这个女人搬到了另一个城镇结婚并开始了新的生活方式。她说她的新朋友并不知道她的过去。法庭判定她有权起诉被侵犯隐私。这个过程中,法庭创造了决定是否新闻价值辩护理由有效的社会效用测试法。在梅尔文和一些后来的加州官司中,法庭认为如果传播几乎没有社会效用或者社会价值,新闻价值辩护理由是无效的。

事实上,梅尔文案中的电影制作人侵犯了两种不同的隐私侵权:暴露私人事务和未经女士同意将她的名字用于商业用途。后一种侵权形式将会在后面进行探讨。

自梅尔文案以来的一些判定中,加州法院重申他们的立场,认为如果再版物几乎没有社会效用,一个人的隐私权有时会受到陈旧新闻的再版物的侵犯。在1971年的布里斯科诉读者文摘案(Briscoe v. Reader's Digest)(4 C.3d 529)中,加州最高法院允许《读者文摘》发表11年前卡车劫持者姓名的案子继续。他的新家庭和朋友从杂志文章中首次了解他的过去。虽然男子最终输了官司,州最高法院说在这种情况下存在诉讼成立的法律基础。

1978年加州上诉法庭在康克林诉史洛士(Conklin v. Sloss)(86 C.A.3d 241)一案中做出了类似裁定。这个案子涉及一家小报纸的《二十年前……》专栏。报纸再版了当地男子谋杀的故事,这个人起诉了这家报纸,坚持他已经向社会赎罪并且结交了不知道他过去的新朋友。上诉法庭也认为他有权为隐私受到侵犯辩护。尽管和布里斯科案一样,他输掉了庭审,但这两个先例——在这种情形中的人有权起诉——至少在加州多年来有效。但是即使在加州,根据1980年的州最高法院裁定(福肖诉布廖西案(Forsher v. Bugliosi),26 C.3d 792),除了恢复声誉的罪犯,这个原则并不是对每个人有效。2003年加州上诉法庭拒绝效法布里斯科先例,认为它已经被最近的美国最高法院裁定推翻(盖茨诉发现通讯公司案(Gates v. Discovery Communications Inc.),106 C.A.4th 677)。

美国最高法院在1975年的考克斯广播公司诉科恩案(Cox Broadcasting v. Cohn)(420 U.S. 469)和一些后来的案子中对布里斯科案的观点提出质疑。高等法院在考克斯案中裁定,媒体因将法庭记录和其他公开文件中合法获得的信息准确公开而负有隐私法方面的责任是违背宪法的。

考克斯案的最高法院裁定源于确认乔治亚州的强奸受害者的一则电视新闻。乔治亚州法律禁止公开或播出强奸受害人身份,但记者获得了一份犯罪过程中对几个指控强奸的年轻人的法庭记录。受害人辛西娅·科恩(Cynthia Cohn)在公开记录中被确认身份,考克斯广播公司在对庭审的报道中使用了这个名字,受害人的父亲马丁·科恩(Martin Cohn)起诉考克斯广播公司,指控广播公司确指她女儿侵犯了她的隐私。

乔治亚最高法院认为依据法律反对公布强奸受害者的姓名,也规定父亲能在普通法下起诉隐私侵权。然而1975年美国最高法院推翻了这个裁定。拜伦·怀特法官在8比1的多数意见中裁定,如这个案子中所涉及的,州不能对准确报道了公开的法庭记录内容的媒体进行制裁。引用威廉·O.道格拉斯法官早先的观点,怀特法官写道:"庭审是个公开事件。发生在法庭上的是公共财产。"

当时这个裁定被普遍视作大众媒体的胜利。正如第三章中提到的,最高法院也在其他情况中应用了这个原则。后来最高法院的裁定暗示考克斯案的规定不限于法庭记录：

> 我们（在考克斯广播公司诉科恩案中的）那个规定认为当电视台公开的仅是已经公开的信息时，根据第一修正案，针对电视台违背隐私的民事诉讼不是一直成立的。著名的（通讯公司诉弗吉尼亚（Communications v. Virginia），435 U.S. at 840，1978 案）

被广为尊重的民事侵权法概要《侵权法重述（二）》在这点上持相同观点，声称："这个案子（考克斯广播公司诉科恩案）……坚持在第一修正案下披露和公开公开记录中的事实并不承担侵权责任。"

然而正如第三章介绍的，1989 年的佛罗里达明星报诉 B. J. F.（491 U.S. 524）案的裁定中，最高法院避免了对考克斯广播公司诉科恩案裁定的扩大阐释。虽然 1989 年的案子推翻了针对公开强奸受害者姓名的新闻组织的隐私侵权判决，但 1989 年的裁定在适用范围上有了更多限制。事实上，这次法庭指出，即使媒体准确报道了他们合法获得的信息，他们也未必能躲避所有的官司。如果信息是从法庭记录中合法获得的，公开是安全的。但是最高法院不再认为当信息从其他渠道合法获得时这也成立。另一方面，州法律对出版或播放性犯罪受害者姓名的禁令也面临着州法庭上宪法的挑战。在第三章中提到，佛罗里达州最高法院在 1994 年的佛罗里达州诉环球通讯公司案（648 So. 2d 110）中推翻了这样的法律。

如果考克斯广播公司诉科恩案和更新的佛罗里达明星诉 B. J. F. 案给媒体权利公开从法庭记录中合法获得的信息，这是否意味着反对公开少年犯罪者姓名的州法律无效？美国最高法院也处理了这个问题。

公开少年罪犯姓名和其他伦理问题

显然，涉及公开性侵害受害者和少年罪犯姓名时存在伦理和法律问题。但在这两个领域中，很多法律问题已经按照对媒体有利的结果得到了解决。最高法院 1979 年规定任何州不得对媒体传播少年罪犯姓名时制裁媒体，即使信息是从公开记录以外的秘密的来源获得的。高等法院没有对这种信息从非官方秘密的来源获得时隐私民事侵犯案作出规定，但至少对记者的刑事制裁被禁止了。

1979 年的案件（史密斯诉《每日邮报》案，Smith v. Daily Mail，443 U.S. 97）是对西弗吉尼亚州规定公开少年法庭记录中的年轻人姓名的报纸犯罪的法律规则的实际应用。案子起源于两份新闻报纸揭发了被指控枪杀了同学的 14 岁男孩的身份。枪杀发生在一所中学，记者从目击者那里了解到了姓名，他们也从警队广播的监听中听到了名字。

在指控之后，西弗吉尼亚最高法院推翻了两个指控，并且美国最高法院赞成这个判决。首席法官沃伦·伯格写道：

> 这个事件仅是州对合法获得信息后公开少年罪犯姓名的报纸施加惩罚的权力。

在使这项西弗吉尼亚法律无效时，法庭指出，州政府对保护少年罪犯匿名的兴趣大小并不足以证明强迫报纸接受刑事惩罚是正确的。

然而，伯格警告说，如果存在一个事件“媒体非法接触秘密的司法程序”或者“公开隐私或预先判断的事先审理”，或者如果公开的信息是错误的，法庭可能支持一条相似的法律。

这也对另一桩案子提出异议，最高法院感到介入以保护媒体传播合法获取的信息的权利是必要的。史密斯诉《每日邮报》案没有制造一个新的隐私辩护理由，但它清楚地显示，起诉媒体刑事犯罪并不是阻碍传播少年罪犯姓名（以及其他羞人信息）的适当方法。

史密斯诉《每日邮报》案令人难忘的另一个要点在于它没有禁止向出版不属于公开记录的个人信息提起隐私侵权的诉讼，最高法院仅仅禁止了刑事性制裁。此外，最高法院也没有确认任何揭示性犯罪受害者和少年罪犯姓名的特殊权利。宪法仍允许各州保护那种信息的秘密性——很多州确实也是这么做的。但是如果媒体从公开记录中合法获得性犯罪受害者姓名，媒体可以公开并不用害怕受到刑事制裁。正如刚才解释的，当媒体从公开记录中合法获得性犯罪受害者姓名时，考克斯案和一些后来的最高法院裁定一般保护媒体不受隐私侵权的民事诉讼。但这个领域也存在一些悬而未决的问题，尤其是当媒体从秘密来源而非公开记录中获得信息时。

这个领域的伦理问题被 1991 年全国播映的对麻省民主党议员爱德华·肯尼迪的侄子威廉·肯尼迪·史密斯的庭审中加以强调。大多数媒体遵守了佛罗里达州法律对公布声称的性犯罪受害者姓名的禁令（前面提到，这个法律后来被判违背宪法），《纽约时报》和一些其他引领性的新闻媒体公开了这个女子的姓名。（在姓名出现在《纽约时报》上以后，很多《纽约时报》员工决心抗议编辑的决定。）在史密斯被陪审团无罪释放后，这个女子同意在镜头前接受美国广播公司电视台的采访。从那时开始，多数新闻媒体开始使用她的名字。

另一桩提出有力的法律问题和伦理问题的是 M. G 诉时代华纳公司（M. G. v. Time Warner）（107 Cal. Rptr. 2d 504）案，其中加州上诉法庭允许小联盟的父母起诉,因为《体育画报(*Sports Illustrated*)》出版了他们的孩子和后来查出是恋童癖的教练合影的照片。虽然没有一个儿童被点名,他们在照片上却能被识别出来。上诉法庭拒绝撤销这个官司,判定照片未必有新闻价值,出版它是"逾越新闻影响和公信力价值"的侵权行为。时代华纳公司的律师质疑了这个庭审的判决导向,认为允许对"公正的、非隐私的关于一个具有合理的重要性的主题信息"的出版物提起诉讼在法律上是错误的。

另一个未解决的问题是,州允许对出版从陈旧的公开记录中获得的信息提起诉讼是否符合宪法。前面提到,例如在加州,尽管存在考克斯案判决,仍旧继续受理这类诉讼。如果最高法院认为州法院不能对任何出版从法庭记录中获得的信息强加责任,陈旧的公开记录不应该和新的同样适用吗?把考克斯案和 B. J. F. 案合起来看,似乎意味着媒体能报道任何合法获取的司法记录,包括陈旧的记录。

此外,加州和其他一些州在将考克斯判决广泛应用——尤其在困难的情形中,感到为难。例如,1988 年发生了对指认谋杀者的女子点名的一桩麻烦的案子:时代镜报公司诉对圣地亚哥郡最高法院案(Times Mirror Co. v. Superior Court of San Diego County)(198 C. A. 3d 1420)。在这个案子里,一个女子在她的室友被强暴和谋杀后回到家。在她到家时,她看见了谋杀者离开。《洛杉矶时报》公开了她的名字并声称她发现了尸体,但没有点明她也看见了逃走的嫌疑犯。虽然如此,她起诉指出报道中提她的名字使嫌疑犯极大地危害她的安全。

《洛杉矶时报》申辩说使用名字是绝对免责的,因为名字出现在一份官方的验尸官报告中,这是一份公开记录。然而,加州上诉法庭以 2 比 1 的投票拒绝要求案子撤销。虽然不赞同的法官说这个判定对第一修正案自由具有负面作用,其他两个听取了上诉的法官断定第一修正案在这里未必适用。他们显然被这个案子的事实困住了:一家主要报纸公开了能确认尚未抓获的嫌疑谋杀犯身份的证人的姓名。

当没有任何一个高级的法院愿意听取《洛杉矶时报》的上诉,报纸通过付给这个女子一笔数目保密的钱解决了官司。

如此看来,看起来似乎一些法庭继续允许对曝光公开记录中的信息的媒体提起隐私侵权诉讼,尽管存在最高法院对考克斯广播公司诉科恩案和 B. J. F. 案的裁定。

私人事务:其他情况

除了目前讨论的几种案例以外,还有其他引发私人事务诉讼的情况。通常情况下这些事实是同时代的和正确的但由于某个原因令人困窘。在这些案子中,至关重要的问题经常是这些事实是否会落入新闻价值的辩护理由中。

多年来有很多这样的诉讼官司,多数案子最后是大众媒体获胜。然而,诉讼经常时间长而且花费多,这种诉讼的威胁经常是对包含令人困窘的私人信息的报道的威慑。这种案件的典型例子是弗吉尔诉时代公司(Vigil v. Times Co.)(527 F.2d 1122, 9th cir, 1975)案。这个案子涉及《体育画报》一篇文章中描述到的一位冲浪爱好者迈克·弗吉尔(Mike Virgil)。文章作者采访了弗吉尔很长时间,弗吉尔也允许他拍照。在文章出版前,弗吉尔收回他对发表文章和照片的许可,因为他害怕文章会集中在他生活中和冲浪无直接关系的困窘事件上。

弗吉尔收回他对发表文章的许可并不意味着文章不能被发表。新闻媒体按照常规发表和播放了不想遭到公众关注的人的报道。当报道在未经主角允许时发表或播放,只能意味着出版者或广播者肯定它具有的新闻价值大到可以排除一桩成功的隐私侵权诉讼。

关于弗吉尔的文章不顾他的反对发表,它包含着这些话:

> 每个夏天我会去建筑工地工作并从广告牌上摔下来伤到自己或者把一捆木材砸到自己身上以获得失业者救济金,所以我能在威治岛上冲浪。

文章也提到他熄灭了嘴里的烟头并吞下了蜘蛛和昆虫。

弗吉尔起诉杂志社侵犯了他的隐私,他的案子在庭审前被驳回的情况下上诉到了第九巡回上诉法庭。上诉法庭认为,如果这个主题是没有新闻价值的,对隐私事实的公开不受第一修正案保护。法庭指出:

> 在决定什么是合理的公众感兴趣的事情时,必须关注社区的习惯和风俗,什么更合适成为社区更为重视的问题。

美国最高法院拒绝再审巡回法庭对弗吉尔有权将他的案子提交庭审的裁定。案子被退回到联邦地区法庭,判定《体育画报》发表了一篇"有新闻价值"的文章,以普遍的社会道德观念为背景用事实从正面刻画了弗吉尔(424 F. Supp. 1286, 1976)。

因此,杂志社最终打赢了弗吉尔案,但却是在一场长期和昂贵的法律战斗后。此外,由于不确定性的存在,上诉法庭的判决给确定哪些报道受新闻价值辩护理由保护哪些不受留下了很大空间。新闻价值是一个宽泛但含糊的辩护理由。

新闻价值辩护理由也被《得梅因纪事报》成功用于1997年的一桩截然不同的案子:霍华德诉《得梅因纪事报》案(Howard v. Des Moines Register)(283

N. W. 2d 289)中。这个案子由罗宾·霍华德(Robin Howard)起诉,在一篇新闻报道中披露她住在乡村住所中时被强制消毒。霍华德说报纸因为把她的私生活不合理地曝光而侵犯了她的隐私。她说朋友和熟人都不知道她的手术,这种曝光使她丢脸,给她造成了精神上的伤害和痛苦。

审判庭认为从上下文的信息看具有新闻价值,因此对该案施行概要审判。文章关注住处所谓的不善照料和松懈管理。爱荷华最高法院赞成初审法院并裁决"对原告被强行消毒的曝光是和新闻报道的主题事件密切相关的"。法庭继续指出:"……他们有权将确认强制消毒受害者的身份视作合理的公众关注事件。这是公众有极大兴趣的主题之一。"法院还写道:

> 这篇文章是调查性新闻的一个例子。它明显的目的是使公众注意杰斯珀县家居问题。在叙述对避难所虐待的指责中,被告描绘了一种类型的事件,逐渐积累起公众关注避难所的管理而不是孤立地看待一个事件的理由。这种新闻技巧是基本的和合理的。

另一桩私人事务案件中,新闻价值或公众兴趣辩护理由有利于媒体的案子,涉及的是马里兰大学《戴蒙德贝克》和《华盛顿星报》报道马里兰大学的六个篮球运动员陷于学业的困境,大学报纸甚至公开了运动员的平均绩点。

六个运动员起诉报纸,为侵犯隐私和精神压力的损失索赔 7200 万美元。初审法院和马里兰州的特殊上诉法庭同意,运动员参加运动队是寻求"引人注目"。因此,"当公众关注他们潜在的迫在眉睫的离队时,他们不应对此进行抱怨"。法院从长远看,认为马里兰的篮球是一项出名的运动,因此关于这个运动队成员的信息是合理的公众关注的事件(比尔尼诉晚明星报案(Bilney v. Evening Star), 406 A. 2d 652, 1979)。

但是怎么处理非篮球队运动员、冲浪冠军或者公共照管的机构中的病人等其他人?假如一个普通市民恰好在一个恰当的地方和恰当的事件中做了英雄之举,因此整个世界知道了他生活的秘密细节。那个人的隐私被侵犯了吗?

关于这个问题的一个典型是奥利佛·斯玻尔案(Oliver Sipple),他曾在 1975 年的暗杀中救了前总统福特(Gerald Ford)。当企图谋杀者萨拉·简·莫尔(Sara Jane Moore)将武器对准总统时,斯玻尔撞击她的手臂使她射击失手。他被拥戴为英雄,但随后媒体披露了他是同性恋患者、一个旧金山同性恋社区的积极分子的事实。他起诉侵犯隐私,但加州上诉法院判定在当时情况下关于他的性取向的报道具有新闻价值(斯玻尔诉纪事出版公司案(Sipple v. Chronicle Publishing Co.), 10 Med. L. Rptr. 1690, 1984)。

然而,法院下令它对斯玻尔案的裁定不被记录在加州上诉法庭裁定的官方报告出版。在加州法律下,不出版的裁定不能作为法律先例。尽管如此,这是一桩提出了困难的伦理和法律问题的有趣的案子。

另一桩提出了困扰的伦理和法律问题的案子是迪亚兹诉《奥克兰论坛报》案(Diaz v. Oakland Tribune)(139 C. A. 3d 118, 1983)。托尼·安·迪亚兹(Toni Ann Diaz)原来是个男子,但她做了变性手术。然后她参加学院社团并最终被选为学生团体主席。显然校园中没有人知道变性手术,直到《奥克兰论坛报》的专栏给予曝光。她起诉侵犯隐私并赢得了775000美元的陪审团判决。但上诉法庭推翻了这个判决并要求一场新的庭审,裁定初审法官错误地要求报纸证实新闻具有新闻价值。上诉法庭认为应该由迪亚兹承担证实新闻没有新闻价值的任务。作为学生团体主席,迪亚兹经常出现在新闻中,她放弃了这个案子而没有经历必须证明新闻没有价值的第二次审判。尽管如此,报纸对有趣但也许无关的迪亚兹变性事实的披露引起了伦理问题。

也许更困扰的——也是对追求轰动效应的新闻造成法律危害的有力说明——是佛罗里达州奥兰多市的一个案子,电视台放映了警官手持被绑架和谋杀的六岁女孩的头骨的录像。女孩的家庭——和成千上万的其他观众——被没有任何警告,甚至没有告诉家庭的情况下在晚间新闻中播放的录像震惊了。在阿姆斯特朗诉H&C通讯公司(Armstrong v. H&C Communications)(575 So. 2d 280)案中,佛罗里达上诉法庭裁定播放头骨不是可以控诉的隐私侵权,因为公众对这个女孩的绑架和尸骨的发现感兴趣。另一方面,法庭裁定家庭可以以放映录像是残忍的行为为法律理由起诉电视台。

和其他很多州一样,佛罗里达州承认残忍可成为一桩诉讼的独立基础——一种和故意伤害感情(见第四章)相似的法律罪行。在承认残忍是法律错误的州中,个人能因为参与使当事人气愤到表示"那是暴行"的这种行为过程被起诉,即使错误行为不能划入任何被承认的诉讼的法律基础中。在阿姆斯特朗案中,佛罗里达法庭认为不仅能证明录像使很多观众十分气愤,还能证明它不顾一些电视台员工的反对播放,并且电视台后来道歉了,因为很明显很多观众十分愤怒。那些事实能成为针对电视台的诉讼的基础。加州上诉法庭在一桩电视台记者告诉一群孩子两个邻居孩子被他们母亲杀害后这个母亲又自杀的案子中下了相似的结论。记者询问孩子对这个新闻的反应,法庭认为记者和电视台在这种情况下可以起诉故意伤害感情(KOVR电视台诉萨克拉门托郡最高法院案(KOVR-TV v. Superior Court of Sacramento County), 31 C. A. 4th 1023, 1995)。

这些涉及暴行和伤害感情的案子经常是对可能引起侵扰型隐私侵犯诉讼的场景回忆。经常它们横跨了很多领域的隐私法和一些近年的相似法律行为。

概括来说,隐私法领域的私人事务领域无疑是明确定义的。通常媒体凭借新闻价值辩护理由打赢隐私案,但是甚至那时法庭认可案件以一些其他的法律基础继续审判。没有人——没有法庭,没有法学专家,甚至没有记者——能准确定义新闻价值。另一个未解决的问题是,虽然考克斯案裁定坚持认定报道从公开记录中合法获得的信息受到宪法保护,媒体会因曝光公开记录中包含的所谓的私人事务被起诉。

保护私人事务隐秘的个人权利和报道新闻的媒体权利之间的矛盾也引起了其他伦理问题。例如,媒体可以通过大规模报道使一个人成名,然后以这个人为名人的原因作为对隐私诉讼的辩护理由?是否仅仅公众关注使某人具有新闻价值,或者一个人在被公众关注前就应具有新闻价值?此外,当媒体判断某人具有新闻价值并且公开他的活动时,第一修正案是否允许法庭对这个判断作再次推测?

不当曝光和虚构

产生对媒体诉讼的第三个隐私法领域有时和对隐私的不当曝光有关。它涉及曝光使原告在公众面前处于错误的不当关注中。这种隐私案可能被描述为不包含中伤的诽谤案。

以前提到,不当曝光被多数州承认,但它在至少 10 个州中被拒绝作为诉讼的有效基础。例如,1984 年北卡罗莱纳州最高法院拒绝在本州认可不当曝光概念(兰威克诉新闻与观察公司案(Renwick v. News and Observer), 312 S. E. 2d 405)。十年以后,德克萨斯最高法院作了相似的判例,拒绝在德克萨斯州认可不当曝光概念(凯恩诉赫斯特公司案(Cain v. Heast Corp.), 878 S. W. 2d 577)。德克萨斯州最高法院说它拒绝不当曝光概念是因为它"本质上和中伤(即书面诽谤和口头诽谤)民事侵权行为相同,虽然少了很多程序上的限制"。直到 2000 年,马萨诸塞、明尼苏达、密西西比、密苏里、俄亥俄、弗吉尼亚、华盛顿和威斯康星州的上诉法庭和德克萨斯州和北卡罗莱纳州法院一样拒绝承认对隐私的不当曝光属侵权。在 2002 年,科罗拉多州最高法院也拒绝不当曝光作为诉讼基础(丹佛出版公司诉布宜诺案(Denver Publishing Co. v. Bueno), 54 P. 3d 893)。

承认它的条款认为,若当事人被以一种对理性的人极大地攻击的错误描绘,可以提起诉讼。

摄影者(或者更确切的,那些为照片撰写标题的人)更容易陷入这种官司中,但其他记者也应该警惕这个领域的陷阱。事实上,两个各不相同的因不准确的报道引起的不当曝光隐私案被提到美国最高法庭。

最高法院在1967年对这些不当曝光案作出第一个裁定。时代公司诉希尔(Times Co. v. Hill)案(385 U.S. 374)围绕的是因1952年被三个逃走的罪犯从家中劫走人质出名的詹姆斯·J. 希尔(James J. Hill)家。这个事件显然具有新闻价值,尤其因为三个罪犯中的两个最后被警察击毙。

这个事件发生一年以后,小说作家约瑟夫·海尔斯(Joseph Hayes)出版了《绝望时刻》(*The Desperate Hours*),描写了一个关于被逃走的罪犯劫持人质的家庭,后来小说被改编成剧本和电影。虽然存在相似点,这个小说的线索和希尔家庭的经历有显著不同。例如,逃走的罪犯对真实的劫持情形中没有对希尔家庭施加暴行,但在小说中逃犯对虚构的劫持人质家庭使用了暴力。

1955年在一篇基于海尔斯小说的剧本的评论文章发表在《生活》杂志后,希尔家庭起诉它侵犯隐私。《生活》杂志直接声明剧本的基础是希尔家庭事件。希尔要求给予赔偿,理由是杂志文章"企图并且确实给读者印象——这个剧本反映了希尔家庭的经历,而被告知道这是错误的和不真实的。"

希尔家庭从纽约州法庭赢得了30000美元判决,但时代公司将案件上诉到美国最高法院,最高法院1967年推翻了纽约州的判决。

威廉·布伦南法官撰写分歧的法庭意见时,将《纽约时报》诉沙利文诽谤案判决应用于这个隐私案。布伦南认为涉及公众关注事件的人不能打赢不当曝光隐私诉讼,除非他们能证实发表的错误内容或者是已知,或者不计后果地歪曲真相。虽然一些人建议说,如果选择第二次庭审,希尔家可以证实不计后果的歪曲事实,但是他们放弃了这个案子。

在将《纽约时报》诉沙利文案的裁定移植到隐私法中时,布伦南法官强调只有在"希尔案事实的不一致"中才适用。尽管如此,布伦南的观点仍然经常被州法庭应用并且在后来美国最高法院对不当曝光隐私侵权案判决时被引用。

后来坎特雷尔诉森林城出版公司案(Cantrell v. Forest City Publishing Co.)(419 U.S. 245, 1974)的判决,代表最高法院背离时代公司诉希尔案判决对隐私案的要求,同年法院将《纽约时报》案的规定限制在只适用于公众人物的诽谤案,但法庭没有提出那个问题。相反法庭坚持报纸侵犯了隐私,认为报纸犯有"主观恶意"和"不计后果的假话"。法庭没有说如果报纸仅仅犯了疏忽时案子的结果会如何。

坎特雷尔案源于报纸对俄亥俄河上大桥倒塌的结果的报道。一个叫梅尔文·坎特雷尔(Melvin Cantrell)的男子是44个受害人之一,《克里夫兰老实人报》(*Cleveland Plain Dealer*)记者约瑟夫·埃斯特哈兹的采访中给出一个男子的死亡如何影响他的遗孀和孩子的特写报道。在事故几个月后,埃斯特哈兹和摄影师理查德·康韦(Richard Conway)访问坎特雷尔的住处来收集后续报道的信息。受害人遗孀玛格丽特·坎特雷尔(Margaret Cantrell)正好不在家,所以埃斯特哈兹跟孩子交谈并拍摄了很多照片。脱稿的特写成为《克里夫兰老实人报》周日版杂志的头条。它强调了其家庭的贫困并有大量错误描写,包括对玛格丽特·坎特雷尔的情绪和态度的描述,其描写似乎表明好像埃斯特哈兹跟她实际作了交谈。

坎特雷尔夫人起诉公司侵犯隐私。当美国最高法院1974年审理这个案子时,它支持作出支付她60000美金的判决。最高法院认为证据显示报纸"明知有错或不计后果地出版关于坎特雷尔的错误"。法院也认为出版的很多部分包含了"计划好的错误并且陪审团明白地证明……可却因为对假相心照不宣或不计后果被不正当地曝光"。

非常有趣的是,最高法院规定拍照的摄影师不应该负有责任,因为在他的照片中不存在错误报道。相对比,特写本身存在显著的误导。

希尔和坎特雷尔案之所以有名是因为他们上诉到了美国最高法院——但是他们不能代表所有不当曝光的诉讼。正如前面提到的,另一个不当曝光的主要来源是误导的照片标题。20世纪50年代两个加州最高法院的裁定很好地说明了这个领域的问题。

两个案子由约翰和希拉·吉尔(Sheila Gill)起诉,这对夫妇在洛杉矶旅游点的农贸市场开糖果和冰激凌店。著名摄影师亨利·卡提尔·布雷森(Henri Cartier-Bresson)抓拍了夫妇在小店柜台上并肩而坐的镜头。约翰搂着希拉,他们脸贴脸地靠着。这张在向公众开放的私宅拍摄的照片在赫斯特的杂志《哈泼斯市集》和克特斯的杂志《妇女家庭杂志》上发表。

赫斯特的出版物用这张照片解释文章的标题:"地球这样在运转。"这对夫妇被描述为"因瞬间的温情而永恒"。然而,克特斯的出版物在不同语境中使用这张照片。它为关于"一见钟情"的危害的文章作图解,伴随着这样的言语:"虽然外人看起来很迷人,一见钟情具有很大危险性。"此外,文章继续谴责这种事情因为这种爱情基于"即时的强大的性吸引——错误的爱"。

希尔夫妇起诉两家出版商,但是两桩案件得到了相反的结果。在吉尔诉赫斯特公司(Gill v. Hearst Corporation)(40 C.2d 224, 1953)案中这对夫妇输了。加州最高法院认为对他们的情形没有误传,因此没有隐私侵权诉讼的法理的依据。但是在吉尔诉克特斯公司(Gill v. Catis Publishing)(38 C.2d 273, 1952)案中他们获胜了:法院发现吉尔夫妇被错误地曝光,因为没有依据说他们的关系是“一见钟情”或者仅仅基于“即时的性吸引”。

两桩吉尔案是至今很多其他起诉案件的典型案例。如果存在这些情形的通用法则,那就是标题不误导时照片是安全的,假如它在公众场合拍摄以及可以应用新闻价值辩护理由。然而,如果标题制造了一种对于图片中人物的错误印象,或者用于诸如广告的商业用途(和新闻目的不同),招致隐私侵权诉讼的危险通常会大得多。

不当使用

隐私侵权第四种类型,保护人们的姓名、照片和“公众形象”的其他方面不被未经授权地用于商业用途。这个观点被给予好几个名称,包括不当使用或者商业占用。今天,它通常指对公开权的违背。也许它有不止一个名字,因为它是一个很广泛的法律概念:没有一个术语真正描述了围绕这个领域的所有法律问题。不管它的名称是什么,这个概念和其他三种隐私法有很大不同:并不是想要独处的人的个人权利。

虽然公开权诉讼偶然有普通人被其他人为追求商业利益使用姓名或照片的情况,更多时候诉讼中的原告是名人,是那些名字具有巨大商业价值的名人。通常问题不是名人反对公开;他/她反对的是没有合理地支付他们费用。名人的认可或出现可能价值数千(甚至数百万)美元,名人的律师想保证他们的委托人从中获得收入。当然很多情况下如果名人根本不想认可某个产品时,就不考虑被付给多少费用。一些名人拒绝作任何许可。

媒体有权按他们的意愿撰写关于名人的新闻报道和发表有新闻价值的照片——不论是否得到许可。没有一个名人有权将自己的姓名和照片和新闻媒体隔离开。公开权所阻挡的是未经授权将名人的姓名或者肖像用于挖掘商业利益(例如用于广告或者产品代言)。

公开权是最早被法律承认的隐私权。在隐私历史部分讨论过的 1902 年的罗伯森案如果在今天作出判决会被称为隐私权案。应罗伯森裁定制定的纽约成文隐私法律是一种基础的隐私法——它保护个人的姓名和肖像不被用于未授权的商业剥削。

早期的纽约案后的几年中,多数州以某种形式承认了公开权,有些是法规,也有些是法庭裁定。1954 年美国上诉法庭在哈俄兰实验室诉特普斯口香糖公司(Haelon Laboratories v. Topps Chewing Gum)(202 F. 2d 866, 2d cir., 1953)案的裁定给这个概念命名为公开权。这个案子围绕棒球运动员控制他们的姓名和照片不被商业性使用于棒球交易卡片上的权利,法院依此写道:

我们认为这个要求是一种独立的隐私权的求偿……一个人对他照片的公开价值享有权利,即授权发表他的照片的唯一权利……这个权利被称为“公开权”。

很多州法律和法庭裁定重申了哈俄兰案裁定的这一论点:没有人能对一个人的姓名、公众角色或者肖像在未经允许下用于商业用途。很多法庭指出,这个权利保护了运动明星、演艺明星,甚至那些由于参与争议性的公共事件出名的公众人物。

公开权也并非只保护一个人的姓名和肖像。很多法庭规定,这个权利延伸到对名人的公众形象的其他方面的商业利用。对这点最难忘的证明是1983 年联邦上诉法庭在卡森诉这是约翰尼(Carson v. Here's Johnny)(698 F. 2d 831)案中的裁定。

这个案子产生于 1976 年这是约翰尼(Here's Johnny)洁具公司开始进行的产品营销活动。长期在国家广播公司的今夜秀(Tonight Show)担任主持的演艺人员约翰尼·卡森(Johnny Carson)从他 1962 年担任主持到 30 多年后退休一直以“这是约翰尼”(Here's Johnny)这句话开场。令卡森不悦的不仅是厕所公司称他的产品为“这是约翰尼”而且加入了短语“世界最宽敞”。卡森于是起诉,声称侵犯了他的隐私。

上诉法庭否决了初审法官驳回卡森案的判决,认为将“这是约翰尼”作为商标名称确实侵犯了卡森的公开权。法院强调侵犯个人隐私不需要使用个人的全名,尤其在围绕一个像卡森这样的名人时。很清楚,在数百万电视观众头脑中,“这是约翰尼”的短语和卡森联系在一起。事实上,有一点是公司曾经承认它企图靠卡森的名声赚钱。

在决定“这是约翰尼”案的这种裁定时,上诉法庭引用了它十年前判决的另一桩案子的裁定:莫擎巴切尔诉雷诺烟草控股公司案(Motschenbacher v. R. J. Reynolds Tobacco)(498 F. 2d 821)。在这个案子中,法庭认为,雷诺烟草使用他的赛车的照片做的广告侵犯了该赛车手的公开权,即使这个驾驶者的脸看不见。法院规定赛车的记号如此有特色以至于落入了驾驶者的公众形象中。

因此,隐私权与其说保护名人和其他人的姓名和肖像还不如说防止被商业不当使用。使用公众头脑中和名人紧密相联的语句甚至有形物品成为广告者的禁地(除非谈判许可并且付费)。

然而,这个规定也有局限性。在另一项判决中,联邦上诉法庭裁定允许一家轮胎公司广告使用穿着迷你裙和长统靴的女演员,一种歌星南希·西纳特拉(Nancy Sinatra)流行的穿着风格,甚至广告还以改自西纳特拉一首流行歌的新歌为特征——“这些长统靴为行走而设计”。在西纳特拉诉固特异公司(Sinatra v. Goodyear Co.)(435 F.2d 711)案中,法庭认为很显然西纳特拉并没有唱过这个歌,也没有出现在这个广告的镜头中推广固特异“宽靴”轮胎的销售。法庭认为,西纳特拉的公开权并没有被侵犯。(注意使用这首歌本身并不是问题。广告制作者与这首歌的版权所有者就使用问题达成了协议。)

一个相似的问题出现在 1988 年和西纳特拉诉固特异公司案十分相像的一个公开权案子中——但是得到了不同的结果。在米德尔诉福特汽车公司案(Midler v. Ford Motor Company)(849 F.2d 460)中,女歌星兼演员贝特·米德尔(Bette Midler)起诉福特汽车公司(Ford Motor Company)和福特汽车公司的广告代理公司扬雅广告(Young & Rubicam)公司在冰星黑貂(Mercury Sable)的广告中使用了和米德尔声音相似的歌手。广告代理让做了米德尔十年候补的歌手优拉·海德威格演唱了米德尔的成名曲“你是否想跳舞(Do You Wanna Dance)”,并“尽力唱得好像就是米德尔录制的一样”。在雇优拉·海德威格演唱前,广告代理曾经找米德尔经纪人请米德尔在商业广告中演唱——但被拒绝了。

虽然广告代理得到允许使用版权,米德尔质疑录音听起来如此像她的演出以至于很多收听者以为是她唱的。引用莫擎巴切尔案作为先例,联邦上诉法庭说,存在充分的立场接受米德尔起诉。法院说就像香烟广告播出赛车手的驾驶录像,这个广告让很多听众推断米德尔认可这种产品。这个案子被发回初审法院估算损害:1989 年陪审团判给米德尔 400000 美元。1992 年美国最高法院拒绝复审这个裁定。

为什么这个案子的裁定跟西纳特拉的案子不同?也许最重要的理由是因为公众被欺骗相信是米德尔认可产品的可能性大得多。事实上米德尔案裁定的基础是扮演本身是错误的;这里并不存在对米德尔姓名、肖像或者嗓音的实际的不当使用。另一方面,在西纳特拉案中不存在扮演:在固特异广告中显然西纳特拉既没有出镜也没有演唱——虽然固特异使用的歌曲和西纳特拉密切联系,正如福特汽车公司的广告和米德尔的关系。

西纳特拉诉固特异公司案以及米德尔诉福特汽车公司案提出了广告能把扮演名人使用到什么程度的问题。从传统判例来看,标准在于:名人模仿并不违背名人的公开权,只要公众不被欺骗,相信名人确实出现在广告中认可了产品。

当他们制作声音相像的广告时,他们经常相信这句话,“模仿名人声音”是受保护的。然而,米德尔裁定让很多广告代理公司的律师们相信,一个不承担责任的声明还不充分。不管是否有免责声明,在一桩名人模仿案判给名人超过两百万美金的赔偿金后,他们对模仿名人变得特别谨慎了。在威兹公司诉菲多利公司案(Waits v. Frito-Lay)(978 F.2d 1093, 1992)中,美国第九巡回上诉法庭赞成近250万美元的陪审团裁定,因为Doritos商标的玉米夹生产商制作了以歌星汤姆·威兹(Tom Waits)唱红的歌曲为特征的广告,使用了他声音风格的模仿者。最高法院拒绝复审这个裁定。

几乎和威兹案同时,同一个上诉法庭也判定游戏秀主持人范恩那·怀特(Vanna White)有权起诉三星电子公司和它的广告代理戴维·多伊奇(David Deutsch),因为广告使用了一个按照怀特在节目上的打扮穿着礼服和带着首饰,并且站在大屏幕前金发机器人。虽然阿瑟·阿拉孔法官不同意,争论很少有公众会误解这个机器人是范恩那·怀特,2:1的多数意见还是决定这是对怀特公众形象的错误的商业利用——并且允许她将她的案子提交审判(怀特诉三星公司案(White v. Samsung), 971 F.2d 1395, 1992)。

三星电子公司随后提请上诉法庭法官席满席审查这个案子。这个要求被拒绝了,但是它给全国最著名的上诉法官亚历克斯·科津斯基机会发表有趣的反对法庭拒绝复审该案的意见。科津斯基质问了法庭对公开权的扩展。他指出:

> 危险的事情在这里继续……法官小组的意见是典型的过度保护。考虑我们所看到的所谓对范恩那·怀特的错误行为,法官小组的多数意见建立了明显而危险的宽泛的所有权:在多数意见之下,现在使公众想起名人是广告商的民事侵权行为。并不是使用名人的姓名、声音、签名或者肖像;并不是暗示名人许可了一个产品;仅仅是唤起了公众头脑中的名人形象。这个奥威尔式(受严格统治而失去人性)的想法和公众领域的差距远远超过审慎和常识的要求。它和版权法案和版权条例相冲突,它对第一修正案提出了严肃的挑战。它是不良的法律,需要接受长时间的严格的审查。

也许被科津斯基充满激情的意见所鼓励,三星公司后来上诉到最高法庭,但是正像在米德尔和威兹案一样,法庭拒绝听审该案的上诉。随后怀特把她的案子提交庭审,1994年陪审团判处403000美元的赔偿费,三星公司和它的广告代理同意支付而不是继续上诉。作为回报,怀特答应不再继续上诉获取更大的判决。

温德特公司诉豪斯特国际公司案(Wendt v. Host International)(125 F.3d 806, 1997)引起了另一个相似的争议。在"欢呼"系列电视剧中扮演诺姆和克利夫的演员乔治·温德特和约翰·拉兹伯格,起诉豪斯特在机场酒吧中放置了仿造他们在“欢呼”中造型的芳香树脂做的机器人。他们认为使用与他们非常相像的机器人很可能是不当使用,联邦上诉法庭认同这个诉求理由,判定他们有权进入庭审。在这个案子接下来的一系列判决中,很多法庭一次一次地坚持豪斯特可以因侵犯了两个演员的公开权被起诉,虽然豪斯特从版权所有的派拉蒙制作室(Paramount Studios)购买了制作“欢呼”酒吧场景的权利。最后美国最高法院拒绝复审这个案子,为进入庭审扫清了道路。2001 年,派拉蒙制作室和两个演员以秘密金钱数目解决了这个案子。

实质上,法庭认为在温德特案中版权和公开权是分离的两种法律权利:版权并不意味有权模仿出演员现在版权所有的节目中的样子。未经许可模仿某人并且出于商业目的是对公开权的侵犯。

虽然米德尔、威兹、温德特和怀特案都是联邦案件,他们都基本上是依据加州法律或者是加州民事条例中法定的公开权或者是州普通法原则。

然而,最近在纽约州开始出现不允许在广告中扮演名人的趋势。1984 年纽约法官判决在广告中使用和名人相像的演员违背了杰克·奥纳西斯的公开权,而且要求广告公司停止使用和奥纳西斯相像的人为迪奥公司 CD(Christian Dior)的衣服作促销宣传。法官作出这个禁令时并未发现有人受骗相信奥纳西斯出现在广告中或者认可了这个产品。

这些案子都依据州法律是因为公开权是州法律范围内的,而不属于联邦法律。尽管认同联邦的公开权,包括美国律师协会制定了一项条例,但国会没有制定任何这样法律的提议。

不当使用和新闻

如果名人有权阻止对于他们姓名和肖像的商业使用,有时甚至有权阻止广告者向公众提及他们的情况(科津斯基法官所说),记者如何着手才能撰写关于名人的新闻报道而不违反法律?

这是一个重要的问题,答案相对来说是清晰的:公开权并不适用于新闻报道情形,虽然媒体也是商业组织。报刊和广播电视媒体有使用个人姓名和肖像的自由,只要具有新闻价值,法院倾向于对判断这些情形中的新闻价值时给予较高自由度。甚至当新闻媒体参与广告来宣传自己和复制出现在印刷品或者以信号传播的名人照片时,广告通常不会掉进公开权的陷阱。

然而,如果报纸、杂志或者电台或电视台使用名人姓名或者照片暗示某种认可时,情况就不同了。歌星兼女影星谢尔 1982 年卷入的一场官司就是这一方面的例证。

在谢尔诉《国际论坛》案(Cher v. Forum International)(692 F.2d 634)中,谢尔接受了一个想为《我们》杂志撰写报道的自由撰稿人的采访。文章被《我们》杂志退稿,作者将它卖给另外两家杂志的出版商《明星》和《论坛》杂志。两家杂志都发表了这篇文章。《明星》刊载这篇文章时使用了冒犯谢尔的标题。标题写道:"独家报道……谢尔:我的生活,我的丈夫们和我的很多很多男人们。"

谢尔不喜欢采访被《明星》而不是《我们》杂志登载,她更讨厌这个标题。但最触怒谢尔的是《论坛》不仅登载了这篇文章而且在广告中使用她的姓名和肖像暗示她认可并阅读了这份杂志。在《纽约日报》上的一个广告包括谢尔的照片和这些文字:"有某些东西谢尔不会告诉《人物》和《我们》杂志。她告诉《论坛》……所以加入谢尔和《论坛》数千其他敢作敢为的读者的行列吧。"

在决定这系列事件引起的法律问题时,美国第九巡回上诉法庭推翻了针对自由撰稿人和《明星》出版商的庭审裁定。法院断定,他们撰写和出版具有新闻价值的文章的行为并未违背谢尔的公开权。例如这位作者从未对谢尔承诺在哪里发表文章。如果作者作出了这样的承诺并且在其他地方发表,谢尔能起诉他破坏合同。但没有合同形式的许诺,作者和其他记者一样有发表他的文章的自由权。

相反,《论坛》做的是另一码事:杂志促销方法清楚地暗示了谢尔的许可。法庭判定虽然《论坛》发表文章本身并未违背谢尔的公开权,但广告却违反了。

这桩案子证明了媒体自由发表对具有新闻价值的人的报道不违反公开权,但不能暗示了许可的广告。另一方面,如果广告促销仅仅这样说:"阅读论坛中关于谢尔的有趣文章",很可能杂志是安全的。

前足球明星乔·蒙他拿在阻挡报纸出版促销海报和以前对他足球生涯英雄事迹的报道的纪念版时找到了相似的法律原则。在蒙他拿诉《信使新闻》案(Montana v. Mercury News)(34 C.A. 4th 790, 1995)中,加州一家上诉法庭坚持《圣荷西信使报(*San Jose Mercury News*)》有权出版材料庆贺旧金山20世纪80年代49人4次夺得超级杯胜利。虽然纪念版的个人专栏和包括蒙他拿画像的封面已被售出,法庭坚持报纸有权出版关于诸如蒙他拿在超级杯上的胜利这样的具有新闻价值的事件。

蒙他拿以及谢尔诉《国际论坛》案的裁定都部分基于布思规则,一个隐私法的古老原则,认为即使没有许可,媒体也能在以后的广告中使用以前出版的有新闻价值的材料。这个观点来自布思诉柯蒂斯案(Booth v. Curtis)(182 N.

E. 2d 812)，一桩1962年纽约上诉法庭的裁定允许《假日》杂志在后来的杂志广告中使用以前出版的女影星舍丽·布思的照片。

另一方面，当酷斯啤酒的广告包含1949年世界杯中棒球明星唐·纽科姆(Don Newcombe)向布鲁克林·道奇斯(Brooklyn Dodgers)投掷的画面时出现了一个不同的法律问题。联邦上诉法庭说纽科姆有权起诉酷斯和他的广告代理公司不当使用(纽科姆诉阿道夫-酷斯案(Newcombe v. Adolf Coors), 157 F. 3d 686, 1998)。在1949年出版这张照片的报纸可以在后来的广告中再版这张照片给自己做广告，但其他组织则无权这样做。纽科姆尤其反对将他的形象用于啤酒广告，因为众所周知他出过酒精中毒问题。

杂志能用数码技术改变一张照片吗？演员达斯汀·霍夫曼1999年从《洛杉矶杂志》手中赢得三百万美元的赔款，因为该杂志使用数码技术改变他的照片，让他的头部替代时装裙上模特的头。陪审团断定杂志对于达斯汀·霍夫曼形象的使用是商业不当使用而不是新闻报道，虽然它是一系列数码变装照之一，描绘以现代时尚改造后名人们的形象。2001年美国第九巡回上诉法庭推翻了这个判决，坚持第一修正案保护杂志享有在新闻中发表达斯汀·霍夫曼的数码变装照，尤其因为他在电影《杜丝先生》中扮演穿着异性服装的角色(霍夫曼诉大都会美国广播公司案(Hoffman v. Capital Cities/ABC), 255 F. 3d 1180)。

不同寻常的是，一位名人打赢了因一篇新闻报道引起的官司，即1997的伊斯特伍德诉《国家问讯者》案(Eastwood v. National Enquirer)(123 F. 3d 1249)。在这个案子里，美国第九巡回上诉法庭支持判给演员克林特·伊斯特伍德一笔巨大的赔偿费，仅仅因为《国家问讯者》发表了一篇关于他的文章而他并没有同意接受这家杂志的采访。表面上看，似乎跟谢尔输给《明星》的案子极其相似。《国家讯问者》杂志宣传这个报道是“独家”的而事实上已经在英国小报上登载过，但《国家讯问者》指出他从英国作者那里购买了美国的独家版权。克林特·伊斯特伍德否认媒体所报道他接受《国家讯问者》独家采访的内容(正如谢尔起诉《明星》时说的)，但克林特·伊斯特伍德赢得了150000美元，加上至少650000美元的律师费用。克林特·伊斯特伍德声明传说中的采访根本没有发生，他的话都是英国记者捏造的(然后又被再次印刷在《讯问者》上)。克林特·伊斯特伍德显然占了上风，因为法庭认为称这个报道“独家”是对他名字的不当使用(这是在谢尔案中法庭不接受的争辩)。谢尔案和克林特·伊斯特伍德案之间的真正差别可能在于谢尔承认接受了作者的采访而克林特·伊斯特伍德甚至否认曾坐下接受采访。但当名人从未同意接受采访时，两家出版物都声称他们有“独家”报道。

也许这里最好的结论是任何人能撰写和发表关于谢尔或克林特·伊斯特伍德的文章(或者在版权所有人同意后再次出版其他人的文章),但有时称它是"独家的"是危险的。不要在广告中使用名人姓名暗示了对出版物的许可——这个超出了布思规则的许可范围。实质上所有变相的商业广告(非新闻报道)都受到公开权的限制。在多数广告中,不能包含可辨认的照片,不论他们是否有名,除非得到他们的允许。这条规则适用于印刷品或者电子媒体中的广告:如果你在电视广告中使用了一条街的景色并且没有得到这条街上可辨认的所有人的同意,你将被起诉。

公开权也适用于娱乐媒体。当某人制作了一部电影,所有出现在屏幕中的可辨认的人必须得到许可,这就是为何制作人经常使用薪水册上有名字的"群众演员"而不只是拍摄恰好经过的人作为公共场合的背景。他们通常不阻止对文献纪录片中基于新闻事件对具有新闻价值的人物进行描画。但是在出于娱乐目的的电影中,对公民肖像未经授权的使用会招致官司。

尽管如此,主要的电视台经常播映未获得每个入镜人许可的记录片。对已被新闻媒体披露过的事件的报道,出现在报道中的任何人起诉公开权案获胜几率微乎其微。当事实进入公开记录(例如法庭文件)时尤其如此。

1994 年联邦法庭的著名裁定再次肯定了作者和电影制作人讲述个人生活故事而不违背公开权的权利。在马修斯诉沃曾克拉夫特案(Matthews v. Wozencraft)(15 F. 3d 432)案中,美国第五巡回上诉法庭赞成作家金·沃曾克拉夫特(Kim Wozencraft)有权在小说《冲锋》中以她的前夫、当时是她的同事——警官克雷格·马修斯为原型塑造人物。他们的故事受到了广泛的媒体关注:他们在德克萨斯州做缉毒卧底,戏剧性地卷入罗曼蒂克的关系,自己使用了大麻和可卡因(但后来发誓否认)并且为赢得毒品案胜诉而伪造证据。他们最后被关进了联邦监狱并离婚了。沃曾克拉夫特后来在哥伦比亚大学获得硕士学位并出版了基于他们生活经历的小说《冲锋》。她最后以 100 万美元售出小说的电影版权,克雷格·马修斯起诉,声称未经允许使用他的生活经历侵犯了他的公开权。法院认为一个人的生活经历不属于德克萨斯州法律规定的公开权范围并肯定了下级法院驳回此案的决定。法院下结论时提到他们的生活经历已经被广泛报道,法院也认为第一修正案保护沃曾克拉夫特在未经马修斯许可下出版关于这些事件的小说的权利。

另一方面,在某些情况下,新闻机构甚至可能引起侵犯公开权的案件。一个例子是引起美国最高法院作出裁定的案件,唯一一桩注明是处理公开权的案子。

这个案子是扎西尼诉斯克里普斯·霍华德广播公司案(Zacchini v.

Scripps-Howard Broadcasting)(433 U.S. 562, 1977),起诉者修果·扎西尼称自己为“人体炮弹”并在博览会和其他展览中表演从一个大炮中射出来并落到一张网上。他的整个“活动”被斯克里普斯—霍华德广播(Scripps-Howard Broadcasting)公司摄制并作为新闻播出,尽管他反对拍摄。他依据俄亥俄法律起诉侵犯公开权,但州最高法院认为第一修正案排除了修果·扎西尼的任何诉讼理由,因为新闻报道的是“公众关心的合理”的事件。

然而,1977 年美国最高法院改变了俄亥俄州的裁定,宣告第一修正案不保护完整摄制表演过程并且未经允许作为新闻播放的做法。最高法院没有明确扎西尼的权利一定被侵犯了,那是俄亥俄州自己决定的事情。但高等法院指出,如果州法庭谨慎处理这样一桩案子,斯克里普斯—霍华德广播不能免于被起诉。

这个案子被退回到俄亥俄法庭,扎西尼赢得他的诉讼。州法庭指出,否认在未经许可录制演员的表演并将之播映后演员起诉的权利,就相当于否认演员表演的经济价值。

扎西尼案的裁定困扰了很多记者,尤其因为看起来它暗示其他挣钱能力某种程度上被新闻报道损害的人也能起诉。法院也没有考虑是否斯克里普斯—霍华德广播公司从这个播出中得利是基于扎西尼的损失。

在对名人活动的报道和对某人名字或肖像的商业利用之间存在明显的界线。在正常情况下法庭在这个领域给予新闻媒体充分的回旋余地,但在诸如扎西尼这样的情形中规定就不同了,这个案子里表演者行为的全部或者大部分播放时都未经允许。

什么是不正当的商业利用,什么是合法新闻报道,看起来跟决定什么是版权法下的合理使用(在第六章中讨论)有某种程度的相似。因此,一则谣传的报道或新闻广播通过削弱名人行使公开权获利的能力比起利用一小部分表演并且对名人赚钱机会几乎没有影响的报道来说更可能被认为正当。

甚至对不是名人的人的报道有时也会产生公开权诉讼。很多未经允许而被报纸和新闻节目使用照片的人起诉所谓的侵犯公开权,但是如果照片在公共场合拍摄并且使用在即使具有一点点新闻价值的地方,他们在法庭上一般会败诉。新闻媒体确实有权在新闻报道中使用公民的姓名和传播他们的肖像并不违反公开权。当然,仍然存在危险,照片和事件的文本的结合可能将某人置于错误的曝光中。如果这发生了,可能引起错误曝光的隐私侵权诉讼,虽然不存在公开权案的基础。

另一个经常出现的问题是艺术家是否能出售有某名人特征的产品,例如在T恤衫上。2001 年加州最高法院的判决反对艺术家出售上千印有《三个臭皮匠》(*Three Stooges*)的画像的T恤。法庭一致裁定画像与其说是“创造性的”还不如说是模仿性的,因此是对喜剧作品继承人权利的侵犯。艺术家加里·桑德尔普(Gary Sanderup)的“不可否认的技巧很好地服从了描绘《三个臭皮匠》文学经典形象的整体目的,因而侵犯了他们的名望”,斯坦利·莫斯克(Stanly Mosk)法官在法庭意见中这样写道,反对艺术家声称第一修正案允许描绘(或者出售)名人的画像(第三喜剧制片公司诉加里·桑德尔普公司案(Comedy Ⅲ Productions v. Gary Saderup Inc.), 25 C.4th 387)。另一方面,加州最高法院在2003年的案子中作出了相反的裁定,支持喜剧作品出版者有权为音乐剧詹妮和埃德加·温特的人物画漫画。DC喜剧中心出版的喜剧微型系列剧以詹妮和埃德加·温特为主角。法庭认为这些是“想象出的创造性人物,而不是对温特(Winter)兄弟的描写”,裁定这些描绘有桑德尔普对《三个臭皮匠》的描写所没有的改造价值(温特诉DC.漫画公司案(Winter v. DC Comics), 30 C.4th 881)。

人身权还是财产权?

关于公开权未解决的一点是它是一种人身权还是可继承的财产权?美国各地法庭对这个问题的看法不同。

在著名的围绕影片《恐怖》中的明星贝拉·卢格斯的案子中,加州最高法庭规定这个权利是人身权并随着这个人的逝世消失。1979年这个卢格斯诉环球影业公司(Lugosi v. Universal Pictures)的案子作出了裁定。

加州法庭不得不调节环球和这个演员遗孀和儿子之间的长期诉讼争执。卢格斯认为环球在这个影星死后销售印有他头像的T恤和其他《恐怖》的纪念品侵犯了他们继承的公开权。州最高法院认为他们无权起诉,因为公开权是不能被继承的。甚至当一个人在有生之年建立了他姓名或肖像的生意,法院认为他的继承人能继承的多数是他有生之年使用他的姓名或肖像的收入——而不是在他死后控制公开权商业利用的权利。

加州立法机构最后通过了《名人权利法案(Celebrity Rights Act)》,一部给予逝世名人的继承人在其死后50年内从他的姓名或肖像商业利用中获益权的新法律。这个法律有效地推翻了卢格斯案的裁定,在加州使公开权成为可继承的财产权。

一个更出名的人,摇滚歌星埃尔维斯·普雷斯利(Elvis Presley)的逝世引起了这个问题上矛盾的联邦上诉法庭裁定。普雷斯利刚死,未经授权的对他名字和肖像的商业利用就开始了。1978年法克特诉流行艺术公司案(Factors v. Pro Arts)(579 F.2d 215)的裁定中,美国第二巡回上诉法庭裁定,普雷斯利的公开权是财产权并在其死后仍存在。此外,法院认为这个权利能被用于商业目的,这坚持了在其死后从普雷斯利的姓名中获益的独占权利。

然而,两年以后,另一家联邦巡回法庭作出了和这个案子完全相反的裁定。第六巡回法庭裁定,在孟斐斯发展基金诉法克特案(Memphis Development Foundation v. Factors)(616 F.2d 956, 1980)中,普雷斯利的公开权不能在其死后存在。因此,法庭认为法克特没有独占权利从这个摇滚歌星的名字和肖像中获利。这个事件中基金会有权按计划在孟斐斯出售25美元的普雷斯利雕像的复制品。法院认为,“死后,获益的机会进入公众领域,它对一切人开放。”

进一步令人迷惑的事情是在孟斐斯发展基金案裁定出版后,决定法克特案的法院(美国第二巡回上诉法庭)自己推翻了裁定。1981年的裁定(法克特诉流行艺术公司案, Factors v. Pro Arts, 652 F.2d 278)中,法院遵循第六巡回法院的先例,认定普雷斯利的公开权在死后就不存在了。第二巡回法庭作出这个突然转变是因为它感到有责任和普雷斯利家乡的州田纳西州的法律保持一致,而这在那个区域的法庭(美国第六巡回上诉法庭)中已作过解释。

这个法克特案的裁定并没有解决这个问题:田纳西州和其他一些州加入加州,制定法律禁止死后50年或更长时期(田纳西州法律未设截止时间,默认普雷斯利公开权的拥有者永远拥有从他的姓名和肖像中获利的独占权利)中未经授权商业利用已逝名人的姓名和肖像。另一方面,纽约州拒绝承认公开权在死后有效。

法庭对于公开权的继承的规定也没有影响名人唱片或者电影的版权。下一章会解释,版权一直是财产权而非人身权,他们不会在艺术家死后消失。仅仅公开权的继承而非版权的继承在一些州没有明确规定。然而,一旦版权失效,作品进入公有领域并允许一切人使用。

版权和公开权的界线在1998年的法庭裁定中得到解释,这个案子中弗雷德·阿斯泰尔(Fred Astaire)的遗孀罗宾·阿斯泰尔(Robyn Astaire)控制并经常阻止对这个著名影星公众形象的商业使用。联邦上诉法庭认为和商业上的许可不同,她不能阻止公司使用教育片中存放于公有领域的阿斯泰尔的电影片断(阿斯泰尔诉最佳电影和录像公司案(Astaire v. Best Film and Video), 136 F.3d 1208)。

版权和公开权的另一个不同是至少在加州法律下,后者的保护范围不扩及非本地居民。当一个为控制黛安娜王妃死后其公众形象的使用而建立的慈善信任基金竭力阻止富兰克林·明特(Franklin Mint)出售纪念黛安娜王妃的洋娃娃时,这个问题被澄清了。美国第九巡回上诉法庭坚持信任基金不能阻止洋娃娃的出售,部分原因是慈善基金是大不列颠的(凯尔恩斯诉富兰克林案(Cairns v. Franklin Mint), 292 F.3d 1139)。

隐私侵权辩护

本章我们反复谈到大众媒体在众多隐私案中能使用法律辩护理由,但为完整起见我们在这里单独重申。

在多数案件中大众媒体是被告,最好的辩护理由是新闻价值,经常被称为公众兴趣。如果能说服法庭相信一则报道、节目或照片具有新闻价值,原告就不能打赢隐私案。任何地方的法院现在必须公平定义新闻价值,承认只要不是不准确的,甚至煽情的报道都是允许的。因此,媒体并不常常输掉私人事务型隐私案,虽然为一桩诉讼辩护的花费会阻止这种报道。

然而,如果存在不确实之处,情形就不同了。针对媒体的错误曝光的隐私案经常是成功的,在诽谤案中首先建立的宪法标准有时会被用于衡量媒体行为。在时代公司诉希尔案裁定中,最高法院创造了错误曝光隐私案中的有限的第一修正案权利的辩护理由。这个辩护理由保护身陷错误曝光隐私案中的对公众关注事件不准确报道但没有恶意的媒体。如果记者不因实质恶意而有罪,即使是对有新闻价值事件的报道也几乎没有在错误曝光隐私诉讼中获胜的可能。另一方面,如果媒体存在的错误行为,错误曝光案中的原告和在诽谤案中一样。

侵权案中的情形也大致相同。当法庭想决定是否某人的隐私权被侵犯时,调查集中在媒体行为上。报道的新闻价值不是对肆无忌惮的报道方式的辩护理由。为获得报道采取非法手段(或者侵犯了某人独处的权利)的记者会面临隐私案。

在新闻编辑报道以外的领域,最好的(经常也是唯一的)隐私辩护理由是获得同意。当他们获得同意使用发生时,允许使用他们姓名或肖像的人没有追索权。但是甚至那时,记者必须记住获得同意的一些法律技巧。

首先,获得同意必须是以具有法律强制力的形式存在,这意味着必须签订符和合同法规定的合同。合同主体必须是成年人,合同必须支持某种形式的报酬。报酬经常被认为是货币,但也可以是别的东西,甚至是非物质的。任何时候给予商业使用他的姓名和肖像权利的人得到回报价值,那就是报酬。例如,照片发表就是最常用的获得允许的合同之一,有时一个人仅仅表示给予发表他的照片的许可,回报是免费的公开,公开是一种有效的报酬形式。

为了有效,许可一定是自愿的。如果必要的话,必须具有可以作为法庭证据的形式。因此,书面形式优于口头形式,大大优于声称"……但是他自愿摆好姿态"这样的暗示性许可。

另一点要注意的是许可必须全部包括有可能使用某人姓名或肖像的所有情形。例如,商业利用的许可不能包含允许他人日后使用相同照片。并且允许在某次使用照片的许可并不代表以后允许再次使用。所有这些问题是合同法问题,解决方法是起草合同时不留漏洞。

除新闻价值和获得许可辩护理由外,最高法院实际上创造了另一个针对从法庭记录中合法获得信息进行公开所设的独立辩护理由。考克斯广播公司诉库恩案以及《佛罗里达明星》诉 B. J. F. 案的裁定包含保护媒体对从法庭记录或者其他公开记录中获得信息的发表权的内容。这个权利不包括报道改变过去生活的罪犯过去活动的权利,这需要另外的裁定澄清这个问题,但是其他方面的合法地从法庭记录中获得信息的发表受保护。

这些是隐私法的辩护理由。因为他们和诽谤案的辩护理由不同,有可能不会受诽谤案起诉的出版物却遭遇隐私法的危险(反之亦然)。衡量一篇可能中伤某人或使某人尴尬的报道时应该记住这点。一旦你分析某种你打算发表或播放的材料的潜在诽谤性并且推断它是安全的,你必须也考虑可能的隐私侵权问题。很多律师一度经常主张任何他们起诉的诽谤案几乎都存在隐私侵权,大众媒体也必须从两个方面考虑这些法律行为。

1974 年的《隐私权法案》

在数年的争论后,一部综合性的联邦隐私法于 1974 年被国会通过。这部法律承认个人有"不受打扰的权利"。这个法案给所有公民审查多数关于他们的政府文件的权利,来防止这些记录被不合理地公开和改正错误。这个法案仅仅禁止非歧视性的政府调查和侦察。联邦探员被要求处理他们的文件和停止收集和他们工作无关的信息。

同时,很多州建立了类似的法律禁止州政府和当地政府顾问不正当地对个人隐私的调查活动。

这些法律有时干预了记者获取新闻的工作,因为他们将很多含有个人信息的文件放入禁地。记者努力得到信息和隐私法律的不断膨胀之间的矛盾成为对记者的主要挑战之一。到 2003 年互联网的爆炸性增长给了这个问题全新的视角,随着那些已经被公开多年的记录——但对缺乏经验的人来说不那么容易接近,而现在在线的数百万网络冲浪者能在家快速简便地接触它们。这引起了对政府保护隐私秘密的新需求,在很多情况下导致了对公开记录的公众接触的缺失。这些问题会在第九章中进一步论述,它包括了对隐私法更详细的介绍。

互联网和隐私

也许除90年代个人计算机技术的巨大发展外,20世纪没有一项技术制造了对个人隐私的更大关注——尤其是互联网。到20世纪末,互联网隐私成为主要的全国性问题。这导致很多地方的立法和对立法的呼唤。这个问题的某些方面围绕的是本章介绍的几种隐私问题,包括立法保护公众远离不道德的数据采集者和在网上未经允许使用别人姓名和肖像的法律问题。

互联网隐私:保护儿童和成年人

为响应很多家长和社区组织表示的忧虑,国会1998年通过了《儿童在线隐私保护法案》(*Children's Online Privacy Protection Act*)来限制未经父母许可对13周岁以下儿童的信息收集。这个法律不应该和《儿童在线保护法案》混淆,这是一部截然不同的1998年颁布的旨在对未成年人过滤成人材料的法律。这部法律将在第十章介绍。

《儿童在线隐私保护法案》限制13周岁以下儿童未经父母允许开通电子邮件账号的能力,并且要求那些收集信息的人在联系儿童前先联系其家长。一个网站不能简单地让儿童在电子表格中填入个人信息然后在完成后点击“传送”。这是对具有相似规定的联邦贸易委员会(Federal Trade Commission (FTC))提议的部分响应。这个法案享有联邦优先权:各州不能建立关于儿童信息收集的与之相悖的法律。这部法律也规定企业自律以发展他们保护儿童隐私的项目。美国联邦贸易委员会负责监督和许可这些自律项目。1999年美国联邦贸易委员会采用规则执行了这个法律。

2000年美国联邦贸易委员会签署了一份报告,要求国会通过限制网上成年人信息收集的约束法律。美国联邦贸易委员会提议了一个建立于“提醒、选择、接口和安全”4点组成的项目来保护消费者隐私。任何收集个人信息者必须给出提醒,允许任何人决定参加和退出的权利和允许人们查看自己的计算机数据文件以修正错误。最后,美国联邦贸易委员会提议的法律对个人信息怎样在线获取的规定被用来防止滥用。然而,国会2000年没有对这个提议采取行动,到2003年这个问题在国会领导者看来已经没有多少优先权了。

虽然美国没有建立综合性的互联网隐私法律,欧盟这样做了,并且要求想在欧洲做生意的美国企业必须遵守欧洲标准。欧盟法律要求成员国执行数据保护标准来防止网上获取信息的不恰当使用。这些规定也禁止在欧洲做生意的企业将数据转移到没有合适的隐私数据标准的国家(如美国)。2000 年美国商业部和欧盟专家一起公布了一套欧盟接受的隐私数据安全港规定,因此美国企业能继续做生意并且和欧洲国家交换数据。

在安全港规定中,需要符合欧洲标准的企业必须:(1) 提醒个人收集个人数据的目的和怎样收集;(2) 给用户选择权,允许拒绝将个人信息透露给用于收集时明示目的以外的用途的第三方;(3) 给用户查看自己个人信息的接口;(4) 给予防止对个人数据的侦听和滥用的安全保护;(5) 逐步确保数据的完整性(例如准确性和完备性);以及(6) 提供强制机制来保护个人隐私权。向商务部保证达到这些标准的网站有条件和欧盟国家交换数据。

到 2003 年中期,很少有企业同意遵守安全港规定,这个局势引起了商务部官员的忧虑。看起来一些大型企业忽视了安全港和欧盟规则,并且随着时间流逝渐渐淡忘。然而,其他公司并未忘记它。在 2001 年末西班牙数据保护权威对微软公司不正当地违背欧盟规定传送数据到美国判处罚款 60000 美元。

网络隐私:侦阅电子邮件

另一个互联网隐私有争议的方面是对电子邮件的侦阅和对封闭性讨论小组的暗中监控,通常是雇主所为。雇主战胜了监控传输到企业服务器上的员工电子邮件的法律挑战。政府和雇主都经常监控电子邮件,并且员工几乎无能为力,除非使用外部电子邮件服务器以防止主管阅读他们的信息。甚至当雇主向雇员提供家庭使用的计算机,也要求只用于公司事务,员工没有合理的对隐私的期望能防止雇主得到法庭的许可检查计算机中的文件(TBG 保险服务诉美国联邦最高法院案(TBG Insurance Services v. Superior Court), 96 C. A. 4th 443, 2002)。

另一方面,加州最高法院 2003 年裁定英特尔公司不能使用入侵原理防止前任雇员向现任雇员发送敌对公司的电子邮件,支持他的自由表达权利(英特尔公司诉汉密第案(Intel Corp. v. Hamidi), 2003 Cal. Lexis 4205)。

互联网滥用

随着互联网变成普遍的传播媒介,很多关于未经授权使用名人或者有时其他人的姓名和肖像的问题已经出现。这个问题引起了很多官司但是几乎没有上诉法庭的裁定来建立判例。

在最初解决的一个案子中，电视女演员阿丽莎·米拉诺(Alyssa Milano)从明尼苏达州一男子那里赢得238000美元的赔偿费并让几个其他的网站运营商支付数目保密的调解金，因为该人传播了她的裸照。在一系列的诉讼中，她起诉网站运营商侵犯了她的隐私权。她坚持这些网站运营商在浏览他们网站的人手里每月得到他们支付的数千美金。

很多其他名人也考虑起诉相似的案件，因为很多网站未经授权疯狂地使用他们的肖像，有的内容甚至是没有穿衣服的。

正如前面解释的，新闻媒体享有第一修正案权利使用任何人的姓名和肖像，包括名人和平民，不论新闻媒体是否免费传播给公众这都是成立的，电视、报纸和杂志都是如此。报纸或者杂志(或者链入网站)进行收费不会自动使它对于某人姓名或者肖像的使用成为商业不当使用。但是存在很多案件质疑新闻报道和商业不当使用的界限应该在哪里。

在这点上，很少法庭认为未经授权在网上使用某人姓名或者肖像是不当使用，不是新闻用途。然而，显然新闻报道不是不当使用的一种形式。如果网站明显是参与新闻报道的，它能未经允许使用名人(或者其他人)的姓名和肖像。如果网站不是报道新闻的，它的拥有者会因未授权使用别人的姓名或者肖像受起诉。

由此产生了另一个问题：在很远的法庭被起诉的潜在可能。因为互联网的国际性，一个网站运营商可能在很多不同地方被起诉。名人能挑选最有利于他的案子的地方起诉，如果网站运营商有足够多的接触使得法庭能设立权限。(正如第四章的解释，最高法院认为在一地出售报纸和杂志满足这个要求，虽然其他法庭认为在一州设有超过一个可访问站点才能给予州这种权限)。

另一个必须考虑的因素是未经许可把图像放在网上是版权所有权问题，这在下一章会讨论。在网上的报道中发表某人的照片可能并不是不当使用。但是拥有照片版权的人能起诉侵害版权，即使照片中的人没有在隐私法下的追索权利。

主要议题概述

隐私法充满了有争议的问题。在2003年最高法院的劳伦斯诉德克萨斯州案裁定以后，宪法规定的个人隐私权范围究竟多大？是否在个人隐私权和政府控制个人道德权责的权力之间仍存在冲突？在个人隐私和公司、政府的数据收集者不断增长的权力之间的冲突情况又如何？

大众媒体在这些问题上经常很困惑，但是媒体有他们自己对隐私的忧虑。针对“小报电视”的趋势引起了新的伦理和法律的困境。（如果可能）什么时候记者隐秘行动或使用隐形相机获得报道能被接受？如果报道是真实的但新闻收集确实有侵犯性，是否要紧？

跟拍法律执行又怎样？最高法院现在裁定官员带着搜查令和逮捕令进入私宅搜查或逮捕时带记者进入违背第四修正案。这个裁定是正确的吗？哪个应该具有优先权——在某人自己房子里面的隐私权利还是向人们展示逮捕严重犯罪嫌疑人的情形的报道的新闻价值？

狗仔队摄影师又怎样？他们这么做因为媒体愿意购买他们的照片。媒体愿意购买这些照片并愿意买断版权，因为很大一部分公众希望看到名人的偷拍照。但是名人享受独处的权利又怎么处理？当他们成名时是否需要放弃所有的隐私权？如果名人有隐私权，如何平衡第一修正案自由和名人不受打扰的权利？加州先锋性的反狗仔队法是对那些狗仔队目标的必要保护还是对第一修正案新闻采集权的违背？

公开权的问题呢？名人从他的姓名或者肖像中获利的底线在哪里？第一修正案有没有给予想使用名人公开权某个要素的艺术家、历史学家、作家和记录影片导演充分的保护？围绕贝特·米德尔、汤姆·威兹和范恩那·怀特的案子留给广告人什么启示？联邦法庭法官亚历克斯·科津斯基的广告人创造一种仅仅使公众想起某个名人的形象或者声音非法这个观点是正确的吗？

另一些情况下对隐私的规定仍然是不明确或者有争议的。例如，何时记者能报道真实但令人难堪的隐私事实？媒体能自由报道他们合法获得的事实吗？最高法院关于考克斯广播案和《佛罗里达明星》案的裁定是否太过分了，或者也许还不够？是否存在任何对记者来说是禁地的私人事务？

对隐私的错误曝光问题呢？一些州废除它作为一项独立的法律行为，告知那些抱怨媒体描述他们的方法的人以诽谤罪起诉。这是正确的吗？

最后，互联网隐私怎么处理？美国应该接受如欧盟这样严格的隐私标准来管理个人数据的收集吗？

隐私权概要

什么是侵犯隐私？

侵犯隐私是补偿那些隐私权被干涉的人的法律行为。有四种被普遍承认的隐私侵权类型：（1）侵犯某人物理独处权利；（2）公开私人事务，引起某人的难堪；(3) 将某人置于错误的公众关注之下；(4) 未经授权对某人姓名或者肖像的商业利用。

这些权利被普遍承认吗？

并非如此。一些州已经承认了所有四种隐私侵权，但其他州仅仅允许其中一些案件存在。然而，所有州的成文法或者法庭裁定认可，未经允许一个人的姓名或者肖像不能被用于商业广告。

什么是公开权？

不当使用和对公开权的违背是描述上述第四种隐私侵权(对某人姓名或者肖像的商业利用)的术语。公开权在本质上和其他种类的隐私权不同，在很多州，它是可继承的财产权而不是随着隐私侵权受害者死亡消失的人身权。将别人姓名、声音、照片或者任何其他公共形象要素用于商业目的必须得到许可。

存在什么辩护理由？

法庭已经承认一些可用于一种或多种隐私侵权的辩护理由。基本的有：(1) 新闻价值或者公众兴趣(主要用于私人事务案)；(2) 获得许可；以及(3) 宪法规定的公开记录辩护理由(也主要用于私人事务案)。

对于媒体来说隐私侵权是严重法律问题吗？

同诽谤案相比，按传统来看隐私侵权案对于新闻媒体的威胁要小一些。虽然媒体偶尔会输掉隐私案，但法庭在很多类型的隐私案中会宽容地解释新闻价值辩护理由来保护媒体。然而，公开权案件对于广告人、娱乐业和挖掘名人的公众形象获取利益的人来说逐渐成为严重的问题。“小报电视”制造了新的争议和案件，提出了关于隐形相机侵犯性或者秘密的新闻收集的棘手问题。

第六章 版权和商标

一个人怎样才能**拥有**(**own**)文字、图像、声音或者思想观念?

在一个自由的社会中,艺术、信息和思想观念难道不应该属于每个人吗?为什么那些版权所有者——他们其实很少是这些艺术、音乐或文学作品的真正创作者——可以在其他人的创造性的劳动上设定他们的权利,而且视这些作品为他们自己的私人财产,并且有权利拒绝其他人使用这些作品?特别是,为什么那些唱片公司、出版社和好莱坞制片人可以购买其他人独创的作品,进而从这些作品中获取利益,甚至可以剥夺原始的创作者们对有关他们的作品在未来使用中出现的任何问题的发言权?难道一家电视发行公司就有权利购买一部经典电影的版权然后对它进行改编,而不顾那些最初使这部电影成为经典作品的人们的强烈反对吗?

互联网的发展已经为版权所有者们提出了艰巨而且崭新的问题。网络令全球数以百万计的使用者可以非常容易地分享版权资源。以一些版权所有者的观点来说,更为糟糕的是,互联网也使得共享那些用来克服设计在数字化音频和视频产品中的复制保护方案的软件更为容易。

近几年来,许多其他有关版权的问题也不断出现。电影编剧、演员、导演们强烈反对发行公司将其现在拥有版权的经典黑白电影进行彩色化。作者们不断地抱怨着出版者对他们的原稿所做的修订,包括在签定仅仅能以传统印刷版本出版的合同之后又出版他们作品的电子版本。那些创作并表演作品的人有时候只能无奈地看着别人控制着他们的作品并从中获利。关于歌手迈克尔·杰克逊(Michael Jackson)购买披头士(Beatles)合唱团的许多歌曲版权的事情已经有很多报道了,还有关于考特尼·洛夫(Courtney Love)与她的唱片公司的法律诉讼也有许多报道,在这个诉讼中她坚称录制唱片的艺术家被迫所签定的长期合同是不公平的,在法律上应该被认定为无效。洛夫最终赢得了她的诉讼。

在好几年的时间里,身兼歌手、作曲家的约翰·福格蒂(Jone Fogerty)都拒绝表演他在克里登斯清水复兴合唱团(Credence Clearwater Revial)组合时演唱的那些最热门的歌曲,以避免鼓励他的狂热追求者们购买那些现在已经成为经典的唱片。为什么他不想要人们购买他的早期录音制品呢？因为他的前任经理人和他的音乐出版商要从他以前的那些录音中获取利润，福格蒂为此与前任经理人进行了一场痛苦的斗争。他的前任经理人以版权侵权为由控告福格蒂，其理由是福格蒂写的新歌与他那些老的录音有太多相似的地方（一个联邦陪审团在该案中做了有利于福格蒂的裁定）。

版权法为整个创造性的社会提出了纷繁复杂的问题。如果要制作一个视听节目并且合法地发行销售，就需要获取很多方面的版权许可，其中包括主要故事的所有者、手稿的作者、音乐创作者和出版者、录制唱片的表演者和唱片公司，还有其他人。

无疑，所有这些现象中蕴涵着非常难以解决的哲学问题，其中一些没有令人满意的答案。但是事实依然是，那些创造性的作品，包括发明和商标，通常被视为私人财产，只要你愿意，你就可以将这些财产进行买卖，甚至是租赁。

在法律上将规定这一类财产的法律统称为**知识产权法（intellectual property law）**。其中包括版权法、商标法、反不正当竞争法和专利法。大众媒介更多地关心版权（它保护原创性作品，如书籍、期刊、手稿、音乐、电影和录像制品、计算机软件以及艺术作品）和商标（它保护用以识别产品和服务的文字、短语和符号）。不正当竞争也被一些媒介认为非常重要，这个法律概念有时用来保护那些没有被版权法和商标法所涵盖的作品。另一方面，专利典型地被用以保护发明和科学程序。通常情况下，他们对科学家和工程师比对大众传媒更为重要。

知识产权法保护创作者从他或她的作品发行过程中获取利益的权利，并以这种方式坚持不懈地来鼓励创新。它的基本原理是：那些有创造力的人们应该与那些制造消费产品的人们一样，从他们的劳动中获取利益。然而，在实践中的实际情况是，那些拥有作品版权的创作者们时常必须将他们的作品以低价卖出，而这样做的目的仅仅是为了谋生。其结果是，当一个原创作品可以获取高额利润的时候，其他人却可以比创作者有资格获取更多的利益。

这种他人比创作者获取更多版权利润的现象是令人困扰的。知识产权法另一个令人困扰的方面是它使知识产生独占性的控制。因此，有的时候，教育家、图书馆员、科学研究者和新闻收集者们发现版权和专利权是他们的一个主要烦恼。

因为版权法的独占性倾向，甚至是美国政府的反垄断律师也表示出对它的反对。例如，在20世纪70年代中期美国国会在对版权法案进行全面修订的辩论中，司法部就对国会进行游说，希望削弱被提议的修正案，尽量减少版权保护那种生而具之的对竞争的抑制。

虽然知识产权法可能具有独占性和对表达自由的削弱，但它在美国还是有比较悠久的历史。尽管有《宪法第一修正案》的存在，它也不会像垄断那种形式一样很快地消失。

知识产权法最初发展于英国普通法之中，但是美国宪法的制定者们认为它非常重要，因此他们特别地将它提出来，使得在宪法被批准时就将版权和专利权被确定为联邦事务权利。

宪法第 8 节第 I 条中指出：

> 国会有权力确保作者和发明者在有限的时间内享有对其各自的书面作品和发明的专有权利，以此推动科学和实用技术的进步。

在宪法被批准之后不久，国会通过提案并颁布了第一个联邦版权法，即《1790 年版权法案》(*Copyright Act of 1790*)。随着科学技术的发展以及一些当年宪法的制定者们无法预期的问题产生，这部法案在后来被多次进行修订。1976 年的《版权法案》(*Copyright Act*)是最新的一次全面修订，它尝试着(不一定是成功地)去解决一些非常棘手的新领域中的问题，诸如影印、音频和视频记录、卫星通信和有线电视等。

现代那些针对版权法的批评家们喜欢指出，宪法中所说的版权和专利权应该是**"有限的时间"(for limited times)**。《1790 年版权法案》规定版权可存续 14 年，并可以再续展一个 14 年，这个期限远比今天 95 年的法人版权短。因为版权所有者比那些时常会受益于较短版权期限的消费者、图书馆员、教育家、新闻记者和其他人做了更多的、更为有效的游说工作，因此国会已经多次地将版权的期限予以延长。

无论版权法中有什么样未能解决的问题，国会介入的历史使得版权法根本不同于大众传播法中其他一些领域的法律：它属于一个联邦成文法领域，它从根本上就不属于一种各州的法律形式或者普通法。如果版权法的问题能够被根本解决，那它们一定是在联邦法院的帮助下而主要地由国会来决定。

还有另外一个使版权法和其他类型的知识产权法不同于诸如诽谤和隐私侵权等领域法律的方法。正如第四章和第五章中所说的，对书面诽谤、口头诽谤或大多数隐私侵权的控告权利是一种纯粹的个人权利；它与受损害方共同存在。他们的继承人通常没有参与这个诉讼的基础，除非他们也是被害人。版权和商标在这个方面是完全不同的。他们产生财产权利而非人身权利，这种权利是可以被继承的。事实上，版权法明确地予以规定，在作品的创作者死亡之后仍享有多年合法的权利。

版权法概述

简而言之,版权所有者对复制受版权保护的作品、在其基础上产生**派生作品(derivative works)**、发行作品的副本、在公众场合表演作品或者陈列作品享有**独占权利(exclusive right)**。其他任何人未经版权所有者的允许而进行以上行为都构成**版权侵权(copyright infrigement)**之罪,除非他的行为符合法律上所规定的**合理使用(a fair use)**。为了证明一个侵权行为,版权所有者必须提供原创作品和被指控的侵权作品之间的**实质相似(substantial similarity)**。版权所有者还要提供他的/她的版权是**合法有效(valid)**的证明,并提供证据证明侵权者**接触(access)**了原始作品,并且违反了刚刚所列出的那些独占性权利之一。当版权最终期满时,作品将进入**公共领域(public domain)**,从那时起,曾经独占性的权利便归属于社会的每一个人了。

如果版权法的基本原理可以用简单的语言来概括,那么将花费大量的时间去描述那些细节,给需要保护他们的作品以及需要去利用别人作品的人们提供有用的信息。

版权法的适用范围

1976年《版权法案》延续了美国早期版权法传统,确立了保护原创作品未经许可不得复制的体系。1976年法案主要是在1909年《版权法案》的基础上修订的,并且从那以后经历了多次修订。

依据这部法案,有哪些内容受版权保护,哪些不是呢?

通常情况下,所有的有创造性的劳动成果都可以受到版权保护。它包括文学作品(小说和非小说、散文和诗),音乐作品(及其附随作品),戏剧作品(包括音乐),舞蹈作品和舞剧,图示、绘画和雕刻作品(包括摄影作品和绘画),计算机软件,地图,建筑设计,唱片、电影胶片以及无线广播和电视产品(无论在本质上是戏剧性的或是新闻/记录片)。差不多能够被印刷或者广播的都可以属于版权法保护的范围。

然而,这一条规则有一些非常重要的例外。或许在大众传媒中最重要的一个例外就是新闻本身不能受版权保护,尽管对于新闻事件的**描述(description)**可以受版权保护。举例来说,到达飞机失事现场的第一位记者,没有权利阻止其他人对飞机失事的事实或有关事件如何发生的细节进行报道。这名记者最大的权限就是拒绝他人使用他或她对这一事件所做的描述。其他人应该用他们自己的语言来描述事件。

因此,对新闻记者而言重复别人写过的事情是家常便饭。每当一个记者捕捉到一条非常重要的"独家新闻"时,其他人会立刻追踪这个事情,他们会谨慎地用自己的语言来进行描述,同时对原始消息来源给予确认。但是应该强调的是,即使版权法允许这种行为,一个新闻媒体也不能因为要避免自己雇佣员工而系统地从竞争者那里盗取新闻。这种做法被称为"**不正当竞争**"(**unfair competition**)。而且在特定的情况下,尽管它可能不是一种版权侵权行为,法院也会对这种不道德的行为判罚支付损害赔偿。如其所名,系统的"新闻盗版"是法律不允许的。更多关于不正当竞争的内容,我们会在稍后论及。

还有其他一些非常重要的内容不属于版权保护的范围。正如新闻,其他形式关于事实的信息都不属于版权保护范围。举例来说,历史或科学知识,是每一个人都可以利用的。(不过,需要记住的是,有关事实的具体描述可以受版权保护,而且一个科学方法可能受专利保护。)思想观念、程序和发明创造不属于版权保护范围,通常他们只能被专利法保护。版权法保护的是表达的风格,而不是潜在的事实数据。

在 1991 年一个重要的案件中,美国最高法院强调,只有一个对事实的**原始**(**original**)整理才属于版权保护范围,而不是事实本身。法院认为一个电话号码簿中的数据缺乏必要的创意和创造力,而不能属于版权保护的范围(菲丝特出版公司诉乡村电话服务公司案(Feist Publications v. Rural Telephone Service Co.,499 U. S. 340))。然而,近几年来数据库编辑者们已经游说国会修订版权法案,推翻"菲丝特"一案的判决。他们主张,即使原始数据取得于任何人均可得到的公共档案,但数据的编辑应该得到版权保护。国会没有答应这些人的请求,而且法院在 1997 年另外一个广为人知的判决中坚决地反对数据库编辑者的主张:美国联邦上诉法院第 11 巡回法庭拒绝了对一个非常大的事实信息编辑数据库《电视与有线电视手册》(The Television & Cable Factbook)予以版权保护的请求。美国最高法院也拒绝再审这个案件(沃伦出版公司诉微道斯数据公司案(Warren Publishing v. Microdos Data Corp.,115 F. 3d 1509))。

另外一个不受版权保护的内容是包含有构成**商标**(**trademarks**)**和服务标志**(**service marks**)文字的字或短语。正如将在后文要解释的那样,它们可能依据州和联邦的商标注册法而得到保护,但是它们不属于版权保护的范围。例如,你不会因为在一本书或者新闻故事中提及他人的商标而被控告版权侵权。然而,如果你把一个被保护的商标视为自己所有而不妥当地进行使用,你则可能要面对一个商标侵权诉讼。在诽谤法允许的法律限度之内,你可以针对一个已经注册了商标的产品写任何你喜欢的东西,比如可口可乐,但是你不能够制造一种果汁并且把它命名为可口可乐。

版权保护

一旦你拥有一个符合版权保护要求的作品,获得版权保护是容易的。基本上,版权保护是自动获得的:当作品是**固定于有形介质上的表述时(fixed in a tangible medium of expression)**,你不需要做任何事去赋予作品版权。你可以**注册(rigister)**版权,你也应该在一部作品中加入**版权标记(copyright notice)**。但无论如何,如果你没有做这些事情并不导致你的版权丧失。

尽管版权保护不再是强制性的,但是通常会以在作品的一个非常明显的地方插入版权标记以表明作品已经受到版权法保护的方式来对作品版权进行明示。这种标记会如此表达"Copyright © 2003 by J. J. Author"。在"C"的周围应该有一个圆圈,这是一个标准的符号,用来表明作品受版权保护。

1976 年《版权法案》1988 年被修订时,以使这种插入版权标记的做法更灵活。1909 年的《版权法案》中,如果没有插入这样的标记,或者甚至将它放在了错误的位置,都通常被视为放弃版权。依据 1988 年通过的《1976 年法案修正案》,插入版权标记的原则完全自由化了。现在即使你没有插入这样的版权标记,你的版权依然是受法律保护的,但是一些无辜的侵权者(他们不知道这是一部受版权法保护的作品)获知版权之前也会得到一些法律保护。

要使版权获得最充分的保护,最令人满意的方法就是进行版权注册。而且,在你对一个版权侵权者提出法律诉讼之前,你仍然需要进行版权注册。如果你是在作品出版的 90 天之内,或者至少在侵权行为发生**之前**进行的注册,那么,你的版权将会比使用其他方式获得更好的保护。

如果你没有在一部作品中插入版权标记或者进行版权注册将会怎样?你仍然享有合法的版权,但是你必须使那些侵权者们知道这是一部受版权保护的作品。当然,如果你不选择为自己的作品主张版权保护,那么,作品就将进入到**公共领域**。这就意味着,作品属于每一个人,而任何一个人都可以像自己拥有作品的版权那样,对其进行复制或者表演。

如何注册版权?首先,你要从美国版权办公室获取一份适当的表格,地址是:国会图书馆,华盛顿,DC 20559(或登录版权办公室网站,www. 1cweb. loc. gov/copyright/)。对于大多数主要是文本格式的作品,你需要申请表格 TX。对于连续性出版物(如报纸、期刊等等),则需要申请表格 SE。对于电影、广播及其同类作品,需要申请表格 PA。视觉艺术作品需要申请表格 VA。版权办公室也有一个免费的可以按照要求传送或者下载的版权数据包。

为了完成注册，你要填写表格，支付规定的费用而且送出一份或在某些情况下两份作品的副本，存放于国会图书馆中。对于一些体积庞大的作品，如电影和某些艺术作品，在保存要求上也有一些例外。注册版权的基本费用仍然是30美元。尽管从2002年7月1日起，美国版权办公室的其他费用（对于一些诸如连续性出版物的多重版本注册等服务）已经提高了，但基本的版权注册费并没有增加。

你必须为你想要注册的每个版本完成上述步骤。这个制度中的保存本制度使得国会图书馆免费获得了在美国出版的大部分重要作品，这引起了一些批评家的争议。一些人甚至已经向法院提出控告，挑战保存本制度的合法性，但是并没有取得什么效果。

由于强制性注册的要求降低，新的《版权法案》认可了这样一种已经比较普遍的做法，即：在没有版权侵权发生的情况下，仅仅插入一个版权标记就可以，而不必做任何其他事情。新的法律不再将版权注册视为合法有效版权的前提条件，使得这种习惯做法得到法律的认可。然而，比起没有版权注册，那么，在出版之后90天内，或者在侵权行为发生前任何一个时间内进行版权注册，仍然会使你得到更多的法律上的补偿，而且在控告侵权者之前你仍然一定要注册版权。然而，国会已经考虑能够使版权注册**完全自愿**（**completely voluntary**）的立法：一个版权所有者提起一个侵权申请之前甚至不再必须做版权注册。这种变化，如果能够被制定为法律，会使美国的版权法与稍后将要讨论的国际版权法律规定相一致。

侵权的救济

如果法律没有强制性的规定，版权保护的意义将会很小。因此，版权法为版权所有者提供多种合法的补偿方式用以对抗侵权者。版权注册后，可得到的救济包括申请法庭禁令（即由法庭颁布停止侵权行为的庭谕）的权利、申请扣押所有盗版副本的法庭庭谕的权利、申请由侵权者支付版权所有者律师费的法庭庭谕的权利，以及获得实际发生的或者法定的损害赔偿的权利。未注册版权的所有者享有其中一些权利（但不是全部），我们稍后会有所说明。

1994年美国最高法院判决，代理费的规定适用于双方当事人：原告（提出控告并宣称某人侵犯了他们的版权的那些人）和被告（因为版权侵权而被控告的那些人）只要赢得胜利，就可以要求法院命令相对一方支付他们的代理人的费用。这个规则出现在福格蒂诉幻想唱片公司（Fogerty v. Fantasy，510 U.S. 517）一案，该案中歌手约翰·福格蒂被控告侵犯了他的前经理人和音乐出版商的版权,他们声称,福格蒂的新歌与他的老歌非常相似,侵犯了这些老歌的版权(这些老歌的版权属于出版者所有)。福格蒂在该案中胜诉,而且美国最高法院表示审判法院可以命令出版商向福格蒂支付律师费。稍后,审判法院判决支付福格蒂超过130万美元的律师费,这一判决在1996年被上诉法院予以维持(福格蒂诉幻想唱片公司案, 94 F.3d 553)。

在实际的损害(也就是侵权者的净利润)难以证明或者有名无实(因为侵权者有可能获取的利润非常少或者没有利润)的情况下,法庭可以自由裁量,决定一定数额作为法定损害赔偿金。国会在1999年将法定损害赔偿的数额提高了50%。现在对于每个侵权行为的损害赔偿,法官的自由裁量权从750美元到30000美元之间,即使被认定为无害的侵权,依然要支付不低于300美元的赔偿,而对于那种极其恶意的故意侵权行为,赔偿金额可以高达150000美元。

在1988年对《版权法案》所做的一个非常重要的解释中,美国最高法院表明在版权侵权诉讼中对于认定法定和实际损害赔偿,被告享有要求陪审团审判的宪法权利(费尔特纳诉哥伦比亚影业公司案(Feltner v. Columbia Pictures Television, 523 U.S. 340))。在此之前,法定损害赔偿的案件是在没有陪审团的情形下由法官自由裁量的。

当然,如果侵权者获得了非常大的收益,版权所有者更愿意要求实际损害赔偿,而非主张法定损害赔偿。

在版权侵权行为发生时版权还没有注册的情况下,版权所有者仍然可以寻求其他几种救济方式。然而,首先,他或她必须按照前文所介绍的程序去注册版权。只有在这之后,关于版权侵权的法律诉讼才能够被提起。在版权注册之后,版权所有者可以根据实际损害对侵权者提出控告——而不是法定损害。他或她可以申请禁令或者法庭庭谕扣押盗版副本,而不能请求律师费。

因此,如果当一个侵权发生的时候,你的版权没有注册,你就失去了行使要求赔偿你的律师费和法定损害赔偿的权利。这意味着没有注册版权的所有人在受到那些大规模的、可能产生实际损害的侵权时会得到保护。而对于那些小规模的侵权,因为可能只有很小数额的实际损害,而却有与之不成比例的高额律师费,所以,在版权没有注册的情况下可能就不会被提起法律诉讼了。

然而,没有注册的版权的生存能力仍然不应该被忽视。实际损害因为其计算方式可以单独成为一种有力的威慑。为了计算实际损害,版权所有者可以对他的损失和侵权者的毛利一起提起控告。然后侵权者一定要证明他或她的支出,以从毛利的总数中将其扣除。因此,实际损害应该是从一个侵权行为中所能获取的所有净利。

然而，这样的规定对侵权者而言太过粗糙了，所以从法院目前的做法来看，他们是拒绝完全按照这种方法来执行的。举例来说，1940年美国最高法院有一个非常著名的判决，该案涉及一个被著名的电影公司改编为电影的盗版手稿，该影片投入了巨资宣传推广并邀请大牌明星参演。

在扣除所有的费用之后，影片《莱蒂·林顿》(*Letty Lynton*)(由明星琼·克劳福德(Joan Crawford)和尼尔斯·阿斯尔(Nils Asther)出演)的利润将近600000美元，对于那个时代而言这是一个非常大的数目。初审法院按照《版权法案》的规定，将盗版所得全部判给作者。然而，美国最高法院却置版权法案于不顾，对利润进行了分配，只判给作者大约120000美元。美国最高法院认为利润中的大部分应归属于其他因素，而不仅仅是手稿(谢尔登诉米高梅案(Sheldon v. MGM, 309 U.S. 390))。

尽管有谢尔登一案的判决，非常大额的实际损害赔偿依然确实存在。而且，侵权者可能会因此构成犯罪。无论作品是否经过版权注册，法律制度的设计就是要使版权侵权行为人痛苦并要为这种行为付出高额的代价。

侵权举证

我们假设，某人出版了一个作品，你觉得它是盗版了你曾经创作的一个同类作品。你该怎么办?

正如我们已经指出的那样，如果你想要控告侵权者并赢得诉讼，法律为你提供了多种补偿方法。但是为了赢得一个版权侵权诉讼，你必须对每件事情进行证明。其中之一就是证明所谓的侵权者接触了你的作品。另外一个就是要证明在两个作品之间存在实质上的相似。当然，你还必须证明，你的版权是合法有效的，它符合法律的规定，是原创作品。

在侵权者对版权作品逐字抄袭的情况下，证明这些事情通常并不困难，但是如果侵权者非常巧妙地对原作进行了修改的情况下该如何呢?在这种情况下，你必须要证明你的作品和被指控的侵权作品之间存在着实质上的相似，这通常并不容易。如果涉及文学作品，一些文学作品的权威人士将会被作为专家证人，对有关情节、人物性格发展以及主题的细微相似之处进行作证。如果要进行一个实质性相似的检验，那么在两个作品之间一定要有特定表达元素的相似(包括事件的情节、主题、对话、语气、作品的框架、人物性格以及事件的发展)。这被称为相似性的“**外部测试**”(**extrinsic test**)，这是一种客观的测试。除此之外，作品必须要在更多的有关主体的“**内部测试**”(**intrinsic test**)中有充分的相似性，这种测试会考虑到一个普通的、通情达理的受众是否在整体概念和感觉上认为作品之间有充分的相似性。(关于这两种测试的解释以及它们的发展,参见卡瓦利埃诉兰登书屋案(Cavalier v. Random House Inc., 297 F. 3d 815,2002))。

为了表示两个作品之间实质上的相似,必须要对那些可**保护性元素(protectible elements)**的相似性进行证明,而不是那些潜在的历史性事实,那些是不属于版权保护范围的。举例来说,如果某人要拍摄一部关于1912年泰坦尼克远洋客轮沉没的新电影,他可以包括与詹姆斯·卡梅伦(James Cameron)的电影《泰坦尼克》中的描述一样的有关历史特征和事件。但它不可以使用与该电影的虚构情节有充分相似性的人物性格与故事情节的安排,如故事中贵族出身的罗斯·德威特·布卡特尔(Rose DeWitt Bukater)爱上了充满自由精神的艺术家杰克·道森(Jack Dawson),而逃避那个傲慢、富有的未婚夫卡尔·霍克利(Cal Hockley)。

有些情况下,对于某一事物的表述只有一种方法,那么提出版权受到侵犯的版权所有者所必须要证明的就不仅仅是两部作品的相似性,而是后出版的作品与原作之间具有事实上的同一性。举例来说,一个联邦上诉法院在2003年裁决,一张被用于一个广告活动的伏特加酒瓶子的照片没有侵犯一张较早的而且具有明显的相似性的伏特加酒瓶子广告照片的版权。法院应用了**合并(merger)**理论,这种理论认为,当一个作品的最根本的观点只能用一种方式来进行表述时,除非后来的作品与原作具有事实上的同一性,否则原作并不能受到版权法的保护,它导致了作品的思想观念与被保护作品的合并。法院也引用了**通用元素**[①]**理论(scenes a faire doctrine)**,这种理论认为,如果某个作品中的表达必须从一个通用概念中导出,那么这个作品是不属于版权保护范围的,在这个判例中,作品就是用于广告的伏特加酒瓶图像(霍金诉斯科伊·斯皮瑞茨公司案(Ets-Hokin v. Skyy Spirits Inc., 323 F. 3d 763))。

当所有关于实质性相似的构成要素全部进行了法律分析之后,最初的版权所有者还必须证明即使一个普通人(而不是专家)也能够看出新的作品与被盗版的原作之间有着足够的相似性,以最终说服法官或者陪审团。

当一个盗版的作品并不是原作的原样复制时,那么,不仅仅是证明实质性相似有时候非常困难,而且要证明其接触了原作也会是一个难题。如果一个从未看到或者听到过你的版权作品的人创作了一个类似作品,这并不构成版权侵权。如果你不能证明所谓的侵权者有机会获悉你的作品,你就不能证明他或她复制了你的作品。就版权法的规定而言,如果第二个作品确实是由没有接触过你的原作的某人独立创作完成的,那么他或者她可以对其作品申请

① scenes a faire:法语短语,原意为“精彩的一幕”。

版权,并可以在商业领域中进行再制作或者出售。(然而,他或她可能在不正当竞争和商标领域中产生其他法律问题,这个问题会在稍后讨论。)

在大众传媒更易于普及的今天,能够证明没有接触过那些较早时间出版的与他们的作品具有相似性的作品的独立创作者是很少的。举例来说,音乐家乔治·哈里森(George Harrison)就在法庭上花费了很多年的时间去证明他1971年的热门歌曲"My Sweet Lord"并不是抄袭自一个名为"Chiffons"的组合所创作的1963年流行音乐排行榜上的大热门歌曲"He's So Fine"。这两首歌曲确实有着相同的旋律,但是哈里森坚决地辩称无论如何他既没有抄袭的意图也没有抄袭它的行为。最终,法庭裁决,他不可避免地在某些时候曾经听到过这首较早出现的歌曲,他很可能**至少是在潜意识的层次上(at least at the subconscious level)**是从它那非常容易记忆的曲调中得到了灵感。(非常具有讽刺性的是,在一次与哈里森的合同纠纷过程中,他的前经理人购买了"He's So Fine"的版权。因为他的经理人之间因此而产生的利益冲突,法院稍后只要求哈里森支付了非常小额的罚金,然后又判决他在一些地区同时享有"My Sweet Lord"和"He's So Fine"的所有者的权利。)

当你因为有可能出版而计划将作品提交给其他人时,如何证明作品是独立创作完成并且具有原创性呢?举例来说,你如何防止一个编辑获取并利用你的作品而不付出任何代价呢?一旦一个法律诉讼成为必须,有多种方法可以用来搜集证据,用于向法庭证明你的原创作者身份。传统的建议是在将作品提交给其他任何人之前,先给自己邮寄一个副本,并将副本保存在未开封(而且盖有邮戳)的信封里。然而,1976年《版权法案》提供了更为可靠的方式:你现在可以依据联邦法律的规定对未公开出版的作品获取版权,并且将其注册在美国版权办公室。然后你的版权便早于任何试图宣称作品属于他们的人的提交时间而受到保护。注册版权远比仅仅给自己邮寄一个副本并保留未开封的信封要好得多。

版权的期限

版权保护的期限已经多次地被延长。正如已知的那样,最初,美国的版权原本是具有14年的法律效力并可以在期满后续展另一个14年。1831年,国会将期限延长到了28年,并且可以在期满后续展14年。1909年《版权法案》中,版权的有效期限是28年,而且在期满后可以续展另一个28年。1976年《版权法案》将版权的基本期限延长至作者有生之年加上死后50年。对于匿名作品或者职务作品,期限延长至从作品出版之日起75年。对于未出版的职务作品和未出版的匿名或者假名作品,其保护期限在1976年法案中被确定为自创作之日起 100 年的时间。

1998 年,国会在《桑尼 · 波诺版权期限延长法案》(Sonny Bono Copyright Term Extension Act)中将各种类型的版权期限都增加了 20 年。因此,现在版权的基本保护期限是作者有生之年加上死后 70 年,对匿名作品或者职务作品而言则是 95 年,这也就意味着大部分的法人版权具有 95 年的法律期限。未出版的职务作品或者匿名作品现在会自创作之日起 120 年内受到法律的保护。20 年延长期的规定具有可追溯性,对于所有的新作品和 1978 年 1 月 1 日以后创作的作品均适用。现在,版权的到期日是期满之年的 12 月 31 日。

版权保护期限的这些延长对那些早期的受版权保护作品有怎样的影响呢?对于依然享有合法有效版权的 1978 年之前的作品,当它们原来的 28 年版权期限届满后,大多数的作品可以自动续延 67 年,1998 年的法案生效后允许它们的版权期限自动由原来的版权日期延长至 95 年。对于已经进入到公共领域的作品,1998 年的法案则不再恢复对其的版权保护。

国会在 1998 年延长版权保护期限的行为引发了令人惊讶的争议。虽然延长版权保护期限使得美国的法律与一些欧洲国家的法律保持一致,但是却引起了法学教授、图书馆员和其他一些人组成的联盟的强烈反对,这些人认为这有可能造成后来的具有创造性的人们在对那些还没有进入到公共领域的受版权法律保护作品进行改编和扩充时,由于法律所强加的这种过度的延期而令他们的权利遭到不合理的拒绝。他们质疑将版权保护期限由作者有生之年加上死后 50 年延长至作者有生之年加上死后 70 年真的能够鼓励作者创作出更多更好的作品吗?另一方面他们认为,版权保护期限的延长反而导致了一种非常严重的下降趋势,因为这使得其他人要想创作**派生作品**(**derivative works**, 基于先前作品产生新的作品)推迟了 20 多年的时间。为了使他们的观点有强有力的依据,他们指出,在美国宪法中只是授权给国会将版权保护确立在**有限的时间**内。20 年或者说甚至 95 年是那些宪法的创制者们所意味的有限的期限吗?

为了回应这些意见,唱片业和其他一些版权所有者们提出了他们的观点,他们认为那些有创造性的作品在它们仍然流行的时候不应该进入到公共领域。他们指出许多歌曲在进入公共领域时依然广泛地被表演着。那些认为版权保护期限仍然比较长的反对者们则反击说,即使流行的作品**应该在某一天**为社会上每一个人所有,那些宪法的创制者们也绝不会打算让这一天在 95 年或者 120 年之后到来。

最后,反对延长版权期限的联盟向《桑尼 · 波诺法案》的合宪性提出了挑战。美国最高法院在 2003 年埃尔德里德诉阿什克罗夫特一案(Eldred v.

Ashcroft,537 U.S. 186)中支持了《波诺法案》。法院以7:2的多数意见宣布,将版权保护期限再延长20年,从而使版权保护期限达到95年或者更长的时间,并没有违反《宪法第一修正案》和有限的版权保护期限的宪法规定。

这一决定使电影制片人、出版者、唱片发行者和其他那些拥有具有很大价值版权的人取得了重要的胜利。而失败者是那些历史学家、新闻记者、图书管理员以及那些需要使用比较早期的版权作品的人。

在代表多数人的意见中,法官鲁斯·巴德·金斯伯格驳斥了那种认为国会再三地延长版权保护期限是想要创建永久性的版权而违反了有限的版权保护期限的宪法规定的论点。金斯伯格写道,"那些较早的法案并没有创制一种永久性的版权,《波诺法案》同样也没有"。她同样驳斥了那种认为版权保护期限的延长并没有按照宪法的预想"促进科学进步"的观点,因为它仅仅是增加现有版权的价值,而不是鼓励新作品的创作。

也许,甚至更重要一些的是,金斯伯格驳斥了认为由版权引起的垄断违反了《宪法第一修正案》的观点。她指出版权条款和《宪法第一修正案》是分别在几年之内拟定,并且得出结论认为宪法的创制者们并没有以《宪法第一修正案》有关自由表达的规定来限制版权的意图。基本上,她认为版权法通常可以免除《宪法第一修正案》的审查。

法官约翰·保罗·斯蒂文森和斯蒂芬·G.布雷耶在该案中持反对意见。斯蒂文森批评了大多数人的观点,认为他们"未能保护公众的利益"和"忽视了版权/专利条款的中心意图"。布雷耶则认为版权保护期限的延长"很可能会抑制通过科技的利用而产生的新的形式的传播"。

布雷耶补充说:"非常容易理解法令是如何使拥有既存版权的法人或者继承人的利益受到保护,但是我却很难发现任何本质上合法的与版权相关的途径能够使得法令令公众受益。"

版权所有者的独占性权利

一旦拥有版权,所有者便会享有受联邦法律保护的多种财产权利。首先,版权所有者有复制作品和销售副本的独占权利。除此之外,版权所有者可以删减、扩充、改编或重新整理受版权法保护的作品。而且版权所有者有权利表演或者展示版权作品。所有者也享有在先前受保护作品的基础上创作衍生作品(例如,将一部电影改编成小说,或者将一部小说改编为电影剧本)的独占权利。所有者可以将这些权利中的任何权利或全部权利予以出售(或赠送)。实践中,许多版权作品的创作者将他们的作品卖给一些公司,这些公司同意出版或者发行作品,并以诸如**版税(royalities)**的形式拿出作品的部分收入支付给创作者。

作品的创作者也可以将作品整体出租,允许其他人暂时使用他的作品而向他支付版税。一本杂志获准首次在北美地区连续刊登版权,则允许作者在文章首次发表时获取版税并同时保留对版权的所有权。举例来说,那样也就是允许作家在稍后出版的诗集中使用该作品。正如本章稍后将要解释的那样,印刷作品以电子版本形式再版(例如,将它们放入互联网或者一个信息服务商,如律商联讯公司)已经产生了新的版权问题。许多出版商在合同获准北美连续刊登版权的情况下,已经例行公事一样地以电子版本形式再版作品,而不支付作者任何附加的版税。截止到 2000 年,法院的判决已经迫使出版者修改他们的合同,使之包括用电子版本形式对作品的再版。

在一些表演艺术领域中,将改编和表演作品的权利授予他人而获取版税也是非常常见的。事实上,一旦他们的作品被公演,法律就要求拥有音乐作品版权的人允许其他任何人制作**录音制品**(也就是 CD 和磁带)。这叫做**强制许可(compulsory licensing)**。录制唱片的艺术家仅仅需要为每一个已经售出的唱片副本支付规定的版税;当版权所有者拒绝授权某个表演者录制一支歌曲时,他不能允许另一个表演者这样做。这些版税的数额在版权法案中有详细说明,但是版权所有者有时候为了鼓励那些著名的艺术家录制他们的歌曲而自愿接受较低的版税。获得版权法案中强制许可的准许而录制受版权保护音乐的人必须依照原作表演,他们通常不能在没有征得版权所有者同意的情况下对作品进行比较显著的改动。

大多数其他类型的受版权保护作品,如写作素材、视听作品和艺术作品等没有类似的强制许可制度。而且,强制许可并不适用于**同步权利(synchronization rights**, 也就是,在一部电影或者视频中将音乐与视觉图像编辑在一起的过程)。制片人如要在影片或视频中加入音乐必须要获取特别许可——如果版权所有者乐于许可的话。然而,1976 年《版权法案》确实在一个新的领域中建立了一个强制许可制度,这个领域就是:有线电视。音乐和有线电视的版权问题将会在这一章的稍后部分进行更全面地讨论。

在电影、电视和音乐产业中,令人难以置信的复杂的商业改编已经发展起来,用以补偿许多进入到现代化生产的版权所有者。经常会将基础的超短篇小说或小说的作者,改编作品的电影剧本编剧,写作、改编、表演音乐、音乐剧的人,编舞以及其他一些人的工作进行单独的改编。这些改编包括多种不同的权利。例如,电视节目的制片人获得(和支付)在节目中使用音乐的同步权利。然而,同样的音乐**表演权利**是另外一个问题:因为制片人不购买这些权利,所以通常每个电视台必须支付表演权的费用。广播公司更愿意获得**原版**

许可(source licensing)——这样可以使节目制片人获取表演权——但这并不是通常的安排/做法。大多数广播公司从代理所有受版权保护音乐的音乐许可代理人那里获取他们播放的作品的**总括许可(blanket licenses)**,全新闻和脱口秀广播电台通常获取**单个节目许可(per-program licenses)**,这样可以使广播较少音乐的电台节省经费。

1990 年美国最高法院裁决的斯图尔特诉阿本德(Stewart v. Abend,495 U.S. 207)一案说明了在娱乐业中版权改编的极端复杂性。这一个案例是有关以演员吉姆·斯图尔特(Jimmy Stewart)为首的团体重新发行旧影片"后窗"(Rear Window)的权利。这个案例中的问题是谢尔登·阿本德(Sheldon Abend)在作者死后从他的继承人手中购买这个短篇故事的版权,而这个短篇故事是这部电影的基础。最初的 28 年的版权期限已经期满,继承人已经续展了版权(按照这部电影被制作时依然有效的 1909 年《版权法案》的规定,这是被允许的)。美国最高法院支持阿本德的观点,认为斯图尔特的团队必须在版权续展后,重新就原著的权利进行谈判。法庭认为,对于该故事的初次售卖的权利只在第一个版权期限之内有效。

主要的好莱坞电影公司的律师们强烈地反对这样的规定,他们认为,这将使得重新发行一些老的电影——或在新的电影中使用老的故事情节或者音乐的价格高得使人不敢问津。现行的版权法案提出了一个**派生作品例外(derivative works exception)**的规定来解决这一问题。依据该规定,当作品续展版权,原始作者重新获得版权所有权,但是派生作品的作者(例如一个以版权法所保护的故事为基础制作的电影)在先前作品的版权续展并为原作者所重新获得的情况下并不丧失他们的权利。

另一方面,依照一个联邦上诉法院的裁定,当一个电影作品的版权期限届满,该作品进入到公共领域时,在先的电影剧本也同时进入到公共领域(Batjac Productions 公司诉好时光家庭录像公司案(Batjac Pruductions v. Good Times Home Video Corp., 160 F. 3d 1223,1998))。

虽然美国最高法院对于斯图尔特一案的判决令许多好莱坞电影公司的律师们不安,但是另外一个于 1990 年做出的关于管理电影产业版权所有权有关合同安排的法院裁决更令他们困扰。在布赫瓦尔德诉派拉蒙影业公司(Buchwald v. Paramount Pictures Corp.)一案中,一个洛杉矶高等法院的裁定推翻了标准的电影公司合同中许多有关财务方面的规定,这些规定用来约定由于作者或其他人的创造性作品被用于影片而应得到的补偿。

这个案件始于幽默作家阿克特·布赫瓦尔德(Act Buchwald)控告派拉蒙在 1988 年那部由明星埃迪·墨菲(Eddie Murphy)主演的影片《美国之旅》

(*Coming to America*)中运用了许多他的思想观念和大量他的原稿。布赫瓦尔德赢得了他的官司,并且他和伙伴共同获得了 90 万美元的补偿。然而,这个判决最值得关注的方面是法官对有关标准的电影公司合同进行了长达几个月听证的事实,他们最终认为合同本身是不公平的,是本质上不符合法律规定的无效约定,正是基于这样的原因他们才做出了这样一个最终判决。

一个与之相似的引起争议的电影是派拉蒙的另外一部热门影片,《阿甘正传》。

1995 年《阿甘正传》的全球估算总收入达到 6 亿 6 千万美元,但是派拉蒙声称并没有净利润,其所依据的就是在布赫瓦尔德案中被法官所质询的那些与之相类似的合同约定和会计方法。温斯顿 · 格鲁姆(Winston Groom)是原著小说的作者,《阿甘正传》正是以他的小说为蓝本创作的,他聘请了曾经代理过布赫瓦尔德案的代理人,要求不管在电影公司的会计方法下是否会有“净利”他都应分享由《阿甘正传》所带来的利益。他的合同,与布赫瓦尔德的一样,只给予了他净利的百分比而不是全部总收入的比例。格鲁姆和派拉蒙的官司成为重大新闻,这不仅仅是因为取得如此巨大成功的电影和其所谓的没有净利,而且还因为演员汤姆 · 汉克斯和电影制片人分别从该影片中取得了约 4000 万美元的收入,而他们的合同是按照总收入的百分比约定的。

派拉蒙公司很快地就与格鲁姆达成了和解,向格鲁姆支付了一笔数目不为人知的补偿款,以这种方式结束了这场可能与布赫瓦尔德案一样令其尴尬的法律诉讼。

“职务作品”

重回版权所有者的独占性权利这个话题,在许多时候,文学或者艺术作品的创作者将他们作品的部分或者全部权利出售,而不是自己保留。通常情况下,作者或者创作者没有能力出版作品,并对它们进行适当地宣传推销。因此,他或她会就作品的出版与一个出版商达成交易——而作为回报,出版商会要求他让渡版权。这就意味着是出版商而不是作者享有这部作品的版权。

这是一种通常的做法。然而,版权法中有一些潜在的风险,可能会使一些缺乏警惕性的版权作品的创作者陷入陷阱。其中之一就是版权法案中有关**职务作品(works made for hire)**的规定。法律规定,如果一个人在他或她的受雇职责范围内创作一个作品,其版权属于雇主,而不是作品创作者。举例来说,如果你是一家报纸的受雇作家,出版者可以拥有你在工作范围内写的故事的版权,除非你能够用其他方式去谈判合同。凡是你在工作中创作的作品,这一原则均适用。

很少有人会对“职务作品”规则的公平性产生置疑。但是对于作家和其他那些自由撰稿人怎样呢？接受了佣金为一部音乐作品谱写乐曲的作曲家又如何呢？法律认为，这样的人是被推定为独立创作者，而不是创作一个“职务作品”。然而，又会产生这样的问题，一个人到底是雇员还是一个自由撰稿人。同时，由出版商和购买有创造性作品的那些人提供的合同通常会推翻这种推定。如果你的合同中说，你正在做一个“职务作品”，其他人可能最终拥有你的创造性作品的所有权利，而不仅仅是你所以为的第一次再版或表演权。

1989年，美国最高法院在创意非暴力组织诉里德（Community for Creative Non-Violence v. Reid）一案中对版权法“职务作品”部分进行了规定。法院必须处理一种存在于自由撰稿人，包括作家、摄影师、艺术家和作曲家之中非常常见的案例。在许多实际案例中，自由撰稿人同意创作委托的作品而没有明确关于版权的安排。依据《版权法案》有关“职务作品”的规定，当一个人更像是独立的合同主体，而不是一个雇员时，如果他或她是真正**独立的**，那么这样的作品就会被推定为属于创作者，而非相反。

美国最高法院裁定，如果一个作品的创作者是一个独立的合同主体（这个术语通常在其他法律领域之中加以定义），他或她就可以对版权享有权利——除非创作者和委托创作该作品的他人之间有不同的约定。

一些版权专家认为美国最高法院对于独立的合同主体地位的认定过于宽泛，这使得许多媒体公司对他们的版权所有权策略进行了重新评估。法院在表面上平衡了那些以自由撰稿人身份创作作品的人的利益。许多在以前被公司认为是为他们所有的自由投稿作品现在可以合法地转为归属于它最初的创作者所有。

里德案是在詹姆斯·厄尔·里德（James Earl Reid）和创意非暴力组织（Community for Creative Non-Violence，CCNV）之间产生的一场纠纷，CCNV是一个组织，它委托里德为华盛顿特区的一场圣诞节游行创作一个雕塑用以展示。他的雕刻，名为“第三世界美国”，刻画了一个无家可归的家庭睡在一条街道的火炉旁。CCNV主张，因为它与里德就制作雕塑签定了合同，监督了他的工作，向他支付了费用，里德是一个真正的雇员身份，因此CCNV应该对雕塑作品享有版权。里德主张，他享有版权，并且因此有权利从雕塑的再复制中获取利益。

法院裁定版权应由里德拥有。法院表达了一种暗示，即那些不是正式地注册于组织机构的薪水册的人几乎总是可以对其所创作的作品享有版权，除非有一份合同中非常清楚明白地做了其他的约定。从这一点来看，在版权法整个“职务作品”的规定范围内至关紧要的因素是自由撰稿人和委托其创作并支付费用的人之间所签定的合同。如果合同中明确地约定了谁拥有版权，那么合同是具有约束力的。然而，如果合同有关版权所有权事宜的约定是模糊的，或是没有相关约定，或者根本没有合同，法律将会推定自由撰稿的创作者拥有版权。这只影响那些自由撰稿人，而并不影响因职务而创作作品的雇员：除非在合同中有明确的约定将版权所有权给予了雇员，一个雇主仍然可以拥有雇员与工作相关的创造性的劳动。

2000 年在录制唱片的艺术家和唱片公司之间的被广泛宣传的辩论说明了《版权法案》有关"职务作品"的相关规定的许多缺陷和复杂性。

一名美国众议院议员，其选民中有许多唱片产业的经营者，他在一个综合性的政府预算提案中悄悄地将录音制品加入到职务作品的目录之中。当一些著名的录制唱片的艺术家发现这个问题时，他们大声疾呼这种行为是卑鄙的。版权法案非常晦涩地规定一个将其版权所有权让渡给他人的"作者"，有权利在 35 年之后取消这种让渡，而重新获得版权。

因为录制唱片的艺术家像作家一样，通常签定合同将他们作品的版权让渡给出版商(或是在这个案例中那样的，一个唱片公司)，这个规定给了他们一个机会，当他们和他们的作品都变得更加著名，而他们的版权具有更高的资产价值时，他们可以在生命中的后来时间里重新获得作品的版权。但是法律只是规定一部作品的"作者"有权利重新获得版权。而依据版权法案"职务作品"的规定，版权所有者是该作品的"作者"，而不是作品创作者。

国会面对接踵发生的公众的强烈抗议迅速地作出了回应，从可能成为职务作品的作品目录中将录音制品删除掉。

联邦版权法的优先地位

1976 年《版权法案》通过后，版权法的一个非常重要的变化是，现在已经出版的和尚未出版的作品均可纳入联邦体制而获得保护。而先前，联邦的法律只保护已出版的作品，剩下未出版的作品只被各不相同的、由**普通法体系中的版权法**发展而来的州法律加以保护。

因为有些州建立了自己的一套注册体系来保护未出版作品的版权，因此这就意味着，可能有不同的规则，甚至有的时候有两个不同的版权办公室来解决出现的问题。

对于版权保护的这种州与联邦的双重体系导致了州和联邦的法院扩展了他们对"已出版"一词的定义来保护作者。如果某人将一个短故事的 100 个副本送给他的朋友或可能的出版者，这是出版吗？如果作家记得加入版权标记，联邦法院就会倾向于判定它是已出版的作品，这样联邦版权体系就可以用来保护作品免受可能的侵害。但是另一方面,如果作家没有加入版权标记,一旦“出版”,作品就会进入到公众领域。因此,州法院容易倾向于变通规则,而裁决这样的作品实际上是没有出版的作品,如此,他们可以运用普通法的版权法规定去保护那些其他不受保护的作者。

1976 年法案废除了这种双重标准。一旦一个作品是**固定在一个有形的介质中的表述时**(**fixed in a tangible medium of expression**),它即被联邦的法律所保护。这也就是说,一旦一个作品被写在纸上、保存在计算机磁盘上、记录在电影或录音带上,或者被放置在几乎是创作者的思想之外的任何地方,它都能够依据联邦法律而受到保护。在作品得到保护之前并不需要等待——联邦版权保护是即时可得的。为了使这种保护更令人安心,你仅仅在作品的草稿中加入一个版权标记即可,当然你也可以将未出版的作品进行注册,以得到你所想要的并且能够得到的最有力保护。但是,即使没有版权标记,1998 年的版权法修正案也将保护作者免受除无辜侵权之外的任何侵权。

简而言之,1976 年《版权法案》自 1978 年 1 月 1 日(1976 年《版权法案》的生效日期)起彻底地废除了州的普通法版权体系。从那一日起与版权有关的所有州法律被取代。换句话说,所有的相关法律均被联邦的法律所取代并且对新的作品不再具有法律效力。国会一直希望拥有废除各州的版权保护普通法的权力,并设想在这一领域中确立完全的司法权;1976 年《版权法案》终于使国会如愿以偿,这大大简化了美国的版权法律体系。

合理使用原则

如果毫无例外地适用版权法律的刚性规定,那么将没有新闻工作者、历史学家或者教师可以很好地完成他或者她的工作。甚至没有人可以为教学、学术评论或者报道新闻的目的而引用版权作品中的一个句子。基于这种原因,产生了**合理使用原则**(**Fair Use Doctrine**)——这是版权规则的一个重要例外。

基本上,合理使用原则是一个法律的概念,它最初产生于法院的裁定,这些裁定允许对版权作品进行一些复制,而没有适用在表面上与之相抵触的 1909 年《版权法案》中的绝对原则。法院认为诸如为了学术评论或讽刺而引用简短的章节等做法是合理的,并没有影响到版权所有者的经济回报。

1976 年《版权法案》明确规定了合理使用原则,并且制定了指导方针用来明确哪些对版权作品的使用行为是合理的。国会甚至提出了关于影印问题的强硬议案并试图在这个领域中建立一些基本规则。

判断一种行为是否是合理使用,版权法案中列出了四种必须要考虑的因素:

1. 使用的目的和特征,包括该使用是否具有商业特性,或是否为了非赢利的教育目的;
2. 版权作品的特性;
3. 与版权作品的整体相比,使用的数量和质量;
4. 对于版权作品的潜在市场或价值来说,使用所具有的影响。

这四个检验要素是非常模糊和概括的,它经常使得法院要根据自己的判断来决定一种对版权作品的特定使用是非法的版权侵权还是合理使用。为了阐明由此而产生的一些不确定性,在具有代表性的版权所有者和其他各种权益(如教育)的代表之间已经就怎样才构成合理使用的问题达成了一些非官方的协议。

例如,在1976年国会准备全面修订版权法的时候,教育工作者、作家和出版商的代表就进行了会谈,商讨决定在学校教育中怎样的行为才是对一个版权作品的合理使用。依据他们的协议,教师被允许影印书籍的章节、报纸或杂志的文章、一个短故事、散文或者诗歌、图表、曲线图、绘画作品或其他类似的材料,但这只限于他们自己使用。

对于学校教育的使用,如果原作的版权标记有所保留,而且复制是自发的一次性行为,那么协议允许教师在作品复制非常简短的情况下(一般情况下,散文在2500字之下,诗歌在250字之下),可以为每一个学生发放一个副本。在第二次使用之前,教师必须要获得许可(或者购买版权作品的副本)。对于一个单一的学期之内教师发放给学生的版权作品的次数也是有限制的,而且不应该总是将这种复制作为要求学生购买一个诗选或一项"消耗品"(如一本练习本或一个测验)的替代方法。

这个协议并没有法律的强制力,法庭对合理使用的构成有自由裁量的权力。这些指导方针在1976年版权法案的立法历史中被提及,但是却并不在法案的内容之中。法案本身只是非常模糊地认可了教师有权利依据合理使用原则在他的课堂上使用作品副本。然而,当教师对版权作品的表演或者展示构成其教学行为的一部分时——除非他们使用或者展示的作品本身是盗版的(如一个教师展示一个非法复制的电影或者电视节目就属于这种情况),另一个法律规定免除了教师的版权义务。

20世纪90年代期间,另外一个关于在教学中使用复印作品的议题引起了争议,这就是:在学院课程中课程包的使用。1991年,一个联邦法院裁决金考影印连锁公司（Kinko's Graphics，一个主要从事制作课程包这种生意的生产商）需要对那些包含在先前出版的定制文选中的所有实质性受版权保护的素材（例如杂志或期刊中的文章或者书的章节）支付版税（基本图书出版公司诉金考影印连锁公司案（Basic Books v. Kinko's Graphics Corp.，758 F. Supp. 1522））。法院认为如此大规模的复制不是一种合理使用。法院认为金考和学院书店的规模如此之大（他们现在对课程组的收费是非常高的），他们有能力对每一个版权所有者支付版税。

1996 年，主张在教学中自由使用副本的人们认为他们取得了一个非常重大的胜利，联邦上诉法院第六巡回法庭在普林斯顿大学出版社诉密歇根州文档服务中心案（Princeton University Press v. Michigan Document Services）中拒绝适用金考案的裁定。在这个案例中，法庭以 2∶1 的多数意见表面上给予了教师和复制服务者们自由处理权，允许他们在课程包中包含对杂志和期刊的文章以及书籍的大部分章节进行复制，法庭将这种复制视为一种合理使用，而不是版权侵权。

有这样的裁定作为保护，许多复制服务者加速开采这一免税复制的"富矿"。不过这种欢庆终于走到了尽头：全体法官组成的小组投票取消第六巡回法庭先前的判决，并重新对该案进行**满席听审（en banc）**。最终法官团以 8∶5 的表决结果推翻了先前的判决，并认为大规模的课程包复制行为确实是侵权行为，而非合理使用（普林斯顿大学出版社诉密歇根州文档服务中心案，99 F. 3d 1381）。

合理使用的另一个相关问题是图书馆影印。《版权法案》对这个问题的规定已经是相当明确了，因为一个非常重要的法院判决已经允许图书馆对版权作品进行大规模的复制——而国会试图剥夺这样的特权。这个案例（威廉斯与威尔金斯诉美国案（Williams and Wilkins v. U. S.，487 F. 2d 1345，420 U. S. 376））的起因是一家联邦资助的医学图书馆为了避免购买额外的副本而大规模地影印一家出版公司的医学期刊。出版公司在这场官司中落败：1973 年一个联邦法院作出判决认为医学知识的广泛传播是非常重要的，因此这种复制属于合理使用。该案被上诉至美国最高法院，但是法院最终的意见却是 4∶4（有一个法官未能参加），因此下级法院的判决仍然有效。

威廉斯与威尔金斯案为出版商们敲响了警钟，他们在国会进行游说，希望阻止图书馆复制问题写入 1976 年《版权法案》。结果是，通过对图书馆影印在相当多的细节中予以明确说明而达成了另外一种妥协。现在法律的规定基本上是，如果因一个作品不能以一种合理的代价替代，图书馆员对这样的损坏的或者有恶化倾向的作品进行复制的行为是合理使用，另外，如果需求的仅仅是作品的一小部分，图书馆可以提供单一的副本给那些有需求的人，这样的行为也属于合理使用。如果一部完整的作品不能够以合理的价格购买到，也可以在顾客的请求下被复印。

这些规则包含许多其他的条件限制和限定，这里不再赘述。然而应该注意的是，这些规则仅仅适用于图书馆工作人员亲自进行的复制，而不是人群中的某个人使用投币机来进行的自助复制。只要在自助式复印机旁边张贴了关于侵权的警告，对于那些无人监管的图书馆顾客的复印行为，版权法案豁免了图书馆员由这些行为而可能产生的版权侵权责任。

很明显地，法律规定用这样的一种方式默许了影印，没有什么更好的办法去避免那些单独个体私下里所进行的自助式的侵权行为，就好像没有什么更好的办法来避免将广播中播放的受版权保护的节目私下里录制成录音带或录像带一样（这是一个单独的问题，我们稍后会论及）。

合理使用及其历史背景

当法院试图适用合理使用原则时，许多问题也同时产生。最重要的一个就是有关版权法和公民知情权之间的冲突。一些法院判决已经为解决这些问题提供了标准。

其中最著名的一个有关合理使用原则的检验标准出自联邦上诉法院对如斯蒙特公司诉兰登书屋（366 F. ed 303）一案的判决。在那个案例中，如斯蒙特公司（一家由亿万富翁企业家霍华德·休斯（Howard Hughes）建立的公司）试图阻止一本关于休斯的传记出版，因为休斯非常不喜欢被公众关注。

如斯蒙特公司了解到传记作者非常依赖于从一些旧的《展望》（*Look*）杂志中有关休斯的文章中获取资料。公司很快购买了那些文章的版权，并且取得了一个法院禁令，以新的传记对那些受版权保护的文章构成了侵权为由阻止其出版。

一个初审法院的判决支持了如斯蒙特公司的请求，但是联邦上诉法院却推翻了它的判决，认为一个版权所有者在本质上不能对历史享有版权。上诉法院指出，杂志文章只是构成书的一部分，这本书自身具有相当独立的调查研究。一种论点认为这本书（和最初杂志中的文章一样）其目标是一个大众化的市场，而不仅仅是学者评论的实例（其中一些内容已经为先前的法院裁决所确认为合理使用），但这种论点并没有为法院采纳。

最后，法院裁定公众享有对于富有者和有权势者的合法的兴趣，这种公众兴趣的价值在一个诸如本案的案件中远远超过对于版权价值的考虑。蓝登书屋（Random House）获准出版该书，而不会因此招致版权侵权的法律责任。

另一个涉及更为广泛的公众兴趣的有关合理使用的事件是发生在数年之后的时代公司诉伯纳德·盖斯联合公司一案(Time Inc. v. Bernard Geis Associates,293 F. Supp. 130, 1968)。案例与业余摄影师亚伯拉罕·亚普鲁德尔(Abraham Iapruder)所拍摄的1963年有关暗杀总统约翰·F.肯尼迪的胶卷有关。这么罕见而且能够透露内情的胶片被时代集团买走,并刊登在《生活》(Life)杂志上。当然,它属于版权法保护范围。

稍后,作家汤普森准备出版一本名为《达拉斯的六秒钟》(*Six Seconds in Dallas*)的书,提出对于这次暗杀事件的另一种新推测。这本书的出版商伯纳德·盖斯(Bernard Geis)表示愿意支付给《生活》杂志相当于该书全部净利的版税以换取《生活》杂志那些利用已经注册了版权的胶片所制作的静态照片,这些照片对汤普森的新推测至关重要。《生活》杂志拒绝了他们的请求。

这本书的出版商于是雇佣了一个艺术家,将那些受版权保护的照片制作成木炭画,并在书里使用了这些木炭画。联邦法院认为使用木炭画代替照片并不能排除其行为的版权侵权性质,但法院同时也指出公众对于总统被刺事件的兴趣合法性,并最终认为这是对受版权保护照片的合理使用。如果以其他的方式判决会妨碍公众对肯尼迪总统的暗杀而引起的争论议题的全面讨论。

不久前,暗杀记录再审委员会宣布亚普鲁德尔的胶片是美国的国家财产,而且仲裁庭指示政府应该为这些胶片向亚普鲁德尔的继承人支付1600万美元。批评家们抨击这个数字是令人无法接受的,尤其是因为政府所要购买的其实只是胶片本身,而不包括它的版权。版权最终归还给亚普鲁德尔家族,但是这些胶片因为向那些需要使用他们的人们(记录片电影制片人、历史学家、新闻记者和其他人)收取过高的许可费而倍受争议。

另一个与上述情况类似的版权争议是发生在20世纪90年代的晚期,马丁·路德·金的遗产继承人控告CBS(哥伦比亚广播公司),认为他们在一个20世纪的文献记录片中使用了金的非常著名的16分钟演讲“我有一个梦”(I Have a Dream)中的9分钟内容。金的遗产继承人认为哥伦比亚广播公司因为使用了该片段而构成了版权侵权。哥伦比亚广播公司辩称,这一著名的演讲,自从1963年为如此众多的听众所熟悉一直到今天被广泛地引用,它已经成为一个非常重要的公众事件,应该没有人能够阻止他人为了新闻的目的而使用它。然而一个联邦上诉法院推翻了法官拒绝受理该案的决定,并且认为金的遗产继承人可以继续对电视网中的侵权行为主张权利(马丁·路德·金遗产继承人诉加利福尼亚广播公司案(Estate of Martin Luther King v. CBS, 194 F.3d 1211))。电视网最终同意向马丁·路德·金中心进行捐赠以化解这场官司。

合理使用和未出版的作品

如果肯尼迪总统被刺是一个极为重要的事件，以至于可以使再版那些照片成为合理利用，但是我们却不能同样地认为使用福特总统自传里那些以前并未出版过的有关他在水门事件中原谅了理查德·尼克松的决定的摘录也是这样的。

在一个新闻记者与作者以及出版商互为对立双方的案件中，美国最高法院在 1986 年作出裁定，《国家》(*Nation*)杂志由于出版了有关前总统杰拉德·福特传记的评论性文章，而对《时代》(*Time*)杂志以及传记出版商的独家新闻权构成了版权侵权。

在哈泼尔与罗奥出版股份公司等诉国家企业(Harper & Row Publishers v. The Nation Enterprises,471 U. S. 539)一案中，法庭认为在福特的传记尚未在任何场合正式出版之前不经授权而逐字地引用约 300 多字，符合法律关于侵权的规定，而不是一种合理使用。

福特与哈泼尔与罗奥出版公司签定了协议出版该书，而《时代》杂志也同意支付 25000 美元以换取独家出版杂志文章的权利。就在《时代》杂志的文章准备发表前不久，《国家》杂志不知通过何种途径获得了福特的手稿副本，并基于这本传记发表了一篇文章。文章把重心集中在福特对于他所做的倍受争议的有关原谅前总统理查德·尼克松在水门丑闻中所扮演的角色的决定的解释上。

由于《时代》的独家新闻被另外的杂志获取，于是《时代》拒绝出版有关福特传记的文章(或支付全部费用)。哈泼尔与罗奥出版公司于是控告《国家》杂志版权侵权。

美国最高法院撤销了一个下级法院的判决，裁定《国家》杂志的文章已经超出了新闻报道的范畴，并不属于合理使用原则保护的范围之列。法院强调，既然事实和观点都不能注册版权，那么新闻记者可以自由发表一个关于受版权保护的手稿的摘要。但是在获得授权的出版商将该传记行将付梓之前逐字引用 300 多字原文出版并不是一种合理使用。

法院暗示一旦一个作者的原作已出版，那么一个相似的文章(如恰恰包含 300 字的直接引用)就会被认为是合理使用而非版权侵权。然而法院认为由于在原作出版之前以新闻的形式出版了摘要，《国家》杂志使得原作的潜在经济价值受到了极大侵害。

按照这一判决所作出的规定，高等法院不得不在《宪法第一修正案》赋予媒体报道新闻的权利和作者从他的受版权法律保护的创造性劳动中获取利益的权利之间进行平衡。表达自由和作者从他的作品中获取利益的权利之间的冲突,一直与版权法伴随而存。当然美国最高法院的这一裁决也不能完全解决这一问题。

在代表法庭所写的意见中,法官桑德拉·戴·奥康纳写道:

> 那些诸如与确保作者有足够的空间去发展他们的思想观念而免受任何征用相似的更为明显的作者利益和公众利益,比起为了获取短期的新闻价值而过早出版作者的言论,具有更高的价值。

因为这一裁决限制了新闻记者对未出版作品的广泛引用,哪怕它来自一位前总统,所以新闻记者们在评论哈泼尔与罗奥出版公司一案的裁定时通常会把它看成是对他们利益的重大挫败。虽然这一裁决并没有阻止他们引用已经公开出版的正式作品(或者他们也许可以对未出版的作品进行解释),但是许多有关那些名人的有报道价值的(和在历史上非常重要的)信息是被紧锁在他们那些未出版的作品之中的。

当联邦上诉法院开始对哈泼尔与罗奥出版公司案所确立的限制引用名人未出版作品的权利这一规则进行详细阐述时,那些对名人未出版作品具有极大兴趣的新闻记者、历史学家和其他人感到更加不安。也许在这些案例中最为引起争议的案件就是有关基督教科学教派的创始人 L. 罗恩·哈伯德(L. Ron Hubbard)晚期作品的案例。在新时代出版公司诉亨利-霍尔特公司(New Era Publications v. Henry Holt & Co. ,873 F. 2d 576, 1989)这个案例中,法院认为一个与基督教科学教派有关联的公司有权利阻止在拉塞尔·米勒(Russell Miller)的传记《厚颜无耻的弥赛亚》(*Bare-Faced Messiah*)中使用 41 部哈伯德未出版的作品。这部传记中将基督教科学教派的创始人描写成一个古怪的,有时候并不诚实的救世主形象,而且引述他自己与政府机关之间往来的信件来支持这些描写,这引起了基督教科学教派的极大不满。

因为那些引用并不属于合理使用原则所保护的范围,遵照这一规则,法院允许基督教科学教派成员可以检查并删除那些令人反感的有关哈伯德的描述。法院允许这本书本身可以出版,也允许它引用哈伯德其他一些作品中的许多内容,不过那些被勒令删除的章节对作者的论题是非常重要的。而且,也许最令新闻记者和历史学家们困扰的问题是,这样会使得那些对未出版的名人传记享有控制权的人可以挑挑拣拣,他们可以允许那些与他们有一致意见的人从他们的作品中引用,而拒绝那些可能会从更加客观的角度来写作传记的作者的同样请求。

代表图书出版商、历史学家和新闻记者利益的组织开始鼓动国会对《版权法案》进行修订，使引用那些重要历史人物未出版作品的问题重新合法化。经历了若干年的讨论，这期间也出现了许多上诉法院的裁决，许多新闻记者和学者们甚至更加不能确定他们是否能够从一个名人未出版的作品中进行引用。

1992 年，国会对这个问题作出了回应，在《版权法案》中加入了这样的句子："如果一种结论是在考虑了所有以上的因素之后作出的，那么一个作品未出版的事实本身并不能成为确定合理使用的障碍"。（即四个检验标准在特定的情况下被用来确定是否适用合理使用原则）。六名参议员联合发表了一份声明意图进一步阐述这个法律，重申加入新语言的目的是要解答新闻记者和学者们在这个问题上的疑问。他们说，当四个检验标准的要求得到满足时，合理使用原则确实应当适用于未出版的作品。

从国会获取了这样的信息，近些年来，法院在对待新闻记者和学者引用名人未出版作品的问题上通常会表现出更多的同情心。

美国最高法院对哈泼尔与罗奥出版公司一案的判决，以及由此而引发的从未间断的争议，在 2003 年的一次与之非常相似的新闻争议中再次引起了人们的关注。就在议员希拉里·克林顿讲述她作为美国第一夫人的 8 年生活的传记《亲历历史》(*Living History*)一书正式出版之前，美联社(Associated Press, AP)不知从哪里获取了该书的副本，并出版了绘声绘色的引文。如果说杰拉德·福特有关他原谅了前总统尼克松的披露制造了上一代人的一个大新闻的话，那么议员希拉里·克林顿所披露出来的她对于有关比尔·克林顿"在白宫内不断地调情"(一些媒体这样描述)事件中所表现出的愤怒和焦虑则制造了一个更大的头条新闻。《时代》购买了再版议员希拉里·克林顿传记摘录的权利，这次他们再一次发现自己的独家新闻被抢了。

然而，这一个独家新闻是不同的，一些媒体评论家这样认为。它产生了非常强烈的轰动效应(例如有的人说"希拉里的书犹如炸弹引起震惊")，这确实提高了书的销售量，在该书发售的几天时间之内，就销售了大约百万册精装本，使得出版商西蒙舒斯特公司很快就将公司提前支付给议员希拉里·克林顿的八百万版税赚了回来。而且，美联社抢先独家新闻也没有导致先前所计划好的对于议员希拉里·克林顿的电视访谈以及再版的取消，这与哈泼尔与罗奥出版公司一案的经历再一次形成对照，那时候《国家》杂志是在福特的自传正式出版之前就对其中的内容加以引用。

美联社对克林顿自传的引用是一种版权侵权呢，还是合理使用？版权代理人在这一点上持不同的意见，但是因为西蒙舒斯特公司的董事长对于这个独家新闻的重要性不予重视，而被广泛地加以引述，使得这个案件不可能与哈泼尔与罗奥出版公司诉《国家》杂志的案件相提并论。

如果从一个未出版作品中进行引用可能是也可能不是合理使用，那么，对于那些版权的所有者收回版权并不再允许其他人再版那些已经广泛发行的作品呢？这个问题是在有关《神乐传说》(*Mystery of the Ages*)一书的案件中被提出的，这本书的作者是神的普世教会(Worldwide Church of God)创始人赫伯特·W. 阿姆斯特朗(Herbert W. Armstrong)。

1986年阿姆斯特朗去世后，教堂摈弃了他的教义中一些"种族主义"或"教义错误"的观点。阿姆斯特朗将他全部的财产，包括他的书籍的版权，都留给了教会。虽然阿姆斯特朗的著作在生前已经以书籍或者杂志连载的形式出版了至少900万册的副本，但是教会的领袖们设法要停止这些书的进一步出版。一个继续跟随阿姆斯特朗教义的派生团体，基督教费城教会(Philadelphia Church of God)，出版了该书的一个新版本，它也因此被神的普世教会告上了法庭。

在神的普世教会诉基督教费城教会(Worldwide Church of God v. Philadelphia Church of God, 227 F.3d 1110)一案中，尽管费城教会认为他们分发副本的目的是为了弘扬教义，而不是出售他们，但是一个联邦上诉法院还是支持了普世教会的版权，而拒绝了费城教会的合理使用主张。费城教会被勒令停止出版该书，虽然这本书的副本仍可在一些图书馆和至少两个网站上得到。美国最高法院驳回了对这一判决的上诉。

这个案件的结果是：即使一个宗教团体拒绝对一部作品承担责任，而另外一个宗教团体仍然承认其权威性，但是在先的拥有宗教作品版权的宗教团体，可以运用法律去阻止其他对立的宗教团体出版这样的作品。

合理使用，电视新闻和录像剪辑服务

另外一个有争议的关于合理使用适用的问题是录像剪辑服务，即制作电视新闻和公众事件节目录像带出售给那些在电视中被提及的个人和组织的一种商业行为。录像剪辑服务已经不是什么新的概念了：因为剪报服务公司多年来一直在监控那些有涉及他们客户的故事的印刷媒介。最初，这些公司从报纸上逐字逐句地将那些报道剪辑下来，寄给公共关系从业者和那些非常关心媒体是怎样报道他们或他们客户的人。现代的剪辑服务通常为他们的客户影印报纸和杂志的文章。

录像剪辑服务为他们的客户所做的工作在本质上是一样的——仅仅是使用录像带而已。除了给电视中提及的个人和组织录制新闻广播并将副本提供给他们外，剪辑服务也向他们提供电视新闻广播的声音记录。他们也准备了“照片板”——即每隔几分钟从视频上拍摄一张照片，每一张照片都同时附加一份声音的抄本。在20世纪80年代的时候，录像剪辑服务业务取得了非常巨大的发展。从显要的政客到国会图书馆，现在每个人都在使用录像剪辑服务来掌握电视新闻报道的资讯。结果，录像剪辑服务从在某人的地下室开展起来的小业务迅速地增长成为百万美元的大业务。

录像剪辑业的发展导致电视台向这些公司提起法律诉讼，他们反对其他人录制他们的资料、将这些资料重新包装然后出售以获取利益。在20世纪90年代早期，一些联邦法院裁定，录像剪辑服务不属于合理使用原则保护的范围，他们是版权侵权行为。在这些案件中最著名的案件可能要算是乔治亚州电视公司诉亚特兰大电视新闻快报公司一案（Georgia Television Company v. Television News Clips of Atlanta，983 F. 2d 238，1993）。在那个案件中，录像剪辑服务商认为即使提供录像剪辑不能适用合理使用原则，但他们仍然享有《宪法第一修正案》所赋予的权利来提供录像剪辑，法院拒绝采纳这种观点。相反，法院认为录像剪辑服务违反了版权法。

经过在法庭上的多次失败，录像剪辑服务商们转而寻求立法的帮助来免除版权责任。虽然许多国会成员自己也使用录像剪辑服务并且在这件事情上对他们抱有同情，但是当有人向国会请求介入这两个产业之间的争夺时，关键的国会领导者们在这件事情的处理上采取了他们一贯的做法。他们极力主张广播公司和录像剪辑服务商们尽量自己私下解决互相之间的分歧。

一些主要的广播网最终允许剪辑服务商支付适当的相关许可费，以换取使用他们的新闻广播。同时，广播公司和剪辑服务商们又开始了一场冗长的谈判，他们试图达成一个全行业的协议，涵盖利用剪辑服务来使用本地广播新闻。

一场相关的争论是由互相竞争的新闻组织大规模地使用对方的录像新闻胶片而引发的。只要一个电视台或者网络制作出一个非常独特的录像片段，其他人便争先恐后地去播放它，而在这之后才会担心到它的版权许可问题。那段非常著名的由业余爱好者录制的罗德尼·金被洛杉矶警察殴打的录像就是一个非常好的例证。录制这段影像的乔治·霍雷迪授权许可一个洛杉矶电视台（KTLA）使用这段录像——他们之间约定的条款在后来引起了激烈地争论——但是很快，这段录像就出现在全世界的电视台和网络之中了。最终，霍雷迪提起了一个版权侵权诉讼。

一个联邦法官在1993年驳回了霍雷迪的诉讼请求，并引用了四点理由来支持这样的决定：(1) 有证据证明霍雷迪授权给美国KTLA电视台使用录像带,并可以将录像带转让给其他的媒体渠道;(2)霍雷迪的这种允诺使其丧失了在事后主张版权侵权的权利;(3)对于录像带的使用属于合理使用范畴;(4)《宪法第一修正案》允许公众传播某些"对民主具有重要意义的辩论"。对于《宪法第一修正案》连同合理使用的论点,法官引用了时代公司诉伯纳德·盖斯公司案,这个案例在前面曾经提到过,在该案中,时代公司未能获得许可去阻止以业余摄影家所拍摄的有关肯尼迪被刺的影片为基础绘制的图画使用在书籍之中。

然而,在殴打了金的警察一审被宣判无罪而导致洛杉矶发生了骚乱之后,联邦上诉法院第九巡回法庭通过1997年的裁定警告了许多广播新闻记者,合理使用原则并不必然地涵盖使用他人在这次骚乱中使用航拍所获得的具有非常高新闻价值的录像。洛杉矶新闻服务中心诉KUAL-TV第九频道一案(Los Angeles News Service v. KCAL-TV Channel 9,108 F.3d 1119)的起因是一个白人卡车司机雷金纳德·丹尼(Reginald Denny)在骚乱一开始被一名非裔美国青年殴打的录像未经合法授权而被使用,初审法院驳回了诉讼请求,但是上诉法院却推翻了初审法院的裁定。

录像带被洛杉矶新闻服务中心(Los Angeles News Service,LANS)取得,并提供给多家电视台,但LANS拒绝授权KCAL电视台播放这盘录像带。于是未经LANS的同意,KCAL电视台从其他电视台获得了这个录像带并播放了它。当LANS控告其版权侵权时,KCAL电视台辩称骚乱是具有重要价值的新闻,合理使用原则应当在本案中适用,该录像带应该被允许使用。然而,上诉法院认为除了新闻价值之外,还必须要考虑其他的用来确定合理使用的要素,包括KCAL电视台使用该录像所带来的经济效果。在衡量了所有的这些要素之后,上诉法院认为对该案进行全面的审理是必须的。

依据KCAL一案的判决,新闻广播记者们在广播中即使播放具有非常高的新闻价值的视频影片,如果没有在这之前获得版权许可,那么他们也有面临一个法律诉讼的风险。

在一年之后做出的一个相关的裁定中,同一个联邦上诉法院认为,因为该录像带在美国被非法地复制,因此LANS可以获得因雷金纳德·丹尼录像带的海外使用而产生的损害赔偿(洛杉矶新闻服务中心诉路透社电视台案(Los Angeles News Service v. Reuters Television, 149 F.3d 987))。

然而,2002年由同一个法庭做出的裁决却认为法庭电视台诉雷金纳德·丹尼案(Court TV v. Reginald Denny)录像带中的数秒内容的使用是合理使用,并解释说,法庭电视台所使用的简短片段以及使用了这部分片段的事实,并不是要与它的版权所有者在殴打事件的报道上构成新闻竞争,其主要目的是要加强稍后进行的对那些被控告实施了殴打行为的那些人的审判报道。然而,法院认为向法庭电视台提供了录像带的哥伦比亚广播公司可能会因为其他的理由而被控告。(洛杉矶新闻服务中心诉哥伦比亚广播公司案(Los Angeles News Service v. CBS Broadcasting, 305 F. 3d 924))

滑稽模仿与合理使用

作曲家马文·费希尔(Marvin Fisher)和杰克·西格尔(Jack Segal)创作歌曲"When Sunny Gets Blue"的时候,他们一定想象不到有人会将歌词改写为"When Sonny Sniff Glue"。但是这支在20世纪50年代被歌手约翰尼·马西斯(Johnny Mathis)唱红的歌曲,在改写了新词之后又于20世纪80年代再度成为热门歌曲。

著名主持人里克·迪斯(Rick Dees)在他1984年发行的喜剧唱片集中收录了这首歌30秒钟的曲调片段,并配上了他自己的词。其中部分歌词这样写道"When Sonny sniffs glue, her eyes get red and bulgy, then her hair begins to fall"。

费希尔和西格尔对此感到非常不愉快,并最终提起法律诉讼,1986年联邦上诉法院第九巡回法庭对费希尔诉迪斯(Fisher v. Dees, 794 F. 2d 432)一案作出判决,并在判决中对合理使用的范围进行了说明。

上诉法院首先对一个初审法官未经审判而将诉讼请求驳回的裁定进行了肯定,并认为未经授权改写歌词是明确无误的滑稽模仿行为。法院裁定,原歌词描写的是一个女人在她喜欢的天气变坏之后的消沉心情,而新的歌词并没有故意要对同样内容的市场进行冲击。

作曲家勉强认同简短的摘抄——也许只是一个小节——可以被视为合理使用,但是他们辩护说使用了歌曲的大部分曲调是过分的,因此应当属于版权侵权行为。

法院不同意这样的论点。法官约瑟夫·斯尼德(Joseph Sneed)在他的意见中写道"虽然我们没有音乐家的专业水准的幻想,但是我们依然很明显地可以看出来,迪斯的改写只是故意地用马西斯先生那相当怪异的嗓音来取笑作曲家的歌曲"。法院再次肯定了可以对版权作品进行滑稽模仿,而不会因此构成版权侵权。

但是,许多其他法院并不同意这样的结论,特别是当滑稽模仿作品产生了非常大的经济效益的时候——如果单从字面上来解释费希尔诉迪斯一案所得出的法律原则,那么版权所有者分享利润的要求将会被拒绝。

1994年美国最高法院对这一问题提出了最后的意见,规定即使是一个滑稽模仿作品产生了非常大的经济效益,它依然是一种合理使用,而并非版权侵权行为。高等法院依照这一规则裁定了一个有关滑稽模仿作品的案件,即20世纪60年代由说唱音乐组合2 Live Crew(美国的一个说唱歌手组合)表演的罗伊·奥宾森的歌曲“Oh,Pretty Woman”。

在坎贝尔诉阿库夫-罗斯唱片公司一案(Campbell v. Acuff-Rose Music Co.,510 U.S. 569)中,美国最高法院认为与其说这是一种将罗伊·奥宾森的原创热门歌曲的素材借来合理使用,不如说由2 Live Crew组合录制滑稽模仿作品的经济目的并不必然地导致新歌(名为“Pretty Woman”)就是版权侵权作品。新歌在投入新素材的同时使用了原作的低音调号和第一句歌词。

在美国最高法院的一致意见中,法官戴维·苏特认为2 Live Crew组合的歌曲充满了“转换价值”,它令审判法院都不必考虑它的商业意图就可以裁定它是一个合理使用而并非侵权行为。苏特强调,合理使用的其他检验条件也必须同时适用:一部滑稽模仿作品具有“转换价值”的事实并不能自动地导致它是一种合理使用行为。

这个案件被发还给初审法院,重新考虑有关合理使用的各种要素,包括使用原作的百分比和新的作品是否会冲击同样的市场而给原作的销售带来损害。法官苏特指出,2 Live Crew组合最初试图获得许可改编罗伊·奥宾森的歌曲,但是被拒绝了。他认为这一事实对于解决新的歌曲是合理使用还是一种侵权行为这一问题并不是必然的要素。

简而言之,美国最高法院认为,即使一个取得了非常成功的商业效益的滑稽模仿作品可以被认为是合理使用而不是版权侵权,其衡量依据也是其他的合理使用标准。而且法院认为,如通常发生在版权侵权诉讼中的情况一样,合理使用问题必须在个案的基础上进行考虑。

有关“Pretty Woman”一案应该被提到的另外一点是,2 Live Crew组合的录音被美国最高法院按照滑稽模仿作品来对待,而不是讽刺作品。一个滑稽模仿作品(即借用一个版权作品而**嘲弄这个特定的作品(poke fun at that particular work)**比一个讽刺作品(借用一个版权作品而来讽刺某些人或某些事,而不是版权作品本身)看起来更像是合理使用。这种差别是在1997年一个联邦上诉法院对于O.J.辛普森谋杀案审判的韵文诗的出版商的否决中阐述的,这个出版商明显地借用了苏斯博士的经典书籍“The Cat in the Hat”的风格。法院勒令停止由朱维斯博士(Dr. Juice)所作的滑稽模仿作品,名为“Cat NOT in the Hat”的新书发售(苏斯公司诉企鹅图书公司案(Dr. Seuss Enterprises v. Penguin Books, 109 F.3d 1394))。法院认为“朱维斯博士”是在模拟(mimic)苏斯博士而不是对其风格的滑稽模仿(parody)。

坎贝尔诉阿库夫-罗斯唱片公司一案并未对另外一个有关合理使用和音乐版权的棘手问题进行阐述,这个问题就是:取样使用。在现代社会这样的数字科技时代,录制唱片的艺术家从他人的作品中取样而将之用于他们新的录音之中已经成为一种非常普遍的情况。尽管如此,美国最高法院还是作出判决来裁定什么情况下取样是合理使用,什么情况下它将构成版权侵权。

为什么滑稽模仿作品和取样不能在《版权法案》的强制许可规定之下自动获准?这一规定允许任何一个人支付了法定的版税后可以录制受版权保护的歌曲,但是它不允许未经版权所有者的同意而对作品进行主要的改动和修改。

另外一个广为人知的有关滑稽模仿作品的案例发生在2001年,这个案例涉及一部非常著名的小说和电影。作家爱丽丝·兰多(Alice Randall)为霍顿·米芙林公司写了一本书,这是一个非裔美国人对《飘》一书的改编。这本书名为《飘》,其中描写的一些角色与美国南北战争中的许多经典角色极为相似。但是它也有新的角色,包括斯卡利特·奥哈拉(Scarlett O'Hara)的同父异母的姐姐,即庄园主杰勒德·奥哈拉(Gerald O'Hara,在新的小说中被简称为"庄园主")的女儿,还有一个奴隶,这样就重新编织了《飘》这个故事。

《飘》一书的作者玛格丽特·米歇尔基金会对新的作品提起控告,并要求其停止发售,认为这是一部未经授权的派生作品,并且因此构成版权侵权。一个联邦法官发布了一个禁令,阻止新书的出版,但是联邦上诉法院第11巡回法庭却发布了一道命令取消禁令,允许新的作品出版。上诉法院认为反对出版的禁令是"违反了《宪法第一修正案》的非法的事前限制"。这使得米歇尔基金会可以任意地对经济损失进行追诉。这一纠纷在2002年因基金会同意撤回诉讼而平息。作为条件,兰多的出版商同意给在亚特兰大的历史上为男性黑人学院的莫尔浩司学院一项不特定的捐赠。

合理使用和广告

一家公司可以为了进行比较而在广告中使用竞争对手的受版权保护的材料吗?这种做法是一种合理使用还是版权侵权?

2000年之前,两个不同的联邦上诉法院对这一问题进行了阐述,一致认为一个竞争者的材料毫无疑问地可以用于比较广告中。在索尼电脑娱乐公司诉布里姆公司(Sony Computer Entertainment v. Bleem, 214 F. 3d 1022)一案中,联邦上诉法院第九巡回法庭认为,电视游戏软件制造商布里姆在试图显示其软件比索尼公司的软件更为高级时,可以使用从索尼公司游戏站视频控制台上获得的游戏视频截图。

联邦上诉法院第五巡回法庭在三角传播出版公司诉奈特-里德报系一案(Triangle Publications v. Knight-Ridder Newspapers,626 F. 2d 1171,1980)中作出了同样的判决。在那个案件中,法院允许一家报纸展示《电视指南》(TV Guide)的封面,以此来与他自己在全国出版的电视节目杂志进行对比。

在索尼公司的案例中,法院裁定一个竞争者可以使用单帧画面来进行比较广告。法院并未给予布里姆公司放手使用那些配置模拟电视屏幕计算机的权利,法院的裁定仅限于当前从电视屏幕上取得的索尼公司游戏中的单帧照片。

布里姆公司在其比较广告中所要表达的目的是展示他的游戏可以在具有高分辨率的显示器的电脑上玩,比索尼公司只能在普通的低分辨率的电视机上玩的游戏质量更好。

法官迪尔来德·奥斯坎兰(Diarmuid O'Scannlain)在法庭意见书中写道"尽管布里姆公司确实复制了索尼公司的受版权保护材料用于商业目的,增加其自身的销售,但是这样的比较广告极大地有助于公众购买时的利益保护,使他们在获得完整的索尼公司的受版权保护材料时付出相应少的代价。"

在权衡四个要素来决定对版权作品的特定使用是合理使用还是侵权时,安东尼·斯卡利亚得出结论认为四个要素全部支持布里姆公司对于索尼公司的屏像的使用。

版权与音乐许可

无论是情愿还是不情愿,大众传播从业者发现他们正在日益地被牵涉到一些有关音乐产业的版权问题之中。正如前面所指出的那样,在音乐领域中有强制许可的规定,这意味着仅仅在出售每一张 CD 或者磁带的时候支付规定的版税,那么任何人都可以录制受版权保护的音乐。同样,一旦一首歌曲被录制,任何人都可以播放该录音,而无须向录制唱片的艺术家的**表演权利**支付费用:版权法案并未给予录制唱片的艺术家仅仅因为播放他们的**录音制品**(**sound recordings**)的"表演"而收取版税的权利(但是有一个显著的例外,稍后解释)。但是,法律又确实认可在音乐录音制品中所使用的乐曲和歌词的基本表演权。这种规定的结果就是:广播公司在播放受版权保护的音乐作品时必须支付费用以取得权利,但是,这些钱只是给了作曲家和音乐出版商,而不是录制唱片的艺术家和唱片公司(除非他们恰好也享有基本的乐曲和歌词的版权)。基于同样的原因,演奏音乐的商业惯例也通常是向作曲家和音乐出版商支付版税,而不是支付给录制唱片的艺术家。

一个作曲家或者一个音乐出版商如何能够随时地知道那些不同的正在使用他或者她的受版权保护作品的人呢,例如广播电台和夜总会等?即使是监控每一个单独的广播电台或许都是不可能的事情,更不用说去调查每一个俱乐部了。

为了解决这种实际问题就建立了一些音乐许可组织,由他们来代表作曲家、作词家和音乐出版商们的利益。在美国最重要的组织就是美国作曲家、词作者和出版商协会(American Society of Composers, Authors and Publishers, ASCAP)和广播音乐公司(Broadcast Music Inc. ,BMI)。这两个组织使用抽样的技术跟踪哪些音乐在电台播放,并代表那些他们所代理的版权所有者收取费用。ASCAP 和 BMI 都向大多数的广播公司(和其他那些使用受版权保护音乐的人们)出售**总括许可**(**blanket licenses**),允许他们使用所有由 ASCAP 或 BMI 代理的版权所有者的音乐。(如前面所指出的那样,一些电台发现改为购买**单个节目许可**(**per-program licenses**)的费用更低一些)。ASCAP 和 BMI 控制了总共约 400 万首歌曲的版权,每年因播放这些歌曲而从广播公司那里收取超过三亿美元的**表演**权费。他们对那些非广播公司使用受版权保护音乐的行为收取超过数百万的费用。就在 ASCAP 和 BMI 在音乐许可业务领域中占据了支配地位时,第三个许可组织,欧洲舞台作家和作曲家协会(the Society of European Stage Authors and Composers, SESAC)正在努力试图将他在这个领域中的较小份额进行扩大,最近已经有一些非常著名的版权所有者与他们签约,成为他们的客户。

涉及如此巨额的收入,随之而来的是有关这些受版权保护音乐的版税的收取与分配的纠纷(和法律诉讼)。但是结局是大多数的广播公司除了全部付清费用之外别无选择:音乐对他们的节目来说是必不可少的,而且存在于他们和版权所有者之间的 ASCAP 和 BMI 控制了绝大多数他们想要在广播中播放的音乐的版权。

ASCAP 和 BMI 也派遣代表出外向那些演奏或者表演了受版权保护音乐的夜总会老板们和其他营业场所收取版税。ASCAP 和 BMI 根据这些营业场所的规模以及他们的交易量等诸如此类的因素建立了一套公式,来计算每一个营业场所要获取**总括许可**需要交纳的费用。即使像学校和教堂这样的非营利组织,也要为受版权保护音乐的某些特定的使用支付版税,虽然一些在教学中和"服务于一个礼拜场所"所使用一些音乐在版权法案的第 110 条中是被免除付费的。

在扣除其他费用之后,电台要拿出净收入百分之三左右的费用从 ASCAP 和 BMI 那里获取使用受版权保护音乐的总括许可。如果电台只购买单个节目许可要支付更高的百分比,但是它的收费基数是该音乐播放的时间内的收入。

一个有 100 个座位、一个大荧屏电视机的酒吧取得总括许可的费用大约是一年 500 美元,而一个有 600 个座位的会堂要取得许可并可以进行乐队现场表演大约要支付 4000 美元。

在某些情况下,零售商店必须要为那些在他们的营业场播放的音乐支付版税。事实上,版权法律中比较有争论的问题之一就是,商店店主是否仅仅因为他们在其营业场所播放了电台广播而必须支付版税。

许多年以来,法律的规定就是,如果一个收音机被打开,那么除开最小的商店外都必须支付版税。美国最高法院曾经判决那些非常小规模的商店播放"家庭风格"的广播可以免交版税(这一判决出现在 21 世纪音乐公司诉艾肯案(Twentieth Century Music Corp. v. Aiken,422 U. S. 151, 1975),这个案子所涉及的是一家全部面积只有 1055 平方英尺大的速食炸鸡店)。但是,一个联邦上诉法院在稍晚时间所做的判决中却认为这样的免责并不适用于那些装置了专业用于商业场所质量的音响系统的大型服装商店的连锁店(水手音乐公司诉盖普商店案(Sailor Music v. The Gap Stores, 668 F. 2d 84, 1981))。在这一案例的基础上,ASCAP 和 BMI 实质上可以向所有零售连锁店和面积在 1055 平方英尺以上的单个店铺收取版税。

然而在 1991 年,两个联邦上诉法院裁定,如果每一个商店只有一个家庭型收音机和一个安放在其附近的家庭型扬声器用于播放,零售店的大型联号也可以免除支付版税。其中一个案例是美国 BMI 诉克莱尔商店案(BMI v. Claire's Boutiques,949 F. 2d 1482),它涉及 749 家连锁店,其中大多数的面积都在 1000 平方英尺以下。每间店铺都有一个从一个叫 Radio Shack 的全美连锁小电器商店购买的小收音机和两个扬声器。BMI 主张所有连锁店必须要合计计算,那么克莱尔商店(Claire's Boutiques)实际上就有 700 台收音机用于播放,而不是版权法所允许的一台收音机。上诉法院没有采纳那种观点,并作出裁决认为依据现行法律,每间店铺应该分别计算。法院裁定在只有一个收音机和两个扬声器的情况下,那么即使是克莱尔商店属下的更大规模的店铺也可以免交版税。

稍后不久,另外一个联邦上诉法院对此做了更进一步的裁定。在爱迪生兄弟商店诉 BMI(Edison Brothers Stores v. BMI,954 F. 2d 1419)案中,法院的判决认为店铺规模并不是至关重要的因素。法院认为,这个较大的零售连锁,它的店铺面积平均在2000平方英尺，只要它的每一个店铺使用一个带扬声器的家庭型收音机或将扬声器置于收音机附近（这是相对于那些在天花板中设置许多扬声器的专业用于商业目的的音响系统而言的），就可以免交版税。

许多美国零售商集体拆除了他们的商业专用音响系统，转而为他们的店铺在Radio Shack购买收音机，以此来免交版税，这种情况造成了BMI的恐慌，他们将两个案件都上诉至美国最高法院。但是高等法院拒绝受理其中任何一个案件。其结果是：一个店主不需要支付版税就可以非常合法地使用一个附带多个扬声器的家庭型收音机进行播放。

在这一个议题被争论数年之后，国会于1998年通过了《音乐作品许可制度下的合理使用法案》（Fairness in Music Licensing Act）。这个法案扩展了对BMI两个案例的判决，规定对那些在他们自己的经营场所里使用收音机或电视机播放受版权保护音乐的小型零售机构、餐馆和酒吧免收版税。在工商业界和版权所有者的相互妥协之下，现在面积小于2000平方英尺的小型零售店铺和面积小于3750平方英尺的餐馆和酒吧，如果他们所做的仅仅是使用家庭型的收音机或电视机进行播放，就可以免除版税。即使是比较大的商户，如果他们使用不超过四部电视机或六个扬声器，他们也能取得免税资格。然而，这些规则只适用于接收广播音乐。商户所有者如果要播放录制的音乐或现场表演音乐则不能免除版税。

法律的这种规定，使得在一个商户里播放录制的音乐或现场表演音乐成为了受版权保护音乐的一个独立**表演**部分，版权所有者有权利要求版税。为了收取版税，ASCAP和BMI向那些正在使用受版权保护音乐而又拒绝从ASCAP和BMI获得许可的零售商店（和俱乐部老板们）提起了无数的法律诉讼。与其支付版税而获取播放广播中的音乐的权利，许多商业营业场所当然更愿意购买唱片音乐服务，它只需要支付一个固定费用，这其中已经包括了支付给ASCAP和/或BMI的版税，就可以提供磁带上的背景音乐。

商人们并不情愿将钱交给ASCAP和BMI，但是他们有时候更不愿意看到他们向ASCAP和BMI交纳的那些版税只给了那些对乐曲和歌词享有版权的人，而不是那些演唱这些歌曲的录制唱片的艺术家们。但是又说回来，那就是它的方式。国会多次拒绝录音产业要求广播公司和商户在播放他们的录音时应给予表演者分享版税权利的请求。国会的基本原则已经确立为在广播中的播放可以帮助CD和磁带有更好的销售，通过这种方式可以使那些录制唱片的艺术家受益。

一旦ASCAP、BMI和其他的许可代理商将版税从广播公司、营业场所经营者和其他人那里收敛上来，它们就会分配给那些版权所有者，其分配的计算基础是一个充分地考虑了所涉及的每一个版权所有者的素材在广播中所播放的时间总量的公式。这个公式假设每一首歌曲在夜总会和其他一些商业场所包括零售商店的流行程度与在国家广播电台的流行程度是一样的。

有线电视版权问题

1976 年《版权法案》的另外一个主要的特征就是有一个专门用来规定由有线电视系统而引起的特殊问题的章节。事实上，国会在多年的商讨陷入僵局之后能最终通过 1976 年《版权法案》的一个主要原因，就是美国最高法院就有线电视和版权法做出了两个判决。

在 1968 年半月刊公司诉联美公司一案（Fortnightly v. United Artists，392 U. S. 390）中，美国最高法院的裁定认为一个有线电视系统只不过就是一个精密复杂的电视天线而已。因此，有线系统——或如同他们在之后被命名的那样——有线电视（CATV）系统，并没有对那些他们从广播之中获得，然后加以增强并传送到他们的用户家中，而且向这些用户收取费用的受版权保护的节目进行“表演”。基于这样的判断，美国最高法院免除了有线电视系统支付任何版税的义务。

在随后的 1974 年的讲词提示器公司诉哥伦比亚广播公司案（Teleprompter v. CBS，415 U. S. 394）的案例中，美国最高法院对此做了更进一步的规定。它坚持认为即使它经由微波中继进行远距离转播，但是有线电视系统仍然不是在表演那些被转播的节目。法院判决，只有他们将节目素材制作成录像带，而不仅仅是将他们进行“即时”传送，他们才有义务向版权所有者支付版税。

受到美国最高法院这两个判决的警示，电影和电视制片人、广播公司和其他那些非常关心版权保护的人联合起来开始游说国会进行立法，确立有线电视系统的版税规则。他们成功地说服了国会，在 1976 年《版权法案》中要求有线系统向他们输入的所有远端电视站支付版税。1976 年的版权法并不要求有线系统对其获取并传送到自己的用户家中的当地电视和广播信号支付版税。然而，如同第 11 章中将要解释的一样，1992 年《有线电视消费者保护和竞争法》（Cable Television Consumer Protection and Competition Act）确实允许广播公司向那些使用了其受版权保护节目的当地有线经营者要求索赔。

多年以来，有线系统支付给远端站的版税由“版权使用费法庭”（Copyright Royalty Tribunal，CRT）来决定，这是一个依照 1976 年《版权法案》规定建立的独立机构。广播公司和节目制片人通常认为它所确定的版税过低——他们经常控告 CRT,以寻求使那些有线系统因向他们的消费者传送广播节目而支付更高的版税。除此之外,许多版权法律师认为 CRT 本身就是曾经存在过的最没有实效的联邦机构之一。最后,国会于 1993 年同意并通过立法撤销了 CRT。结果,现在版税税率是由一个有约束力的仲裁机构决定,并有一个较小的联邦代理。版税是由一个设立在美国版权办公室之内的“版权使用费仲裁庭”(Copyright Arbitration Royalty Panel)来调整。

在许多案件中也使用仲裁的方式来决定 DBS(直播卫星)产业支付的版税,它是有线电视的一个主要竞争者。因为多年来法律允许卫星电视提供者如 Direct TV 接收电视网节目并只传送给“白色区域”(即不能接收到当地电视台传送的电视网节目的区域)内的用户。如果电视网和其他节目制片人不能与卫星公司就税率达成一个协议,由卫星电视产业支付给电视网节目的版税就由仲裁庭来决定。

“白色区域”在 20 世纪 90 年代后期变成极为有争论的议题。由于卫星提供者在许多绝对不是“白色区域”而是当地电视台非常容易就可以覆盖的社区内签约客户,主要的电视网和当地电视台提出了许多版权侵权诉讼与之对抗。他们提出的理由是:当某人从一个远端站,特别是在纽约或洛杉矶获得电视网节目时,它就影响了附近电视台的潜在受众。卫星电视用户一度不得不到当地电台寻求许可,以接收经由卫星传送的电视网节目——这个请求往往不能获准:大多数的电视台不愿意失去任何观众。

最后,国会在 1999 年介入这场争论,通过了一个新的《卫星电视家庭用户法案》(*Satellite Television Home Viewers Act*)。这个法案授权给卫星电视提供者在每一个电视台的服务区域内向用户传送当地电视台的节目。

新的法律允许卫星电视服务商可以立刻搭载主要的电视网(直属)电视台和 PBS(公共广播公司),而不必搭载他们服务的每一个市场的所有其他电视台。2002 年,只要卫星服务商在一个电视台覆盖的市场内输送了任何信号,他们就被要求搭载这个当地电视台。这给卫星提供者造成了一个问题,因为卫星电视信号会同时在美国的大多数地方被接收到,这将要求卫星系统搭载数百个电视台,这些电视台其实只能够被当地区域内的用户接收。卫星服务商正在努力增加他们的通路容量以使其满足这样的要求。在这一点上,埃克斯达公司计划将一些当地电视台放置在第二颗卫星上,并要求用户设置两个碟形卫星天线去接收所有的当地电视台。在来自广播公司的抗议之中,联邦通讯委员会采取行动停止了那个计划。

《卫星电视家庭用户法案》使卫星服务商第一次能够在一个平等的基础上与有线电视进行竞争。在这个法案实施之前,他们在搭载当地电视台的能力上的缺陷（这一点正是有线电视的基本特征），严重地阻碍了他们与有线电视的竞争。

录音技术及版权法

正当有线电视和卫星电视引起关注的同时，广播公司和节目制片人也正在国会进行着一场斗争，另外一场有关版权保护的激烈战斗正在国会上展开：这场战斗涉及版权和科技，例如家庭录像带和录音带的录制，以及最近的、在互联网上进行的受版权保护材料的交换行为问题。和有线电视的版权保护问题所遇到的进退两难的处境一样，这样一些有关版权保护问题的斗争是由一个有争议的美国最高法院的判决所触发的。

当录像机在 20 世纪 70 年代后期开始变得普及的时候，公众可以更加容易地将广播中的节目录制成磁带以备日后欣赏，这给了电影和电视制片人一个警示。那些制片人认为家庭录像带的销售会是一个非常有前景的新市场，但是他们也意识到，如果消费者可以免费地非常简单地将电影和电视节目录制下来，那将对这个新的市场造成极大的危害。

1984 年，美国最高法院在一个人们期待了很长时间才作出的判决中规定，家庭录制磁带并不必然导致侵权。在美国索尼公司诉环市工作室公司（Sony Corp. of America v. Universal City Studios，464 U. S. 417）一案中，法庭最终以 5∶4 的表决结果作出了更有利于在那个时代就拥有家庭录像机的大约 2000 万美国人利益的判决。

法官约翰·保罗·斯蒂文森在美国最高法院的多数意见中指出，《版权法案》并没有明确禁止消费者录制电视节目以供稍后欣赏（即俗称为“时光平移”功能）。相反的，斯蒂文森在他的多数意见中写道，这种非营利的使用录像机录制的行为是对受版权保护的节目的一种合理使用。斯蒂文森说：

> 我们徒劳地搜寻《版权法案》去寻找任何蛛丝马迹，希望找到一些规定，以使得那些从数百万人中挑选出来的每天看电视的典型人物复制一个节目以备日后在家观赏的行为成为非法，或者制定一个简单的禁令以反对那些使这种复制行为成为可能的机器的销售。

斯蒂文森预见到在美国最高法院的判决做出后，还会有一场立法的斗争，他承认国会将“从一种新的视角来关注这种新技术，正如它在过去的变革中所经常接受的检验那样。但是适用一种还没有制定出来的法律并不是我们的工作”，他补充说。

基于这样的规则,美国最高法院推翻了一个联邦上诉法院做出的认为个人在家庭录制录像带是侵权行为的判决。下级法院建议在每一个空白的磁带和每一个录像机的价格中加入一个固定的版税费用,以补偿因消费者的录制行为给娱乐产业带来的损失。

一些人在对下级法院判决的评价中指出,并不是所有的录像机和空白磁带都是用来录制受版权保护的电视节目的。他们认为这样一种总括型的版税会强迫许多录像机所有者为他们并没有实施的版权侵权行为付出代价。他们认为其结果是,这样一个更确切地被称之为"税"的版税所支持的是娱乐产业,而不是版税本身。

节目制片人们在对这个问题的回应中指出如果消费者可以自由地录制电视节目,那么录像带的潜在销售可能没有被意识到。他们认为娱乐业需要那些税收以制作更新更好的节目。

一些人使用录像机毫无疑问地并没有实施版权侵权行为,美国最高法院的多数意见非常明显地受到了这一事实的影响。斯蒂文森法官强调,事实上,电视制作公司本身在家庭录制录像带问题的态度上也是不统一的:儿童电视节目主持人弗雷德·罗杰斯就非常清楚地表达过他的愿望,他希望那些不能在节目预定时间看到《罗杰斯先生的街坊四邻》(*Mr. Rogers' Neighborhood*)这个节目的小朋友们可以将它录制下来,留待以后再看。

最后美国最高法院对这一问题做出判决,依据现行的法律,在家庭进行录像带的录制并不构成版权侵权,从而将解决这个问题的责任转移给了国会。可想而知,双方在1984年美国最高法院的判决做出后向国会进行了怎样的游说努力。但是国会并不急于介入这样一场敏感的政治争夺。对录像机和空白磁带收取版税费用的立法曾经被提出,但国会从未批准过。结果,不以营利为目的的使用录像机录制电视节目仍然是一种符合法律规定的合理使用。但是这并不意味着,不确定地复制租用的电影而且保存它们的副本是一种合理使用。在索尼公司案的判决中也规定在家庭以外使用电视节目录像带的行为并不是合理使用。

同时,其他版权所有者群体也已经开始游说国会,寻求对他们的经济利益的保护。一个名为"保护美国音乐联盟"(The Coalition to Save America's Music)的组织曾经试图游说国会在空白的录音磁带和音频录制设备的销售价格中增加版税,其理由是消费者现在都是从朋友的唱片和磁带中转录(或者也可以直接从广播中转录)那些受版权保护的音乐,而不是自己去购买唱片或磁带。消费者团体不出意料地对这种论点进行了回应,他们指出录音机除了可以录制受版权保护的音乐之外,还有许多其他的用途,他们争辩说对录音磁带征收固定的版税对每一个为了其他的用途而使用录音机的人而言是不公平的。

尽管争论数年，国会却没有对建立一个版税体系对家庭使用模拟（analog）技术的录音或录像带的问题进行任何立法。然而当**数字化**录音设备变得非常便宜时，国会再次检视了这个议题。

1992 年，国会对录音产业提出的在数字领域应有更多的版权保护的要求做出了反应，颁布了《家庭录音法案》（*Audio Home Recording Act*），在家用数字式录音设备和空白的数字式录音磁带或磁盘的购买价格中增加了版税费用，这部分收入分配给录音公司、录制唱片的艺术家、歌曲作者和音乐出版商。反过来，1992 年法案允许消费者可以出于非营利的使用目的制作一个数字式录音副本，但是不可制作第二个副本：法律严格限制"连续复制"（即多次复制同样的磁带或 CD）。唱片产业争辩认为随着数字式录音的出现，消费者可以制作在本质上毫无瑕疵的副本（最终可以制作数字式无线电广播）。他们认为，这证明了新的法律应当保护唱片公司的利益。

当然，科技的迅猛发展使得《家庭录音法案》与大多数的消费者不相关：即使有版权法律的规定，但是大量的比较便宜的 CD-R（可写式光盘）的出现使个人计算机拥有者可以复制音频 CD（和以 CD-ROM（只读光盘）为基础的计算机软件）。《家庭录音法案》所涉及的对数字式录音机的限制使得那些设备对消费者不再有吸引力：因为当一个普通的家庭计算机可以复制音乐而又不受那些令人讨厌的政府支持的限制时，为什么要买一个昂贵的小机器而又不能被允许自由的复制呢？2003 年，国会一直在考虑因互联网上的受版权保护音乐文件的利益分配而产生的难题，这一问题稍后讨论。

版权作品的共享问题是一个多维问题。一些图书出版商的代表也已经游说国会，希望获得对放置在图书馆的图书收取额外费用的权利，因为许多读者可以在图书馆里阅读这些书籍，而代替了自己购买。他们主张，与一些录音或录像磁带一样，书籍在图书馆中的使用降低了版权所有者以其他的方式所能够获得的利润。

当然，图书馆员对此回应道，他们的预算已经是没有任何可以放松的余地了，如果这样增加版税就是对知识增加了难以承受的新税收。他们指出，图书馆完全不是一个新的发明。那些国家的创始者们在 1790 年制定美国第一部版权法的时候就已经了解图书馆了，如果他们认为图书馆可以使人们在其中阅读而代替买书是对版权所有者们的一种不公平，那么他们在当时就应该已经建立一套版税体系了。

当所有的这些议题在法庭、国会、学院的教室中，或许在许许多多其他的地方被争论时,一些为版权所有者要求提高他们利润的主张所左右的批评家们开始怀疑它将最终走向何处。既然复印机也可以用来复制那些受版权保护的材料,那么有一些建议认为,就像对空白的录音带和录像带征收版税那样,对于大量的空白纸张征收固定的版税似乎也是合乎逻辑的。

2003 年,依然没有得到解决的录像带转录电视节目的问题逐渐变得明确。在工业团体中正在形成一种共识,即一旦数字电视转换完成,则数字硬件将会包含一些防备的手段以阻止家庭录像。至少也会包含一些能够阻止连续复制的软件编码。但是如果使用新的数字硬件不能够免费地复制电视节目,消费者是不是会放弃那些类似的电视和录像机设备呢?

计算机、互联网及版权法

近年来,个人计算机产业的迅速发展引发了许多有关版权的难题——这些问题涉及计算机软件和互联网。当国会制定 1976 年《版权法案》的时候,个人计算机仅仅是由一些爱好者制作的非常简单的小玩意儿。只是在数年之后,数以百万计的个人计算机才开始对公众销售,受版权保护的计算机软件在美国的几乎每所中学内公开地交易。当互联网在 20 世纪 90 年代期间广泛流行的时候,仍然有较多的版权问题出现。

至少有五个不同的法律问题已经形成了争议:(1) 计算机软件的版权保护;(2) 数字化复制和复制保护的基本问题;(3) 在互联网上受版权保护文件的共享问题(尤其是音乐和电影);(4) 互联网广播问题;以及(5) 当出版商将他们的印刷形式材料放在网上而引发的问题。

版权法和计算机软件

正如电影和电视节目一样,计算机软件已经被消费者大规模地进行复制,这刺激了版权所有者去寻找新的方法来控制那些在他们看来是难以容忍的,由公众所为的版权侵权行为。而且,一些在计算机硬件和软件处于领先地位的公司进行了一场很长的——但是最终却没有成功的——官司去阻止竞争者们制造与他们的产品在"整体视觉外观感受"上很类似的产品。

最初,计算机软件的某些品种甚至连能否注册版权也不是非常明确。例如计算机操作系统是一个存储在名为"只读存储器"(ROM)芯片的电子元件中二进制数码(一和零)的复杂模型。因为这些计算机的操作规则仅仅由机器本身可读,而不是人来识别,所以一些版权专家甚至对他们能否被版权法律所涵盖这一问题都提出了疑问(这是与通常情况下保护电子的和机械的发明免受侵权行为损害的专利法相对而言的)。

然而,和本章中以前已经讲过的注册一个版权非常容易相比,保护专利权是一个难度较大和耗时的过程。因此,许多计算机制造商想对他们的计算机操作指令注册版权,而不希望等待很长时间才能最终获得专利权保护。

使这一深奥的法律难题成为焦点问题的是有关苹果 II 型计算机的外观问题。苹果 II 形计算机是一种较早出现的、编写了数以千计程序的个人电脑。少数人置疑将版权保护扩展至这些"应用程序"上的公正性,这些程序使得在个人计算机上玩计算机游戏、进行文字处理,或解决复杂的数学难题成为可能。然而,富兰克林计算机公司(Franklin Computer Company)开始制造"苹果兼容"型计算机,这种计算机使用了一种与苹果 II 型非常类似的基础操作系统,使得富兰克林 Ace 计算机可以运行那些为苹果机所编写的程序。

同时,远东的若干公司也开始制造可与苹果机兼容的计算机,他们其中的一些人明目张胆地复制了苹果 II 型计算机的样式和电子电路。因为这些竞争者中的一些计算机仅仅以不到苹果机的一半价格出售,因此,苹果公司为了让这些与苹果机兼容的计算机停止销售而发起了一场积极的法律斗争。

指导这场斗争的基本法律原理就是苹果机的操作系统是一个合法享有版权的产品,任何人在未经允许的情况下不得复制该产品。富兰克林和其他人在为自己辩护时指出版权法先前并不涵盖诸如包含类似计算机编码的 ROM 芯片的"实用设计"。如果在这样的事情上适用版权法案,那就好像是允许通用汽车公司将其汽车零件的设计注册版权,那么便没有一个人可以再制造用在通用汽车上的轮胎或汽化器了。富兰克林和其他苹果兼容机的制造者们辩称,如果他们的发明真的是新颖的,他们应该将这样的发明申请专利,但是如果他们的新颖程度并不能够达到申请专利的水平,那么竞争者们就可以免费地对这些设计进行复制而不需要担心因此引起法律诉讼。

两个联邦上诉法院在裁决中对计算机操作系统编码能否注册版权的问题作出了判决,这两个判决都有利于苹果公司。在 1983 年苹果公司诉富兰克林电脑公司(Apple Computer Inc. v. Franklin Computer Corp.,714 F. 2d. 1240)一案中,联邦上诉法院第三巡回法庭在判决中对苹果公司对其计算机操作指令注册版权的合法性给予了支持。在代表法庭所写的意见中,法官多洛雷斯·斯劳瑞特尔(Dolores Sloriter)否认了那种认为植入计算机芯片中二进制模型不可注册版权的论点。她说版权保护"并不仅限于那些在性质上与海明威的《丧钟为谁为鸣》(*For Whom the Bell Tolls*)相同的那些文学作品。"

联邦上诉法院第九巡回法庭在 1984 年苹果公司诉方程式国际一案(Apple Computer Inc. v. Formula International,725 F. 2d. 521)中做了与之非常相似的判决。在该案中,法官弗格森(Warren J. Ferguson)写道:

> 版权法案的保护范围扩展到“作者的原创作品在任何有形的表达媒介中被固定下来……”。当计算机程序以具体表达为符号的方式编写,版权法案从未要求过表达方式要使特殊的受众理解。

稍后,苹果公司开始了更积极的举措阻止其他人制造那些看起来和操作起来与使用在麦金塔(Macintosh)个人计算机系列上的软件相似的软件。1988年苹果公司起诉微软公司(Microsoft Corp.)和惠普有限公司(Hewlett-Packard Co.)——两家主要的计算机软件生产竞争者——生产使用下拉式菜单的软件以及将命令符号和鼠标作为定点设备,这些都是麦金塔操作系统的关键特征。苹果公司主张这些特征在“整体视觉外观”方面与麦金塔系统过于相似。

美国联邦地方法院在一个较早的布洛德邦德公司诉优尼森国际公司一案(Broderbund v. Unison World,648 F. Supp. 1127)的判决中认为,一个新的计算机程序如果与一个现有的程序存在过多的“整体视觉外观”相似的地方,就可以构成版权侵权。在这个判决之后,LOTUS 1-2-3 电子制表软件程序的创始人莲花发展有限公司(Lotus Development Corp.)起诉两个与之竞争的电子制表软件程序的制造者,因为他们的电子制表软件使用了许多与LOTUS 1-2-3相同的命令和看起来非常相似的屏幕显示。

莲花公司和苹果公司都因为提起这些法律诉讼而立刻招致了来自许多代理商和软件编程者们的批评。两个案例中,那些诉讼请求都没有首创使用他们正在设法阻止其他人使用的“整体视觉外观”的概念。LOTUS 1-2-3 与一个在早期的苹果II型计算机上普遍使用的电子制表软件程序 VisiCalc 极为相似。事实上,VisiCalc 的开发者之一后来帮助设计了 LOTUS 1-2-3。而且苹果公司并不是第一个使用具有定点设备和命令符号下拉式菜单的计算机制造商:施乐公司(Xerox)和其他一些人最初使用了这些创意。也许更为重要的是,一些批评者感到苹果公司希望麦金塔系统的“整体视觉外观”独一无二的愿望就像是通用汽车说其他品牌的汽车不可以有方向盘——或者在加速器的左侧有一个刹车踏板一样。如果使用者可以在不同品牌的计算机之间自由地来回转换,那么全部的操作在本质上应该是与操作汽车同样的道理。

在1992年,一个联邦法官驳回了苹果公司对微软公司和惠普公司的大多数版权侵权诉讼请求,在很大程度上否决了这种认为一个计算机程序的“整体视觉外观”的某些东西是可以受版权法保护的观点。其余的苹果公司的法律诉讼在1993年被驳回——苹果公司的上诉请求也未获成功(见苹果公司诉微软案(Apple Computer Inc. v. Microsoft Corp., 35 F. 3d. 1435))。到了1995年,美国最高法院拒绝再审下级法院对于苹果公司的判决;公司花费了十年的时间和数以百万计的美元去力争赢得对于与麦金塔系统“整体视觉外观”相似的合法垄断,而最终却几乎一无所获。截至那时,非常明确的一点是,微软可以继续生产它与麦金塔系统相似的非常流行的“视窗”(Windows)操作软件,而不需要苹果公司的“祝福”——美国司法部正在调查微软公司而不是苹果公司涉嫌从事计算机产业垄断性的商业活动——这个调查被广泛报道,因为它已经使得司法部向微软公司提起了一系列反垄断诉讼(见第12章)。

与此同时,莲花公司试图阻止他的竞争者使用与LOTUS 1-2-3指令结构相同的指令结构来编制程序的努力也告失败。在莲花发展有限公司诉美国Borland国际公司一案(Lotus Development Corp. v. Borland International,49 F. 3d 807, 1995)中,联邦上诉法院第一巡回法庭判决莲花公司不能对其指令结构注册版权。法院判决用来操作计算机制表软件的文字和命令是一种不可以注册版权的“操作方法”,而不是一种可以注册版权的程序有创造性的表现方面。在对于法院判决的同意意见的详细说明中,法官米切尔·鲍汀将指令结构喻为几乎被所有的打字机制造商使用的标准控制台打字机键盘布局或用在VCR上的控制按钮,指令结构被大多数制造商以相似的方式使用。他说:

> 如果出现一个较好的电子制表软件,很难理解为什么那些已经学会莲花公司的菜单和为之设计的宏指令的人们愿意继续使用莲花公司的软件,因为在学习方面的投资是由使用者进行的,而不是莲花公司。

1996年,美国最高法院重新受理莲花公司案件,但是在听取了口头听证之后,法官们的意见却形成了4:4的僵局。法官约翰·保罗·斯蒂文森由于参与过该案而无权投票。一个不分胜负的投票决定肯定了下级法院的判决,但是却使得该判决不能成为具有美国最高法院判决效力的先例。

现在的趋势看来是法院对于计算机的版权问题上大体采取一种限制的态度,以此允许新的竞争者在其产品与产业领先者的产品相似或者兼容的情况下能够进入这个领域,参与到竞争中去。在计算机游戏和应用程序软件市场也确实如此。1992年,两个主要的联邦法院判决不顾游戏制造商的版权请求,扩大了独立公司制作可以用于另一家公司的计算机游戏产品模块的权利。首先,联邦上诉法院认为,任天堂公司(Nintendo)不能阻止玩具公司(Galoob Toys)制造一个被称为“游戏妖怪”(Game Genie)的计算机游戏模块,这个模块可以插入任天堂公司的组件，而且允许玩家改变一个计算机游戏中人物的速度、灵活性或者“生命”的数量。法院认为“游戏妖怪”是一种合理使用而不是版权法中所规定的非法派生作品（Lewis Galoob Toys 公司诉任天堂北美公司案（Galoob Toys v. Nintendo of America, 964 F. 2d 965））。假如“游戏妖怪”被宣布为一种派生作品，那么版权所有者（在这个案例中就是任天堂公司）将对它的生产享有专有权。但是这个判决并没有解决有关任天堂公司的所有问题。这家公司和它的竞争者们已经陷入了许多其他复杂的可能拖延数年之久的版权和专利侵权诉讼之中。

联邦上诉法院在 1992 年对一个有关计算机游戏制造商之间的竞争问题所做的判决中进一步限制了任何软件生产者利用版权法案来限制竞争的权利。在世嘉娱乐公司诉崇盛公司（Sega Enterprises v. Accolade Inc. ,977 F. 2d 1510）一案中，法院认为计算机软件公司可以分解竞争者的计算机编码，以决定如何制造可兼容的产品。世嘉（Sega）公司一案被普遍看作是软件产业里一个具有里程碑意义的案例，它扩大了合理使用的范围，使其涵盖这种“反向工程”。假如法院判定为了制造一个可兼容的产品而分解竞争者的软件并检查其内部工作方式的行为是一种版权侵权行为，那么软件产业的竞争将会被严重的抑制。然而，世嘉公司一案，正如任天堂一案，并不是为一个判决所解决。上诉法院将此案发回初审法院令其对于一些复杂的有关专利法方面包含的崇盛（崇盛公司案是 1992 年美国上诉巡回法院审结的一起关于软件反向工程的案件。被告崇盛是美国一家小型的生产电脑游戏的公司）反向工程行为的问题进行重新审理。

2000 年，联邦上诉法院再一次支持了反向工程是一种合理使用而不是版权侵权的观点，允许一个产品功能仿效了索尼公司游戏站游戏机功能的公司分解索尼公司受版权保护的软件，以决定如何制造可兼容的产品（索尼电脑娱乐公司诉康涅克提克斯公司案（Sony Computer Entertainment v. Connectix Corp. , 203 F. 3d 596））。

法院建议索尼公司可以申请专利权而不是版权来保护它的游戏站游戏机——索尼公司很快便那样做了。然而，法院也指出获得一个专利比注册一个版权更困难，表明“如果索尼公司希望在它的软件功能方面获得一个法律允许的垄断，它必须满足专利法所规定的更加严格的标准”。

因为这些案例中有关版权和专利权问题的复杂性——和得失攸关的巨大数额金钱——可以肯定的是这些与计算机有关的法律诉讼还将继续，而其结果则不可预知。但在这一点上很明确的是，在这样高风险的计算机产业中，法院不愿意允许任何公司利用《版权法案》去阻止竞争者制造可兼容的产品。

互联网问题:基本的议题

当数以百万计的人们在20世纪90年代期间开始使用互联网的时候,网际空间的版权所有权问题已经不可避免地成为争论的话题。在1999年和2000年,当数以百万计的人们利用互联网不仅仅交换文字和图像,而且开始交换音乐和数字视频的时候,就更加令版权所有者们震惊,这些问题也变得更加复杂和争论不休。虽然在这个法律的崭新发展领域中有很多不确定,但是一些原则是明确的。

最基本的原则就是不管一个版权作品用何种方式出版、表演或发行(虽然这三个法律术语正在网际空间时代被重新定义),版权仍然是一种版权。一个发布于网络某处的文件没有标注版权标记的事实并不证明这一文件是进入公共领域的。依据现行的法律,除非创作者或其他的版权所有者非常清楚地表明将它放入公共领域,否则新近创作的作品不会进入到公共领域。如果没有一个表明作品是在公共领域的声明,那么如果作品的版权所有者反对某人以某种方式使用作品,他/她就可以提出版权侵权的主张。然而,一旦一个作品进入了公共领域,它将会为各种目的所使用。如果有一个声明宣称一个作品是属于公共领域中的,但是只可用于非盈利的目的,这样的声明是无效的。因为如果一个作品是在公共领域的,那么任何人可以为任何目的而使用它。另一方面,一个版权所有者当然可以保留版权并且只授与其他人一个为了某个特定的非盈利目的而使用的**一般许可(general license)**。

1995年,一个在美国专利和商标专员布鲁斯·莱赫曼指导下的特别工作小组发表了一份长达249页的“白皮书”,讨论有关版权、商标和专利权在网际空间的含意。白皮书提出了在作家、艺术家、图书馆员和普通的网络冲浪公众付出代价的前提下,对全体版权所有者增加保护的若干有关版权法的修订意见。其中,特别工作小组提议:

- 废除第一次销售理论,该理论允许版权作品的买受人将作品再次出售或者借给他人,而无须支付额外的版税(这会削弱图书馆购买一个书籍或者杂志的副本然后将其借给资助人的能力和阐明版权所有者有权利阻止一个合法购买的作品在网络空间发行的能力);
- 阐明一个原则,即在一部计算机中进行数字传输或者存储一部作品,即使仅仅是临时的,也是正在复制和/或发行该作品;
- 宣布那些用来破解防复制技术的装置不受法律保护;而且
- 仅仅允许图书馆对一部数字化作品制作三个副本,其中一个放置在图书馆中用于公众查看(但是不能借用或者复印),另外两本保存在一个不对外开放的档案室中。

1998 年,美国最高法院回避了特别工作小组提出的废除第一次销售理论的提议,不但支持了这一理论,而且规定在购买那些在海外价格较低的美国制造的产品时允许有折扣,并将他们作为“半合法市场”(灰色市场)的货物带回国内,以低于这里的零售商报价单的价格出售(宝利金贸易公司诉浪莎·瑞舍茨国际公司平行进口案(Quality King Distributors v. L' Anza Research International, 523 U. S. 135))。

特别工作小组拒绝对在线服务商对他们的用户所做的事情负有责任这样一个有争议的问题发表声明。然而,国会在 1996 年《电信法案》(Telecommunications Act)中加入了有关规定。在这个法案中,如果互联网服务提供商(ISP)以足够及时的反应删除了那些有非法嫌疑的材料,他们就可以免于承担由他们的数以百万计用户所实施的因语言文字而可能导致的侮辱诽谤责任和版权侵权责任。在通过这个法案的时候,国会就承认了互联网服务提供商不可能随时监控每一个用户在互联网上所做的每一件事情这一事实。

1998 年,国会通过了《数字千禧年版权法案》(Digital Millennium Copyright Act),这是一部具有广泛影响力的新法案,它扩展了《电信法案》,给予版权所有者和互联网服务提供商更广泛的法律保护——但是其代价是那些在互联网上张贴和使用材料的人们的利益,包括图书馆员、教育家、网站所有者、网络冲浪的公众,甚至包括广播公司。

《数字千禧年版权法案》对许多方面内容进行了规定。除其他的意义之外,它还使得美国与两个多年之前签定的世界知识产权组织(WIPO)协定的规定相一致。也许这些规定最值得关注的地方就是它要求录像机制造商开始在其产品中加入一些电路设计,以使用户不能复制租借来的录像带和按次计费的电视节目。另外一个受到一些关注的规定是给予“cookies”(这是当你访问某个站点时,随某个 HTML 网页发送到你的浏览器中的一小段信息)版权保护,“cookies”就是那些在互联网冲浪时被悄悄放置在计算机上的一些小的文件,它使网络主机可以查明计算机用户已经访问过哪些站点。一些代理人认为这个规定使得那些计算机使用者删除他或她自己的计算机上的这些“cookies”时也会构成版权侵权,即使这些“cookies”放置在那里并没有告之使用者并征得他们的同意。

《数字千禧年版权法案》也确立了一些有关数字版权管理信息的新规则,对于以数字形式表现的电影、录像、录音、摄影和制图给予了额外的版权保护。法案也禁止了许多能够破解密码和复制保护设计的技术。

《数字千禧年版权法案》最具争议的特征之一与所谓的网络版权侵权行

为的处理有关。当用户在网络上张贴文档时，只要互联网服务提供商以很快的行动去关闭那些包含有可能引发侵权的站点，该法案就可以免除他们的责任。版权所有者仅仅需要通知互联网服务提供商在某一个特定的站点上的材料构成版权侵权，并提供一份声明表明他/她对于有争议材料的使用是一种侵权行为的事实具有“善意的理念”。

在这之后网络提供商必须要通知网站所有者并迅速地关闭该站点。接下来，网站所有者可以对关闭网站提出抗议并提供一个声明，表明如果声明中有不实陈述则**愿承担伪证罪**（**under penalty of perjury**），其声明应明确指出有争议的材料被删除的行为是错误的，或者指正对其所指控的版权侵权的认定存在错误。与之相反的是，版权所有者在提出主张时并**没有**义务做一个愿承担伪证罪的声明，也不允许网站所有者以合理使用为由为使用有争议的材料进行辩护。

这使得版权所有者可以有效地关闭网站，甚至不必到法庭上证明一个侵权行为事实上已经发生。网络提供商如果扮演一个版权强制实施者的角色，他们就可以免除版权责任。如果他们未能扮演那一个角色，他们就要对可能发生的任何侵权行为承担法律责任。

对《数字千禧年版权法案》的这些规定持批评意见的人们指出这个法案是一种在版权所有者和互联网服务提供商之间妥协的结果。当这部法案被商讨时，网站所有者、教育家、图书馆员和主张广泛适用合理使用原则的其他人并没有被邀请到谈判桌旁。

进入到21世纪初期仍然有更多关于互联网和版权法的有争议问题被提出。两家在互联网上发起的公司特别地招致了唱片产业的不满，它们是：Napster（网络音乐下载服务提供商Napster），一家以互联网为基础的音乐交易服务商，和MP3网站（MP3.com），它更像是一个互联网上的音乐盒。Napster使数以百万计的使用者能够分享音乐文件——它们其中的大部分是受版权保护的。MP3使用者可以通过它的“即时收听服务”在线播放音乐。文件共享——在版权所有者看来就是一种“盗版”——的较大问题在于它引起了大量的法律诉讼、反诉、立法建议和各种各样的试图使复制行为更为困难的技术“解决”方案。在唱片产业与Napster的对抗中赢得了一系列的合法胜利之后，Napster最终破产了。然而，其他一些在线文件共享系统又取代它的位置出现，而唱片产业也以提出对抗他们的诉讼来进行回应。

互联网问题：文件共享

没有任何一个在互联网上发起的公司像Napster那样迅速地引发那样火

爆的情形,并引起了一个产业的恐慌,是它使得在互联网上共享音乐文件成为非常普及的事情。

Napster 网站在 2000 年变得非常流行——而此时唱片产业为了使 Napster 上估计达 5000 万之多的使用者停止音乐共享也开始投入全部努力。到了 2002 年中期,Napster 破产。这一切是怎样发生的呢?

唱片产业竭尽全力在法律上攻击 Napster 的同时,向联邦法院申请了禁令,要求其停止文件共享。美国联邦地方法院法官帕特尔(Marilyn Hall Patel)最初在 2000 年同意颁发禁令,但是联邦上诉法院第九巡回法庭发布了一个中止令,允许 Napster 在上诉听证的过程中继续存在几个月。2001 年,上诉法院维持了唱片产业一案的大部分判决,为帕特尔法官取消在 Napster 上音乐共享的决定让路。在 A&M 唱片公司等诉 Napster 公司一案(A&M Records et al. v. Napster,239 F. 3d 1004)中,上诉法院认为计算机音乐爱好者通过 Napster 进行数字音乐文件交换的行为通常都是一种版权侵权行为。法院拒绝采纳 Napster 认为音乐共享应该是一种合理使用的观点,Napster 认为这种行为与使用家庭录像机录制电视节目以供后来观看的行为是一种合理使用的道理应该是一样的。

有了上诉法院的支持,法官帕特尔命令,只要版权所有者提出要求,Napster 就应停止受版权保护歌曲的交换。这个命令将确认受版权保护歌曲并通知 Napster 的责任交由唱片公司来承担。Napster 必须阻止它的使用者交换每一首被确认的歌曲。Napster 不得不照此命令执行,因此它的可用来交换的歌曲列表迅速地减少了。

一个复杂的因素是,在同一个时间内经由 Napster 进行交换的音乐有大约 10% 是不受现实有效的版权法保护的或者是在版权所有者许可下进行的交换。这些音乐的共享不受法院命令的影响。事实上,上诉法院拒绝采纳帕特尔法官较早时间发出的完全关闭 Napster 的命令的一个主要原因也正在于此,并不是所有经由 Napster 进行的音乐共享都是版权侵权行为——他们其中一些是完全符合法律规定的。以 Napster 这些非侵权的使用来判断,就排除了完全关闭它的司法判决的可能,当唱片产业设法取得禁令禁止帝盟公司(Diamond)的 Rio 型便携式 MP3 播放器的销售时,上诉法院也是在重复他自己较早的判决(美国唱片业协会诉帝盟多媒体系统公司案(Recording Industry Association of America v. Diamond Multimedia Systems, 180 F. 3d 1072))。在 1999 年作出的这个案件的判决中,上诉法院认为,禁止一个实质上具有非侵权用途产品的销售是不适当的。

然而,2001 年中期之前,Napster 一直处于恶性循环之中。一个独立的互联网研究公司报告表明,Napster 当时平均有 1.5 首歌可以供每个使用者在线获得,比二月份的平均 220 首歌下降了很多。同时,大多数的 Napster 使用者离开了:在 2001 年中期连接到 Napster 系统的使用者平均最高值为 320000 人,比二月份的 1570000 人有了很大的下降。其余大部分使用者已经转而交替选择那些没有中心坐标点的或建立在海外的音乐共享系统。唱片产业对那些系统也展开了猛烈地法律斗争,但是比起选择一个目标鲜明而又以美国为基础的系统,这种斗争显得更加困难一些。

就在 2002 年 Napster 的生意前景越来越黯淡的时候,公司寻找了来自贝塔斯曼集团(Bertelsmann AG)的额外支持,这是一家德国公司,它最初希望控制 Napster,并将它作为一个下载收费音乐的站点来使其业务复苏。但是当 Napster 进入破产程序以后,这些工作都变得徒劳了。

同时,一些唱片公司也发布了他们自己的互联网音乐发行系统,这些系统大部分要求用户支付月租费用,换取下载音乐的特别权利,同时包含阻止用户复制音乐文件或在 CD 上播放这些音乐的技术。这些投资大都没有吸引大群的追随者。2003 年,苹果计算机公司在唱片产业的支持下开始了一种音乐服务,允许使用者以每首歌曲 99 美分的价格下载合法的歌曲拷贝。

唱片产业在与 Napster 进行斗争的同时,也正在与其他的互联网音乐提供者进行法律上的斗争。在一个类似的诉讼中,一个联邦法官命令另外一个互联网音乐站点 MP3 网站因版权侵权而要以不可思议的每张 CD 25000 美元的赔偿额向环球音乐集团(Seagram's Universal Music Group)支付赔偿金(其总额可能达到 2.5 亿美元)。在 2000 年九月的判决中,法官兰可夫(Jed Rakoff)说,他希望给互联网公司一个讯息,使他们停止版权侵权行为。MP3 网站的代理律师说他们会提出上诉,并指出一个如此高的损害赔偿当然会导致公司破产,更何况公司已经为了解决诉讼向另外四家大型的唱片公司每家支付了 2000 万美元的赔偿。MP3 网站最后大约付出了 1.7 亿美元的总额达成了和解协议。

尽管 MP3 网站允许使用者在一个巨大的由公司维护的数据库中放置受版权保护的 CD,但是 MP3 网站站点与 Napster 在某些方面还是非常相似的。另一方面,Napster 仅提供了一个索引和一个连接服务,允许计算机使用者彼此之间互相分享音乐文件。

新闻媒体在 2001 年报道说录音公司从 MP3 网站收取了第一笔八千万美元付款,而其中并没有一分钱继续转给那些录制唱片的艺术家。产业界方面的消息来源说公司还不能确定是将这些钱视为许可证收入而将其中的一半给予录制唱片的艺术家,还是视为版税,从而录制唱片的艺术家只能获得很小的一部分份额。因此当他们还在设法决定转给录制唱片的艺术家多少份额的时候,只能先将全部都保留起来。

2001 年中期,MP3 网站宣布,它被维旺迪环球公司(Vivendi Universal)收购,这家公司已经通过一系列较早时期的收购和兼并而成为世界上最大的唱片公司之一。

2003 年,一个联邦法官裁定格罗克斯特(Grokster)和莫菲斯(Morpheus)(新一代的 MP3 搜寻软件),两个在 Napster 崩溃的时候开始提供共享服务的服务商,使用他们当前的服务形式并不违反美国版权法,这一裁定使唱片产业在反对文件共享服务的法律斗争中遭受了比较重大的挫折。因为这些服务中有许多非侵权的使用,所以美国联邦地区法院法官斯蒂芬·V. 威尔逊(Stephen V. Wilson)对部分内容进行了这样的判决,但是更为重要的是因为新的服务功能是以一种不同的技术方式来进行工作。他们不操作集中型文件共享网络。他们也不会让用户之间使用一个中心系统进行直接连接。法官威尔逊发现,如果要关闭格罗克斯特,它的使用者可以继续分享文件,只会受到很小的干扰或者根本不会被打断。他对于 MGM 演播室诉格罗克斯特公司(MGM v. Grokster)一案的判决,迅速地被唱片产业提起上诉,而且电影产业也加入了进来。

同时,在 2003 年中期,唱片产业开始大张旗鼓地展开了一项工作,制裁那些与格罗克斯特类似的网络个人用户。产业律师们以传票作为自己的武器,开始强迫互联网服务提供商对那些从事于文件共享的客户进行确认,以使得他们可以对其提出控告。

在一个依然还是由于网络版权问题而触发的法律诉讼中,一个联邦法官命令"2600 企业网站"(2600 Enterprises website)删除一些链接,这些链接可以帮助网络冲浪者查找那些提供号称 DeCSS 软件的国外站点,这种软件可以使复制 DVD 电影更为容易。DeCSS 软件主要是由一个挪威年轻人乔恩·莱奇·约翰森(Jon Lech Johansen)编写的,他利用这个软件可以在基于 Linux 操作系统的计算机上观看 DVD 电影(这是与在 Windows 操作系统上运行相对而言的)。2003 年,奥斯陆的一个法院判决约翰森无罪,因为他拥有他想复制的那些 DVD,所以他并不违反挪威的反盗版法。法院认为在挪威一个人有权利复制他自己的 DVD。

DeCSS 软件破解了 DVD 复制保护的技术特征,使他们可以在基于 Linux 操作系统的计算机上观看和复制。在"2600"一案中,联邦法官裁定即使仅仅是连接到那些有复制软件的站点也是一种违反了《数字千禧年版权法案》的侵权辅助行为。被告提出了《宪法第一修正案》的抗辩理由,并对该判决提起了上诉，他们获得了诸如电子前线基金会（Electronic Frontier Foundation，EFF）等民间自由主义者组织和互联网拥护团体的支持。

在 2001 年末的行动中，联邦上诉法院第二巡回法庭驳回了他们提出的第一修正案的主张，并支持了法官命令中的大部分内容。在对环市工作室诉科尔利一案（Universal City Studios v. Corley，273 F. 3d 429）所做的判决中，法院判定《数字千禧年版权法案》对于那些可以破解复制保护方案的软件和那些有关这样的软件信息的取缔并不违反《宪法第一修正案》。上诉法院认为国会其实更为适合权衡版权所有者和与之相对抗的《宪法第一修正案》之间的利害关系。

因为编写复制软件要在 Linux 的公开源码的操作系统下运行，所以这很快就得到了那些 Linux 系统提倡者的拥护，因为他们对于发布计算机编码的自由和讨论它的出色之处几乎具有某种宗教般的狂热。电子前线基金会强烈地主张（但是却没有成功）不管《数字千禧年版权法案》是如何规定的，《宪法第一修正案》都赋予了公民公开源码软件的权利。

2001 年一个研究小组发明了一种可以破解音乐复制保护技术（这种技术也是他们受唱片产业的委托而研发的）的方法，他们收到了来自唱片产业律师措辞非常严厉的信函，要求他们不得将这种技术公开，但是正是因为有这样自由交换的传统，所以这件事情引起了许多计算机爱好者的惊骇和愤怒。研究成员们（这其中主要是普林斯顿大学和莱斯大学的学生和教授们）正准备向一次计算机安全会议提交他们的论文，唱片产业向他们发出了警告，如果他们不撤回论文，唱片产业将采取相应的法律行动。这个法律警告来自安全数码音乐分销标准组织（Secure Digital Music Initiative，SDMI），这是一个由世界上各大唱片公司为发展数字音乐版权保护的发行方法而组织的团体。

这个研究小组是由普林斯顿大学的一位密码技术专家爱德华·费尔顿（Edward Felten）教授领导的。他退出了会议，然后提出了自己的诉讼请求，希望获得一个公正的声明，即唱片产业在其发出的警告中所声称依据的《数字千禧年版权法案》违反了《宪法第一修正案》，妨碍了对于加密技术和解密技术的学术讨论。一个联邦法官驳回了他的诉讼请求，认为费尔顿教授的权利并没有受到侵犯，因为他最终还是发表了他的学术论文。费尔顿和他的支持者们于是向联邦上诉法院提出恢复审理该案的请求。

在 2003 年中期之前，版权所有者在许多方面展开了限制未经授权的复制行为的工作，而消费者权益促进一方也对此进行了反击。在好莱坞电影公司的支持下，广播电视版权保护讨论小组（Broadcast Protection Discussion Group）正在进行一项开发工作，试图开发一种当通过广播传送的免费电视节目是以数字形式而非模拟形式播放时,能够阻止将其复制下来或将他们放置在互联网上的方法。如果成功,这将结束或者大大地限制消费者制作家庭录像带的能力。

同时,唱片公司开始用一种复制保护格式制作 CD 而不再将他们进行分类。新的 CD 通常将不能在计算机上播放。这导致了那些消费者权益保护人士向唱片产业提出控告,希望获得一个法庭命令要求新的 CD 至少要被分类,也希望寻求获得因为新的 CD 而给消费者的播放器材带来的所谓损害而应给予消费者的赔偿。英国的技术爱好者们宣扬说他们发现仅仅使用毡头制的可以作记号的东西在磁盘周围胡乱写就可以破解索尼公司所拥有的 CD 复制保护系统!但是还没有迹象表明这种方法对于所有具有复制保护功能的音频 CD 都起作用。

与此同时,唱片产业开始大力对各州进行反盗版立法工作进行游说。在 2003 年中期之前,大约十二个州已经制定了或者正在以各种不同的形式考虑制定该项法律。

就在这些事情发生的过程当中,2002 年,电子前线基金会对主要的电影和电视网提起了控告,试图对数字化时代消费者录制电视节目的权利进行明确界定。民间在线自由团体要求一个联邦法官宣布消费者能够在电视节目播放后使用数字录像带进行观看,并且能够跳过所有的商业广告,能够将录像带转借给他们的家庭成员,或者在他们没有接受任何酬劳的前提下在互联网上向任何人发送那些免费的电视广播拷贝。这一个反诉讼的提出是为了回应唱片产业所提出一个诉讼,该诉讼意图停止由索尼克布鲁公司和回放电视公司制造的允许跳过广告的数字录像带的销售。

在另外一条战线上,一名国会议员于 2002 年提出了一个立法议案,要求对消费者制作数字格式文件副本(如 CD 上的歌曲)的权利给予保护。尽管这项由国会议员里克·布彻尔提出的立法议案获得通过的机会很小,但是它反应出对于限制消费者权利的立法提案的关心有所加强。布彻尔指出 1992 年《家庭录音法案》已经使唱片产业在每一张空白可录 CD 的销售价格中获得一些收入以补偿因消费者的复制行为所带来的损害。布彻尔批评唱片产业得到了这笔费用却又积极推进那些防止 CD 复制的立法提案。

网络广播和版权

仅仅产生了一些小的争论,国会就于 1995 年平静地通过了《录音制品数字化表演权法案》(*Digital Performance Right in Sound Recordings Act*),该法案在根本上迫使一些广播公司重新考虑他们在互联网上的常规节目的播放问题。这部法案也是第一次给予唱片公司当其录音在广播中播放时可以收取版税的权利——但这仅仅针对数字音频广播服务，而不是常规的 AM 和 FM 广播。如前所述，免费的、采用传统方式播音的广播公司只需向音乐版权所有者支付表演版税（通过许可代理，如 ASCAP 和 BMI），而不必向唱片公司和录制唱片的艺术家支付版税。

开始，广播公司并没有对这个法案表现出特别的恐慌，因为它好像对他们并没有影响，但是法案却使他们的竞争者之一——以基于卫星的付费数字音频广播公司——陷入了困难。然而，一旦广播公司开始进行网络广播，将他们传统模式的广播节目放入互联网中播放，这个法案便很快成为他们的一个大障碍。

2000 年 12 月美国版权办公室发布了 1998 年《数字千禧年版权法案》和 1995 年《录音制品的数字化表演权法案》（*Digital Performance Right Law*）如何适用于广播公司的规则解释。新的规则命令广播公司要像其他数字节目编排者一样，为其网站上所播放的音乐缴纳单独的版税，这使得他们第一次不但要向音乐许可代理商（如 ASCAP 和 BMI）支付版税，而且因使用了唱片公司的录音而要向这些公司支付版税。

版权办公室还规定在互联网上投放常规节目的广播公司必须遵循国会在 1995 年法律中对于数字广播所规定的一系列强制限制。这部法案禁止在三个小时的时间段内播放同一张唱片中的三首以上的歌曲或者同一个艺术家的四首歌曲，而且禁止在一首歌曲被播放之前就对其进行识别确认。结果是：如果不违反法律，许多广播公司就不能将他们的传统模式的节目放入互联网，因为在播放一首歌曲之前，他们一般都要对歌曲或演唱歌曲的艺术家进行介绍，而且他们经常会超过有关同一张唱片或同一个艺术家歌曲数量的限制。（2003 年广播公司和唱片产业正在为放弃这样的一些规则而进行谈判）

2002 年，对许多网络广播公司而言事情变得更为糟糕。版权使用费仲裁庭（Copyright Arbitration Royalty Panel）组建起来，用以调整版税税率，因为他们提出的税率过高以至于大多数的网络广播公司都认为自己无法负担：**每一首歌曲每播放一次（for each playing of each song）**的每一千名收听者收取 70 美分，而对于非传统意义广播公司组建的网络广播公司则按每首歌曲 1.40 美元收取，这是前者的两倍。对于网络广播公司更为不利的是这一比率只追溯到 1998 年。许多网络广播公司对这样的比率提出抗议，认为它超过了他们所有收入来源的总和，并要求就像他们已经对 ASCAP 和 BMI 所做的那样，按照他们收入的百分比方式收取版税。

在产生的这些争论之中，美国版权办公室拒绝了仲裁庭提议的税率而坚持对广播和非广播公司的网络公司广播建立一种**相同的税率**(**same rate**)。但是所选择的税率仍然是每一首歌曲播放一次的每一千名听众收取70美分,即最初所提议的对于广播公司的税率。网络广播的倡导者们甚至说,税率如此之高,令人望而却步,它会迫使许多网络广播公司停止播放音乐。

不久,国会便干涉了这件事情。国会通过了一项法案,允许小的网络广播公司同唱片产业就版税的事宜进行谈判,以规避被美国版权办公室所采用的具有抑制效果的高收费。

国会并没有解决在互联网上播放音乐的版权责任中较重要的问题。它也没有说明依据美国版权办公室制定的规则,由网络广播公司所获取的具有极强追溯力的版税问题。但是新立法确实允许一些网络广播公司和唱片公司进行谈判,以确定一个比较能够负担的版税。通过谈判可以签定协议,许多网络广播公司可以根据他们的规模按照他们的收入总额向唱片产业支付一个并不确定的百分比。

2003年中期,唱片产业同意在版税方面给予学校广播电台和其他非营利性网络广播公司更多优惠。然而,那些平均每天有200人或更多听众的广播公司需要为每一个听众支付额外的费用。

网络广播公司在21世纪初期也面临着有关表演权利的其他一些问题。例如,演员联盟就正在要求他们对于那些在互联网上播放的广告支付费用。

自由作家和电子出版

有关于报纸和杂志在未征得自由作家明确许可的情况下将他们的内容以在线版本和电子数据库形式出版的问题,是由数字革命而引发的另一个有争议的问题。

一直到大约1995年,大多数主要的出版商在与自由撰稿人所签定的合同中都不包含有关电子权利的约定。代表了大约3000多名自由撰稿人的全国作家联盟(The National Writers Union)控告纽约时报公司(New York Times Co.)、其他主要的出版商和律商联讯公司计算机数据库在未经特别许可的情况下以电子版本形式使用作者的作品。

出版商们认为这些电子数据库仅仅是印刷版本的再现,并不需要单独的版权许可。

2001年在《纽约时报》诉塔西尼一案(New York Times Co. v. Tasini,533 U.S. 483)中,美国最高法院和那些作者的看法是一致的。在这一案件中,法院判决,前全国作家联盟主席乔纳森·塔西尼和其他自由撰稿人对于他们作品的电子版本享有权利,除非他们明确地将那些权利转让给一个出版商。

这个案例仅仅针对那些由**自由撰稿人**所创作的作品，而不涉及那些雇佣作家。依据版权法案有关“职务作品”的规定，雇主在雇佣的范围之内自动地享有由雇员所创作的作品版权。当一些主要出版商开始在他们的标准合同中包含有关电子再版的特别授权的约定时，1995 年以来出版的大多数自由作家的作品并没有被包括进去。

纽约时报公司的代理人在对法院判决的评论中指出在塔西尼一案判决所涵盖的 1980 年至 1995 年中，时代公司已经出版了由 27000 个不同自由撰稿人所写的约 115000 篇文章。因为需要追踪找到所有这些作家而且取得许可，时代公司发行人阿瑟·苏兹贝格（Arthur Sulzberger, Jr.）表示时代公司“现在将采取非常困难而且令人沮丧的措施从电子历史文档中删除那些有重要价值的部分”。如果出版商被迫将自由撰稿人的作品从他们的数据库中删除，一些历史学家，包括曾经向报社寄送短信对出版商表示支持的记录片电影制片人肯·伯恩斯（Ken Burns）和历史学家多丽丝·卡恩斯·古德温（Doris Kearns Goodwin）都对此表示了遗憾，他们认为塔西尼一案的判决可能会造成出版商被迫从他们的数据库中删除自由撰稿人的作品，从而致使对于历史记录产生缺口。

苏兹贝格说出版商将会要求国会修正《版权法案》以允许电子数据库包括 1995 年之前的自由撰稿人的作品和雇佣作者的文章以及更多的新近自由撰稿人作品。

另一方面，塔西尼说，他的联盟非常乐于为自由撰稿人设计一种与 ASCAP 和 BMI 所使用的用以补偿音乐版权所有者相似的许可系统，当自由撰稿人作品以电子版本形式或在主要媒体中以其他形式出现而使人可以接触到时，自由撰稿人可以获得报酬。

到了 2002 年，非常明显，历史学家们最为担心的事情正在发生。纽约时报把超过 100000 篇文章从它的在线文档中删除，而且到 2002 年中期之前这些在线文档中仅有 15000 篇在与作者达成协议之后得以保存。其他许多作者或者不能被找到，或者不能与报纸达成协议。另外许多并不像时代公司那样被视为一种历史记载的报纸的其他报纸更是简单地从他们的在线文档中删除了那些 1995 年之前的自由作家所撰写的作品，没有做任何尝试去与自由作家达成协议。

塔西尼一案，在与法官约翰·保罗·斯蒂文森一同提出的反对意见中，法官斯蒂芬·布雷耶说：“我们也许会抹去 20 世纪的许多历史。”

历史并不会真的被抹去。对于那些有时间和金钱去逐页进行搜索的人，许多报纸的全文在图书馆中用缩微拍摄的方式完整地进行了保存。但是对于那些需要很快的速度和全球范围在线搜索资料的人,法官布雷耶的顾虑似乎是有根据的。

其他的互联网版权议题

还有其他的版权问题因互联网的出现而产生。许多单独的电子公告牌系统所有者面临着法律诉讼,因为在他们的系统上张贴了受版权保护的材料并可能被下载。这些案件许多都涉及受版权保护的软件或数字化图片。在其中一个案例中,一个电子公告栏系统所有者因在其系统中使用户可以在线获得花花公子(Playboy)发表的170张受版权保护的图片而被花花公子企业公司(Playboy Enterprises)成功地进行了控告。

花花公子也已经开始对那些包含有为花花公子所有的图片的互联网站点展开积极地追踪。1998年,花花公子赢得了美国版权法历史上最大数额的法定损害赔偿金,一个网站的所有者因涉嫌在互联网上发布了7475张花花公子所有的照片而被判赔偿374万美元。在20世纪90年代后期花花公子在对其他几个网站经营者的诉讼中也赢得了六位数和七位数的法定损害赔偿金。

花花公子也对1981年花花公子杂志的年度游戏伙伴(Playmate of the Year)泰丽·威尔斯提起了诉讼,试图阻止她在互联网上用这样的名字为她自己冠名。然而,一个联邦法官拒绝在该案中颁发诉前禁令,认为尽管"Playmate of the Year"是被花花公子所注册的商标,但是花花公子在诉讼中不一定能够取得胜利。法官说,像"年度游戏伙伴"这样的名称已经成为一个人身份的一部份,就像身为奥斯卡金像奖获得者、前美国小姐或一个海斯曼奖获得者一样。在网站上表明这种身份是商标法所允许的合理使用。花花公子对此提出了上诉,联邦上诉法院第九巡回法庭对法官的判决予以了肯定。在较迟的判决之中,上诉法院也认为威尔斯不仅可以将自己视为"年度游戏伙伴"而且可以在后缀标识中使用诸如"Playboy"和 "Playmate"这样的词汇作为那些被搜索引擎使用的隐藏关键词。法院的结论认为在她的后缀标识中并没有其他可供替代的适当的其他文字。

仍然有更多复杂的有关版权的难题在互联网发展过程中出现。一个可能没有办法解决的问题是"电子邮件列表"问题,这是一种将信息按照一个很大的列表转发给朋友、客户或者消费者的常见做法。一个人可以将受版权保护的作品放在网上,通常在标题下标明作者署名和版权标记。他或她将它送给一些朋友,然后朋友再将送它给其他人。不久,数千或数以百万计的人就已经收到这个信息了。

举一个例子来说明,1998年一个人将苏珊博士的一首有关克林顿-斯塔尔-莱文斯基的打油诗“我是斯塔尔”放入电子邮件列表,却删除了原创者的名字。非常明显这是一个由报刊辛迪加的专栏作家所做的,该作家其后因剽窃而被100多家已经为他的作品的原创版本支付过费用的报纸和认为他剽窃了该作品的人控告。

一个作家如何保护他或她的作品免受电子邮件列表的侵权？这只是在互联网中必须解决的难题之一——如果它能够被解决的话。

国际版权

到现在为止,我们已经讨论了与美国国内版权有关的问题。但是版权正在成为一个越来越国际化的问题。然而,大约有超过100年的时间,美国都拒绝成为《伯尼尔公约》的签约国,那时公约是最重要的世界性版权协定。1886年《保护文学艺术作品伯尔尼公约》(*the Berne Convention for the Protection of Literary and Artistic Works*)签订时,美国或许是版权盗版的世界领袖。美国出版商不需要支付任何版税给版权所有者就可以自由地再版欧洲书籍。当大多数欧洲国家对版权国际控制制度达成了协议时,美国却拒绝签约。

那么,情况又如何呢？多年以来美国的作品得到国际的版权保护了吗？美国已经加入了另外一个被称为《世界版权公约》(*Universal Copyright Convention*, *UCC*)的国际版权协定,也与一些单独的国家达成互惠的版权协议。但是也许更重要的是,主要的美国出版商通常将其重要的作品安排在《伯尔尼公约》的成员国同时出版,比如在加拿大,以获得全面的国际版权保护。

20世纪时期,美国不再是主要的版权盗版国,而变成世界上国际版权侵权行为的主要**受害者**。其结果是:美国的版权所有者,不仅仅包括作家和电影制片人,也包括计算机软件开发者,开始给国会施加压力要求加入《伯尔尼公约》。在102年的非《伯尔尼公约》成员国的历史之后,国会于1988年最终通过了《伯尔尼公约执行法案》(the Berne Convention Implementation Act of 1988),允许这个国家加入《伯尔尼公约》。1989年3月1日,美国正式加入了《伯尔尼公约》,成为该公约的第79个成员国。这使得美国的版权所有者在24个没有和美国达成任何协议的国家获得了版权保护。

《伯尔尼公约》比美国早就成为成员国的《世界版权公约》提供了更多的版权保护。基本上,《世界版权公约》仅仅约定,任何成员国的版权所有者在其他成员国享有与该国公民同等的权利。如果一个国家的版权保护水平较低,那么在那里的外国人和那个国家自己的公民一样对于盗版行为只能得到较低水平的保护。而另一方面,《伯尔尼公约》要求每个成员国至少提供**最低**

标准的保护。

1988 年的立法对美国版权法进行了许多方面的修订,使其与《伯尔尼公约》的要求相吻合。举例来说,国际版权现在**不需注册**也会得到美国法律的保护。但是对于美国出版的作品,当版权所有者要对一个侵权者提起诉讼之前,仍然必须注册。

外国的版权所有者在没有注册的情况下,提起诉讼时可以要求对实际发生的损害进行赔偿和其他的赔偿(这相对于法定的损害赔偿而言),虽然实际发生的损害在有关版权的案件中往往并不存在(因为侵权者常常没有获得利润)。即使当侵权发生的时候,版权没有进行注册,国内的版权所有者也可能就实际发生的损害提起诉讼,但是正如我们较早所讲的那样,他们仍然会在提出一个侵权诉讼申请之前对版权进行注册。外国人则不一定要那样做。

《伯尔尼公约》还要求必须要对版权标记这种形式的必须性予以彻底地废除。《伯尔尼公约》成员国必须提供**不拘泥于任何形式**的版权保护。

依据 1994 年由 117 个国家所签定的关税及贸易总协定(the General Agreement on Tariffs and Trade,GATT)有关知识产权约定的规定,美国的版权所有者可以获得更多的国际保护。关税及贸易总协定是一个涉及有关国际贸易许多方面的世界性协议;它有关知识产权的条款约定包括了专利权、商标以及版权。在总体上,关税及贸易总协定对于版权的规定与《伯尔尼公约》的约定极为近似,也对国际版权保护设定了一个最低标准。也许最重要的变化是,关税及贸易总协定的有关规定一旦被签约国批准,在许多并不是《伯尔尼公约》成员国的国家中也将被适用。关税及贸易总协定的规定由世界贸易组织通过世界知识产权组织(World Intellectual Property Organization,WIPO)实际执行。随着时间的变迁,关税及贸易总协定将会给美国的版权、专利权和商标权带来非常重要的影响。也许关税及贸易总协定像许多全球协议一样,它的主要弱点就在于它可能难以在一些签约国中实际地得到执行。

因为关税及贸易总协定的协议涉及非常广泛,即使版权法方面的专业律师也要花费数年时间才能设法整理出它对美国法律将会产生如何的影响。其中出现的第一个议题就是**版权恢复(copyright restoration)**问题。依据关税及贸易总协定的规定,很多在美国法律的规定中已经进入到公共领域的外国作品需要重新恢复受版权法保护。这是因为,许多作品 1978 年之前在美国的法律规定中已经过了版权保护期而在其他国家的规定中要有更长版权保护期限,它需要被恢复,并被美国的立法所确认,以实现关税及贸易总协定的规定。这尤其会影响到那些使用早期曾经属于公共领域而现在却要再次受到版权法保护的那些电影作品胶片的人。另一个与此相关的主要问题是所谓的"无人管理作品”，即那些版权所有者已经不存在的作品。依据新的规则，其中一些早期的、原来在公共领域的作品再次获得合法的版权，但是当任何人要使用这些作品时却没有一部作品可以获得使用许可。提供库存电影胶片的那些公司现在已经非常担心，如果他们在版权没有失去法律效力的情况下继续使用那些以前属于公共领域的作品，那些版权重新恢复的作品的所有者是不是会出人意料地突然出现，并控告他们版权侵权。

在1996年底召开的一次世界知识产权组织的重要会议上，仍然有很多有关国际版权的问题被提出来。来自大约160多个国家的代表出席了在瑞士日内瓦举行的这次会议，许多世界版权问题专家和负责版权问题的政府官员聚集到一起，对各种各样的复杂的版权问题进行了广泛的讨论，他们中的许多人对有关新的计算机技术和卫星通信技术问题表现出了关心。这个会议的结果是产生了两个新的具有世界范围影响的版权条约，这两个条约最终将对美国法律和其他许多国家的法律产生重要影响。美国的代表在很大程度上成功地避免了接受那些可能会因版权保护的扩张而导致牺牲言论自由的条约规定。另外一个世界知识产权组织会议预定在稍后举行，来讨论那些在1996年的会议上没有得到解决的一些议题。

将所有的国际协定抛开，国会直到现在仍然没有全面地阐述美国法律和那些看起来是强制性的国际版权法要求之间的主要差别，即对**精神权利**(**moral rights**)的承认。

精神权利和其他的议题

当国会投票修改美国版权法以使其与《伯尔尼公约》的要求或多或少相一致时，有关精神权利的争论开始变得非常激烈。实质上，即使作品的版权卖给了其他人(如出版公司或电影发行人)，精神权利也会使版权作品的创作者对于作品在稍后发生的问题上享有发言权。

依据美国法律，版权所有者(那些人通常并不是作品的创作者)有绝对的权利在未经原创作者或艺术家同意的情况下对文学或艺术作品进行修改。但是《伯尔尼公约》第6章规定，每个成员国都必须承认精神权利，因此赋予那些原创艺术家们权利，以阻止作品在未经他或她同意的情况下被修改。

精神权利问题曾经一直是美国加入《伯尔尼公约》的主要障碍：美国的版权所有者非常强烈地反对对于精神权利的承认，而作家和艺术家团体却非常希望得到那样的权利。精神权利议题连同将较早时期的黑白电影进行彩色化问题一起得到相当广泛的公开讨论。许多拍摄了那些黑白电影的演员和导演将彩色化视为是一种亵渎，认为那样就像是毁坏一幅经典油画一样。但是版权所有者们视彩色化为一种方法，通过这种方法可以使那些黑白电影对新一代电影观众更加具有吸引力。有线企业家泰德·特纳是这一场争议的中心，因为他的公司几乎将全部米高梅电影制片公司资料馆中的经典影片彩色化了。他在20世纪80年代中期购买了这些电影的版权，然后将它们彩色化，尽管许多演员和导演对此表示了极度的反对，但是他有权利做这样的事情。

在很大程度上，国会与特纳和其他的版权所有者抱有同样的见解，拒绝承认精神权利。当国会就美国加入《伯尔尼公约》问题进行投票的时候——那时还不涉及承认精神权利问题，这一问题便在版权法律师中激起了一个争论。一些人认为尽管国会努力规避这一议题，但是签署《伯尔尼公约》会自动地在美国给予精神权利的合法承认。其他人则指出1988年法案明确地表明加入《伯尔尼公约》并不会在这一点上改变美国的法律。当坚定地拒绝接受一个条约的主要条款时，美国该如何签定这个条约，这也是问题之一。

一些版权所有者在争论中认为美国有关**商标(trademark)**的法律现在对于精神权利已经给予了足够的保护，美国完全可以与《伯尔尼公约》有关精神权利的规定保持一致而不需要改变美国的版权法。为了支持这种主张，他们提出一些案例，如拉莫德诉大西洋唱片公司案(Lamothe v. Atlantic Recording Corp.,847 F. 2d 1403)，以及1988年联邦上诉法院对此案所做的判决。这一案例是两个摇滚音乐家依据《兰哈姆法案》(Lanham Act)，即联邦商标法，控告一名音乐家，因为那个音乐家伪称自己是他们三人共同创作的歌曲的唯一创作者。他们宣称，第三位音乐家，Ratt(80年代美国著名流行金属乐队)公司的鲁宾逊·格罗斯贝(Robinson Grosby)声称自己是唱片"Out of the Cellar"的唯一创作者是一个错误。

另一方面，一些创造性社团中的人们对于那种认为美国商标法的规定给予了精神权利足够保护的观点表示蔑视。他们指出商标法律只需要正确的标注，而不需要作品忠实于艺术家的最初创意。举例来说，美国的商标法允许将一幅毕加索的画分割为许多部分进行出售，只要每一个部分都真实地贴上一个毕加索的标签就可以。依据拉莫德一案的判决，只要被授予作者身份，版权所有者就仍然可以自由地将一个原创作品进行修改，而不必经过创作者同意。对于版权作品的创作者而言，有时候，改变他们作品的艺术创意而又在作品上保留他们的名字比起改变他们的作品并去掉他们的名字甚至更为糟糕。

很明显地，有关精神权利问题的争论可能会持续很多年。这可能需要通过一系列的法院判决来阐明美国在不承认那些创作了版权作品而后又出于经济上的需要将它们出售的作者的精神权利的情况下加入《伯尔尼公约》这一决定的法律含义。

关于电影彩色化议题，1988 年国会颁布了一部几乎令所有人都不满意的折衷法案：《国家电影保存法案》（*the National Film Preservation Act*）。依据该法案规定成立了一个国家电影保存局（National Film Preservation Board），它由13 个产业团体的代表组成，包括代表创作者的团体和版权所有者。电影保存局每年有权从取得了"国家电影注册"的电影中推荐最多 25 部电影。每个被提名的电影必须至少要有十年以上历史，而且只有在剧院公开发行的电影才符合要求。如果一个电影被推荐，它依然可以被版权所有者修改（或者彩色化），但是在改变的版本中必须要有一个明显的声明，表明最初的电影已经被修改。

1990 年，国会在保护视觉艺术家的权利方面向前迈进了一步，但是仍然停留在距离给予精神权利全面承认很远的地方。《1990 年视觉艺术家权利法案》（*The Visual Artists Rights Act of 1990*）给雕刻家、画家和其他视觉艺术家们一个最后发言权，以决定他们的名字是否被用在他们的作品上。因此，艺术家们可以要求他们的名字保留在他们的作品上，但是当他们的作品在未经他们的同意而被修改的情况下也可以拒绝将他们的名字用在作品上。同时，新的法律让视觉艺术家们有权利对那些损伤或者毁坏他们艺术作品的人提起控告——即使他们不再对该作品拥有版权。然而，这个法案并不适用于许多在它生效之前创作的作品。它也不适用于"职务作品"：举例来说，如果一个建筑物的所有者委托一位艺术家为大厅创作一个雕塑，那么这个建筑物的未来所有者可以随意地移动这个雕塑而不会违反法律。一个联邦上诉法院在1995 年的卡特诉赫尔姆斯利-斯皮尔公司一案（Carter v. Helmsley-Spear Inc., 71 F. 3rd 77）中便依此进行了裁决。

《视觉艺术家权利法案》并没有改变有关电影彩色化方面的法律规定。

不正当竞争

在本章前面我们曾指出，新闻、事实资料和思想观念是不在版权法保护范围之内的。然而有另外一种法律可以保护一个新闻媒体免受来自其他媒体对其新闻的系统盗版。这一种法律行为就叫做**不正当竞争**（**unfair competition**）或**非法使用**（**misappropriation**），它已经时常被用做对版权法的一种补充。版权现在是由联邦的成文法进行单独的管理，与版权不同，不正当竞争是一种主要通过各州法院的判决而发展起来的民事侵权行为，并没有成文的联邦不正当竞争法案，甚至到现在为止也只有少数州在这一个领域中已经制定了成文法。

不正当竞争被视为一种单独的法律行为主要归因于一个 1918 年美国法院的判决，这个判决直到现在仍被视为一个经典裁判：国际新闻服务公司诉美国联合通讯社案（International News Service v. Associated Press，248 U. S. 215）。这个案子的起因是赫氏（Hearst）报系所有的 INS 一贯地窃取美国联合通讯社的新闻（其原因可能是一些赫氏系的报纸也是美国联合通讯社的成员），并将这些新闻视为己有，传播给 INS 的客户。美国最高法院认为，新闻不属于版权法保护范围，但是它判决，任何一个商人都不能从他的竞争对手那里盗取商品，用法院的话来说这种行为就是"不经播种，便要收获"，这句话来自于对圣经一段经文的解释。

在美国最高法院这一判例之后，很多法院对于类似的案件进行了相似判决，创造了一种新的有关非法使用的普通法行为。例如，1963 年宾夕法尼亚州最高法院以同样的方式判决了一个非常相似的案例。在那一个案例（波茨敦每日新闻出版公司诉波茨敦广播公司案（Pottstown Daily News Publishing Company v. Pottstown Broadcasting, 192 A. 2d 657））中，法院认为一个广播电台已经持续地从当地的报纸上盗取其正在报道的主要内容，这是一种不正当竞争。

然而，由于美国最高法院在 1964 年对西尔斯公司诉斯提费尔公司案（Sears Roebuck and Co. v. Stiffel，376 U. S. 225）和康姆普科公司诉日光明亮公司（Compco v. Day-Brite Lighting，376 U. S. 234）两案所做的判决，许多人都开始怀疑，不正当竞争是不是已经变成了对版权法的一种替代选择。这两个不正当竞争案例是有关构造设计的，构造设计就像新闻无法受到版权法保护一样无法被专利法保护，但是法院的判决非常笼统。

美国最高法院说，各州只是不能创造一种可替代选择的保护形式，以它来填充由版权法和专利法所留下的缺口。"当一篇文章无法受到专利法或者版权法的保护时候，**州**法律不能禁止其他人复制那一篇文章"，美国最高法院说（附加强调的）。美国最高法院似乎是要说明在专利法和版权法的全部领域中联邦法律都具有优先的位置，以此否定各州在这一个领域中扮演任何角色。而且如已经在前文指出的那样，即使联邦政府在当时并没有在版权法上取得优先的地位，1976 年新的《版权法案》也充分地表明了国会意图使版权法具有优先的位置。

然而，如果说不正当竞争曾经被废除的话，那么 1973 年美国最高法院的判决重新肯定了它是一种可实施的法律行为。在古德斯坦诉加州（Goldstein v. California，412 U. S. 546）案中，尽管被告争辩说联邦政府已经在西尔斯和康姆普科两个判决中取得了这一领域的优先地位，但在版权法还并不包括录音制品的那个年代,法院还是支持了反对录音盗版的加州法律。

近年来,各州都发生了大量有关不正当竞争的诉讼——法院认为不正当竞争仍然作为一种诉讼的有效依据而存在,虽然它仅仅涵盖很少的一些行为,这些行为与导致最初的国际新闻服务公司诉美国联合通讯社(INS v. AP)一案中新的盗版行为非常接近。

20 世纪 90 年代,当各种各样的公司开始在**体育项目的实际进行过程中**(**during actual sporting events**)提供比赛得分和统计的时候,引发了一场新的有关不正当竞争概念的争论。只要支付费用,计算机使用者和寻呼机所有者都可以实时接收这些数据。在其他运动联盟的支持下,全美篮球协会(The National Basketball Association,NBA)最终向这种行为提起了法律诉讼,认为这是纽约州有关不正当竞争法律中所规定的非法使用。

一个联邦上诉法院在 1997 年对 NBA 诉美国摩托罗拉公司(NBA v. Motorola,105 F. 3d 841)一案所做的判决中认为,以这种方式提供体育信息既非版权侵权行为,也非不正当竞争行为。法院指出,只有体育项目广播中所做的描述(而非体育项目本身)才能被版权法保护。法院认为这些服务并没有复制广播中的描述。相反地,他们接收广播并对其进行编辑,他们所使用的是任何人都可以得到的事实信息。法院认为从本质上讲这不同于那种系统地获取其他人的新闻故事、改写这些故事然后将这些信息通过与其有竞争关系的通信社出售的行为。法院认为即使全美篮球协会发展了它自己的即时运动数据服务,其他人仍然有权利监看篮球竞赛并提供有竞争力的服务。

然而,新闻记者依然不应该忽视那些不正当竞争诉讼的危险。针对各种形式的系统的新闻盗版,许多州法院仍然会作出判决,追究一家公司"不经播种,便要收获"的违法行为。

商 标

可以填补版权法空白的知识产权法的另一个领域是商标法,即有关商品名称和服务标志的法律。

现在有联邦的商标法律,即《兰哈姆法案》(它的正式名称是《1946 年商标法案》)。但是与版权法案不同,它是非独家的。也就是说,它并不具有比州的商标法更为优先的地位。事实上,许多州有他们自己的商标法令,而且所有的州至少都承认起名的权利和在普通法规定中免于仿效者使用这个名称的权利是商业行为中一些固有的权利。一个人侵犯了其他人的商标,他可以在联邦法院被控告,也可以在州法院被起诉,或者两者同时。

这些法律用以规范企业在商业运作和销售他们的商品和服务时所使用的广告语和其他简短警句、标识语和设计、符号和名称。对于这一法律领域的理解对那些未来职业规划是要从事与广告或公共关系有关职业的学生而言尤其重要。

商标法的基本目的是避免消费者对商品的混淆。一个新的公司在一种类似的产品上采用一种与一个著名商标看起来很相似或听起来很相似的标识语或名称就可能与法律的规定相冲突,即使它的标识语或名称可能有些微不同。

《兰哈姆法案》建立了一个全国性的商标和服务标志注册系统,这基本上是商标的一个次范畴。当企业要选定一个商标的时候,第一个步骤就是要进行一个搜索,看一看是否有任何竞争者或潜在的竞争者正在使用一个相似的名称。在查询一个联邦商标之前,大多数企业(或他们的律师)会付费给一个商业查询公司,让它通过搜索那些卷帙浩繁的以往的商标注册文件(和其他有关商标使用的信息来源,包括互联网)来查明他们所选择的名称是否可以使用。如果没有其他人注册这个名称,这个企业就可以按照注册程序进行注册,选定的商标将会被公布,如果其他的竞争企业愿意,他们可以对一个新的商标注册提出异议。

《兰哈姆法案》允许或者不允许哪些类型的名称注册呢?一般情况下,任何一个可以区分公司产品或服务的名称、短语或标志都可以被注册,但是也有一些例外。举例来说,城市、各州和国家的旗帜和象征不能被注册。一个仍然在世的人的肖像或签名也不能被注册为商标,除非是在这个名称或其相似物已经与一家公司产生某种特殊联系的情况下。

另外,纯粹的地理名称和描述性的词语(例如"一流的"、"高品质的"、"头等的"和"第一等的")通常也是不能注册的。产生这一条规则的一个理由是,最流行的名称、描述性词语和地理名称应用非常广泛,没有人可以获得全国性的在商业活动中使用这种名称的垄断权利。这并不是说你不能创立一家公司然后给它起名叫"第一流汽车修理公司"或"头等纪念品公司",而是说如果你要将它在全国范围内注册为一个独家所有的商标会是一个非常困难的事情。

即使一个名字使用非常广泛,以至于没有人能将它注册为一个全国性的商标,但是还是有人可以获得在当地使用这个名称的排他性权利。例如,当一个区域中已经有了一家公司名为"第一等的汽车修理公司"(A-1 Auto Repair),如果你也打算开一家企业叫做"第一流汽车修理公司"(A-1 Car Repair Company),那么你就有可能会在州法院被控告。

因为这么多年以来已经有那么多的不同企业在不断地搜寻与众不同的商

标,获得一个新的全国性注册商标的最为稳妥的方式就是提出一个新造字。多年以来许多公司都是这样做的,例如:埃克森(Exxon)、西铁戈石油公司(Citgo)和柯达(Kodak)。

假定一个企业已经跃过了注册的种种障碍,获得了他们所选定的商标,这家公司可以将商标用于各种不同的用途。名称可能在他们的产品上出现,也可能出现在广告中或被印刷在企业的信笺上方。在文字或短语的后面有一个用圆圈圈住的小"R",这表明一个事实:即商标已经依据《兰哈姆法案》获得注册。然而,商标也可能以其他的方式加以表明。例如,当注册还没有受到保护的时候,一家公司可能会在名称之后加上"TM"(或在名称后加上"SM"以表明一个服务标志)以表明他们将以这个文字或短语作为商标。

一旦依据《兰哈姆法案》进行了注册,一个商标的有效期限将是十年,但是一定要在第一个五年之后重新申请一次。其后,每十年要重新申请一次。只要商标所有者能表明它仍然"用于商业"用途,那么一个商标可以重新申请的次数并没有限制。与版权不同,一个商标可以无限期地作为私人财产保留。

然而,一个商标也可以被放弃或丧失。根据《兰哈姆法案》,一个在两年之中都没有使用的商标将被假定为它已经被放弃。默许其他人以一种不注册的方式使用商标也有可能导致商标丧失的结果,这也可以解释象"Xerox"(施乐)和"Coca-Cola"(可口可乐)这样的商标所有者为什么要那么全力地对它们进行保护。如果这些文字被允许成为对所有的影印制品或所有的可乐类型饮料的一般性描述,那么所有者可能会丧失对这些名称的排他性权利,如同以前的那些商标如"aspirin"(阿斯匹林)、"cellophane"(玻璃纸)、"cornflakes"(玉米片)、"yo-yo"(悠悠球)和"linoleum"(油毡)的所有者一样。

公司通过各种行为避免他们的商标因为被视为普通词汇广泛使用而丧失。例如,一些公司在新闻记者们读的杂志中做广告,以提醒作者和编辑他们的商标的正确用法。举例来说,施乐公司,提醒新闻记者以大写字母写"Xerox",并且在提到施乐牌的产品时将它用作形容词。公司强调不要把这个词用做一个动词。公司对诸如"为我影印这个"(Go xerox this for me)这种表述方式非常不满。

商标所有者希望见到的最为理想的情况是,新闻媒体将他们的名称用作形容词,后面再加上产品的通用名称,如"杜比减噪系统"或"普列克斯玻璃压克力压片"。陶氏化学公司一直在努力地阻止作家使用"Styrofoam cup"(泡沫聚苯乙烯杯)这样的术语(Styrofoam 是一个由陶氏化学公司所拥有的商标),因为大部分的 Styrofoam 牌的泡沫塑料用于其他的用品,而不是杯子。

误用了一个商标的作家会怎样?违反规则的新闻记者可能会收到一封来

自商标所有者律师措辞强烈的信，这就是公司所能做的全部事情，以表明没有默许他们将其商标以“类”的含义加以使用。然而当媒体将商标用作普通的“类”的术语使用时，公司的律师除了写一些非常愤怒的律师函以外，也别无其他办法。事实上，如果一个商标被媒体普遍地当作“类”的概念使用，法院有时会将这一事实视为证据，证明这个文字或短语已经失去了它的特别含义。

然而，**非新闻从业人员（non-journalistic）**对商标的滥用则是另外一回事。新闻记者可以逃脱由于误用商标而可能受到的处罚，但是，当一家公司在它的广告中或产品上错误使用他人的商标，将有可能导致一个法律诉讼。甚至书籍作者也一定要小心，应该正确地使用商标。例如，只要一个作家在书中做一个明确的声明，表明福特汽车公司（Ford）是一个商标，而不是作者正在宣称这是他或她自己的商标，那么这个和福特汽车公司并没有关系的人要写一本名为“如何修理福特汽车”的书就会是一种完全合法的行为。

虽然一个商标如果能够得到联邦注册的保护明显是很值得的，但是一个人或生意使用一个名字较长时间，就拥有一些特别的权利，无论有否联邦注册。事实上，《兰哈姆法案》对纯粹地方性生意是不适用的，大多数州有他们自己的注册系统，依据它可以使地方性的商标得到保护。各州对商标的保护差异很大。但是无论一个特定的州规则有什么样的具体规定，法院都可以介入其中，阻止一个新的企业仿效在先已经确定了的名称或商标，以及因此而给公众带来的混淆。

依据普通法和商标公平保护（即不论商标是否按照州或者联邦的标准进行注册，或未注册，均受保护）的原则，在诉讼中争议的一个关键问题在于一个文字或短语是否已经获得一种与特定的产品或服务相联系的**引申含义（secondary meaning）**。如果因为商业的用法使其隐含某些意义而超出字典中的定义的话，那么这就是引申含义。例如“Playboy”一词在字典中有一种解释，但是当它应用在杂志上时，它就具有了一种超出了这种解释的特殊意义。

如果一个文字或短语被发现在一个稳定的群体中具有一种引申含义，其他人就不可能在不引起混淆或误导公众的情况下在那个区域中将这个名称用在相似类型的企业上。依据联邦或者州的法律注册或者不注册，仅仅在一段时间内使用一个商品名称就会给予使用者某些物主身份的权利：任何企业都没有权利假冒其他人的商品或服务。即使一个新来者首先将这个名称注册为商标，这个名称的最初使用者通常也会在法庭上取得胜利。这样做的目的是防止一个新来者恶意利用那些企业已经建立起来的商誉。这是有关商标的普通法、各州法律和联邦《兰哈姆法案》所追求的最高目标。

什么样的单词能够具有引申含义？两个联邦上诉法院在 1993 年同一天宣

布的判决提供了有关商标法是如何认定这一问题的非常好的例证:太平洋电信集团诉国际电信公司(Pacific Telesis Group v. International Telesis Communications,994 F. 2d 1364)案和水果织布机公司诉吉罗阿德案(Fruit of the Loom v. Girouard,994 F. 2d 1359)。太平洋电信集团(Pacific Telesis)是一个大的地区性电话公司,它是在 American Telephone and Telegraph Company(AT&T)分拆中产生的,它在 1983 年开始使用"Telesis"作为它名称的一部分。两年之后,一个新的公司采用了"国际电信公司"(International Telesis)作为它的名称,并且开展了电讯咨询业务。太平洋电信集团为此提出控告,联邦上诉法院第九巡回法庭最终裁决当"Telesis"(这是一个希腊文字,意为"事件"、"履行、实行")应用在电话业的时候,它是一个独特的文字,任何其他人未经太平洋电信集团的同意都不得在这一产业范围内使用这个单词。

另一方面,同一个法院却拒绝给予一个大的服装制造商"水果织布机美国服装公司"(Fruit of the Loom)在服装饰品产业领域中独占使用水果(fruit)一词的权利。这一争议起因于商人肯·吉拉尔德创建了一个名为"Two Left Feet"的公司,并开始生产名为"Fruit Flops"的皮带和名为"Fruit Cups"的紧身胸衣。法院认可"水果织布机美国服装公司"这个全称具有引申含义。事实上,它是一个仍然在使用中的最古老的商标之一:它在 1871 年首次被注册!然而,法院判决,即使它被另外一个服装制造商使用,对于"fruit"这个单词本身的使用也并不构成商标侵权。法院认为造成消费者混淆这两个名称或两个生产线的可能性非常之小。

商标法也禁止未经授权而使用与表演艺术家的名字非常相似的名称而足以引起消费者混淆的行为,以保护表演艺术家。例如,2003 年,联邦上诉法院判决一个由阿尔·贾丁(Al Jardine)领导的组合不得使用"Beach Boys Family and Friends"这个名字,阿尔·贾丁是这个著名的 Beach Boys 组合最初的首席吉他手。贾丁没有从 Beach Boys 这个名称的所有者 Brother Records 那里获得使用这个名称的许可。相反地,Brother 已经许可 Mike Love,Beach Boys 另一个最初成员使用这个名字。在反对贾丁使用这个名称的判决中,法院将焦点集中在消费者混淆的危险上,指出贾丁组合对这个名称的宣传方式,使人以为他已经获得了 Brother 的支持。法院拒绝了贾丁提出的合理使用的观点(兄弟唱片公司诉贾丁公司案(Brother Records Inc. v. Jardine, 318 F. 3d 900))。Brother Records 的职员后来表示他们可能会允许贾丁在一定条件下继续使用这个名称。

另一方面,2002 年联邦上诉法院的判决认为 1997 年发行的名为《Danish band Aqua》唱片中的歌曲"Barbie Girl"并没有在名称方面侵犯马特尔玩具公司的“Barbie”娃娃的商标权。法院引用了《宪法第一修正案》进行解释，认为法律允许对这样一种已经成为一种文化象征的玩具系列进行戏仿，并认为在这里并没有造成消费者混乱的危险(马特尔公司诉MCA唱片公司案(Mattel Inc. v. MCA Records, 296 F. 3d 894))。

依据1995年美国最高法院对奎利泰克斯公司诉亚格布森产品公司(Qualitex Co. v. Jacobson Products Inc., 514 U.S. 159)一案所做的判决，在某种情况下，不仅名称和符号可以被用作商标而受到保护，颜色也有可能。法院认为，基本上，如果一家公司在足够长的时间内将一种有特色的颜色用于它的产品，这种颜色在消费者的思想观念中就会与这些产品产生充分地联系，使它具有一种引申含义。

有时甚至一种区别性的**语音(sound)**都可以获得商标保护的资格。一些声音已经得到了商标保护：例如MGM的狮子吼、伴随一种音乐声而读出“美国电报电话公司”(AT&T)的声音、自从有无线电广播那天开始就为人熟悉的NBC的三声钟声。摩托车制造商哈雷戴维森(Harley-Davidson)在1995年惹起了一场争论，因为他希望将V-twin发动机的声音注册在哈雷戴维森摩托车上。其他一些摩托车制造商对这个商标申请提出了异议，认为他们自己的V-twin发动机事实上也会发出同样的声音。在历经五年没有结果，却积累了许多法律账单之后，哈雷戴维森终于在2000年放弃了他们试图使他的发动机声音获得联邦商标法保护的努力。

商标区别于版权独立存在。2003年美国最高法院的一个判决强调了这一原则，这个案例是有关将一个版权保护期满的电视系列节目录制成录像带，进行新发行的问题。俄勒冈的一家公司，德斯塔公司(Dastar Corp.)，将20世纪福克斯影业公司在1949年制作的一个有关第二次世界大战的电视系列节目“Crusade in Europe”(欧洲的圣战)制作成录像带版本发行。福克斯试图以商标侵权和错误地将从原版改编来的新视频命名为“Campaigns in Europe”(欧洲的战役)为由阻止。美国最高法院通过一致性判决，认为阻止一个现在已经在公共领域中的电视系列节目的再发行是对商标法的不适当的适用(德斯塔公司诉20世纪福克斯电影公司案(Dastar Corp. v. Twentieth Century Fox Film Corp., 123 S. Ct. 2041))。

商标法的另外一个问题激起了大量争论而且没有定论，这导致了两个美国最高法院判决的产生，这就是：一个企业是否可以阻止竞争者模仿它的**商业外观(trade dress)**的问题。在两比索公司诉卷饼屋公司一案(Two Pesos v. Taco Cabana, 505 U.S. 763, 1992)中，美国最高法院维持了一个联邦法院做出的有利于卷饼屋的判决，这是一家墨西哥快餐连锁店，它提出请求认为两比索效法了它的饭店的外观和装饰。美国最高法院意见一致地通过判决,认为商店的商业外观可能具有“内在的独特性”,而且如果是这样,那么依据《兰哈姆法案》“外观”也能够受到保护。法院认为,这是正确的,甚至并不需要商业外观获得一种**引申含义**。但是法院并没有确切地定义“内在的独特性”,因此对于什么可以、什么不可以作成公司商业外观的一部分而受到保护产生了不确定性。

2000年,美国最高法院再次遇到了有关商业外观的问题,这一次也是意见一致地通过了判决,认为服装设计师通常不可以运用联邦商标法来阻止他人制作看似相似的衣服。在沃尔玛商店诉萨玛拉兄弟公司(Wal-Mart Stores v. Samara Brothers,529 U.S. 205)一案的判决中,法庭认为,设计师仅仅声称产品具有“内在的独特性”并不能够得到商标法的保护。相反,他们一定要证明公众已经将设计和设计师紧紧地联系在一起,而使这种设计具有一种引申含义。但这通常非常难以证明。法院认为,一种产品仅仅在这样的情况下才具有引申含义,即“在公众的思想中,一个商标最重要的特征是识别产品的来源,而不是产品本身”。

这个判决允许像沃尔玛(Wal-Mart)那样的廉价零售店自由地出售与高端品牌产品相似的商品,只要不是实际的仿造或其他的欺骗性的销售就可以。法院指出,只有当民众受到欺骗而相信他们正在购买品牌产品时,那才有可能构成一个商标侵权。一种产品可以与一种品牌产品相像,如这个案例中萨玛拉设计的以心形和花朵来装饰的泡泡纱童装和沃尔玛供应商的模仿品之间相像那样。

沃尔玛商店诉萨玛拉兄弟公司一案限制了美国最高法院先前做出的两比索公司案判决的影响。在两比索公司案中,法院**维护(upheld)**了一个连锁餐厅的权利,使它**无须**证明具有引申含义的存在,就有权保护它的餐厅的**商业外观**不被他人仿效。但是现在法院已经拒绝保护产品的商业外观,除非它具有引申含义。

商标法的变革

国会通过《1988年商标法修正法案》(the Trademark Law Revision Act of 1988)对《兰哈姆法案》进行了大规模的修订。虽然许多变化是高度技术性的,但是其中一些已经对大众传播产生了重要的影响,尤其是对广告。

依据1988年的法案,商标所有者可以控告那些错误地诋毁他们的商品或服务的竞争者,要求**三倍以上的损害赔偿(treble damages**,也就是实际损害的三倍)。然而,为了努力避免给《宪法第一修正案》所赋予的自由造成不适当的限制,国会将这种权利局限于比较品牌名称的商业广告方面,而不是政治上的广告或编辑评论。

大多数州很久以来都已经认可了控告“商业诽谤”(trade libel)或“产品诋毁”(product disparagement)的权利。这个通过有关三倍损害赔偿的规定增加了**联邦**在这方面法律的权力,使公司更为容易阻止竞争者做的虚假的比较广告。更为重要的是,国会拒绝了一个对新法案提出的修正案,新法案在相同的法律规定下允许**消费者**对虚假广告提起控告。大多数州已经允许消费者控告虚假广告者。

《兰哈姆法案》的修订版也有一条规定允许企业提出一个“意图使用”的申请,在他们将产品或服务实际投入到市场之前申请一个长达三年的商标保护。在效果上,这允许了一家公司在开发产品或服务之前保留一个名称。依据旧的法律,一种产品必须在商标提出申请前已经进入了市场。这迫使公司要在州际贸易中对他们的新产品或服务进行象征性的销售,但是要悄悄地进行这些工作,以免在商品名称或标识获得全面的保护之前惊动那些潜在的竞争者。

最后,国会通过了《1995 年联邦商标淡化法案》(*Federal Trademark Dilution Act of* 1995),对《兰哈姆法案》进行了其他一些改动。依据这个法案,一个商标所有者有权利以这样的理由控告侵权者,即“无论在群体中是否存在竞争者或混淆的可能,侵权者的行为都降低了一个著名商标识别和区分商品或服务的能力”。

许多商标法专业律师将这一规定视为商标法的重要扩展,它将允许对那些不是一个商标所有者的竞争者提起更多的有关“模糊”或“败坏”的商标法律诉讼。当一个人制造一种与驰名商标并不相关的产品而使用这种商标的时候,就会产生“模糊”的问题,如丰田在开发莱克斯(Lexus)时所做的那样,Lexus 事实上是一种与在先存在的律商联讯公司计算机数据服务相同的汽车名称。“败坏”的情况包括使用一个文字或短语,使它与一个已经确立的商标产生负面的联系。按照“败坏”的概念,法院已经命令停止了诸如销售“Enjoy Cocaine”海报这样的实际行为,因为这种海报的字体和颜色都与可口可乐的海报中的字体和颜色相似。

许多州已经有了反淡化法,现在联邦也对避免商标淡化提供更为有力的保护。那些对于商标法和版权法不断发展持批评意见的人再一次将这视为是压缩公共领域的一个例证。随着知识产权法的发展,只有越来越少的文字、短语和创造性材料可以被普通的公众使用,而不会有引起法律诉讼的危险。这是这个法律领域中的主要困境之一。

然而,商标淡化概念有它的限制。美国最高法院在 2003 年莫塞利诉秘密目录公司一案(Moseley v. Secret Catalogue Inc. ,573 U.S. 418)中对此进行了举例说明。法院使那些驰名商标的所有人面临更大的困难去阻止他人使用与他们企业相同的名称。法院对联邦商标淡化法案进行了解释,并意见一致地推翻了下级法院所做的有利于"维多利亚的秘密"(Victoria's Secret,知名女性内衣品牌)的判决,"维多利亚的秘密"正在试图使 Victor 和 Cathy Moseley 所有的肯塔基成人用品商店停止使用与它的名称一样的名称——"维克多的小秘密"(Victor's Little Secret)。

在对本案的意见中,法官约翰·保罗·斯蒂文森说,商标所有者一定要提供出给自己的商标带来"模糊"或"败坏"的真实存在的证据,而不仅仅是依据淡化的某种可能性就禁止一个企业使用相似的名称。斯蒂文森说提供一种"销售额或利润的实际损失"并不是必要的,而是一个商标所有者必须要提供"一个驰名商标的识别和区分商品或服务的能力的降低"。

高等法院将这个案件发回下级法院重新审理,再次给"维多利亚的秘密"一个机会,如果它能够提供使其商标淡化的证据,那么它就可以要求肯塔基的商店停止使用相似的名称。法院认为一个商标所有者并不必然地必须要提供在经济方面所遭受的损害,他可以使用"间接证据"来替代有关证明淡化的消费者调查。

斯蒂文森说仅仅有消费者在一个地区的企业名称和全国著名的商标之间产生了一种"头脑中的联系"的事实,并不足以证明淡化。他说"维多利亚的秘密"没有显示出肯塔基商店的名字给它的商标造成任何实际的淡化。

商标和互联网域名

在 20 世纪 90 年代后期由于互联网的迅猛发展,对于那些想要注册域名的商标所有者和其他人又产生了一个新的难以解决的法律问题,即用于网站定位和电子邮件地址的名称。这里只举几个例子,如"Xerox. com"是施乐公司的域名,就像是"Ford. com"是福特汽车公司的域名,和"Harvard. com"是哈佛大学的一样。同样地,"fcc. gov"是联邦通讯委员会的域名。在它们任何一个域名(或者其他数以千计各种各样的其他域名)的前面加上"www.",就可以将你带进互联网上的各个组织的主页。"福特"、"哈佛"或"联邦通信委员会"是特殊实体的域名,". com"或". edu"或". gov"被称为**一个大类的顶级域名(generic top-level domain name)**并且被许多组织分享。其他的现在公认的顶级域名包括用于军事组织的". mil",用于非商业组织". org"和用于松散的计算机命名的网络“.net”。许多国家也有顶级域名，如用于美国的“.us”。

2000年之前，几乎每一个大型政府机关、教育机构和公司都已经拥有自己的网站，而且他们希望能够以自己最广为人知的名称作为域名。数以百计有关争夺域名所有者身份的诉讼已经被商标所有者和其他人提出。

多年来，域名注册一直被一个位于弗吉尼亚州的美国网络解决方案公司(Network Solutions Inc., NSI)以政府批准的方式垄断。到2001年时已经有大约1500万个域名在NSI注册，公司向每个名字注册者直接地或间接地收取年费用来维护域名数据库。NSI通过和国家自然科学基金签署的一份合同获得这种独一无二的地位，而且很快就引发了一场有关它的域名注册政策的争论。NSI的合同在1998年期满。然而，NSI承诺将把它的注册特许权利分给另外一个由非营利性法人所选择的公司，因此它获得了两年的合同延长期。

其中，互联网名称及编码公司(The Internet Corp. for Assigned Names and Numbers, ICANN)是其后在美国政府和国际知识产权组织的支持下组建的。它有权利指派新的域名注册员参与NSI的工作。1999年，ICANN开始指定自己的公司处理“.com”、“.org”和“.net”领域的注册工作。结果，NSI要面对来自其他的域名注册公司的竞争，结束了它的垄断地位。2000年ICANN又批准七个新的域名以补充“.com”、“.org”和“.net”。它自己的公司已经制造了另外的域名，而且设法让他们被认可，至少非正式地被互联网服务提供者认可。

ICANN也建立了一个全球的仲裁系统，以便使在域名方面的争议可以很快地得到解决，而不必通过司法诉讼。2001年的时候，这一系统已经被广泛地使用，替代了将这些争议提交到法庭。

就像NSI还处于垄断地位时候所证明的那样，注册互联网名称是一种有利可图的生意，但是它也会引来法律诉讼：这家公司已经因域名纠纷被数百次的控告，这些诉讼通常发生在先到先注册系统问题上。

在一些案例中，某些个人已经注册了上百个名称，希望将他们卖给这些名称的商标所有者，以获取高额利润。这些人被称为“域名抢注者”(也有人将其称为“网络蟑螂”)，并因“域名抢注”行为而被控告。一些公司不愿从他们那里购买域名，而是向这些人提出了控告，并通常会将他们持有一个同名的有效商标作为基本的证据来说服法庭。

在最近一个值得注意的所谓的域名抢注案例中，潘那维申摄影器材制造公司(Panavision International)发现“Panavision”和“Panaflex”(它的两个商标)被注册在一个伊利诺斯州的男子名下，这个人至少注册了240个不同的域名，他正在要求这些名称的商标所有者向它支付费用，以作为他将这些名称转让给他们的报酬。在他已经注册的名称中包括美国三角洲航空公司(Delta Airlines)、Neiman Marcus(著名的豪华产品零售商妮梦—马科斯公司)、汉莎集团(Lufthansa,德国汉莎航空公司)和 Eddie Bauer。他要求潘那维申摄影器材制造公司支付 13000 美元他才可放弃这个名称。潘那维申摄影器材制造公司对其提起了控告,而且得到了联邦法院的命令要求“域名抢注者”移交“Panavision”和“Panaflex”这两个名称。法院的结论是他因不正当注册他人的各种商标而获罪,包括违反了《联邦商标淡化法案》。1998 年一个联邦上诉法院同意并维持了潘那维申摄影器材制造公司对“域名抢注者”提出的权利要求(潘那维申摄影器材制造公司诉托皮恩案(Panavision International v. Toeppen, 141, F. 3d 1316))。

但是当一个域名的所有者不能被视为一个“域名抢注者”而被要求放弃其已注册的商标时,法律问题就会变得更加复杂。例如,假设两家公司使用相同的商品名称——但是用在不同的商品上。谁会是“Dove. com”? 多芬(Dove)香皂的制造者,还是德芙糖果? 如果两家公司将相同的名称作为商标用于近似的产品——当然在不同的地理区域,又该如何? 每一个都可能是一个有效的地方商标,但是互联网却可以超越所有的地理界限。

一个联邦上诉法院在 1999 年不得不在布鲁克菲德通信有限公司诉西海岸娱乐公司一案(Brookfield Communications v. West Coast Entertainment, 174 F. 3d 1036)中对这类问题进行处理。这个案例的纠纷发生在两个都将一个词语的变化形式作为商标的公司之间,他们都将“movie buff”用在他们的商标之中。两家公司都希望以“movie buff. com”作为自己的域名。法院进行了一个传统的分析,将这个名称判给了布鲁克菲德通信有限公司(Brookfield Communications),原因是这家公司更早地使用了这个名称。法院得出结论认为商标取得应该优先于域名注册。值得注意的是,法院认为布鲁克菲德通信有限公司也享有将“movie buff”这个名称加入标签中放置在它的网页中的排他性使用权。法院认为如果一家公司在它自己的网站上将竞争者的商标嵌入标识将是一种商标侵权行为,因为那样会造成当网络冲浪者以竞争者的商标作为关键词搜索时,搜索引擎将引导他们去这家公司的网站。然而,如前面提到的,另外一个联邦上诉法院稍后支持了前任的花花公子年度游戏伙伴 Terri Welles 在她自己的私人网站上将“Playboy”这样的字眼用在标识之中(Playboy Enterprises v. Welles)。

还有一个问题也会伴随域名而产生,就是如果当一个个人的或小型的公司注册了一个合法名称或企业名称时,可能会没有想到其后一个大型的公司却主张这个名称是商标,并且这个名称或许是用在一种无关的产品上。如果一个大型公司在也许不存在商标侵权的情况下，以提起一个成本高昂的法律诉讼为要挟，运用他们的力量和财富胁迫一个小公司放弃它可能已经在商业中使用了多年的名称，这将可能会被控告是一种“反向域名侵夺”行为。

一些公司已经使用《联邦商标淡化法案》控告那些已经注册了一个非常近似但又不完全相同的域名者，即使有时候这样的行为造成消费者混淆的机会很小。例如，Toys R Us company 在对一个域名是“Adults-Rus. Com”的成人用品供应商的诉诉中就取得了胜利。法院不但命令 Adults R Us 停止使用这个名字而且要求删除其他人对这个名称的电子链接——这在网际空间实际上是一件不可能的事情（Toys R Us 公司诉 AKKaoui 公司案（Toys R Us v. Akkaoui, 1996 U. S. Dist. Lexis 17090））。Toys R Us company 在该案中进行了抗辩，而且取得了法院的认可，证明即使消费者在两个企业和他们的产品系列之间产生混淆的可能性不大，使用 Adults R Us 仍然会使它的商标被败坏或被淡化。

1999 年国会也加入到正在进行的有关域名的争论中，颁布了《反网域霸占消费者保护法》（*Anticybersquatting Consumer Protection Act*），这部法案意图禁止（并且将其视为犯罪）“域名抢注”这种行为，即恶意将他人的商标或名人的名字注册为互联网域名，并希望通过将这个名字卖给它的权利人而获取利润的行为。

这个联邦法案允许对域名抢注行为处以最高为十万美元的罚款。法案也授权法院颁发命令取消已经恶意注册的互联网名称，这个规定适用于那些已经注册的名称和新注册的名称。简而言之，这个法案建立了针对域名抢注的民事和刑事救济手段，允许那些选择将域名纠纷提交到法院（这是相对于使用 ICANN 的仲裁程序而言的）的人在有利于商标所有者的程序下采取这些做法。

《反网域霸占消费者保护法》降低了一个联邦上诉法院在 1999 年所做的判决的影响，那个判决认为只有最著名的商标所有者才能阻止他人注册他们的名称并将他们用做域名。

在艾利丹尼森公司诉森普顿一案（Avery Dennison Corp. v. Sumpton, 189 F. 3d 868）中，法院拒绝了艾利丹尼森公司的请求，艾利丹尼森公司是一个办公室标签和工业按钮的制造者，它要求一个加拿大的商人杰里 · 森普顿（Jerry Sumpton）停止将“avery. net”和“dennison. net”用作他的域名。森普顿注册了大约 12000 个普通姓氏作为域名，希望收取相对适度的费用以给互联网用户提供包含他们名字的电子邮件地址。

艾利丹尼森公司指控称森普顿已经不正当地注册了其公司的商标，是一个域名抢注者。上诉法院意见一致地驳回了这种论点，认为森普顿对于各种不同姓氏的使用完全没有侵犯艾利丹尼森公司的商标。艾利丹尼森公司主张森普顿对其商标的使用已经达到了商标淡化的程度,违反了《联邦商标淡化法案》和类似的州法律。但是法院认为只有那些商标是真正的“与众不同和著名”的公司才能阻止他人将他们的名称以非竞争的使用方式用作域名。法院指出,森普顿是在互联网服务交易中使用,而不是将其用于制造标签的生意。

法官斯蒂芬·特洛特(Stephen Trott)在意见中写道:“如果淡化保护允许仅仅以提供一种商标的固有性或已取得的特殊性为基础,我们会打破平衡,以牺牲可能存在的非侵权使用为代价,支持对商标的过分地保护。”

艾利丹尼森公司诉森普顿案的判决推翻了法院站在商标所有者的立场而牺牲其他那些可能具有一个合法的理由注册一个域名而碰巧是别人商标的人的利益的倾向。对于这样的行为,现在的法院会比一些较早时候考虑这个问题的法院用更严格的态度去审查谁是一个域名抢注者。这个判决使一家公司要证明一个人之所以要注册它的商标是要从商标的价值中获得利润变得更加困难。

然而,就在法院的判决在商标法的规定上给了那些潜在的域名抢注者以可乘之机后不久,国会就用反域名抢注法进行了干预。

当域名的斗争还在继续的时候,又产生了另一个独立的有关电子链接商标的争议,这种链接允许网络冲浪者点击突出的文字或短语而很快地转换到另外一个完全不同的站点。一些公司反对其他人将他们的商标用作链接,并且提起了法律诉讼。在这些案例中最著名的一个是 1997 年电子票务代理 Ticketmaster(美国票务专家公司,全球领先的票务公司)控告微软公司在其网页中包含了 Ticketmaster 的链接。Ticketmaster 的主要反对理由似乎是微软通过其他微软控制的搭载广告(这些广告是为了微软的利润而非 Ticketmaster 的利润)的站点将网络冲浪者引到 Ticketmaster。这个案件在 1999 年得到解决,微软同意不再在它的《城市人行道指南》中对包含有 Ticketmaster 站点的网页进行链接。

在其他的一些案例中,当他人将一个网页深植在他们的站点之中(“深度链接”)而替代打开这个网页时,网络企业对这种行为提出了反对。因为那当然会阻止客户见到他们的广告信息。尽管对于在其中进行链接和链接本身是完全合法的这一事实已经达成了一个共识,但是这一个议题还远远不能得到解决。

虽然在正常的情况下是合法的,但是链接也会产生版权问题。在凯利诉阿瑞巴软件公司(Kelly v. Arriba Soft Corp. ,280 F. 3d 934)一案中,一个联邦上诉法院在 2002 年判决,合理使用原则允许一个搜索引擎从一个网站上复制一个微小的图片副本,但不能是正常尺寸的图片。搜寻引擎也不可以以深度链接的方式直接链接到正常尺寸的图片,因为这样一种方式使图片看起来是他们所张贴的那个其他网站的一部分。

仍然有其他的域名和商标争议产生——然后在法院中结束。其中之一是在网站上使用一家公司的商标,故意批评这家公司。那些不再为这家公司所吸引的以前的客户和职员经常建立这样的网站来表达他们对这家公司的不满。在一个案例中,一个批评 Bally Total Fitness Holdings 公司的网站就是以"Bally Sucks"的名字建立的。网站上显示了百利(Bally,瑞士时尚品牌,生产鞋、包等)公司的标识语,并将文字"sucks"交叉印在上面。当百利公司以商标侵权和商标淡化为由提起控告时,一个联邦法院认为例如这样的网站应该受到《宪法第一修正案》的保护。法院驳回了百利公司试图依据商标法而令这个网站关闭的请求。

随着新技术的迅速发展,法律总是努力地试图跟上它的脚步,但是这些有关互联网和商标的争论以及法律诉讼也许要用更多年的时间才能解决。

主要议题概述

知识产权法充满着悬而未决的问题。

互联网给版权领域带来了巨大的新难题。假设数字图片、音乐和电影可以非常容易地在全球范围内进行交换,复制保护方案也可以看似很容易地被破解,一些人疑惑是否每一个版权都还能再次获得保护。

如果不控告数以百万计的个人计算机所有者,唱片产业该如何解决受版权保护音乐的共享问题?唱片产业应该竭力追踪每一个与他人共享歌曲的计算机使用者吗?唱片产业的一些反复制策略违反了《宪法第一修正案》吗?即使那些计算机专家们揭示了该如何破解程序中的复制保护编码,他们应该有权利在学术会议上分享这种研究成果吗?

合理使用原则是什么?至少,为自己的使用制作一个备份复件和将自己的电影或音乐从一种格式转换为另外一种格式是合法的吗?当广播被数字化之后,按照唱片产业最近的提议,甚至以前一直为美国最高法院的索尼公司案判决所保护的自由复制免费的、传统形式的电视节目的权利也应该被严厉地限制。这是正确的吗?

网络广播是什么?美国版权办公室顽固地坚持采用被普遍认为较高的版税税率。有时候,唱片产业自己甚至已经愿意允许网络广播公司支付比版权官僚机构要求的更低的税率。禁止常规广播操作规程,如在网络上播放一首歌曲之前对它进行确认或在一个特定的时间段内对播放同一个艺术家的歌曲的数目进行限制，以阻止收听者的版权侵权行为，这是正确的吗？当他们的广播是数字化广播时，广播公司应该被要求向唱片公司（而不是音乐的作曲家）支付单独的版税吗？即使他们从未有过模拟模式的广播。

今天仍然有许多这样或那样的版权和商标问题正在被讨论着。互联网带给我们一个全新的世界，那些旧的出版、发行和表演的定义并不适合这个新的环境。

甚至在互联网占据如此优势之前，个人计算机产业的戏剧性发展本身就产生了新的版权问题。计算机软件公司已经在关心消费者对他们的程序的批量复制，就像电影制片人烦恼于 DVD 的复制一样。而且软件公司，像电影制片人一样，意识到他们可能无法阻止数以百万计的消费者的这些批发性质的版权侵权行为。一些计算机使用者被软件公司在基础指令结构上上锁的行为激怒。不过至少在指令结构上的战争现在已经结束了。当法院拒绝了对于一个计算机程序的“整体视觉外观”进行版权保护的观念时，计算机使用者感到非常高兴。

其他的新技术也已经产生新的版权问题。广播公司多年来一直在抱怨有线系统没有支付他们中途获取并出售给其用户的那些广播信号的合理份额。人造卫星系统也正在与广播公司进行争吵，因为广播公司不希望他们的观众观看远地电视台播放的电视网节目来替代通过本地台收看电视网节目，那样会削弱本地电视台的广告基础。版权法处于这些争论的旋涡之中，这在第 11 章中已经讨论过。

还有其他有关国际版权的问题。美国最后终于不再置身事外而加入了《伯尔尼公约》，这是一个有着一百多年历史的重要的国际版权体系，但是美国从未就精神权利问题作出完整的说明。美国也签署了关税及贸易总协定，并且现在是世界贸易组织和世界知识产权组织的一个重要成员国。那也正在引起美国版权法方面的改变。世界组织应该有这样的力量迫使美国改变法律，使作品置身于公共领域之外吗？

当国会按照音乐产业和其他版权所有者的要求而行事，还要将版权的期限再延长 20 年，以使美国的版权和欧洲一致时，在版权学者之中引起了非常广泛的恐慌。美国最高法院在埃尔德里德一案中判决即使按照宪法的要求，版权应有“时间的限制”，它也能持续存在 120 年的时间，这个判决正确吗？14 年——即 1790 年国会所采用的最早的版权期限——是不是比制定者意味的有限的时间更多？当创造性的作品——让我们以音乐和电影为例——成为属于全美国人的文化的一部分，而不仅仅是那些数年前购买了这些作品版权的那些公司，是否有一个永远的时间限制呢？

任何人都有权利查询名人的讲话和图像吗？依据合理使用原则，新闻媒体可以免费引述总统（或第一夫人的）传记中的300个字吗？美国最高法院在哈泼与罗伊一案中所做的判决是错误的吗？在什么时候转播一个重要的公众形象如马丁·路德·金博士的演讲才是合理使用呢？难道版权法拒绝我们接近历史吗？

一个滑稽模仿作品在什么情况下可以被视为合理使用而受到保护呢？美国最高法院在坎贝尔诉阿库夫-罗斯唱片公司一案中所做的判决对吗？

商标法也有若干问题。随着越来越多的商标被确立和注册，在公共领域中可以使用的文字和短语就越来越少，1995年的《商标淡化法案》会加速文字和短语的这种私有化现象。如果著名商标的所有者开始控告每一个在一种不同的产品上使用了一个与其商标相似的单词的人，除了新造的单词之外还能有多少单词可以被用来识别一种新的产品和服务呢？美国最高法院在“维多利亚的秘密”一案中限制商标权利的做法是正确的吗？

版权和商标有一种固有的对表达自由的限制。除了国会、法院，而最终将会是公众决定表达自由的权利与版权所有者和商标所有者的财产权利之间的界限。

版权法概要

哪些属于版权法保护范围？

许多类型的文学和艺术作品可以受到版权法的保护，包括散文（小说和非小说）、诗歌、手稿、音乐乐谱和歌词、照片、电影、录像制品、录音制品、计算机软件、地图、绘画、雕刻和广告设计。

哪些不属于版权法保护范围？

事实的和历史的资料（包括新闻）不属于版权保护范围，但是新闻事件（或新闻作品）的**描述（description）**可能受到版权保护。另外，思想观念、程序、发明和商标不属于版权保护范围。（但是要指出，发明和程序可以申请专利，而商标可依据州和联邦的商标法得到保护。）

如何保护版权？

依据美国法律和国际条约，版权保护现在是自动产生。然而建议在作品的显著位置上加入一个**版权标记（copyright notice）**（例如："copyright 2003 by J. J. Author"）。无论作品是否出版，这样做都可以对那些可能侵犯版权的人予以告诫。

是否必须注册版权?

不是,你的版权不需要注册就是有效的。然而,如果在一个侵权行为发生之前进行注册,在对抗侵权者的时候比起没有注册,你会享有更多的合法权利,包括当一个诉讼发生时赢得法定赔偿和你的律师费的权利。而且无论如何,你一定要在提起一个诉讼之前进行注册。注册版权,应当寄送正确的注册表格,作品的两个副本和申请费给美国版权办公室,华盛顿特区 20559(U. S. Copyright Office, Washington, DC 20559)。

版权给了你什么?

版权所有者有权在版权的有效期内复制、表演、修改或展示作品,这个期限通常是作者的有生之年加上死后 70 年,或者对于法人作品是 95 年。所有者可将任何或所有的这些权利转让给他人。在某些特定的情况下,任何支付了规定的版税的人都可以对受版权保护的音乐进行录制(这被称为“**强制许可**”(**compulsory licensing**))。

合理使用原则是什么?

合理使用原则允许任何人对一个受版权保护的作品进行有限的使用。一种特定的使用是否是合理使用要进行权衡后才能决定:这种使用在性质上是商业的还是教育的,原创作品的自然属性,被复制的部分占原作的比例,以及这种使用对于所有者获取利润的影响。

第七章　公正审判与新闻自由的冲突

美国宪法固有的最麻烦的冲突之一就是公正审判与新闻自由问题。美国《宪法第六修正案》保证因某一罪行而被控告的人享有“在一个公正的陪审团面前得到迅捷和公开审判的权利”。而另一方面，美国《宪法第一修正案》又同时给予了大众媒体报道犯罪新闻的权利，包括使用文字信息和可视画面，这些报道可能会使一整个团体对于某人产生偏见，而这个人此时还没有上庭受审，并且依据法律规定他仍然应该是被推定为无罪的。或者，就像是1995年那场著名的O. J. 辛普森谋杀案的审判所显示出来的那样，对于审判的全程进行电视直播使得大部分民众相信被告有罪，而最终陪审团却做出了相反的判决。

近几年来，在这一问题上，国家法院和新闻媒体之间已经发生了许多敌对的情况。在试图对引起偏见的宣传进行控制，以保证在那些具有轰动效应的案件中被告可以得到公正审判的尝试中，法院已经采取了多种措施限制宣传，以此来保护美国《宪法第六修正案》所赋予被告人的权利。然而，一些措施又限制了美国《宪法第一修正案》赋予媒体的自由。这两种宪法权利之间的冲突并没有一个容易的解决之道：新闻自由的权利和审判应由一个公正的陪审团进行的权利都是美国自由社会的核心理念。

存有偏见的宣传和公正审判

许多法官和律师都认为媒体中存在过多的有关犯罪的新闻。许多人相信这些新闻过于耸人听闻，以至于使得一些名人被告不可能得到一个公正的陪审团做出公正审判的机会。一些人还相信媒体可能使得原告不能获得公正审判。就每一个案件各自的案情而言，陪审团在开庭之前应该只考虑被告有罪或者无罪的问题，而不是他或者她是否具有通常意义上的高尚道德品质的问题。因此，犯罪嫌疑人的以往记录通常并不作为相关证据予以考虑。但是，有时候，媒体会对一个犯罪嫌疑人过去的那些具有煽动效应的信息进行报道，其实那些信息在审判真正进行的时候是不被作为证据采纳的。而且，媒体可能会在缺乏确凿证据的情况下，对一次拘捕行动的细节进行报道，或者是对那些未经核实的实验结果进行报道。或者，他们可能会披露出存在一份“供词”的情况，而这份供词可能会因是在胁迫之下做出的而不被法庭作为证据采纳。另一方面，媒体也可能揭露有关一个控诉案件中的细节，而这些细节是不应该被陪审团的成员所考虑的。其造成的结果就是，找到没有偏见的陪审员可能是件非常困难的事情。律师和法官有时觉得有必要采取强制措施去控制那些他们认为是不负责任的报章杂志，因为他们妨碍了刑事犯罪被告的宪法权利。

然而，新闻媒体的拥护者经常引证媒体在一个现代社会——一个具有高犯罪率的社会——中保护公众的知情权方面所扮演的重要角色。他们指出新闻媒体在对司法部门的监督上扮演了重要的监督者角色。甚至大多数的法官也不得不承认报道刑事审判系统是大众传媒的一个重要功能。而且，法官当然不能够对媒体报道新闻的权利是受宪法保护的这一事实视而不见。

O. J. 辛普森案件及其结果

在美国的历史上，恐怕还没有一个法庭戏剧能比对 O. J. 辛普森——橄榄球传奇人物和媒体名人——进行的刑事及民事审判更好地说明了有关公正审判和新闻自由的问题。辛普森用刀残忍地杀死了他的前妻和她的朋友罗纳德·戈德曼，一个刑事陪审团判决他无罪，而在其后的民事审判中，陪审团认为他应该对这两个人的死亡负有责任。民事陪审团的判决，这其中包括一笔大额的惩罚性的损害赔偿，在后来的上诉中获得了支持（见鲁福诉辛普森案，Rufo v. Simpson, 86 C. A. 4th 573, 2001）。

当辛普森拒绝在警方事先安排好的计划下向警察投降而被宣布为一个逃犯的那一时刻起，这个新闻就成了全世界媒体的财富之源。在美国，至少有9500 万观众观看了长达两个小时的最终以辛普森被逮捕为结局的追捕行动电视实况。在几天之内，数以百计的（如果不是数以千计的话）新闻记者报道了这个新闻，无数的与这个案件有关的归罪细节被广泛地予以公开。几乎所有的美国主要媒体渠道都播出了辛普森的前妻尼科尔·布朗在其被杀害前几个月拨打 911 紧急电话的录音带或者文字抄本，在电话里她说辛普森已经毁坏了她住所的大门。在正式审判开始之前很久，几乎所有的人都已经知道辛普森在 1989 年就曾经在一个无异议的申诉中承认殴妻的轻罪，而且尼科尔·布朗在此之前也曾经多次因辛普森殴打她而寻求警察帮助。甚至全世界都已经知道了 1985 年辛普森曾经用一个棒球棒打碎了尼科尔·布朗汽车挡风玻璃的事情。

公众的狂怒是如此猛烈，以至于在 1994 年的中期，一个法官不得不采取非常措施,宣布洛杉矶市大陪审团丧失了通常情况下享有的听取证据和决定是否提起控告的资格——其理由是大陪审团可能因媒体的报道而存有偏见。相反的,该案被提交给一个调查庭(如果已经有一个大陪审团起诉的话,这其实是不需要的),主要的电视广播公司都对法庭的进程进行了自始至终的现场直播。而同时,在几里远之外的另外一个洛杉矶市的法院中,一个法官竟然采取了前所未闻的步骤延期了一个并不相关的审判,并且裁定关于辛普森案的宣传使得其他被告不能获得一个公正的审判,因为这两个案例具有相似之处(与辛普森案相似,这个案例涉及一个中年非裔美国男人被控告在多次家庭暴力事件之后用刀残忍地杀害了他年轻的白人前妻)。

辛普森案审判在 1995 年开始的同时,电视直播报道不断迫使法官 Lance Ito 改变正常的法庭程序。数百万的观众一次又一次地在电视上看到了法庭的场面,而这些场面是陪审员不能看到的。当审判逐渐将焦点集中在种族议题上时,警探马克·福尔曼被控曾经使用美国最具煽动性的种族侮辱性名称 40 多次。陪审团成员并未获准听取有关这些语言的大部分陈述:Ito 法官裁定它所产生的存有偏见的效果将远远超出它作为证据的价值。但是,马克·福尔曼的用词选择却在几个星期之内成为媒体报道的主要内容。陪审员是被隔离的——限制居住在一个旅馆中,并受到监督,以使他们与外界无孔不入的媒体宣传隔离开来。但是,他们可以获准进行夫妻之间的私人会面。我们是否能够确信没有人在会面的时候将有关马克·福尔曼的争议或者其他有关这个案件的那些在这些陪审团成员不能出席的情况下引起轰动的进展情况告知给其中任何一个陪审员呢?

尽管 Ito 法官努力保证选择一个没有偏见的陪审团,但是新闻媒体却传递了很多消息暗示一些陪审团成员是不公正的。美国历史上人数最多的电视观众观看了陪审团最终向法庭提交无罪决定时的实况。而后真正的争论开始了,不仅在媒体中,而且在全世界范围内。

也许关于辛普森刑事审判中任何一方都表示同意的事实,就是媒体对于事件的详细审查是如此的深入细致,以至于美国的司法系统都无法与之比肩。许多人都相信,对辛普森案的真正审判是在大众传媒之中进行的,公正审判与新闻自由的问题现在比以前任何时候都显得更为严重。

对于辛普森案耸人听闻的报道的最早反应之一,是加利福尼亚的立法机关颁布了一项新的法律,这项法律禁止刑事犯罪案件中的目击证人在庭审之前将他们的故事出售给新闻媒体。这项法案直接针对的就是辛普森案中的几个潜在证人向媒体组织索要大额金钱以出售他们的故事,但这项法案引起了新的争议。加利福尼亚《宪法第一修正案》联盟(The California First Amendment Coalition)很快就赢得了一个联邦法庭的裁决,该裁决认为这项新法案是违宪的(见第三章)。该案也促使加利福尼亚采用新的规则限制律师在审判前及审判过程中对新闻媒体披露的内容。截止到现在,大约有 40 个州有类似的规则。

对于 O. J. 辛普森案审判的另外一个反应,是全国的法官们对于名人审判进行电视报道产生了新的看法。在辛普森刑事审判得到了举国关注之后,几乎是在每一个允许使用照相设备的州,法官们都运用手中的权力,禁止电视媒体对那些具有轰动效应的审判进行报道。例如,在南卡罗来纳,电视摄像机在对苏珊·史密斯的审判中被禁止使用,这个女人开始时声称她的两个儿子被绑架了,而最后她承认是她自己将他们溺死在一个湖中。在加利福尼亚,尽管法官确实允许对判决的宣布进行电视直播,但是影像设备在对理查德·艾伦·戴维斯(Richard Allen Davis)的审判中被禁止使用,他因绑架并杀害 12 岁的波利·克拉斯(Polly Klaas)而被判有罪。影像设备在梅塞德斯兄弟案的再审中也被禁止使用,这对兄弟因在贝弗利山庄残忍地枪杀了他们的双亲而被判有罪。一些州也正在考虑允许在他们的法庭中使用影像设备的基本规则,虽然这种规则在大多数的州都不能实体化。

当戈德曼和尼科尔·布朗·辛普森的亲属在一个民事诉讼中向 O. J. 辛普森要求金钱赔偿时,影像设备在该审判中被禁止使用。当然,民事审判因为许多原因而迥异于刑事审判。在民事诉讼中,法庭程序、证据规则和证明的标准方面都与刑事案件中的要求完全不同。例如,一个民事陪审团可能在证据优势的基础上做出决定,而不必一定在"排除合理怀疑"的原则上决定,而这一原则在决定刑事案件的时候是必须的。并且,许多出庭辩护的律师都将陪审团组成的绝对性差异视为导致辛普森在刑事审判中被宣告无罪而在民事审判中却被认为应该对两个被害人的死亡负有责任这样截然相反的结局的决定性原因。然而,许多观察者也将影像设备的禁止使用视为导致这个案件的结果戏剧性翻转的一个重要因素。

罗德尼·金案的教训

作为一个媒体事件,辛普森案甚至使得罗德尼·金被打事件黯然失色。然而,金案也引发了大量全世界范围内的报道,提出了非常严肃的公正审判与新闻自由的问题。有关金被洛杉矶警察殴打的录像带——以及 1992 年当四个警察被宣布对因他们而提起的大部分指控不承担责任而引发的大规模暴动——成为有巨大影响力的新闻事件。事实上,依据民意测验的统计,几乎每个美国人都看过这盘录像带,80% 以上的美国人认为警察有罪。时任总统乔治·布什在提及这盘有关殴打事件的录像带时曾经说“它令我感到恶心。”

金,一个非裔美国人,他被白人警察殴打的事件强烈煽动了洛杉矶的种族紧张局势(因为电视的力量,这种紧张局势影响到许多其他城市)。

那么,在一个像金那样的案例中,我们该如何组建一个没有偏见的陪审团呢?因此,有关金案的第一次审理从洛杉矶转到一个主要居民是白人的偏远城镇。陪审团听取了来自50多个证人的对有关导致殴打事件的证词和对警察行为予以控制的规则。而且他们反复地观看了录像带。他们得出结论(意见一致地)认为依据“排除合理怀疑”的原则,对四个警察中的三个提出的任何有罪指控都证据不足。在针对第四名警察的指控上,陪审团出现僵局。但是陪审团的决定立刻导致了街道上的暴乱;几乎所有的人都认为陪审团的决定是带有偏见的(正如数以百万计的人在辛普森案的刑事判决和民事判决产生相反的结果时所得出的结论一样)。金案的第一个陪审团依据“排除合理怀疑”的原则不能确定警察们的罪行,但是大多数的公众却对这一点非常肯定。就像O.J.辛普森案那样,对于那些警察的真正审判是不是日复一日地在电视中进行着呢?

在紧随第一个金被殴打案的判决而发生的动乱之后,整个问题被一次又一次地进行分析——在针对这种案件的全部表面上的错误所发出的责难中,大部分的责任都指向了媒体。

媒体批评家戴维·肖(David Shaw)也因媒体未能对金被殴打事件的前因后果进行全面解释而对其进行指责:

> 很难否认……媒体——事实上是所有的媒体——在报道金的事件的时候都犯了错误。通常,举例来说,媒体会将金非常简单地视为一个被警察殴打的“黑人驾车者”,而不是某个危险驾驶、醉酒开车和热衷于毒品并拒捕而导致警察高速追击的人——而恰恰是这些因素对那些做出无罪决定的陪审团成员具有非常明显的影响……

其他许多人都对于美国的司法系统是否能够在这种媒体密集报道的环境下产生作用提出置疑。洛杉矶时报的托马斯·罗森斯蒂尔(Thomas Rosenstiel)在提到这一问题时说:

> 陪审团系统的设计是使得公民可以作为公众的代理人而出现在对犯罪行为的审判之中。但是随着摄像机对准了那些有可能发生新闻的每一个地方——从警车到市民摄影师以及那些整天巡游在街道上希望能够拍些东西卖给电视台的自由摄影人——在越来越多的案例中出现,公众开始相信这能够发现一些问题,并愿意从它所发现的东西中来对一个罪行

做出判断。而且在这些案例中……市民可能不再愿意接受由他们的陪审团或者他们的法庭所做出的判决。

罗森斯蒂尔的这些文字写在罗德尼·金案之后，但在辛普森案尚未在电视中展开之前。当辛普森的刑事判决完全符合这样的说法时，非常明显，罗森斯蒂尔已经事先预言了将要发生的事情。美国人确实会因他们在电视上所看到的内容而产生非常强烈的自我观点。日复一日，电视观众们亲眼看到有“堆成山的证据”来指控辛普森，正如检察官向陪审团所指出的那样，因此，他们就会得出自己在这个问题上的结论，正如罗森斯蒂尔指出的他们在这一类型的案例中可能表现的那样。在判决做出之后进行的意见调查中显示，美国人的意见是如此极端地分歧：大约四分之三的美国白人（和除了非洲裔美国人之外的其他团体的大多数人）都确信他是有罪的。而在非洲裔美国人之中，多数人的观点认为辛普森是无罪的，认为他是一个洛杉矶警察局和司法系统在种族问题上的受害者。

几乎这个案例中的每一个关键人物（和几个本身并未卷入此事的著名作家）都撰写了有关评论辛普森审判的书。其中一些成为畅销书，进一步动摇了公众对于辛普森的看法，这使得辛普森发现自己不再能够成为一个可以要求高额报酬的电视评论员或者一个广告代言人。甚至连艾伦·德肖维茨（Alan Dershowitz），辛普森的“梦之队”辩护律师团中的一名成员、著名的法学教授，在他的书（《合理的怀疑》，*Reasonable Doubts*）中对“梦之队”所扮演的角色也辩护道：

> 一个刑事审判决不是对事实的纯粹搜寻。当辩护律师接受犯有罪行的委托人的委托，作为其代理人时——正如大部分人、大部分情况下那样——他们的责任就是努力地，运用所有符合法律规定和道德标准的方法，去阻止那些可能会证明他的委托人有罪的事实的出现。如果他们没有做到这一点……就是玩忽职守。

早在罗德尼·金和O.J.辛普森案将这个问题带入引人注目的焦点之前，美国最高法院已经对有关公正审判和新闻自由的问题进行了审理，并且裁定所有的被告都应被确保受到公正审判，不应受到媒体宣传的影响。虽然近几年来的事件使得公正审判和新闻自由问题呈现出前所未有的戏剧性，但是这里所讨论的问题决不是一个新问题。

早期有关公正审判与新闻自由问题的案例

美国最高法院在解决公正审判和新闻自由这个问题上已经努力了50多

年。法院最早是在 1961 年的欧文诉多德(Irvin v. Dowd,366 U. S. 717)案中采取了措施,以存在带有偏见的宣传为由撤销了一个州法院所确定的谋杀罪。甚至早在这个案例之前,美国最高法院就已经对涉及有关审判宣传的作用问题表达了意见(在沙博德诉佛罗里达案(Shepherd v. Florida, 341 U. S. 50)和斯特罗布诉加利福尼亚(Stroble v. California, 343 U. S. 181)中,并且在 1959 年的马歇尔诉美国(Marshall v. U. S., 360 U. S. 310)一案中就以存在带有偏见的宣传为由撤销了一个联邦法院的判决,但是,欧文案特别值得关注,不仅仅因为它是一个谋杀案,而且因为这是第一个主要因存在带有偏见的宣传而被撤销的州判决。

该案的涉案人员是莱斯利·欧文(Leslie Irvin),他被控谋杀了埃维斯维尔·因德(Evansville Ind)和肯塔基附近的六个人。欧文在谋杀案后的一个月因涉嫌抢劫和出具空头支票被拘捕。然而,县检察官——迫于尽快找到犯罪嫌疑人的政治压力——发表了一个新闻稿,对外将他称为一条"疯狗",并称他已经承认了谋杀行为。既然谋杀者自己已经遭受到了密集的新闻媒体的报道,关于"供词"(欧文对此表示否认)的报道构成了一道公开信息的幕墙,在其中他被称为"疯狗般的杀人者"。其他的报道都将焦点集中在欧文过去的犯罪记录上,揭露了大量的信息,而这些信息是从来不应被允许进入到对他的审判证据中的。

被告获准变更审判地点(即对审判进行的地点可以变更一次),但是只能变更至附近的县,而那里对于这次犯罪事件以及他的"供词"同样已经有非常密集的宣传了。因为印地安那州的法律只允许变更一次审判地点,因此,第二次要求变更审判地点的请求遭到了拒绝。其后,在接受控方检察官和辩方律师调查的 430 名陪审团候选人中,370 人承认他们已经形成了认为欧文有罪的观点。而且在最终选出的听审该案的 12 名陪审团成员中,有 8 人承认他们在没有见到法庭出示的任何证据之前就已经确信欧文是有罪的,但是他们认为无论如何他们是能够做到不带任何偏见的。因为他们宣称他们将公正以待,所以被告不能提出任何理由使他们不能成为该案的陪审员,欧文的律师因此用尽了他的无因回避请求权(peremptory challenges,即不必证明陪审员候选人有可能是带有偏见的即可要求其回避的权利)。

在欧文被最初定罪并判处死刑五年后,美国最高法院重新审理了此案。(在此期间他从印地安那州的死囚区逃狱,在旧金山被重新抓获)法院发现欧文没有得到公正的审判,因此驳回了对他的定罪。1962 年,欧文被再审,被宣告对一宗谋杀案负责,判处终生监禁,他于 1983 年死于狱中。

1963 年,审判之前的宣传再次导致美国最高法院撤销了一项谋杀定罪。

威尔伯特·里多(Wilbert Rideau)被捕并被控在路易斯安那州抢劫一家银行并杀害一名银行职员。在被当地的治安官监禁审问时,他承认了该项罪行。这一审问被拍摄下来,并在当地的电视台播放了三次。美国最高法院认为,当人们"被反复地灌输并深信那些里多亲自在供词中所描述的犯罪细节……"后,拒绝其提出的变更审判地点的请求妨碍了里多作为一名犯罪嫌疑人应受到公正审判的权利,法庭认为对于他的真正审判实际是在电视上进行的,而不是在法庭之中(里多诉路易斯安那案(Rideau v. Louisiana,373 U. S. 723))。里多最终获得再审,判定有罪并终生监禁,其后他成为美国最知名的狱中作家。

谢泼德诉麦克斯韦(Sheppard v. Maxwell)案判决

1966年,美国最高法院宣布了对谢泼德诉麦克斯韦(384 U. S. 333)一案的判决,在带有偏见的媒体宣传这一领域中被视为具有里程碑的意义。萨姆·谢泼德(Sam Sheppard)医生,俄亥俄州克利夫兰市社会名流、整骨疗法专家,被卷入了他那个时代最著名的刑事审判之中,这个案例后来曾经被改编成一部电视记录片、一部上演了很长时间的电视连续节目,以及一部电影(《逃亡者》,*The Fugitive*)。那个时候,许多人将之称为"世纪审判"。

1954年,谢泼德已经怀孕的妻子,马林·谢泼德(Marilyn Sheppard)在他们那个可以看到埃里湖美景的家中被谋杀。萨姆博士当时正睡在楼下的沙发上,他被从二楼传来的妻子的尖叫声惊醒。在他奔向二楼去查看的途中,他被一个有着"浓密头发"的人从后面叫住,这个人攻击了他,并在他丧失了知觉后逃之夭夭。

仅仅在几周之内,当地的报纸就以社论的形式发表文章要求对萨姆博士进行审判并宣布其有罪。在对他进行审判的过程中,媒体逐字地记录了法庭的过程,还有一点是,陪审员的家庭电话号码甚至也被公之于众,这无疑给了他们一种必须要做出有罪判决的压力。新闻媒体报告了所有在审判中不应被采纳的"证据"。

在出现的证据中有一些是对萨姆博士不利的。虽然他在开始的时候表示予以否认,但至少有一个女人说她曾经与他有染。而且他对于马林·谢泼德被谋杀当晚所发生的事情的解释也是模糊和令人疑惑的。

谢泼德被判定有罪,而且对于他的判决被俄亥俄州法院予以确认。美国最高法院在当时拒绝重审该案。但是,当高等法院在20世纪60年代对新闻自由与公正审判问题又产生了新的兴趣时,谢泼德的律师再一次要求美国最高法院对该案进行重新审理。这一次法院受理了这一请求,并于1966年——

距离谢泼德的初次审判已经12年之后了——重新审理该案，在这次审判中萨姆博士被宣告无罪。具有讽刺意义的是，谢泼德博士在第二次审判中的辩护律师是年轻的李·贝雷(F. Lee Bailey)。几乎是在30年之后，李·贝雷再次成为使O. J. 辛普森无罪的“世纪审判”中辩护律师“梦之队”的一个成员。但是萨姆·谢泼德的故事并没有得到圆满的结局：他在被宣告无罪之后四年去世，终年46岁，在他短暂的一生中有10年的时间是在监狱之中度过的。

20世纪90年代中期，俄亥俄州古亚赫加镇(Cuyahoga County)当局因为发现了新的证据而重新开始调查该案，这些证据均指向理查德·埃布林(Richard Eberling)，他交代在谋杀发生之前他曾在谢泼德家受雇做杂工，种种迹象表明他更像是真正的凶手。埃布林在稍后因谋杀了另外一个女人而被定罪并判处终生监禁，他公开否认杀害了马林·谢泼德。但当不得不提交新的血样以与在谢泼德家发现的血迹相比较时，埃布林主动说出他的血可能会在那里，因为他在为那个房子更换遮挡风雨的护窗玻璃时曾经受过伤。与此同时，一个埃布林曾经工作过的家庭健康护理机构的管理人说埃布林在1983年曾经告诉过她，是他杀害了马林·谢泼德，她的这番话被广泛引用。她说，在埃布林向他承认后不久，她就向警察报告过，但是那个时候他们对于重新调查此案没有任何兴趣。

埃布林死于1988年，一个与他关押在同一个监狱的同伴提供了一份录像带，在录像带中他说，埃布林告诉他是他杀死了马林·谢泼德——而且，他之所以那样做是因为当他试图强奸她的时候，她咬他，并大声喊叫求助。这个和他同一监室的人还说，埃布林早就向他们讲过关于这个故事的另外一个版本，声称他被萨姆·谢泼德博士收买去杀害马林·谢泼德。

稍后，其他的一些可能证明萨姆博士无罪的证据也浮出水面。虽然警察在那个审判进行的时候就已经获取了曾经有他人强行进入该房屋的证据，但是在那个时候他们并没有将这一证据提出。那时候，还发现有一个血迹从马林·谢泼德被杀害的卧室现场一直延伸到地下室，她的两颗牙齿也有折断并外翻的迹象，这表明马林曾经咬了她的攻击者，而这个攻击者在逃跑的时候留下了血迹，而警方在当时并没有将这些证据披露出来。(萨姆博士在警方到达现场进行调查的时候并没有受伤，但是后来发现埃布林的左手腕关节上有一个明显的疤痕)。1959年，埃布林因一起无关的案件而被拘捕，但是在搜查他的住所时却发现了马林·谢泼德的戒指。在其后的数年中，尽管他仍然否认是他谋杀了马林·谢泼德，但是，他留下了挑逗性的暗示。在一封信中，他写道“萨姆，是的，我确实知道这件事情的全部”。另外一次他又写道“谢泼德案的答案就呈现在全世界人面前。没有人能够阻止真相”。

1997年,从谢泼德家提取的已经有43年历史的血液样本与从萨姆博士本人的身体中提取的组织样本进行了DNA比较,这提供了更多的证据表明萨姆博士是无辜的,而埃布林才是真正的凶手。DNA测试表明,在房屋周围发现的血迹,包括距离马林·谢泼德的尸体两尺远地方的一扇衣橱门上的血迹并不是萨姆博士的,但是它们却与埃布林的血液样本相符合。

在1998年12月的那个冬天,俄亥俄州最高法院允许里斯·谢泼德(Reese Sheppard),即谢泼德的儿子,走上法庭,并提起控诉,他认为他的父亲——萨姆博士,被错误地判刑并关押。为了证明他父亲的清白,他为之努力了许多年。

在1954年时,克利夫兰市的媒体对萨姆博士没有表现出任何的同情心。但是,到了1999年,媒体却从完全不同的视角来看待萨姆·谢泼德的案子。例如,乔·德克(Joe Dirck),《克利夫兰老实人》(*Cleverland Plain Dealer*)的专栏作家,1999年5月在对谢泼德的案子以及公正审判与新闻自由的问题进行评论时写道:

> 当他(Sam Reese Sheppard)在今天环视四周,他看到的是24小时永不停歇的无穷无尽的大众传媒,较之1954年的时候,它们更加无孔不入,更加无所遮拦,他们热衷于从那些具有可利用价值的性或者暴力事件中榨取每一分利润。
>
> 他看到这样一个司法体系,检察官们仍然在某些情况下会战胜正义,例如,最近在伊利诺斯州,又有一个被宣告有罪的男人(他是第12个)侥幸从死囚区逃脱,因为通过DNA测试,他被证明是无辜的。最重要的是,他看到了一个在暴力文化的基础上建立的社会陷阱,一方面在对它表示着哀叹,而另一方面却又赞美着它并从中获利。
>
> 所有这些因素结合起来使得他的父亲被送进监狱,并在那里度过了10年,他相信,如果事件发生在今天,也许会比这个结果更有过之。被告依然会被草率定罪,媒体依然会长篇累牍,而无辜者依然会遭受磨难。
>
> "这个案例"是说明此类过激行为能够导致一个骇人听闻的不公正审判的完美例证。谢泼德的儿子确信,这样一种值得警诫的故事,从这个意义上来说,它与今天更加有关。

尽管媒体对于萨姆·里斯·谢泼德给予许多同情,但是,2000年听审他的民事诉讼陪审团却没有同样的看法。陪审团拒绝了萨姆·里斯·谢泼德想要证明他父亲清白并因其父遭受错误关押而要求赔偿经济损失的请求。

由八个人组成的陪审团认为谢泼德并没有满足民事诉讼中有关证据优势

的证明标准，因此拒绝做出认为其父无罪的判决。

在将近三个月的法庭调查期间，谢泼德的律师试图向法庭展示出，对这个发生在46年前的谋杀案最初的调查是草率的，而且根据最近已取得的证据，包括新的DNA测试，均表明真正的凶手是理查德·埃布林。虽然埃布林的DNA取样与在犯罪现场发现的样本相匹配，但是，这并不能够最终完全排除所有其他的可能犯罪嫌疑人。

为了给他们最初的调查和对萨姆博士的起诉辩护，俄亥俄州古亚赫加镇当局在重新进行的审判中将萨姆博士称为"西方世界的花花公子"，并提出证据证明他至少和两个人有私通关系，而且他的妻子马林在被谋杀之前也和一个人有私通关系。

最终，陪审团只用了三个小时就做出裁定，谢泼德并不能决定性地证明他的父亲无罪。但是这一裁定并不能将所有的争议终结：对于最初的谢泼德案审判的讨论依然继续着。

无论关于萨姆·谢泼德案在历史上将最终如何裁定，他的案件都已经成为美国最高法院在公正审判和新闻自由问题上具有划时代意义的判决。在法官汤姆·克拉克（Tom Clark）代表8:1的多数意见所写的法庭裁决中写到"负责国家审判的法官们并没有履行他们保护谢泼德免受那些已经深入到社区的带有固执偏见的宣传的影响的职责"。美国最高法院对于审判法官必须做好哪些工作以确保一个审判公正进行继续予以指导。法院警告，如果不能遵循这些保护措施将可能导致更多的定罪被撤销。

美国最高法院在谢泼德案的判决中对于这个国家的审判法官为了保护被告人免受耸人听闻的媒体宣传的影响而应该采取的措施提出了几条明确的建议。法院认为法官应该采取以下的一些或者全部措施，以控制公开信息，保护被告的权利：

1. 采取措施减少新闻记者在法庭上的不当引导行为；

2. 颁布限制性命令（protective orders，有时称为"缄口命令"（gag orders）），控制诸如律师等审判参与者在法庭外的言论；

3. 允许对审判暂时延期（continuance），直至社区中存在的偏见已经平息一段时间；

4. 允许变更审判地点（change of venue），即将审判移至一个带有偏见的宣传较少的地区；

5. 警诫陪审团（admonish the jury）漠视媒体关于该案的宣传；

6. 隔离陪审团（sequester the jury，即将他们限制在一个地方，使他们在那里不能够阅读有关该案的报纸报道或者通过电视、广播听到与该案审判有关的信息)。

基本上,法官克拉克建议采取两种不同的补偿措施:一种措施是对潜在的有偏见的媒体宣传进行事后补偿,另一种措施是要消除这样的宣传——但是它的代价就是《宪法第一修正案》所赋予的自由。在谢泼德案之后数年中,法官们尝试了所有这些手段以控制宣传。有人开始采取一些美国最高法院在谢泼德案中并未推荐的方法,例如向新闻界和公众关闭他们的法庭,或者秘密地进行初审程序——或者是审判全程。这些司法实践又引起了新的宪法问题。

“缄口”命令和新闻媒体

所有这些用于弥补带有偏见宣传的救济措施中,“缄口”令是在抑制信息的问题上产生最多争议的措施。在谢泼德判决中,克拉克法官写道:

> 无论是检察官、被告的辩护律师、被告、证人、法庭工作人员还是执法官员,只要处于法庭的管辖范围内,都不能自行其是。在辩护律师和新闻媒体之间对于那些可能影响一个刑事审判公正进行的信息交换不仅仅是一个遵守规则的问题,更是需要给予强烈严厉指责并应受到纪律处分的行为。

为了响应这一要求,全国的法学家都开始对有关规则的问题发表看法,他们将之称为“保护性命令”或者“限制性命令”,而新闻记者更喜欢将之称为“缄口命令”(gag orders)。最初,这些命令属于两种范畴:一些是仅仅对于审判中的参与者给予直接的限制,命令他们不要向媒体披露那些带有偏见的信息,而另外一些是直接针对媒体的,命令他们不要发表那些带有偏见的信息,即使这样的信息是合法取得的。第一种类型(即那些旨在断绝媒体可以获得带有偏见信息渠道的命令)在与《宪法第一修正案》发生冲突的时候往往能够得到支持。但是第二种类型(那些意味着对于媒体实施事前限制的命令)就没有那么幸运了,在今天已经少有提及。

事实上,在谢泼德案判决做出九年之后的一次电视访谈中,克拉克法官表示他并不是要法官们禁止媒体从他们的立场上来发表信息。相反,“缄口命令”只是在那些人可能会向媒体提供带有偏见的信息时才被使用。然而许多法官在谢泼德判决之后直接向新闻媒体发出“缄口命令”,并且引用保护被告人权利的要求,认为理应如此。对于这些命令我们将在后面进行更多的讨论。

其他补救措施

保护性命令或者缄口命令只是谢泼德案判决中所推荐的对于带有偏见的

公开信息的补救措施中的一种，但是它确实是最可行而又最有争议的一种。其余的所有方法——实际上那些方法是想要用一种对于带有偏见的公开报道所造成的影响进行事后弥补的方法来取代在事前消除这些影响的方法——都具有局限性，有时候在实施的过程中显得不切实际。

举例来说，审判地点的变更是代价高昂的：它意味着所有涉案的各方，包括证人，必须为了审判而长途跋涉，而且这样做使得被告的另外一项宪法权利被剥夺，即被告有权利在刑事犯罪行为的发生地接受审判。而且，随着时代的发展，大众媒体无孔不入，在一个新的社区中同样可能像审判计划预计进行的社区那样掀起对案件的宣传狂潮。

延期审判的命令也有严重的缺陷。首先，它牺牲了宪法赋予被告接受迅速审判的权利。另一方面，在经过一段时间之后，证据变得更难寻找。而且，最后一点，这并不能保证在经过一个漫长的拖延而最终开始审判时，存有偏见的公开报道不会卷土重来。社区可能会在许多年之内都对一个犯罪嫌疑人持有偏见，而且，如果对于一件事情拖延的过久，一些人可能会对犯罪嫌疑人的罪行较之开始的时候更加确信。

同样，隔离陪审团也有它的不利之处，虽然一些州对于可能判处死刑的案件都常规性地采取隔离陪审团的措施。然而，许多陪审团候选人并不愿意服务于这样的案件，因为他们将会在数周甚至是数月的时间内与现实世界相隔绝。而且，隔离陪审团是代价高昂的——必须向陪审员提供食物、住宿和娱乐。而且，最后的结果是，要将陪审团完全与大众传媒相隔绝可能是一件不可能的事情。那个著名的对于查尔斯·曼森（Charles Manson）及其同伙杀害女演员沙伦·泰特（Sharon Tate）和她朋友一案的审判，为有关隔离陪审团这个问题提供了非常好的例证。在曼森案的审判中，陪审团被要求隔离，但是那些怀有偏见报道的报纸在各种不同的场合出现在法庭之中、专供陪审团成员使用的洗手间中，还有当他们从住宿的旅馆到法庭的路途中所乘坐的巴士报刊架上也会看到。

一次，曼森自己在法庭中就拿出一份报纸，而陪审团成员都能看到上面主要的大标题，写着"尼克松认为，曼森是有罪的"。法官迅速制止了这种行为，并询问陪审团成员这样的大标题是否会影响他们的定罪，他们全部回答不会，但是，没有一个人能够肯定地知道这是不是真的。

在其后数年之中，保护被告免受带有偏见公开报道影响的措施是封闭审判或者初审程序，并直接询问陪审团成员是否可能存在潜在性的偏见。对于封闭审判或者初审听证会问题将在本章的以后部分进行讨论。

对于陪审团成员可能存在的潜在性的偏见进行质询（这个程序被称为

"忠实回答宣誓",voir dire,即宣誓后对陪审员或证人的预先审查,以决定他们是否胜任)的困难在有关欧文一案中已经引证过了。陪审员可能会说他们是公正无私的,而事实上,他们已经基于媒体的公开报道形成了一种非常强烈的偏见。在一个刑事审判中,诉讼双方只能对几名陪审员提出无因回避(也就是,不需要证明他们可能是有偏见的)而取消其资格。正如欧文案中所展示的那样,在一个可能具有轰动效应的案件中,被告可能会用尽他的无因回避权,而依然无法摆脱那些不会显示出其偏见却又确实是不公正的陪审员。

此外,警诫陪审团漠视那些他们可能看到或者读到的东西——这是在谢泼德案判决中推荐的另外一种保护被告权利的方法——几乎不能被指望用来确保陪审团的裁决不是在他们从媒体上所获得的信息的基础上做出的,尽管他们应该只从那些在法庭上获得的信息的基础上做出"有罪"或者"无罪"的决定。陪审团成员也是人,他们通常会在对一个案件做出决定的时候考虑他们知道的每一件事情,而不管这些事情的来源是哪里。

所有这些使我们又回到保护性命令(或者"缄口命令")上,最具争议的,但是可能也是最可行的保护被告免受带有偏见宣传影响的方法——因为这些命令实际上可以消除带有偏见的宣传,而不是仅仅对它们进行事后弥补。

作为事前限制的"缄口"命令

保护性命令(或者"缄口命令")从谢泼德案的判决之后一直是媒体和陪审团之间激烈争论的焦点,直到十年之后,美国最高法院最终在内布拉斯加新闻协会诉斯图尔特(Nebraska Press Assn. v. Stuart,427 U. S. 53, 1976)案中对其所涉及的宪法性议题进行了阐述。

缄口命令在 20 世纪 70 年代早期广泛应用于全国。如果一个法官相信在一个预定将要进行的案件中可能会产生密集的宣传,那么他几乎会例行公事地发布一个命令禁止案件中的所有各方对媒体发表声明。这样的命令通常会禁止对被告以往的犯罪记录进行报道、对案件中证据的价值进行讨论以及对供词的存在或缺失进行披露。在许多案例中,这种信息在审判的过程中会被排斥在证据之外,因为如果陪审团成员已经通过看电视或者读报纸了解了这些信息,那么将不会产生益处。但是一些法官却会超出这些限制而试图对媒体进行审查,命令出版者和广播者不要散布那些他们已经获取的信息。

美国记者新闻自由委员会(The Reporters Committee for Freedom of the Press)保存了从 1967—1975 年之间发布的保护性命令的记录。这个组织证明在 174 起案件中颁布过这种命令,其中包括 63 项禁止法庭参与者发表声明,61 项对新闻媒体、公众封闭法庭程序或记录的命令,以及 50 项直接对媒体进行事前限制的命令。

在若干州法院和较低级别的联邦法院对缄口命令的合法性做出决定之后,1976 年,美国最高法院最终在内布拉斯加新闻协会诉斯图尔特案中对这个议题做出了裁决。这一判决几乎是废除了直接对媒体予以限制的缄口命令(这是与那些仅仅限制审判的参与者向新闻记者提供带有偏见的信息相对而言的)。

该案牵涉了一个智商只有 75 的做杂工的失业者欧文·查尔斯·西蒙茨(Erwin Charles Simants)。西蒙茨借了他姊夫的来福枪,走到隔壁家,杀死了詹姆斯·亨利·凯利一家六口。西蒙茨在谋杀案发之后的第二天自首并做出供述。但是,有一个非常严肃的法律问题是,他对于自己的权利是否有足够的心智理解能力;他的供述很快就受到了挑战。

在预审时,林肯郡法官罗纳德·拉夫(Ronald Ruff)命令媒体不要再对任何证言进行报道。这一缄口命令被内布拉斯加州新闻组织上诉于地区法院法官休·斯图尔特(Hugh Stuart)。斯图尔特法官用他自己的命令代替了法官拉夫的命令。

斯图尔特的命令是禁止发布特定类型的存有偏见的信息。后来,内布拉斯加州最高法院对这一命令进行了修正,只禁止发布关于西蒙茨的供述和任何其他有关犯罪嫌疑人的带有"强烈暗示性"的案情。新闻媒体甚至被命令不要再提到任何有关"供述"的存在。

新闻组织将命令上诉至美国最高法院。最高法院意见一致地裁定,这一命令违反了《宪法第一修正案》,因为它对出版实施了事前限制。在对这一命令的否决中,首席大法官沃伦·伯格写给法庭的意见中提及以往的有关事前限制的案例并写道:

> 经由比较和定义分析,我们知道事前限制具有立即而无法撤回的制裁效力。假如说公布"令人恐惧"的言论对刑事或民事审判是一种威胁,那么事前限制起码可以预先"冻结"那些言论。

首席大法官继续写道:"在处理所有这些案例时,对于言论和出版的事前限制是对《宪法第一修正案》所赋予的权利最严重也是最难以容忍的侵犯"。

但是法院并没有完全地排除在将来的案例中直接针对媒体颁布保护性命令的可能性。也就是说,在"特定的环境下",可以颁布这样的命令。然而,一定要有充分的证据合理地推论出如下的结果:

> 1. 确实存在有关于案件的密集的、广泛的报道;
> 2. 没有其他替代方法——诸如移地审判或持续、广泛的忠实回答宣

誓程序——可以减轻审前报道对案件的影响；

3. 限制性命令事实上能有效地防止陪审团候选人接触到偏见性报道。

当一个联邦法官命令有线电视新闻网不得播出前巴拿马独裁者罗纽尔·诺里加与他的律师之间的谈话录音带时，从内布拉斯加案中得出的这些指导方针再一次引起了广泛的讨论。那个时候，诺里加因被控进行毒品交易在监狱中等待审判。法官的命令，等同于直接的事前限制，很快就被美国有限电视新闻网提起了上诉，但是美国最高法院拒绝取消缄口命令或者在那个时候接受这个案子。稍后，颁布这项命令的法官重新审查了这个具有争议的录音带并得出结论，认为他们的广播不会对诺里加应该得到公正审判的权利造成侵害，因此他决定不使该命令永久有效。但是，在1994年美国联邦检察官迈阿密州办公室却以藐视法庭罪向美国有线电视新闻网提起诉讼，认为在命令有效期内他们广播了录音带的节选内容，一个联邦法官对于美国有线电视新闻网的这种广播行为给予了罚款（美国诉美国有线电视新闻网案（U.S. v. Cable News Networks, 865 F. Supp. 1549））。

诺里加案是与众不同的：在大多数的案例中，以媒体为目标的缄口命令在上诉阶段都会被撤销。在对美国有线电视新闻网做出藐视法庭罪的判决之后几周内，三个州的上诉法庭就驳回了针对新闻媒体的缄口命令（见俄亥俄州依据新世界通讯公司诉查拉克特尔案（Ohio ex rel. New World Communications v. Character, 23 Med. L. Rptr. 1479），杰克逊维尔电视中心诉佛罗里达州健康与复原服务中心案（Jacksonville Television Inc. v. Florida Dept. of Health and Rehabilitative Services, 23 Med. L. Rptr. 1254）和堪萨斯州诉阿尔斯通案（Kansas v. Alston, 887 P.2d 681））。

对出庭辩护律师的缄口命令

虽然内布拉斯加新闻协会限制了法官对新闻媒体的抑制权力，但是这个判决对法官向审判的参与者们颁布缄口命令的权力仅有很小的影响。在21世纪的前期，至少有40个州在管理律师处理一个具有新闻价值的案件时可以向媒体公开哪些内容方面制定了相关规定。

美国律师协会（The American Bar Association, ABA）也有针对律师职业行为的指导方针。除了其他一些内容之外，ABA的“模范守则”还涵盖了法庭职权以外的言论。虽然这些规则是自愿参照的，但是许多州的强制性规则都以此为基础。ABA规则曾在1994年进行了较大修正。

依据 ABA 模范守则第 3.6 条规定，律师在“知道或者理应知道……将会在这个问题宣判的过程中可能产生实际的重大偏见”时不得发布任何法庭外的言论。这一规则仅仅适用于一个未决的案件和该案中明确被涉及到的律师；它并不适用于其他的律师或者法学专家，他们可以在媒体上对一个案件进行评论。这一规则也不适用于案件结束之后律师出版书籍（或者以其他的方式对案件进行评论）。

在 ABA 模范守则第 3.8 条中有一个单独的规定，用以防止检察官借用媒体的力量来审判他们的案子。规则第 3.8 条指导检察官“要节制那些确实能够提高公众认为被告有罪可能性的法庭职权外言论”。

虽然这些规则已经被许多州采用，但是在执行过程中却时常是不严格的。举例来说，检察官经常发表关于那些悬案的带有煽动性的（并且具有新闻价值的）言论，而置 3.8 条规则于不顾。基于这一个理由，许多一流的辩护律师都申请“答辩权”。在这些规则的 1994 年版本中，ABA 代表机构投票决定在 3.6 条款中增加了有关答辩权的规定。

现在，规则 3.6 允许律师就减轻“不是由律师或者律师的委托人而引起的信息公开所造成的带有实际偏见的影响问题”在必要范围发表“合理的”陈述。

当辩护权规则被采纳，时任密歇根律师协会主席的麦克尔 · H. 德特米尔（Michael H. Dettmer）预言说“人人均可自由获取辩护权，这会使得新闻报道引发新闻报道再引发新闻报道，如此循环往复”。

当然，在一些引人注目的案例中，这确实成为已经发生的事情。不过，ABA 面临着不得不修正规则和在某种程度上使模范规则更自由化一些的压力，因为内华达州一个基于 ABA 早期版本的规则而制定的州法律在詹特尔诉内达华州律师协会（Gentile v. State Bar of Nevada，501 U.S. 1030，1991）一案中被宣布违宪。在那个案例中，内华达州处罚了一个刑事犯罪辩护律师多米尼克 · P. 詹特尔（Dominic P. Gentile），认为其在一个委托人被提起控诉后对公众发表了不适当的言论。就像较早的 ABA 规则所规定的那样，内华达州的规则允许律师公开讲述“有关控方及被告的一般情况”，但是这仅在“并非别有用心”的情况下才可以。内华达州律师协会委员会认为多米尼克 · P. 詹特尔向媒体透露了过多的内容而对其进行了处罚。他对此提起上诉，而且，美国最高法院最后认为内华达州的规则太过含糊并侵犯了《宪法第一修正案》赋予多米尼克 · P. 詹特尔的权利。

詹特尔案在 ABA 触发了一场长达三年之久的论争。最后，ABA 就允许律师向媒体披露有关未决案件具体内容的问题采纳了新规定，但是同样规定了有关辩护权的内容。在经过了很多辩论之后,ABA 决定在律师向公众发布言论这一问题上保留一个确实可能性的检验标准:这将禁止律师就一个未决案件发表任何确实可能会产生偏见导向的言论。那些坚决支持律师应有更多自由的人迫切要求 ABA 通过一个明显而即刻危险的检验标准,依据这一检验标准,律师只有在其于法庭外的言论对于一个尚未判决的案件引发了明显而即刻的偏见危险的情况下才应该被处罚。依据那样的检验标准,如果要证明律师在法庭外的言论是不适当的将会是非常困难的事情,律师也就将享有更多的自由而对一个尚未判决的案件向公众发表意见。然而,在这个问题上,最终取得胜利的是那些更赞同对律师向公众发表言论给予更多限制的人。

大部分关于道德规范以及禁止陪审团候选人在政治或者法律问题(在他们之前可能法官已经发表过了)上发表他们意见的州法律等一些相同的议题也被提出来。2002 年,美国最高法院在明尼苏达州共和党诉怀特(Republican Party of Minnesota v. White,536 U. S. 765)一案中判决明尼苏达州对于司法候选人的限制是违反《宪法第一修正案》的。法官们以 5:4 的多数意见否定了关于法官和预期担任的法官应该始终表现出公正形象的观点,而代之以判决司法候选人就像其他公众机构的候选人一样,有权利就有争议的议题发表他们自己的观点,哪怕是将来他们有可能对于这些议题进行裁决。但是,高等法院并没有决定当司法候选人以某一种方式对某一特定的案例或者议题进行裁决的时候是否享有发誓或者保证的权利。许多州都有禁止这种保证的规定,那些规定在未来的案例中可能会对《宪法第一修正案》提出挑战。

自律的指导方针

在 20 世纪 60 年代到 70 年代之间,媒体和司法部门进行了大量的非官方的努力,试图解决一些有关公正审判和新闻自由的问题。在许多州,法官—律师—媒体团体逐渐形成了在媒体报道具有轰动效应的刑事犯罪案件时应遵循的非官方的指导方针。

ABA 在马萨诸塞州最高法院法官保罗·里尔登(Paul Reardon)有关公正审判与新闻自由指导方针的基础上组建了一个委员会。ABA 代表机构在 1968 年采纳了《里尔登报告》(*The Reardon Report*)——此时正是这份报告广为人知之时。它敦促刑事诉讼的参与各方都应克制言论,不要向媒体披露那些带有偏见的信息。此外,报告还要求法官运用他们的权力,对于那些向媒体散布煽动性言论的律师或者其他人给予藐视法庭的处罚。如果被披露的信息可能导致被告在预审过程中接受公正审判的权利受到侵害的话,报告还支持封闭预审程序的观点。最后,里尔登报告迫切要求律师、法官以及新闻记者团体对于刑事审判的报道范围拟订出一个指导方针。

虽然里尔登的提议引起了新闻记者的广泛反对(或者是不屑一顾),但是至少 23 个州在制定地方性指导方针时都是以它为基础的。但是,整个法官—律师—新闻记者自律指导方针的概念在 1981 年又陷入了争议之中,华盛顿的一个法官强迫新闻记者承诺遵守这些“非官方”的指导方针,并以此作为允许他们参加一些法庭程序的条件。法官颁布命令,那些拒绝做出保证的记者将不能获准进入法庭。那就意味着记者不能报道他们在一个公开的法庭中听到的任何信息——这听起来很像是美国最高法院在内布拉斯加新闻协会案的判决中所要阻止的那种事前限制。这一结果引起了全国新闻记者的愤怒,这一命令被上诉至华盛顿最高法院。在联合出版公司诉斯韦伯格(Federated Publications v. Swedberg, 633 P. 2d 74, 1981)案中,州高等法院认为这个命令仅仅简单地意味着在保护被告接受公正审判的同时避免关闭听证。法院对该案与内布拉斯加案进行了辨析,并做出判决认为该案中并不存在有关事前限制的情形。更确切地说,记者的保证仅仅是一个“道德的……而且不是一个法庭法上具有强制力的规定”。

这种法律推理令许多新闻记者感到困惑:任何一个新闻记者违反了这样的“道德的”规定都将被驱逐出法庭,而那些顺从的新闻记者将被允许继续留在那里。

一年之后,华盛顿最高法院的另外一个判决削弱了斯韦伯格案的影响,那个判决认为审判法官在不准新闻记者参与审前听证或者缄封这样的听证会记录之前应充分权衡几个因素。例如,首先,法官一定要考虑是否有可替代的方法保护被告的权利并允许任何人提出反对关闭法庭的意见。而且,如果不公开审判的理由是除被告应得到公正审判之外的其他原因,那么该理由应具有更有力的合法性(见《西雅图时报》诉伊诗卡瓦案(Seattle Times v. Ishikawa, 640 P. 2d 716, 1982))。然而,几乎没有媒体集团在这一事件结果产生之后愿意遵守“自愿的”指导方针。

封闭法庭

在美国最高法院对于内布拉斯加新闻协会案的判决做出不久后,法官和新闻记者之间的新冲突越来越危机化。法官们开始禁止新闻媒体和公众参加预审、请求排除证据动议等程序,有时候甚至封闭整个审判过程。

虽然在美国的历史上,法庭向公众开放已经是一种惯例,但是,仍然有若干种情况导致封闭法庭。封闭法庭以保护被告人接受公正审判的权利将是本章讨论的主题。然而,法庭有时候也会因保护个人的隐私、保证影响国家安全的信息不被泄露,或对警察调查的细节情况予以保密而封闭——这里只是引证这样三个例子。

在20世纪70年代后期,对新闻媒体和公众封闭刑事预审程序——甚至是整个审判过程,以减少带有偏见的宣传的情形时有发生。直接针对审判的参与者而发布的缄口命令经常不能够阻止那些带有偏见的信息流向新闻媒体,内布拉斯加新闻协会案又限制了法官直接向新闻媒体发布缄口命令的权利。因此,法官逐渐地把封闭审判前的听证会视为一种在具有轰动效应的案件中控制带有偏见宣传的最好办法。

为了理解法官们的观点,在此我们应该解释为什么要进行审判前的听证以及在这样的程序中都要进行哪些内容。预审程序旨在对执法人员和检察官进行检验。这是由案件发生地的法官对被告进行调查的一种听证会,它并不是要决定犯罪与否的问题,而是仅仅决定案件是否有充足的证据支持有合理的理由进行全面审判。这应该是在刑事审判系统之外对于那些从开始就不应被控犯罪的被告人所提供的一种捷径。其目的不是要在超越合理怀疑的原则(一个刑事审判所必需的证据标准)上决定一个被告是否有罪,而是要考察是否有足够的证据支持审判的合法性。

其结果是,在大多数的预审中只有起诉人提供证据。如果证据充分,那么审判将被列入计划,而此时几乎还不考虑辩护方的实际情况。因此,作为一种策略,辩护律师通常会等到完全审判开始之时再提供有关案件的辩方证据。其结果是,因为只有一方的证据被听证,所以在大多数的案例中对于预审的新闻报道必然会是不平衡的。辩方当然有权利对于控方证人进行交叉询问,但是即使如此,如果听证会被媒体报道,大部分的新闻内容都会对被告不利,这使得被告有可能不得不面对那些已经在报纸上看到了有关预审程序中那些带有偏见的宣传内容的陪审员。

请求排除证据动议审前听证会甚至更有可能产生带有偏见的宣传。在这些听证会上,辩方可能要求法官放弃一个有罪证据,通常因为这个证据是通过一个非法的搜查或者查封行为获得的。或者,也许这个被挑战的证据是一份使用强迫手段获取的供词。无论如何,如果有瑕疵的证据(也就是被裁决在审判中不予承认的证据)被排除,那么陪审团候选人在晚间新闻中获知了有关情况会产生什么好的影响吗?基于这些理由,许多法官和律师非常坚定地认为请求排除证据动议听证会应该对于新闻媒体和公众封闭。

除了避免陪审团偏见之外,封闭预备司法程序还用以保护那些已经因某一罪名而被控告但未经审判的被告的名誉,因为听证结果显示控方仅提供了很少的证据。

除了一件事实外,几乎没有新闻记者会否认在刑事犯罪审判程序的前期阶段对于保密的意见的论据是强有力的,这个事实就是:在美国,所有刑事诉讼中大约有超过80%的案件在尚未进入到全面审判阶段就已经了结了。因为法官对于一个排除至关重要证据的请求的裁决在许多刑事案件中是决定性的一步,正式的诉辩交易通常都发生在这些审前程序之后。如果关键的证据被拒绝采纳,检察官可能会接受一项罪轻的请求,甚至是放弃指控。另一方面,如果证据被裁定是被承认的,被告在这个阶段可能认罪以换取一种较轻惩罚的承诺的回报。在相当多的刑事审判程序中,公众对于司法系统监督的最后机会其实是在审判前的听证会阶段。

鉴于封闭审判前听证会趋势的发展,1979年,在甘尼特诉德帕斯科尔(Gannett v. DePasquale,443 U.S. 368)案中,一项关于这种行为是否符合宪法的质疑被上达美国最高法院。

美国最高法院支持了纽约州北部的一个法官禁止新闻记者参加一个审前证据听证会的命令。该案起因于两个年轻人被指控谋杀了一名前纽约州警察。据传闻他们承认了罪行并在稍后被一个大陪审团起诉。

因为围绕这个事件和拘捕行为的密集宣传,辩方和控方都赞成封闭审前听证会。当法官丹尼尔·德帕斯科尔向公众和媒体发出了禁止令后,甘尼特(Gannett)报业公司对于这一裁决提出了上诉。州最高法院肯定了这一命令,因此甘尼特报业要求美国最高法院受理该案。

法官波特·斯图尔特(Potter Stewart)在美国最高法院以5:4多数通过的对于这一封闭法庭的命令的肯定意见中写到:"在公开的审判中存在着非常强烈的社会兴趣"。他的观点中还指出,"毫无疑问地,宪法第六修正案允许甚至是将公开审判视为一种标准。"然而,斯图尔特继续说,宪法第六修正案关于公开审判的权利是赋予被告的,而不是公众的,而且这是被告可以放弃的一种权利。

斯图尔特法官同意审判法官的裁定,认为新闻媒体对于这样的特别听证会采访权"在价值上是不超过被告接受公正审判的权利的……因为一个公开的程序具有引发对于这些被告的带有偏见报道的可能性"。

斯图尔特法官的意见被法官约翰·保罗·斯蒂文森、刘易斯·鲍威尔、威廉·伦奎斯特和首席大法官伯格所赞同。后三者还单独写了观点相同的意见。法官马歇尔、布伦南、布莱克曼和怀特持有不同意见,他们认为,"秘密的听证会……是天生值得怀疑的。与宪法第六修正案的任何其他规定不同的是,公众对于审判的兴趣并不能在检察官或者法官联合或默许被告的同时得到充分保护。"

在法官鲍威尔的附和意见中值得注意的是,他认为新闻媒体和公众有权利向那些封闭法庭的提议进行挑战。在甘尼特案之后数年中,许多新闻记者正是这样去做的,有的时候他们会取得成功。许多定期报道法庭新闻的记者都随身携带一张卡片,上面用非常正规的法律语言写着反对封闭法庭的请求。

然而,甘尼特案的判决是作为一个允许法官封闭至少是预审程序的判例而存在的,当他们感到存在带有偏见的宣传可能会超越公众监督一个程序的权利的危险时,他们至少可以封闭预审程序。

这一判决所造成的结果是,在1979年和1980年出现了大量的封闭听证会——甚至是封闭审判的情形出现。据美国记者新闻自由委员会统计,在甘尼特案判决宣布之后的30天内就有21个封闭法庭的命令颁布或者在上诉中得到了维持。在那一年内,在全国范围内至少还有另外100个那样的封闭法庭的命令。

公开审判:《里士满日报》诉弗吉尼亚案(Richmond Newspapers v. Virginia)

非常明显,由于受到那些审判法官对于甘尼特案的反应所给予的警示,几个美国最高法院法官都做了公开声明,谴责那种封闭法庭的趋势。而且,高等法院很快地同意审理另外一个相关的案件,这个案例涉及在弗吉尼亚州封闭一个全面审判的决定。

在这个案例(《里士满日报》诉弗吉尼亚案, 448 U. S. 555, 1980)中,一个地区法官在对一个被控杀害了一个旅馆经理的男人进行第四次审判之前,清空了法庭中的记者和观众。对于这个人的第一次审判因技术性问题而无效,后来的两次审判也都是无效审判。依据弗吉尼亚州的一项成文法,允许"清空任何因其在场而可能削弱公正审判行为的人",法官简单地做出了封闭审判的决定。被告在进行了两天的封闭审判之后被宣告无罪,因为法官认为在起诉的案件中有"太多的漏洞"。

共同拥有《里士满日报》的两个人向封闭法庭的命令提出了挑战。在美国最高法院对于甘尼特案的判决做出一个星期后,弗吉尼亚州最高法院维持了封闭审判的决定。

在1980年的判决中——在具有争议的甘尼特判决做出一年之后的同一天——美国最高法院以7:1的多数推翻了这一封闭审判的命令,这一判决被普遍视为大众传媒获得的一次重要胜利。不但最高法院将封闭这一特定审判程序的命令宣布为无效,而且首席大法官伯格向法庭提出的观点中首次认可获取这类信息是一种由《宪法第一修正案》保障新闻自由而来的宪法性权利。

> 我们认为,参加刑事审判的权利是《宪法第一修正案》予以绝对保证的,如果没有自由行使参加这样一种向人们开放了已经数个世纪之久的审判的权利,言论自由和新闻自由的最重要的部分就被抽取了精华。

而且,伯格的意见有助于使某些有关这种公众参加审判的权利的问题得以明确,虽然在宪法中这只是暗示的权利而并不是一种非常明确的语言表述,但它毫无疑问是符合法律规定的。伯格指出美国最高法院在数年以来已经认可了其他多种宪法性权利,尽管那些权利在宪法中仅仅是暗示性的。伯格指出结社权、隐私权和迁徙权,还有在刑事案件的审判中依据符合“超越合理怀疑”原则的证据而被定罪的权利在宪法中都仅仅是暗示,而不是明确的语言表述。

虽然这一意见只被其他两位法官赞同,但是至少另外两位法官在单独的意见中对于里士满案中公众参加审判的权利进行了认可。但是,法官伦奎斯特(唯一持不同意见者)认为州应该有权利自由设定自己的司法部门标准,而且在联邦的宪法中并没有发现有关条款禁止弗吉尼亚州法官做出那样的决定。

在推翻里士满案判决中对于封闭法庭的裁决时,美国最高法院避免了撤销自己一年前做出的甘尼特案判决,并且法院拒绝对纽约州的一个下级法院批准的另一项封闭预审程序的判决进行再审。

其实,美国最高法院即使是在里士满案中也没有断然地禁止封闭审判程序。相反,高等法院认为审判仍然可以在某些特定环境之下被封闭。伯格的观点认为,“在(法官的)裁决中缺乏一个至关重要的利益需要(在封闭的审判中),刑事案件的审判必须对公众公开”。美国最高法院并没有提出当决定一个审判应该被封闭时所要遵循的指导方针,但是法庭确实明确地提出法官在禁止新闻媒体和公众参与之前必须寻求可以确保审判公正的其他可能替代的方法。

简而言之,里士满案的判决限制了法官可以将媒体和公众拒于法庭门外的自由裁量权,但是如果法官对他的行为能够提供合法的理由时,依然允许在极端的情形下封闭审判。这一判决不可能像许多新闻记者所期望的那样彻底,但是尽管如此,它还是很大程度地抑制了在甘尼特和里士满两个判例之间所发展起来的全国范围内的封闭法庭的趋势。

在里士满案之后有关公开审判的一些案例

里士满案判决成为美国有关公开法庭问题的一个辩护原则。自从1980年美国最高法院的这个具有先导意义的判决之后，封闭法庭的趋势被扭转了。事实上，美国最高法院在后来又宣布了多起推翻封闭法庭决定的判决。

1982年，美国最高法院宣布马萨诸塞州的一项法律无效，这项法律规定在一个性犯罪中的青少年受害者需要出庭时，法庭应自动封闭。在环球报业公司诉高等法院(Globe Newspaper Company v. Superior Court, 457 U.S. 596)一案中，法庭认为法官应该在个案的基础上对每一项封闭法庭的决定进行评估，而不是在每一个年轻受害者需要出庭作证的情况下都自动地封闭法庭。

因为马萨诸塞州的法律使封闭法庭成为一种强制性的规定，所以高等法院以6∶3的多数意见做出判决，认为这项法案是违宪的。法院耐心地指出，当他们发现如果公开审判可能会对一个未成年人的身心健康造成危险的时候，法官可以在个案中将新闻媒体和公众拒之门外。

在代表多数意见所写的判决中，法官威廉·布伦南注意到法院在《里士满日报》诉弗吉尼亚案中所确立的规则，即公众享有接近刑事审判的宪法性权利。然而，布伦南指出这一权利不是绝对的：如果州能证明两件事情，审判即有可能被封闭，(1)需要封闭审判的“强制性的国家利益”和(2)法律需要，封闭法庭的决定是“仅仅为了适合于服务那种利益”。

在权衡了马萨诸塞州的法令之后——像该州最高法院所解释的那样——美国最高法院得出结论认为，它不能通过上述两条检验标准，因为在个案的基础上对封闭法庭的决定进行评估已足以保护年轻的受害人。法庭认为，强制性封闭法庭的规定是超越权限的。

这个案件起因于一个法官封闭了有关一个强奸案的审判，该案中的受害人是三名年龄在18周岁以下的女孩。波士顿环球报(*Boston Globe*)对这一封闭命令提出了挑战，但是经过一些初步裁决，州最高法院维持了马萨诸塞州法律有关强制性封闭法庭的条款。波士顿环球对此提出了上诉，这才产生了美国最高法院的判决。

环球报业公司诉高等法院案判决的中心要点可以非常好地用多数意见中的一个脚注来概述：

> 我们强调我们所支持的是非常有限的一个规则：在关系到未成年性受害者证人时，强制性地封闭法庭的规则在宪法上是没有坚实基础的。在个案中，而且在适当的环境之下，《宪法第一修正案》在未成年的性侵

犯受害者出庭作证的过程中并不必然地成为将新闻媒体和普通公众拒之于法庭门外的障碍。但是对于一条强制性的规则而言,在个案中不需要对决定进行详细说明,这是违宪的。

判决引起了来自于首席大法官沃伦·伯格和法官威廉·伦奎斯特的不同意见,他们认为封闭法庭的强制性规定并不是违宪的,另外还有法官约翰·保罗·斯蒂文森,他认为不应受理该案。

1984 年在裁决陪审团选择程序也几乎是惯例性地向公众公开这个问题时,美国最高法院采取了另外一个措施以确保公众接近刑事司法系统的权利。在出版娱乐公司诉高等法院(Press-Enterprise Co. v. Superior Court,464 U.S. 501)一案中,法庭意见一致地推翻了雷威塞德(Riverside)一案中一名加州法官的判决,这个判决要求在针对 1981 年一个谋杀案的审判中将陪审团选择程序封闭六个星期。雷威塞德新闻娱乐公司对法官的这一行为提出了挑战。

这名加州法官不仅将陪审团选择程序对外不公开,而且拒绝在被告被审判、定罪并因强奸和杀害一名 13 岁的女孩而被判死刑之后将这一程序的法庭记录公之于众。法官判决给人的印象是确保公众不需要知道负责一个审判的陪审团是如何选出的以及它是如何以一项死刑判决而结束其职责的。

在美国最高法院的意见中,首席大法官沃伦·伯格强调,选择陪审团,像刑事审判的其他方面一样,在历史上始终是向公众公开的——而且应该继续在除了几种不寻常的情况之外的所有案件中向公众公开。他写道:

> 秘密地进行某些程序……使得公众的兴趣无法得到满足,公开程序维护受害人的利益和了解被告人接受由一个公正、公开的程序选择的陪审团做出对其罪有应得的惩罚的公众之间形成了对照。

然而,伯格认为当陪审团候选人在被问及一些"非常私人的问题"时需要在法官的内庭之中进行以保护其隐私的情况是非常少见的。但是,尽管那样,关于程序的法庭记录还是应该在一个合理的期限内公之于众,除非这种公开将导致对陪审员隐私的进一步侵害。但是将整个程序封闭长达"令人难以置信的六个星期之久"(如伯格表述的那样)确实有些太长了。

虽然对于该案的法官不应封闭陪审团甄选程序的意见是一致的,但是还有三名法官撰写了单独的意见。法官瑟古德·马歇尔认为陪审团甄选和"刑事审判的所有方面"都应该公开,不管公开陪审团甄选程序是否会令陪审团候选人感到为难。法官哈里·布莱克曼和约翰·保罗·斯蒂文森的单独意见中强调了保护陪审员隐私权的重要性。

在 1984 年加州雷威塞德新闻娱乐公司案判决做出几个月之后,美国最高法院再次重申，除了审判本身之外，刑事诉讼的其他程序也必须惯例性的开放。在沃勒诉乔治亚州（Waller v. Georgia，467 U.S. 39，1984）一案中，美国最高法院撤销了一个法官在案件中所做的封闭一个冗长的审前排除证据听证会的决定，在该案中警察搜查了大量的房屋并安置了电话窃听装置用以搜集赌博的证据。被告辩称许多证据是非法获取的，他们希望将这些证据排除。而且，他们要求，证据排除听证会应对公众开放，但是法官拒绝开放听证会。然后，法官对大部分证据予以承认，并认定几名被告犯有不同罪行。

美国最高法院所做的判决（如果不是全部的话）认为大部分（如果不是全部的话）排除证据听证会都应像1984年加州雷威塞德新闻娱乐公司案中的陪审团甄选程序那样对公众开放。法庭指出，长达7天的听证会上只有很少内容可能会侵犯某些人的隐私。在沃勒案中，法庭再一次强调了公众的权利和被告的权利是一样的，在大多数的情况下，刑事审判和预审程序应在公开的法庭中进行。法庭再次重申自新闻娱乐公司案以来确定的司法公开原则。法庭认为，当法官剥夺了新闻媒体、公众以及刑事案件被告人的公开审理的权利时，他们必须要提供采取这种措施须具有的强制性理由，他们必须对这样的理由进行明确地解释，而且他们必须在这种必要性消失时不再封闭程序。

在最初的加州雷威塞德新闻娱乐公司诉高等法院（Press-Enterprise v. Superior Court）案判决做出两年之后，美国最高法院又对同样名称的一个案例做出了一个非常重要的判决，这个案件同样也是与庭审公开方面的议题具有非常紧密的联系。在1986年的这个出版娱乐公司诉高等法院（P-E II，478 U.S. 1）案中，美国最高法院判决预审程序和类似的审前程序必须公开，除非有明确证据表明一个公开听证会会使被告接受公正审判的权利受到侵害。

1986年的案件通常被称之为加州雷威塞德新闻娱乐公司案II，以区别于1984年的案件，它所涉及的是完全相同的两方：加州雷威塞德新闻娱乐公司和雷威塞德郡高等法院。这次，报业公司对一个长达41天的预审听证会封闭决定提出抗议，这个预审听证会是关于一个男性护士被控因用药过量杀害了医院中12名病人。

在加利福尼亚和许多其他州，预审听证会在大部分重要的刑事案件中都会被采用。如以前曾经解释过的那样，这种听证会由法官负责指导，用来决定是否有充足的证据支持对被告进行全面的审判。在大量的刑事案件中，预审听证会是唯一有意义的法庭程序，因为实际上只有不到20%的刑事案件被提交审判。因此，预审听证会通常也是公众了解那些用以指控被告的证据的唯一机会。当有合理的可能性——如公开一个听证会可能导致带有偏见的宣传——存在时，加利福尼亚州法律允许封闭预审听证会。

在7:2的多数意见中,首席大法官沃伦·伯格对那种在加利福尼亚州几乎成为惯例性的封闭预审听证会的规定表示反对。他指出,这些听证会通常是冗长的程序,他认为,他们应该对公众开放除非“存在一种实质上的可能性,即被告获得公正审判的权利会受到宣传的侵犯,如果封闭程序将阻止这种情况发生……即使是合理的用以取代封闭法庭的手段也不能对被告获得公正审判的权利提供充分的保护”。

伯格还明确表示,如果法庭在预审听证会期间封闭,它应该是一段尽可能短的时间。他对那些封闭一个持续很长时间的预审听证会的决定提出了特别的警告:“封闭整整41天的程序是很难获得允许的。《宪法第一修正案》所赋予的接近权不能被那种宣传可能会剥夺被告(接受公正审判权利)的结论性断言所超越。”

美国最高法院关于加州雷威塞德新闻娱乐公司案II判决引发的结果是,封闭预审听证会的情况已经很少了——而且法官们现在也更不愿意封闭其他的审前程序。这一判决加强了宪法内容的发展,刑事司法系统必须公开进行,新闻媒体和公众都应受邀对这些程序进行监督。

1993年,美国最高法院重申了加州雷威塞德新闻娱乐公司案II的判决,推翻了波多黎哥的一项法律,该法律允许在当地封闭预审听证会。波多黎哥虽然拥有相当大的自治权,但是它被要求遵守美国宪法,它不顾加州雷威塞德新闻娱乐公司案II的判决,继续坚持在一些重罪案件中封闭预审听证会而不顾被告是否提出要求。最后,一个新闻记者提出申请参加一个封闭的预审听证会,但是遭到了拒绝。他于是对波多黎哥的这一法庭裁决的合宪性提出了挑战,并且赢得了胜利,美国最高法院判决,波多黎哥也应允许公众有权利接近这些程序(El Vocero dePuerto Rico公司诉波多黎各案,El Vocero de Puerto Rico v. Puerto Rico, 508 U.S. 147))。

所有这些案例都概述了到目前为止的刑事法庭程序。1999年,加利福尼亚州最高法院在一个广为人知的案例中判决,民事法庭在一般情况下也应该向公众公开。在国家广播公司下属公司诉高等法院(NBC Subsidiary v. Superior Court)(20 C.4th 1178)一案中,法庭推翻了一个案件中法官施加给媒体和公众的许多限制,该案有关克林特·伊斯特伍德与他的前情人女演员桑德拉·洛克尔之间的纠纷。

加利福尼亚州最高法院认可了新闻媒体和公众在民事司法程序中享有与刑事程序中一样的广泛参与的宪法性权利。这个判决非常彻底,州最高法院意见一致地裁定《宪法第一修正案》保护公民参与民事审判的权利。

在法庭意见中,首席大法官罗纳德·乔治(Ronald George)追溯了历史上开放法庭的传统，而且很大程度上借重了美国最高法院具有里程碑意义的《里士满日报》诉弗吉尼亚案的判决所认定的参加民事法庭程序是一项宪法赋予的权利。虽然里士满案明确地肯定了公众的权利只是参加刑事审判，但是乔治指出在民事诉讼案件中有强有力的公共政策理由来肯定公民有相似的权利。乔治写道，"公众有一种兴趣，在民事案件中，观察和评估国家司法系统，这种兴趣强烈地支持了在一般性民事案件中的一种普通接近权。"

这是所有州的最高法院中明确地对参加民事司法程序的宪法权利予以认可的第一次。它将对其他州产生实质性影响，使法官想以某种合法途径封闭法庭程序成为一件更加困难的事情。

获取法庭文件

如果国家法庭应该在大多数条件下对公众公开，那么公众获得法庭文件的权利又如何呢?

由于美国最高法院里士满案判决所造成的后果，在随后的案例中，许多较低级别法院判决，即使对于一些轰动性的案件，新闻媒体和公众也有权利查阅和复制法庭文件。实际上，法庭文件在殖民地时期就已经在一般情况下向公众公开并允许查阅：普通法和许多州宪法都要求法庭记录一般性地公开。最近的法庭判决对这一原则又予以加强——并且将把许多法庭文件的接近权确立为《宪法第一修正案》所保护的权利。一个审判法官不再能够在不考虑公众知情权的情况下就将法庭记录封存。

在肯定公众对于法庭文件的接近权和参与法庭程序的权利方面，法庭判决的一个很好的例证就是美联社诉地区法院(Associated Press v. District Court,705 F. 2d 114, 1983)案，这个判决是由美国联邦上诉法院第九巡回法庭就一个判决的上诉所做出的。这个案例的起因是一个联邦法官在一个著名的联邦毒品案中封闭了指控汽车制造商约翰·德劳瑞恩(John DeLorean)的一些预审程序并封缄了许多法庭文件，德劳瑞恩被控进行了数百万美元的可卡因交易以挽救他的汽车公司。

上诉法院判决法官的保密令侵犯了公民依据《宪法第一修正案》所享有的获取那些在历史上就应向公众公开的法庭文件和参与该程序的权利。法庭的判决非常引人注目，因为法庭对于《宪法第一修正案》包含有对于法庭文件的接近权予以了特别的认可。然而，法庭认为这一权利一定是与其他权利相平衡的，特别是被告应该受到公正审判的权利。在重申了较早的判决之后，法庭认为一个包含三个部分的测试应该被用于决定审判前的保密是否正当。在封缄文件或者将公众拒之于法庭门外之前，法官一定要考虑:

1. 允许公众接近将有一种确实的可能性使得“一个被告接受公正审判的权利可能遭受不可挽回的损害”；

2. 没有其他可能替代的方法用以保护被告接受公正审判；

3. 有“一种确实的可能性”使得保密可以确实保护被告的权利免受侵害。

在命令将德劳瑞恩案记录公开的判决中，上诉法庭指出即使法庭记录被封缄了，但是对于此案依然已经有了很广泛的宣传。保密实际上没有产生任何作用，因此无法被证明是适当的。

同时，近几年来，在获取审前查证的材料和程序方面，新闻媒体已经取得了迅猛发展并得到许可。如第一章中所讲的那样，在发现程序中，任何一方都被准许运用各种技术从另外一方获取信息，包括宣誓证词（在该程序中证人要在宣誓之后回答问题，其回答要被法庭书记官记录在案）和各种不同形式的书面声明。这些发现材料经常是非常有报道价值的——它们对于一个诉讼的成败至关重要。这些材料常常变成公众记录的一部分，任何人都可以阅读或者复印。

对于法庭在一些情况下是否应该允许广播公司复制并播放作为证据提交的录音和录像带的问题也有一些争论。例如，1986 年美国上诉法院第九巡回法庭在威利广播公司诉美国地区法院（Valley Broadcasting Co. v. U. S. District Court）（798 F. 2d 1289）一案中，判决广播公司对于录音带证据享有有限接近权。这个案例的起因是在拉斯维加斯举行的对于被认为是黑手党主要人物的安东尼斯·皮罗特洛（媒体称为托罗蚂蚁）的诈骗案的审判（他在后来一次黑社会风格的暗杀中被谋杀）。

审判法官拒绝允许 KVBC 电视台复制录音带证据，但上诉法庭命令法官从 KVBC 依据普通法所享有的对这些材料接近权的角度予以重新考虑。法庭强调，威利广播公司（Valley Broadcasting Co.）的记者除了参加审判并复制证据副本之外没有任何宪法权利去进行其他的行为。

上诉法院认为有一种“充分的假设”，即广播公司有权复制录音证据除非一个法官有“表达非常明确的证据”显示复制行为将危害被告接受公正审判的权利。法院认为在复制的过程中并不存在证据被破坏的危险，因为法庭的录音带也仅仅是联邦调查局原版的复制品。同时，法庭认为并没有看到陪审员因在电视中看到这份录音证据而产生偏见的进一步危险的存在，他们在录音中所了解的内容并不会比从正常的有关审判报道中了解的内容多。

在 20 世纪 90 年代后期，还有几个上诉法庭在这一限度内进行了判决，依据普通法的原则认为公众有权利获知法庭记录。

1998 年,联邦上诉法院第九巡回法庭判决第九巡回法庭所辖联邦法院,包括那些属于第九法庭辖区内的西部各州,在决定公众和新闻媒体是否有权查阅封缄的封闭法庭听证会文件和类似法庭记录的问题时,必须遵循明确的指导原则。

在一个指控前亚利桑纳州州长费佛·斯明顿(Fife Symington)犯有被指控违法行为的案件中,法庭认为法官在具有新闻价值的案件中封缄记录之前必须提供一些保障措施。"如果一个法庭要封缄一份文件或者法庭证词记录,它必须向公众和新闻媒体提供充分的说明,以保证他们有机会提出反对意见或者提供可替代的方法",法官西德尼·R. 托马斯(Sidney R. Thomas)在《菲尼克斯日报》诉美国地区法院(Phoenix Newspapers v. U. S. District Court, 156 F. 3d 940)一案写给法庭的意见中如此说到。"如果有异议提出,对于该异议的听证会必须尽快举行",他补述说。

在对前州长的审判过程中,新闻媒体反对封缄因所谓陪审团受贿问题而进行的两个听证会的法庭证词记录。上诉法庭认为法官缺乏合法的依据使这些文件甚至是在审判之后依然保持秘密状态。事实上,民众有权利知道两个陪审员已经接到过胁迫电话的事实,法庭认为这些事实应该已经影响了他们在给前州长定罪时的决定。(后来,法庭在另外一份判决中因为在审判中出现的有关指导陪审团的问题而推翻了对费佛·斯明顿的定罪。)

在 1998 年另外一份判决中,联邦上诉法院第九巡回法庭认为公众也有权利查阅有关那个声名狼藉的"大学炸弹客"瑟多尔·卡茨耶斯基(Theodore Kaczynski)的精神鉴定方面的内容。在美国诉卡茨耶斯基(U. S. v. Kaczynski, 154 F. 3d 930)一案中,上诉法院认为公众的知情权在价值上超过了瑟多尔·卡茨耶斯基的隐私权。这一判决再次以普通法原则为基础,它需要平衡规则,以决定法院记录在什么时候应该对民众开放。法庭并没有对新闻组织提出的另外一个有争议的问题进行阐述,即新闻媒体和公众依据《宪法第一修正案》享有的对于文件的获知权是否和瑟多尔·卡茨耶斯基的精神鉴定具有同样重要的意义。(瑟多尔·卡茨耶斯基最后对于认定他制造和邮寄信件炸弹并在几年内杀死多名群众的指控表示认罪。)

简而言之,公众和新闻媒体查阅法庭文件,获取录像带证据,并参加法庭程序的权利自从 1979 年美国最高法院将这些权利写入甘尼特诉德帕斯科尔一案的判决之日起,就已经经常得到支持。今天一个法官只有在有绝对必要保护被告接受公正审判的权利时,才能够封闭法庭程序并拒绝公众接触法庭文件。

法庭内的拍照设备问题

令许多今天的美国人感到吃惊的是，直到最近，那种在 O. J. 辛普森谋杀案中出现的电视记录还不能使用：电视摄像机和照相机许多年来在几乎所有的美国法庭内廷中被禁止使用，这种限制一直到 20 世纪 80 年代还没有废除。

在美国最高法院于 20 世纪 60 年代对公正审判和新闻自由问题做出阐述之前很长一段时间里，对于媒体给法庭规范所造成的影响问题一直都存在着反复的争议。这种争议的焦点问题集中在法庭上是否应允许照相以及广播设备的出现。最早将这个问题戏剧化的案例之一就是发生在 1935 年的对于布鲁诺·豪普特曼（Bruno Hauptmann）的审判，他被控绑架并杀害了著名的飞行员查尔斯·林德伯格（Charles Lindbergh）的小儿子。虽然在绑架案发生后将近两年半的时间里对于豪普特曼的审判都没有进行，但是在开庭审理的时候，法庭依然挤满了新闻记者和摄影师，使得正常的程序无法进行。他们对该案进行了大量的煽动性宣传。

在豪普特曼被定罪并因其所犯罪行而被处罚后，建立了一个由新闻媒体、广播界和律师界组成的特别协作委员会，它受托拟订司法程序中有关宣传标准。委员会在它最后提交的报告中认为，对于豪普特曼的审判是“在一个刑事审判中向美国公众所展示的有史以来场面最浩大而又令人沮丧的有不适当宣传以及专业人士不当行为的例证”。

ABA 于 1973 年将佳能 35 条款（Canon 35）加入到其推荐的《司法道德准则》（Canons of Judicial Ethics）之中，这至少算是对于豪普特曼审判的一种反应。这一条款禁止在法庭中进行广播和摄像行为：

> 法庭程序应保持适当的严肃和规范。在法庭上、在庭审的过程中或者开庭的间隙中拍摄照片以及对法庭的过程进行广播是蓄意损害程序的严肃性、降低法庭尊严的行为，此外它还使公众心目中对于尊严产生错误的理解，这些行为不被允许。

佳能 35 条款稍后被修正，明确地禁止电视报道，该规则还适用于走廊和与法庭毗连的其他区域。20 世纪 70 年代早期，它被再次修订，并且合并到《司法行为规则》（*ABA Code of Judicial Conduct*）的 3A(7) 条款中，代替了原来的 ABA 佳能条款。在那一条中，它允许对法庭程序进行一些电视报道，但是仅在诉讼双方都同意的情况下才可进行，并且是在所有诉讼途径都穷尽之后（这可能是数年之后）用于教育机构。3 A(7) 条款最后被修订，允许更加广泛的电视报道，但是在那之前，新闻记者为了能够接近国家的初审法庭进行了一场长期而收效甚微的战斗。

当然 ABA 的这些规定只是对州和联邦法院系统的一种推荐规范；他们并不具有强制性。但是，截止到 20 世纪 60 年代，除了科罗拉多州和德克萨斯州之外，其他州都已经采用这些规则，禁止大部分照相设备和广播设备对法庭程序进行报道。1946 年，电台广播和摄影在《联邦刑事诉讼程序法规》(*Federal Rules of Criminal Procedure*)第 53 条款中被列为禁止项目。这一条规则稍后被扩展到禁止电视广播和禁止在“(联邦)法庭内”进行摄影或广播。

在这些条款的打击下，广播记者和摄影师们对于为什么《宪法第一修正案》不能保护他们报道审判的权利这一问题深感迷茫。美国最高法院最终在 1965 年埃斯蒂斯诉德克萨斯州(Estes v. Texas, 381 U. S. 532)案中对这些问题进行了规范。这个案例涉及一个德克萨斯州的粮食商人埃斯蒂斯(Billie Sol Estes)与他在政府供职的亲戚之间的交易。他被判对一些投资者实施了诈骗行为，但是，对于他的审判被美国最高法院撤销，因为依据德克萨斯州高等特别法庭的允许，为期两天的预审听证会和部分审判内容被进行了电视播放。

对于审前听证会的电视报道是异常混乱的：耀眼的闪光灯、庞大的摄像器材以及纵横交错的线缆布满法庭。在正式审判之前，法官对媒体采取了一些限制，电视摄像机被限制在法庭后部的一个棚子中。然而，对法庭中的每个人而言，摄像机仍然明显地在那里存在着。

在推翻对埃斯蒂斯的定罪决定中，五名美国最高法院的法官认为电视报道使他未能获得公正审判。四名法官认同电视摄像机的存在很自然地会侵害一个被告获得公正审判的权利。持多数意见的第五名法官，即法官哈兰(John Marshall Harlan)认为对于普通的审判进行广播是可能的——但是对于像埃斯蒂斯这样轰动的案件是不可以的。然而，法院也预测说将来技术上的进步可能会使得在法庭中使用电视摄像机变得不那么令人厌烦。

允许使用影像设备：钱德勒案

到了 1980 年的时候，广播技术确实已经有了很大的进步。借助于使用电晶体的电子学，照相机变得越来越小，而且与 1965 年时所需要的强光相比，现在它在较弱的光线条件下就可以使用。其结果是，这种技术进步使规则开始改变。更多的一些州开始允许摄影师和摄像小组进入他们的法庭。截止到 1980 年，大约 10 个州甚至在不必获得被告同意(even without the consent of the defendant)的情况下就允许广播报道，而依据埃斯蒂斯案判决这在大多数案例中是不允许的。这时候出现一个新的具有显著特征的美国最高法院的判决。

1981年,美国最高法院顺应技术的发展改变了关于法庭内电视报道的规则。这一改变发生在钱德勒诉佛罗里达州(Chandler v. Florida, 449 U. S. 560)一案中,该案中两名警察被控在一起对一家餐厅的抢劫中使用了他们的警用巡逻车和警用无线电通讯设备。作为一种规则,在对他们进行审判的时候,佛罗里达州允许对该刑事审判进行电视报道。虽然这两名警察表示反对,但是对于他们的审判的大部分内容被制作成录像带,其中部分内容在电视上进行了播放。这两名警察诺埃尔·钱德勒(Noel Chandler)和罗伯特·甘杰(Robert Granger)对他们的定罪提出了上诉,认为电视报道损害了他们获得公正审判的权利。

美国最高法院做出了对钱德勒和甘杰不利的判决。法官们以8:0的投票结果一致认为电视摄像机的出现并没有必然地侵犯被告获得公正审判的宪法权利,但是他们对此还留有可能性,即一个被告能够在一个特定的案件中表明他或她的权利受到了侵犯。因此,美国最高法院拒绝推翻佛罗里达州做出的在未经被告同意的情况下允许对审判进行电视报道的判决。法院认为,如果他们愿意,州有自由采取这样的决定的权力。

在法庭的多数意见中,首席大法官沃伦·伯格写道:

> 在一些案件里,关于预审与审判的偏见性广播电视报道可能会损害陪审员不受外部问题影响而独立判断被告人有罪与否的能力,但仅有这点不能证明绝对禁止广播电视报道审判的命令的合宪性与合理性。

但是,伯格的意见非常清楚地表明,如果他们能提供证据表明媒体的报道确实使陪审团产生偏见,被告有权利对他们的判断提出抗议:

> 针对那些偏见而采取适当的保护措施是被告的权利,他们有权利证明那些无论是印刷形式还是广播形式对案件的新闻宣传使特定的陪审团的判断能力受到了影响,这些陪审团成员应该听审该案并做出公正决定。

首席大法官伯格引证了在20世纪60年代和80年代之间所发生的广播技术的戏剧性变化。伯格清晰地表明,埃斯蒂斯案的判决并没有禁止所有类型的影像设备进入法庭的规则。他指出钱德勒和甘杰案中并没有任何证据表明他们接受公正审判的权利因广播报道而受到了确实的侵害。

钱德勒案判决所带来的结果是,那些已经允许在他们的法庭中进行电视报道或者摄影的州可以继续这样做,而另外一些州也在这之后认可了那些以电子形式或者照相形式进行的法庭报道。其中有一些州在之前只有在取得被告人同意的情况下才允许影像设备进入他们的法庭,而在钱德勒案的判决宣布之后,他们也放弃了那种必要条件。

很显然,钱德勒案判决是媒体的胜利,但是非常重要的是,我们要记得它对哪些进行了规定,哪些没有。它只是简单地认为宪法并没有禁止影像设备进入法庭,并没有认为广播媒体享有任何可以接近国家法庭的特定权利。相反,钱德勒案的判决中规定,如果他们选择这么做,各州有权利允许在法庭上使用影像设备。但即使这样,当一个特定的被告能证明媒体报道侵害了他接受公正审判的权利时,他有权利接受一次新的审判。

对钱德勒案判决的反应很快就出现了。1982 年,ABA 看到了这种新的趋势并修订了 3A(7)条款,该条款以前强烈要求各州对刑事审判中的广播及图像报道采取严格限制。修订之后,该规则规定,如果采取了特定的保护措施,州可以授权法官允许图像报道。它详细地说明这种报道必须是“与诉讼各方获得公正审判的权利相符合的”,并且必须妥善处理以使照相设备“是不惹人厌烦的,不扰乱审判参与者的注意力,并且不以其他方式干扰法官对于法庭的控制”。但是,这一条规则仍然是自愿遵守的,而且并不是所有州都支持它。

截止到 2003 年,所有 50 个州都已经允许对一些法庭程序进行电视或摄影报道。当美国最高法院在 2001 年宣布允许对口头辩论进行音频和视频报道的时候,南达科他州成为第 50 个允许影像设备进入法庭的州。但是,只有 41 个州允许影像设备进入刑事审判而不是上诉法庭的程序,而且其中一些州要求只有在获得被告同意的情形下才可使用影像设备,而这种同意在实践中是很少能够获得的。其他一些州还有一些限制性的规定用来有效地禁止在大多数的初审法庭中使用影像设备。另一方面,至少有 35 个州的审判法官在被告反对的情况下允许影像设备进入他们的法庭。

联邦法庭中的影像设备

在允许使用影像设备的问题上,最后一个主要堡垒就是联邦法庭系统。但是,联邦法庭已经受到了来自国会议员和新闻媒体代表不断施加的压力,他们要求法庭的大门向电子媒体敞开。1990 年,美国首席大法官威廉·伦奎斯特公开表明自己的观点,对允许影像设备进入联邦法庭“这一意见决不反对”。在写给一名关心这个问题的国会议员的信中,伦奎斯特表达了他与前首席大法官沃伦·伯格完全相反的立场,沃伦·伯格曾经表达过“除非我死了”,否则影像设备决不能获准进入联邦法庭。

为了顺应这些变化,联邦司法系统从 1991 年开始进行一项为期三年的试验,允许在联邦上诉法院的两个(巡回)法庭中使用影像设备,但是仅限于民事审判和上诉程序,不包括刑事审判。在试验阶段,媒体获准使用记者团协议:通常情况下只允许一名摄影师或者一个电视拍摄组进入法庭。同时,规则要求摄影记者在法庭中必须穿着“适当的工作服装”。

在联邦法庭中使用影像设备的试验被美国司法会议批准延期至1994年12月31日。然而,会议拒绝在该日期后再次延长期限或者将期限无限期延长。一度,影像设备再次被排除在几乎所有联邦司法程序之外。

司法会议在1996年做了一个小的让步,采用了新规则,依据这些规则,每一个联邦上诉法庭可以自己决定是否允许在上诉程序中使用影像设备。即使是在民事案件中,1996年的规则也阻止联邦初审法庭允许使用影像设备。但是除了刑事案件以外,他们却没有绝对禁止使用影像设备。截止到1999年,位于纽约州的第二巡回法院的联邦上诉法庭和位于西海岸的第九巡回法院投票决定允许影像设备进入法庭,此时,其他的联邦上诉法院仍然拒绝这么做。

近几年来国会已经多次考虑允许影像设备在联邦初审法院中使用的立法。国会一些成员预测,这样的立法会在2003年获得通过,允许影像设备进入联邦初审法庭和上诉法庭的法案正在参议院等待投票,该法案已经在参议院司法委员会的一次至关重要的测试中得到通过。如果该法案获准颁布,它将授权法官在他们同意的情况下允许影像设备的使用,这与传统上禁止在联邦法庭中使用影像设备相反,它要求美国司法会议在对怎样的影像播出可被允许的问题上的法官自由裁量权起草一个指导方针。

当ABA支持在法庭中使用电视摄影设备对从美国最高法院至地方法院的所有法庭进行“从头至尾”的报道的观点后,较早的一项允许在联邦法庭中使用影像设备的法案获得了更多的支持。支持电子媒体在联邦法庭中有更多接近权的人们被美国最高法院对于布什诉戈尔(Bush v. Gore,该案最终决定了2000年总统选举的结果)一案的判决所鼓舞,该案中,法庭准许公开了口头辩论的录音带。没有人认为那些录音的播放为法庭带来任何问题。但是它确实让数以百万计的人亲耳听到了美国最高法院这个重大审判的辩论过程。

在写作本书时,影像设备进入联邦法庭还是有限的,但是,摄影师和电子媒体已经在全国范围赢得了将照相设备和电视设备带入州法庭的权利。

重新考虑法庭中的影像设备

在O.J.辛普森案之后,许多律师和法官对于允许影像设备进入初审法庭问题在重新考虑之后有了新的想法。对于媒体而言很幸运地是,辛普森案件并没有在大多数的州引发大规模的变化。事实上,在辛普森案审判之后,弗吉尼亚州和乔治亚州禁止使用影像设备的措施都被废除了。但是,辛普森案件确实有影响存在,尤其在纽约州。

纽约州从1987年开始允许在试验的基础上在初审法庭中使用影像设备，这种试验曾被多次修订。1995年，州立法机构认为已经是时机将这种试验永久性进行，而恰在此时对于辛普森谋杀案的审判引起了全国瞩目。在那些值得关注的问题中，立法机关阻止（几乎是禁止）使用所有的影像设备也是其中之一。但是在1995年影像设备试验的期限即将到期、需要第三次延期的前一天，立法机关大发慈悲，再次投票延长了该试验。

1997年，一个由纽约州州长乔治·佩特凯（George Pataki）指定的专门小组对议案进行了广泛地研究并提出建议：允许在永久的基础上在州初审法庭内使用影像设备。但是，辩护律师、受害人权利保护者以及公民权利保护者组成了"纽约州公正审判联盟"（New York Fair Trial Coalition），并开始进行游说，要求禁止影像设备进入法庭，他们称已经进行了10年之久的试验是"一个永无止境的失败"。在1997年中期，立法机关允许结束试验，于是，州初审法庭的大门再次对影像设备关闭。

尽管在纽约州初审法庭中正式禁止使用影像设备，但是纽约州的法官在非常具有报道价值的案例中有时候也允许使用影像设备，这其中包括2000年对于四名警察被控杀害一个徒手的西非移民阿米登·迪亚洛（Amidou Diallo）的审判。该案的法官裁定对于影像设备的禁令是违宪的，虽然该判决并没有确立一个合法的判例，但是对于媒体而言却是一种鼓舞。法官约瑟夫·特里西（Joseph Teresi）好像非常关心对于迪亚洛的审判可能会产生的误解，该案从迪亚洛被害的寓所所在地布洛克斯移至阿尔伯尼。特里西法官当然也知道，依据法律的基本规定，控方将有很大的困难确保有罪判决。他对于允许在法庭中使用影像设备的考虑的中心问题好像是希望数百万的因这一种族歧视案而被困扰的纽约人可以在电视上看到审判的实际情况，那么案件的审理结果更容易获得理解。

如果播放辛普森谋杀案的审判在像纽约州这样的地方产生了非常大的影响的话，那么它对于加利福尼亚州本身也有一些冲击，该州的司法委员会成立了一个特别工作小组对在法庭上使用影像设备的问题进行重新评估。特别工作小组强烈要求在加利福尼亚的初审法庭中限制影像设备的使用，包括禁止对几乎所有的预审程序进行影像报道。司法委员会拒绝了这一提案，并保留了在个案中由法官决定是否允许使用影像设备的规定。但是，法官在做出决定时必须严格遵循新的指导方针，媒体律师预测，新的指导方针将导致影像设备在更多的情况下被禁止使用。除了其他规定之外，新的规则禁止对陪审团甄选和向公众封闭的程序进行报道。

主要议题概述

经过了好几十年的争论，有关公正审判和新闻自由的问题依旧在我们身边存在，尽管美国最高法院在几个案例中的判决都认为，在试图保护被告所享有的《宪法第六修正案》所赋予的权利的同时，《宪法第一修正案》赋予公民和新闻媒体的权利不能被漠视。像 O. J. 辛普森谋杀案那样著名的案例只是更加强调了这一问题。

封闭法庭的趋势在美国最高法院关于《里士满日报》诉弗吉尼亚案，《环球时报》诉高等法院和出版娱乐公司诉高等法院等案例中慢慢地表现出来。但是，在一些州，封闭法庭始终是媒体需要面对的一个问题。法官仍然可以经常以存在宣传可能导致偏见的危险为由证明封闭法庭的正当性。但是他们是正确的吗？媒体仍然容易在那些著名的案例中煽动公众的意见吗？媒体有权利对犯罪新闻进行攻击性地报道吗？媒体有时太具攻击性吗？

许多年来，新闻记者也一直在为争取照相设备和录像设备进入国家的法庭而战斗——他们取得了一些成功。现在，所有的州都允许在一些法庭中使用照相设备和广播仪器，虽然在初审法庭中这不是必然可以使用的。这一趋势是在美国最高法院有关钱德勒诉佛罗里达州案的判决鼓舞下产生的，该判决认为对于法庭程序的广播报道并不必然地导致对被告的偏见。

但是，钱德勒案并没有给予媒体任何明确的权利将他们的设备带入到国家法庭内。美国最高法院将这一决定留给了各州去完成，他们有权利决定什么在什么情况下（或者是否允许）影像设备可以在他们的法庭中使用，这导致了各州之间的规定不同。同时，对于新闻记者和他们的支持者来说，争取影像设备进入联邦法庭的战斗更加困难。

潜在的一个基本问题是：法庭——特别是初审法庭——应该向那些影像设备开放吗？

幸运的是，对于媒体而言，另外一个更早时期的有关公正审判和新闻自由的问题已经在很大程度上不存在了。归功于美国最高法院对于内布拉斯加新闻协会诉斯图尔特案的判决，“缄口”命令在近年来已经很少向媒体颁布了。许多著名案件的新闻来源仍然会受制于缄口命令，但是许多审判法官现在都意识到直接向新闻媒体发布缄口命令通常是一种违宪的事前限制。

不过，只要《宪法第一修正案》和《宪法第六修正案》同时保持合法有效，那么存在于新闻媒体和被告之间的权利之争当然就将继续下去。这并不是一个很快就能被决定的法律问题——如果它能够解决的话。

此外,公正审判和新闻自由之间的争议已经产生了许多相关的法律问题,这其中包括当一个法官要求提供违反缄口命令向媒体泄露信息的消息来源,而一个新闻记者拒绝披露时而可能导致的蔑视法庭罪。下一章将阐述这些问题,详述保护法的发展,以及在那些法官开始向记者们的信息来源施加缄口命令的年代里,针对那些拒绝披露他们的信息来源的新闻记者而逐渐增加的蔑视法庭罪的使用。

公正审判与新闻自由问题概要

主要问题是什么?

《宪法第一修正案》保证新闻自由,这其中包括报道犯罪新闻的权利。但是,一个因某一罪行而被指控的人依据《宪法第六修正案》享有在一个公正的陪审团面前接受审判的权利,该陪审团应由那些仅仅在他们从法庭中所获知的内容的基础上做出判断的没有偏见的人组成。

陪审员为什么不能从媒体中获知案情?

多数可能在媒体上发布的信息在法庭上不能被认定为证据,并且不应被陪审团成员考虑。

法庭为什么不采信一些证据?

法庭只能听取那些通过合法手段采集的证据,而不是那些违反了宪法有关禁止以非法手段强迫取得供词以及非法搜查的规定而取得的证据。除此之外,一个陪审团被认为只应决定一个被告是否犯有被指控的罪行的问题——而不是他是否是一个通常意义上的好人的问题。关于一个人的过去信息通常是不相关的(但是它们却具有报道价值)。

关于这一问题已经采取了哪些措施?

美国最高法院已经要求审判法官采取各种措施控制煽动性的宣传,如要求审判参与各方"缄口",使他们不能向媒体提供带有偏见的(和不予认可的)证据。但是,美国最高法院又判决封闭法庭不是一般情况下的解决问题之道。法庭认为审判和预审应该向公众和媒体公开,除非审判法官认为一个封闭的法庭对于保护被告的权利是绝对必要的。

大多数的新闻记者对此如何看待?

许多新闻记者对司法部门所进行的这些控制宣传的尝试表示反对;他们相信这些努力妨碍了公众对于司法部门应有的知情权。他们对于存在于秘密法庭程序中的固有危险提出了警告。

照相机和摄像机允许在法庭中使用吗?

许多律师和法官对有关法庭的图片和电视报道的适当性存有怀疑。他们感觉这可能使那种具有威严性的程序看起来像是马戏团的杂耍,而律师和证人则是在镜头前进行表演。然而,美国最高法院已经做出规定,影像设备出现在法庭中并不必然地侵犯被告接受公正审判的权利。现在,所有的州都允许在他们的一些法庭中使用影像设备,但在刑事审判中这并不是必然的。通常,在联邦刑事犯罪法庭中不能使用影像设备。

第八章　新闻记者的特权

新闻记者有时不仅是旁观者，还扮演法律机制参与者的角色。他们被监禁并因拒绝指认机密新闻的提供者而遭受控告，有时又因指认了机密信息来源而被控告。他们目睹自己的编辑室被搜寻证据的执法官员洗劫一空，并面临着藐视法庭的法律威胁。

曾经记者们很少在新闻采访活动中与法律打交道。但狂暴的60年代改变了这种状态。在那个时代的战争与社会运动中，一些记者拥有一定的特权。受到信任的记者经常得到执法人员都无法获取的内部消息，他们不时目击非法活动并将其写成报道。记者们仅通过采访警方便认为充分报道了犯罪新闻的日子已经一去不复返了，他们对双方均进行报道并不断地对执法部门或检方人员提供的证据提出质疑。结果，记者不仅比以往接触到更多的触及官方利益的消息，并逐渐被官方视为敌人而不是同盟。

20世纪70年代早期的水门事件使得该趋势有所加强。有调查经验的记者发掘出具有重大社会和政治意义的机密消息，将其公布，但并不透露消息的来源。80年代的伊朗丑闻事件（the Iran-Contra scandal），类似于水门事件（Watergate），被调查的记者揭露，并引发了消息来源机密性的种种问题。1991年，法学教授阿妮塔·希尔（Anita Hill）向参议院司法委员会陈述了她被最高法院提名候选人克拉伦斯·托马斯性骚扰的事实，令国民瞠目结舌。如果没有这些提供秘密消息的新闻记者们的工作，公众将不会了解希尔的申述。

在大多数情况下，执法官员、大陪审团、法院甚至还有国会都会向新闻记者们查问并索要相关资料信息。这将不可避免地造成他们之间的冲突，因为大多数记者坚信他们有不指认和不泄露机密消息来源的道德责任。他们主张，如果没有机密的消息来源，很多重要的新闻将无法公布于众。对于告密揭发者（知晓有关政界或商业界丑行及内部消息的人士）来说，在没有对方担保和承诺保密的情况下，是不会告诉新闻记者这些信息的。如果记者不得已要泄漏新闻来源，很多获取重要消息的线人则因怕被反控而不敢将新闻告诉记者。

基于以上原因，记者们认为他们有道德义务来维护新闻源的机密性。但另一方面,法官希望所有与案件相关的信息都能在法庭上呈供,并利用藐视法庭权威的名义强制命令记者提供机密信息。法官认为记者和其他公民没有不同,都应该接受法院的传唤,但是更多的记者则认为他们的职业道德、伦理和责任是第一位的,他们宁愿入狱也不能违背保密的承诺。

在解决这个难题上,本章主要讨论两个独立而又有所关联的法律问题:把蔑视法庭作为一种法律制裁;新闻记者的特权——记者们保护消息来源以及未被公开的资料。本章还提出了一些相关问题,其中包括州新闻保障法(可免除记者公开机密消息责任的法律)。

藐视法庭

藐视法庭对于新闻记者来说是一个非常古老——同时又是比较新的法律问题。一般来说,它最初的含义是指法官应有控制法庭纪律的能力,应有即时处置违反纪律行为的权力。美国法官自共和国成立之日起便拥有处置藐视法庭行为的权力,而英国和其殖民地的法官则在此之前便运用过这一权力。

藐视法庭有不同的表现形式,其差别有时在涉及到媒体的案件中至关重要。首先,直接藐视,指违背法庭纪律或表示出对法律程序不尊重。法庭内外的不当行为或拒绝遵守法官命令的行为都会收到直接藐视的传票。在法庭上未经允许使用照相机秘密拍摄照片,摄影记者将有收到直接藐视法庭的传票的危险。同样,当新闻记者在法官告之的情况下拒绝透露消息来源时,也将会以直接藐视的罪名遭受传讯。

除了直接藐视法庭的行为,还有间接藐视法庭行为(有时称为推定藐视法庭或者通过出版物的藐视法庭行为),主要涉及远离法庭的无礼行为。从19世纪早期一直到20世纪40年代,对于新闻记者来说,最大的法律威胁之一便是间接藐视法庭。记者们因其有关法官或法律体制的报道,频繁地被法院传讯。和其他公职人员不同,法官有直接惩罚记者的权力,仅由于记者们发布了他们反感的信息,一些法官可以自由地使用该权力。奇怪的是,美国《宪法第一修正案》直到1941年最高法院判决被提出讨论之前,一直没有被认作是对法官利用藐视法庭罪名的一种限制。

这两种类型的藐视法庭的行为还有另一种差别:该法律行为在本质上既是刑事的还是民事的。刑事藐视行为,顾名思义,是对法庭无礼行为的处罚。这种无礼行为可能是摄影记者在法庭上未经授权而拍摄照片,或者是律师为了赢取官司的胜利而违反了法庭规则。再比如,这种犯罪行为将是一种对法庭直接藐视的行为,并且将导致刑事处罚。处罚方式可能是罚款,或者是入狱,或者兼而有之。间接的藐视行为,由于经常发生在法官认为记者报道中含有冒犯内容而被处罚的时期内,时常也被视为一种犯罪事实。

相反,民事藐视行为,虽然也可能导致被监禁,但实质上不是一种处罚行为。民事藐视是一种威压:不服从法庭命令的人被拘禁,直到他服从法庭命令为止。这样的情况下,它将导致一种不确定的审判。藐视者(因藐视法庭被传唤者)可以随时自由地离开——在服从法庭命令的前提下。但是如果某人因固守原则而坚决拒绝服从法庭命令,在有些州,理论上将被判处终生监禁。拒绝泄漏消息来源的新闻记者经常被法院传讯,并被扣以民事藐视行为的罪名,如果他们和法院之间达不成和解,将会面临长期监禁的风险。

有关藐视法庭的行为中,尤其困扰记者的一个问题是:法官通常单方面地定义一次犯罪行为,认定其存在违背法律的因素,从而进行审判并向犯罪者宣告其有罪,继而实行判决,这一过程通常在短短几分钟内就完成。藐视法庭行为的判决可以被上诉,牵涉其中的很多记者也曾上诉过,但最终的事实是法官在该领域中拥有巨大的权威。更加不幸的是,这种权威有时被滥用了。

除了上诉求助于更高法院之外,法官行使藐视法庭权本身也有一些限制。比如,如果一个刑事藐视法庭案件的审判期超过六个月,法官将不能够再单方面地决定这个案件,而需有陪审团的介入。美国最高法院已规定,陪审团在审判“严重的”刑事藐视法庭案件中,具备法定的权利;但不适用于小的案件中——即被法院处以六个月或更短时期判决的案件(参见布鲁姆诉伊利诺斯州案(Bloom v. Illinois, 391 U. S. 194, 1968);鲍德温诉纽约案件(*Baldwin v. New York*, 399 U. S. 66, 1970))。这种宪法性的限制对民事藐视没有实质性的影响,因此在很多情况下没有修正作用。

在 20 世纪的最初几十年,藐视法庭对于新闻记者来说已经成为一个重大的法律问题。任何人,但凡有批评法官或者在未经许可的情况下对未定案件的处理发表见解的行为都有入狱的风险。因此,媒体往往不象对其他官员那样对法官或者司法事件等加以评论或批判。

缩减间接藐视罪名

1941 年,美国最高法院下达了一个针对藐视法庭行为的重大判决,该判决剥夺了法官在针对媒体的间接藐视罪名上的巨大权力。布里奇斯诉加州(Bridges v. California)(314 U. S. 252)案件,源自两个不相关联的针对藐视法庭行为的法院传讯,一个是针对码头装卸工人协会领导哈里·布里奇斯(Harry Bridges),另一个是针对《洛杉矶时报》(*Los Angeles Times*,以下简称时报)。布里奇斯给工党秘书发了一封电报,威胁说如果法院实施了对其不利的判决,他将号召发起一场西岸船坞工人的大罢工。同时,时报上发布了一些令法官反感的社论,其中一篇题为《对于流氓的缓刑?》,劝告法官对卡车司机工会组织者们实施强硬的判决。

布里奇斯和时报都因间接藐视法庭行为,或者通过出版物进行藐视法庭行为的罪名遭受了法院的传讯。在同时审判这两个案件时,最高法院做出了决定,认为这些传讯都违背了《宪法第一修正案》。法院在今后将禁止以间接藐视行为的罪名对公开发表的陈述进行传讯,除非可以表明该陈述对司法系统产生了明确的即时的威胁。以往的检验往往是根据出版物中是否含有妨碍司法管理秩序的内在的或者合乎情理的趋势,但最高法院拒绝用这种检验来判定其是否应该遭受处罚。作为结果,这加大了法官以用间接藐视的罪名对新闻记者传唤的难度。

数年之后,最高法院又推翻了两个针对报纸的间接藐视判决,即彭尼坎普诉佛罗里达(Pennekamp v. Florida)(328 U. S. 331,1946)和克雷格诉哈尼(Craig v. Harney)(331 U. S. 367,1947)案件中的两家报纸。在彭尼坎普案件中,针对《迈阿密先驱报》(*The Miami Herald*)中刊登了谴责当地法官对罪犯采取宽松态度的社论,佛罗里达最高法院支持法院对该报纸的传唤。克雷格案件则发生在德克萨斯州的一个圣体节,当地报纸对法官处理一个房东和房客间的小争端进行了批评。针对这两个案件,美国最高法院推翻了所谓的间接藐视判决,反复声明只有明确的即时的威胁标准适用于间接藐视的传讯。但是在这两个案件中,据最高法院称,做出判决的法官都没有符合上述标准。

在克雷格案件中,法院称,所谓藐视法庭的权威不能针对报纸刊登的内容来处罚报社及相关人员,除非这种言辞毫无疑问地将对司法权威带来严重的即时的威胁。

在这些判决后,对媒体冠以间接藐视罪名的现象几乎消失了。一度,记者们所面临的唯一藐视罪名便是摄影记者在法院里拍摄违法的照片。要因藐视而被传讯,记者几乎不得不在法庭上煽动游行(见 Cox v. Louisiana, 379 U. S. 559, 1965)。总而言之,因公开发表的文字或出版物引起的间接藐视法庭罪名当时已不再是媒体面临的主要法律问题。

直接藐视和新闻记者们

令新闻记者们感到不幸的是,在不久之后一个新的藐视法庭的问题出现了。在 1966 年的谢泼德诉麦克斯韦案判决颁布后(见第七章),法官们开始对媒体在庭内及法庭周边的行为实施了更多的控制。而且,谢泼德案件鼓励法官发布"保护性命令"(或缄口令),命令审判参与者不得向媒体透露有偏见的消息。尽管有保护性命令,但当记者以某种方式获取了这些信息时,法官便要求记者指认其消息来源,如果记者拒绝回答这些问题,便会以直接藐视罪名向其发出法院传讯。新闻界与司法部门之间有关藐视法庭和新闻记者特权的新式冲突开始了。

继谢泼德案件后的十年里,数百个新闻记者被法官传唤并被询问消息来源。此外,大陪审团还有原告和辩护律师们开始将新闻记者视为有用消息的来源。在民事案件的调查过程中,新闻记者愈来愈多地被传唤并被要求透露消息源。仅 1969 年和 1970 年两年间,就有至少 166 张向三家全国性电视网索要笔记、录音带和录影带的传票被发出。在这两年内,《芝加哥每日新闻》(*Chicago Daily News*)和《芝加哥太阳时报》(*Chicago Sun-Times*)收到了 30 多张索求消息的传票。

随着时间的推进,这种趋势仍在继续:据新闻自由记者委员会调查,1989 年,美国新闻媒体共收到了至少 4400 张传票。1993 年,据记者委员会(the Reporters Committee)总结,该数目已经略微下滑至 3500 张。更多新的调查显示出传票数的更大幅度下滑趋势:1997 年 2725 张,1999 年仅仅 1300 张。记者委员会称,传票数的下降表明了媒体收到的传票数的确越来越少,或者是因为报道其员工收到传票数的新闻媒体越来越少了。

在这些传票中,大部分是索求非机密性的消息,如已经播放过的录音带。然而,调查中发现,还是有数百张传票是为了索求机密消息,迫使新闻记者必须在违反自身原则和面临司法制裁的危险之间做出选择。在 21 世纪早期,一些州的记者因拒绝透露机密消息,而面临被监禁的更大威胁。在 2001 年和 2002 年间,自由作家瓦尼萨·莱格特(Vanessa Leggett)在监狱里度过了 168 天,仅仅因为她拒绝向调查一件谋杀案的联邦大陪审团透露她的秘密记录和录音带。

可见,新闻记者真正需要的是一种可行的记者特权,能够更好地在联邦各级以及各个州普遍适用的特权。

新闻记者的特权

在本章中所使用的"特权"一词,是指在法院或者其他官方的信息搜集行动中,免除公民必须提供证据的正常责任。在前几章节中,"特权"则是指代不同的意义。比如,在诽谤法中,"特权"是一种辩护理由,允许公共官员在履行自身职责时有诽谤性的言论而无须惧怕法律诉讼,允许媒体精确地报道这些言论时免除诽谤判决的危险。

然而在本章中,“特权”是指免除记者必须提供机密信息来作证的责任。这种“特权”是源自英国普通法的古老概念。其中某些类型的特权被视为属于普通法的范畴,如医生—病人、律师—委托人、牧师—忏悔者的特权,其中每一种特权都被用来保护一种关系,这种关系由于某些社会原因需要处于被保护的秘密状态。这些特权都存在许多特例,但在今天仍然可行,至少在某些情况下是可行的。比如,一个医生或律师,不能被强迫在法庭上透露有关他的病人或者委托人的隐私信息,这就很好地证明了上一点。同样地,在很多情况下,一个牧师(或教会里的其他人员)不能被强迫透露他在聆听忏悔或开展咨询时从教区居民处得到的信息。

当这些特权已经被认可了几百年之久时,有关新闻记者特权的概念在20世纪也得到了较大的发展。按照普通法的传统观念,它并未把记者也包含在享有特权的人之内。马里兰州在1896年颁布了新闻保障法(用于保护记者免除其揭露信息来源责任的法定条例),直到大约30年之后,该法律才在美国其他地区颁布。截至2000年,新闻保障法已经在美国的至少30个州颁布,这些成文法将在随后被讨论。然而,一些记者开始争论,即使在没有成文新闻保障法的时候,《宪法第一修正案》也保护了他们拒绝透露机密消息的权利。

(美国宪法)《第一修正案》是否能成为保障?

上诉法院在1958年的一个诽谤判决,即加兰德诉托尔(Garland v. Torre)(259 F.2d 545)案件中,首次对《宪法第一修正案》是否构成新闻保障法的争论做出了裁决。专栏作家玛丽·托尔(Marie Torre)发表了针对女演员朱迪·加兰德(Judy Garland)的一些不友好言论,并说明这些信息来自一个哥伦比亚广播电视网的行政人员,但是并未透露其名字。加兰德以对方诽谤的理由进行诉讼,并要求在审判前的调查过程中证实这则消息的来源。由于托尔拒绝透露消息来源,联邦审判法院便以藐视法庭的罪名对其进行传讯。托尔随后上诉,但是美国上诉法院维持了最初的宣判,托尔也因此被监禁了10天之久。

根据波特·斯图尔特(不久后成为最高法院的一名法官)的观点,上诉法院虽然承认此案件需要在双方权利中艰难地维持平衡,但是所要查找的信息涉及加兰德要求的核心,这时,新闻记者所谓保护隐私的权利须让步于法庭要求其提供相关重要信息的权利。

在这个决定做出以后,有关记者的宪法特权一事一直处于悬而未决的状态,直到60年代末期。由于当时对新闻记者的藐视法庭的传唤愈来愈多,这个问题不得不被慎重地考虑。1970年和1971年,有关该议题的三个案件都被上诉到最高法院。有关这三个案件的裁决,其中一个案件的结果是法院承认记者拥有宪法特权，而另两件案子的结果是法院拒绝承认。为了解决该冲突，最高法院决定一同听审这三宗案件。

审判结果导致了1972年一项重要的判决颁布，布兰斯堡诉海斯案（Branzburg v. Hayes）（408 U.S.665），否认了记者在类似的案件中所谓宪法特权的存在。然而，这项裁决最终的投票结果扑朔迷离，获得了5:4的投票，其中四个法官拒绝无条件地给记者特权以宪法保护，而另外四个法官（持异议者）则认为应该给予适当的（有条件的）宪法保护。最后起决定性作用的一张投票是由法官刘易斯·鲍威尔投的，他认为，《宪法第一修正案》在上述案件的处理中不应是记者拒绝透露消息来源的借口。但是，他同时也提出了第一修正案在其他某些情况下也具备保护记者消息源的权利。

这三宗被统一到布兰斯堡判决的案件涉及不同的情形，但是也存在着相同之处：记者都拒绝回答大陪审团的问题，拒绝透露所目击的犯罪活动信息。其中，法院承认存在宪法保护的案件是美国诉考德维尔（U.S. v. Caldwell）案，涉及《纽约时报》（*New York Times*）的一个美籍非裔记者厄尔·考德维尔（Earl Caldwell），他曾经采访过激进组织黑豹运动（the militant Black Panther Movement）的领袖。在加利福尼亚，调查这些激进组织的联邦大陪审团给考德维尔发出了传票，要求他提供笔记和录音资料。

考德维尔拒绝提供信息，甚至连出庭的要求也一概拒绝。他认为不仅提供笔记和录音等证明资料会违背他和消息来源方之间的承诺，甚至在法院出庭也会破坏他们之间的这种秘密关系。其实，既然联邦大陪审团的审讯议程是秘密的，即使记者出庭作证，黑豹组织也肯定不会知晓记者是否遵守了承诺。

考德维尔和时报要求联邦地方法院取消大陪审团对他们的传讯，法院仅同意部分请求，考德维尔随即进行上诉。美国上诉法院第九次巡回审判命令取消对他的传票，并做出规定，考德维尔可以运用第一修正案中规定的权利来保护他的秘密消息源。美国政府随即又上诉到最高法院。

在布兰斯堡三部曲的第二个案件中，电视记者保罗·帕帕斯（Paul Pappas）被邀请参观黑豹组织在马萨诸塞州的总部，他同时也承诺不透露所获取的任何秘密消息。于是在州大陪审团传唤他并询问其在黑豹组织总部的所见所闻时，保罗依据第一修正案中的有关权利规定，拒绝回答大陪审团的大部分问题。州最高法院驳回了他的辩解。他随即上诉到美国最高法院。

而有关布兰斯堡这个案件本身，主要是路易斯维尔的一个快报杂志（Courier-Journal）记者保罗·布兰斯堡（Paul Branzburg）目睹两个年轻人加工大麻毒品并就此写了一篇文章。这篇文章包含了一张被剪裁的照片，上面只有一双正在工作的手和标题中称为大麻毒品的东西。随后，布兰斯堡写了一篇在肯塔基州法兰克福城市里的有关吸毒情况的文章。文章中称他花了两个星期采访吸毒者。随后，布兰斯堡被大陪审团两次传讯，但是他援引肯塔基州新闻保障法和《宪法第一修正案》中的相关规定，拒绝证实有关消息。他向法院的两次传讯提出挑战，但是肯塔基州上诉法院做出了对他不利的判决，并声明第一修正案和州新闻保障法均不适用于他这种情况。法院称州新闻保障法只适用于提供消息者，而对于本身便是事件目击者的新闻记者来说，新闻保障法不能免除其作为目击者提供证据作证的责任。于是，布兰斯堡接着上诉到美国最高法院。

最高法院在统一处理这三个案件时，认为案件所涉及的三个记者必须接受大陪审团的传讯。因而，高层法院肯定了下级法院对布兰斯堡案件和帕帕斯案件的处理意见，并且推翻了考德维尔案件的相关裁决。同时，最高法院的四个法官断然称记者在被要求提供消息作证时，肩负有和其他公民一样的不可推卸的义务。然而，在统一裁决这三个案件时投出了关键的第五张票的法官鲍威尔，言辞却没有那么肯定。他仍然认为存在着某种可能性，即在其他情况下第一修正案有可能免除记者透露机密消息的责任。鲍威尔称：

> 记者所宣称和主张的特权应该根据具体的事实来判定，要寻求新闻自由和所有公民须提供有关犯罪行为的相关证据两者之间的平衡。这些小的案件所折射出的至关重要的法律和社会利益间的平衡问题，需要与判决这些问题时的可靠的惯例的方法相一致。
>
> 总而言之，当《宪法第一修正案》所涉及的利益需要保护的情况下，法院对于新闻记者来说，是一个可以求助可以利用的组织。

鲍威尔认为，在涉及记者特权拥有宪法保护的案件中，这种双方平衡的程序非常必要。一个反对者（法官道格拉斯）持着坚定的立场表明：宪法规定不能限制新闻自由，同时也没有规定必须要求新闻记者提供证词。另外三个持反对意见者（斯图尔特、布伦南和马歇尔）则认为，依据宪法规定，记者应该拥有限制性特权。他们还称，为了证明要求记者提供消息来源的合法性，政府必须出具以下事实：

1. 记者所报道的消息具有明确违反法律意图的可能性；
2. 该消息不能以严重侵犯《宪法第一修正案》的某种方式获取；
3. 该消息中的内容涉及高于一切的权益。

尽管这些指导性意见以反对者的论调出现，但是他们已经被少数下级法院和州法院采纳并用于判决涉及新闻记者特权的案件。结果,布兰斯堡案件最终的决定并不是像媒体一开始所想象的失败结果。高层法院拒绝设立宪法性的新闻保障法,但是九个法官中的五个(四个反对者加上鲍威尔)确实声明宪法至少应给予记者有限的权利用于保护其秘密资料。自此以后,许多下级法院采取了鲍威尔提出的平衡双方权利的策略,在做出该类判决时,法院往往参考布兰斯堡案件反对者所提出的上述三个指导性意见。

布兰斯堡案件之后的联邦裁定

所有预料中的事情都有可能发生,在布兰斯堡案件过后几个月,联邦上诉法院在寻找先例时不是参考法院的意见,而是各种反对性和赞同性的意见。随后在 1972 年,美国第二巡回上诉法院在审理不同于布兰斯堡案件的另一案件时给出了不同的审理结果。在贝克尔诉 F & F 投资公司(Baker v. F & F Investment)(470 F.2d 778)案件中,法院称记者拥有不透露信息来源的宪法权利,至少在某些特定的情况下如此。

在贝克尔案件中,一篇文章的作者曝光了房地产代理的“房屋唆卖生意(block-busting)”的策略(运用一些手段使白人房主恐惧以低价出售房屋),于是在一件涉及黑人房子买主和房地产公司的民事诉讼中,他被要求提供消息来源。这位记者说,由于消息提供者来自于房地产行业,他如果指认,将会遭到困扰和经济上的损害。上诉法院允许他保护消息来源,并解释说该案件不同于布兰斯堡案件(涉及大陪审团的调查),这是一件记者不是参与方的民事诉讼。在这种情况下,美国上诉法院认为《宪法第一修正案》应保护作者不透露消息来源的这种权利。

在布兰斯堡和贝克尔案件后的十年期间,法院在处理有关记者特权的案件时,不仅会参考法庭上的申辩,还会依据并引用相关的基本原则。一些联邦法院已经认可了《联邦刑事诉讼程序法》(*the Federal Rules of Criminal Procedure*)、《联邦民事诉讼程序法》(*the Federal Rules of Civil Procedure*)和《联邦证据法规》(*the Federal Rules of Evidence*)中含有联邦普通法中规定的记者的有限特权。虽然这些法规都没有明确规定记者的特权,但是一些联邦法院认为所谓记者的有限特权已经内含在这些法规里了。例如,《联邦刑事诉讼程序法》第 17 条 c 款就授予法院取消不合理和苛刻性传票的权力。《联邦证据法规》第 501 条条款认可了证据特权的概念。虽然没有明确地引用记者特权的概念,但是负责起草第 501 条款的国会议员在国会上称:“第 501 条款在行文上允许法院基于每个案件的具体事实适当地裁决新闻记者的特权。”

直到 80 年代初,众多联邦法院均承认记者在不同法律基础上所拥有的有限特权，包括《宪法第一修正案》、联邦程序法、联邦普通法以及这些法律的结合。然而，这些法院都拒绝承认无条件的绝对的新闻记者特权。法院要在记者的特权主张和其他需要考虑的事项之间衡量，通常会做出让记者特权让步的决定，或者至少让法官检测所谓的机密信息进而决定其是否应被公开。在这些案件的处理上，新闻媒体和司法部门往往会有艰难的对质过程。

例如，在 1980 年美国第三巡回上诉法院就记者特权议题对哥伦比亚广播公司电视节目“60 分钟”的制片人做出不利裁决。在美国诉卡斯伯特逊（U. S. v. Cuthbertson）(630 F. 2d 139，1980）案件中，一个新泽西州的联邦法官命令哥伦比亚广播公司向他提交机密资料用于内庭的审理。法官希望以此来决定是否将这些材料提供给一个刑事案件中的被告，而该案件正是源于这个“60 分钟”的报道。

卡斯伯特逊案件源于一个名为“从汉堡包到破产”的报道。哥伦比亚广播公司质疑了位于东海岸的快餐连锁店——疯狂比尔的家族餐馆（Wild Bill's Family Restaurants）的授权经营业务情况。随后大陪审团在案件的审理中以各种罪名指控疯狂比尔餐馆的一些经营者。于是在案件审判之前，他们通过法庭传票的形式向哥伦比亚广播公司索要影片录影带以及其他未公布的信息。法官命令哥伦比亚广播公司交出秘密材料用于内庭审理。当哥伦比亚广播公司拒绝提供时，法官以藐视法庭的罪名向电视网发出了传讯，哥伦比亚广播公司随即进行上诉。美国上诉法院维持了法官的命令。为了能够在被告者的需求和电视网保护其消息来源的有限特权两者间充分地做出权衡，法官必须看到这些材料，因而上诉法庭做出了维持原判的决定，肯定了哥伦比亚广播公司的藐视法庭罪名。

哥伦比亚广播公司恳请美国最高法院重审下级法院的裁决，但该请求被驳回。于是该公司勉强让法官检视了所需的材料。

尽管卡斯伯特逊案件做出了这样一个判决，联邦法院第三巡回法院还是认定了记者在其他情况下所拥有的特权。联邦上诉法院巡回庭则做出了如下判决：记者的特权不仅包括消息的来源还包括未公开出版的材料，而且它同时适用于刑事和民事的案件。

在卡斯伯特逊案件一年前，联邦第三巡回审判庭肯定了记者在一桩民事案件——赖利诉切斯特案（Riley v. Chester）(612 F. 2d 708，1979）中所拥有的保护消息来源的权利。在该案件中，一个警察和当地警局局长发生了争端，便起诉了局长，而一个记者对该事进行了报道。于是该警察便通过法庭传票的形式要求记者提供这个对他不利的消息来源。但是，这个《特拉华县（宾夕法尼亚州）日报（*The Delaware County*（*Pennsylvania*）*Daily Times*）》的记者杰拉尔丁·奥利弗(Geraldine Oliver)拒绝在法庭听证会上提供他的消息来源。他因此以藐视法庭的罪名遭到传讯,但是上诉法院推翻了这一传讯罪名,因为消息来源本身和案子的关系密切度还不足以压倒记者的有限特权。在这样的审理结果下,法院称在记者有必要公开秘密消息之前,必须具备以下三个条件:(1)该消息之前已经在别处被公开过;(2)该消息无法从其他的渠道获取;(3)该消息与案件有着清晰的紧密关系。

另一方面,联邦第三巡回审判庭拒绝支持记者在1980年的另一个案件——美国诉克利顿案(U.S. v. Criden)(633 F.2d 346)中所拥有的特权。在这个案件中,简·谢弗(Jan Schaffer),《费城问讯报》的一个记者,拒绝在阿伯斯坎姆案件中将她与一名司法部检查官的对话用于作证,该案件主要涉及很多因贿赂行为被指控的公共官员。司法部检查官承认确实有过这个谈话,于是谢弗最终以藐视法庭罪名遭传讯。联邦第三巡回审判庭确认了这个传讯罪名,并解释说该案件涉及的议题并不是一个机密信息(消息来源已经放弃了他的保密权),根据司法部检察官的申述,他已将调查的结果透露给了媒体记者。在这个刑事诉讼中,被告们试图以程序不当让法院解除对他们的起诉,并且索求谢弗的证词来作为证明。上诉法庭宣称该记者的证词对于案件至关重要,因而确认了她的民事藐视法庭罪名。对这样的审判结果,法院做出了如下解释:

> 当没有对抗的均等利害关系存在时,可以认为记者的特权是绝对的;但是当有宪法的法规相冲突时,绝对应该让位于相对的、有条件的,同时应有一个权衡的过程来决定它的限制条件。

第三巡回庭随后把在赖利案中阐述的所谓三步检测法运用于一些案件,发现结果比较令人满意。因此,法院宣称针对这个特定的案件,记者的特权应该让步于第六修正案规定的被告应受到公正审判的权利。

1981年,美国最高法院拒绝受理针对第三巡回审判庭判决的上诉,实际上是在迫使谢弗必须在提供证词和蹲监狱两者之间选择其一。但是,费城阿伯斯坎姆案件的被告们要么是被无罪释放,要么就被解除了指控。在谢弗同意公开是否她确实在这个案件中采访司法部检查官——但是不公开他们谈话的内容之后,对于谢弗的藐视法庭罪名也被取消。尽管如此,该案件之所以结案,主要是因为辩护律师称他们不再需要谢弗的证词,而不是因为记者特权取得的胜利。

同时,其他美国联邦上诉法庭在布兰斯堡案件之后数年里,也都承认记者拥有适当的特权。正如上述克利顿案件的判决结果,其他的案件也都强调了记者特权的有限性,并坚称必须在它和其他权利之间做出权衡。例如,在西尔克伍德诉科尔-麦吉公司(Silkwood v. Kerr-McGee,563 F. 2d 433,1977)案件中,联邦第十巡回审判庭承认了记者的特权并且认为该特权适用于记录片的摄制者。审判庭推翻了法官要求记录片摄制者提供消息来源的命令,因为索求消息一方(美国科尔-麦吉(Kerr-McGee)公司)当初并没有努力设法从别处获取消息来源。对于向新闻摄制人员(或其他记者)索取消息的请求,审判法庭必须要在以下几方面之间进行权衡:(1) 消息对于案件的关联性和必要性;(2) 消息是否触及到了事件的核心;(3) 消息在别处存在的可能性;(4) 所涉及案件的类型。西尔克伍德案件吸引了广泛的注意,是因为卡伦·西尔克伍德(Karen Silkwood)在去原子能源委员会证实有关其雇主(美国科尔-麦吉公司)所实施的一些危险活动的路上,因车祸丧生。而在这个民事法律诉讼案件中,她的后代和其他人指控美国科尔-麦吉公司侵犯了卡伦·西尔克伍德的民事权利。

在民事诽谤案件中,联邦上诉法院第一巡回庭针对记者特权的存在性下达了另一个决议。在布鲁诺与斯蒂尔曼诉环球报业公司(Bruno & Stillman v. Globe Newspaper Co.)(633 F. 2d 583,1980)案件中,对法院在审判前是否需要调查记者的机密消息源这个争端上做出了裁决,并强调在类似的案件中需要平衡权利。法院重申了"特权"的存在性,但是称审判法庭不得不在涉及记者特权的《宪法第一修正案》和原告对信息的索求之间做出权衡。这个案件最终被遣回候审,并且给了审判法官一些说明供他们在决定是否命令所牵涉的《波士顿环球》就它所刊登的一系列批评原告产品(渔船)的文章公开其信息来源时,作为参考性意见。

联邦上诉法院第五巡回审判庭在1980年的米勒诉泛美出版社(Miller v. Transamerican Press)(709 F. 2d 524)一案中也认可了记者特权的存在。但是在此案件中,上诉法院称记者的特权在原告没有证据证明对方的蓄意犯罪行为时,必须让步于诽谤案件被告索取信息的需求。因而,上诉法院同意调查所涉及杂志的秘密消息来源。该案件源于《超速(*Overdrive*)》杂志(一份卡车司机的专业杂志)披露了有关卡车司机协会公有养老基金的不正常运转的消息。上诉法庭维持了下级法庭所做出的判决,因为消息来源的身份已经触及到了该诽谤诉讼的事实核心——如果无法核实消息提供者所告知文章作者的内容,原告很可能无法证明对方的实质恶意。

另一方面,在华盛顿的联邦地区法庭,决定在类似西尔克伍德案件的情况下,不需要记者公开其消息来源。在1979年美国诉华铂案件(U. S. v. Hubbard)(493 F. Supp. 202)的审理结果中,法院承认了《华盛顿邮报》记者的有限特权，并拒绝了基督教科学派要求查看记者有关联邦调查局对教堂的调查资料的请求。法院认为教堂通过其他途径也可以从联邦调查局处获取到信息，基于以上事实，记者拥有其特权。

随后，华盛顿的上诉法院追随华铂案的判决，在1981年的泽日利诉史密斯（Zerilli v. Smith）（656 F. 2d 705）案件中的判决中强烈赞同记者拥有特权这一观点。该案件是由美国司法部官员把窃听底特律黑社会头目电话的资料透露给了《底特律新闻》（*Detroit News*）这一事件引起的。底特律黑社会的两个有名人物随后起诉了司法部，并要求以法院传票的名义索求记者的消息来源。

法官拒绝发出这个命令，随后他的判决意见也被上诉。上诉法庭维持了法官的判决，并解释说原告没有想方设法从其他渠道去寻求所需要的信息。比如，他们并没有向司法部中能够获得这些录音带的工作人员询问。在记者不是参与方的民事案件里，他们可以被免除公开消息来源的责任。"在所有的但是排除大部分例外的案件里。"上诉法庭称。

法院称，要想压倒记者的特权，民事诉讼当事人必须表明以下几点：（1）该诉讼不是微不足道的；（2）索求的信息本身对于案件来说是至关重要的；（3）所有可选择的寻求信息的来源及方法都已经被尝试过。

联邦法庭做出的更多判决结果帮助明确新闻记者特权的范围及其限制条件时，另一个问题逐渐凸现出来：记者的特权不适用于他们所目击观察到的信息。当记者恰巧是一个联邦诉讼事件或者活动的目击者时，法院通常会一致拒绝免除记者作证的责任。例如，在狄龙诉旧金山（Dillon v. City and County of San Francisco）（748 F. Supp. 722，1990）案件中，联邦法院回顾有关记者特权的联邦案件及相关法律，总结出对于一个电视新闻摄影记者来说，如果他碰巧目击了公民和警官之间的对抗，而要求法院免除其作证的责任，那么这个请求将是没有法律根据的。法院指出，如果该公民是在州法院而不是联邦法院起诉警官，加利福尼亚的州新闻保障法将适用于这个案件，它将免除摄影记者作证的责任。然而，州新闻保障法通常在联邦案件中不适用。

1999年，联邦上诉法院第二巡回庭上再次重申了记者特权在第二巡回庭的存在，这个决议对于记者来说非常重要，因为巡回庭所辖范围包括纽约——众多主要的平面媒体和广播电视新闻媒体组织所在之地。在冈萨雷斯诉国家广播公司（Gonzales v. NBC）（194 F. 3d 29）案件的审判中，法院由最初否认记者特权的存在，到承认记者拥有特权然而坚称国家广播公司在这种情况下不具有获得特权的足够资格。该案件是由1997年国家广播公司《日期变更线（*Dateline*）》的一则消息引起的，该消息称路易斯安那州的警察对少数民族实施不法行为。这则消息导致了一对西班牙夫妇对警察的起诉,他们要求从国家广播公司索取资料。上诉法院最终做出了裁决,这些资料与案件中的重要问题相关,而且在他处无法获得,因而命令国家广播公司必须配合法院提供证据。

联邦法院第四次巡回审判庭最近也重申了记者特权的存在性,见阿什克罗夫特诉康诺科公司案(Ashcraft v. Conoco Inc.)(218 F.3d 282,2000)。法院称,法官在第四次巡回审判时应通过询问以下问题来决定记者特权是否适用:(1) 该信息是否相关;(2) 该信息是否能够通过其他可选择的渠道获取;(3) 法院是否对该信息有极大的兴趣。

通过使用这个检验方法,当北卡罗莱纳州的一家报纸记者科里·赖斯(Cory Reiss)拒绝公开给予他密封法院档案者的名字时,上诉法院否决了法官强加给他的藐视法庭罪名。上诉法院做出了以下裁决:法官之前在密封法院档案时,并没有遵守正当的严格程序,因此,就没必要确定到底是谁把这些文件给了记者。这些文献非常有新闻价值:它们揭示了康诺科曾经花费了36,000,000美元来抚平一桩诉讼案件,这个案件主要是由康诺科的汽油污染了178个居民住房的饮用水而引起的。

维护记者的特权:休恩诉休恩案(Shone v. Shone)

从1993年开始,一场U-Haul(卡车出租公司)租赁公司创始人和他的两个儿子之间的家族仇怨,导致了联邦法院在记者特权上的两个重大里程碑式的判决。当第二个判决在1995年宣布时,它被认为是对记者特权的强有力的保护决议,正如被新闻界所引用的一个律师的话:“没有比这个更乐观的了。”

这个案子是在作者罗纳德·沃特金斯(Ronald Watkins)开始研究有关继承权之后发生的,他的书是有关U-Haul创始人伦纳德·休恩(Leonard Shoen)和他的儿子马克和爱德华之间的争斗。在争斗的过程中,伊娃伯格·休恩(Eva Berg Shoen)——伦纳德·休恩第三个儿子的妻子,在科罗拉多州的家庭度假住宅里被残忍地杀害。在沃特金斯为了写这本书采访伦纳德·休恩之后,众多媒体便开始引用伦纳德说的话:伦纳德·休恩认为和他有争执的两个儿子对于伊娃(Eva)的死负有一定的责任。随后他的两个儿子起诉了父亲,并通过法院向沃特金斯发送了传票,要求他提供与他们的父亲见面会谈的记录以及录音带。

沃特金斯进行了上诉,联邦上诉法院第九次巡回审判庭做出了裁决,认为沃特金斯作为一部研究性质的书的作者,其特权可以受到法律的保护。在休恩诉休恩(5 F.3d 1289,1993)案件中,法院称,沃特金斯不能被命令公开其新闻作品，因为该案件所涉及的两个儿子并没有使用其他可能的渠道来获取其想要的信息。在向沃特金斯寻求信息之前，他们甚至都没有储存直接从父亲那里得来的信息。上诉法院认为与其他的新闻记者相同，一本书的作者在这样的情况下同样可以诉诸于他所具有的特权。正如传统的新闻记者，书的著者在揭发有新闻价值的消息方面扮演着历史上的重要角色。

随后，案件中的两个儿子获得了法庭从其父亲处索取的储存记录，又再次向沃特金斯索要记录和录音带。沃特金斯再次拒绝合作，于是被以藐视法庭遭到传讯。就在沃特金斯以藐视法庭罪名被判入监狱时，联邦上诉法院第九巡回庭再次介入其中。在休恩 *II*（休恩诉休恩，48 F. 3d 412，1995）案件中，法院做出了对记者特权概念的再一次强有力的肯定。在该案件中，沃特金斯是一本书的作者，他的消息来源不是秘密的（大家都知道是老休恩），而且他的消息来源方不反对沃特金斯转交他的记录和录音带。但是，法院称，一个记者不能够被迫移交他的研究资料，除非无法找到其他可替代的消息来源，最后不得不求助于此。法院在审判类似案件时采取了新的三步测验法（即案件所涉及的新闻记者不是民事诉讼的参与方；没有机密的消息来源；而且他的消息来源方不反对所寻获的信息的公开）。在这些情况之下，记者往往要服从法院发出的传票命令。

法官杰罗姆·法里斯（Jerome Farris）称，在这种类型的官司中，试图压倒记者特权的一方必须表明：该信息"尽管通过所有合理的可能的途径，还是无法获取"；该信息是不可重复的（即不可复制的），而且"与案件中的重大问题有清晰的关联"。法院认为沃特金斯不应该被强迫转交他的记录和录音带，因为这些资料中所包含的信息与那两个儿子的诽谤案件没有明确的关联，而且这些记录和录音资料是可重复、可复制的信息，两个儿子已经通过其他的途径获取到了这些资料。

从专业性来说，休恩案件的判决是有一个有约束性的法律先例，但仅在第九巡回审判庭管辖范围内（七个西部州以及阿拉斯加州和夏威夷州）有约束效力。然而，大部分联邦上诉法庭都认可了新闻记者有限特权的存在。而且联邦法庭似乎一致同意：只有当诉讼案件的一方对该信息有明确的需求而且在别处无法获得时，新闻记者才必须公开所谓的机密信息。

然而，正因为新闻记者的特权是有限的，很多新闻机构面对法院传票时，被迫转交一些未被公开出版的记录和视频录像带等。目前的趋势是，对于代表新闻机构的利益回应法庭传票的律师来说，应该努力尝试协商一份协议。律师要做的不是为了记者的特权进行一场胜败未知的斗争，而是要试图将对于记者真正重要的，比如保护机密信息的来源，和不是很重要的（比如，保护被播放的视频片断的未播放部分)分离开来。

州法院在记者特权上的判决

除了联邦政府的规定外,一些州最高法院也已经承认了记者的特权,尽管还没有成文的保护法。例如,1977 年,艾奥瓦州最高法院承认记者的第一修正案有限特权。在诽谤案件维纳哥德公司诉奥克斯伯格公司案(Winegard v. Oxberger)(258 N. W. 2d 847)中,法院大致采用了布兰斯堡案件中反对意见所提出的三步检测法,并指出记者可以拒绝公开机密信息,至少在民事诉讼案件中具备这样的权利,除非:(1) 索求的信息涉及案件的核心问题;(2) 其他合理的信息获取渠道都被尝试过,仍然未果;(3) 诉讼中所索取的信息看起来不是明显微不足道的。艾奥瓦州最高法院在权衡了这个案件所涉及的权益后,决定其符合三步检测法的结果,因而在这个由拖延的离婚案件而导致的诽谤诉讼案中,记者不能够被免除其公开所报道新闻的消息来源的责任。

许多其他州法院也都为记者的特权找到了宪法的依据,有时甚至在刑事案件中,当被告主张索求辩护所需要的信息时,法官承认记者同样拥有一定的特权。在这种做法之下,一些州法院规定记者的有限特权不仅体现在联邦宪法中,也内含在他们的州宪法中。威斯康星州最高法院在处理一桩谋杀案件(泽兰卡诉威斯康星案,266 N. W. 2d 279,1978)时,虽然法院强调了必须将记者特权和被告对信息的需求进行权衡,但是最终仍然采取了以上的做法进行判决。该案件主要源于一场与毒品有关的谋杀,被告要求寻找一则揭密内幕报道的消息来源,这则新闻报道了受害者曾经和上瘾的官员有过交易合作。州最高法院称,被告无法证明该信息能够帮助其用于辩护。因此,法院维护了记者保护机密消息来源的权利。

1982 年,新罕布什尔州针对另一件谋杀案美国新罕布什尔州诉西尔案(New Hampshire v. Siel)(8 Med. L. Rptr. 1265)也采用了相同的判决方法。在那个案件中,两个新罕布什尔州立大学的学生记者拒绝公开他们的记录,因为这将暴露他们所报道的一则与谋杀案受害者所宣称的毒品交易有关的新闻的消息来源。法官称是否从学生记者那里索求材料将不会影响到案子的结果,因而没必要要求其公开消息来源,州最高法院维护了法官的这个判决结果。

同样,堪萨斯州、南达科他州、佛蒙特州、弗吉尼亚州以及华盛顿州的最高法院在没有州新闻保障法的情况下,也已经承认了至少是有限的记者特权的存在。(参见堪萨斯州诉桑德斯托姆案(Kansas v. Sandstrom,581 P. 2d 812,1978);霍普威尔诉中陆广播公司案(Hopewell v. Mid-continent Broadcasting

Corp. ,538 N. W. 2d 780,1995)；佛蒙特州诉圣彼得案(Vermont v. St. Peter, 315 A. 2d 254,1974)；布朗诉弗吉尼亚案(Brown v. Virginia,204 S. E. 2d 429, 1974)；克莱彼特诉瑟斯顿郡案(Clampitt v. Thurston County,9 Med. L. Rptr. 1206,1983)；斯涅尔诉美国日报杂志案(Senear v. Daily Journal-American,641 P. 2d 1180,1982))。

虽然加利福尼亚州在州宪法中已拥有了强有力的新闻保障法，但加利福尼亚州最高法院还做出了以下规定，记者特权的概念有时也适用于新闻保障法中所未涉及的一些情况。在1984年的米切尔诉美国最高法院(Mitchell v. Superior Court)(37 C. 3d 268)案件中，法院命令审判法官重新审议在一桩诽谤诉讼中要求一家小报公开消息来源的命令。这件案子是在《波伊特·雷耶斯星光报》(*Point Reyes Light*)刊登了一系列批评希南农(Synanon)基金会的药品复原计划的新闻后发生的。该报纸因这些报道获得了新闻界有名的普利策奖(Pulitzer Prize)，但是希南农以诽谤罪起诉了这份报纸，并要求其在审前调查程序中公布新闻来源方的名字。

加利福尼亚最高法院断定，当需要为诽谤案件辩护寻找佐证时，新闻保障法不能够保护记者免于揭露他们的消息来源。但是希南农案件的原告明显是单纯为了知道希南农基金会里向记者告密者的名字而进行的起诉。法院认为当一桩诽谤案看来是毫无价值的或者当保护消息来源的社会重要性高于原告对信息的需求性时，记者的特权应该能够免除其公开消息来源的责任。该案件的判决结果对于坚信拥有保护新闻提供者的道德责任的新闻记者来说，是一场巨大的胜利。

另一方面，有一些州最高法院却断然拒绝承认记者的任何特权，甚至是有限特权。比如，爱达荷州最高法院，曾经拒绝承认第一修正案中的任何类型的记者特权，甚至包括在民事诽谤案件(卡德尔罗诉论坛公司案(Caldero v. Tribune Publishing,562 P. 2d 791,1977))中的记者特权的存在。卡德尔罗案件因法院谴责记者特权概念的激烈措辞而相当著名：

> 在一个有组织的社会里，公众为了做出有价值的判断，必须要知晓事实真相，而不仅仅是一些权威和官方的消息。获取真相的唯一可靠来源便是“新闻”……它能够不经过政府的审查自由地出版消息。我们不能够接受这样一个荒谬的假设，即公众知晓信息的权利能够通过禁止对法庭上的公众公开事实真相而得到加强。

卡德尔罗案件是一个诽谤案件，作为原告的一个警官因枪击了一名因小罪行而逃跑的罪犯而被一家报纸所批评。警官迈克尔·卡德尔罗(Michaell

Caldero)在审前调查程序中向该新闻记者索求消息来源,但是遭到拒绝。爱达荷州最高法院肯定了记者的藐视法庭罪名,并断然拒绝承认记者的任何特权存在。

然而,在卡德尔罗案件三年后,爱达荷州最高法院在审理另一件与记者特权相关的诽谤案西拉生命诉魔谷报案(Sierra Life v. Magic Valley Newspaper, 6 Med. L. Rptr. 1796,1980)时,却做出了不同的判决。这个案件中,原告要求在审前的调查程序中提供机密消息来源的身份。这些新闻消息是由《双瀑时报》发布的,报道了其他西部州针对一家人寿保险公司采取的各种法律诉讼行为。该公司并没宣称这些报道中的内容失实,但是审判法官却在审前调查程序中命令该报纸提供消息来源者的姓名。报纸拒绝了这一要求,并坚称他们的消息是来源于公众记录,而且绝对精确,消息来源仅仅是告诉记者到哪里去找到这些记录。当这家报纸拒绝公开消息来源时,法官剥夺了报纸所有正常的诽谤辩护理由,并判罚其给予原告1,900,000美元的赔偿。

当面临这种情形时,爱达荷州最高法院感到必须放弃对记者特权的否决,并恢复了报纸的辩护理由。法院承认记者的机密信息源必须在与案件相关时,才能被要求公开。而在该案件中,法院称,原告并没有表明知晓该信息来源能够为所涉及的诽谤案件提供证据。因此该案件中,爱达荷州最高法院至少对媒体的需求表示出同情:

> 我们承认新闻媒体在报道很多新闻时需要依靠机密消息来源……而能够保护秘密消息来源的身份能力通常是获取信息的前提。这种合法的权益使得诽谤原告知晓信息的合法需求都必须让步于它。同样地,审判庭在做出消息来源需被公开的决定时,也必须小心谨慎。正如美国最高法院所称,第一个要证实的问题即消息来源本身是否与案件有关联。

在西拉生命案件中,爱达荷州最高法院给予记者消息源有限的保护。然而,与其他州的记者相比,爱达荷州的记者们获取的特权保护仍然较少,他们依旧经常收到法院的传票。因此,相对于给记者提供较多宪法保护的州法院,在类似爱达荷州的地方,新闻记者更需要一部保护其特权的成文新闻保障法的出现。

成文新闻保障法

在最高法院判决布兰斯堡案件后不久,美国国会便收到了许多提案,试图颁布一部联邦成文新闻保障法。布兰斯堡决议的大多数意见均强调,国会可以自由地颁布新闻保障法,即使高级法院拒绝制订司法法令来设立新闻保障法。然而,国会在所提议的联邦新闻保障法的设立中,针对新闻保障法的细节问题陷入了困境,没有一个提案得到赞同。

妨碍国会设立新闻保障法的两个主要难题在于决定新闻保障法应保护哪些人以及“预见的目击者”(prescient witness)问题。所谓目击者,是指真正目击到犯罪行为的人,比如记者布兰斯堡。国会大部分意见更加倾向于类似布兰斯堡这种情况的目击者应就所目击到的非法活动作证。而国会中的其他意见则认为这样一个特例将会很大地削弱新闻保障法的法律效力。

此外,国会从来未曾在有关“记者”的定义上达成统一意见。新闻保障法只适用于主流新闻媒体记者在政治上是可接受的,但是这将导致若干新的第一修正案问题。联邦法律如何挑选出那些符合规则的记者并给予他们所谓的特权,而拒绝那些为非中立性出版物工作的新闻记者同样的特权呢?另一方面,很多国会议员不愿意投票赞成保护内幕揭发性记者的任何新闻保障法,因为这样一部新闻保障法将会有助于记者和一些激进组织发展更多牢固的关系。

同时,国会在这部联邦新闻保障法究竟应该是一部具有较少例外情况的强保护法,还有具有较多例外情况的弱保护法上,无法做出决定。还有,在保护记者的记录和影片录影带以及这些信息的来源问题上也没能达成一致。

基于这些未解决的问题,联邦保护法没有被颁布,州法院在解决问题时只能通过州保护法以及法院自身去判定。

州新闻保障法

至少有 31 个州已经颁布了成文保护法,但是这些法律在价值体系和手段上呈现出多样化。此外,有些州关于新闻保障法的司法解释也有很大的不同。例如,新墨西哥州最高法院认为成文新闻保障法在司法部门查找资料信息的权利上违反了宪法,以至于他们推翻了这一法案(参见艾默曼诉胡巴德广播公司案(Ammerman v. Hubbard Broadcasting, 551 P. 2d 1354, 1976))。而加利福尼亚州则将成文新闻保障法写入州宪法以保证其在法庭上受到合宪性攻击时更安全。

下列州已经批准了成文新闻保障法(按其批准时间顺序排列):马里兰州(1896)、新泽西州(1933)、阿拉巴马州(1935)、加利福尼亚州(1935)、阿肯色州(1936)、肯塔基州(1936)、亚利桑那州(1937)、宾夕法尼亚州(1937)、印地安那州(1941)、蒙大拿州(1943)、密歇根州(1949)、俄亥俄州(1953)、路易斯安那州(1964)、阿拉斯加州(1967)、新墨西哥州(1967)、内华达州(1967)、纽约州(1970)、伊利诺斯州(1971)、罗得岛州(1971)、特拉华州(1973)、内布拉斯加州(1973)、北达科他州(1973)、明尼苏达州(1973)、俄勒冈州(1973)、田纳西州(1973)、俄克拉荷马州(1974)、科罗拉多州(1990)、乔治亚州(1990)、南卡罗来纳州(1993)、佛罗里达州(1998)、北卡罗莱纳州(1999)。与初始的条例相比,许多州的成文新闻保障法都经过了详尽的修订,或者通过司法解释进行了大量的修改。

由于各州对于成文新闻保障法的司法解释都不同,因此很难对州新闻保障法做一个简单的概括。有些看似法律效力强的新闻保障法,却在法院判决中被大大地削弱。其他的却在法院判决中得以确认和加强。一般说来,新闻保障法可以分为三类:(1) 拥有绝对特权的保护法。表面上看来,这类保护法允许记者有权拒绝向政府调查机构提供曾经披露的某一新闻来源或其他机密信息。(2) 仅适用于以下特权的保护法,即消息来源为已实际发表或播放的消息。(3) 限制性或有限特权的保护法。这类保护法中有许多特例,往往允许法院在特定环境下可以不承认这些特权。由于这方面的法院判决十分频繁,所以在州新闻保障法印发之前对其进行分类不久就会过时。

概述各州保护法最好的办法也许是提供一份好的保护法应包涵的要素清单。你也许希望能运用第一章所叙述的研究方法来检阅你所在州的新闻保障法(如果有的话),特别是法院决议(列于各州法之后的注释条例中)。对你所在州的成文法和法院判例进行评估,确定该法中是否包含以下条款:

1. 覆盖所有的新闻记者,包括报社记者、通讯社记者、杂志社记者、广播电视记者、自由撰稿人和外国记者;

2. 覆盖所有的传播媒体,包括报纸、杂志、偶尔出版的报纸和杂志(一些地下出版物出版是不定期的)、通讯社、广播电视、书籍出版者、有线电视、在线媒体、纪录片制片人等等;

3. 适用于所有消息的来源,不管消息最终是否发表或播放。

4. 适用于记者的工作产品,例如:笔记、未公开发表的照片和录音带、录影带、草稿等;

5. 适用于所有的官方程序,包括大陪审团调查、立法和行政程序、刑事和民事案件开庭程序(包括调查程序,即使记者是一件诽谤案件的诉讼当事人);

6. 即使机密信息来源向第三方揭示其自身身份,从而放弃其机密性,保护法依然适用;

7. 不会留下任何造成漏洞的例外,导致一些记者和程序没有被包括在内。

显而易见,几乎没有哪个州的法令包含以上所有条款,但是很多记者认为如果有一部法能够包括以上的所有条款,将会最大限度地满足他们的需求。尽管如此,州新闻保障法在经法院解释之前意义不大。

法院与新闻保障法

令人沮丧的是,新闻保障法在许多律师和法官那里并不受欢迎。当法官和拥有重要信息的记者打交道时,即使这些信息能较大地影响案件的审判结果,记者有时还是会拒绝透露这些信息,虽然在法官们看来披露这些消息是一个公民应履行的职责。新闻保障法终究是由政治家制定出来的,有些法官想知道在这种情况下,法院如何能找到事实的真相,他们认为新闻保障法对于司法是种障碍。法官们认为新闻保障法剥夺了法院处理重要工作的某些权利。大多数法官很希望裁决时能在记者的特权和其他所涉及的权益之间进行权衡;而另一些则希望在缺少成文法的情况下建立一种类似成文法的特权。然而,当州议会为他们做决定——使这种特权在各种情况下成为绝对后,法官却倾向于寻找漏洞。

许多年前,著名的证据法学者约翰·威格莫尔(John Wigmore)便对新闻保障法的设立做出了最好的评价。1923 年,当谈及马里兰州于 1896 年颁布的美国第一部新闻保障法时,他说:“马里兰法令的内容和形式一样令人讨厌,将来大概也是独一无二的(即将来不可能再出一部这样的法律)。”

威格莫尔的预测当然是错的,但是这种观点已经被世代的律师和法官共享。在他们看来,一部新闻保障法或是其他的任何可免除人员作证的法律,对于司法来说都可能是一种障碍。多年以来法官们已经削减了医生、律师、牧师在旧有普通法中规定的证据特权,并在解释州新闻保障法的语言上展示了其巧妙之处,以此来减少新闻保障法的影响。

法院判决推翻一部州新闻保障法的最有名的例子或许是前面已提及的新墨西哥州发生的艾默曼诉胡巴德广播公司案件。那项决议中,州最高法院表明,在州宪法下,州议会无权通过这种方式来限制法官的权力。这样,法院宣称新闻保障法仅仅可作为一项程序规则,从而使得整个法案无效。法院表示,州议会无权命令法官执行程序性的法院规则。

尽管如此,在记者和其支持者的大声疾呼下,新墨西哥州最高法院随后在州法院规则中补充了一项条款用于替代无效的新闻保障法。新的法院规则(Rule 11—514)在范围上和许多新的州新闻保障法类似。Rule 11—514 基本上允许记者有权拒绝透露消息来源者的名字和其他机密信息,除非有下列情况发生:(1) 信息与未决案件有实质性相关,(2) 信息在别处无法得到,(3)

信息对于当事人寻找其披露的事物至关重要,(4)信息非常重要以至于披露信息胜于"保护新闻媒体机密信息和来源的公众利益"。

没有其他州的最高法院像新墨西哥州最高法院一样推翻一项成文新闻保障法,但是其他法院已经通过了有关判决来使州新闻保障法的范围变小或者扩大保护法的例外。例如,纽约州法院在 1970 年颁布新闻保障法案后,多次划出司法例外。1973 年,法院制定了一项预见性目击者特例并规定新闻保障法对此并不适用,除非记者曾经对消息来源承诺保密。法院还规定保护法不适用于消息是记者未经请求得到的(参见 WBAI-FM 广播诉普罗斯金案(WBAI-FM v. Proskin, 344 N. Y. S. 2d 393, 1973))。在纽约州,许多公布的法庭判决无视记者在州新闻保障法下寻求保护消息来源。

作为对这一趋势的回应,纽约州议会通过加强新闻保障法有效地压倒了许多这样的法院判决。修订后的新闻保障法不仅保护消息来源者的名字,实际上还保护所有未公开发表的消息,包括记者的笔记、胶片和视频的录影带,以及记者未经请求得到的消息。这样的信息不必被揭露出来,除非被证明对某刑事案件非常必要而且无法从别处获取。

加利福尼亚州的情况和纽约州的相同。即使保护法自身被巩固,州法院仍一再缩减看起来具有绝对权力的新闻保障法适用范围。首先,一个上诉法院表示,当法官设法查明是谁违反司法上的缄口令时,新闻保障法完全不适用。法院正式声明,州议会无权通过一部妨碍法庭对违反其命令行为进行调查的法律(法尔诉高级法院案(Farr v. Superior Court, 22 C. A. 3d 60, 1971))。随后,另一个加利福尼亚州的上诉法院表示,因为宪法赋予被告的公平审判权利是极为重要的,当信息可能帮助其免于被控罪时,新闻保障法并不适用。因此,当法官认为信息对于案件意义重大时,将会在调查中要求记者在内庭提供这一信息,并且法官有权公布该消息(哥伦比亚广播公司诉高级法院案(CBS v. Superior Court, 85 C. A. 3d 241, 1978))。1980 年,加利福尼亚州公民投票表决将新闻保障法写入州宪法中,使得新闻保障法能尽量免于被司法修改的危险。

尽管如此,加利福尼亚州的法官却无视新闻保障法的宪法性地位,仍然继续从其中划分出例外。例如,在 1982 年发生的 KSDO 诉高级法院(KSDO v. Superior Court)(136 C. A. 3d 375)案件中,加利福尼亚州的上诉法庭规定,新闻保障法仅仅能保护记者免于遭受藐视法庭的传讯,而不能保护记者免于其他法律约束(例如诽谤案件中缺少其他有效被告)。新闻保障法与诽谤案件之间的问题在第四章也有讨论。

1990 年,加利福尼亚州最高法院针对州新闻保障法,制定了另一个重要的例外，规定州新闻保障法不足以覆盖那些手里有证据可以证明被告无罪的记者。关于德郎西诉高级法院（Delancy v. Superior Court）（50C. 3d 785）案件，法院表示，通常情况下，在新闻处理过程中，新闻保障法既适用于目击证人的观察和非机密信息，也适用于记者掌握的机密信息。然而，当法官认为信息对于某件刑事案件的被告至关重要时，新闻保障法并不适用。由于被告的公平审判权占优先地位，如果记者拒绝透露相关信息，他将被强制出庭作证或者因藐视法庭被判处监禁。

另一方面，加利福尼亚州最高法院随后规定德郎西原则对于检方并不适用。检察官没有正当程序权力避开新闻保障法、强迫记者作证或者提供证据（参见米勒诉高级法院案（Miller v. Superior Court, 21 C. 4th 883, 1999））。尽管随后不止一件案子的判决中检察官通常必须被赋予盘诘为被告作证的记者的权利，但是德郎西案件所带来的结果却是被告有时可以规避新闻保障法，而检察官却不能。

加利福尼亚最高法院还规定在民事案件中，如果记者不是当事人（即记者没有控诉任何人或被控诉），在这种情况下遭到藐视法庭的传讯，州新闻保障法提供绝对保护（《纽约时报》诉高级法院案（New York Times Co. v. Superior Court, 51 C. 3d 453, 1990））。在这样的民事案件中，记者没有披露机密信息的法律责任。然而，尽管存在新闻保障法，记者若加以拒绝，将可能导致某些法律问题。例如，在加州法律下，在民事案件中，如果记者拒绝提供可以帮助一方胜诉的证据而导致这一方败诉，那么该记者有时可能会被败诉方起诉并要求赔偿经济损失。

新泽西州最高法院做出的判决对该州的新闻保障法造成同样的一个大漏洞，但随后又明显加强了保护法。在著名的迈伦·法伯（Myron Farber）案件中（讨论见后），法院表示当一个刑事案件被告人寻求掌握在某记者手中的证据时，新闻保障法必须让路。至少，记者必须向法官提交材料，由法官在内庭评估并决定是否公布该消息（参见法伯案，394 A. 2d 330，1978）。

法伯决议引起的后果是，新泽西州议会和州最高法院都做出行动以加强新闻保障法。在梅雷莎诉《新泽西月报》案（Maressa v. New Jersey Monthly）（445 A. 2d 376，1982）和度假国际诉《新泽西月报》案件（Resorts International v. New Jersey Monthly）（445 A. 2d 395，1982）中，州最高法院规定，事实上，新闻保障法在诽谤案中是不受任何限制的。在梅雷莎决议中，法院表示：

> 最近两次开庭，州议会保持长远特权的意图十分明显。这两次开庭期间，法庭已经在美国宪法和新泽西州宪法允许的范围内，对新闻保障法

保护机密信息进行了解释。只要与宪法权利没有冲突，记者不披露机密信息的成文特权是没有任何限制的。

另一个不仅确认并且强化新闻保障法的州是宾夕法尼亚州，州最高法院在泰勒(412A. 2d 32, 1963)案件中有效地扩大了保护法的范围。

宾夕法尼亚州新闻保障法明确规定只保护信息来源，但是法院做出解释，保护内容应包括笔记和其他未公开发表的材料，即使这些材料没有暴露消息来源。此外，宾夕法尼亚州法院还对免除记者披露消息来源的法令中的一个术语“在任何法律程序中”做出了开明的解释。法院规定，“任何法律诉讼”就是其字面意义。

同时，一个联邦法院在对斯蒂克无限公司诉迪恩案(Steaks Unlimited v. Deaner)(623 F.2d 264,1980)这一来自宾夕法尼亚州的案件判决时，做出了遵守州新闻保障法的选择。这次判决并不出人意料，因为联邦法院在处理“居住地管辖权”的案子时，应该使用大多数类型的州法律(也就是说，当案件涉及两个不同州的公民时，是由联邦法院进行判决而不是由州法院来判决)。较早讨论的宾夕法尼亚州发生的赖利诉切斯特案件，由于其并不是一桩居住地管辖权的案件，所以当联邦法院进行判决时，宾夕法尼亚州新闻保障法并不适用。赖利案件是一桩涉及联邦民事权力的案件。在狄龙诉旧金山(Dillon v. San Francisco)案件中，情况也一样，联邦法院拒绝依照加利福尼亚州新闻保障法。

在明尼苏达州，州最高法院于1996年颁布的明尼苏达州诉特纳案(State of Minnesota v. Turner)(550 N. W. 2d 622)判决严重限制了州新闻保障法的范围。在那次案件中，法院判决，州保护法仅仅保护信息来源者的姓名而非其他的机密信息(比如记者未公开的笔记等)。作为回应，明尼苏达州的媒体共同发起了一场运动来说服州议会加强新闻保障法，州议会最终于1998年加强了新闻保障法。修订后的明尼苏达州新闻保障法明确规定，机密信息和消息来源者的名字一样受法律保护。和许多当前有效的新闻保障法一样，修改后的明尼苏达州新闻保障法规定，如果信息和某案件明显相关，信息不能从其他来源获得，并且披露此信息有令人信服的理由并高于一切利益时，则要求记者透露其他方面的机密信息。

佛罗里达州一直到1998年才有成文新闻保障法，该保护法的条款与修订后的明尼苏达州的新闻保障法非常相似。在佛罗里达州，保护法允许特例，即如果信息经调查和案件相关，在别处无法获得，并且有令人信服的理由则可强制记者作证。

2000年，伊利诺斯州最高法院坚持“伊利诺斯州记者特权法案”(Illinois

Reporter's Privilege Act)，和州法律规定相同，不能保护两位记者免于向大陪审团提供消息来源的责任。法院认为记者的证词和一例刑事调查相关而且是至关重要的，这件刑事调查的关键是证明某官员是否通过否定自己是记者的消息来源之一来做伪证(皮普尔诉波拉克兹克案(People v. Pawlaczyk, 724 N. E. 2d 901))。

总之，在州层面，记者的特权始终处于变化和不确定的状态。很多州都有自己的新闻保障法，但即使在这些州，记者也经常被要求公开信息来源或者其他秘密信息。另一方面，一些尚没有新闻保障法的州，法院已经从司法上承认了记者拥有一定的特权，但是也有一些州法院拒绝采取这一措施。在联邦层面，自从最高法院布兰斯堡判例后，许多法院已经承认把记者的有限特权作为联邦普通法的一部分。

被监禁的记者：三个著名的案例

考虑到法律法规的多样性和法庭对于新闻保障法的不同裁决，阐释这个司法问题是如何影响记者的最好方法就是描述三个最著名的已经被提及的案例：前《洛杉矶先驱考察家报》(Los Angeles Herald Examiner)记者比尔·法尔(Bill Farr)(之后任职于《洛杉矶时报》)的案例、《纽约时报》记者迈伦·法伯的案例，和因拒绝披露机密信息而入狱168天(创纪录)的自由作家瓦尼萨·莱格特的案例。

比尔·法尔案件

1970年，比尔·法尔报道了对查尔斯·曼森以及他的反文化"家族"的审讯，他们制造了轰动一时的女演员沙伦·泰特和其他数人被杀案。当时保护(缄口)令已经生效，但是，此案件中六名律师中的两名却将一份目击证人的供词提供给了法尔，表明曼森计划残害和谋杀了更多的商业电视名人。法尔报道了此案例，而审判法官查尔斯·奥尔德(Charles Older)要求知道是谁违反了法院命令而将信息提供给法尔。通过援引加利福尼亚新闻保障法中相关规定，法尔拒绝提供他的消息来源。奥尔德法官当时认可了法尔的做法。

然而，法尔之后离开了《洛杉矶先驱观察家报》，转任洛杉矶地区检查官的特别调查员。奥尔德法官稍后传唤了法尔，再次要求他提供消息来源，并以新闻保障法只适用于在职记者为由。法尔仍然拒绝服从，而被指责藐视法庭。

至此，一系列复杂的司法纠纷持续了十年。法尔案最终产生了四种不同的上诉裁决。在最早的裁决中(法尔诉高级法院案,也就是之前提到对法尔的判决一案),加利福尼亚的一个上诉法庭在1972年开创了州新闻保障法的一个巨大例外。该法院认为立法机构没有权力生效这样一部法律可以阻止法官查找出违反法庭决定的人。法院裁定认为,立法机构通过这样的法律,违背了司法自治、司法机构和立法机构是相互独立的并且平等的政府分支的原则。因此,新闻保障法在法尔案中无效。法院绕开了新闻保障法是否适用于非现任记者的问题,但是立法机构迅速地修订了法律以弥补可能的法律漏洞。

但是法院仍然坚持新闻保障法并不适用于法尔案。他们认为法尔要么披露消息来源,要么进监狱。法尔选择了进监狱,在加利福尼亚州最高法院和美国最高法院拒绝受理第一次上诉裁决之后,法尔面临因民事藐视法庭而被终生监禁的可能。然而,法尔进监狱46天之后,他因未决的第二次上诉被美国最高法院法官威廉·O.道格拉斯下令释放。

在两年多的司法操作之后,另一家加利福尼亚上诉法院裁决宣布法尔无罪(参见法尔案件(36 C. A. 3d 577,1974))。在此案例中,该法院意识到这种可能性,即法尔宁愿在狱中度过余生而不愿屈从法院命令即披露他的消息来源。

如果要释放本着清晰的道德原则而违反法庭命令的因民事藐视法庭被监禁的囚犯,需要遵守某些程序。上诉法庭需要举行听证会以便决定是否:(1)法尔是基于道德原则而拒绝遵从法庭的命令;(2)持续的监禁不能促使他屈服于法庭的命令。如果法尔遵循这样的原则,并且不顾可能的终生监禁而保持自己的立场,审判法庭就不得不将民事藐视(可以判无期监禁)改为刑事藐视(在这起案件里最多判处五天监禁)。

在法尔的"道德原则"听证会上,很多媒体名人就法尔的行为作证。一位法官认为法尔遵守了道德原则,因而取消了民事藐视的控诉。然而,审判法官奥尔德在接下来的第二天开始了新的刑事藐视审判程序,最终判处法尔五天监禁和500美元的罚款。由于法尔的上诉,上述判决又被推迟。美国上诉法院驳回了法尔对其藐视罪名的合宪性挑战,判定法院查找出违反法院决定的重要性高于法尔的记者特权(法尔诉皮彻斯案(Farr v. Pitchess,522 F. 2d 464,1975))。最终,一家加利福尼亚上诉法院当场驳回了新的藐视法庭起诉,避免在同一件案子上反复起诉。

至此,法尔从追加监禁时间的威胁中解脱出来。但是,他的司法纠纷并没有结束。参与曼森案的六名律师中的两名提起诽谤诉讼,要求赔偿2400万美元,认为自己因法尔声称六名律师中的两名将信息提供给他而遭到诽谤。法官在1979年驳回了此项诽谤案,而两名律师对此又进行上诉。在1981年,即法尔案开始后的十年,一家上诉法庭最终裁定驳回上述诽谤诉讼。

在长达十年的司法诉讼中,法尔又面临另一项问题:支付巨额的司法开支。在法尔成为《洛杉矶时报》雇员之后,《洛杉矶时报》支付了此后的司法开支,但是并不承担之前的开支。

迈伦·法伯案件

相对于比尔·法尔的诉讼纠纷,迈伦·法伯的纠纷是短暂的,但对他本人(最终被监禁了 40 天)和《纽约时报》(被处以 28.5 万美元的罚款)来说都是痛苦的。此案件是由法伯在 1976 年为《纽约时报》就一家位于新泽西州的医院十年前一系列的离奇死亡而撰写的报道引发的。这些稿件是造成控告马里奥·贾斯卡里维奇(Mario Jascalevich)医生谋杀罪名的原因。

1978 年,在马里奥(Mario)医生六个月的审讯期间,他的律师通过传票要求法伯和《纽约时报》在审讯中披露从采访中得来的信息。法伯和《纽约时报》拒绝了该要求,并被控以刑事藐视和民事藐视法庭。法伯被处以 1000 美元的罚款,并被监禁直到他选择提供所要求的信息。《纽约时报》被罚 10 万美元,在遵守法院命令之前,每天还被罚 5000 美元。

法伯和《纽约时报》就此上诉到新泽西最高法院,并引述《第一修正案》和看似具有绝对保护能力的《新泽西州新闻保障法》为其辩护。州最高法院驳回了他们的上诉,并规定在刑事被告需要记者提供所需信息进行辩护的情况下,新闻保障法并不适用。法庭要求法伯和《纽约时报》将被索求的信息上交给审判法官,由法官在内庭决定该信息是辩护所必需的信息还是应该保持机密的信息。

法伯和《纽约时报》拒绝服从。法伯因此被监禁,而《纽约时报》也要在此案结束之前继续支付每天 5000 美元的罚金直至此案庭讯结束并交给了陪审团,最终宣布贾斯卡里维奇医生无罪释放。在此后,其他所有的刑事藐视和民事藐视控诉都被撤销。最后,新泽西州长赦免了法伯和《纽约时报》,返还了《纽约时报》支付的罚款。

一些记者批评了法伯和《纽约时报》对此事的处理,部分因为法伯借此签订了一份丰厚的出书合同,部分因为整个对抗过程中若各方稍微使用一些外交手段的话,很可能避免对抗的状况。然而,法伯和《纽约时报》一样为他们的原则付出了高昂的代价。迈伦·法伯的司法问题并没有法尔持续时间长,但他被监禁的时间离打破法尔的记录仅仅就那么几天。

幸运的是,很少再有记者像法尔和法伯那样为保护消息来源而付出高昂的代价。事实上,宣判记者入狱仍然是少见的。另一方面,为数众多的记者和新闻机构因缺乏资金来应对高昂的司法诉讼而被迫披露他们的信息来源。

在法尔和法伯案件之后，对记者来说，在披露机密信息来源和进监狱之间进行选择变得更加平常。擅长新闻法的纽约律师詹姆斯·C. 古德尔（James C. Goodale）在执业律师协会（Practising Law Institute）的一次传播法研讨会（Communications Law Symposium）上发表了他对这个问题的研究。在 1982 年 9 月到 1983 年 9 月之间，他已经确认了 67 起记者被命令披露消息来源的案例，其中 37 起案件中的记者因拒绝透露秘密消息来源被监禁，其余的被迫披露。而 67 起这个数字是此前一年的两倍。他指出，越来越多的控方律师和辩方律师都认为在诉讼中传唤记者是一种公平的游戏。

如前所述，新闻机构每年都收到成千上万的传票，而记者们服从了大多数传票的要求。大多数电视台都会根据传票要求提供已经播放的录像资料，还有越来越多的提供未播放的录像资料来避免昂贵和麻烦的司法争斗。

此外，还有许多因拒绝披露消息来源而入狱的案例，而大多数案件没有像以往被国家媒体广泛报道。但是，德克萨斯州电视记者布莱恩·卡雷姆（Brian Karem）的入狱却引起了国家媒体的注意，因为他被判 6 个月的监禁，而美国最高法院拒绝撤回。然而，由于卡雷姆在当事人同意的情况下披露其消息来源，卡雷姆入狱两周后就被释放。

在 1992 年，两名记者因为拒绝披露当时仍处于秘查状态的阿妮塔·希尔指控最高法院法官提名人克拉伦斯·托马斯性骚扰一案的消息来源而面临被监禁的可能，使该议题再次引起关注。由于关键的议员决定不再强行推进该案件，即不再传票记者，避免了摊牌和可能的分裂国家的争议。但此案还是表明了记者拒绝披露信息来源可能面临的困境。

瓦尼萨·莱格特案件

可能没有哪个记者像瓦尼萨·莱格特那样，因拒绝披露消息来源在传讯开始时缺乏支持，而在结束时赢得全国范围的认可。瓦尼萨·莱格特由于拒绝提供关于休斯顿一桩谋杀案的资料和秘密消息来源，而在 2001 年和 2002 年共入狱 168 天。

莱格特用了几年时间来调查休斯敦社交名流多利斯·安格尔顿（Doris Angleton）被谋杀案。她起初并不被认同是记者，尽管她撰写了关于谋杀的书，但她在收到传票的时候并没有跟任何新闻机构签合同。尽管她早期的作品曾经获奖并且在一个学院教授写作，但她在出版界毫无名气。然而随着她的案例展开，她的记者身份逐渐清晰——一位向公众传递具有新闻价值的新闻采集者。

莱格特花费了数小时采访被控谋杀多利斯·安格尔顿的罗杰·安格尔顿(Roger Angleton),被谋害者是罗杰的富裕哥哥罗伯特·安格尔顿(Robert Angleton)的妻子。在采访中,罗杰坦白地承认了谋杀,但在审讯前却突然自杀。检控官控告罗伯特蓄意谋杀,但罗伯特在州法庭上被无罪释放。

当联邦大陪审团审理此案时,莱格特收到了传票。她以记者的保密需要为由拒绝披露信息。她因此被控藐视法庭,而被关押在联邦拘留中心。当她准备以进监狱来保护她的资料和信息秘密来源时,全国范围的媒体开始集会来支持她。

一名著名的休斯敦律师代表新闻机构为莱格特担任辩护律师,但是联邦法官和美国第五巡回上诉法庭驳回了莱格特援引的第一修正案辩护理由。在法院无司法先例非公开意见下,第五巡回审判庭坚持对她的藐视法庭控诉,认为记者特权不适用于联邦大陪审团调查的情况。最高法院稍后拒绝就此项有争议的裁决举行听证。由于莱格特当时并没有在狱中,联邦检查官认为此案毫无意义。

由于大陪审团在2002年初休会,莱格特因此被释放。第二个联邦大陪审团重新开庭并指控罗伯特·安格尔顿,但没有传讯莱格特。

莱格特的勇气很快成了全国新闻。她在纽约被授予享有声望的PEN第一修正奖章,并签下了她渴望已久的出版合同。她为了保护机密消息来源而遭到长时间监禁的情况,重新引起了人们对缺乏一部联邦新闻保障法的争论——有关新闻收集者的记者特权是多么弱小。记者的特权而入狱。她的案件再次引起了对新闻保障法以及记者权利薄弱的长期争议。

新闻来源涉及的诉讼

通常,当记者对新闻来源承诺守密,他们会竭尽全力坚守承诺。但是,在少数情况下,记者或者编辑认为提供新闻来源者的名字对于新闻本身非常重要,则会不顾匿名的承诺而披露新闻来源。

这种情况导致了最高法庭在1991年库恩诉库尔斯媒体公司(Cohen v. Cowles Media Co.)(501 U.S. 663)案件中的一个具有里程碑意义的决定。最高法院以5票对4票,裁定在保密承诺被破坏的情况下,第一修正法案不能保护记者免受针对新闻源提起的诉讼。

这起案件始于1982年。作为共和党明尼苏达州州长候选人的公关助理,丹·科恩(Dan Cohen)将民主党副州长候选人在数年前的不当行为资料(在60年代一次抗议集会中被逮捕,及6美元的入店行窃罪(后被取消))在选举之前泄露给了媒体。

尽管记者保证不会透露科恩的姓名,但是《明尼阿波利斯星坛报》(*Minneapolis Star Tribune*)和《圣保罗先锋报》(*St. Paul Pioneer Press*)的编辑还是决定披露科恩的名字。如果他们匿名发表该文章,对民主党是不公平的一击;如果他们不发表该文章,则有可能被指责包庇民主党。因此,他们觉得最公平的做法就是发表文章,并且指明消息来源。

当科恩的名字见诸报纸,他立即被解雇。他起诉对方违反承诺的行为,认为信守保密承诺是受明尼苏达州法律保护的。陪审团判给他 20 万美元的实际损失补偿和 50 万美元的惩罚性损失补偿。

这两家报社提起上诉,认为第一修正法授予他们权力刊登如选举之类有新闻价值的真实信息。明尼苏达州最高法院同意了报社的上诉意见并且推翻了之前的判决,裁定第一修正法确实可以保护媒体有义务刊登有新闻价值文章的消息来源。州法院认为在明尼苏达州法律下,科恩不能起诉报社违反承诺行为。但是,法庭认为如果此案不受第一修正法保护,“允诺禁反悔(promissory estoppel)”法则可以让科恩进行起诉。本质上,“允诺禁反悔”法则是一种补救法,它适用于某人的行为是基于别人的承诺,并且会因对方违反承诺而利益受损,且双方由于某种原因没有签订正式的有效合同。

美国最高法院推翻了明尼苏达州法院的裁决。最高法院认为“允诺禁反悔”是普遍适用的法律(不只适用于媒体,而且适用于普遍大众)。尽管第一修正案存在,支持科恩的最高法院五人团体认为普通法也适用于媒体;而第一修正案确实可以保护媒体刊登真实信息的权利,但前提是该信息必须合法获得。撰写主要意见的拜伦·怀特法官认为,科恩的资料是媒体在违反承诺的情况下获得的,是非法的。

> ……刊登的真实信息必须合法获得。媒体如果强行进入办公室或者住宅去采集信息,媒体应该受到惩罚。第一修正案不能豁免所有人都应该遵守的义务……媒体不能违反知识产权法而发表受知识产权保护的资料。
>
> ……《第一修正案》不能授予媒体违背承诺的权力,而州法律是保护承诺的……

四位持异议的法官则不认同该理由,他们认为该文章具有重要新闻价值,标明消息来源是合理的:选民有权知道是共和党候选人的公关助理向媒体提供了对民主党候选人不利的信息。戴维·苏特此次是在担任最高法院法官时首次表明反对意见,他认为第一修正案比“允诺禁反悔”法对大众媒体更适用。苏特写道：

> 毫无疑问，科恩的身份将影响明尼苏达选民的选择结果。公布他的身份应该受到第一修正案的保护。向媒体透露信息能够反映他的品质，而作为候选人顾问的品质又能够反映候选人的品质。该因素可能影响到选举；如果确实如此，这关乎更大的公众利益。……鉴于州的利益，在此起案件中，我不认为保守承诺比披露消息来源更重要。

在不到一年前，法官苏特取代了威廉·布伦南的位置。布伦南是《纽约时报》诉沙利文案判决书的作者，曾经做出很多关键的决定来扩大媒体自由。而苏特在此案的反对意见也会获得布伦南的赞同。事实上，苏特在最高法院的早些年，他的决定体现出他是保守派，包括 1992 年的罗诉威德堕胎一案的裁决。这再次表明了将最高法院法官按意识形态分类的危险性——当民主党或共和党总统做出他们认为安全的最高法院法官选择时。

科恩案的判决在记者中产生了不同的反应。很多记者认为，具有讽刺意味的是，记者披露和不披露消息来源都可能引来诉讼纠纷。数名媒体律师警告，科恩的行为可能会激发那些不满消息来源者控告媒体。由于大多数记者和消息来源者的私人会谈都是秘密进行的，并没有其他目击证人在场。因而此类案件的较量最终成为记者和消息来源者之间的信用较量，而法官则是裁判。

当消息来源者控告媒体泄漏他们的名字时，每个州会有不同的决定。在某些州，一般不会承认这些法律诉讼，除非有书面合同，而且该合同被认定违约。而在包括明尼苏达州的其他州，这种案件会依照“允诺禁反悔”法规在法庭上受理。科恩案件的长远影响还在逐步显现。可以肯定的是，当记者向消息来源承诺时，他则面临另一种危险。

科恩案件在 10 年后的 1992 年终于结束。明尼苏达州最高法院重审了此案，裁定科恩可以获得 20 万美元的实际损失赔偿，但不能获得惩罚性赔偿。法院认为“允诺禁反悔”法则适用于该案件。

新闻编辑部搜查

一个相关的法律问题一度给新闻工作者们敲响了警钟：对报刊和广播电视新闻编辑部的法律强制搜查。在 1978 年的一个案件中，美国最高法院规定即使新闻工作者不是犯罪嫌疑人，第一修正案也不能为媒体提供特权以免遭搜查（舒克尔诉斯坦福日报案（Zurcher v. Stanford Daily），436 U. S. 547））。

这个案例发生在1971年，大批示威者占据了斯坦福大学医院并遭到了圣塔克拉拉县治安官员和帕洛·阿尔托（Palo Alto）警察的强制驱逐。《斯坦福日报》（*Stanford Daily*），斯坦福大学的学生报纸，报道了这一事件，将其认定为严重暴力事件。很多人在这次事件中受伤，包括几位执法官员。两天后，该报纸发行了一期专刊，配发了一些有关骚乱事件的照片。

圣塔克拉拉县地区检查官办公室获得了搜查许可，四名警察在几位员工在场的情况下搜查了报社办公室。没有员工被怀疑与暴力事件有关，但警方为了获得更多的照片和相关信息而搜查了办公室。结果并未有任何发现。

报社成员对本地官员提出了联邦民事诉讼，指控其违反了第一、四和十四修正案。联邦地方法院和第九巡回上诉法庭都做出了有利于新闻工作者的裁决，但最高法院推翻了这些裁决。

在5-3决定中，最高法院认为宪法没有禁止对报社未经宣布的搜查，即使没有职员被怀疑犯罪。法院认为只要有专门合理的申请并获得了搜查许可，搜查便是合法的。警方不能毫无根据的对报社进行搜查，但如果有专门的证据许可，则可以对编辑部进行搜查以期获得证据。

不过，最高法院声明议会或州立法机构都可以采取行动禁止对编辑部的搜查；而高级法院只声明它不会通过司法禁止该行为。在舒克尔案件决议公布后的一段时期里，许多州的立法机构和议会提出了反编辑部搜查的法案。在随后的几个月中，几个州通过了此类法律，包括伊利诺斯、加利福尼亚、阿拉斯加、新泽西和弗吉尼亚。

1980年的《隐私权保护法案》

在1980年，议会通过了一部全面的限制搜查编辑部的联邦法律——《隐私权保护法案》（Privacy Protection Act）。这部影响深远的联邦法律有效地推翻了舒克尔判决，将大部分联邦、州和地方执法人员对编辑部进行的搜查行为界定为违法。

在《隐私权保护法案》中，除了在极其有限的情况下，禁止执法人员对记者所持有的"文件材料"（照片、录音、影像等）进行搜查和没收。法律允许搜查与没收仅当：(1) 信息持有者被怀疑犯罪；(2) 有足够的理由证实这些材料必须立即被获得以阻止人员的死亡或严重的身体伤害；(3) 有理由证明发布通知或传票将导致这些材料被破坏、更改或隐藏；(4) 起诉需要的材料没有按照法院的指令进行处理。

法律条款对新闻工作者的工作产品（如：笔记和草图）的规定更加严格。这些材料不能被没收，除非该新闻工作者被怀疑犯罪或这些材料可以帮助阻止人员死亡或受伤。

任何人受到违反《隐私权保护法案》的搜查，都可以向联邦政府、州和地方政府起诉，但是要向法庭提供违反法案的证据。

《隐私权保护法案》的主要效力在于，它让执法人员明白，如果他们希望从新闻工作者处获得信息时，通常需要使用传票形式而不是搜查许可。

搜查许可通常是法官单方面批准的；被搜查人没有机会对许可的签发提出异议。当执法人员出示并进入房间（如必要的话可能使用强制力）的时候，被搜查者才知道搜查许可的存在。

传票则只是要求某人提供信息的法庭命令。在法律的范畴里，传票往往存在争议，传票的签发可以被上诉。如果传票被签发了，将会成为新闻工作者的一大难题；一些大型报纸和电视台拥有几乎全职应对传票的律师。然而，绝大多数新闻工作者宁愿应对传票，而不愿被手执搜索许可的执法人员侵入办公室。

《隐私权保护法案》至少改善了舒克尔决议之后新闻工作者的处境。不过，很多新闻工作者希望法律规定能够更为严格，他们主张：在对编辑部进行非法搜查中获得的证据不应被法庭接受。在编辑部搜查的领域，以及涉及记者权利的更广泛的领域，主要的法律问题还没有得到完全解决。

主要议题概述

一方面新闻工作者力图保护其资料和秘密信息来源，另一方面法院需要获得相关材料，两者之间存在着固有的矛盾。法官认为如果不能获取重要的证据信息将无法做到司法公正。但是新闻工作者认为他们必须保护秘密信息来源——出于很多社会原因。为了坚持职业原则，至少有两位记者已经在监狱度过了一个多月的时间。新闻工作者被捕已经变得越来越平常，未来在很多州肯定还会继续出现新的案例。

虽然30多个州都已有新闻保障法，但是法院再三地制造针对这些法律的特例，要求记者公开秘密信息。在许多州，受理上诉的法庭通过司法解释极大地削弱了州新闻保障法。与这种趋势相对应，加利福尼亚的选民投票将新闻保障法列入州宪法。但与此同时，法院开始削弱这一新的新闻保障法，仅把它看做是州立法机关的一部法律。

不过，在记者特权方面有一个补偿性的趋势：即使缺乏正式的保护法律，也有相当多的联邦和州法院认可了该项司法权利。在至少7个没有保护法的州，州最高法院也采取了这一措施。

而且，联邦上诉法院巡回上诉审判庭，认为记者特权相关事宜，不是一部宪法性质的法律，便是一部联邦普通法。这就从司法上完全赋予了记者权利：法院保留衡量该特权与其他因素的权利，比如这些信息的相关性和法院的需要程度。

在新闻工作者被捕的案例中，瓦尼萨・莱格特的经历最能说明记者权利被削弱的问题。2001 年和 2002 年，尽管她没有被指控犯罪，但她在监狱中度过了 168 天。她的罪名是坚持主张保护其秘密笔记、录音带和资料，她的案例促使联邦上诉法院宣布记者的特权在联邦大陪审团的调查中并不适用——或者说在一般意义上的犯罪案件中并不适用。幸运的是，对于其他新闻工作者，那份可疑的法律声明没有成为正式决议；它并没有成为该类案件的先例。

记者和法官们都感到他们所涉入的领域存在着重要的伦理原则。比如公平审判新闻自由这个议题表现出两种重要权利的内在冲突，而这两种权利在民主社会里都应该同样受到尊重。因此，这个难题不可能马上得到解决。

新闻记者的特权问题概要

什么是藐视法庭？

法官具有处罚任何不尊重法庭或者不遵守法庭命令的行为的权力，以藐视法庭罪名向其发出传讯。刑事藐视是指对过去的罪行的处罚，如罚款或者监禁等。民事藐视则不是一种处罚，而是一种强制行为；因民事藐视法庭被传讯的公民在其拒绝遵守法庭命令时可能会被拘禁，直至他们服从法庭命令后才会被释放。

为什么藐视法庭对于记者来说是一个难题？

当记者承诺保护特定消息（譬如消息来源本身）来源的机密性时，他便承担了保持这一承诺的道德责任，即使在法院向其索要信息时。这样，一个有道德责任感的记者将会面临藐视法庭传讯的风险——甚至可能会入狱。

什么是新闻记者的特权？

如果不承诺保护重要新闻的消息来源，很多重要的新闻将无法被调查研究，因此记者坚持认为他们有保护其未出版的记录、视频录像带以及消息提供者的姓名的权利。新闻记者的特权便是指记者至少拥有有限的保护消息来源的有条件的权利，即使在法官要求其提供信息时。

什么是新闻保障法？

新闻保障法是当记者被法院要求揭露机密消息来源时，可免除记者披露机密信息责任的成文法。美国大约有30个州拥有这样的法律，但是其中一些州保护法具有很多特例，以至于当记者遭到法院的藐视法庭传讯时，这些法律只能给记者提供微弱的保护。此外，法院有时也拒绝承认保护法，并认为保护法削弱了司法部门的权威。

在没有新闻保障法的情况下，记者的特权是否还存在？

在布兰斯堡诉海斯案件中，最高法院的多数法官认为，在特定的情况之下，记者拥有有限的法律特权，但是在类似案件中并不适用。在没有保护法可适用的情况之下，联邦以及许多州法院都承认记者拥有保护机密消息来源的有限特权。但当信息与案件有明显关联，案件对于信息本身有明显需求以及该信息无法通过其他的渠道获取时，这个所谓的特权通常不再适用。

搜查新闻编辑部是否合法？

根据1980年的《隐私权保护法案》(Privacy Protection Act)，大多数由法律执行机关实施的搜查编辑部的活动都是非法行为。目前看来，搜查新闻编辑部的行为比较少见。

第九章　信息自由

现代新闻记者必须打响的各种法律论争中，其中一场难度最大、阻力重重的论争便是为了获取信息自由的论争。一旦失去收集新闻的自由，则出版自由就与传播无事实证明的意见没有差别了——没有一种缺乏报道事实的记者权下的发表评论意见权。

最近几年，媒体在报道政府会议和记录的斗争中取得了重大胜利。但是，也遭遇了挫败，尤其是2001年“9·11”事件后。随着政府规模的扩大，这种庞大性使得政府可以轻而易举地避开公众审查隐瞒重要信息。此外，从第二次世界大战以来，联邦政府以保护国家安全的名义来保守秘密的倾向日益强烈。1995年，克林顿政府的行政官员做过评估，仅仅出于国家安全的考虑，每年就有不少于350万的文件被声明为机密文件。21世纪初期，随着恐怖主义威胁的加剧，这一趋势甚至更为显著。

几乎没有一个人会主张，政府必须公开那些对潜在的恐怖分子有帮助的信息。但是，假如民主自身发挥作用，公众依然必须知悉政府的活动与政策。如果没有信息自由，公众该如何明智地对竞选者所提出的政策进行比较呢？没有信息自由，人民又该怎样来评价政府的对外政策，诸如对伊朗、伊拉克和朝鲜这些国家的政策呢？“9·11”事件后，在一次有关恐怖主义威胁的演讲中，布什总统将上述这些国家视为“邪恶的轴心国”。显然，人们必须在国家安全的需要与政府信息公开的需要之间加以权衡。

即使是在与人们家庭更接近的地方，同样的原则亦适用。也许恐怖主义的威胁可以证明，对核电厂或水质处理设备的内部工作方式加以保密的举措是正确的。但是，如果不让选民知晓城市预算和教育政策的实际情形以及它们是怎么获得通过的，那么，选民又怎么才能知道，城市预算是否合理，或者是，教育局是否在执行正确的教育政策呢？

考虑到这些需要，多年来，记者和关注公众利益的团体投入到争取本地政府、州政府和联邦政府信息公开的斗争当中。这场斗争使得公众在获悉官方记录和会议方面取得了重大进步。现在，全部五十个州的法律均规定，州或本地政府的大多数行政部门必须做到会务公开，同时，法律也保证公众可以获悉许多政府记录。在第二次世界大战结束后,仅有少数州制定这样的一些法律。

在联邦层次上,1966 年的《信息自由法》颁布后,数以百万计的文件被公之于众。此外,许多曾经强调通过召开秘密会议来制定政策这一特权的联邦局,也受到了 1976 年《阳光下的政府法案》的管辖。尽管该法案存在诸多漏洞,但至少它使一些在以前被视为秘密会议的会议得以公开。

这些法律究竟有多重要呢? 在美国,每年符合《信息自由法》规定的请求数目超过 100 万。若是将《信息自由法》颁布后第一个三十年出现的有关诉讼加以汇总,其内容将达一部著作之巨。但是,《信息自由法》所允许的、从这些曾经被政府所封锁的文件中得到的信息确实重要吗?

在实施《信息自由法》的过程中,研究者们了解到,中央情报局在暗中监视马丁·路德·金以及其他倡导公民权利的早期领导者,而且长期担任联邦调查局局长的胡佛(Hoover)企图通过联邦调查局让路德·金(Luther King)在公众面前失去信任。另外一项有关《信息自由法》的调查则表明,50 年代期间,政府曾经进行精神控制药物实验,至少导致两人死亡。同时,通过行使《信息自由法》进行的研究发现中央情报局曾力图推翻智利政府并将新闻记者作为特工派遣到国外。

新闻记者也利用《信息自由法》来揭露福特公司斑马(Pinto)牌汽车油箱的安全隐患,以及帮助查明哈勃太空望远镜的镜头不能正常工作的原因,同时警告市民警惕能源部在一些州的核武器工厂产生的环境危害。

得益于《信息自由法》,许多关系国计民生和具有新闻价值的政府秘密才得以披露。《信息自由法》也用来揭露长期被隐瞒的、由放射性引起的健康毒质以及橙剂对越战美国老兵所造成的危害。《信息自由法》用于披露美国在古巴猪湾入侵事件中所扮演的可耻角色的重要细节,以及尼克松总统对柬埔寨的军事行动计划。

尽管联邦《信息自由法》举足轻重,但也仅是众多用于使会议公开和秘密文件得以解除封锁的众多法律之一。本章将对这些法律进行概述,同时也概论了新闻记者在寻求信息的过程中遇到的一些其他问题。

联邦《信息自由法》

在 1966 年国会颁布《信息自由法》时,它的预期使用者主要是新闻记者。当然,在游说该法得以通过的过程中,那些担心政府日益秘密化的新闻记者起到了带头作用。但是,自从《信息自由法》实施后,其主要用户一直都是企业、学术研究人员以及对某一个话题感兴趣的个人。实际提出信息请求的大部分人则是代表私人客户的律师,而不是代表公众权益的新闻记者。历史学家以及其他学者遵照《信息自由法》的规定提出的信息请求,在数量上要比新闻记者提出的信息请求多得多。遵照《信息自由法》提出请求进而获得信息比较花时间,新闻记者需要在极短暂的时间内获得信息,因此,他们无法等待由办事效率低下的机关来答复这种正式的信息请求。要求政府机关对符合《信息自由法》的请求必须在十个工作日内做出答复,这也许显得《信息自由法》的制定者有点天真。批评者指出,没有一个政府机关能在这么短的时间内做出答复。鉴于此,作为对《信息自由法》实施改革的主要部分,1996 年,国会将答复时限延长到二十个工作日,下文我们将对此进行讨论。

《信息自由法》的基本条款是什么呢?该法宣称,由联邦政府各机关所保留的大量记录将被公开以接受公众的检查,而且将会以合理的价格把这些记录的副本对外出售。如果这些所谓的"机关记录"不在九项特定豁免之列,那么,政府就须答复公众的请求将其公开。

为方便操作,1974 年的《信息自由法》修正案要求政府必须发行行政机关记录一览表,甚至是发布获取这些记录副本的价格表,以此来答复符合《信息自由法》的信息请求。如果政府认为所公开的文件能使公众受益而不仅是使个人或企业受益,那么就得将收费取消或者是将费用减少。

由于这一条款允许政府对同样的信息实施不同的收费,因而引发了一些争论。联邦调查局曾经向主要电信部门收取 9000 美金的资料费,而同样的资料则是免费提供给一位作品是为公众服务的作家(按照联邦调查局的看法)。

请求者无须证明他所提出的、符合《信息自由法》的请求是正确的。但是,如果请求者能够让政府确信,他们的请求服务于公众权益,那么,他们将会节省在获取信息上的费用支出。1986 年,国会对《信息自由法》进行修改,以降低政府机关向新闻机构、非营利的教育或科学机构所收取的费用,同时提高对商业企业的收费。通常来说,政府机关为了查找商业企业所请求的信息并在这些信息公开前对其进行复查需要花费一定的时间,商业企业必须为此支付费用。新闻记者和其他非营利团体则可以完全免去这样的费用。其他非商业性质的请求者可能会遇到不同的规则,这取决于他们向哪个政府机关提出请求。例如,多年以来,只要非商业请求者所需要的信息可以在两个小时内被找到和复查完毕,或者是总页数不超过一百页,那么联邦通讯委员会就不会向其收取费用,但是,一旦非商业请求者所需要的信息需要花费两个小时以上才能被查找到或者是信息页数超过一百页,那他就得付费了。

尽管联邦各机关可能会对新闻记者和非营利团体实行价格优惠,但是,政府机关在决定是否公开信息的过程中,并不可以考虑请求者的身份或者他的请求目的。美国联邦最高法院一度宣称,“由于国会显然是想通过《信息自由法》给予任何一位对某一文件具有特别爱好的公众成员尽可能多的公平权利……请求方的身份与其根据《信息自由法》所提出的请求并没有关系。”(美国国防部诉联邦劳动力关系管理局案(*Department of Defense v. Federal Labor Relations Authority*), 510 U. S. 487, 1994)

为了尽力回避法律规定,联邦政府机关有时也会宣称,回复某一符合《信息自由法》的请求将会付出昂贵的代价。法院通常并不考虑这种辩解,相反,它只是强制各个政府机关遵守法律,而不顾其所声称的、为答复信息请求而花费掉的费用。例如,在 1980 年的一个判决(朗诉国际税收服务案(Long v. International Revenue Service),596F. 2d 362,Cert, Den,446 U. S. 917)中,联邦上诉法院就认为,即使国际税收服务局声称要花费 16 万美元,也必须提供被请求的信息。

鉴于《信息自由法》的制定目的,术语“政府机关”可以这样定义,即,它包括了职能部门、军事机关、政府法人、政府控制的法人以及其他执行机关和独立的监管机构。简而言之,“政府机关”这一用语正好构成了除国会和法院外的整个联邦政府。

一旦政府机关收到一个获取特定记录的请求,它就得在二十个工作日内对此请求作出答复,要么是同意这一请求,向请求者提供该记录;要么就是拒绝他的请求(并解释拒绝的原因)。然而,法院再一次允许政府机关无须在这么短暂的时间期限内给出答复,并裁决指出,二十天的最终期限只是“指导性的”而不是“命令性的”。如此一来,符合《信息自由法》的请求要得到答复可能得花上一年或者是更长的时间,尽管有一个联邦上诉法院曾经在一起案件中裁定,八年的答复时间实在太长了(富德利诉美国司法部案(Fiduciary v. Department of Justice),185 F. 3d 1035)。

如果信息请求遭到拒绝,请求者就有权利据此提出上诉。他可以先向政府机关提出申诉,随后,他便可以向联邦法院提起上诉。在《信息自由法》的这些条款下数以千计的诉讼在联邦法院上提起。遵照 1974 年和 1976 年《信息自由法》修正案的规定,联邦法院法官有权在他的议事室内私下复查被请求的各类文件,并裁定政府机关拒绝请求的决议是否有效。法官必须做出决定,这些文件是否真正属于九项特定豁免的范围,以便证明机关将其保密的做法是正确的。简单地说,这九项豁免就是:

1) 已经明确划定为国家安全或外交政策的秘密文件。

2) 与联邦机关内部的人事规章和工作制度有关的文件。

3) 其他成文法明确规定不得向公众公开的信息。

4）政府机关所收集的贸易机密、其他一些金融和商务信息。

5）涉及内部决策过程的机构之间或机构内部的备忘录。

6）为保护个人隐私，必须加以保密的人事、医疗档案或类似的个人档案。

7）出于执法的目的而搜集的调查记录，如有以下情况发生，则不得访问这些“调查记录”。

a）妨碍执法行动。

b）剥夺个人接受公平审判的权利。

c）对个人隐私构成不正当的侵害。

d）暴露秘密信源的来源。

e）透露调查技术，从而可能导致某人可以逃避法律。

f）危害个人的生命或人身安全。

8）金融管理部门为管理金融机构而筹备或使用的文件。

9）关于石油和煤气勘探的资料和地图。

显然，特定豁免的许多规定都过于宽泛，而且包罗万象。因此，它就可以被用来证明大量政府秘密的存在是合理的。此外，由于国家安全的原因，数以百万计的政府文件被列为机密，而无数的政府文件也因其他的原因被视为机密。例如，执法档案和内部备忘录可免于公开就被广泛用来拒绝向公众公开信息。

《信息自由法》的适用

任何人想获得《信息自由法》准许获取的信息都必须以书面形式清楚地写明，他或她正在提出一个符合《信息自由法》的请求，此外，他可能还得在正式引文中援引《美国法典》（*the United States Code*）第5篇第552节的有关规定，信息请求应尽量具体化。由于机关必须对记录进行识别，因此，请求者必须准确阐明所需的记录。各机关将保存记录表的信息在《联邦公报》（*the Federal Register*）上予以发布，使用者可通过联机和许多大型图书馆来获取《联邦公报》，各政府机关以此来帮助信息请求者们准确定位他们所需的记录。

首先，符合《信息自由法》的请求被直接呈递给特定机关内主管信息请求的官员。如果请求被主管官员拒绝，那么，请求者可接着将请求呈递给该机关的领导，除非该机关规定了不同的申诉程序。

如果请求再次被拒绝，除了上诉，或者是在机关内部发展愿意透露秘密的“线人”，请求者便很难通过其他途径来获取所需的资料了。

一旦符合《信息自由法》的信息请求被拒绝，请求者将收到一份不能获取的文件清单。该清单附有每个文件不得被公开的法律正当性解释。这种清单被称为“沃恩目录”。在沃恩诉罗布森(Vaughn v. Rosen)案中，联邦上诉法院裁决政府在拒绝信息请求时必须提供这种清单。

按照“9·11”事件后布什政府所制定的政策，联邦各机关被命令停止执行克林顿政府于1993年制定的政策。克林顿政府于1993年所制定的这一政策，要求将信息公开，除非“可以合理地预测到将之公开是有害的”。2001年10月12日，司法部长约翰·阿什克罗夫特宣称，根据新出台的政策，只要存在“合理的法律依据”，政府机关将信息加以保密就应该得到鼓励。这一新指令引证了“保护国家安全、增强执法机关的效力、保护敏感商务信息，尤其是保护个人隐私”的重要性。

此外，约翰·阿什克罗夫特倡导的新政策表明，“只有依靠消息灵通的国民，我们的国家领导人才能保持对我们的国民负责，美国人民才能确信，不管是欺诈行为，还是政府浪费，都不会被隐瞒。”但是，一旦所要请求的信息属于“灰色区域”，即无论是公开，还是保密都可以引用法律进行辩护，这时，新政策将鼓励政府官员对信息进行保密。对此，新政策指出，“用于公开受《信息自由法》所保护的信息或由机关制定的任何指导性决议，都得在全面、周密地考虑了信息公开所涉及的机构、商业和个人隐私利益之后才能做出。”

新政策是通过何种方式来影响公众获取政府信息呢？人们拭目以待。然而，今天，随着政府对国家安全和个人隐私的高度重视，新政策和时代精神看起来似乎使得新闻记者以及其他需要获取政府信息的人士处境更为艰难。许多新闻记者和公民自由主义者都在关注后“9·11”时期政府秘密信息的政策走向。例如，“9·11”事件后，有关大约750位外国移民因被认为对美国安全构成威胁而被拘留的秘密、用于审问一些被拘留者的军事法庭的秘密，以及阿富汗战争期间对媒体进入战场所实施的限制。许多人对此深感担忧。

另一方面，布什政府新出台的，针对《信息自由法》的指令并没有废除克林顿政府的另外一项适应《信息自由法》的政策。该政策的执行命令是由克林顿总统在1995年签发的。它使得联邦各机关在处理秘密信息的方式上发生了巨大变化，同时修正了机关出于国家安全的原因而将文件划分为秘密的准则。此外，该政策还要求政府机关对已经存在了25年的大部分文件重新进行划分，使这些文件得以接受公众审查。政府机关的领导，如中央情报局局长，可以制定准则，使已存在25年的文件免于公开，但是，这需要获得专门对这些文件实施豁免复查的委员会的批准。

1995年的政策将中央情报局那些会暴露“情报源”名字的文件免于公开，

同时豁免公开国防部作战计划有关的文件。虽然研究《信息自由法》方面的律师指出,1995 年的政策给予了政府机关,如中央情报局和五角大楼保守秘密的广泛自由,但也有一些人士指出,与旧的制度相比,1995 年的政策有了明显的改进——这种变革使得公众可以遵照《信息自由法》查询政府其他数以百万计的文件。即便如此,依然有许多提倡政府信息公开的人士感到忧虑。原因是,2003 年,布什政府推迟公开那些遵照 1995 年的政策必须公开的文件,同时给予联邦政府三年的额外时间来确定哪些文件可以公开,哪些文件不可以公开。

对于打算使用《信息自由法》获取政府信息的任何一个人而言,他们可以从华盛顿新闻自由记者委员会那里获得一本极有价值的小册子。该册子名为《如何应用联邦信息自由法》,它包括了各机关符合《信息自由法》的规定,可以被公开的信息目录及其价目表,同时附有一般说明、请求信样本、申请信样本、上诉信样本、自动弃权申请书样本以及提出法律诉讼所必需的法律文件。

有关《信息自由法》的诉讼

人们如果无法依据《信息自由法》获取所需的信息,可以据此向法院起诉。《信息自由法》规定,如果机关在诉讼中败诉,法院可以要求政府为请求者支付律师费以及法庭费,而且,如果法院查明机关职员在拒绝最初请求的过程中行为反复无常,那么行政事务委员会必须召开会议,以决定是否对拒绝请求的机关职员实施处罚。

在依据《信息自由法》而提出的诸多诉讼中,我们有必要对当中的一些加以总结,以便说明《信息自由法》典型的运作方式以及法院在对其进行解释的过程中发挥的作用。第一项豁免(出于国家安全的原因)是很宽泛的,法院往往也同意政府的做法。事实上,虽然政府机关能够提供一份令人信服的宣誓书(遵照誓言所作的声明),以此证明它将文件保密的需要是正确的,有时候法官甚至会拒绝在其议事室内查看已经划分为秘密的文件。而在 1997 年的一份判决(贝尔诉美国案(Bell v. U. S.),563 F. 2D 389)中,联邦上诉法院宣称,这种宣誓书至关重要。

然而,其他法院的裁决指出,为了使国家安全这一豁免条款可以应用到文件上,必须对文件进行正确划分。在 1974 年的一起案件中(谢弗诉基辛格案(Schaffer v. Kisssinger),505 F. 2d 389),红十字会在其所提出的一份报告中宣称,对于越南集中营的资料,政府并没有遵照正确的程序就将其归类为秘密的报告。联邦上诉法院同意了红十字会的观点。因此,政府必须将上述资料公开。

尽管如此,在《信息自由法》中,国家安全这一豁免条款仍存在着巨大的、令人感到棘手的漏洞。多年来,许多滥用国家安全分类制度的事件都被曝光了。在这些滥用行为中,不乏有一些是被用来遮盖腐败、政府浪费和官僚政治的笨拙例子。

多年以来,国会一直反对联邦政府将有关肯尼迪被暗杀事件的许多记录加以保密的做法。1992 年,国会成立了暗杀记录复查委员会。1998 年,该委员会完成了漫长的复查,并得出结论说,政府"多余地和费事地"保留了数百万份无须作为秘密加以保护的记录,同时指出,这种秘密"使美国公众认为,对于肯尼迪被暗杀一事,政府有所隐瞒"。

五角大楼对于秘密信息的专注有时也是挺滑稽的。在《无惧赐予:〈纽约时报〉与它的时代(*Without Fear of Favor: The New York Times and Its Times*)》一书中,哈里森·索尔兹伯里(Harrison Salisbury)讲述了一个有关"五角大楼文件"案(The Pentagon Papers)的故事。政府想方设法证明公开五角大楼文件将会对国家安全造成无可挽回的伤害,因此,来自美国国家安全局局长的一份官方公报被装进一个用双锁锁住的公文包,并被带到位于华盛顿的一个审判室。公文包里面装着三个信封,一个比一个小,小的信封被套放在比它大的信封里,信中内容全是高度敏感的机密信息。就在公布此公报的关键时刻,一位《华盛顿邮报》的记者公开了一份含有与此公报内容相同的国会文件,而很久之前,这份国会文件就已被公之于众。

有关这方面的另外一个值得关注的例子就是,当《美国展望》(*Progressive*)杂志打算发表一篇有关氢弹的文章时,政府试图对其进行审查,但是,文章的材料来源却是人们可以很容易就获取到的公开信息(第三章已阐述过这个案件)。这也就表明,身处美国的外国间谍会不止一次地将时间花在阅读流行报纸和杂志上,也会花时间去公共图书馆阅览而不是花时间在五角大楼周围窥探。

尽管如此,对于《信息自由法》所规定的国家安全这一豁免条款必须加以认真地对待,因为它允许政府保留许多重要的文件以避开公众审查,这样,政府不仅可以隐藏合法的军事和外交秘密,更可以隐藏在一个民主国家必须公开的许多信息。一些批评者指责说,自从 2001 年"9·11"事件以来,以国家安全为借口而实施的豁免更是被发展成为一种更为普遍的豁免,这种以国内安全为理由而实施的豁免被用来证明,政府将大量信息史无先例地归为秘密是合理的。

在其他一些豁免中,有几项也激起了人们相当大的争论。例如,商业秘密和个人隐私信息豁免公开,就引发了许多双重诉讼,令联邦政府左右为难。一方面,某些人(通常是竞争者)在寻找可能受商业秘密豁免条款所保护的信息;而另一方面,最初提供信息的私有公司则提出请求,以迫使政府对其所提供的信息加以保密。由后者所提出的诉讼被人们称为“倒转《信息自由法》”诉讼。

然而,令记者和学者们更感兴趣的则是执法信息、内部人事制度和内部工作方式文件的豁免公开。对于那些被执法机关认为对它们的职责相当重要的信息,联邦法院则避免强迫他们将之公开。然而,在某种程度上,法院并不是完全赞同联邦政府将这种豁免的解释广泛地运用到机关的各种内部资料中。在很多情况下,政府机关维持内部机密资料免于公开的努力都会失败。

与这方面有关的一个著名例子便是1976年联邦最高法院关于空军部诉罗斯(Department of the Air Force v. Rose)一案的判决。在查找空军学院有关违反名誉和道德准则的预审记录时,法律研究者罗斯发现,受嫌疑的违反者名字已被删除,由此他将空军部上诉到法院。最高法院判决说,只要被请求的信息确实是事关重要的公众利益,那么,就得将它公开,除非这种公开会给调查和上诉造成危害。法院特别强调了国会的明确意图,即,只要没有一个人的个人隐私权受到威胁,那么,这种信息就得公开。

当联邦机关、信息查找者和法院都遵照《信息自由法》行事时,许多其他实际问题也随之出现。在这些问题当中,最为重要的一点就是政府机关要么是通过毁坏敏感记录的手段,要么是将敏感记录加以隐瞒,以此来逃避法律。有时候,公职人员仅仅是将这些记录携带回家,就可使其免于公开。只要政府机关一口咬定,指定的文件不曾存在,那么,外界根本就没有办法可以证明该指定文件一度存在。

此外,1980年,在一起案件的判决(基辛格诉新闻自由记者委员会案(Kissinger v. Reporters Committee for Freedom of the Press),445. U. S. 136)中,联邦最高法院指出,前国务卿基辛格可将记载官方电话内容的日记本作为秘密加以保护。理由是,基辛格已将这一日记带回家,而且政府本身也没有命令他将日记本交回。作为对伦奎斯特法官所撰写的、由多数法官通过的判决书的回应,持反对意见的法官警告说,这种判决将会给主要政府官员一种自由,使得他们仅仅是将重要的文件携带回家便可以完全避开了《信息自由法》的规定而免于被公开。

在1980年另外一起主要的判决(福肖诉哈里斯案(Forsham v. Harris),445 U. S 169)中,联邦最高法院明确声明,若私人公司从事的研究得到政府许可,那么该公司可以不必公开他们的数据。法院判决指出,这种研究数据完全不符合“政府机关记录”的定义,因此不在《信息自由法》规定的公开范围之内。

1982 年,联邦最高法院遵照《信息自由法》的规定,对另外两起限制公众获取政府信息的案件——联邦调查局诉艾布拉姆(FBI v. Abramson)案和美国国务院诉《华盛顿邮报》(*Department of State v. Washington Post*)案进行了判决。在审判的过程中,联邦最高法院依然倾向于从狭义的角度来解释《信息自由法》。

在艾布拉姆案中,最高法院判决说,遵照《信息自由法》的规定,由尼克松政府汇编的、关于尼克松政府批评者的一些信息可以免于公开。同时,法院宣称,起初,中央情报局搜集信息是为了进行调查,由它所搜集的这些信息当属于执法调查的豁免范围,即便是这些信息最终会被重编或者是被党派运用到政治中。

艾布拉姆案的判决引起了联邦最高法院布莱克曼法官、布伦南法官、马歇尔法官、奥康纳法官的反对。在两种互不相同的观点中,他们指出,事实上,通过对执法调查的豁免进行广义上的解释,多数人通过的判决书对《信息自由法》做了修正。而法官奥康纳则指出,出于执法的目的,相关记录被按照与其现有形式明显不同的形式加以汇编,因而,这样的记录不应在豁免之列。

《华盛顿邮报》案则扩大了"人事、医疗档案或类似的个人档案"这一豁免条款的范围。法院认为只要个人的隐私权益超过揭露秘密信息的公众利益,那么,就可以表明,一个人是否持有美国护照的记录属于"类似的个人档案",因而它应该在免于公开之列。

《华盛顿邮报》案缘起于《华盛顿邮报》为了查明两位居住在伊朗的侨民是否也是拥有美国护照的美国公民。国务院拒绝提供有关信息,并声称提供这种信息将会给这两个人"构成真正的人身伤害威胁"。《华盛顿邮报》根据《信息自由法》的规定对此提出了控告。在此案的判决中,法院取得了实际上的一致意见,并指出:

> 尽管我们很难从豁免的第六条规定去揣摩国会有关"类似的个人档案"的确切含意,但是,立法历程表明,国会并不打算将豁免的第六条规定仅仅局限在个人信息的这样一些范围狭窄的档案上。"类似的个人档案"含义广泛,并不狭窄。

八位法官在多数人意见判决书上签了字,奥康纳法官并不同意他们的意见。最高联邦法院将该案撤回给下一级联邦法院审理,并由下一级联邦法院来确定保护两个伊朗人的隐私权是否比披露秘密信息的公众利益更为重要,以便证明政府对这两个人的公民身份加以保密的举措是正确的。

由于再次考虑到隐私权的问题,1997 年,联邦最高法院在判决(《圣经》诉俄勒冈州自然沙漠协会案(Bible v. Oregon Natural Desert Assn), 519 U. S 355)中指出,遵照《信息自由法》的规定,不得将政府机关的邮件列表公开。法院在公众的知情权与个人隐私权之间加以权衡。法院判决指出,邮件列表中名字只有在“使得机关在履行法定职责方面的绩效更为人们所了解,或者反过来说,可以让国民知道他们的政府能够胜任什么样的工作”时才可以公开。

1985 年,联邦最高法院采用另外一种方式限制《信息自由法》适用的范围。这一次以《信息自由法》的名义使得中央情报局的许多记录免于公布。在美国中央情报局诉西姆斯(Central Intelligence Agency v. Sims)案中,法院判决指出,中央情报局可以将其情报信息的来源作为秘密加以保护,即使这些数据来源并没有涉及国家安全。

20 世纪 50 年代,一些研究人员和机构参与了一个由中央情报局发起的、能够改变人类意识的药物研发项目。该项目要求研究人员让那些不知情的实验者服用一种依当今标准禁止使用的药物。拉尔夫·纳德公民健康调查小组(Ralph Nader Public Citizen Health Research Group)在寻找这些研究人员和机构名字的过程中发现,一些研究人员和机构同意将他们的名字公开,但是,许多研究人员和机构都拒绝将他们的名字公开——而且中央情报局将这些人员和研究机构的名字保留起来。为了获得这些研究人员和机构的名字,随后,拉尔夫·纳德公民健康调查小组便向法院提出控告。

《信息自由法》并没有具体的豁免条款来保护中央情报局的信息来源。然而,中央情报局却通过另外一项条款(第三项豁免)获得了一揽子的豁免,使得自身的信息免于公开。这一对中央情报局起到保护作用的条款授权中央情报局可以将它的信息源信息加以保密。

在做出对中央情报局有利判决的过程中,最高法院强调指出,情报工作要求保密,同时,身份暴露的顾虑将会使得情报提供者拒绝与中央情报局合作。因此,对于准许中央情报局对与信息提供者相关的信息予以保密的法律,法院可以自由进行解释。

1989 年,在美国司法部诉新闻自由记者委员会这起案件(U. S Department of justice v. Reporter Committee the Freedom of the Press), 489 U. S. 749)中,很明显,联邦最高法院限制公众获取联邦调查局的记录。在一份含糊其词的判决书中,联邦最高法院并没有遵照《信息自由法》的规定将由联邦调查局所收集的、涉及至少 250 万人犯罪前科的资料予以公开。这些犯罪前科资料——通常被人们称为“刑事犯登记表”——来自包括州与地方的执法机关在内的各种渠道,是由计算机负责处理的个人资料汇编。

法院一致性意见的判决使得《信息自由法》中所规定的、可能会以任何方式影响到个人隐私的档案得到了非常全面的公开豁免。此外,法院的判决用语太过宽泛将会使得这种法律适应也可以被应用到其他机关,而不仅仅是适用于联邦调查局。在个人记录方面,《信息自由法》规定的豁免条款受到了严格限制。

史蒂芬法官在解释法案的判决时这样写道:

> 我们认为,由第三方提出的、获取执法记录或者有关普通公民信息的请求会被合理地认为侵犯了公民的隐私。这是绝对的事情。同时,我们认为,要是信息请求的目的是为了寻找有关政府机关的“官方信息”(official information),而这些“官方信息”不过仅仅是政府偶然收藏的记录,那么,侵犯隐私权的行为是“不能被允许的”。

联邦最高法院宣称,在这个影响深远的判决中,遵照《信息自由法》的规定,涉及联邦机关本身行为的记录与政府所保留的个人信息记录是有差别的,个人记录可以得到广泛地公开豁免。

这一判决受到记者的普遍质疑,同样受到其他人的普遍质疑。这些人指出,许多对以往政府的不当行为最为有力的揭露均出自于个人信息记录。联邦调查局将一些没有犯罪嫌疑的人的记录加以保密,仅仅因为这样的举措可能会引发严重的问题。

几个月之后,联邦最高法院依然是有进无退,判决指出,联邦调查局从其他政府机关所获取的许多文件也可以免于公开。而在约翰·多伊代理机构诉约翰多伊公司(John Doe Agency v. John Doe Corp)(493 U.S.146)案件中,最高法院宣称,不应该强迫政府机关公开与格拉姆集团(Grumman Corporation)有关的某些文件,因为这些文件是“出于执法目的而搜集的”。在联邦大陪审团对航空业的会计核算展开调查期间,格拉姆集团公司要求从国防合同审计局获取文件。而审计局的回应就是将这些文件移交给联邦调查局,联邦调查局则根据《信息自由法》中有关为执法而搜集的文件可免于公开的规定,拒绝将这些文件的副本进行公开。联邦最高法院也同意不予公开这些文件。

总的来说,1989 年的这些判决以及联邦最高法院早期的几个判决看起来好像是给联邦行政机关,特别是联邦调查局传递这样的信息,即,一旦存在疑问,则可根据《信息自由法》豁免条款回绝公开信息的请求。法院再三声明,《信息自由法》的豁免条款“必须在狭窄的范围加以解释”,甚至在约翰·多伊代理机构案中法院也声明了这一点。而且,一旦面对具体的政府信息请求,法院仍会继续判决指出,《信息自由法》的豁免条款允许政府保密相关文件。

然而,在 1993 年司法部诉兰德诺(Department of Justice v. Landano)一案的判决中,联邦最高法院有所松动。在该案中,法院认为,执法记录免于公开并没有给予联邦调查局理所当然应该享有的权利,让它可以拒绝公开可能会被辨认出信息源的信息。法院认为,通常情况下,应该保密联邦调查局情报人员的名字。但是,法院宣称,联邦调查局并没有权利进行法律推定,即,不能将这种信息始终假定为秘密。相反,联邦调查局必须根据各种具体情况来考虑这些信息请求。

虽然联邦最高法院的许多判决已对《信息自由法》中国家安全和执法的豁免进行了解释,并且解释了《信息自由法》中其他的许多条款。例如,2001年,联邦最高法院一致通过的判决指出,印第安事务局不能以《信息自由法》中有关"机构之间以及机构内部的备忘录或信件"可以豁免公开的理由将它与印第安部落之间的信息保密。而在美国内务部诉克拉马斯水消费者保护协会(Department of the Interior v. Klamath Water Users Protected Association)一案中,法院宣称,印第安事务局与印第安部落之间的通讯信息以及政府机关与其所雇佣的私人顾问之间的通讯信息,这两类信息并不相同。在此之前,根据《信息自由法》的豁免条款,前者往往被裁定为秘密。

《信息自由法》的其他问题

在运用《信息自由法》的过程中,人们也遇到其他的一些实际问题。其中一个已为人们所熟知的问题便是,应允[①]下的拖延。许多联邦机关积压了大量符合《信息自由法》的信息请求。而法院也没有决定强制机关必须在《信息自由法》规定的时间期限内答复这些请求。这就给新闻记者造成一个时滞的问题,这个问题也是其他《信息自由法》应用者所反对的。尽管历史学家或商业公司可以为获取重要信息而准备等上一两年,可对于从事及时性新闻报道工作的新闻记者来说,这种拖延常常是致命的。

有关《信息自由法》的另一个问题便是高额的上庭费用与律师费。那些对政府提出控告以获取文件公开以及在法庭上"大获全胜"的请求者将有权利要求政府为他们支付法庭费用和律师费用。尽管如此,倘若请求者败诉,则他就很有可能得支付高昂的法律费用。

《信息自由法》并没有规定倘若文件请求者败诉就得为政府机关支付费用。然而,指导联邦上诉法院诉讼的普遍规则表明,在联邦上诉法院所进行的

---

① 即机关已批准了请求,而从批准到将记录交给请求者的过程被称为应允过程。——译者注

任何一起诉讼中，胜诉者将有权要求败诉者为其补偿出庭费（不包括律师费）。

在一起有关《信息自由法》的诉讼中，美国司法部以这些规则为基础，请求联邦上诉法院下令，要求歌手约翰·贝兹（John Baez）为其支付365美金的政府出庭费，这一要求最终获得了法院批准。约翰·贝兹获得大约1500页有关她本人的、由联邦调查局保留的记录。但是，她仍提出诉讼，要求获得被司法部保密的其他档案。尽管约翰·贝兹败诉了，但是，在起初的时候，联邦上诉法院却拒绝命令她为司法部支付法庭费。后来，法院对此案重新进行审议并判决约翰·贝兹为司法部支付法庭费（贝兹诉美国司法部案（Baez v. U. S. Justice Department），684 F. 2d. 999，1982）。该案使得许多自由主义者忧心忡忡，之所以会有这种感觉，原因不在于约翰·贝兹被命令支付的款额，而是在于上诉法院由此而确立下来的判决先例。

《信息自由法》使用者遇到的另一个问题仍然是受法律准许的文件审查。《信息自由法》允许政府机关将文件中属于豁免范围的部分删除，再将文件的剩余部分予以公布。这种做法的结果就是，有时候一个文件会一连数页出现空白，仅仅只有连词和介词出现。

最为严重的是，最近几年，联邦各机关正协力削弱《信息自由法》。不管是联邦调查局，还是中央情报局都在向国会游说，要求从《信息自由法》中获得一揽子豁免，而且要求国会拓宽豁免范围的努力一直在进行之中。一些官员更是从应允一个符合《信息自由法》的信息请求所需的费用以及所谓的违背国家安全这些方面出发，主张大力削减公众的查询权。

国会从没有给过联邦调查局和中央情报局所希望得到的一揽子豁免。然而，1996年，国会竟然授权联邦调查局和其他联邦执法机关无须表明被请求文件存在与否，就可拒绝符合《信息自由法》的信息查询请求。而在以前，联邦调查局经常必须对被请求文件的存在与否加以澄清，以证明不将之公开是有道理的。当然，这一过程给那些希望弄清楚自己是否成为联邦调查局调查对象的人士提供了有用信息。

1982年，国会通过了《情报识别保护法案》，以此来限制查询与中央情报局有关的信息。该法将具有“辨别和暴露情报人员的故意”的“行为模式”规定为犯罪。这明显是针对曾任职于中央情报局并泄露机关秘密的情报人员。而这些人员的泄密，也是事前限制从未遇到过的一种颇为棘手的情形。新闻记者更是担心，这部法律规定得如此广泛，那它也可以用来对付媒体。

尽管存在着上述争议，但对于搜集信息来说，《信息自由法》仍然是一个有价值的工具。在它实施的短暂历程中,《信息自由法》已经使得数以千计的档案获得公开以接受舆论监督,若是没有《信息自由法》,这些文件将被无限期封锁。

电子信息自由

20 世纪 90 年代,在线通讯和因特网的快速发展使得政府机关在处理、传播信息的方式上发生了巨大变化。同样,这种快速发展也使得公众对公共记录的观念发生了根本变化,并引发出关于《信息自由法》的新问题。

一方面,因特网使得政府可以更加容易地将大量的信息提供给公众,但另一方面,因特网也导致了公众获取政府秘密信息的需求空前增长,曾经有一位网上冲浪者发现一个在线提供个人信息的网站,在极短的时间内,就有数以千计的人发现这一网站并开始发出将这个网站关闭的请求。在许多情况下,政府机关解决这些争论的方式就是将信息从其在线数据库中删除。而按照惯例,这些被删除的信息多年以来都是通过纸张的形式提供给公众的。令新闻记者感到惊慌的是,许多情况下,政府机关的这种解决方式将导致新闻记者无法获得有新闻价值的公共信息:纸质记录可能不复存在,而电子版本的记录可能又超出公众可以获取的范围。在其他极端情况下,许多政府机关把公众记录进行拍买,胜出的投标者将有权把这些记录进行电子化,同时也有权利向获取这些公众记录的人收取高额费用,而在这之前,这种公众记录是免费的。针对机关缩减公众记录的公共查询权限,新闻机构已在全国各地掀起了长期的抗争。

1997 年,《宪法第一修正案》研究中心行政主任鲍尔森在计算机辅助报告讨论会上发言指出,"正当我们进入一个可以快速地、轻松地传播公共信息的技术时代时,我们看到,隐私倡导者们努力将许多数据加以保密,政府更是热心于把它所保留下来的记录廉价地全部买给最高价竟买者。"

《电子信息自由法修正案》

为了应对《信息自由法》所带来一些新问题,也为了把握因特网带来的机遇以及迎接政府内外对计算机运用的快速增长,1996 年,国会对《信息自由法》进行大幅度地修订。可以说,1996 年通过的《电子信息自由法修正案》是国会自《信息自由法》制定三十年来所作的一次最为重要的改动。

《电子信息自由法修正案》规定,政府机关必须使其记录可以通过电子格式——因特网、CD—ROMs或者其他方式提供给公众，结果，该修正案受到媒体的广泛报道。然而，1996年的《电子信息自由法修正案》并不仅是规定了这一点。

《电子信息自由法修正案》改变了联邦机关对符合《信息自由法》的信息请求的答复方式。这种改变体现在三种基本方式上：1）修正案要求政府机关采取措施使得公众更加容易地识别和获取政府记录；2）修正案促进了《信息自由法》执行过程的计算机化；3）修正案完全改革了机关在答复符合《信息自由法》的信息请求的过程中必须遵循的时间表和程序。

为了给公众在获取联邦记录的过程中提供帮助，法规规定，政府机关必须提供详尽的索引和指南，以便说明哪些记录可以获取以及在哪里可以获取到这些记录。同样地，遵照《信息自由法修正案》的规定，政府记录分为三种类型：必须公开的记录；即便没有人提出查阅请求，也得将之存放在政府机关阅览室内以供公众查阅或者是以在线方式提供给公众的记录；一旦被请求就得提供给请求者的记录。

为了使用电脑管理《信息自由法》的执行过程，《电子信息自由法修正案》要求许多政府机关设置"电子阅览室"。在这之前，请求者若要查找政府信息就得去到位于华盛顿的政府机关总部，而且不得不在"公共阅览室"里露宿。现在，在许多情况下，往日存放在"公共阅览室"里的文件已经可以在线获取。因此，不管任何人，也不管在什么地方，只要拥有一台计算机和因特网服务，就可以在家中阅读同样的文件。单是这一条款的规定，《电子信息自由法修正案》就极大地扩大了公众对联邦记录的获取。事实上，这一条款在增加公众对政府记录获取方面，与三十年前的《信息自由法》相比，毫不逊色。

《电子信息自由法修正案》也规定了《信息自由法》执行过程中其他一些可以加强对计算机使用的措施。此外，该修正案坚决声称，采用电子格式保存的记录完全受《信息自由法》的保护。修正案要求政府机关提供的各种资料必须是可供计算机处理的格式。

修正案也提到《信息自由法》使用者长期关注的一个问题：政府官员在公开记录前，往往将政府记录的大部分内容进行消隐。通常情况下，电子记录被"修改"（也即受到消隐）时，机关甚至不可能告知查询者该记录已被修改。电子记录可被整段删除——不留一点能够显示出该记录何处被删除的痕迹。修正案规定，政府机关必须表明对何处进行了修改以及在适合修改的地方做了多大程度地修改；同样地，政府机关还须表明，在何处公开这些信息使得从本质上来说，这种公开方式并没有泄露机密信息。

最后，《电子信息自由法修正案》还涉及一个长期存在的问题，即《信息自由法》所规定的答复被无限期拖延的问题。修正案给予政府机关二十个工作日而不是十个工作日的时间对符合《信息自由法》的请求做出答复。但是,如果政府机关的答复即将超出最后期限,修正案的规定也使得政府机关对此情况的应对措施发生了巨大变化。举例来说,在一些事件中,新闻记者和其他一些人将可以要求政府机关加快对他们的请求做出答复。此外,如果查询内容复杂以及需要花费政府机关相当多时间,那么,请求者将有机会对他的请求进行压缩和简化,以便得到更快的答复。如果答复面临被拖延,机关应该通知请求者,并给出一个预计的答复时间。

除了这些具体条款外,在《电子信息自由法修正案》中,最为重要的创新之一便是,机关必须鉴别出被重复请求的信息,从而避免一而再、再而三地浪费时间来处理完全相同的信息请求。修正案指出,一旦机关决定遵照《信息自由法》必须将特定信息予以公开——而且人们很有能再次请求这些信息——机关就必须使公众可以很方便地获得这些信息(获取这类信息通常不用提交符合《信息自由法》的正式请求)。

《信息自由法》的局限性

行政特权

从华盛顿和杰弗逊时代开始,美国总统、有时是政府机关的其他官员便从“行政特权”的观念出发,宣称一种可以拒绝向国会和法院提供信息的权利。行政特权的法律依据是含糊的;行政长官拥有将他们的工作文件进行保密的权利。之所以会有这种情况发生,通常都是因为没有一个人能够真正地对这类秘密信息提出质询。

一些州和地方的行政长官也宣称他们享有这种行政特权。随着行政特权的逐渐强化,通常来说,它不仅可以适用到军事和外交秘密上,而且也适用在政府行政部门中所产生的内部文件中。

由杜鲁门总统和艾森豪威尔于20世纪50年代签署的、用于管理不断扩大的国家安全分类体系的行政令就在很大程度上是引用行政特权的观念来证明其正确性。这些行政令准许将军事和外交秘密划分为三个等级:秘密、机密、绝密。只有受过适当的安全检查的人才可以查询这类信息。

如前文所述,随着国家安全分类体系的扩大,每年将数以百万计的文件加以保密成为一项复杂的行政业务。“五角大楼文件”案(第三章已有论述)说明了这一领域所存在的问题。该案起缘于一些报纸企望获得有关越南战争的秘密报告副本。报纸编辑认为,公众应当知晓五角大楼文件中的结论。他们认为,这些文件被划分为秘密,与其说是为了保护国家安全,还不如说是为了掩盖几个总统及其政府在外交上的失误。

作为对此案的判决,联邦最高法院准许将这些文件给予公开。但是,按照常规,最高法院并没有对行政特权这一观念本身做出裁决。通过将危害国家安全的信息和联邦机关内部的工作文件这两种受行政特权所认可的信息免于公开,《信息自由法》实际上认可了行政特权。

然而,在尼克松政府的"水门丑闻"事件中,行政特权被大量滥用。结果,联邦最高法院做出判决,并对行政特权的范围进行严格限制。当丑闻逐渐牵涉到总统本人时,尼克松试图使用行政特权以避免将一些正好用来指证犯罪的、包含了尼克松与他的助理之间许多谈话的磁带录音向法院公开。尼克松认为,一旦将其公开,那么,其中有些内容所引起的损害将是极其巨大的。负责"水门"案件的特别检控官宣称,在涉及尼克松一些助理的诉讼中,公开这些磁带录音是必不可少的。

尼克松拒绝将磁带公开,并引用行政特权来证明他的拒绝是正确的。他的这一行为受到了特别检控官的质疑。该案被移交到联邦最高法院。在1974年的最终判决中(美国诉尼克松案(U. S. v. Nixon),418 U. S. 683),行政特权的适应范围显著受到缩减。

在全体一致意见通过的判决中,联邦最高法院裁定,行政特权绝对只能适应于那些因保护国家安全的需要而必须加以保密的军事和外交信息。在其他地区,最高法院宣称,必须将行政特权与其他利益进行权衡,例如,每位公民(包括总统在内)都有义务站出来提供可能出现在财产方面的犯罪证据。正如记者特权一样,行政特权也有它的适用界限。

联邦最高法院命令尼克松总统公布这些磁带。当然,这也就加快了一系列惊人事件的发生,也正是这些事件导致尼克松总统于1974年后期提出辞职。随着这些磁带的公布,由其所揭露出来的更多罪证正是可以证明尼克松和他的高级助理共谋掩盖他们在白宫中所策划的犯罪行为。

因此,作为保守政府秘密的理由,今天的行政特权已经没有以前那般强而有力了。尽管如此,对行政特权所做出的这些新限制,对媒体和公众并没有多大的帮助,因为《信息自由法》依然将以往基于行政特权的理由而加以保密的大量信息免于公开。

尽管如此,现在,至少法院已经可以获取一些曾经出于行政特权的原因而被加以保密的政府内部信息。一旦这些信息作为证据在法庭上出示,就将成为公共记录的一部分。在本章后续部分,我们将会讨论公众信息查询的其他问题,关闭审判室以保护机密性已在第七章中讨论。

1974 年的《隐私权法案》

新闻记者和公民自由权利主张者往往在《宪法第一修正案》的有关问题上意见一致;而在信息自由领域中最为令人烦恼的一个问题上,两者却常常是针锋相对。一旦公众的知情权与个人的隐私权发生矛盾,新闻记者与自由主义者通常会出现激烈的意见分歧。一些诸如美国公民自由联盟的组织强烈主张,即使会损害新闻记者查询信息的权利,法律也必须确保由政府机关搜集的个人信息得到保密。

国会力图解决这些问题,并于 1974 年制定了《隐私权法案》。这是第一部用于保护个人、使得个人信息免受政府机关的不正确披露的联邦法律。《隐私权法案》的制定是为了免除公众因政府机关将大量的个人信息存放进可供电脑处理的数据资料库而引发的日益激烈的惊恐。诸如美国公民自由联盟这样的一些团体指出,这些数据资料库对个人自由构成重大威胁。他们指出,一旦存放在数据资料库的个人信息落入坏人手中,就会导致明目张胆地滥用。另一方面,新闻记者则担心,一部力量强大的隐私保护法律将会被政府官员作为一个公开的借口加以滥用。官僚主义者会以保护个人隐私的名义使得自身的行为(以及罪行)免受舆论监督。

尽管《隐私权法案》最终得以通过,但在这一问题上,该法在某种程度上还是采取了一种折中的方法。《隐私权法案》适用于所有信息,包括数以百计的政府记录保存系统,同时,它还对记录的使用方式进行了严格限制。《隐私权法案》规定,禁止联邦机关公开存放在记录保存系统的个人信息,或者是,未经信息相关人员允许,就不得将这些信息移交给其他联邦机关。

《隐私权法案》赋予个人对存放在政府数据资料库中的个人记录进行定期检查的权利。该法规定,一旦个人发现自己的记录存在错误,个人可以提出更正。此外,不适当公布个人数据资料的联邦官员可能会受到指控,并被要求支付赔偿金、律师费和诉讼费。

《隐私权法案》规定了许多豁免条款,这些豁免条款准许联邦机关出于执法的目的、出于提供信息给人口普查局和国会使用的目的以及其他类似的目的,就可以不顾已经发生效用的个人许可而将个人信息予以发布。值得关注的是,《隐私权法案》也准许公布按照《信息自由法》被界定为公众信息的个人数据资料,以这种方式制定的《隐私权法案》可以对《信息自由法》产生最小的影响。

结果,对多数新闻记者而言,《隐私权法案》通常只是引发一些细微问题而已。尽管如此,这些细微的问题也不容忽视。在《信息自由法》所规定的豁免条款中,其中有一条就是使"一旦公开,则会对个人隐私构成一种明显而不正当侵犯的人事档案、医疗档案以及类似档案"免于公开。

上述用语相当宽泛,从而使得联邦官员根据《信息自由法》在决定哪些个人信息他们可以保留时,有着相当大的回旋余地。此外,由于违反《信息自由法》和《隐私权法案》这两部法律所产生的后果并不一致,因此,对于那些既不在《信息自由法》允许公布的范围,也不在《隐私权法案》允许公布的范围的信息,《隐私权法案》往往禁止将之公布。

《信息自由法》准许信息请求者起诉妨碍信息公布的官员,但只能要求这些官员支付律师费和诉讼费。另一方面,《隐私权法案》对违反法律规定的行为做出处罚。

因此,通过这样的规定,《隐私权法案》对那些根据《信息自由法》可以被访问的信息在公布方面的限制降到最低。尽管如此,在某些情况下,《隐私权法案》依然禁止将这些信息进行公布。根据《信息自由法》的规定,官员在公布少量信息上指挥失策,并不会因此而受到罚款,而只是面临着模糊的纪律处罚;而遵照《隐私权法案》的规定,如果官员在公布大量信息上指挥失策,则将会被罚款。

遵照《隐私权法案》的规定,可以接受个人查询且最受争议的数据资料库或许就是由联邦调查局创建的数据资料库。联邦调查局在发布个人档案方面通常行动缓慢,而且在档案最终得以公布时,通常会进行审查。《隐私权法案》准许对档案进行审查。毕竟这些档案属于执法进行调查而得的档案。此外,《隐私权法案》还规定了一些豁免,这些豁免往往准许联邦调查局拒绝公开个人记录。尽管如此,《隐私权法案》却使得个人第一次有机会了解可能正被联邦调查局保存的个人记录。

(注:《隐私权法案》赋予个人一种检查自身档案的有限权利。在 1989 年司法部诉新闻自由记者委员会一案中,联邦最高法院的判决指出,联邦调查局拥有广泛的权利来拒绝向其他人员公布个人档案。这一判决对个人访问自身档案的权利并没有影响。)

联邦调查局遵照《隐私权法案》规定采取信息所做出的处理措施招致了自由主义者和新闻记者的批评。至少有这么一次,联邦调查局拒绝向记者公布一位众所周知的谋杀嫌犯的任何背景资料。然而,联邦调查局竟然发给邮政局 15000 份"通缉"海报,海报上所蕴涵的许多信息正是记者们所寻找的信息。

1988 年,国会制定了《计算机匹配与隐私保护法案》(Computer Matching

and Privacy Protection Act (1988)),以此来强化《隐私权法案》。这部法律被用来管制政府各机关计算机数据库之间的信息传递。为了反复核查个人是否有权获得他们将可能收到的政府援助,大量信息从一个政府机关传递到另一个政府机关。《计算机匹配与隐私保护法案》增加了验证要求,以便防止由于错误识别以及其他数据处理错误而给个人造成损失。依据该法,许多联邦机关也成立了"数据整合委员会"(Data Integrity Boards),目的就是监视可供计算机处理的数据匹配程序的运行情况。

国会也悄然制定了一部用于管理医疗档案隐私的法律——《医疗保险信息交换与保密法案 1996》(*the Health Insurance Portability and Accountability* (1996))。这部依据克林顿政府制定的规则才得以实施的法律,对医疗信息的公布强制实施了新限制,以此来保护病人在医疗记录上的隐私。该法的一些规定遭到了医疗保险公司以及卫生保健行业其他人士的反对,他们宣称,这些规定限制过严,而且执行起来费用居高不下。此外,隐私提倡者也进行游说,要求对法案中的这些规定进行改动。媒体代表也进行了游说,他们声称,多年以来,记者可以报道的信息现在已被禁止了。在聆听来自企业、隐私提倡者以及记者的意见后,布什政府对该法案的一些规定作了修正,并准许其在2003年生效。

新规定要求医生和卫生保健供应商在共享病人的健康记录前,必须获得病人的书面许可。新规定也准许病人查阅自身的档案以及请求校正档案中的信息错误。一旦使用病人的健康信息,则须告知病人有关其健康信息的使用情况。

记者最为关注的便是新规定中对诸如著名的医院病人身份以及在事故、自然灾害、犯罪或恐怖活动后入院治疗者的医疗状况这些一度被认为是公共信息的信息在公布方面进行限制的条款。如果违反新规定将秘密的医疗信息予以披露,将会受到10年以上的监禁并罚款25万美元的刑事处罚。新规定可能会促使一些潜在新闻源出现,使得给记者提供有新闻价值的信息时无须冒险,即使是这些信息可能不受新规定的限制。

许多州已经制定了包含上述规定在内的医疗隐私法规。但是,这些法规是基于医疗记录隐私的国家标准而制定的,它们将一些对隐私保护力度不够的州法律加以取缔。

《巴克利修正案》

1974年,几乎就在制定《隐私权法案》以及对《信息自由法》加以修正的同时,国会也制定了《巴克利修正案》(*Buckley Amendment*)。这一以《家庭教育权利与隐私权法案》(*Family Education Right and Privacy Act*)(20. U.S.C. 1232g)为正式名称而更为人们所熟知的联邦法律,有时被认为与它的初始法案《家庭教育权利与隐私权法案》是一致的,人们还常常把它与更为综合的《隐私权法案》相混淆。事实上,这两部法律有些规定是相同的。而《巴克利修正案》之所以如此规定,是因为纽约州参议员巴克利(Buckley)主张将它添加到1974年制定的《中小学教育法修正案》(*Elementary and Secondary Education Act Amendment*)中,该法是一部重要的联邦教育援助法案。

《巴克利修正案》给予父母一种查看子女学校记录以及未经父母准许就不得将其子女的学校记录向外界公布的权利。同样地,《巴克利修正案》准许年龄在18岁以上的学生查看自己的学校记录,并要求必须征得他们的许可才可以将他们的记录向外界公布。违背《巴克利修正案》的学校将被拒绝获得联邦资金。2002年,联邦最高法院明确宣称,拒绝给予联邦资金只是对违反法律规定的行为的一种补救措施:学生不得使用《巴克利修正案》来控告学校泄露他们的个人信息(贡萨加大学诉多伊案(Gonzaga University v. Doe), 536 U.S. 273)。就在同一年,联邦最高法院也对《巴克利修正案》的另一观点加以澄清,指出该修正案并不妨碍日常课堂教学,如让学生在小测验中给彼此评分。法院宣称,国会制定《巴克利修正案》的目的仅仅是想让它适用于教师和学校其他员工所持有的学生永久性记录。

《巴克利修正案》对媒体的新闻采访活动产生了一定影响,有时候,它的影响方式是荒谬的。过分热心的学校官员有时会利用《巴克利修正案》作为一种借口,以对那些参加运动或其他有新闻价值的课余活动的学生信息予以保密,而这些信息不但具有新闻价值,并且是可以公开的。但是,《巴克利修正案》对新闻采访最为严重的影响可能就是该修正案使得学校中有关违纪记录的秘密信息不断增加。有时候,这会使得记者难以报道具有新闻价值的纪律处罚新闻,例如有关学生运动或政治激进分子的纪律处罚。为了不失去联邦资金,一些学校官员往往避免冒任何会违背《巴克利修正案》的风险。

校园报纸有时会因为报道学生运动员以及学生会干部的学业资格信息而被控告违反了《巴克利修正案》。通常情况下,学生只有保持一定的平均成绩分数才可担任学生运动员和学生会干部。负责检查学生干部以及学生运动员资格的学校管理人员未必总是认真地检查成绩记录。结果,喜欢刨根问底的记者有时就会发现个别学生干部在学业上并不合格,同时将这种具有新闻价值的事实报道出来。而校园报纸因为违反《巴克利修正案》的规定、泄露必须受到保密的学生成绩使其无可避免地受到控诉。

此种类型的争论已经在许多学校发生。由于各个学校的官员并不理解

《巴克利修正案》真正规定了什么以及没有规定什么，所以这些争论几乎如出一辙。《巴克利修正案》规定，如果学校现行的政策没有规定将学生成绩作为秘密加以保护，那么该学校就没有资格获得联邦资金。《巴克利修正案》并没有禁止校园报纸公布学生干部的成绩以证明该学生干部在学业方面并不合格；也没有规定仅仅是因为校园报纸在一篇明显具有新闻价值的、有关学生干部任职资格的报道中将学生干部的成绩予以公布，学校就会得不到联邦资金。

学校官员通常引用《巴克利修正案》作为将校园犯罪的报道加以保密的依据。然而，最近几年却出现了一场强迫学校官员公布校园犯罪率、有时也得将特定犯罪的信息予以公布的全国性运动。

1990 年，国会制定了《犯罪关注和校园安全法案》(*the Crime Awareness and Campus Security Act*)，要求所有领受联邦资金的学院和大学必须发表犯罪统计的年度报告以及安全装置的说明信息。该法要求采用统一的犯罪报告程序，从而使得学生和家长可以比较不同学校的犯罪率并以此作为选择学校就读的一个参考要素。尽管如此，该法并没有要求学校将治安记录向媒体公开。

国会也对《巴克利修正案》进行修正，从而宣称学校"执法单位"的记录不属于应加以保密的"教育记录"。然而，《巴克利修正案》的这次修正仅仅弥补了不能要求学校官员将关于特定犯罪的信息予以公开的缺陷。因为国会仅是宣称，《巴克利修正案》并没有要求将这些信息予以保密。

然而，国会于 1990 年所采取的举措并没有解决问题。在许多学校，管理人员依然以《巴克利修正案》为依据，将涉及特定犯罪和法庭诉讼的学生记录加以保密。

起初，一些法院对学校的这种做法做出回应并裁定，如果州法律规定将学生犯罪记录进行公开，那么，《巴克利修正案》就不能用来证明将学生犯罪记录加以保密的做法是正确的。例如，在西南密苏里州立大学《标准》编辑鲍尔所提出的、一起最早的相关诉讼(鲍尔诉琴凯德案(Bauer v. Kincaid), 759 F. Supp. 575，1991)中，联邦法官就做出了上述裁决，并强制学校管理部门将这些记录公开。

不久之后，其他学生编辑纷纷提出诉讼，以迫使学校管理部门遵照州信息自由法律将校园犯罪或法庭的信息公开。到了 1997 年，俄亥俄州最高法院和乔治亚州最高法院裁定尽管存在着《巴克利修正案》，学校官员必须公布有关校园犯罪或法庭诉讼的信息(请参见迈阿密学生诉迈阿密大学案(The Miami Student v. Miami University)，680N. E. 2d 956，1997；红黑出版公司诉乔治亚州立大学董事会案(Red & Black Publishing Co. v. Board of Regents of the University of Georgia)，427 SE. 2d 257，1993)。两家法院总结指出，《巴克利修正案》并不适用于校园犯罪和法庭记录。注意:这些案件并不会产生出一种可以访问校园犯罪记录和法庭记录的新权利;上述的判决是以州制定的《信息自由法》为指导的。但是,倘若按照州相关法律的规定,这些记录可以公开,上述法院就会认为《巴克利修正案》不能超越州的法律,将犯罪记录转换为“教育记录”。

1998 年,国会在《高等教育法案》的再授权中加入了这样的用语,即更加明确地声明,《巴克利修正案》不可以用来证明将涉及暴力犯罪以及一些其他校园犯罪予以保密的做法是正当的。国会也因此而卷入上述争论之中。假如这些信息按照其他法律(例如,根据州的公开记录法律)可以公开,那么就可以将它公开。国会宣称,《巴克利修正案》并没有改变这一点。

或许更为重要的是,1998 年制定的《高等教育法案》同样要求所有领受联邦基金的学院和大学(包括获得由联邦保险的学生贷款的私立学校)对于由本校的校园警察或安全部门所汇报的犯罪事件都必须建立一个犯罪事件日志并加以维护,而且要将这些日志公开。日志内容必须包括事件类型、日期、时间、大概的地点以及每件控诉的处理结果。这种日志必须在两个工作日内公布,而且必须将同一起事件中最新发现的信息加入到日志中并在两个工作日内予以公布。对那些可以辨认出受害人或者是会妨碍调查的信息则可免于公开。1998 年的法律同样也强化了 1990 年的法律规定,即学院和大学必须发行校园犯罪统计的年度报告。

1998 年的法律被正式命名为《珍妮·克莱瑞-校园安全政策和校园犯罪信息公开法案》(*Jeanne Clery Disclosure of Campus Security Policy and Campus Crime Statistics Act*)。选用这一名字的原因是为了纪念雷恩大学的一位学生。由于该学生并不清楚她所在校园的犯罪近况,因而没有关闭防盗门,从而使得入侵者得以进入室内并将她杀害。遵照这部法律的规定而被存档的校园犯罪报告有时被称为《克莱瑞法案》(*Clery Act*)报告。

不幸的是,对校园报纸而言,事情到此还没终结。1998 年,美国教育部向联邦法院提出诉讼,要求推翻俄亥俄州最高法院的判决,并迫使俄亥俄州的大学管理者采取这样的措施:对进入校园纪律程序处理的行为,其相关信息应予以保密。教育部指出,对任何被州或联邦法律要求加以保密的记录,也都在《俄亥俄公共记录法案》的豁免公开范围。就在宣称《巴克利修正案》确实适用于校园违纪记录之时,联邦官员获得命令要求大学管理者不得将涉及校园违纪行为的记录向公众公布。2002 年,联邦上诉法院第六巡回审判庭维持了这一命令,并裁决指出,事实上,《巴克利修正案》确实要求将校园违纪记录和处理过程加以保密。(美国诉迈阿密大学案(U. S. v. Miami University),294

F. 3d 797)

迈阿密大学一案的判决并没有对所有的学院和大学都得披露校园犯罪以及治安日志的综合信息这一要求产生影响,但是该判决确实支持了这样的规则,即,遵照《巴克利修正案》的规定,应对校园违纪记录予以保密。法院判定,遵照《巴克利修正案》的规定,校园违纪记录应加以保密;更由于《俄亥俄公共记录法案》对任何被其他州或联邦法律要求加以保密的记录都规定免于公开,因此,遵照《俄亥俄公共记录法案》的规定,也必须将校园违纪记录加以保密。

学生新闻法律中心(the Student Press Law Center)在其网页上向新闻记者提供了可供报道的校园犯罪的详细报告。

《联邦咨询委员会法案》

1972 年,国会制定了《联邦咨询委员会法案》,试图控制政府机关滥用带有秘密性质的顾问委员会。该法案要求给政府提供咨询的非政府组织必须保持会议公开,并保持记录公开。这部法案适用于各类型咨询机构——有一位或更多员工不是联邦"官员"或"雇员"以及给总统或者联邦机关内的某个局提供咨询的机构。

尽管如此,《联邦咨询委员会法案》的使用范围却因 1989 年联邦最高法院对公共公民诉美国司法部(Public Citizen v. Department of Justice)一案的判决而受到限制。法院裁决,国会并不打算使这部法案适用于民间机构,例如,评审未来联邦法官资格的美国律师协会委员会(the American Bar Association committee)。在评审可能当选的法官(包括联邦最高法院法官)资格时,美国律师协会委员会依然可以召开秘密会议并将会议记录保密。这一判决也就意味着,许多其他民间团体可以秘密举行会议,而且也可以给政府官员提建议。法院并没有将《联邦咨询委员会法案》推翻,但是,裁决这部法案不能适用于美国律师协会委员会,这将会给其他团体宣称他们可以不用遵循《联邦咨询委员会法案》中有关会议公开和记录公开的规定提供先例。同样,对于那些由咨询机构提出的且已被制定为政府政策的许多建议,公众对它的知情权也会因此而受到削减。

1993 年,就在克林顿总统成立"国家卫生保健改革总统特别工作组"(President's Task Force on National Health Care Reform)并指定由其妻子希拉里领导这个特别工作组时,形成了一个涉及《联邦咨询委员会法案》的广受公众注意的案件。这个特别工作组所召开的会议几乎总是在秘密中进行,除了没有任何政府职务的第一夫人（这也同时避开了《反裙带关系法》(*Anti-Nepotism*)的规定——该法禁止联邦官员给近亲委以政府职务）外，该工作组的其他成员全部是政府高级官员。在美国内科医师和外科医师协会诉希拉里（Association of American Physicians and Surgeons v. Hillary）(997 F. 2d 898)一案中，联邦上诉法院必须对工作组是否受《联邦咨询委员会法案》的管辖进行裁定，以便裁定工作组所召开的会议是否应该公开。

希拉里的地位是个关键问题。如果她没有资格作为一名全职的联邦"官员"或者是"雇员"，那么，《联邦咨询委员会法案》就可以适用于工作组。（因为只要团体中的一位成员是普通公民，而不是政府官员，该团体就得接受《联邦咨询委员会法案》的管辖。）法院回顾了"第一夫人"的历史和地位，并得出结论指出，在与总统婚姻关系持续期间，即使不能获得政府的薪水或是不能担任任何官职，第一夫人仍然等同于联邦"官员"或"雇员"。结果，法院认为，希拉里的工作组并不是一个可以受《联邦咨询委员会法案》管辖的民间咨询机构，而是隶属于克林顿政府的一个内部机构。因此，工作组可以秘密召开会议。

巴克利法官在篇幅颇长的附加意见书中指出，不能认为希拉里是一名政府官员，但是，《联邦咨询委员会法案》仍不可适用，因为该法案违背宪法规定，侵犯了总统听取有关政策问题的非官方建议的权利。

有关犯罪前科的信息

州或联邦的隐私权法律保护个人信息免予公开，这使得新闻记者在搜集犯罪嫌疑人的信息时遇到严重障碍。1976年，美国司法协助局（Law Enforcement Assistance Administration, LEAA）发布了一套备受争议的指导方针，意图对执法机关公布个人信息进行限制。该指导方针要求领取联邦补助金的州以及地方公安机关制定政策，对公布因犯罪而受拘留或受过控告的人士的信息加以管理。LEAA着力于建立一个全国性的、计算机化的执法信息新系统，而这一点至少也在一定程度上促进了该指导方针的出台。LEAA的官员担心，通过使用新系统，人们将可以获取到大量的个人信息，这将会导致滥用，例如，个人犯罪前科的信息会被不加选择地加以公布（即以往的拘留和定罪记录）。

LEAA制定指导方针的最初目的就是，封锁所有犯罪前科记录以保护个人隐私。但这些指导方针却给记者带来巨大的障碍。在其最终对外公布的版本中，这些指导方针并没有具体告知地方公安机关应该制定什么样的信息政策，但是，它确实要求这些机关必须制定出相互一致的政策。

遵照LEAA的建议，一些执法机关便停止向媒体公布犯罪前科信息，有时甚至拒绝向媒体提供当前的治安事故登记簿,而按照惯例,媒体可以查询这些治安事故登记簿。在许多州,被拘留者没被定罪的所有拘留记录,甚至是一些被拘留者已被定了罪的拘留记录,现在也已被密封起来或者是被简单地销毁掉。在此情况下,至少有47个州限制民众查询有关犯罪前科的"刑事犯登记表"。

也正是上述情况的存在,搜集信息的记者与立足于保护隐私的公民自由团体之间的意见分歧变得更为明显。美国公民自由联盟(ACLU)以及其他公民自由主义者强烈呼吁,不应该允许公众访问个人的治安拘留记录,尤其是被拘留者没被定罪的拘留记录,以免使个人永远受指责。当逮捕记录被合法地删除掉时,公民自由联盟的领导人就会在他的主张中特别强调,将拘留记录公诸于众是不当的行为。

另一方面,许多记者认为,尽管封锁这些记录确实可以保护个人隐私,但这也准许了执法机关可以大规模地滥用这些记录。为了证实这一看法,记者们引述了秘密逮捕和秘密治安活动这两者中固有民权所面临的危险。此外,他们也声称,必须为社会提供保护,以使其免于受到有犯罪记录的个人的损害。他们举例说,如果《隐私权法案》禁止雇主了解雇员的犯罪记录,那么,这将会使得曾经被定过罪的人有机会再次犯下与他们以往犯下的罪行相类似的罪行。例如,1980年在德克萨斯发生了一起疯人院雇员强奸病人的案件。当疯人院在雇用这名雇员时,官员们就禁止查询这名雇员的犯罪记录(包括以往的强奸定罪)。

当前这一矛盾不可能在短时间内得到解决。诚如第七章所述,容易查询犯罪嫌疑人过往行为信息、公平审判和新闻自由之间存在矛盾已成一种长期的发展趋势。出现这种情况的原因,跟公平审判和新闻自由之间的矛盾以及保护个人隐私有着极其重要的关系。

《联邦驾驶员隐私权保护法案》

几乎没有在新闻媒体上进行公开讨论,甚至没有在媒体上公开发布,1994年,国会便制定了《联邦驾驶员隐私权保护法案》(DPPA)。在很大程度上,该法案对机动车的注册记录和驾驶记录的查询实施了限制。由参议员巴巴拉·博克瑟和加尼福尼亚民主党、众议员莫兰和弗吉尼亚民主党所倡导的这部法律,是作为1994年一项综合反对犯罪的议案的一部分而得以制定的。

尽管该法规定了一项豁免,即保险公司,尤其是私人侦探依然可以访问机动车注册记录和驾驶记录。但是,这部法律规定各州不得将这些记录向媒体和公众公开,并规定只要个人期望让自身的记录得到保密,那么,任何州都得通过立法加以保护，从而使各州不再全面遵守联邦有关保密的各项规定。

制定《联邦驾驶员隐私权保护法案》乃是一种保护公众安全的措施。为了证明这部法律的合理性，博克瑟(Boxer)引用了1989年女演员谢弗被她的影迷杀害一案。该影迷从一位有权查询加州车管所(Dept. of Motor Vehicle)记录的私人侦探那里得到谢弗的住址。尽管如此，反对这一法案的记者指出，这种解释完全不着边际。因为私人侦探可以免于遵守这部法案中有关秘密的新规定。

对记者而言，《联邦驾驶员隐私权保护法案》的出现意味着自己失去了一种有力的调查工具。《奥尼巴尼联合时报》(奥尔巴尼时代联盟在美国奥尔巴尼地区发行的时代联盟报的电子版)专栏作家林奇(Lynch)指出，许多重要的报道是由记者通过利用机动车记录和驾驶记录才得以完成的。例如，通过检查驾驶记录，媒体了解到一些航空公司的飞行员，尤其是瓦尔迪兹号油轮(一艘搁浅的滑轮。正是这艘油轮，引致了损失惨重的阿拉斯加石油泄漏事件)的船长，这些人曾经因酒后驾驶而被定罪。因此，不应该让他们从事这样的工作，以免给公众安全带来危险。林奇也指出，纽约的媒体开始对那些涉及致命事故的人的驾驶记录进行检查，这些媒体报道说，在这些人当中，许多人都有多次被暂时吊销及撤销牌照的经历，但是，他们依然可以开车。

随着该部法律执行令的发布，一些媒体机构，包括职业记者协会的领导担心这部法律以及其他与此类似的法律将会严重地侵蚀掉在20世纪60年代、70年代和80年代政府记录公开运动中所取得的来之不易的胜利。

一些州对国会拥有可以吩咐它们如何处理驾驶记录的权力提出质疑。然而，2000年，美国联邦最高法院却继续维护这一部备受争议的法律。在雷诺诉康顿(Reno v. Condon)一案的判决中，联邦最高法院维护了国会的这种权力，即，国会有权以美国宪法中的商业条款为依据，要求各州将机动车注册记录和驾驶记录加以保密。

在全体法官一致通过的判决中，最高法院改变了各州近期采取的推翻联邦法律规制指导的模式。这次，法院认为，基于各方面的原因，国会的法案并没有违背联邦主义的原则。法院得出结论说，许多州目前将驾驶员的驾照信息出售给广告商和保险商的行为，就如同这些州的商业行为一样，可以遵照《宪法》中的商业条款进行管理。

依照前述判决，联邦最高联邦推翻了上诉法院第四巡回审判庭支持北卡罗莱纳州质询《联邦驾驶员隐私权保护法案》的判决。

有关会议公开的联邦立法

获取信息自由的另一种斗争就是对政府机关会议的查询。这是记者们在搜集信息时所遇到的最为陈旧而且也是最为困难的问题之一。从理论上讲，所有的政府机关都得公开处理公共事务的会议，并邀请国民监听。但事实上，许多政府官员都喜欢进行秘密决策，之后再通过措辞严谨的媒体将决策结果予以公布。显然，假如媒体代表公众进行监督，那么，对于政府官员做出重要决策的会议，记者就有权利要求参加。为确保获得这一权利，多年来，记者们一直在参加一场旨在制定一项保证会议公开的法律运动，并已取得一定程度上的成功。

事实上，在国会于 1976 年制定有关会议公开的法律之前，至少有 46 个州已经制定了这方面的法律。这部于 1976 年制定的联邦法案——《阳光政府法案》要求 50 个州的政府机关必须将一些会议公开。

这些政府机关的政策制定会议必须在预先通知的地点和时间举行，一般情况下，必须邀请民众参加会议。尽管如此，出于十类不同的缘由，这些政府机关依然可以举行秘密会议；对于每一次秘密会议，这些机关的律政官员必须明确说明召开秘密会议的依据。

有关举行秘密会议的前九条原由与本章前面所列举的《信息自由法》规定的九项豁免是相类似的。这些原由包括了诸如这样的事件，如影响国家安全、个人隐私、执法调查、贸易秘密谈论以及类似情况的事件。第十个允许召开秘密会议的原由便是正在审理中的诉讼以及与此相类似的审判问题。

无论召开秘密会议的原由是什么，在民众可能不被允许参加会议之前，政府机关的委员会必须进行投票以决定是否召开秘密会议，同时，必须记录投票的情况。之后，政府机关必须保留有关秘密会议进行情况的准确而完整的记录。多数情况下，这种记录要么是有关整个会议的逐字逐句的笔录，要么就是整个会议的录音。然而，在一些情况下，这些记录也可以只是具体到以分钟为单位的会议进行情况记载。

当政府机关召开秘密会议时，它就得在较短的时间内将任何投票的结果向民众公布，而这种投票结果包含有委员会或调查团的成员是如何做出投票的记录。

对于看来可能违背了《阳光政府法案》的政府机关，任何人都可以提起诉讼，而且联邦地区法院可以发布强制令，要求政府机关遵守法律。当控方胜诉时，联邦地区法院有权要求政府机关为控方支付律师费用以及诉讼费。然而，对于违背《阳光政府法案》条款的政府官员,该法案并没有要求对其进行民事或刑事处罚。此外,该法案明确要求,联邦法院不得废除政府机关在不符合法律规定的秘密会议上所做出的种种决策。因此,有关会议公开的联邦法律实际上并没有发挥什么真正效力。我们可以清楚地看到,在这一点上,有关会议公开的许多州法律是多么地脆弱。

没有禁止政府通过向各委员分发保密的政策备忘录从而做出重要决策的行为,是《阳光政府法案》的另一种不足。一些联邦政府机关通过分发备忘录来做出重要决策,然后仅仅是在公开会议上宣告他们的决策结果。而这种会议一个月可能只召开一次,或者某些情况下,一个月中,这样的会议一次也没有举行过。由于采用这种做法来回避《阳光政府法案》的规定,核能管制委员会(Nuclear Regulatory Commission,NRC)和联邦平等就业机会委员会(the Equal Employment Opportunity Commission,EEOC)均因利用此种策略侵犯《阳光政府法案》精神而受到过指责。

除了NRC和EEOC外,《阳光政府法案》也可适用于许多人们耳熟能详的政府机关,这些政府机关包括:美国联邦通信委员会、联邦贸易委员会、美国州际商务委员会(ICC)、美国消费者产品安全委员会(Consumer Product Safety Commission,CPSC)、美国国家运输安全委员会(NTSB)、美国公务员委员会(CSC)、证券交易委员会(SEC)、美国邮政管理委员会(U.S Postal Service board of governors)以及美国联邦储备管理委员会(Federal Reserve Board)。该法案适用于这些机关的中央决策委员会,但是,对这些机关的地方或者是全国性的员工会议来说,即便这些会议涉及重要决策,法案并不能发挥效用。对于内阁层级的部门,或者与总统职位关系密切的一些顾问机构,如国家安全委员会,本法案也不适用。

《阳光政府法案》规定,联邦委员会委员举行的多数非正式集会和非官方会议可以免于公开。美国联邦最高法院在1984年的一起判决中指出,在国际会议中,联邦通信委员会多数派的委员与来自其他国家的通信领导人之间举行秘密会谈是正当的。法院宣称,本案所涉及的集会并不是"会议",而且从法律意义上看,国际机构本身也不是"政府机关"(联邦通讯委员会诉ITT世界通讯案(FCC v. ITT World Communication,466 U.S.463)。

总而言之,这部要求会议公开的联邦法律需要完善的地方还有许多。基于各种各样不确定的原因,该法还是允许政府机关召开秘密会议。此外,其执行条款的力量更是极其脆弱。而且它并不能适应到许多做出最重要决策的联邦政府机构。尽管如此,这也是规模庞大的联邦政府机关在公开化发展道路上迈出的第一步。在此之前,联邦政府机关认为自己拥有绝对的权利秘密处理公务,而无须受到好管闲事的记者或个人的干涉。

有关会议与记录公开的州法律

尽管联邦制定的《信息自由法》和《阳光政府法案》意义深远,但是,大多数记者认为,自己所在的州制定的《信息自由法》要比联邦法律更为重要。通常情况下,正是得益于有关会议与记录公开的州法律,数以千计的记者才得以获取到许多至关重要的新闻线索。

对许多记者而言,有关会议与记录公开的州法律极为重要。尽管如此,人们却难以在一本有关国家媒介法律的教科书中采用细目的形式对这些州法律一一加以概括。之所以会这样,不仅是因为各州之间的这种法律差异巨大,更是因为这种法律修订频繁,因此,没有一份调查报告可以长时间反映出所有州有关此类法律的确切情况。

如果你想成为一名负责综合报道的记者,那么你就必须熟悉你所在的州有关会议和记录公开的法律。你可以通过在线查找或者是通过查找你所在的州的成文法、法典来找到这方面的法律规定。成文法和法典可以在一些公共图书馆以及任何一家法律图书馆找到。请你在诸如"记录和录音带"、"公共记录"、"公开记录"、"可访问记录"、"会议"、"公开会议"或者可能是"信息自由"这样的标题下查看。

关于会议与记录公开的大多数州法律在许多方面与联邦法律是相类似的。事实上,大约就在此类联邦法律制定时,许多州要么就是制定有关会议与记录公开的州法律,要么就是对原先有关会议公开与记录公开的州法律进行大幅度的修订。人们可以看到,20 世纪 70 年代中期,有关这方面的州法律在美国得到了快速发展。

有关会议与记录公开的州法律通常适用于本州及州管辖下的各级地方政府。这些州法律规定,州委员会、市政厅、学校委员会以及县管理委员会必须在对外宣告的固定时间和地点上举行公开会议。尽管一些州法律规定,对于制造扰乱的任何人,政府官员有权拒绝其参加会议,但是,对大多数这样的会议,任何人都可以参加。

事实上,各州有关会议与记录公开的法律都对秘密会议或"行政"会议做出了规定。大多数州法律对适合召开秘密会议的情况作了详细说明,同时准许涉及国家安全、个人隐私、未判决诉讼的讨论以及其他各个方面的会议秘密召开。在一些州,政府机关只能依据少量的缘由来召开秘密会议,而在另外一些州,机关可以凭借更多的缘由来召开秘密会议。

有关会议与记录公开的州法律在数量上不断增长，这给违反法律规定的行为提供了具体的法律补救措施，更使得任何公民都可以向违反法律规定的政府机构提出控告，以此来获得强制令，从而制止政府进一步召开不符合法律规定的秘密会议。此外，许多有关会议与记录公开的州法律均授权法院废除非法秘密会议制定的决策。这是联邦《阳光政府法案》所没有的一条规定，其意义重大。因为法庭上非法秘密会议的重要决策被推翻的可能性对秘密会议的召开具有强烈的威慑作用。

在联邦法律没有出现的，却在许多有关会议公开的州法律中出现的另外一项规定便是，对故意违反法律规定的行为做出刑事处罚。在许多州，如果政府官员明知所要讨论的话题只能在公开的会议上讨论，但他依然参与了讨论这个话题的秘密会议，那么，他的这种行为是不正当的。然而，对此行为的犯罪指控却少得可怜。原因是，难以证明政府机关确实秘密讨论了一个按照法律规定不该进行秘密讨论的话题，而且，人们也难以证明与会官员是否知道自己正在参加的秘密会议理应公开举行。

尽管如此，有时候，一些政府要员也会因为违背有关会议公开的州法律而受到起诉。2003 年，佛罗里达州参议院的前任主席因为违反佛罗里达州《信息自由法》而受到监禁。由于他使用电话的方式与其他县政府委员就县选举监督员的地区重划问题展开讨论，从而触犯了法律并受到监禁。此时，他是艾斯康比亚县委员会主席。

在一些州，州政府信息自由委员会是政府会务公开的监督机关，同时由它来强制实施有关会议与记录公开的法律。其他各州也有类似的委员会，但却不具备实施权力。而在一些州，实施权力却是掌握在州的司法部或者地方检索官手中。在一些州，如俄亥俄州，法院有权将违反会议公开法律的官员革职。

有关公共记录的州法律

同样地，在全国范围内，有关公共记录的法律规定也是差别极大。50 个州在这方面均有各自的法律。有关公共记录的大多数州法律对于“公共记录”这一术语都是相当宽泛的含义，以求将州政府机关和地方政府所保持的各类型档案都囊括进去。大多数此类法律均允许普通民众访问这些记录，提出查询的人也无须表示出特别的兴趣或者是“非知不可”。

一直以来，有关公共记录的州法律都规定将某些记录免于公开。通常情况下，这些记录大多是指个人记录、执法调查记录、青少年法庭记录、收养记录、假释记录等。

有关公共记录的大多数州法律均明确规定，对公众不可访问的情形必须进行司法审议。更是有将近三分之二的此类州法律规定，对那些采取不当行为拒绝公众访问记录的官员将进行刑事处分。大约有三分之一的州法律规定，如果民众在诉求访问公共记录的诉讼中获胜，那么，政府机关必须为其支付律师费。

全部 50 个州都制定了关于公共记录的综合法律，以此来补充公众访问政府记录的其他规定。早在制定公共记录的综合法律尚未形成风气之前，公众就可以依据判例法访问各种各样的记录。在这些不同性质的、有关公众访问的判例法规定已被编成法典。遵照判例法，传统上，对公众公开的记录包括：有关私有土地所有权的记录、结婚与死亡记录以及各种法庭记录。

在某些情况下，有关这一方面的立法是由公众投票决定的。例如，1972 年，通过普选，华盛顿州的公民制定了一部有关公共记录的法律。与此同时，1974 年，加利福尼亚州的选民进行投票，通过以一种合乎联邦宪法规定的方式对州宪法实施修订，即，把“不可剥夺的”的隐私权添加到州宪法的第一条第一款中。1992 年，佛罗里达州的选民也投票通过在遵循联邦宪法的基础上对州宪法进行修订，即，把访问公共记录和会议的宪法权作为第一条第二十四款的规定写进佛罗里达州宪法。2002 年，佛罗里达州通过三合一选举批准以符合联邦宪法规定的方式对州宪法进行修订，以此来加强有关公共记录的规定。在修订后的州宪法得以实施的情况下，在佛罗里达州的立法机构中，有三分之二的选票要求在州的《信息自由法》中添加新的豁免条款。

同样地，从联邦的角度考虑，有关公共记录的州法律必须与《隐私权法案》保持一致。大多数州都制定了跟隐私权有关的法律，以限制公众访问州政府数据库中的个人信息。有时候，这些法律被人们冠以委婉的名称，诸如《信息实务法案》（Information Practice Law）。通常来说，它们会禁止政府官员在没有征得个人许可的情况下将个人信息加以公布。而在对那些遵照公共记录的法律必须被公开的记录予以保密的问题上，一些州的隐私权法律比联邦《隐私权法案》的规定还要严格。例如，1997 年，加利福尼亚州制定了一部篇幅颇长的《信息实务法案》，该法禁止将涉及任何人的“贬损”信息进行公布，结果使得大量的信息无法访问。当媒体得以顺利地访问那些在两年后就将被删除的“贬损”信息时，这一问题才得到一定程度上的解决。《信息实务法案》已经成为记者们的最大障碍，从医院的病历到驾驶者违规的驾驶记录，它对所有信息的公开都施加了限制。

1999 年，联邦最高法院遵照州法律规定，对一起涉及公共记录访问的案件进行判决。在洛杉矶警察局诉联合报告出版公司案（（Los Angeles Police

Department v. United Reporting Publishing Co.)(528. U. S. 32))这一案件中，最高法院维持了加利福尼亚州《公共记录法案》(*Public Record Act*)的规定，禁止出于商业目的而公布犯罪受害人和因犯罪受逮捕者的住址信息。

最高法院批准加利福尼州有权将这些地址信息公布给非商业使用者，而不得将这些信息公布给律师、保险公司、药物顾问、驾驶学校以及其他可能会对信息进行商业利用的人士。加利福尼亚的法律规定，执法机关必须将这些信息公布给记者、学者以及政府工作人员。此外，必须拒绝给商业使用者公布这些信息。最高法院指出，各州并没有义务将这些信息公布给任何人，更不用说提供给所有人。

尽管最高法院 7∶2 的多数意见认为，州法律在这个层面上是完全无效的。但是，对于这一判决所依据的理由，最高法院似乎存在很大的意见分歧。尽管如此，法院似乎正在引发一种基于这样一种争论的未来质疑，即，对于诸如联合报告这类公司而言，因为它们无法得到公共记录法律的平等保护，故而公共记录法律并不适用于这些公司。

进入其他场所和参加其他会议

尽管效力强大的有关公共记录成文法或会议公开成文法解决了记者在信息搜集上遇到的一些问题，但是，许多情况下，这些法律作用不大。例如，公共记录法律很少对法庭记录的公布做出规定，而且会议公开法律也不能保证记者可以进入法庭或者是新闻事件的现场。一旦记者必须越过警界线以进入事件现场，这些法律丝毫不起作用。如果记者打算报道一起备受争议的刑事审判，又或者是准备到一座据说囚犯受到其他囚犯虐待的监狱进行采访，那么，这些法律也是无能为力的。

由于缺乏成文法保证记者可以访问这些地方和会议，在此情况下，是否存在一种宪法权利，使得记者可以访问这些地方和会议呢？在一些涉及监狱采访的案件中，联邦最高法院宣称并不存在这样一种权利。

在 1974 年的同一天，最高法院就两起涉及监狱采访的案件进行判决，即萨克斯比诉《华盛顿邮报》案((Saxbe v. Washington Post)(417U. S 843))和佩尔诉普罗丘尼案((Pell v. Procunie)(417 U. S 817))。法院宣称，反对记者对监狱中的单个囚犯进行采访的监狱规定并没有违背《宪法第一修正案》。加利福尼亚州的佩尔案发生在允许记者自由采访特定犯人的政策被废除之时，也就是在一场试图越狱的事件发生之后，在这场企图越狱的事件中，有几个人被夺取了生命。此后，媒体所能采访的囚犯，在一定程度上来说，只能是随机选出的。监狱方面的官员声称,媒体的采访使得有些犯人成了名人,而且助长了犯人越狱的企图。萨克斯比案是对禁止媒体采访囚犯的联邦规定的一个挑战。

最高法院宣称,由于记者不具有接触犯人的特殊权利,因而这些禁止采访的规定并没有侵犯记者的宪法权利。法院也宣称,无论记者还是普通公民,都没有自由访问监狱和采访囚犯的权利。

尽管如此,加利福尼亚州高等法院力图避免遵循这一先例。结果,1978年,最高法院又审判了一起有关访问监狱的案件,即霍钦斯诉 KQED (Houchins v. KQED)案。在该案中,电视新闻记者准备访问监狱内的一处住所。在这一处所内,一名囚犯自杀了。精神病学家认为,这一处所环境极为糟糕,因此,囚犯实在无法忍受心理上的伤害才导致自杀事件的发生。监狱当局拒绝记者进入访问,于是记者便提起诉讼。记者声称,监狱的环境是民众可以合法关注的一个问题。联邦地区法院赞同记者的观点,并命令监狱当局允许记者对这一受争议的处所进行察看与拍照。同时,民众开始可以到这座监狱参观,但是,他们并不可以参观这一受争议的处所。联邦上诉法院第九巡回审判庭批准了这一判决,但是,这一判决却被最高法院给推翻了。

大法官伯格在多数人意见书中重申了最高法院认为记者并不具有访问监狱的宪法权的意见。伯格认为,监狱的环境是民众所关注的一个问题。但他却声称,事实上,这并不关媒体的事:

> 媒体并非政府的替代者或者附属品。它与法院一样,都没有能力处理监狱管理上的问题。

伯格说,如果记者想了解监狱的环境,他们可以采访以前的囚犯、囚犯的律师、参观过监狱的人以及公务人员。他声称,简而言之,媒体并没有宪法权来访问那些并没有向公众开放的场所。

霍钦斯案的判决足以令人担忧。但是,一年后,在甘尼特诉德帕斯科尔案的判决中,法院甚至准许审前会议可以不向记者和公众公开。尽管如此,20世纪 80 年代期间,最高法院逐渐承认《宪法第一修正案》对新闻采访的保护。正如第七章所讲的那样,在《里士满日报》诉弗吉利亚(1980 年具有里程碑意义的判决。该判决主张,一般情况下,秘密审判不受宪法保护。)一案中,多数意见书暗示着,法院认可《宪法第一修正案》规定的新闻采访权利。法院引用其对 1972 年布兰斯堡诉海斯案(参见第八章)的判决指出,"如果没有给新闻采访提供一定的保护,那么,新闻自由将元气大伤"。

在《里士满日报》诉弗吉利亚案的补充意见书中,斯蒂文森法官更为强烈地指出：

> 这是一起具有转折意义的案件。时至今日，法院才真正给予思想传播以绝对的保护，但是，在此之前，法院始终不公平地认为，无论如何，新闻事件的采访无权受到宪法的任何保护。

许多记者认为，《里士满日报》诉弗吉利亚案是新闻采访的一个巨大胜利。尽管如此，与斯蒂文森法官的补充意见相比，多数法官通过的意见并不显得热情澎湃，而且随后的法院判决并没有进一步拓展这一观念的初始目的（即旁听庭审）。

21 世纪初，上述的许多问题再次引起人们的争议，与此相关的是，记者们力图对死刑执行进行报道，这种报道包括了预备步骤，如囚犯死亡注射的准备。随着越来越多的州恢复死刑，这一争议的激烈程度逐渐上升，并由法院出面解决。在加利福尼亚州，一场媒体拥有权利见证死刑执行过程的论争引发了联邦法院一系列的判决。起初，这些判决对媒体的访问加以限制，后来却给予了媒体更多的权利。

1998 年，一个联邦上诉法院批准加利福尼亚州一位监狱长的做法，即对观看死刑的执行过程实施限制。遵照这种限制，记者除了可以看到盖尼式床上的囚犯外，其他什么都看不到。床上的囚犯已服用了镇静剂，甚至可能失去知觉了，他们处于被正式宣告死亡前的最后时刻。法院裁决记者没有特殊的权利去观看死刑的执行过程，并指出对记者的这种限制是合理的。上诉法院确实提出一种用于见证死刑的、受《宪法第一修正案》所保护的权利，尽管这是一种"被严格限制"的权利。它要求下级法院重新审议是否可以以当局安全的考虑为理由来证明将媒体拒之门外的举措是正确的。（加州《宪法第一修正案》联盟会诉卡德朗案（California First Amendment Coalition v. Calderon），138 F. 3d，1298。）随后，2001 年，联邦最高法院裁决指出，加利福尼亚州监狱当局拒绝媒体观看死刑的整个执行过程，这种做法是不正当的。

加利福尼亚州政府又提起上诉。这一次，联邦诉讼法院维护了这种见证死刑执行过程的权利，即在加利福尼亚州媒体可以见证死刑的整个执行过程。在加州《宪法第一修正案》联盟会诉伍德福德（California First Amendment Coalition v. Woodford）一案中，联邦诉讼法院驳回了监狱当局的意见，即为了保护警卫和医学技师的安全，见证人不能看到警卫和医学技师准备给囚犯进行的死亡注射。监狱官员认为，一旦警卫和医学技师被见证人看到以及让他们辨认出来，警卫和医学技师就有可能受到威胁或者是面临暴力行为。法院声称，这是一种对监狱安全产生担忧的夸张反应,并指出,在执行过程中,匿名的警卫和医学技师可以戴上口罩来保护自己。

法院指出,长期以来,在加利福尼亚州或其他地方公开的死刑执行中,死刑执行人是可以被辨认出来的。在此基础上,法院指出,《宪法第一修正案》有关进入犯罪审判过程的权利,包括了外界观察者可以观看死刑执行的权利。

有关处所进入的另外一个问题就是,记者是否有权利跨过警戒线进入事故或自然灾害的发生现场。事实上,在所有的州记者至少享有一些这方面的特殊权利,但是,这些权利通常被视为特权,而不是权利。当局可以拒绝这种权利。

然而,当执法机关准许一些他们偏爱的记者进入现场访问,但同时拒绝另一些记者进入时,引发了另外一个问题。即,执法机关对记者玩弄的这套偏爱的把戏是否违背《宪法第一修正案》呢?

在一起涉及对警察部门新闻报道权的案件中,加利福尼亚州最高法院一度允许这种偏袒。当时,《洛杉矶自由新闻》是一家拥有付费发行量在十万左右的"地下"报纸,就在其他报纸经常获得新闻采访证时,它也请求获得同样的特权。但是,《洛杉矶自由新闻》却遭到警察部门的拒绝。1970 年,在《洛杉矶自由新闻》对洛杉矶市一案的判决中,最高法院支持了警察部门的拒绝决定。通过该判决,法院认可了警察部门的观点,即《洛杉矶自由新闻》并没有对警察部门的独家新闻进行定期报道,而只是在该新闻牵涉到社会问题时,它才加以报道。因此,警察部门可以让法院确信:与更为传统的其他类型报纸相比,《洛杉矶自由新闻》并没有同样的需求或理由来获得新闻采访证。法院更是拒绝承认《洛杉矶自由新闻》享有任何一种受《宪法第一修正案》所保护的权利来得到由警察部门所颁发的新闻采访证,尽管警察部门可以例行公事般地将这些证书授予他们所准许的报纸。

若干年后,联邦上诉法院对一起类似上述案件、牵涉到白宫授予新闻采访证的案件进行审判。在该案(谢里尔诉奈特案(Sherrill v. Knight),569 F. 2d 124)中,美国特勤局拒绝给两位"地下"报纸的记者颁发新闻采访证,原因是他们曾被定罪。在 1978 年的判决中,上诉法院驳回了美国特勤局的申辩,即特勤局拥有完全的决断力以决定是否将白宫的新闻采访证授予给记者。法院声称,政府机关必须制定授予新闻采访证的程序。对于任何拒绝授予的决定,政府机关都得将原因告知记者,并给予记者一次答辩的机会。

因此,这些案件表明,警察部门可以将新闻采访的特权授予给一些记者而不将其授予给其他记者。但是,只要制定一些防御性的指导方针对新闻采访特权的授予加以管理,那么,授予新闻采访特权的决定也就不会是随意的了。

旁听司法会议

最近几年,获取信息的另外一个难题与国家司法机关密切相关。如第七章所述,甘耐特公司诉狄帕斯奎尔公司(Supreme Court's Gannett v. DePasquale)案判决结束后对预审庭会议进行保密在短时间内成为一种全国性的趋势。

依照规定,在许多州,预审听证会一度是不对外公开的。理由是,法官认为,一旦预审公开就会引致一系列有害性的公开。同样,为了满足诉讼人所提出的将证据予以保密的请求,再者也是为了防止将从未出示给陪审团的证据被公开,预审听证会通常不对外公开。尽管如此,自从最高法院对《里士满日报》诉弗吉利亚案以及随后的其他几起案件做出判决后,秘密庭审就减少了,记者面临的问题也减少了。有关秘密庭审的问题已在第七章讲述。

对记者来说,与此有关的另外一个问题便是旁听大陪审团会议。大陪审团是一个聆听证据并决定是否对被告提出有罪指控的主体。联邦所有重大的刑事起诉都始于大陪审团的起诉,而且许多政治上最敏感、最具有新闻价值的州级案件也是始于大陪审团的起诉(《宪法第五修正案》要求大陪审团只对重大的联邦一级的案件进行起诉而不对州一级的案件进行起诉)。

大陪审团会议几乎总是不对外公开的。在一定程度上,这样做目的就是为了不让犯罪嫌疑人知道发生了什么事,并防止他在可能受到指控以及逮捕之前逃脱。尽管一些州在受到有罪指控的人确实全部被逮捕后,将大陪审团会议记录的副本(即大陪审团会议正式记录的复制件)予以公开。但是,在大多数州,大陪审团会议记录的副本也是对外保密的。在许多案件中,如果没有一个人受到有罪指控,大陪审团会议记录的副本将不对外公开的。而对那些允许公众在所有受指控的人都被逮捕可以获取大陪审团会议记录的州,法庭可以命令封存这些具有新闻价值的案件的记录,如在涉及官员不当行为时。

一旦大陪审团会议记录被封存,记者几乎就无法了解到当中的内容了,除非记者们使用了一些调查报道技巧,如,向参与保密会议的法官询问,有时候,法官会反对这种新闻采访方式,但是,大陪审团的一举一动通常都具有新闻价值。

依照以往判例法的规定,由司法机关所保留的其他记录通常是对外公开的,但也有一些的例外。从民事诉讼和刑事诉讼的档案中记者们可以收集到许多新闻。由控诉方所提出的控诉和答辩方所做出的答辩通常也是公开的,而这些控诉与答辩或许可以透露出一些与个人和商业计划、金融以及以往行为(或者是罪行)有关的具有新闻价值的细节。我们必须记住的一件事就是,有关控诉和答辩的文件在没有被法官采纳之前,并不能受到防护诽谤的有限特权的保护。新近归档的法庭记录中所包含的信息可能带有诽谤性,在报道这些信息时,记者务必要特别小心。

在许多州,涉及个人问题的一些法庭记录并不对外公开。例如,由于包含个人的私密信息,有关被定罪人的羁押期限或者所受缓刑处罚的缓刑部门报告必须被加以保密。

此外,某些法庭信息的全部内容都是不能向记者公开的。例如,涉及儿童的诉讼几乎总是对外保密的,而且有关判决结果的记录通常也是保密的。一些州的法律更是要求将涉及强奸受害人的诉讼与记录加以保密。诚如第三章所述,一些州的法律禁止媒体公布强奸受害者以及儿童嫌疑犯的名字,尽管人们有时会以《宪法第一修正案》为依据来质疑这些法律。最高法院一再声称,各州必须将这些记录保密,但是,一旦这些记录被公开,那么记者公布这些信息也就不会受阻拦了。

采访私有组织

迄今为止,在本章中,我们所讨论的一切问题都涉及到政府信息。尽管如此,私有商业企业也含有许多具有新闻价值的信息。例如,在一家公司决定开办或者是关闭一家工厂时,整个城市的经济可能会发生急剧地改变。记者是否有采访权利呢?假如存在这种权利,记者是否就能够去调查这种新闻呢?

不幸的是,答案通常是“不”。私有企业本来就不需要许多记者参加他们的决策委员会召开的会议,而且私有企业的记录很少公开以接受公共审查。尽管如此,新闻记者还是有渠道可以搜集到私有企业的信息。

或许最为重要的是,根据联邦安全法律,几乎所有公开交易股票的公司都会受到将公司特定信息予以公开这一法律规定的限制。美国证券交易委员会(Securities & Exchange Commission)负责贯彻执行两部在美国经济萧条年代制定的法律,即1933年的《证券法案》(*Security Act*)和美国1934年《美国证券交易法案》(*US Securities Exchange Act*)。这两部法律规定,公司在公布信息时必须诚实、公开。制定这些法律的目的就是为了纠正一些导致1929年股市崩溃的不正当行为。20世纪80年代,企业收购的纷争导致人们纷纷要求必须更加大力地贯彻实施这两部法律。

《美国证券交易法案》要求大多数公司在将自身的股票进行公开出售之前提交一份有关公司的管理和商业前景的详细报告。该法规定,发行股票的公司即便是不再发行新股票,也必须持续发布有关公司商业和财政状况的新近信息。公众持股的公司不得隐瞒跟公司有关的有利消息或者是不利消息,以欺骗对它进行投资的公众。公司职员更是不得利用被证券法律称为“内幕信息”的信息从容易受骗上当的投资者中牟利。例如,一家石油公司发现了一个有开采价值的新油田,在将该信息公诸于众之前,该公司的经理人员不得暗中以低廉的价格购进公司的大量股票。一旦公司成为竞价收购(通常这将引起股票升值)的目标,则须及时将这一事实进行公布。

一直以来,由于相关法律以及《美国证券交易法案》得到了强而有力的实施,结果,大型公司必须将公司的大量信息向公众披露。1934 年的《美国证券交易法案》并非一部有关信息自由的法律,但是,至少它确实保证给公众和媒体提供更多有关公司运营方面的信息。通过《美国证券交易法案》,公众和媒体所获取到的信息在数量上肯定要多于他们通过其他手段才能获取到的信息。遵照这些法律的规定,上市公司必须持续发布有关公司的消息,而在描述公司的商业前景上,这些信息应该是坦率的、直接的。

对于纯粹由私人实体运营的公司(如独资企业、合伙公司、没有发行股票的公司)来说,则没有任何法律规定其必须向公众公布信息。这些公司可以自愿地执行一种开明的信息政策,也可以不执行任何信息政策。

尽管如此,即使是最小型的公司以及最保密的私人公司也必须与联邦、州和地方政府打交道。通常来说,它与政府之间的文件可以提供有价值的信息。事实上,联邦《信息自由法》和各州的公共记录法律都豁免将贸易秘密和财产信息进行公开。但是,私有企业必须提交各种各样的其他文件,这些文件就有可能被提出询问的记者查看到和加以复制。例如,为了尽可能获得地方政府批准承担新的建筑项目,私营土地开发商通常会向政府提交详细的报告书和计划书,由此产生了一些公共记录,透过这些公共记录,机敏的记者就可以获得许多只能通过秘密渠道才可了解到的细节。此外,一旦私营公司卷入诉讼,通常情况下,必须将有关法庭记录的信息予以公开,否则,这些信息是永远不会被公开的。而正是这些信息,使人们可以了解到许多有关私营企业不为人知的故事。

查询私有财产信息

记者所面临的另外一个问题就是,为了进行新闻采访,他们必须查询私有财产信息。例如,一旦私有财产遇到灾难,记者经常会与执法机关、救火车和其他急救人员一起前往事发现场。尽管如此,记者必须意识到,正是因为这样做,他可能会被指控非法侵犯隐私。如果不发生诸如重大灾难这样一些具有明显新闻价值的事件，那么，擅之闯入事发现场进行采访的记者可能需要承担的责任会更大。“小报式电视”的发展极大地激化了这些法律问题。第五章对此已有论述。

给记者的一些实用建议

依据联邦《信息自由法》提起诉讼的程序前面已经讨论过，通常情况下，运用州的公共记录法律提起诉讼的程序也是与此相类似的。但是，人们怎样才能旁听一场本该公开举行却被政府秘密召开的会议呢？事实上，你确实无法知道，在会议室紧闭的大门后面，究竟发生了什么事。

首先，你必须完全确定，根据可适用的会议公开法律，你拥有什么权利。许多记者在执行采访任务时，都会随身携带有关会议公开的州法律副本以及有关公共记录的法律副本。一旦你正在采访的政府机关举行秘密会议，请坚持了解一些针对秘密会议的具体法律依据。必须让人知道，你也了解有关会议公开的法律，而且你正在准备维护你的权利。

当你对秘密会议的合法性提出质疑时，如果该政府机关依然坚持举行秘密会议，这时，倘若你的老板在背后支持着你，那么，你就可以让该政府机关知道，对于任何违反法律的秘密会议，你的老板都会准备向法院提起诉讼；倘若你的老板没有在背后给你撑腰，你就得决定，你是否自己一个人向法院提起诉讼。许多州法律（以及联邦的《阳光政府法案》）规定，如果你在这种诉讼中胜诉，政府就得为你支付律师费；一旦败诉，你可能会损失一大笔钱。此外，在你未得到任何一笔由法院裁定的律师费赔款的很长一段时间内，你可能就得花费大把金钱。

当然，接下来的一个问题就是，报道秘密会议的情况。在许多州，遵照联邦法律的规定，政府机关必须保留秘密会议的详细记录或者记录的副本。请查找出你所在州的规定，并尽可能及早地告知政府机关你想查看秘密会议的记录副本或者详细记录。若是这种办法未获成功，对许多记者来说，那就只能等到秘密会议结束后，采访一些与会者。如果你被准许参加会议，但或许出于双重核查的目的，你还可以单独采访其他与会者。

对本书的许多读者而言，你所遇到的问题可能正好与记者所面临的问题恰恰相反。你可能是召开秘密会议的政府机关的一位公关代表。你的职业责任包括两方面：(1) 你必须确定，你就职的机关的官员是否清晰了解可适用于机关的会议公开（公共记录）法律所规定的责任；(2) 你必须采取措施以确保记者可以对你以及机关的其他人员进行访问，从而使得记者可以准确得知秘密会议的情况。

一旦需要保密,对于记者和公关代表来说,进行或接受这样的新闻采访将会遇到一些特殊要求。值得庆幸的是,最近几年来,越来越多的州制定了强而有力的会议公开法律以及公共记录法律。这些法律号召政府政务公开化,并试图缩减引发上述问题的政务秘密范围。

主要议题概述

保密已成为许多政府官员管理风格的一个内在组成部分。因此,没有一位有工作经验的记者会真正期望,信息自由的论争有朝一日会停止。事实上,尽管美国在几十年前就有了为数众多的联邦和州的《信息自由法》。但是,在会议与记录公开方面,政府却没有多大的积极性。许多政府机关往往利用一些微不足道的借口就将文件加以保密,更是不将会议对外公开。

2001年"9·11"事件发生后,联邦政府官员以国家安全的名义竭力缩减《信息自由法》的适用范围。国家安全与政府政务公开化的分界线在何处呢?由于国际恐怖主义的威胁,答案就应该有所不同吗?

因特网的发展给政府政务公开化的提倡者们带来了另外一个挑战。数以百万计的美国人要求他们的个人信息可以得到更多的保护,以免使它们受到政府和企业的侵犯。是否存在一种方式可以协调保护个人信息需求与记者获取信息(即便是个人信息)需求两者之间的关系呢?对于在线信息,答案是否就该不一样呢?

今后,《信息自由法》拥护者的重要目标可能就是减少《信息自由法》中豁免条款的数目,同时,针对政府在政务公开方面的违法行为,将一些有效的法律补救措施添加到《信息自由法》中,以防止政府官员试图去逃避需要承担起法律责任的、公开处理公务的任务。

与其他涉及法律和伦理的问题一样,信息自由也并不是一个仅靠一个解决办法就可以解决的简单问题。在一个民主国家,公众拥有权利去获悉政府官员当前的工作情况以及政府官员是如何花费纳税人的钱。对媒体而言,充当公众派出监督员,这是最重要的职责之一。政府容易犯下的所有不当行为都被保护国家安全、保护个人隐私或其他许多用于保密的冠冕堂皇借口的伪装给掩盖了。尽管如此,有时候,公众查询信息也会引起一些令人感到棘手的伦理问题。或许,通过积极抵制政府保密信息的斗争,媒体可以为公众知情权提供最好的保护。与此同时,一旦信息对个人构成伤害的可能性大于公众受益的可能性,则须对这种信息的公布加以限制。

信息自由法律概要

什么是信息自由法律?

作为一组法律,《信息自由法》是州和联邦制定的一系列成文法,它们允许公众获得由政府机构产生的文件资料以及政府机构的会议信息。在赋予公众一般信息获取权利的同时,实际上,所有这些法律都包含大量的豁免规定以及限制向公众披露或提供相关的会议以及记录信息。

什么是联邦信息自由法?

联邦信息自由法是国会制定的法律,它要求许多联邦机构开放它们的记录给公众,以备查询和复制。政府机构必须出版他们的记录目录来帮助相关权益公众检索他们希望获得的记录。目前政府机构可以在 20 个工作日内回复大部分的查询请求,但是,这个回复期限常常被忽视。

隐私权法案如何影响信息自由法案?

理论上来说,1974 年的联邦《隐私权法案》并不限制公众获得政府记录。相反,它允许个人查询许多被存储在政府数据库中的个人纪录,并且它保护个人记录以防止被滥用。然而,实际上,隐私权法案会限制媒体记者获取很多个人信息。

什么是阳光政府法案?

作为一项法律规定,《阳光政府法案》要求各州政府公开举行会议。州政府必须提前宣布会议信息并且必须允许公众参加会议,除非会议讨论的是一些特定的保密议题。

是否各州也有信息自由法?

所有 50 个州都有法律要求政府机构公开举行会议并允许一些公众查询一些政府记录。这些法律一般既适用州政府,也适用于州政府管辖下的各级地方政府机构,但是它们一般会限制或者拒绝公众查询某些特殊记录或参加某些会议,受保密的记录大多是个人事务信息(比如员工的招聘和解雇信息等)。

针对政府违反《信息自由法》的行为,民众可以采取哪些措施呢?

《联邦信息自由法案》和《阳光政府法案》都授权个人可以起诉政府机构,如果他或她赢得诉讼,政府机构要支付公民的律师费和法律其他诉讼费用。许多州的法律都有相似的条款。

第十章　淫秽与法律

在《宪法第一修正案》中，没有比发生在表达自由的原则与多数人对性内容的传播加以限制的权利之间的对立更严重的问题了。最高法院已经明确规定，法定的淫秽资料不受《宪法第一修正案》的保护，而且，可能会被地方、州或者联邦当局查禁。但是，另一方面，如果一部作品不是淫秽的，那么依宪法原则是应当受到保护的。因此，有必要对淫秽加以界定，至今这个任务还一直困扰法庭多年而没有解决。

国家的最高司法机关已经试图反复针对这个领域进行管制，有时候在逐案分析基础上审查特殊作品来决定是否属于淫秽作品。它是一件繁重而不讨好的任务，因为法院的其他责任是很高尚的，在经历彻底失败之后，前最高法院法官波特·斯图尔特曾经承认他无法界定什么属于淫秽，但他补充说："只有我看到它的时候我才知道它是淫秽内容"。

即使最高法院在界定淫秽上有困难，除了法官和专业色情文学工作者外，大多数人也需要从法律角度了解如何界定淫秽。例如，印刷出版与广播电视工作者、影片制作者、图片摄影师以及广告工作者需要知道最基本的底线准则。事实上，一般来说，当出版物根本与淫秽内容无关时，新闻工作者常常被指控出版含淫秽内容的出版物。其实争论的主要问题是涉及在广播电视及网络上非淫秽的但是比较下流的一些内容。

最高法院曾经判定认为政府不应禁止一些非淫秽的印刷品或有线电视节目，尽管按照联邦通讯委员会对广播电视者制定的标准，这些资料的内容是下流不雅的。但是正如同在第十一章所解释的，联邦通讯委员会在国会的压力之下，已经禁播了一些可能在其他大众媒体环境下合法的一些日间不雅的广播电视节目。1996 年，美国国会通过了《通信文明法案》，以此作为一个更大范围的《电信法案》的一个部分，该法案禁止不仅是淫秽内容而且不雅内容在网络中的传播，这导致了许多网络用户抗议虚拟网络空间政府审查机制的治理政策。如同我们后面所阐述的，美国最高法院于 1997 年在里诺诉美国公民自由联盟(Reno v. ACLU)(521 U.S. 844)案例的重要判决中，推翻了该法案的主要条款。法院主张互联网应当与印刷媒体具有同等的受《宪法第一修正案》保护的宽阔的自由范围。然而，最高法院随后认为，网络的一些保护 18 岁以下未成年人的规范是有必要的（阿什克罗夫特诉美国公民自由联盟案（Ashcroft v. ACLU，535 U，S. 564））。

网络空间中所谓不雅内容的有关争论，只是近年来美国全国范围内关于艺术的道德及审查制度争议发展中的一个方面。在艺术家的作品冒犯公众之后，其中包括一个艺术家描绘一个浸泡在尿液中的耶稣钉在十字架上的图像，该作品还获得了联邦的奖励，国会认为应对这些被国家艺术捐赠基金会（NEA）提供资金资助的作品内容加以限制。资助者一般按照“充分考虑高尚和尊重不同的美国人民的信仰和价值观”原则上来决定资助，而且，NEA 受资助者还被要求依据 1990 年有争议的法规规定签署反淫秽保证书。

与此同时，一个名为俄亥俄辛辛那提当代艺术中心的大型艺术展览馆的主任被刑事起诉，原因是，在其展览馆展出的作品中展出了罗伯特·梅普尔斯佩（Robert Mapplethorpe）的摄影作品，其中包含一些描绘同性恋的照片。而在佛罗里达，一个联邦法官声称一个二人组合流行乐队的《他们希望像纳粹一样》唱片集属于淫秽作品，应当禁止出版。对于一些美国人来说，这些个别的行为表明了这是消除色情这一有害内容的一个重要步骤。但是对于另一些人看来这是一种企图进行严厉审查的高压政策，并且是某些人企图左右人们创造什么，看什么或听什么的一种手段。

如同许多早期美国有关淫秽内容的争论一样，这三个案件在法院已经得到了判决。一个联邦上诉法庭推翻了佛罗里达法官作出的“二人组合乐队的唱片集”是淫秽内容的判决（勒克唱片公司诉纳华洛案（Luke Records v. Navarro，960 F. 2d 134，1992））。在辛辛那提的案子中，艺术展览馆的主任被法官裁定无罪。鉴于无罪裁决不能被上诉，也就终结了诉讼，但是并没有结束有关艺术与淫秽之间界限的公开争论。

有关 NEA 的高尚内容标准导致了一个 1998 年的最高法院里程碑性的判决：NEA 创投诉芬利案（NEA v. Finley，524 U. S. 569）。根据 8 票赞成，1 票反对的多数意见的表决，法院认定 NEA 准则是符合宪法原则的，尽管其形式被认为是政府的一种歧视政策，这个案例会在本章的后面作出进一步分析。

所有 50 个州的法律都有控制淫秽内容的规定，联邦法律禁止进口和邮寄淫秽出版物。此外，联邦法律禁止含有 18 岁以下未成年人或者看似未成年人的成年人露骨的性爱影片、录像、照片和计算机图片的制作和传播。后文还会讨论到，有关禁止看似 18 岁以下未成年人的成年人有关内容引发了热烈的争论甚至更多法律诉讼，而且，联邦《受勒索影响与腐化组织法案》允许没收涉及淫秽经营有关的财产。一些专门法律还授权联邦官员包括海关机构来没收和销毁淫秽材料。

许多州的法规规定,制作、表演或出售淫秽作品是一种犯罪行为而且相关财物将会被没收。但是当这些州和联邦法律在执行的过程中,结果常常是出现个人自由和社会对于每个人的道德标准的约束企图之间产生的冲突。

作为《宪法第一修正案》的最终解释者,美国最高法院常常必须对淫秽方面的争议作出裁决。但是,自从 1957 年最高法院第一次试图对淫秽加以界定后的数十年来,这种试图明确什么是法定意义上的淫秽内容的努力常常导致更多的困扰而不是明确清晰。

既然在界定淫秽内容上面产生的这种所谓的困境,许多州和城市已经开始寻找替代性办法控制出售或展出含有性内容的书籍、杂志和电影。例如,许多城市开始尝试在居民生活区之外划定一片成人经营区域。而且有一些社区利用妨碍秩序的法律来阻止这些经营活动,这些作法或多或少地产生了一些成效。

本章回顾了美国沿袭英国及殖民地相关淫秽法律的发展以及探讨了目前的一些还很不明朗的一些情况。

早期关于淫秽的论争

在北美殖民时期以及英国维多利亚时期,都曾经采取过一些强烈的但是断断续续的做法来消除文学作品中的一些明显是淫秽的内容。早在 1712 年,马萨诸塞州殖民地就立法规定出版"任何下流、淫秽或者带脏话的歌曲、小册子、文字或者嘲弄式模仿的行为"均属犯罪行为。

同时经过法庭的判决,英国普通法规定了禁止淫秽内容的规范,并且殖民地的法院和司法机关都要以此作为判决的指导。这个普通法没有能够明确淫秽的具体界定,而是侧重在所谓的防范对青年人的腐蚀和对社会秩序的威胁这个领域,因而也就为未来的法律界定留下了一个不确定的问题。

然而到了 19 世纪中叶,英国和美国开始针对淫秽出版物制定专门的成文法,1842 年的《塔利夫法案》(*Tariff Act*)是美国首部限制淫秽内容传播的联邦法律,它制止"所有下流和淫秽的文字、绘图、版画、雕刻以及幻灯片等不道德内容"。到了 1857 年,其禁止内容扩大到包括印刷品。美国邮政局于 1865 年也被牵涉进来,美国国会通过法案规定邮寄淫秽资料属于犯罪行为。

同时,英国的法律也继续影响着美国法律的制定。1857 年《洛德 · 坎培尔法案》以及在其规定下的第一个判例所形成的有关淫秽内容的标准多年来不仅在英国也在美国产生重要影响,自从维多利亚时代开始就沿用这一规定禁止淫秽书籍及其他印刷品的传播。这一法律首次受到检验是在 1868 年。这一年，·个法官没收了亨利 · 斯科特(Henry Scott)所写的一本反对天主教的小册子。斯科特上诉到伦敦本杰明 · 希克林(Benjamin Hicklin)的刑事法官那里,希克林判决斯科特胜诉,然而,英国首席大法官亚历山大 · 科伯恩(Alexander Cockburn)推翻了希克林的判决并作出如下判决意见：

> 检验是否淫秽的标准是所指控的淫秽物品是否倾向于败坏和腐化那些易于受到不良影响和可能接触到出版物的人们的心灵。

简而言之,斯科特的作品是否属于淫秽作品,取决于其作品中的特定段落是否使大多数读者可能会产生诱惑性影响。这个概念由于是在名为"里贾纳诉希克林(Regina v. Hicklin)"案(L. R. 3. Q. B. 360,1868)中提出来的,因此被称为知名的"希克林规则"。

希克林规则在 19 世纪后期和 20 世纪初期被美国法院积极采纳,它将一个作品是否属于淫秽资料的标准界定建诸于一个作品文本中所抽取的一个孤立的段落当中,判断其是否淫秽的标准是看大部分的易受诱惑的社会成员的影响。结果,所有各种曾经受人尊宠的古典文学作品也成为被质疑的对象,整个国家陷入了道德圣战的气氛之中。

过了不长时间,一个圣战卫士就迎合了这种社会气氛,他的名字叫安东尼 · 科姆斯托克(Anthony Comstock),在他发动道德圣战运动时,他逐步获得了一批追随者。科姆斯托克和其支持者们在 1873 年花了四个月的时间游说国会,结果便产生了知名的《科姆斯托克法案》(Comstock Law),或者更为正式的名称为联邦《1873 年反淫秽法案》(Anti-Obscenity Act),这个法案远比 1865 年的法案走得更远,它授权美国邮政局来禁止邮寄任何"淫秽、下流、色欲的或者挑逗性的书籍、小册子、图片、报纸、信件、文字、印刷品或者其他不雅的出版物"。

由于缺乏关于淫秽的明确界定,只好留待执行法律的邮局工作人员来作出决定了,可是那又是谁呢?

没有比安东尼 · 科姆斯托克更适合的人选了,他成为邮局的特别执法官,专门搜寻出邮件中的淫秽作品然后将其加以禁毁。他充满激情地从事着他的新职位,并曾夸耀说他自己已经"销毁了一百六十吨的淫秽文学作品"。

不满足于从邮件中查处下流书刊,他还组织市民团体来清除一些"不道德"的书籍,尽管这些书并没有通过邮局邮寄出去,这些团体中有两个最著名的组织分别是纽约抵制堕落协会和新英格兰监督与监护协会。

这些组织很少关心名著与纯粹色情作品之间的区别,只在乎其中的内容是否合乎道德。安东尼·科姆斯托克和他的追随者使“维多利亚”一词成为古板的代名词,在这70年里,几乎任何种类的描写或涉及性方面的任何类型资料都可能会受到审查。

那《宪法第一修正案》呢?显然,在维多利亚时代,新闻自由从来就不完全保护性爱表达的自由,然而,无论如何,文学和人类生活都存续下来了,到了20世纪,希克林规则慢慢失去了效用。

20世纪以后标准的改变

到了1920年,时代发生了变化,法律也随之发生了变化。一个纽约的上诉法官裁定,一本书应该作为一个整体而不是只强调其中孤立的段落作为评估其是否应该被禁止出版的标准。

法官进一步强调说,在认定一本书属于淫秽书籍之前,应当考虑有资格的书评家的意见,此方面相关的案例是荷赛诉纽约抵制堕落协会案(Halsey v. New York Society for the Suppression of Vice)(180 N. Y. S. 836)。

最终,在1933年,联邦法官约翰·沃尔西(John Woolsey)拒绝遵循希克林规则的最基本部分,即判断一部作品是否是淫秽应依据其对易受影响的大多数社会公众造成的效果的观点。在评价詹姆斯·乔伊斯的经典著作《尤利西斯》时,他没有按照希克林规则来裁定其可能属于淫秽作品。他指出,一部作品是否是淫秽的判断标准必须是根据“普通民众对性的基本态度”,而不是根据其对大多数易受不良伤害的社会成员的影响来作出评价。他又进一步指出,一部作品是否是淫秽应作为一个整体而不能根据其中孤立段落的一部分来加以评判。

1934年,美国上诉法院支持了这个裁定(尤利西斯诉美国案(One Book Entitled ‘Ulysses’ v. U. S. ,72 F. 2d 705))。上诉法庭的两位著名法官奥古斯塔斯(Augustus)和利尔德·汉德,他们是表兄弟,参与受理上诉,并根据多数人意见,宣布废除了希克林规则。上诉法院认可了沃尔西的观点,即,一部作品是否是淫秽应当依据其整体加以判断,并且根据一般人的接受效果来加以权衡。

鲁斯案的里程碑意义

进入20世纪50年代,许多州和联邦法院放弃了希克林规则,转而偏向于更为开明的态度,正如在《尤利西斯》案中所表现出来的态度一样,但是美国最高法院并没有试图给出一个关于淫秽含义的界定来与《宪法第一修正案》相协调。

1957 年,最高法院受理了一系列关于涉嫌淫秽作品的起诉,并且最后了结了这些案子。在巴特勒诉密歇根州案(Butler v. Michigan)(352 U.S. 380)中,法院推翻了密歇根州法律所禁止的销售任何可能导致青少年腐化堕落道德败坏的书籍的裁定。按照法院的解释,这样做的原因是州法律不能阻碍"一般阅读公众对于成熟男人和妇女来说不算粗俗的书籍用以保护未成年人的纯洁心灵",法院指出,如果那样的话,其结果可能将会"使密歇根成年人沦落为只能阅读儿童读物的荒谬境地。"

因此,最高法院针对彻底消除希克林规则采取了第一个步骤:不能仅仅因为作品中的内容可能对于儿童来说是不好的,来禁止成年人来阅读它。

四个月之后,最高法院正式宣布了另一个关于淫秽方面的判决,该判决被认为是这一领域中具有里程碑意义的法院判决,即鲁斯诉美国案(Roth v. U. S)(354 U. S. 476,1957)。该案起因于一位名叫萨缪尔·鲁斯(Samuel Roth)的男子被判违反联邦邮件传递法律,其邮寄的书和广告材料被认为属于淫秽物品。最高法院还一并判决了另一起案子,艾伯特诉加州(Alberts v. California)案,其中大卫·艾尔伯特(David Alberts)被判违反加利福尼亚法律,为销售目的持有淫秽作品。

最高法院均维持了这两项判罪,判决依照法律所判定的罪名没有违反宪法,法院特别强调淫秽物品不受《宪法第一修正案》保护。

然而,大法官威廉·布伦南的多数意见也采纳了一些下层法院替代希克林规则所作出的关于淫秽规定的意见。法院指出,今后除非他们依法律规定采用新的标准来判断一部作品是否属于淫秽作品,否则任何州都不得禁止一些涉及性内容的物品并将其视为淫秽作品。应用新的界定,法院通过查询如下问题来决定一个作品是否属于淫秽作品:

> 应用当前的社区标准,对于一般人来说,材料的主导性主题作为一个整体是否引发了淫欲。

因此,最高法院特别否定了希克林规则,其部分原因是认为这个规则判断作品是否淫秽"是通过基于大多数易受诱惑的人们受作品中片断性内容影响的后果",认为希克林规则违反了《宪法第一修正案》。然而,审判鲁斯和艾尔伯特案的两个法院都恰当的界定了淫秽的含义,因此,他们的判决被认可。鲁斯案仍然是一个非常重要的案例,因为它正式采纳了一个新的淫秽界定并使之广泛应用到美国各地。

鲁斯案引发了一系列关于淫秽法律的争论,其中第一个持不同看法的争论来自雨果·布莱克和威廉·O.道格拉斯的法官。这两位法官对《宪法第一修正案》持绝对自由主义立场,主张《宪法第一修正案》也应保护淫秽作品,因此,他们争辩说,基于作品的内容或者他们所谓的引发坏思想的犯罪指控是违反宪法的行为。

在以后的几年时间里,这两位法官坚持认为涉及淫秽管理的法律违反宪法原则,并且站在极力维护表达言论自由的立场上。然而,在几个关键性的场合,他们的绝对主义立场引发了一些问题:这种立场使得高一级法院推翻了有关淫秽案件的判决,但是却无法使法庭的多数成员同意其提出的推翻下级法院判决的理由。结果是一系列相对多数人意见的判决都使国家无法明确法律的真正含义。

鲁斯案判决后不长时间,最高法院被要求重审一些其他涉及描写性的材料。很快就开始形成一种趋势,最高法院反复性地推翻了下层法院所裁定的所谓淫秽作品的判决结果。仅在1958年和1959年,高等法院就推翻了认定一个裸体作品集以及学生艺术出版物为淫秽作品的裁定,并否决了认定一本同性恋杂志以及另一本载有裸体的杂志为淫秽书刊的判决,法庭还推翻了一个禁止拍摄描写通奸内容的电影的州法律条款,并且否决了州法律规定的书店店主对他们销售的所有书籍中的内容负责的法律规定。

很显然,这些判决表明对于淫秽问题的自由主义倾向,最高法院继续将淫秽问题作为《宪法第一修正案》保护的范畴之外的问题,但是,很少有作品被裁定为淫秽作品,同时,越来越多的作品则被纳入《宪法第一修正案》保护之下。

鲁斯规则的进一步发展

鲁斯案判决是一个标志性法律裁定,如同许多标志性裁决一样,它还是留下了一些尚未有答案的问题。例如,“社区标准”中的社区的范围如何界定?它应包括一个地区范围,或者还是比这个范围要大一些?再有就是违反那些社区标准的内容是什么?

最高法院在1962年关于手册指南公司诉DAY案(Manual Enterprise v. Day)(370 U.S. 478)的案例作出的裁定中阐明了后一个问题。在该起案件中邮政局试图阻止邮寄一些可能主要是与同性恋有关的杂志,尽管多数人意见认定杂志“低俗无聊,粗鄙不堪”,法庭却认为它们不属于淫秽刊物,因此支持了他们使用美国邮政邮寄这些杂志的权利。

按照当时有效力的联邦淫秽法律规定,一部作品在查禁之前必须认定其引发"色欲的兴趣"以及"明显的冒犯"。法庭还强调一种观点,如同在以前判决中所指出的那样,认为纯粹的裸体作品不是淫秽物品。

该案例仍然遗留下一个问题,即没有对"社区标准"加以界定,然而,在1964年,最高法院通过雅各贝利斯诉俄亥俄州(Jacobellis v. Ohio)(378 U.S. 184)一案,阐述了对这问题的立场。尼克·雅各贝利斯(Nico Jacobellis)是一个剧院的经理,他被判违反俄亥俄州的法律,放映一部所谓的淫秽法国电影《勒斯·阿曼特斯》。法庭推翻了对于雅各贝利斯的判决,以为该电影不是淫秽的作品,该影片已经在100多个城市上映,其中包括俄亥俄州的其他两个城市。

撰写法庭较多数人意见的布伦南大法官认为,联邦宪法需要对淫秽问题制定一个国家标准,他指出"联邦宪法不应存在一个从这个州到另一个州或从这个城镇到另一个城镇各不相同的淫秽含义的界定标准"。

然而,布伦南的观点也招致了首席大法官埃尔·沃伦的极力反对,他认为,在前面鲁斯案中已经明确界定了社区标准的地方性原则。埃尔·沃伦写道:"……事实上,全国范围内的社区各不相同,如同这个案例提示我们不应忘记的是,法庭面临的任务是协调我们社会中的个人各不相同社区冲突中的权利问题。"

正如我们将看到的,埃尔·沃伦的观点最终比布伦南的观点更加普遍地被人们接受,然而,近十几年来大多数法官都希望有一个全国性的关于淫秽含义的标准,这样,地方陪审团就能够以此来遵守一致的标准,无论这些标准与地方普遍接受的观点存着怎样的差别。

"范妮·希尔"和"社会价值"

1966年,宪法中与淫秽相关的法律有了一些新的进展,最高法院判决一部有着200年历史的色情作品《一个放荡女人的回忆录》(常被称为"范妮·希尔")不属于淫秽作品。在"回忆录"公司诉马萨诸塞案(Memoirs v. Massachusetts)(383 U.S. 413)中,最高法院仍然无法达成一个多数人一致的共同意见,但是大法官布伦南提出了一个较多数人意见,指出了一个关于区分淫秽的三个内容标准:最基本的"鲁斯"标准,加上"明显的冒犯性内容",以及其作品中必须"完全无视社会价值影响。"

在鲁斯案中,布伦南曾指出,淫秽作品缺乏任何"可取的社会意义,"但是,鲁斯裁定没有特别将缺乏"社会意义"作为评判是否属于淫秽作品的标准的一部分。然而,下级法院开始考虑这些因素,而布伦南在雅各贝利斯案又重申了这一原则。最后,在"回忆录"案中,布伦南指出,对于淫秽与否的检验标准的一部分,应当考虑其是否具有“可资借鉴的社会意义”,他指出,一部作品如果有其“社会价值”就不能将其视为淫秽作品。然而,布伦南的观点在“回忆录”一案中只是一个较多数人意见,大法官布莱克和道格拉斯继续投票反对有关淫秽的判决——依据“《宪法第一修正案》应当保护言论自由,即使作品属于淫秽物品”的理论原则。

尽管在最高法院没有获得半数票的支持,1966 年之后,“社会价值”标准越来越被广泛地接受。如同布伦南关于全国性标准的命运一样,“社会价值”标准最终被最高法院舍弃,但是它在一段时间里使得对于淫秽作品的起诉增添了很大的困难,证实一部作品“完全没有任何社会价值”是非常困难的,几乎任何一部淫秽作品的被告都能找到一个专家作证说被质疑的作品或多或少都有点社会价值。

“回忆录”案涉及如何评价一部色情作品的问题。1749 年,由一位名叫约翰·克莱兰(John Cleland)(1709—1789)的英国人写的作品中,第一次描写了伦敦上层社会的一名高级妓女。该书早在 1821 年就引起了马萨诸塞州检查部门的注意,到了 20 世纪 60 年代已经被译成盲文出版,并收藏进了国会图书馆,并被几百家图书馆购买收藏,而且至今马萨诸塞州检察机关总检察长仍然试图再一次“禁止在波士顿出版发行”,第一次查禁的尝试是在近 150 年之前。当最高法院裁定该书不是违法的淫秽物品之后,这一次在波士顿查禁“范妮·希尔”的尝试也理所当然地以失败告终。

判定淫秽物品的替代方法

在“回忆录”上诉案裁定之后,最高法院从试图界定淫秽的含义转向寻找其他决定因素,这种替代性选择主要体现在对三个重要上诉案的裁定上。

在金斯伯格诉美国案(Ginzburg v. U. S.)(383 U. S. 463)中,最高法院支持了关于知名的色情书刊经营者拉尔夫·金斯伯格(Ralph Ginzburg)违反联邦淫秽法律的有罪判决。在该裁决中,最高法院回避了对于被指控推销出版物是含有淫秽内容问题,取而代之的是强调了他在促销宣传他的作品。法院认为有大量关于他促销的证据表明了这一点,他“公开以广告方式吸引消费者好色的兴趣来经营文字或图片服务”。

最初金斯伯格想从宾西法尼亚州的因特克思(Intercourse)和布鲁鲍尔(Blue Ball)两个有性含义的地点邮寄他的出版物,但是他在这些小镇的邮局无法处理这么多,所以他选择了新泽西州的米德尔塞克思(Middlesex)这个有性含义的地方,法院得出结论认为,这些邮寄地点的选择仅仅是为了在销售中能够达到宣传效果。因此,法院基于销售商的促销行为而不是作品的内容认可了判决其构成淫秽物品罪的判决。

在第二年的莱德卢普公司诉纽约案(Redrup v. New York)(386U.S.767.1467)中,最高法院推翻了三个州的淫秽罪判决。这三个州的案件中,州法院认定其指控的资料从宪法原则上是淫秽物品,但是最高法院认为这些判决是错误的,然而,法官们不同意有任何一种可以判断是否属于淫秽物品的标准。

作为可能会找不到作品本身属于淫秽物品任何证据以证明州的判决正当性的一个结果,法院回避了对于淫秽含义的界定,并简单列举了三种销售可能违反州法律的情形。这三种情形是:① 销售煽动情欲的作品给未成年人;② 通过侵犯个人隐私的方式来发行此类物品,因为一些不愿看到这些书刊的人无法避免此种侵权情况的发生;③ 在销售中采取"迎合低级性趣味"的招徕方式。

显然,莱德卢普案的结果是只有赤裸裸的色情书刊才会被查禁。法院似乎在扩大宪法保护范围,来保护那些尽管可能有淫秽成分,但是既没有迎合人们的欲望又没有迫使一些不愿意购买的人们去接触的作品。莱德卢普案裁决的影响是通过一年半以后的35个控告淫秽的裁定被撤销并以该裁决为依据基础这一事实表现出来的。这些作出推翻的裁定中的有一些是最高法院作出的,其中没有阐述相关的观点,另一些裁定则是由下一级州或联邦法院作出的。

最高法院在一年以后的金斯伯格诉纽约(Ginsburg v. New York)(390 U.S. 629,1968)一案中确认了在莱德卢普案中有关淫秽与青少年问题的相关主张。其中,法院维持了对山姆·金斯伯格(Sam Ginsburg)(不要将他与拉尔夫·金斯伯格相混淆)违反法律向青少年出售会对青少年产生不良影响的淫秽物品的有罪判决。在确认金斯伯格有罪的判决中,法院采纳了"动态的淫秽界定"的概念,即一个州会处罚有些人向未成年人出售一部或许对于成年人来说则不属于淫秽的作品。

因此,这三个裁定的综合效果是允许对于淫秽的指控具体问题具体分析,尽管证明一部作品对于成年人来说在法律上属于淫秽物品几乎是不可能的。

沃伦法庭的最终裁定

1969年最高法院发布了自由主义的沃伦时代(首席大法官沃伦在那年之后退休)的最后一个主要的关于淫秽方面的法庭裁定。但是这一最后裁定走了很长的路,才朝向保护个人私下拥有淫秽物品不受政府审查的政策迈进。

在斯坦利诉乔治亚州案(Stanley v. Georgia)(394 U.S. 557)中,法院推翻了一项来自涉及淫秽法律的"钓鱼行动"的执法活动中的一项有罪判决。警察以调查赌注登记人资料的名义搜查了罗伯特·埃利·斯坦利(Robert Eli Stanley)的住宅,却反而在他的卧室的一个橱柜的抽屉里发现了一些可能引起性诱惑的影片,他们架设起他的电影放映机观看这些影片,然后以持有淫秽物品违反乔治亚州法律而逮捕了他。在法庭的多数意见中,大法官瑟古德·马绍尔在判决书中写道:

> 无论有关淫秽法律条款规定的内容是否公正,我们不认为它们可以干涉一个人的住宅隐私权。如果《宪法第一修正案》意味着什么的话,它意味着一个政府没有权利告诉一个独立坐在他自己住宅的人可以阅读什么书或者可以观赏什么电影。

马歇尔指出,实际上,一个人在自己私人住宅中拥有宪法赋予的持有和利用甚至是淫秽物品的权利。而且,《宪法第一修正案》保护"都拥有接收信息和思想的权利,无论这些信息或思想的社会价值如何"。

然而,最高法院警告说,这个判决并不是想去废除"鲁斯案以及接下来那些裁定"。这是一个相关事实情况下的一个特殊裁定,而且,两年之后最高法院拒绝再将斯坦利裁定扩展到其他情形中。当然,与此同时,首席大法官威廉·布伦南退休了,法庭的成员组成也发生了变动。

在1971年同一天裁定的美国诉雷德尔案(U. S. v. Reidel)(402 U. S. 351)和美国诉37幅照片(U. S. v. Thirty-Seven Photographs)(402 U. S. 363)两个案子中,法庭回避了埃利·斯坦利原则。在雷德尔的案子中,最高法院支持了联邦法律依据宪法原则禁止邮寄淫秽物品,即使邮寄给愿意接收的成年人。因此,法院回避了遵循"接受权利"概念的斯坦利原则。在"37张色情图片"案中,法庭认为海关官员依然有权没收一位返乡旅客行李中的淫秽物品,尽管那些图片只是为了私人使用。

两年后,在美国诉12个8英寸超级200英尺胶卷公司(U. S. v. Twelve 200-foot Reels of Super 8mm Film)(413 U. S. 123,1973)的案子中,最高法院甚至更加明确地指出,《宪法第一修正案》并不赋予人们任何隐私权利从境外携带淫秽作品回国,一旦他将淫秽作品带回了家他就是安全的,可是,如果被海关官员在其途中查出来,那就是另外一回事了。

这些判决被广泛地批评没有与斯坦利案原则表述相互连贯一致。斯坦利裁定只是加以区分而不是加以推翻,但是很显然,在1973年最高法院关于淫秽问题的态度发生了改变。此后,理查德·尼克松任命四位新的最高法院的法官,他明确地想找到能够查禁色情泛滥的法官,一个对待淫秽问题更加保守的多数成员新群体开始形成。

建立一个新的标准

新组成的最高法院多数派在1973年获得了一次在淫秽法律问题上表明自己态度的机会,其结果是一个新的关于米勒诉加利福尼亚州(Miller v. California)(413 U. S. 15)案子的标志性判决。这个判决推翻了大部分沃伦法庭所作出的判决意见,四位尼克松任命的法官以及大法官拜伦·怀特形成了五人多数的判决意见,法官布伦南渴望成为淫秽法律领域重要的多数派意见和较多数派的作者,开始撰写反对意见。

在米勒以及同时期的其他四件案子的判决当中,法院修改了"鲁斯—回忆录"案确定的规则,废除了"社会价值可取之处"的观点。新组成的多数派还公开反对需要一个全国一致的"社区标准"的意见,从而让各个州可以采用不同于其他州的标准,甚至一个州内的一个社区与另一个社区也可采用不同的标准。

米勒案发端于马尔文·米勒(Marvin Miller)所进行的一个大规模利用邮购方式出售"成人"读物的活动,其中他的小册子中有五份被寄往加州一个纽波特海滩的餐厅,收件人向警察投诉了这些邮件,米勒被判违反加州淫秽法律构成犯罪,案件上诉到美国最高法院。

最高法院以此为契机制定了一个特别的关于淫秽问题的新规则,新规则确认一个作品将会被视为是淫秽作品,如果涉及以下几种情况:

1. 作为一个普通人,采取当代社区标准发现作品从整体上引诱人们的下流兴趣;

2. 作品通过明显的冒犯方式展示或者描述性行为,而且依照州法特别界定的那些描绘或者描写属于禁止内容的;而且

3. 从整体上作品缺少严肃的文学、艺术、政治或者科学价值。

因此,法院重新强调在"回忆录"案中确立的前两个部分的规则,尽管社区标准现在可以是地方性的。而且,"明显冒犯的"一词要通过成文法律规定来确认。然而,在回忆录规则中的第三部分中的"有可取的社会价值"的观点被"严肃的文学、艺术、政治或者科学价值"所取代,这些可以在定罪过程中更易于加以证明的。

当然,这仍然只是一个五比四微弱多数的裁定,但是米勒案的裁定标志着自1957年以来最高法院的多数派意见终于能够第一次就"制定具体指南将'赤裸裸'的色情内容与受《宪法第一修正案》保护的自由表达严格区分开来"

达成了一致。

在废除国家性标准方面,首席大法官沃伦·伯格强调了美国不同社区之间存在的差别,他指出:“要求缅因州或者密西西州的居民依照《宪法第一修正案》接受在拉斯维加斯或者纽约市可以容忍的公共场合的模仿秀活动既不现实也没有必要。”

法院允许各州采用地方标准当然也有一个目的,那就是为了减轻联邦法院的工作负担。最高法院被要求审查几百件涉及淫秽物品案子,法官感觉到他们已经超出了他们所能接受的限度来受理此类案件。但是,如果法院寻求摆脱此类案件的努力上有所期待的话,事实上却是失败的。在米勒案之后,最高法院不得不受理更多的淫秽上诉案。

平克斯诉美国(Pinkus v. U.S.)(436 U.S. 493,1978)案是这些案例中的一个典型,最高法院认为,如果作品是面向成年人的,当陪审团考虑“社区标准”时,不应将儿童作为“社区人群”的一部分加以考虑,然而,法院指出,在决定的时候,成年人对于淫秽物品易受影响的不同程度应当加以考虑。

最高法院还在米勒案判决几年之后的波普诉伊利诺斯州案(Pope v. Illinois)(481 U.S. 497,1987)中回答了另一个重要问题。在该案当中,最高法院明确了各州淫秽起诉必须采用三部分构成的米勒规则。

波普案涉及一个关于质疑伊利诺斯州淫秽判决的有效性问题,该案中米勒规则所有的三个部分都与主流的社区标准有不同的衡量。尽管米勒规则强调无论是州范围还是地方社区标准,都可以应用来决定是否一个涉嫌的作品属淫秽作品,那只是规则中的一个部分。伊利诺斯州法院采用主观社区标准来决定所有三个部分,包括了解作品是否具有严肃的价值。

最高法院强调衡量“严肃的价值”要建立在客观标准上。法院认为应当采用一个“正常的男人”标准来决定一部文学作品是否具有严肃的价值,要做到这一点,可以传唤专家证人来验证严肃的文学、艺术、政治或科学价值是否存在于所指控的作品,撰写法庭意见的拜伦·怀特法官就此写道:

> 合适的法庭质询不是任何假定的社区一般成员是否发现所指控的淫秽作品具有文学、艺术、政治或科学价值,而是是否一个有理智的人从作品的整体上可能会发现这样的价值。

这表明淫秽领域的法律没有发生变化:通常运用一个客观标准来决定涉嫌的作品是否具有严肃的价值。然而,在本案中,法院明确了使用这样的标准是《宪法第一修正案》的要求。没有它,地方社区可能通过采用他们自己的严肃标准来决定一部重要文学著作是淫秽作品,结果将会成为剥夺《宪法第一修正案》的自由权的审查行为。

在这样的裁定中,最高法院的反应是依据他们自己的经验,认为地方法官在淫秽案上适用狭隘的标准,会将严肃的文学作品判定为淫秽作品,从而迫使上诉法庭不得不加以干预。

这种情况恰恰发生在詹金斯诉乔治亚州案(Jenkins v. Georgia)的案子中(418 U.S.153,1974)。一个法官判决比利·詹金斯(Billy Jenkins)作为影院经理违反乔治亚州的禁止淫秽法律的条款,放映一部获学院奖提名的限制级电影《性欲知识》。影片中偶尔出现裸体画面以及一些模糊的画面暗示了一些性行为。

官司一直打到了最高法院,最高法院指出影片没有公开利用令人作呕的方式描绘性行为。因此,属于《宪法第一修正案》保护的范畴。法院指出地方法官必须考虑到米勒规则的所有部分,其中包括"公开冒犯的"事实因素来决定其是否属于淫秽作品。

但是,或许更为明确的实际情况是,本案迫使法院将赌注压在地方标准上。如果一个法官在某一个独立的社区裁定一部作品虽然在其他任何地方被视为严肃作品而在此则违反了本地标准,那岂不恰恰是米勒案中所引发的争议性问题吗?

在1974年在哈姆林诉美国案的案子(Hamling v. U.S.)(418 U.S.87)中,法官布伦南在法院确认一个联邦淫秽罪案成立后发表反对意见的同时警告说:

> 全国性发行商在选择跨州发行他们的出版物时将被迫适应每个小镇不同社区标准限制。

事实证明,这一威胁远远超出了学术领域。在1978年的案子里,一个俄勒冈发行性淫秽出版物的发行商不得不应诉一项怀俄明州的淫秽罪指控,因为邮政当局认为当地保守的社区标准更容易给他定罪。应俄勒冈邮政局长的要求,怀俄明州的邮政局长使用假名字和地址从发行商那里索要资料。俄勒冈商人没有邮寄资料,并且没有与怀俄明有联系,他也没有寄给该州任何其他人,但是他被起诉违反怀俄明州联邦淫秽法,并且不得不去怀俄明应诉。他最后在法庭上认罚,联邦上诉法庭毫无选择地支持了判决结果,尽管法官强烈反对联邦官员的这种"管辖地购物取证(venue shopping)"方式。

上诉法庭的判决书中写道:"各地的出版商与发行商希望满足全国性的订购需求却不得不受制于联邦执法官员创造性热情的影响……"(美国诉布吕雪案(U.S. v. Blucher), 581F,2d244,1978),判决最后被最高法院撤销,但是布吕雪(Blucher)被起诉的事实却引发了关于社区标准议题的严重质疑。

对于那些在全国范围内创作或发行书籍或者电影的有关人士来说,这个问题显得非常严重。例如,哈里·里姆斯(Harry Reems)饰演男主角的著名性爱影片《深喉》,在田纳西州孟斐斯被起诉违反联邦淫秽法律。影片并不是在那里拍摄的,而且很显然只在那里放映了两次(在被警察突击搜查之前)。但是里姆斯在旅行途中被逮捕并且被起诉有罪,尽管那时他的电影已经在几百个城市合法上映。

除了各不相同的"社区标准"的问题之外,难道这种情况不会引发法理公平的基础性议题吗?出版商或者演员是否应该仅仅因为他的作品在那里被指为淫秽物品,不得不应付法律程序,远离他生活和工作之处,去几百上千里以外的地方去应诉?

这些问题在20世纪80年代到90年代仍然被反复提出来。期间,美国司法部长发起了针对以洛杉矶为基地制作成人影像的制片人的执法打击活动。这些行动并非在洛杉矶,而是在图尔萨和达拉斯由大陪审团提起控告。

在1993年,美国司法部官员指出,他们在重新考虑对距离他们生活和工作的地方很远的地方来指控色情活动的政策。然而,一年之后,司法部在孟斐斯提起控告,指控一对住在旧金山附近的夫妇在他们加利福尼亚家中的一个私人BBS上保存了一些计算机色情图片。一个田纳西州的卧底联邦探员支付了注册费后获得了一个口令,然后下载了足够多的图片来说服孟斐斯的法官依据联邦淫秽法律给他们定罪处罚。他们针对有罪判决的上诉也被驳回,维持原判(美国诉托马斯案(U.S. v. Thomas 74 F. 3d 701, 1996))。

法庭确认了联邦淫秽法律适用于数字化文件的原则,并且裁定两位夫妇根据孟斐斯的社区标准而非旧金山标准即可被定罪。尽管本案涉及的是一个BBS系统而不是互联网上的一个站点,但是它引发了关于在互联网上发布色情内容的责任问题以及被其他处于很远地方的人下载所引发的不同地方的社区标准问题。

尽管联邦检察官仍然致力于随时利用法院管辖策略来惩罚嫌疑人,下级法院都要依照最高法院的指引进行定罪处罚,这些指引在波普诉伊利诺斯州案中体现为:他们必须在客观基础上分析什么是严肃的价值,来考虑米勒规则中的"严肃的……价值"部分以此作为裁定的依据。而那不能单纯依据地方社区标准来作出决定。这就是为什么美国上诉法庭推翻了联邦法官关于二人现场组合唱片集《他们希望像纳粹一样》是淫秽作品的判决。在本章较早引述的勒克唱片公司诉纳华洛一案中,上诉法院强调法官的判决所依据的是南佛罗里达社区标准,并依照他在社区自己的经验。而且,寻求对该影集宣称为淫秽作品的治安官员并没有提供专家证明来确证其缺少严肃的文学、艺术、政治或科学价值,但是被告却提供了一些音乐、文学和非洲裔美国文化方面的专家证明该唱片集确实具有严肃的价值。基于这一点,上诉法庭判决认为执法官员没有能够证明该《现场组合唱片集》属于法律禁止的淫秽内容。

色情作品与未成年人

当法院正在为社区标准问题备受困扰的时候,另一个关于淫秽法律的问题正日益突显,即全国打击描写未成年人在性行为中的角色的影片及其他作品的制作与发行活动。早在 20 世纪 80 年代,联邦政府以及至少 20 个州已经通过法案禁止使用未成年人扮演此类角色,即使作品从法律上来说不属于淫秽物品。

在 1982 年,最高法院依宪法原则对与此法有关的一个案子即纽约州诉佛伯尔(New York v. Ferber)(458 U.S. 747)案进行了宣判。最高法院对于淫秽的一般规范单独划出一个例外领域,支持了纽约法律允许对那些未成年人参与表演性行为的影片和印刷品的制作和出售行为作出有罪指控,即使作品没有任何淫秽证据。

法院规定,各州有权禁止儿童出现在有关性描写的画面和内容中,无论是有文学品味或非淫秽内容的作品中都不得出现。即使出于文学或艺术原因需要这样的画面,法院强调,"如果一个演员超过法定的年龄但是看起来要年轻很多也可能会被处罚"。

为了促使最高法院发现纽约的法律违宪,民权人士和图书出版业警告说,这样的法律可能会被用来起诉那些制作出很多重要作品的艺术工作者,包括类似《出租车司机》这样的电影。最高法院并没有在乎他们的异议反而选择给予各州相对自由的手段去规范未成年人承担性暴露的角色。

在 1990 年,最高法院再一次允许各州采取比成年人更加严厉的限制性规范来针对未成年人问题。在奥斯本诉俄亥俄州(Osborne v. Ohio)(495 U.S. 130)案子中,法院对"斯坦利诉乔治亚州"案这一较早前讨论过的案子中的原则划出了一个例外的原则。斯坦利案创立了一个在自己私有住宅不受政府干预的权利来持有即使是淫秽书籍或者电影。在奥斯本案中,法院认为如果这些资料涉及儿童的话,俄亥俄州可以起诉一个嫌疑人,即使他纯粹是在自己房间私室内持有性内容的资料。

在一个有争议的六对三票的判决中,法院驳回了支持俄亥俄法律因父母持有他们自己孩子的裸体照片而处罚父母的可能。多数意见主张,俄亥俄法律并非在宪法原则上宽泛而不严谨。(俄亥俄州法律包含有一个例外规定,允许父母拥有他们自己子女的裸体照片。)

大法官拜伦·怀特为法院撰写的意见书中写道,控制儿童色情内容的需要如此"刻不容缓"以至于允许各州自由立法,这在其他环境影响下或许会违背宪法基本原则。

如果色情影像的男女演员在制作时声称已经是成人了,而结果发现是未成年人该怎么办呢?已经有几起涉及此类问题的法律诉讼了,其中包括女演员特蕾西·罗兹(Traci Lords)在18岁之前拍摄了一系列的成人录像片,她使用假的文件来证明她已经18岁以上。1977年通过的《防范儿童性暴露保护法案》(*Protection of Children Against Sexual Exploitation Act*),似乎使制作或发行性暴露的作品涉及青年人的行为为一种联邦犯罪行为,无论这种行为的制作者或者发行者是否知道表演者是18岁以下。然而,1988年,一个联邦上诉法院规定,影像制作者可以提供证据证明他们所知道的年龄信息是虚假的,以此为自己来辩护(美国诉美国联邦地方法院案(U.S. v. U.S. District Court, 858 F. 2d 534))。1994年,美国最高法院重新阐释了1977年的法律规定,并且规定不允许起诉任何并不知道在一个成人影片中有演员是低于法定年龄的嫌疑人(美国诉X-Citement影视有限公司案(U.S. v. X-Citement Video Inc., 513 U.S. 64))。

1996年国会通过《儿童色情保护法案》(*Child Pornography Prevention Act*),给检查官提供了一种方法,以绕过"X-Citemen音像公司"案判决给影像制作者提供的安全保障。从广义上看,该法律不仅禁止了在性暴露影片中让未成年人饰演角色(即使电影不是淫秽的),而且禁止了在画面中看起来是在描写未成人从事性行为的"活动"。该法确立了严厉的判赔处罚和监禁判罚规定,处罚对象不仅包括影片、视频、照片或者计算机生成图片中涉及描写未成年人性行为活动内容的制作者,而且还包括持有这类影片、视频或图片的人们。

《儿童色情保护法案》很快就受到有关人士的质疑,这些人包括民权运动人士、书商、摄影工作者、成人电影制片商和其他一些可能被指控的人士,他们拥有许多主流影片的复制品,其中不仅包括《出租车司机》,还有其他一些诸如《驱邪者》、《肮脏的舞蹈》、《运动家园》或者《最后的图片秀》等影片。有媒体报道称,一个影片制作人在1998年制作一个再版的《洛丽塔》影片,他聘用一个著名的第一修正案官司律师,花了六个星期参与制作和编辑,试用避免违反这个法律。在律师的坚持下,一些由十八岁以上的大人替身饰演十五岁女主角的裸体镜头也被剪掉。据报道,这是担心即使用成年人演出一个未成年人的性行为的场景也可能触犯法律。

为了说明1996年法律的立法意图，犹他州共和党议员哈奇（Orrin Hatch）作为该法案的倡导者指出，计算机生成的图片实际上很难与一般摄影照片相区分，这常常使得执法者当局面临很大的困难来查处儿童色情，因为未成年人的面孔是很难识别的，然而，他也指出，计算机图片作为非重新修改的儿童色情图片面临同样的危险：它们可能会被用来引诱儿童来从事性活动并且怂恿有恋童癖的人诱骗儿童现象的发生。

2002年，美国最高法院推翻了《儿童色情保护法案》中关于禁止计算机生成的图片和其他图片中仅仅“看起来”是描述未成年人涉及性行为的有关条款。在阿什克罗夫特诉自由言论联盟案（Ashcroft v. Freedom Speech Coalition）（535 U.S. 234）中，法院以六票对三票推翻了法律规定中的一部分。

撰写多数意见书的法官安东尼·M.肯尼迪认为，《儿童色情保护法案》过于宽泛而模糊。国会试图说明这项法律禁止内容的理由，指出禁止依据是：计算机合成的图片尽管没有利用实际的儿童来创作此类图片，但是它们可能会伤害到儿童，因为这些画面会引发恋童癖的性欲兴趣。但是，与肯尼迪意见一致的多数派支持了下层法院的结论意见，即，政府没有证据表明计算机合成的图片与利用实际儿童来拍摄图片有什么实际联系。

这项裁决并不影响《儿童色情保护法案》以及相应各州的法律的其他部分的有效性，这些部分禁止创作、销售或仅仅持有实际采用儿童来从事性活动的图片。它甚至并不影响联邦法律有关条款中禁止使用计算机技术来修改一个实际儿童的图像，使之看起来像是他们在从事性活动。这个法律规定也不影响有关执法当局来起诉那些制作、销售或持有计算机生成或其他的法定的淫秽作品。这里讨论相关指控问题是基于那些非法定的淫秽图片或者涉及利用实际儿童作为模特的图片。

在最高法院关于“阿什克罗夫特诉自由言论联盟”案的裁定之后不久，一个两党共同支持的立法团体加入到了美国司法部长约翰·阿什克罗夫特的团队，以此来提出一个新的联邦法律来阻止最高法院相关裁定。对于约翰·阿什克罗夫特来说，这个议题已经变成他的个人动机，他曾在1996年作为美国议员强烈支持《儿童色情保护法案》。作为司法部长，他监督着政府部门努力在最高法院推行这个法律，而且迅速作为运动的领袖来提出新的法案。

在2003年，国会通过了一个新法律以绕过法院的判决，并将计算机生成的儿童色情图片纳入犯罪制裁的范畴。新法律禁止销售表现儿童色情的作品，允许检控那些试图让别人相信所提供的是淫秽儿童色情图片的人，在其他一些条款中，还将利用性诱骗者引诱未成年人从事性活动或出现在性图片中的儿童色情图片视为犯罪行为。

其他审查形式

邮政审查

从邮政审查科姆斯托克时代到布吕雪案件，联邦政府做出了许多努力来禁止在邮政服务中涉及所谓淫秽作品的传播问题，然而，邮政审查也是有一定限制的。

一个典型案例是邮政总局当时试图审查一条名为《时尚先生》(*Esquire*)的杂志，该杂志在当时被认为有性倾向内容，但是很难将其视为是极为淫秽的色情杂志。案件发生在 1943 年，当时邮政局负责人拒绝将杂志作为二级邮寄待遇寄出。

联邦上诉法院推翻了邮政局的决定，最高法院也认同了这一裁定，威廉·O. 道格拉斯大法官在判决书中写道："国会没有授权邮政局长来制定寄送的性内容的刊物的文学与艺术标准。"(汉尼根诉《时尚先生》案(*Hannegan v. Esquire*,327 U. S. 146,1946))。

在推翻原有判决后，邮政服务机构不再尽最大努力来审查大众出版物，但是在 1968 年通过的淫秽法中被赋予了新的角色。那就是国会通过的《引诱性广告法案》(Pandering Advertisement Act)(39 U. S. c, 3008)，该法案规定邮寄用户有权在他们收到他们认为有性冒犯内容的资料之后可以要求将他们的名字从邮寄的名单中删除。邮政局被授权根据客户的投诉来要求邮寄者将投诉者的名字从邮寄名单中剔除。

最高法院在 1970 年罗恩诉邮政局案(Rowan v. Post Office)(397 U. S. 728)中支持了这项法案。国会还加强了相关法律规定，在 1971 年允许邮政客户可以在那些令人生厌的物品邮寄到客户之前就可以要求将他们的名字从邮寄名单中去掉。

美国邮局总局也采取了各种其他形式的审查活动。例如，许多年来邮寄未经请求的关于避孕器的广告材料是非法的，然而，在伯格诉杨制药公司(Bolger v. Young Drug Products Corp.)案中，最高法院在 1983 年的判决中(第十三章将进行相关讨论)推翻了这个规定，认为它不符合《宪法第一修正案》。

军事基地的审查制度

在军队中有关自由与控制问题长期以来一直存在争论。争论的许多问题主要涉及美国陆军、海军、空军、舰艇部队甚至海岸警卫队的自由问题。近年来,在军队关于与通奸和群交有关的禁止性规定方面存在着许多争论,这些规定有时可能导致军纪处罚、解除军人职务甚至判处监禁的一些情况,如私通、执行职务外发生的一些性行为的处罚,这些处罚对大多数平民雇员来说,并不能带来一定侵害。在这场争论中,国会于 1996 年通过了新的立法,规定禁止在军事基地的书店里销售或者出租虽非淫秽但有性内容的录像带、电影,甚至诸如《阁楼》和《皮条客》之类的杂志。

在这项名为《军队荣誉与文明法案》(*the Military Honor and Decency Act of 1996*)的法律规范之中,国防部成立了一个审查委员会来裁定哪些电影和杂志应当被禁止,并确定其内容的级别。委员会最终决定允许《花花公子》杂志可以在军事商店出售,但不允许《阁楼》和《皮条客》杂志出售。在这场有争议的规定出台后,杂志出版商、民权组织和其他组织对此提出抗议。1997 年,一名联邦法官判决该法违反宪法原则禁止其实施。而之后一个联邦上诉法院以二票对一票否决了这个判决,又重新支持了原来的法律规定,宣布军队商店不是一个公开的场所,管理当局可以限制其言论自由,只要其限制是合理的,并非是一种歧视性作法(通用媒体通讯诉科恩案(General Media Communications v. Cohen, 131F, 3d. 273, 1997))。在 1998 年,美国最高法院拒绝重审上诉法院的判决,从而维持了原有法律的效力,而军方得以继续自由执行其禁止销售或出租与性内容有关的录像带和出版物的做法。在 2002 年,另一个联邦上诉法院则依据相同的理由维持了原有的法律(PMG 国际诉拉姆斯菲尔德案(PMG International v. Rumsfeld, 303F, 3d, 163))。

电影、淫秽以及审查

自从电影作为一种娱乐和艺术形式出现以后,影片就引发了一种特殊的审查制度问题。从早期的幻灯片演示到现代的成人电影时代,一些公民权利组织要求通过审查来保护公共道德。

多年来,电影业被批评为提供了一种逃避现实的艺术幻觉,这的确很有道理。从 1920 年代到 1960 年代,许多城市和州采取审查制度非常普遍,通过严格的限制措施事前限制电影发行与放映,这些限制措施如果应用在其他媒体上很可能违反宪法。随着最高法院将《宪法第一修正案》保护的范围不断扩展,这种限制措施也逐步结束。近年来,一些报纸拒绝刊发一些他们觉得不雅观的广告,一些城市也采取措施将一些放映不雅影片的影院逐出城区。

与此同时,各种电影吸引着成千上万的观众,而当地政府则尝试将它们加以阻止。在 1970 年代,在洛杉矶市有 50 万加利福尼亚人付钱去看有争议的成人电影《深喉》,而同时在邻近的橙县,当局审查并没收了放映用的电影拷贝。

然而,审查制度的推广真正开始于现代影片分级系统的建立,1960 年代影片第一次规定了仅限成人观看的限制级别。1915 年在公众一致抨击声中,俄亥俄当局审查了一部影片,并获得最高法院的首肯。事实上,那个案例(互动电影公司诉俄亥俄工业委员会案(Mutual Film Corp. v. Industrial Commission of Ohio,263 U. S. 230))设置了一个先例并且维持了 37 年:按照法院的意见,影片不受《宪法第一修正案》的保护。

大法官约瑟夫 · 麦肯纳(Joseph McKenna)在撰写法院一致意见书中写道:"影片放映活动完全是一种商业活动,这一点非常简单明确"。因此,影片不应视为新闻的一部分,相反,它是一种娱乐事业,并不传载思想或公众意见。而且,法官还补充认为,影片具有特殊的邪恶性影响。

互动电影公司案的判决既是电影业平庸乏味的原因也是结果。由于早期的影片常常制作简单并缺乏艺术内涵,最高法院也将其视为一种浅薄的娱乐活动而非一种发表独特意见的传播媒介。然而,至少是由于一部分最高法院判决的原因,美国影片在多年来始终处于一种浅薄的娱乐形态之下。

直到 1952 年,最高法院才开始认为电影属于传播重要观点的媒介工具,改变高院观点的是一部意大利电影。纽约当局禁了一部罗伯托 · 罗塞里尼(Roberto Rossellini)的影片《奇迹》,其中描写了一个乡下女孩遇到了一个陌生人,她相信这个陌生人就是圣徒约瑟夫,并和他生下了一个她所想像的基督之子。

影片最初在纽约上映,然而宗教领袖们在卡迪纳尔 · 弗兰西斯 · 斯佩尔曼(Cardinal Francis Spellman)领导下发起了抗议活动。而对这样的压力,电影委员会推翻了自己的判决并禁止了影片的进一步放映,宣称该影片是"亵渎圣灵的"。这个判决被上诉到最高法院,在波士汀诉威尔逊(Burstyn v. Wilson)(343 U. S. 495)案中,最高法院第一次指出,影片是"一种传播观点的重要媒介",并且支持用《宪法第一修正案》保护影片的言论自由。

法院认为《奇迹》不应被禁止,然而判决并没有阻止以后的其他电影审查。不幸的是,没有可供审查委员会参考的指导原则,对影片的许可审查制度在许多州和城市又持续了 20 年。

这样,又出现了几宗有关电影审查制度的案子,在时代影业公司诉芝加哥案(Times Film Corp. v. Chicago)(365 U. S. 43,1961)中,最高法院维持了预先电影审查制度的合宪性,但是,在 1965 年弗里德曼诉马里兰州案(Freedman v. Maryland)(380 U. S. 51)中,法院要求影片审查员在审查影片过程中要留意程序正义问题。然而,与此同时,最高法院与下级法院都在考虑其他影片审查案子时，时常推翻事前限制的特殊情况。

时代影业公司诉芝加哥案涉及挑战芝加哥许可系统的规定，制作影片的制片人显然已经获得了许可，即歌剧《莫扎特》的电影版的放映许可。然而时代电影公司（Times Film Corp.）拒绝提供影片给许可委员会，而是对这个许可制度提出异议。最高法院支持了市政主管部门许可电影的权力，认为影片超出了尼尔诉明尼苏达案对预先审查的裁定范围（参见第三章）。

然而，四年之后，在弗里德曼诉马里兰州案中，最高法院又转回到不支持电影审查的制度。案子是由巴尔的摩电影审查制度引发来的，并且与芝加哥的案例很相似，因为在芝加哥案子中，被审查的电影《复仇在黎明》并非有露骨的性描写，但是仍然需要获得许可。

然而，这一次影片上映方找到了一个更为令人信服的说辞，他争辩说，审查程序不公正并且太过缓慢。事实上，获得一次许可花费的时间如此之长使想看电影的人们情愿在该电影被许可在巴尔的摩上映之前就到其他地方去观看了。

最高法院同意了他的看法并推翻了马里兰州的审查制度，因为它缺乏对影片放映者的适当程序性保护。法院指出，任何电影审查制度都应具备如下条件：

> ① 运作非常迅速；② 确保任何最终审查命令只能由法院的法官及时作出审查；③ 而且举证责任由检方承担而非由上诉方负责。

马里兰州修改了他们的审查程序来尽力遵循弗里德曼（Freedman）的判决，并且最高法院于 1974 年认可了一个联邦法庭的判决，并支持了修订后的新程序（斯塔尔诉裴勒案（Star v. Preller，419 U. S. 956））。新程序要求审查委员会在五天之内作出决定许可放映或不许可决定。不许可的决定要在三天内提交法院加以复审，而且上诉法院的判决允许对审查的上诉优先安排审理。同时，许可委员会有责任举证影片含有淫秽内容。

由此，马里兰州可以保留它的电影许可制度。然而，后来马里兰州的这个制度与其他大多数相似制度同样被废除了。很少有城市与州愿意和有能力按照弗里德曼裁定所要求的苛刻条件来运作影片审查制度。在弗里德曼判决之后，一些下层法院推翻了更多的审查系统。

从一个影片制作人的角度看，它是一种摆脱束缚的好办法。地方审查委员会禁止电影的作法是臭名昭著的，其裁定的不是具有法律上淫秽的内容而仅仅由于冒犯了审查人员所认为的道德宗教以及种族仇恨的意识。

与此同时，电影业试图通过一个强有力的自律政策来避开政府的控制。

从 20 世纪 20 年代开始,美国电影协会保持一个管制影片内容的严格守则,守则委员会对影片行使审查权力。批评家将早期美国电影的虚幻与浅薄更多地归罪于电影业自身而不是政府管制。

1968 年,美国电影协会(The Motion Picture Association of America,MPAA)转向更加灵活的许可制度。与试图审查影片不同,美国电影协会引入一套分级制度来预先告知电影爱好者每部影片(所含冒犯性)内容的多寡。分级制度采用 G、PG、PG-13、R 和 NC-17 层级,最大限度地保护那些不愿看到一些冒犯性节目的人们,同时也使对性方面的影片感兴趣的人看到更多的与性有关的内容影片。

然而,这个分级制度产生了新的问题。例如,选择这个分级制度是自愿的,而分级有时候却成为执法者管理影业的规范依据。一些州考虑制定法律,禁止将 R 或 NC-17 级别的录像带出租给未成年人,犹他州就禁止将此类影片在有线电视中播放。如同在第十一章所阐述的,犹他州法律最终被联邦最高法院推翻。如果这类分级成为法律认可的审查裁定基准,那就意味着美国电影协会——一个由少数大型影片公司控制的民间团体——将会在没有任何宪法保障条件下有权对影片制作以及放映影片进行事前限制,而无视一般公众的利益。

这一点成为了事实,因为一项不利的分级(或者完全不进行分级)对于影片发行商是一个财政上的灾难。事实上,在一些高预算的影片被评定为 X 级之后,这套分级制度在 1990 年之后便取消了旧的 X 级。在许多电影观众头脑中,X 级影片就意味着影片基本上是露骨的淫秽成人色情电影。报纸甚至很少能够接受 X 级影片发布的广告。

美国电影协会在如同影片《野兰花》、《亨利》以及《六月》被定为 X 级之后,修改了分级制度,协会将 X 级取消并用 NC-17 来取代(NC-17 为 17 岁以下儿童禁止观看)。尽管电影产业批评者认为这不过是一种伪装,NC-17 的设计遮蔽了旧的 X 级的污名,大多数报纸开始接受了一些 NC-17 类型影片的广告。具有讽刺意味的是,《野兰花》以及其他一些在最初被定为 X 级的影片经过修改后被确定为 R 级,并在一些主流影院中放映,《亨利》和《六月》则被定为 NC-17,并且在许多通常不放映 X 级影片的电影院中放映。

互联网审查

在 90 年代后期和新世纪初期,关于网络上的色情或者“下流”信息和交流的审查问题成为一个引发全球关注的色情审查新议题。正如前文所述,1996 年《电信法案》第五部分(名为 1996 年《通信文明法案》)不仅限制“淫秽”内容，而且限制包括“下流”或者“明显具有冒犯性”的内容。传播此类材料到任何一个未成年人可以访问的站点，将会受到250000美元罚款和两年监禁的刑事处罚。

在一个世界性的在线抗议政府网络审查期间，一些诉讼很快就向这项法律发起了挑战而1996年中期两家联邦法院禁止了它的实施。最高法院听取了一个即时上诉，并于1997年作出裁定：《通信文明法案》的关键条款违宪（里诺诉美国公民自由联盟案，521 U. S. 844）。

最高法院在基于主要观点一致的裁定之下，首次宣布互联网如同报纸和书籍一样，应享有《宪法第一修正案》最高水平的保护。《宪法第一修正案》给予互联网的全面延伸性保护与对于电子媒体大多给予的有限保护相比，或许是多年来倡导表达自由的人士们从最高法院获得的最大胜利。

那些挑战《通信文明法案》的机构涉及到众多领域：美国图书馆协会、美国公民自由联盟、电子前沿基金会、报纸出版商、书籍出版商、作家组织以及诸如苹果公司和微软公司等大企业，他们的发言人大多欢欣鼓舞能够获得最高法院带来的压倒性胜利，他们表达了对于法律如此宽泛和模糊的关注，认为《通信文明法案》将会使许多网站获罪，并且会阻止人们讨论关于堕胎、乳腺癌以及艾滋病预防的话题。

最高法院同意这些团体的看法，所有九名法官都投票推翻法案中有关不得在任何青少年可以浏览的网站上显示具有冒犯性内容的条款。这九名成员之中的七人还投票否决了其中的有关禁止网络传输未成年人可能收到的不雅资料的相关条款。

法官约翰·保罗·斯蒂文森在多数意见书中写道：“在一个民主社会中鼓励表达自由的利益胜过任何理论上的但未证实有效的审查所能带来的利益。”

斯蒂文森还强调网络上“任何人都可以利用电话线变成一个城市呐喊者，其影响远胜过任何街头演说，”而且，“同一个个体能够结合成为一个宣传品的发行者。”因此，他指出，“没有任何符合《宪法第一修正案》水准的审查机制可以适用在这个媒体当中。”

法官桑德拉·戴·奥康纳连同首席大法官威廉·伦奎斯特部分同意部分反对其法律条款，她认为该法律与宪法相违背，内容过于宽泛和含混不清。但是她说她会支持法律当中禁止故意将不雅的信息从成年人那里传输给未成年人。她比喻《通信文明法案》类似于立法要求书店经营者在一个未成年人进入书店时，则应停止销售性内容的杂志给成年人一样。

法院并没有对《通信文明法案》禁止淫秽内容传播的条款作出评价。事实上,那些条款在里诺诉美国公民自由联盟案的案件中并没有被提出来。正如前面已经作出的解释所指出的,如果一些资料从法律上讲是淫秽物品,它就不受《宪法第一修正案》的保护,并且会被禁止在任何包括书籍、杂志以及报纸媒体上发表。但是从法律意义上说,很多对许多人来说构成冒犯的言词和图片在法律层面上不是淫秽的。

对于这个案件来说,其重要的历史意义在于它抵制了联邦政府试图禁止网上传播那些粗俗的或冒犯性的非淫秽资料的尝试,从而使得网络与广播电视媒体在法律上属于同等规范要求水平,从而使其受管制的要求高于印刷出版业。

在1999年,最高法院维持了《通信文明法案》中关于禁止发送淫秽的电子邮件的条款(阿波罗媒体公司诉里诺案(Apollo Media Corp. v. Reno, 526 U.S. 1061),最高法院在一句话的裁定中,维持了下层法院的判决,强调禁止电子邮件传播淫秽内容而不限制不雅内容。

在里诺诉美国公民自由联盟案的案子里,法院还要求采用其他一些不那么具有干扰性的方法来保护儿童远离网络上的成人材料,其中包括过滤软件,这种软件可以由父母在安装在家里电脑上以阻止孩子进入成人网站。

网络过滤软件成为新一轮法律诉讼的焦点,最终成为新的联邦法律出台的原因之一。在1998年和1999年,一些图书馆和学校开始在他们的电脑上安装过滤软件。公民自由组织则控告几家图书馆安装这样的软件,理由是它违反了图书馆读者的《宪法第一修正案》权利,而多家法院判决要求图书馆卸载这个软件(例如,参见梅恩斯特姆·洛顿诉信任委员会(Mainstream Loudoun v. Board of Trustees 案,24F. Supp. 2d. 552))。另一方面,又有许多家长起诉图书馆要求图书馆使用过滤软件,这些诉讼通常失败了。在没有过滤软件的情况下,一些图书馆开始要求所有在那里上网的孩子必须经父母的同意,同时要求父母在一份他们的孩子有可能登录成人网站的认可声明签字。

作为对这一问题的回应,2000年,美国国会制定了《儿童网络保护法案》(Children's Internet Protection Act)。它要求联邦通讯委员会采取新的规定,要求图书馆、学校必须安装网络过滤软件,通过联邦资助方式来处理网络控制问题。

在联邦通讯委员会按照国会的授权实施指令之后,美国图书馆协会和公民自由组织联合发起了针对新法律的诉讼。他们坚持主张该法违反了《宪法第一修正案》的自由原则,阻碍了学生和图书馆的读者获取许多非淫秽网站资源,其中甚至包括一些非成人内容的网站。

在2003年的一个不出乎意料的判决中,美国最高法院维持了《儿童网络保护法案》,指出,国会相关规定并没有违反《宪法第一修正案》,其通过资助方式要求图书馆和学校安装互联网过滤软件是符合宪法原则的(美国诉美国图书馆协会案(U. S. v. American Library Association, 2003 U. S. Lexis 4799))。

在六对三多数意见裁定书中,首席大法官威廉·H.伦奎斯特称安装过滤软件要求是"一项国会行使权力的有效实践"。他还指出,"国会有更为广泛的权力,通过在联邦资助上附加条件来引导接受者,从而达成政策目标。"

威廉·伦奎斯特的结论的一个核心思想是基于这样一个事实,即法律并不禁止图书馆员基于任何成人的要求来使过滤系统无效。图书馆也同样可以选择在独立地、非联邦资助的电脑上不安装过滤软件。

法官约翰·保罗·斯蒂文森联合鲁斯·巴德·金斯伯格以及大卫·H.苏特则表示反对,认为该规定易伤害无辜——"像一只老式的大口径短枪,授权进行这样大数量的封堵"受宪法保护的网络资源。

最高法院在2003年的判决中,推翻了早期由一个费城特别召集的三法官联邦地区法庭所作的判决,该判决宣称过滤软件的法律规定违宪(美国图书馆协会诉美国案(American Library Association v. U. S.)(201F. Supp,2d 401, 2002)。

即使是在《儿童网络保护法案》通过之前,国会曾试图从其他途径来绕过里诺诉美国公民自由联盟案的最高法院的判决。在1998年,国会试图通过《儿童在线保护法案》(*Child Online Protection Act*)来禁止描绘裸体或性的内容可以被未成年人浏览到。该法律避开了"下流"的概念,使用了"对未成年人有害"的说法——并且只针对未成年人可以浏览的商业性网站。

这个法案立刻引起抗议《通信文明法案》的同类公民自由权利组织及其他组织的联合反对,他们又提出了同样的主张:该法实际实施困难,原因在于很难将未成年人从任何网站中区隔出来,那将会迫使许多网站不得不自我审查。联邦法官签署了一个禁令来阻止新法律实施,直到那些对此有宪法争议的审理有了定论为止。

2001年,一个费城联邦上诉法院支持了这一禁令,宣称今天的技术没有一种符合宪法的途径来阻止未成年人接触到不良网络。上诉法院针对网络的全球性特点支持了对《儿童在线保护法案》的禁令,并总结道:"法律所依据的、对于未成年人的信息是否有害的鉴别尺度是基于当前的社区标准,而在要求每个网络发布者需要遵从最为严格的和保守的州的标准从而避免刑事责任,这一点上是不合理的"。

美国最高法院在2002年推翻了这个上诉法院的判决,认为在互联网上采用社区标准并不违反《宪法第一修正案》。然而，最高法院并未支持那个被禁止实施的法律本身。相反，法院保留了禁令，直到下层法院能够考虑到一些质疑该法律的相关《宪法第一修正案》的若干情况。

在阿什克罗夫特诉美国公民自由联盟（355 U.S.564）案例的判决中，一个有很大分歧的法庭决议同意将案子发回一个下层法院重新审理，但是同意了其他一小部分裁决。尽管法庭以 8∶1 的投票结果允许采用社区标准来判断网站内容，多数意见中的几名法官签署了独立的意见书，认为利用保守的社区标准来审查互联网可能会有不良的影响。

在 2003 年，费城联邦上诉法庭又一次裁定《儿童在线保护法案》不符合宪法原则，因为它使得成年人难于享有《宪法第一修正案》所保护的权利来浏览包括许多并非色情网站在内的信息。法院特别指出，法律无效基于很多原因，其中包括它缺乏一个严格的区别青少年和儿童的不良信息的标准（美国公民自由联盟诉阿什克罗夫特案（ACLU v. Ashcroft，322 F3d，240））。

在美国针对网络内容和《通信文明法案》的争论的同时，此问题也引发了世界性关注，其复杂性因素在于互联网传播具有共时性和全球性特征，使得其他国家政府也开始通过法律手段来加以管制。其他一些国家的政府已经通过了一些严格的规范来要求网络信息服务必须将传播的内容限制在一定范围内。在一个广受关注的事件中，CompuServe 公司（CompuServe 是 AOL 的子公司，美国最大和最有名的联机服务机构）被要求阻止它的美国订户访问大约 30 个有性内容的网络站点，以避免违反德国的法律。当然，这样的限制通常是临时性的，并且在美国大多不会影响个人之间的双向交流行为，但是却会影响到群组和聊天室内容交流活动。而且，根据媒体的报告，一些国家设有政府机构监控往来于国家的网络传播活动，那些发送或接受信息的人可能会因涉嫌颠覆政府或违法行为被逮捕和惩罚。随着不断增加并越来越普遍的网吧的出现，在世界各国如何监控将会成为一项艰难的任务。

政府赞助方式的审查?

如同前文所提到的，1998 年，美国最高法院在国家艺术基金会诉芬利（National Endowment for the Arts v. Finley）一案中判定，那些获得政府资助的艺术作品被要求考虑“一般审美标准以及尊重美国人民不同的信仰和价值观”，并不违反《宪法第一修正案》的言论自由原则。

法院对国会在 1990 年制定国家艺术基金会（NEA）的艺术资助标准的质疑进行裁决。新裁定是对 NEA 资助了几位有争议的艺术家引发的公众质疑所作出的回复。有四位表演艺术家在新的标准之下被联邦资助拒绝，其中包括纽约表演艺术家卡伦·弗雷,他质疑这一新的标准。

最高法院支持了授予标准,推翻了两个联邦下层法院认为标准属于歧视性偏见违反宪法原则的观点。桑德拉·戴·奥康纳在为最高法院撰写的判决意见中指出,“国会有广泛空间来设定资助的优先权”。她强调按常规图书馆花费纳税人的钱不买一些书籍而购买符合一定的要求的书,其中包括那些不雅的或不适于儿童阅读的不良读物。

法官奥康纳认为资助体系从表面上看没有违反宪法基本原则。她还强调,尽管那个系统的设定方式可能会涉及违宪地歧视性偏见,但是至少在法庭中没有证据表明这一点。

在案件的口头辩论阶段,法官约翰·保罗·斯蒂文森强调说,政府资助人们通过公告版或其他媒体开展传达“远离毒品”的信息的活动,他们会赞助人们仅仅表达“远离毒品”,而不会让人们来表达“对毒品表示接受”的观点。

法官安东尼·斯卡利亚在撰写肯定性意见的时候写道:“像被告这样的前卫艺术家完全可以保留其“震惊中产阶级(Epater La bourgeoisie)①”的自由,只是他们被排除在获得资产阶级的金钱资助之外。”实际上,斯卡利亚认为,政府在决定给予谁资助的时候自然会考虑一些审美观点,然而,在这种情况下这一作法并不违反《宪法第一修正案》。

唯有法官大卫·H. 苏特反对这个判决结果,他坚持认为 NEA 的筛选标准不可避免地涉及到一种偏见性态度,而这恰恰违反了《宪法第一修正案》,因为联邦政府没有为其做法提供法律依据。

作为一种特殊的情况,NEA 的最高法院裁定或许对艺术产生不了多少影响:四位质疑判决的艺术家在诉讼之前已获得了资助,而国家艺术基金会(NEA)不再为个体艺术家提供更多的资助经费。相反,艺术团体与组织会获得更多的资助,他们得到了由专家与社区代表组成的专门小组的支持。一个艺术画廊或者交响乐团比如像卡伦·弗雷这样的个体表演艺术家更容易赢得联邦资助。但是,这个案子引发了许多对政府艺术基金的作用是否发挥适当,以及是否任何资助选择程序真的——或应当避免偏见性看法的质疑。

地方对色情业的管理

鉴于在州及联邦法律框架下界定淫秽及认定刑事犯罪指控上的困难,许

---

① Epater La bourgeoisie,法文短语,意味着“shock the middle class”,即指“不健康”、“不自然”地投入于生活或艺术中,使墨守成规者惊谔的一种文化态度。

多地方政府开始尝试以其他手段来整治他们认为有伤风化的书店和影院。

妨害公共利益的法律

地方政府采用的手段之一是要求法院判定色情业为妨害公共利益的行为。在这样的民事行为中,城市管理者可以根据较低标准的举证来获得法院的关闭令,这比通过刑事诉讼来得容易。

然而,美国最高法院针对这一倾向,在万斯诉环球娱乐公司案(Vance v. Universal Amusement)(445 U.S. 308)中对这种策略设置了宪法性限制。该案涉及一个德克萨斯妨害公共利益的法律,该法律被解释为授权关闭成人电影院,仅仅依据该影院曾经放映过淫秽电影。实施该法不需要证明电影院现在放映的是淫秽电影。最高法院认为德克萨斯州的相关法律缺乏足够的程序性保护措施来保护影院的放映权利,并且强加了一个不符合宪法原则的事前限制。

另一方面,美国最高法院在1993年判定联邦官员有法定权力关闭一系列经营成人用品场所,并且在认定相关物品属法定淫秽物品之后有权没收相关财物。法院以五票对四票的多数意见裁定,这是一种事后惩罚措施,是制裁出售淫秽物品的犯罪行为而并非一种违反《宪法第一修正案》的事先限制措施(亚历山大诉美国案(Alexander v. U.S.,509. U.S. 544))。在本案中,最高法院多数意见支持了联邦官员应用《受勒索影响与腐化组织法案》(*Racketeer Influence and Corrupt Organization Act*, RICOA)来没收被认为淫秽的成人书店及录像店的一些资料及财产。然而,在同一天的另一起类似的案件中,最高法院裁定这样的财产罚没过于苛刻不符常规并且"处罚过当",从而违反了宪法第八修正案相关原则(密歇根州诉美国案(Austin v. U.S.,509 U.S. 602)),基于上述判决,最高法院将亚历山大·科伯恩案子发回原下级法院重审,以决定仅七件被裁定为淫秽的物品就被没收十万件书籍和录像制品是否罚款过高。

妇女权益与色情问题

20世纪80年代,一些城市开始酝酿另一种立法控制色情活动方式——通过宣称其侵犯了妇女的民事权利的方式来实现。实际上,这样的法律在印第安纳波利斯已经获得通过,其实际效果是该法给予妇女一项权利来起诉一些侵权资料,如果她们发现这些在当地商店出售的物品或者在地方影院放映的影片属于侵权题材的时候,她们就会提起侵权之诉。

然而,美国公民自由联盟等其他团体则抗议这些法律严重违反了《宪法第一修正案》,他们争辨道,如果这些材料不是米勒规则下的法定淫秽内容而被作为民事权利损害加以审查,其结果将会违反宪法的自由表达权利。

1986 年,美国最高法院裁定印第安纳波利斯的法律违反宪法原则。在哈德纳特诉美国书商协会案(Hudnut v. American Bookseller)(475 U.S. 1001, affirming 771, F. 2d,323)中,最高法院在没有经过正式的聆讯的情况下概括性地支持了美国上诉法院的判决。

在基于《宪法第一修正案》原则基础上推翻了相关法律的过程中,下级法院指出,法律可能会将类似于荷马史诗中的《伊利亚特》这样的经典作品宣布为非法作品,因为作品中描写了妇女为"征服和统治下的战利品"。上诉法院总结道:如此作品,依据这样的法律无视其文学、艺术或者政治价值而可能被禁止,"国家不可以支持这样一种偏见行为"。

划分区域、良俗法律及成人色情经营活动

各种不同的社区组织还尝试采取区域规划以及公共良俗法规手段来控制成人色情的经营活动,他们取得了一些成效。最高法院通过一些裁定鼓励地方采用分区管理来控制此类经营活动,最初的案例是 1976 年发生的杨诉小剧院案(Young v. American Mini-Theatres)(427 U.S. 50)。该案件发生在底特律,该地的执法人员试图限制一个既定区域成人用品店铺的数量。最高法院认为,尽管该市没有准确界定淫秽的含义,但是市政人员并没有完全禁止成人资料经营,而只是简易性地控制它们的营业时间、地点和发行方式,这是宪法所允许的做法。

受到这项判决影响,数以百计的其他美国城市也采取针对成人店铺的区域限制措施,有时候会将它们完全限制在城市之外。然而,最高法院在 1981 年的判决中明确指出,社区采用区域限制方式完全禁止成人娱乐活动可能会从而构成对《宪法第一修正案》的违反,此裁决来源于施埃德诉艾弗雷案(Schad v. Mt. Ephraim)(452 U.S. 61)。

在这起案件中,最高法院推翻了一项新泽西州社区禁令,禁令禁止了一项现场娱乐节目,最高法院认为禁令违反了《宪法第一修正案》。根据它的区域控制权力,市政当局试图禁止裸舞和其他形式的现场表演活动。法院推翻该地的禁令是基于认为单纯的裸体并不会构成娱乐性淫秽行为。多数意见认为,地方执法人员可以禁止所有形式的娱乐活动(包括电影院),但是地方执法官员不能在允许其他形式的娱乐活动存在的条件下,利用他们区域管制权力来禁止裸舞。法院指出,本案与底特律案不同,在那个案子里,成人用品店铺仅仅是被其疏散到城镇不同的地方,而不是完全禁绝。

在施埃德案的判决中法院支持了裸舞并非一定属于淫秽活动，因此受到《宪法第一修正案》一定程度的保护，十年之后，最高法院在另一个涉及裸舞的案子巴恩斯诉格伦剧院案（Barnes v. Glen Theatre）（501 U. S. 560，1991）中，则遇到了一些小麻烦。巴恩斯案是对印第安纳公共良俗法律的一个挑战，如同许多城市和州法一样，该法禁止在公共场合裸体，其中也包括像酒吧这样的私营场所。基于施埃德和其他法院判决的原则，大多数州的执法当局都认为这些法律禁止公共裸体行为，但并不适用来禁止舞台表演或者其他表演艺术活动。然而，在巴恩斯案中，一个产生很大分歧的最高法院判决支持了公共民俗法律适用于禁止在酒吧的裸舞，只有三个法官从法理原则上同意了这一规范。

三位参与该案形成法院多数意见的法官们总结道，裸舞尽管作为一种表演活动受《宪法第一修正案》的保护有些牵强，但却应禁止在酒吧或者其他私营场所开展活动，因为对于这一表演活动的限制与对于通过禁止公共裸体以达到预防犯罪、保护公共道德等全州更大的目标相比是“微不足道”的。在这种情况下并非严重损害《宪法第一修正案》保护的表达自由，因为所有的色情表演者可以依照大法官威廉·伦奎斯特所提出的建议穿上“胸贴”和“丁字裤”来避免违反相关法律。伦奎斯特以及桑德拉·戴·奥康纳以及安东尼·M. 肯尼迪的意见认为，要求舞者穿上“少许”衣服对于自由表演权利是一个很小的限制，而此类公共良俗法律则是具有非常重要的管制目的。

法官安东尼·斯卡利亚也认同这一意见，但他认为裸舞应当完全排除在《宪法第一修正案》保护范围之下。法官大卫·H. 苏特从另一方面也同意法院支持印第安纳法律的判决，但是基于更为狭窄的法律原则基础。不像其他四位法官投票支持反裸体法案，大卫·H. 苏特似乎更倾向划出一个界限，并且指出，他并不支持对于视觉或者表演艺术上裸体行为的宪法禁令。而四位持反对意见的法官（拜伦·怀特、瑟古德·马绍尔、哈里·布莱克曼和约翰·保罗·斯蒂文森）则认为印第安纳公共俗法应当被推翻，因为它们违反了《宪法第一修正案》。

巴恩思案的判决受到支持《宪法第一修正案》完全保护表演艺术的拥护者的广泛批评，但也获得了一些认同艺术形式看起来是淫秽或不雅观的内容应当限制的团体的赞扬。然而，案子并没有显示出法院作出任何即时性的对于表演艺术适用更广义的淫秽法律上的改变，因为五位法官（苏特加上四位反对者）似乎不愿意支持在艺术领域全面禁止裸体行为。而且巴恩思案的判决没有对法院早前对于划区域禁令控制成人用品经营地点的举措产生直接的影响效果。早在十年前的施埃德案中，法院已经推翻了依据区域性法律全面禁止裸体舞蹈和其他形式的现场表演活动，而且那个判决并没有被推翻。

巴恩思案并不是最高法院针对私人俱乐部的裸舞的最后判决：在2000年，法院又一次重申了这一议题，再一次支持了政府有权禁止私人俱乐部的裸舞行为。在伊利市诉Pap's AM电台案（City of Erie v. Pap's A. M.）的案子中（529 U.S. 277），法院推翻宾西法尼亚最高法院所作出的伊利市的禁令违反《宪法第一修正案》的判决。在六票对三票的判决中，最高法院认为伊利市政当局禁止一个名为"坎蒂兰德"的酒吧上演裸体舞蹈并且要求色情表演者至少要穿上"胸贴"和"丁字裤"，这些要求并不违反《宪法第一修正案》。

六名法官中有四名法官认为，裸体舞蹈是受到《宪法第一修正案》一定程度保护的自由表达活动。然而，他们归纳道，裸体舞场所易产生相关性的诸如犯罪问题和滥用毒品问题等副作用，因此，市政当局要求表演者至少穿上少许衣服是有法律依据的。如同巴恩思判决一样，多数法官反对仅仅简单地判决对所有表演艺术中的裸体行为禁令。相反，他们认为，伊利市当局只有通过提供证据证明在私营酒吧里的裸舞在社区产生了不良影响才可以依法采取适当的禁止措施。法官安东尼·斯卡利亚和克拉伦斯·托马斯同意判决意见，但是认为他们不应扩大禁止措施从而妨碍《宪法第一修正案》保护的裸体舞蹈。

法官桑德拉·戴·奥康纳为最高法院写的多数意见以及引述较早的法院判决书中指出，尽管"保护这种类型表达的社会利益完全不同而且并不比不受限制的自由辩论利益重要，我们也很少会限制自己的子女离开战场，而去保护公民去如凯迪兰德俱乐部这种场所特定划分的区域来看一些表演活动。"无论如何，裸舞仍然受到《宪法第一修正案》一定程度的保护。

简言之，从宪法原则上允许市政当局基于"副作用"依据来禁止私营俱乐部的裸舞表演，而且禁止在居民区或靠近教堂和学校附近一切成人色情营业活动。然而，许多法院作出判决指出，市政当局不能运用他们的区域管辖权力迫使所有色情营业场所搬离城市，要完全禁止成人营业场所，地方执法部门必须要证明它们涉及制作、展示或销售法律所界定的淫秽物品。在一些州，即使这样也不够：地方当局大多数情况下要求逐案禁止每一项法定淫秽物品，而这是一个成本高昂并且操作烦琐的程序。

然而，在1986年，最高法院重新确认地方政府有权采用分区管辖法令禁止在除远郊区外的一切区域设立成人色情影院，尽管实际结果是使得这些成人营业场所无法再能够获利。

在雷顿诉娱乐时光剧院案（Renton v. Playtime Theatres）（475 U.S. 41）中，法院以7:2多数票裁定，华盛顿的雷顿市政当局有权禁止在任何公园、学校、教堂或私人住宅1000英尺范围内经营成人色情场所，这就意味着成人色情营业场所只允许在城市一个孤立的和较大的空旷区域运营。

法院驳回了成人经营场质疑这种分区管制政策迫使他们只能在无利可图的“工业废弃场所”落脚。法院认为,只要一些地方适合成人色情营业运营,市政当局就可以阻止他们远离大多数的邻居。

撰写法院意见的法官威廉·伦奎斯特写道,色情表达自由不比政治上的言论有更多的宪法保护意义。因此,严格的时间、地点和方式上对于成人营业场所的限制措施是合乎宪法原则的,即使针对其他类似类型的言论的限制或许是不合宪法的。简言之,法院确认了一个“言论层级结构”理论,其中,色情表达自由是接近这个结构系列的底端。

法庭还接受了雷顿市政官员所主张的观点。他们的分区管制政策是为了防止城市腐化堕落,尽管事实上这种对城市危害的担心并非来自地方的实际经验而是来自其他城市的经验。下层法院推翻了雷顿市禁令的部分原因是针对靠近成人营业场所会产生城市危害的预先禁止并非基于本地实际经验。

1990 年,最高法院通过三个成人色情营业活动的案子的判决确定了地方规章的规范,宣布市政当局在寻求管制和禁止措施时必须提供一系列关于成人经营活动的程序性保障(FW/PBS 有限公司诉达拉斯市案(FW/PBS Inc. v. City of Dallas, 493 U. S. 215))。大量参照 1965 年电影审查的弗里德曼诉马里兰州案子,法院推翻了得克萨斯州达拉斯的一个禁令,因为它并没有严格限制市政当局的审查权力,从而提供一个对于成人经营场所加以限制的便捷的司法评估机制。但是法院重新确认了地方政府可以管制这些经营活动的基本原则。地方执法官员有权行使他们的分区管制法规将成人经营活动孤立在偏僻的地方。然而,如果成人影院和书店一起被禁止,那其前提应当是其中所销售或展示的物品必须是法定的淫秽物品,它需要向法官说明每一本书、杂志或者影片从法律意义上是淫秽的,而不能仅仅是色情的或者粗俗的内容。

在 2002 年,美国最高法院又一次强调应用分区管制来限制成人经营活动不需要提供材料来证明其内容是淫秽的。在洛杉矶市诉阿拉梅达图书公司一案(City of Los Angeles v. Alameda Books)(535 U. S. 425)的判决中,法院支持了洛杉矶政令——禁止成人书店在出售图书和录像带的时候提供音像观看小隔间,如果这种组合经营活动比单纯提供音像制品或音像观看场所更容易引发周边邻里的一些治安问题。法院驳回了此禁令违反《宪法第一修正案》的论点。

法院以 5:4 的投票结果允许市政当局禁止两种不同类型的经营活动处在同一个场所,以回应市政当局所主张的在一个场所如此集中在一起,可能会比单独经营一个项目引发更多的犯罪和城市危害的观点,因为毕竟出售录像带和提供一个场所给顾客观看录像带确实是两个不同类型的经营活动。然而，这个案件仅仅是洛杉矶官员一个有限的胜利：最高法院要求下层法院在重审发回的案件的时候还是需要证明他所指控的犯罪和危害是由于这种"色情超市"引起的。

主要议题概述

如今关于淫秽和《宪法第一修正案》方面主导性议题仍然是一个很古老的话题：在一个多样化的民主社会里谁有权决定什么是淫秽内容？如同大多数的传媒法律一样，管制所谓淫秽物品的法规在过去的几十年里经历了迅速的变化，但是以下的议题仍不是新问题。我们可以看到将书籍付之一炬的场面贯穿着美国史。我们也看到同一本书被禁止长达三个世纪。

是否人们对前面所指出的色情表达不再忍受而要采取行动？对于那些制造、销售或展示有色情内容的书籍、电影、音乐和图片资料的行为被指为犯罪行为的指控又开始展开了，其中的一些被视为是艺术品，而另一些则视为是淫秽作品。为了试图寻求在《宪法第一修正案》的自由与道德标准之间的平衡，我们难道不是在今天争论着几个世纪以来一直争论的同一个问题吗？除了采用的技术有变化之外，我们对于性的描写真的发生了什么变化了吗？

是否国会的确看到了新技术对于道德的威胁？国会采取了什么样的努力来限制互联网上获取"粗俗的"或"有害的"材料？全球可达的互联网是否应有所不同？谁应该为世界范围内的文件共享设置标准？是否应当限制文字和图像内容到防止侵犯世界范围内任何人的地步？是否各个国家的自由应当限制在道德上最保守的国家可接受的范围内？我们是否如最高法院所主张的那样应当在互联网上建立一个真正的社区道德标准？成人是否应该被限制在接触那些只适合无法避免上网冲浪的儿童的内容吗？

政府为艺术或图书馆的计算机给予资助应如何处理？政府所设置包括"尊重美国人民不同信仰和价值观"的标准是否合适？这样做是否不可避免地产生意见歧视呢？在此所指的意见歧视是否错误呢？

尽管审查和自由问题不是新议题，数字传播技术爆炸已经给予它们一个新的传播渠道。如果事实上需要采取限制措施的话，我们是否能够就色情表达的适当限制措施达成一个共识？

淫秽内容与法律规范概要

《宪法第一修正案》是否保护淫秽内容？

最高法院一直坚持主张第一修正案并不保护法律认定的淫秽物品，但是它确实保护那些可能是粗俗的或冒犯性的却并不属于法定淫秽的物品。因此，关键性的问题是认定淫秽。如果一部作品从法律上认定为淫秽作品，那么它将受到审查，其创作者可能会受到处罚。如果不是，则它将受第一修正案的保护并且不能被审查。

什么是希克林规则？

许多年来，英国和美国都依据希克林规则来界定淫秽作品，该规则依据作品在效果上是否对社会上最敏感的人来说有负面作用来认定它是否属于淫秽物品。而且，希克林规则划分淫秽作品会仅仅依据孤立的片断来认定作品是淫秽的，而不考虑作品整体上的文学价值。该规则在《尤利西斯》判决后被废除了，联邦法院在该案中拒绝接受这一规则，判决詹姆斯·乔伊斯的经典作品从整体上对于一般普通人来说不属于淫秽物作品。

什么是"鲁斯规则"？

1957 年最高法院颁布确立的鲁斯规则在认定淫秽作品时，通过查证"对于一般民众来说，采用当时的社区标准，作品作为一个整体主导思想是否引发了淫欲。"其标准的结果是将第一修正案保护范围扩展到许多在早期可能被认定为淫秽作品的领域。在 20 世纪 60 年代，最高法院扩展了鲁斯判决原则。一度"社区标准"似乎成为了全国性的标准，而且一部作品不能被审查，除非它具有"明显的冒犯性内容"以及"完全没有任何积极的社会价值。"

什么是米勒诉加利福尼亚州案判决？

1973 年，一个由新的保守性多数成员组成的最高法院，重新界定了淫秽的标准，一并废除了国家标准和"社会价值"准则。取而代之，最高法院裁定一部作品如果属于下列情况就属于法律认定的淫秽作品：(1) 它符合鲁斯规则的基本要求；(2) 它以一种"明显的冒犯方式"描述性行为；(3) 作品从整体上看，缺乏严肃的文学、艺术、政治上或科学的价值。法院明确了地方性社区标准可能因不同区域而有所不同，尽管从客观上认定一部作品具有严肃的价值在任何地方都不应加以审查。

非淫秽的色情作品的发行应受限制吗？

市政当局可能采取分区管制法律将成人营业活动限制在一个特定的区域，而且未成年人可能被禁止出入成人活动营业场所或购买非淫秽的色情作品。

第十一章 电子媒介的管制

电子媒介的法律地位是独特的。虽然广播电视业者、有线电视系统和卫星电视供应商几乎共享了印刷媒体面临的所有法律问题，但是，上述这些电子媒介仍须与负责对它们进行监督和管制的联邦政府机构打交道。

与出版商一样，广播电视业者可能也会被指控诽谤、侵犯隐私或者侵犯版权。同样地，广播电视业者与其他媒体一起共同面临着广告规则、反托拉斯法以及查询信息受限制的问题。尽管如此，电子媒介也必须接受联邦通信委员会的直接管制。广播电视业者在正式开播前必须获取由联邦通信委员会颁发的许可证，而且必须定期续展许可证。有线电视系统则无须征得联邦通信委员的正式许可，但须遵守各种各样的联邦法律、联邦通信委员会制定的规章以及由授予其专营权的地方政府所制定的各项规章制度。为了获得经营许可，或者是为了得到专营权的续展，广播电视业者、有线电视和卫星运营商必须遵守数以百计的、适用于包括节目内容和信号的技术质量在内的方方面面的政府规定，而印刷媒体则无须遵守类似的规定。

此外，正如一些广播电视业者和有线电视运营商所了解的那样，许可或者专营权续展决不是轻而易举就可得到的。雷电华总公司曾经掀起了一起长达 20 年的、抗拒政府制裁的法律斗争。政府对雷电华总公司所采取的这种制裁几乎就是将雷电华总公司拥有的 13 家广播台和电视台的许可证予以没收。在公开市场上，这些许可证的价值可达 10 亿美金。最后，雷电华总公司失去了在波士顿经营电视台的许可证——一个价值至少为 1.5 亿美金的许可证，同时，它被迫将公司所拥有的其他广播台、电视台以低廉的价格出售。

雷电华总公司被指控从事了严重的不正当行为，所以，政府对雷电华总公司的制裁并非无缘无故。但是，你肯定不会做出这样的想象，即政府下令要求《波士顿环球报》、《纽约时报》和《洛杉矶时报》永远停止发行。尽管在一些国家，这种事情会发生在报纸身上，但是，在美国发生这种事就是不可思议的了。可是，雷电华总公司一案让我们看到，这种事就发生在广播电视业者身上，而且是在美国。

联邦政府是怎样获得广播电视业的生杀大权呢？答案是，这是由无线电频谱的性质决定的。可以使用的频率数目是受限制的,能够在同一时间内进行传播且不相互干扰的广播台数目也是受限制的。给政府实施播放管制提供辩护的观点被称为"稀缺理论"。20 世纪早期,凭借这一理论,国会下令,所有无线电频谱的使用都必须以公共利益、便利性和必要性为出发点。国会宣称,那些被选择使用有限的无线电频谱空间的人,得为公众负起特殊责任。

因此,设立联邦通信委员会的目的就是为了管制播放事业以及对无线电频谱的非政府使用加以管理。多年来,遵照"稀缺理论",联邦通信委员会享有管制电子大众媒体的广泛权力。尽管如此,如今,随着许多大众传播新技术的不断涌现,联邦通信委员会、国会和法院对包括"稀缺理论"在内的全部播放管制理论重新进行审查。一些人甚至提议说,解散联邦通信委员会,同时,逐渐停止由联邦政府实施的全部电子媒介管制。

就目前看来,联邦通信委员会有两大职能:许可个人和组织使用无线电频谱以进行信息的传播(许可职能)以及对许可证的获得者施加管制(管制职能)。尽管有线电视系统是采用电缆而不是电波将节目输送给用户,但是,联邦通信委员会仍对它拥有广泛的管制权。联邦通信委员会是如何获得这种管制权以及它是如何行使这种权力将是本章的论述重点。

多年来,联邦通信委员会往往认为,颁发许可证以及制定用于管制许可证获得者行为的复杂的规则就是在行使它的权力。有时候,联邦通信委员会视自己为一个超级媒体评论家,不停地发牢骚,半推半哄地促使广播电视业者提供一些在联邦通信委员会的官员看来是更为优良的节目和公共服务。1961年,在肯尼迪总统上任初期,新上任的联邦通信委员会主席牛顿·迈诺(Newton Minow)在一场大型的广播电视业者集会上,发表了他的著名演讲——"巨大的荒原"。在当时,超过 90% 的电视观众仅能收看到三大电视联播网(美国广播公司、哥伦比亚广播公司和国家广播公司)的节目。对此,迈诺指出,所有这三个电视网的节目都是低劣的,如果它们再不对节目加以改进,政府就会出面干预。

尽管如此,直到 20 世纪 80 年代,作为一名管理者,在自身应该肩负哪些使命的问题上,联邦通信委员会的看法依然有很大出入。另一新任主席马克·福勒(Mark Fowler)则将电视称为"带有图画的烤面包机",因此联邦政府所采取的许多管制都是没必要的。在那个时代,联邦通信委员会采取一系列备受争议的措施来解除对广播电视业和有线电视业的管制,并不再使用被马克·福勒称为"管制丛林"的那些条例。联邦通信委员会不再通过政府管制来保护公共服务,相反,它企望借助市场力量来实现这一目标。联邦通信委员会采纳了这样的理论,即竞争是有益的,更多的竞争就等于是更好的公共服务。为鼓励竞争,委员会迅速调整它的频率分配,以便给更多的播放者提供频谱空间。它也批准了各种类似于广播的多渠道服务,希望这种服务能够在节目上给观众提供新的选择。另一方面,20 世纪 90 年代期间,联邦通信委员会再一次重新考虑它的角色,采取更加严厉的管理态度,停止一些在 80 年代采取的解除管制行动,并对播放者强制实行许多新的管理措施,从而引发一些与《宪法第一修正案》赋予广播电视媒介的权利有关的新问题。

到了 1996 年,国会通过了一部自从 1934 年以来最为全面的传播法案——《电信法案(1996)》。在 1996 年的这一法案中,国会采取重要措施鼓励广播电视业者、有线电视系统、电话公司以及其他通信服务提供商开展竞争。这一法案的许多规定使得通信业不用再受长期以来的政府规定的约束。但是,国会也批准对播放内容实施新的管制,包括使用广受争议的童锁系统(V-chip[①])允许观众可以将带有色情和暴力的节目过滤掉。

所有的这些新进展,不单是在美国,也在其他一些通信业日益成为一种全球事业的国家,引起了一些新的问题。由于这种原因,最近几年,有关大众传播的国际性规定日益显得重要。

广播电视的管制:全球视野

有关播放业的一些最基本决议是由国际而非联邦通信委员会制定的,尽管这一事实有时会被人们所忽视。广播和电视信号可以自由跨越国界,而且播放者可以无视其节目可能会给其他国家造成干扰。

由于这种原因,电讯传播政策上的许多基本要点均是从全球的角度加以考虑。根据条约规定,总部设在瑞士日内瓦的国际电讯联盟(International Telecommunications Union, ITU)全面负责广播、电视问题的国际管理。每隔几年,国际电讯联盟就会召开大约有 150 个成员国参加的世界无线电通信大会来讨论重大的国际问题。例如,在 1992 年的世界无线电通信大会上,国际电讯联盟成员国制定了对世界电讯业具有重大影响的政策性决策:会议对各类卫星通讯服务的频率分配做出决定,而且会议给新型的、即将被加入使用并能取代当今一些调幅(AM)和调频(FM)无线电台的数字音频广播服务确定了

① V-chip 技术,在国内被称为"童锁",也有译为"V 芯片"。这是一种电子锁定装置,可帮助父母将对青少年不宜的暴力节目等拒之于屏幕之外。美国法律规定,从 2000 年起,凡进入美国的彩电(13 英寸以上)必须具有 V-Chip 功能,即防暴力、防色情。有关其详细信息,读者可登录:http://www.fcc.gov/vchip/查阅。——译者注

频率。本章后面将对数字音频广播进行讨论。

通常情况下,这些国际会议的主要功能就是分配频率。没有一个国家可以随心所欲地将频率分配给本国的广播台和电视台;为了避免不协调地频率使用,频率分配政策必须建立在全球的基础上。例如,每个国家可以自由决定,哪个广播台、电视台可以在指定的调幅、调频和电视波段的频道上播放节目。但是,有关广播(不同于其他使用)可以分配到多少无线电频谱的决策,则须建立在国际基础上才可制定。

除了世界性的电讯决策,也有地区间的协调。出于通信的目的,人们将世界划分为三个区域。区域 I 囊括了欧洲、非洲和前苏联各盟国;区域 II 包括了北美和南美;区域 III 覆盖了亚洲和太平洋(不包括前苏联各盟国)。美国定期与同处于区域 II 的邻国召开会议,使各方在北半球广播和电视频率的使用上达成协议。

尽管如此,这些会议并非总是一帆风顺的。最近几年,美国与其邻国在广播频道分配的协调问题上存在着严重的困难。例如,20 世纪 80 年代,里根政府对外宣布了它的目标,即建立强大的、取名为"马蒂(Jose Marti)广播台"(Radio Marti)的广播台和电视台来向古巴播放新闻(或者更确切地说,是美国版的新闻)。这些电台是以古巴 19 世纪自由战士约瑟·马蒂的名字来命名的。

古巴认为,美国这种明目张胆的做法,就是要竭力对古巴人民进行洗脑。因此,作为对美国的回击,古巴代表团退出了西半球频率协调国际会议。随后,古巴启用了大量强大的、与美国电台所使用的频率相同的调幅电台。目的就是给那些距离古巴有千里之遥的电台构成干扰(有人称之为"故意的人为干扰")。例如,由于大功率的古巴电台开始使用同一频率进行传播,一家位于衣阿华德斯梅因的电台就会发觉到,其有效的夜间覆盖范围从半径 700 英里缩减到半径只有 25 英里。或许这并非巧合,正是在这家电台,"荷兰人"里根(前总统里根早年的化名)得以由一名体育播音员而平步青云。

干扰事件发生后,美国广播电视业者开始在国会游说,要求停止"马蒂广播台"项目。国会最终通过一部法律,该法要求里根政府必须将"马蒂广播台"并入"美国之音";在该法所规定的基本原则要求"马蒂广播台"播放的新闻必须是出于客观立场而不是基于宣传的目的。

"马蒂广播台"的争论作为一个例子说明,无线电广播事业深受政治和外交的影响,而且这些影响早已超越了任何一个国家的边界。因此,国际合作生死攸关,尤其是在许多国家向诸如从卫星上直接将节目输送给家庭观众这样的一些新技术迈进之时。一颗比赤道高出 22000 英里的卫星,其传播的信号之强大足可以让广阔范围内的人们接收到广播电视节目;一个卫星发送器就可拥有一个足以覆盖半个大陆地区的无线电"覆盖区",而且无须考虑国家之间的界线。为了得到更多的覆盖区,广播电视业者以及其他无线电频谱使用者总得进行流血斗争,但是,先前的这些斗争却从没像今天这样,已经演变成一种变幻莫测的国际争执。

无线电频谱

当然,这些有关电子覆盖区的斗争之所以会发生,大部分缘起于一个与无线电频谱有关的简单事实:无论是美国,还是世界的其他地区,都没有足够的频道可供应给使用者。人人都强烈要求有更多的频率可使用。

联邦通信委员会已于最近开始着力改革它的频谱分配政策,希望以此给许多新成立的广播电视业者以及更多的非广播型的频谱使用者提供频谱空间。同时,国会也通过立法发放了部分频谱空间。而在这之前,这些频谱空间是留给联邦政府使用的,目的就是给新通信技术留下空间,并通过对频谱进行拍卖,获取额外收入。

联邦通信委员会的政策制定者在商讨无线电频谱的有关事宜时,使用的是行业术语。这就难免会遇到一些术语,诸如"赫兹"、"兆赫"、"调幅"、"调频"、"特高频"、"超高频"、"A 型曲线"等等。为使本章的其余部分更加通俗易懂,下面将对这些术语加以解释。

调幅即振幅调制,是无线电信号中声音被叠加的一种初始方式。调频也即是频率调制,是将声音添加到无线电信号中的一种新方法。本书的后续章节将会对这两种方法的优点加以介绍。

赫兹(简称为 Hz)是一种计量单位,正如英尺、英里或者英镑是一种计量单位一样。然而,赫兹是无线电频谱中频率的计量单位。每个电台都会分配到一个特定的频率或频道以进行信号传播。一个千赫就是 1000 赫兹;1 兆赫就是 1000 千赫,或者一百万赫兹。随便说一下,选用赫兹作为术语名称,是为了表达人们对海因里希·赫兹(Heinrich Hertz)的敬意。赫兹是一位德国科学家,正是他的早期研究人们才证明了无线电波的存在。因此,人们在书写赫兹这一术语时,通常采用首字母大写的形式。

采用千赫或兆赫表示的电台频率,就是电台在无线电频谱中的地址。例如,一个调幅电台的频率可能是 1070 赫兹(即是 1.07 千赫);一个调频电台的频率可能是 94.7 兆赫。在指定的地理区域内,一个电台只能使用一个频率进行传播;如果有两个或两个以上的电台同时使用同一频率进行传播,结果就会出现干扰,而且许多听众将无法收听到任何一个电台。因此,每一家广播台和电视台都拥有唯一的频率,而且在该电台的服务区内,没有其他广播台和电视台会使用同一频率进行传播。

通过测量或者计算不同地点上电台所传播的信号强度,然后将测量结果在地图上标示出来,就可确定出电台的服务区。例如,电视台的主服务区取决于它的A形曲线,而A形曲线仅仅是一个圆形图。在低于额定的信号强度下,A形曲线可用于显示哪个地方的电视信号变弱了。而圆圈内的区域就是电视台传播"市级信号"的地区。电视台的B形曲线是一个更大的圆圈,在它所覆盖的区域中,有些区域的电视信号会弱些,但人们依然可以看到图像。联邦通信委员会必须保证每个电台都有合适的服务区。联邦通信委员会也可以通过识别信息曲线,从而确定在什么地方可以设置即将使用相同频率的其他电台。如果两个共用频率(即两个电台使用相同的频率)的电台在地点上靠得太紧,其结果就是产生有害干扰。

不同类型的电台有不同的服务区。与调频电台或者电视这两者的信号相比较,调幅电台的信号在传播(信号通过传播天线传输给听众)上是不同的。同样,特高频电视信号的传播也跟超高频信号的传播截然不同。因此,即使特高频电视台和超高频电视台的发送器处于同一地点,两者也会有不同的服务区。随着数字化电视广播的逐步应用,所有这些服务区的设计也将会随之而改变。对电视台来说,即使只是失去少量的服务区,也会失去数以千计的观众(而且可能失去数以百万美元的广告收入)。因此,20世纪90年代,围绕着数字化服务区的设计人们展开了激烈的争夺。

对于广播台来说,紧接而来的另外一个问题就是,经营调幅电台的广播电视业者,他们的服务区在夜间和白天并不相同。在白天,调幅电台的信号主要依靠地波进行传播。这就意味着,信号几乎是沿着地球表面进行传播的。配有高功率发送器的调幅电台会有半径为100英里左右的可靠地波范围(人们称为主服务区),当然,这种地波范围的大小取决于地形。

在夜间,局部的地波传播依然可以进行,不过,调幅电台的信号也通过天波来传播。这就意味着,广播台所发出的部分信号离开地面向太空输出,然后,经由电离层(地球上面的大气层),被折回到地球上与原发送地相距遥远的地方。在白天,调幅电台发出的信号也有一部分离开地面向太空输出,但是,电离层将大部分的信号吸收了,而且在日照时间内,只有很少量的信号被折回。

由于采用天波进行信号传播,在夜间,有时候大功率的调幅电台所发出的信号可以使距离电台有700英里远或者更远的人们清晰地收听到电台的节目。由于采用天波传播信号，远离广播台的听众便可以收听到部分电台的广播，因此，在无线电出现早期，这种传播方式具有巨大的优势。尽管如此，频谱挤满天波已演变成一个重大问题——在巨大的范围内，功率强大的电台也会受到其他电台的干扰。因此，联邦通信委员会不得不下令要求许多广播台要么降低其功率，要么不要全都在夜间发送信号，以免干扰远处的电台。白天，只有几十个拥有大功率的清晰频道广播台出现在调幅的调谐度盘上，但是，在夜间，这些得以保留下来的电台仍旧获得联邦通信委员会的批准，可以通过天波传播信号以便向大范围内的人们提供服务（即第二服务区）。天波现象也可以帮助我们解释为什么古巴一个功率非常强大的无线电发送器可以对整个北美电台构成干扰。

无线电频谱也包括了许多其他频率，而且每种频率都有唯一的特征。在调幅无线电的频率上存在一个被人们称为“短波”频谱的区域，其频率大约是2兆赫到30兆赫。即使在白天，一些短波频率也可以用于世界范围内的天波传播。从20世纪20年代开始，由于长距离传播的需要，短波频率被运用到国际“短波广播”以及所有其他商业、政府和军事通信上。在微波和通信卫星还没有出现的时期，长途电话服务采用的便是短波无线电。

即使是在今天，尽管有许多使用短波来播放信号的广播电视业者也可以通过因特网来开展国际广播，但是，依然有上百个国家在使用国际短波广播。在任意指定的一个白天或者夜间，身处美国的短波听众都可以收听到诸如莫斯科广播电台、澳大利亚广播电台、英国广播电视台和“美国之音”这样的电台。诸如英国广播电视台和“美国之音”这样的一些电台，必须遵守政府所规定的、要求它们进行客观报道的规则，但是，其他电台则无须遵守这样的规则。上述电台几乎都是使用英语（也有用许多其他语言）进行广播，通常情况下，为了使其信号可以覆盖到世界上的不同地区，这些电台会同时采用几个不同的频率进行传播。

长期以来，莫斯科广播电台都是世界上拥有最大服务范围的短波广播运营者之一，凭借政治性的宣传而不是客观新闻的报道，它得以闻名于世。前苏联解体后，该电台发生了急剧变化，以一种令人感到惊讶的率直态度，开始报道一些与前苏联的不幸有关的，甚至是以前未曾提到过的新闻。

然而，只有相当少量的人才拥有收听短波广播的短波收听器。倘若里根政府的“马蒂广播台”项目仅仅涉及短波广播，古巴对此可能不至于那么愤怒。“马蒂广播台”的独特之处就在于，它的位置恰好就在调幅的刻度盘中间，几乎所有的古巴人都能收听到频率处于这一位置的电台。佛罗里达与古巴相距甚近，“马蒂广播台”根本无须使用短波波段进行传播。即使是在白天，古巴的许多地区仍然可以收听到位于佛罗里达群岛的调幅电台。

短波频谱之上的区域就是特高频区，它的频率范围为 30 兆赫到 300 兆赫。在这些频率中，很少会出现天波传播，因此，广播电视业者的服务区只能延伸到稍微超出可见地平线的地方。在高塔、高楼或山顶上配置有天线的电台，与那些没有在同样有利地点上配置天线的电台相比，其信号覆盖范围要大得多。与调频广播电台一样，特高频电视台（频道范围 2 ~ 13）也是使用频谱中这一部分的频率来传播信号的。

早在第二次世界大战前，使用特高频区的技术就已出现。特高频区的范围大约是频谱中调幅区与短波区合在一起的十倍。在当时，人们对广播电视许可证的需求逐步上升，从这一情况来看，这种技术的出现的确是件幸运的事情。此外，调幅广播比调频广播占用的空间少得多。调幅广播台的频宽为 10 赫兹；调频广播台的频宽为 200 赫兹。而电视信号才是真正的频谱“贪食者”：单独一个频宽就要耗掉 6000 千赫（或者 6 兆赫），相当于调幅广播台频宽的 600 倍！但是，为了传播高质量的彩色视频信号以及高质量的音频信号，如此巨大的频宽仍然是需要的。

尽管调幅广播台使用的空间要比调频广播台使用的空间少得多，那为什么联邦通信委员会准许发展调频广播台，而不是给调幅电台创建更大的广播波段呢？调频拥有一些重要的优势，比如，它有更大的抗噪音能力并具有更高音质的潜力。如果决策放在今天进行，那么，调频频道所使用的波段将会比它现在所使用的波段窄小。造成这种情况的原因在于，从技术上讲，采用当前调频频道大约四分之一的带宽人们就可以使调频声音达到优良和高清晰的程度。但是，早在数年之前，有关调频电台与调幅电台的频道使用决策就已制定了，而在当时，人们对频谱空间的需求远没有今天这么旺盛。在今天，改变这一决策将导致价值数百万美元的调频设备宣告作废。

此外，出于其他目的，如为了传播个人信息，今天，许多调频广播电视业者正在使用其主要广播信号周围的附加频谱。通过利用这些附属通信授权或者是被联邦通信委员会称之为辅助通信服务的业务，一些广播台所获得的利润几乎与他们通过播放广告所获得的利润平分秋色。

另外，通过使用新的数字化技术，在比标准的 6 兆赫频道还要窄小的频道中传播标准的电视图像或者是在标准的 6 兆赫频道中传播质量更高的电视图像已经成为可能。数字电视台要么就是能够提供高清晰度的电视，当然，对这种高清晰度的电视而言，其电视图像明显要比过去五十年被作为标准的电视图像清晰得多；要么就是能够在一个 6 兆赫的频道上，给人们提供几个具有标准清晰度的电视频道。

在频谱中,特高频区之上的区域是超高频区。它的频率范围为 300 兆赫到 3000 兆赫,在超高频区,也有一些频率是分配给电视来传播信号的。但是,即使存在如此巨大的频谱空间,频道依然是供不应求。例如,从 470 兆赫到 890 兆赫的频率被分配给 14 到 83 的超高频电视频道。可是,由于许多频谱被占用,其他用户(如需要双向通讯的警察、消防队员和商务通信网络)就无法获得频谱空间了。联邦通信委员会最终将 70 到 83 的超高频电视频道收回,并将它们重新加以分配,使它们可以被运用到各种双向无线电服务以及其他服务中。在一些城市,联邦通信委员会也对 14 到 20 的频道重新进行分配,以用于上述的其他服务。

根据 1997 年所制定的数字化电视频道规划,绝大多数数字频道将被设置在超高频区,同时,大多数电视台必须在 2006 年或 2006 年后停止使用其原先使用的模拟频道。这些模拟频道将被拍卖,最高价竞买者将可获得其使用权。

尽管人们对频率的需求持续上涨,在微波区(频率在 3000 兆赫以上),依然有大量可供使用的空间,但是,当地球表面上的通信范围缩减时,设备的费用也会随着频率的升高而上涨。尽管如此,对于卫星和空间通信来说,微波区中的频率乃是理想的频率。卫星电视和计算机数据通信占据了巨大的频谱空间,碰巧的是,其他通信根本就不会用到这些频谱空间。直接到户的广播卫星和使用"射频电缆"的有线电视系统均使用这一部分频谱。

在无线电广播事业发展早期,正好由于缺乏足够的频谱空间提供给所有的申请者,政府便以此作为实施管制的主要理论基础。即使我们学会了怎样去使用比起我们最初所使用的频谱空间要大出好几百倍的频谱空间,我们仍然无法提供充足的空间来容纳所有企望成为无线广播业者的申请者,而且非广播型服务的频谱需求量也是大得惊人。最近几年,国会批准联邦通信委员会通过拍卖来颁发许多类型的通信服务许可证。仅仅是在 1995 和 1996 这两年,为了获得用于新兴的个人通信服务和其他非广播型通信的频谱使用权,各类公司出价的总额将近达到两百亿美元。与其他众多的自然资源一样,无线电频谱也是有限的,而且人们对它的需求已远远超出了它的供应能力。

广播的诞生

20 世纪早期,当无线电先驱者们在从事他们的无线电实验时,他们并不知道,他们正在开发一种崭新的大众传播媒介。相反,他们仅是寻求一种无须通过电报线路就能够将摩尔斯电码信号从一个地点发送到另一个地点的方法。事实上,多年以来,广播就被人们称为"无线电"。

无线广播通信的第一批重要用户乃是各国的海军和商业海运船队。到了20世纪早期,将欧洲和北美之间连接起来的已是纵横交错的电报。因此,早期发明者所看到的仅仅是人们对无线通信的一个显而易见的需求:海上航行。

美国管制无线电的第一部重要法律——《无线电法案(1912)》也认识到这一点。它并没有预测到商业无线电广播的发展,但是,在该法的诸多规定中,的确存在着这样一点,即,它确实批准人们可以在航船和海岸上设立电台。

从一定程度上说,豪华班轮——泰坦尼克号的灾难性沉没促使了《无线电法案》的产生。班轮上几百条性命之所以得以获救,得益于泰坦尼克号上安装了一个无线电台。假如那个时候的无线电台能得到更好的组织,将会有更多的人获救。正当有一艘轮船前往搭救泰坦尼克号时,就在靠近泰坦尼克号的海面上,还有一艘更加靠近泰坦尼克号的轮船,但是,船上的无线电操作员却下班了。因此,这艘船上没有一个人知道正在发什么事。由于这件事的发生,1912年的《无线电法案》规定,所有大型轮船都必须配备无线电以及专职的无线电操作员。此外,该法还规定了无线电操作员的从业资格、无线电台的技术标准,同时要求保留特定的波长以供政府和传递求救信号之用。

第一次世界大战后,几乎就在一夜之间,而且几乎是偶然地,无线电广播迅速地得到了发展。西屋·威斯汀豪斯(Westinghouse)和其他设备制造商之所以支持诸如弗兰克·康拉德博士电台(即著名的匹兹堡电台)、KDKA电台(世界上第一座广播电台)这样的电台,其主要目的就是为了提高设备的销售量,而不是为了铸造一个崭新的大众传播媒介。

尽管如此,正如因特网在20世纪得以流行一样,1921年和1922年,无线电广播突然之间变得非常流行。数以百计的电台塞满了可以利用的频谱空间,现在,这些频谱空间已被用来做调幅广播的波段。到了20世纪20年代,电台的数量已是非常之多,以致变得有点混乱了。干扰的出现已不再总是偶然了,而是到了令人难以忍受的地步。

尽管1912年的《无线电法案》授权商务部发放无线电台与无线电操作员的许可证。但是,就在整个调幅的无线电波段被占满时,联邦法院重申,商务部长赫伯特·胡佛并没有阻止发放许可证的权力,更没有权力去告知播放者可以使用哪些频率。而为了免受干扰,一些电台狂乱地切换频率。

在干扰方面,1926年和1927年的调幅广播波段可与今天的"民用波段"相媲美,与现代的民用波段一样,当时的调幅波段也有着层层信号,而且强信号会将弱信号覆盖掉。同时,信号会突然之间在刻度盘上的某个波段消失,而在其他波段上出现。

在一项令一些广播电视业者从提出伊始便后悔至今的倡议中,全国的广播电视业者要求政府采取措施来整顿这种混乱局面,使其变得井井有条。为了回复这一要求,20 世纪 20 年代,人们连续五年召开了全国性的广播会议。大多数行业都惧怕政府管制,而在这个行业,却是业界要求得到政府的管制。

作为对这一要求的回复,1927 年,国会修定了《无线电法案》。该法规定,成立一个独立的管制机构——联邦无线电委员会。作为政策制定委员会的联邦无线电委员会由总统任命的五位委员组成。值得注意的是,联邦无线电委员会有权将特定的频率分配给广播电视业者,同时,在没有空间提供给附加电台的情况下,它可以拒绝发放许可证。联邦无线电委员会的办公室仍旧设立在商务部,但是,委员会拥有广泛的权力。

联邦无线电委员会迅速开展工作,以制定管制调幅广播波段的规章制度。营业中的电台实在是太多了,因此,联邦无线电委员会开始逐步裁减电台数目。在决定谁能够获得许可证的问题上,联邦无线电委员会基于以下几个目的来做出决定(按优先级排序):

1. 确保每一位美国人至少可以收听到一家广播台;
2. 给社会各阶层尽可能多的民众提供服务;
3. 给地方提供一个表达自我的窗口。

联邦无线电委员会的权利以美国《宪法》所规定的州际商业条款为基础。《无线电法案》制定后,一些广播电视业者曾经宣称他们可以不受联邦无线电委员会的管制,理由是,他们的信号并没有跨越州界。尽管如此,联邦无线电委员会宣称,作为对州际广播的辅助性管制,委员会对所有的广播电视业者都享有管制权,对此,委员会还声称,即便是纯粹的地方电台,它也能够对那些信号的确是跨越州界的电台构成干扰。最高法院赞同联邦无线电委员会的这一看法。

在很长一段时间内,调幅波段一直秩序井然。处于这一波段的每一个电台,至少在本地区内,都有一个不受干扰的频率。出于不同的服务目的,委员会将电台划分为几个等级。首先,特定功率的电台被指定为"清晰频道"电台——这种电台在夜间将拥有全国范围内的唯一频率。已经拥有众多的收听者并且配置有大功率发送器的电台将可得到这种指定。这些电台的使命就是,白天为其所在的城区服务,夜间则必须给国内的广大地区提供服务。

其他电台则会受限制,它们只能配置小功率的发送器,并须与其他电台共享频率。处于等级次序底部的是白天电台。当夜幕降临时,这些电台就得停播以给清晰频道的电台让路。

尽管联邦无线电委员会卓有成效地实现了其重要目标,但是,罗斯福"新政"期间，它还是被取缔了。罗斯福开始系统地重组联邦政府。他认为，联邦无线电委会员不仅需要拥有更大的权力，而且也要有独立的行政人员。

为实现这一变革，1934年，国会制定了《通信法案（1934）》，这部法律建立了存在至今的基本管制架构。联邦通信委员会取代了联邦无线电委员会。它拥有独立职员，并成为一个完全独立的管制机关。它的管制权得到了进一步地拓展，除了可以管制无线电广播，它还可以管制长途电话服务。事实上，它的管制对象还包括了无线电频谱的所有非政府使用。

联邦通信委员会被明确禁止对广播电视进行审查，但是，它却拥有通过其他途径对广播电视业者进行管制的广泛权力。当然，它所被赋予的最大权力便是，授予或者拒绝颁发许可证的权力。广播电视业者必须定期地续展所持有的许可证，这依然是它们必须履行的一项法律义务。联邦通信委员会拥有权力确保广播电视业者必须服务于"公共利益、便利性和必要性"。这一权力被联邦通信委员会作为一种可以对广播电视业者强制实施各种节目要求的依据。

几年后，联邦通信委员会便逐步远离它作为一个空中交通警察的最初职责。它不仅开始决定谁可以使用哪些频率，也开始制定用于管制广播电视业者的节目内容以及广播电视业务的详细规则。就在联邦通信会员会通过"连锁广播规则"的方案（将在第十二章阐述）时，主要联播网便声称联邦通信委员会已经超出了它的职权范围。联播网要求法院对联邦通信委员会制定这些规则的权利进行检查。在1943年一起具有深远意义的法庭判决中，最高法院依据"稀缺理论"维护了联邦通信委员会的这种职权。法院宣称，联邦通信委员会有权对广播电视进行全面管制，并可以超越其作为交通警察的职责（国家广播公司诉美国案（NBC v. U.S.），319 U.S. 190）。该案（以及其他早期的法院判决）使得联邦通信委员会对所有的无线电广播、电视播送以及其他电讯服务都享有广泛的管制权力。

在某些方面，联邦通信委员会的职权是受到限制的。例如，委员会几乎没有权利过问政府以及军方对无线电频谱的使用。大部分可用的无线电频谱，包括特高频、超高频以及微波区的绝大多数频率都是留置给联邦政府和军方使用。由国家电信与信息管理局出面协调政府对频谱的使用。在这之前则是由政府各行政部门的办公室来行使现在由国家电信与信息管理局行使的权力。尽管在频谱使用的许多问题上联邦通信委员会与国家电信与信息管理局之间会进行磋商，但是，就联邦政府的大多数电讯问题而言，国家电信与信息管理局拥有最终裁决权。

对这种双首脑制持批评意见的人士认为，双首脑制并非服务公共利益的理想方式。如果来自联邦政府与军方的无线电使用者归入联邦通信委员会管辖,那么,毫无疑问,无线电频谱的分配将会与现在的情形不同。频谱的商业用户长期面临着严重的频谱拥塞。有些时候,商业用户更是渴望对频谱空间的电子防护进行审查,因为在这种电子防护保护之下的频谱空间中,尽管频率数量众多,却只有为数不多的政府用户在使用。事实上,他们有时并非仅是渴望对这种电子篱笆进行审查而已:最近,国会颁布一部法律,对政府所使用的一大部分无线电频谱(总共有 200 兆赫)重新进行分配,以便让各种非政府用户可以使用。而大部分频谱已经拍卖给私人公司,私人公司则将这些频谱用于发展新的通信技术,如可以与电话公司和手机提供商展开竞争、提供本地语音与数据通信的服务。诚如前文所述,这些拍卖给美国财政部门带来了几十亿美金的收入:投标者之所以愿意抛出高价,就是因为频谱实在是供不应求了。联邦通信委员企望能做得最好的一件事便是,尽可能公正地分配这种稀有资源,从而容纳尽可能多的潜在频谱使用者。

对联邦通信委员会的回顾

从 1934 年至今,联邦通信委员会所拥有的基本授权并没有发生多大变动。尽管 1982 年委员会的成员数从七位减到了五位。这五位委员是政府政策制定者。他们是由总统任命,并经由参议院批准,任期五年。在这五位委员中,只能有三位来自同一个政党。

委员会拥有权力制定具有法律效力的规章制度,因此,它是一个立法机关。但它也是一个执法机关和行政机关。由它做出的裁决将可决定同一频率的申请者当中谁可获得该频率的使用权,对广播电视业者而言,通常情况下,这种决议显得极其重要。此外,在对违犯者进行判罪的诉讼中,在证据的权衡上,委员会的职能有点类似于法院。简而言之,委员会制定了规章制度,并强制实行它,而且负责审理嫌疑违犯者。

尽管如此,联邦通信委员会的权力依然是有限的。根据《第五修正案》的规定,在正式法律程序开始前,委员会必须承担涉案各方的费用,而且委员会应当遵守《宪法第一修正案》或者是《宪法》中其他的所有规定。此外,它的权限也受到《通信法案(1934)》的制约。同时,由它所做出的决议,将有可能被上诉到美国上诉法院,也可以被进一步上诉到最高法院。大多数情况下,联邦法院会推翻委员会做出的决议。

一旦联邦通信委员会的决议被提起上诉,法院就须确定联邦通信委员会是否超越了它的法定职权或者是否违反了《宪法》,或者是确定委员会有没有因为“滥用它的判断力”而做出经不起事实推敲的决议。

联邦通信委员会的程序

作为一个制定规章制度的机关，联邦通信委员会与其他政府机关一样，也应遵循特定的程序。如果委员们需要特定对象的有关信息，他们可以发布“聆讯通知书”，然后等待有关各方的回应。或者也可以通过发布“计划中的规章制度制定通知”来制定新的规章制度。这些通知将在联邦通信委员会的网站上发布（网址为：“www.fcc.gov”）或者在《联邦登记》（*Federal Register*）上发表。在通知发布后，有关各方将被鼓励就此提出意见。随后，打算提出意见的任何人都可以通过提交“答复意见”来发表意见。

在接收到书面意见书后，委员们也可以召开一个意见听证会，并在会上进行口头辩论。最后，委员们将对筹划中的规章制度进行投票。如果该规章制度得以通过，那么新制定的规章制度就成为委员会制定的正式规章的一部分，并被纳入到《联邦法规法典》（*the Code of Federal Regulations*）的第 47 章中。

如果你对联邦通信委员会的任何具体条例感兴趣，那么，通过联邦通信委员会的网页或者是通过资料齐备的法律图书馆以及许多大型市立图书馆所提供的《联邦登记》，你不仅可以查找到该条例，而且也可以查找到委员会有关该条例的详细声明。《联邦登记》是一种大型的出版物，每年的发行页数将近达到 75000 页。尽管如此，为方便人们查找，《联邦通信委员会行动议程》（FFC actions）将联邦通信委员会的诉讼记录按主题编制成索引。在联邦通信委员会的网站上，人们也可以查找到这些信息，而且网站上的信息更多的是那些在以往难以获取到的信息。

尽管重要的政策决议是由委员会的五位委员共同做出，但是，委员会的大多数工作却是由它的行政人员来完成的。委员会的确通过几个拥有独立职责范围的“局”来落实它的大部分工作。1993 年、1994 年以及 1999 年，委员会属下各局进行了结构调整。尽管这样，2002 年，这些局又进行了一次机制改编。

媒体管理局（Media Bureau）主要负责广播电视业者和有线电视系统的管理事宜。它负责给广播台、电视台以及有线电视系统发放许可证，并对它们进行监督。它也承担处理跟直接到户的广播卫星系统有关的许多复核问题。该局负责许可的文书工作以及其他行政事项，只将最受争议的问题提交委员会。然而，通常情况下，委员会以及联邦法院最终都会对媒体管理局的决议进行复审。

有线线路竞争局（the Wireline Competition Bureau）负责对有线电话以及

其他"公用载波"通信进行管制。"公用载波"是一项类似于公用事业的业务，它必须给所有寻求服务并为服务付款的人士提供服务。各州通过其公用事业委员会对州内的这些服务加以管制；而联邦通信委员会则负责对各州间的此类服务和价格实施统一管制。有线线路竞争局的既定目标包括，在这些行业中，鼓励竞争并弘扬公正。

无线电信局(the Wireless Telecommunication Bureau)负责管理国内的无线及双向通信服务。这些通信服务包括：移动电话及与此相类似的服务、传呼、公共安全通信、业余无线电通信。同时，它还负责给各种私人的、非广播型的无线电业务发放许可证并对其实施管制。

国际局(the International Bureau)负责给那些信号通常会跨越国际边界的短波电台颁布许可证。此外，它也可以给卫星通信系统(其所传播的信号通常也会跨越国际边界)发放许可证。对于需要参与的世界无线电会议(World Radio Conferences)以及其他国际性活动，大部分都是由国际局负责处理。

美国联邦通信委员会下的执行处(the Enforcement Bureau)则负责实施各种由联邦通信委员会制定的规章，并对所有活动进行监督，从监督播放者对技术标准的执行情况到地方电话公司对旨在鼓励竞争的规章的遵守情况。

消费者与政府事务局(the Consumer & Governmental Affairs Bureau)负责处理各种与消费者相关的问题，对个人消费者的质询做出回应，同时与州和地方政府以及产业界保持联系。

除了这些负责专门业务的局以及其他办公室和分部，联邦通信委员会还配备有中央行政人员、科技办公室、大量的法律人员以及计划与政策办公室。

显而易见，联邦通信委员会承担着重大的职责。这种职责已经超出了它对无线电和电视播放的管制。联邦通信委员会只将很少一部分的管制精力用在诸如管制国家的电视台和广播台这种引人注目的行动上。

广播电视许可证

毫无疑问，联邦通信委员会最具有胁迫性的权力就是许可权，特别是撤销或者拒绝续展现有许可证的特殊权力，在公开市场上，这种特殊权力就是一种财富。

近几年来，在播放管制方面，可以说，没有一项管制的变化比起许可手续的变化来得更为彻底。在播放事业历史上的大部分时期，联邦通信委员会都是通过详尽的，包括召开比较听证会在内的手续来决定谁可以获得许可证。这种手续可能会被拖延数年，有时甚至是几十年。而现在，联邦通信委员会则是通过拍卖，将新的许可证授予最高价竞买者，而召开比较听证会这一手续，看来也只是播放事业历史上的一段插曲而已，尽管它相当重要。

事实上，联邦通信委员会采用两种不同的许可程序，一种是面向新许可证的申请者，另一种便是面向许可证续展的申请者。对于新许可证的申请者而言，这往往是一个复杂的、费用高昂的而且是很浪费时间的过程，开始于一个精细的程序，决定频率是否可用。

联邦通信委员会拥有一个分配目录，该分配目录可以决定特定社区内，一个新成立的电台能否获得一个频率。对新许可证的申请者而言，他要么得请求获得一个已经分配给一个地区但未被使用的频道，要么就得说服联邦通信委员会重新分配频率。除非申请者能够证明，新成立的电台不会对当前的电台产生干扰，否则，联邦通信委员会是不会考虑这种申请请求的。每家电台都拥有一个不受干扰的固定服务区。

遵照这些规则，在大都市的大部分地区中，几乎没有可以分配给广播台、电视台使用的频率。对于希望在大都市拥有一个广播台、电视台的大多数申请者而言，除了以高价向当前的许可证持有者购买一个频率就别无选择了。但是，就现在来说，一旦有频率可供使用，联邦通信委员会就会进行拍卖，并将频率的许可证授予胜出的投标人。

尽管直到最近人们还在遵循着极其不同的程序，但是，这些程序却作为一个例子向人们阐明，改革这些规则是多么地重要！

在旧体制中，联邦通信委员会先是接收可用频率的申请，再根据同一频率的申请者各自的条件和承诺将申请加以分类。通常情况下，委员会将召开一个比较听证会来确定谁可以获得许可证。然后，胜出者将得到建造许可并最终获得许可证。

所有的申请者都得证明他们将通过多种渠道来服务他们所在的社区，而且对许可证申请者来说，在申请书中，他们还得向联邦通信委员会提供相当多的背景信息。他们必须让联邦通信委员会确信，根据他们的服务特色、财务状况、技术能力、节目规划、非歧视雇用以及没有交叉持有“冲突”媒体，他们应当有资格获得许可证。申请者还必须是美国公民。这些基本条件并没有太大的变化：为了获得许可参与拍卖活动，申请者也应提交他们的基本条件证明。

直至最近，联邦通信委员会参照各种各样的标准和指导原则，重新对这些申请进行审查，试图确定哪位申请者最具有资格获得批准。申请者向联邦通信委员会提出书面申请，数年之后，他们通常得参与一场比较听证会。在会上，联邦通信委员会的官员将对同一频率申请者各自所声称的优点加以权衡。而到此时，在先期的开销中，申请者已经将大量的金钱花在律师和工程师身上了。

在这些比较听证会上,联邦通信委员会的官员将运用一套复杂的规则来评估同一频率申请者。委员会考虑了许多因素,包括:1) 申请者是否为社区内的第一位广播电视业者;2) 他必须仅能与社区内的一位广播电视业者展开竞争;3) 让每个频率都能得到高效地使用。这就意味着,如果申请者准备服务的区域大于竞争申请者,那他将有可能取得一定的优势。此外,还有各种各样其他的优先。这些优先包括:被联邦通信委员会称为“所有权与管理一体化”的优先。这就意味着,联邦通信委员会会优先考虑所有权本地化与管理本地化的申请者:期望亲自运营电台的申请者将比“非自住业主”受到更多青睐。委员会也会给那些没有其他播放资产的申请者提供优先,因此,这对拥有最多广播台和电视台的大公司是不利的。正如后文所阐明的那样,直到联邦法院的决议,委员会才将给予女性和少数族裔的优先取消。

考虑到这一程序的复杂性,多年来,联邦通信委员会一直在采取各种措施使之得以简化。在这一过程中,委员会遇到的一个问题就是,通常情况下,同一频率的申请几乎都是由那些没有许可证和经营电台意愿的投资者所提出的。而这些人的申请目的,通常并非为了得到许可证,相反,他们仅仅是为了迫使真正的申请者向他们支付高昂的和解费。1990 年,FCC 改变了禁止由于和解费超过了申请者“合法与节俭的开销”(这些开销中可能包含支付给工程师和律师的费用)的禁令。对随意提出申请的投机者来说,这项改革的目的就是消除经济激励。

对申请者而言,联邦通信委员会为简化手续而付出的努力是有益的,但是,或许委员会还做得不够:1993 年,联邦上诉法院的一项重要判决几乎是完全推翻了比较听证会这一手续,委员会给所有权本地化与管理本地化提供优先的做法也遭到否决。法院宣称,受到否决的这些做法是“特殊且没有根据”的(柏克德诉联邦通信委员会案(Bechtel v. FCC),10 F. 3d. 875)。在对柏克德案做出判决后,联邦通信委员会中断了所有新许可证的竞争性申请。这种情况一直持续到评估申请者的标准和授予许可证的手续得到修订以后。到了 1997 年,已经有好几百份有关广播台、电视台的许可证申请书被搁置达数年之久,与此同时,国会给联邦通信委员会下达指令说,一旦有超过一位的申请者申请同一频率,委员会就应该举行拍卖。

一些申请者强烈抱怨委员会的拍卖计划,尤其是因为他们为了符合获得许可证的旧规定,已经将大笔的资金花在工程师和律师身上,出乎他们意料的是,国会、法院和联邦通信委员会竟然会改革用于管制他们的规定。随后,国会下令指出,在这些许可证的首次拍卖中,联邦通信委员会应该只允许那些在此之前就已提出申请的申请者参与投标，而且它还要求委员会放弃使用那些用来限制竞争申请者之间达成和解的一般规则，并给竞争申请者六个月的时间来达成协议。联邦通信委员会也准许没有竞争对手的申请者将他们的申请出售给其他准备提出申请以获得许可证来运营电台的有关人士。通过采用这一策略，1998 年年初，联邦通信委员会大约给 90 家电视台和 600 家广播台颁布发了新许可证或者是建造许可证。紧接着，1999 年年底，联邦通信委员会又对 118 家可提供给广播台、电视台使用的频率进行拍卖，在这些被用于拍卖的频率中，大部分是小型市场的调频广播频道。

国会授权联邦通信委员会通过拍卖把余下的所有非数字化许可证颁发给申请者。而数字电视的许可证未经拍卖被直接授予那些现存的电视台，尽管在此之后，联邦委员会是通过拍卖将新的数字电视的许可证发放给同一市场中那些没有电视台许可证的申请者。作为授予许可证的一种方法，比较听证会已不再是许可证授予手续的一部分了。

然而，2001 年，就在联邦通信委员会计划将更多的调幅和调频广播频道进行拍卖时，联邦法院却对该计划设置了障碍：法院认为，非商业许可证的申请者不应该被强迫与商业许可证的申请者一起进行竞买。事实上，在国家公共广播诉联邦联邦通信委员会（National Public Radio v. FCC）（254 F. 3d 226）案的判决中，法院要求联邦通信委员会重新审议全部拍卖手续。这就使得长期受拖延的拍卖再度受到延迟。

2003 年，联邦通信委员会制定了新的拍卖规则。新规则着眼于法院所关注的问题，不再让非商业许可证的申请者与商业许可证的申请者展开拍卖竞争，从而限制商业许可证的申请者进入那些留置给非商业使用的调频广播台以及电视台的波段，除非非商业许可证的申请者要去竞拍一个商业频道。（在过去，一旦没有可供使用的非商业频道，非商业申请者便可自由参与竞争以获得商业频道的使用许可。）

联邦通信委员会还有许多其他不受柏克德一案判决影响的所有权政策。例如，委员会通常不会将广播台、电视台的许可证颁发给同一市场领域内的日报所有者，也不会将许可证颁发给那些在特定社区内拥有最多观众、已获得经营批准的广播台、电视台的所有者。不久之后，委员会可能也会对这些规则进行改革：委员会正在酝酿制定一种有关报纸、广播电视跨媒体所有权的规则以及一些有关广播电视所有权的其他限定，并期望在 2003 年做出决定。（参见第十二章）

有关许可优先的法院判决

多年来,在评定许可证申请时,联邦通信委员会都会优先考虑少数族裔成员和女性。采取这一举措的目的就是为了改变一直以来女性和少数族裔在许可证申请上的劣势。这将导致女性和少数族裔的申请者比白人申请者优先获得许可证,而后者认为自己更具有条件来获得这种许可,为了证明这一点,他们甚至准备上诉到法院。结果,针对优先制度的法律诉讼引发了数起备受人们争议的法院判决。

1990 年,在都市广播公司诉联邦通信委员会(Metro Broadcasting v. FCC, 497U. S. 547)一案中,最高法院再一次强调了少数族裔优先规则。一般而言,美讯广播公司诉联邦通信委员会一案是对联邦政府防止种族歧视与性别歧视政策的一次重要检验,而令许多广播电视业者感到惊讶的是,法院以 5:4 的投票结果维护了对少数族裔采取的优先措施。早在一年之前,最高法院就已在里士满诉 J. A. 克罗森案(Richmond v. J. A Croson)一案中做出裁定,州和地方政府所制定的许多防止种族歧视与性别歧视的政策是违反宪法的。在该案中,法院指出,一旦州和地方政府所制定的防止种族歧视与性别歧视政策在法庭上受到质询,那就得根据紧迫且重要的政府利益这一检验标准来判定这些政策是否是正当的。这一检验标准使得人们难以使用种族原则给那些授予申请者优先权的手续提供辩护。

但是,在都市广播公司诉联邦通信委员会一案中,拜伦·怀特法官却改变立场,并将他的票作为第五张票投向维护联邦政府防止种族歧视与性别歧视政策这一边。之所以采取这种做法,他的依据就是,由于这种政策是由国会授权制定的,所以就不应该判定它违背了紧迫且重要的政府利益标准。拜伦·怀特通常不愿否决受国会认可的政府政策。结果,联邦通信委员会对少数族裔的许可证申请者所实施的优先政策暂时得到了维护。

尽管如此,仅仅五年之后,即在 1995 年,最高法院便采取了非同寻常的行动,撤销了都市广播公司诉联邦通信委员会一案的判决。最高法院裁定,联邦政府防止种族歧视与性别歧视政策的确应该根据紧迫且重要的政府利益来判定它的正当性。在 1995 年阿达拉德建设者公司诉派纳(Adarand Constructors, Inc. v. Pena)一案的判决中,最高法院认为,任何授予一个民族超越另一个民族的优先权的手续都须使用这样的证据来证明它的正当性,即,这种手续是对先前一种特定的、有据可查的歧视性手续的一种适当补救方法。在该案的九人陪审团当中,就有五位之多的陪审员裁定,所有给予种族提供优先的手续都必须接受司法机关严格而又详细的审查。

在克罗森案中,负责撰写由多数人意见的桑德拉·戴·奥康纳法官发表了自己的意见。她说,对种族优先实施严格的司法监督,就是"通过断定立法主体正在追求一个非常重要的目标,而且这个目标足以使得它采用一种极为可疑的手段,以此得以查明这种种族的优先是非法的"。

桑德拉·戴·奥康纳特别强调,第二次世界大战期间,最高法院批准日裔美国人进行搬迁,并批准对之实施拘留。同时,她说,"对最全面司法审查的任何一种逃避都只能是增加未来再次出现错误的风险"。

桑德拉·戴·奥康纳也说到,《宪法第一修正案》和《第十四修正案》保证了个人而不是团体可以受到法律的平等保护。因此,任何基于种族的、给予某个人比其他人优先的政府政策都是值得怀疑的。

阿达拉德案的判决遭到了四位法官言词冗长的激烈反对,他们分别是:约翰·保罗·斯蒂文森、大卫·H.苏特、鲁斯·巴德·金斯伯格和斯蒂芬·G.布雷耶。

对于广播电视业者来说,该案的判决有着深远的意义:它对联邦通信委员会基于种族的整个优先制度提出了异议。当时的联邦通信委员会主席里德·亨德特(Reed Hundt)针对此案的判决做出了回应,他允诺对联邦通信员会所有的少数族裔优先手续重新进行审查,以使这些手续符合宪法的新规定。几乎与此同时,在即将进行的、授予个人通信服务许可证的一系列拍卖活动中,联邦通信委员会不再将优先权给予少数族裔和女性。而在这之前的个人通信服务许可证的拍卖中,女性和少数族裔在投标中可获得超过40个百分点的信用额。正因为有这种优先的存在,才会有下面的例子出现:一位出价600万美金的女性或者是少数族裔的成员可以击败出价超过1000万美金的白人而赢得许可证。这种优先备受争议,因为频谱拍卖的全部目的就是为了筹集资金以减少联邦政府的财政赤字。1995年中,个人通信服务许可证在拍卖时的优先被取消了。遵照取消这两种优先时宣布的规则,随后的一系列拍卖会仅仅面向小型企业开放,但是,委员会不再考虑性别或种族优先的问题,而最高价竞买者将可获得许可证。

与此同时,就在最高法院判决推翻联邦政府防止种族歧视与性别歧视政策不久之前,国会废除了联邦通信委员会所采取的另外一种种族优先手续。联邦通信委员会实施欠税不动产拍卖成交计划的时间超过了十五年,依照这种计划,如果是将广播台、电视台或者有线电视系统出售给女性或者是少数族裔成员所掌控的公司,则出售者可以免于支付销售中的资本利得税。与许可中的优先存在的原因一样,这一政策出现的基本原理就是为了鼓励更多的少数族裔成员以及女性去掌控电台和有线电视系统。

1990 年,当最高法院在都市广播公司诉联邦通信委员会一案的判决中维护了少数族裔优先政策时,在阿斯特罗林通讯公司诉舒伯格广播公司((Astroline Communications v. Shurberg Broadcasting)(497 U. S. 547))一案中,法院同样维护了欠税不动产拍卖成交计划。

尽管如此,1995 年年初,媒体对几起事件进行了广泛宣传。在这些事件中,财力雄厚的大公司依据欠税不动产拍卖成交计划,获得了(或者是即将获得)数百万美金的减免税。例如,依据纳税证明手续,作为国家最大有线电视系统的所有者之一,维亚康姆(Viacom)将获得 6 亿美金的减免税。维亚康姆打算将其所拥有的有线电视系统以 23 亿美金的价格出售给一家由一位美籍非裔律师掌控的合股经营公司。1978 年,当这名律师在白宫通信政策办公室工作时,他就协助制订了欠税不动产拍卖成交计划。由于他是这家合股经营公司的控股人,这使得维亚康姆有资格获得巨额的减免税。事实上,这次交易的大部分资金来自两家大公司,可这两家公司均不为少数族裔的成员所有。而其中一家公司便是当时美国国内最大的有线电视系统所有者——美国有线电视公司。

取消全部欠税不动产拍卖成交计划的立法很快获得国会通过并得到克林顿总统的批准,从而断绝给维亚康姆公司提供减免税。之后,联邦通信委员会和国会领导人考虑采用新的纳税证明手续,而新的纳税证明手续将配备防止滥用的严格规定,但最终并未获得批准。

早在最高法院对少数族裔优先政策的有效性产生疑问之前,华盛顿特区联邦上诉法院就已否决了播放许可中的女性优先政策。根据克拉伦斯·托马斯(当前已是最高法院法官)法官的意见,上诉法院以 2:1 的投票结果宣告,女性优先政策是违反宪法的。同时,它还裁定,联邦通信委员会并未能证明,优先政策确实促进了广播电视的意见或节目的多元化(兰普雷希特诉联邦通信委员会案(Lamprecht v. FCC),958.2d 382,1992)。

有关平等就业机会规定的法院判决

法院的判决推翻了播放许可中的优先政策。除此之外,联邦通信委员会试图将平等就业机会规定强行实施于广播电视业者以及其他事务申请者身上的做法也两度遭到华盛顿特区联邦上诉法院的否决。在此之后,2003 年,联邦通信委员会实施了第三套平等就业机会规定。

依照联邦通信委员会最初所制定的平等就业机会规定,每一位获得许可证的申请者都必须雇用女性职员和少数族裔职员。多年来,联邦通信委员会要求广播电视业者至少要达到百分之五十的“平等”。例如,如果广播台、电视台服务区的人口有 20% 是非裔美籍人，那么，遵照规定，至少要有 10% 的广播台、电视台雇员是非裔美籍人。

1998 年，在路德教会密苏里分会诉联邦通信委员会（Lutheran Church-Missouri Synod v. FCC）一案中，华盛顿特区联邦上诉法院否决了联邦通信委员会有关平等就业机会的整套规定。之所以会出现这样的判决，原因就是，由于密苏里圣路易斯附近的路德教会广播台违反了平等就业机会规定以及犯下了委员会所声称的其他一些违反法规的行为，委员会试图对其施加处罚。教会便将联邦通信委员会告上了法庭，同时辩称，联邦通信委员会要求教会雇用教会外的人来担任除播音员之外的所有职位的规定，违反了《宪法第一修正案》中给宗教自由提供保障的规定（这是一起有着特殊意义的案件。因为与该社区内少数族裔所占的人口比例相比，一些少数族裔在教会成员中所占的比例要小得多）。

长期以来，联邦通信委员会总是通过这样的辩解来证明它所采取的平等就业机会规定是正确的。它辩称，如果广播台、电视台能够按照一定比例从各个种族和男女双方中聘用职员，即便它所聘用的是诸如秘书这样一种级别低下的职员，那么，也将会对广播台、电视台的节目产生影响，而且能够更好地反映出美国的多元化。依据这一基本理论，路德教会辩称，事实上，政府就是通过让宗教广播台、电视台雇用非信教人士，以此强迫宗教广播台、电视台更改广播台、电视台本身所希望传递的信息。受理上诉的三人陪审团赞成路德教会的看法，同时认为平等就业机会规定违反宪法而将其否决。

在这一法院判决之后，对广播电视业者来说，聘用员工时歧视女性以及少数族裔依然是一种违法行为，但是，联邦通信委员会却不能因为公司未能符合平等就业机会的数目规定而合法地对其实施处罚。事实上，公平就业机会的规定就是要求广播电视业者雇用一定百分比的女性与少数族裔成员，即使是有条件更加符合的男性白人提出职位申请。联邦通信委员会请求上诉法院的全体法官对该案重新进行审议（即所有法官而非由三人陪审团来审议该案）。但是，法院拒绝了委员会的请求。

1998 年年底，联邦通信委员会续展了路德教会所属的两个广播台的许可证，由此使得该案得以了结。

在法院对路德教会密苏里分会诉联邦通信委员会一案做出判决的前几周，联邦通信委员会主席威廉·肯纳德（William Kennard）在广播电视业者云集的大会上发表演讲，并邀请业界领军人物提出新的建议来促进播放业的多元化。就在法院将路德教会案的判决予以宣布时，许多广播电视业者声称，即使没有政府的平等就业机会规定，他们也将一如继往地致力于职员的多元化。

作为对威廉·肯纳德呼吁的回应,广播电视业者提出了诸多建议,尤其是,他们提议给少数族裔在播放业上的投资提供新的货币支持,并提议广播电视业者在招聘与培训少数族裔方面做出新的努力。

2000 年,联邦通信委员会通过了第二套平等就业机会规定,以此来取代在路德教会案中被法院宣告为违反宪法的平等就业机会规定。这些平等就业机会规定要求广播电视业者(以及有线电视和其他"多频道视频"公司)提供广阔的就业渠道以便尽力招聘形式多样的员工。尽管如此,与遭受法院否决的平等就业机会规定不同的是,第二种版本的平等就业机会规定并没有规定员工数量份额。

第二批规定没有要求广播电视业者必须根据种族使所雇用的员工数量满足特定的限额。相反,它要求广播电视业者要么参与到联邦通信委员会所规定的扩展服务行动中,要么是设计出他们自己的方案,然后提供文件证明,并向联邦通信委员会提交定期的就业报告。新规定解决了路德案中法院所关注的另一个问题,即,它准许具有宗教性质的广播电视业者雇用信徒担任所有的职务,而不仅仅是担任播音员这一职务。

即使修订后的规定并没有包含雇用员工的数量限额,许多给播放业提供法律服务的律师对极其复杂的扩展服务和报告规定仍然感到惊慌。许多人担心,广播电视业者难以开展这些扩展服务以及难以遵守这种报告规定,而且在联邦通信委员会采取执法行动前,广播电视业者可能根本无法知道他们的所作所为是否违反了规定。最后,由全部五十个州的州广播协会加入而组成的全国广播工作者协会(National Association of Broadcasters)就新制定的平等就业机会规定向华盛顿特区联邦上诉法院提起上诉。

2001 年年初,法院否决了联邦通信委员会修订后的平等就业机会规定。在取消新规定的过程中,法院推翻了委员会的规定,即播放者必须制订面向少数族裔的扩展服务计划,并将结果报告给联邦通信委员会。新规定并没有出现法院在最初的平等就业机会规定上所发现的、违反宪法的职员数字限额,尽管如此,法院还是宣称,招聘少数族裔的新规定是违反宪法的。

法院认为,"新出台的平等就业机会规定并没有给广播电视业者在招聘少数族裔的应聘者方面实行官方强制,这将产生一种种族等级,而且这种等级并不完全适合于维护迫切的政府利益。所以,这种条例是违反宪法的"。

在最近出现的 MD/DC/DE 广播工作者协会诉联邦通信委员会(MD/DC/DE Broadcasters Association, et al., v. FCC)一案中,华盛顿特区上诉法院的三法官审判组一致同意广播工作者协会的意见,即新规定迫使广播电视业者必须依据种族而不是各位员工的特长来招聘员工,而且使得广播电视业者难以得知是否他们执行了这一规定。因此,新规定违背了《第五修正案》的正当程序条款。

该案看来似乎是对即将离任的、在其任期内竭力贯彻新平等就业机会规定的联邦通信委员会主席威廉·肯纳德的一种激烈谴责。法院对该案做出了判决,三天后,威廉·肯纳德就辞职了,并将职务移交给迈克尔·鲍威尔(Michael Powell)。迈克尔·鲍威尔在布什总统就职典礼过后不久,就获得总统提名并出任联邦通信委员会主席一职。

法院针对 MD/DC/DE 广播工作者协会一案所做出的判决,其用语非常笼统,以致法律观察家很希望弄明白,是否任何一套要求广播电视业者依据种族来招聘员工的规定都无法合乎宪法规定。在新任主席的领导下,联邦通信委员会请求法院重新审议并恢复该规定,但法院拒绝了这一请求。

随后,联邦通信委员会又一次对条例进行改写。第三批平等就业机会规定涉及众多的扩展服务,但没有要求广播电视业者保存雇员或应聘者的种族或性别记录。依据这些在 2003 年生效的规定,广播电视业者以及有线和卫星运营商必须广泛地宣传它所能提供的全职工作机会,并参加诸如职位展览会和招收实习生这样的一些扩展服务项目,收集能够表明何处可以张贴招工启事的资料。

尽管最新制定的平等就业机会条例并没有要求广播电视业者提交员工的人口组成报告,但是,联邦通信委员会却宣称,它将考虑把这方面的信息纳入到许可证持有者必须提交的年度报告中。委员会计划将人口数据的收集从平等就业机会所规定的扩展服务中独立出来。而这一计划看起来不仅可以使平等就业机会规定免受司法抨击,而且准许了联邦通信委员会可以继续通过种族和性别来追踪许可证持有者的雇用情况。

就在大伙庆幸法院的判决将前后两套平等就业机会规定予以废除时,播放业界的领军人物宣称,不管联邦委员会的规定有没有做出规定,他们都将在业界内为更多的少数族裔和妇女谋求职位。业内的一位杰出经理人也特别提到,尽管从 1996 年来,在广播业界出现了多起所有权合并事件,但是,人们可以看到,2000 年,所有权归少数族裔所有的广播台,其数量已经有了少量地增加。但他还特别强调,所有权的统计数字会产生误导,同时他指出,由于几家由少数族裔所掌控的主要媒体公司已经公开发行公司股票,而且少数族裔已不再是这些公司的大股东,因此,再也不能认为这些公司是少数族裔所有的了。

许可证续展的问题

几乎是在广播台、电视台获得许可证的同时,它就得开始为下一关键时刻做准备:续展时间。在这一方面,广播电视业者必须表明,在使用所分配到的频率的过程中,他实施了良好的服务。

多年来,大多数广播电视业者都认为,一旦他们从联邦通信委员会获得许可证,这些许可证便永远是属于他们的。在大都市(该都市没有任何广播台、电视台设备或者是没有任何用于永续经营的其他设备),许可证的价值可达几百万美金。这并非虚言,尽管事实是,从理论上来讲,许可证只不过是使用一个频率的授权,其目的也就是为了在许可证有效期内保持对频率的平衡使用。《通信法案(1934)》指出,许可证永远都不能成为一种既定的权利。实际上,广播电视业者必须签订一份协议,承认他们所分配到的频率永远都是属于公共财产。

尽管如此,多年来,在实际执行的过程中,联邦通信委员会实际上准许了大多数许可证的续展。许可证拥有者只有犯下严重的罪行或者是试图欺骗联邦通信委员会(例如,在许可证的申请书上造假),才有可能被没收许可证。然而,20 世纪六七十年代,在一定程度上,这种情况发生了变化。联邦通信委员会和法院双方都开始重新审查许可证的许可过程。1996 年的《电信法案》规定委员会必须采用新的许可续展手续,此时,这一过程又发生了改变。

在 20 世纪 60 年代期间,一个关键转折点便是联邦法院对基督教联会通信办公室诉联邦通信委员会((Office of Communication of the United Church of Christ v. FCC)(359 F. 2d 994,1966;425 F. 2d 543,1969))一案所做出的判决。在这起案件中,一个维护公众利益的团体要求召开听证会,以抗议委员会准许密西西里一家电视台的许可证得到续展,而该团体认为这家电视台所播放的节目显现出一种令人侧目的种族偏见。联邦通信委员会拒绝给予该团体任何机会对该许可证的续展提出质疑,但是,联邦上诉法院却命令联邦通信委员会举行一场新的听证会并准许该团体出席。紧接着,委员会召开了一场该团体所要求的听证会,但是,它却指定由该团体承担举证责任。联邦法院再次否决了联邦通信委员会的决议,并宣称,为了证明其行为是正当的,广播电视业者必须负起举证责任。随后,法院取消了该许可证的续展,而且该电视台最终也失去了许可证。

这一判决过后,市民团体要求并赢得机会对其他一些许可证的续展提出反对,同时,竞争的申请者有时会要求委员会召开比较听证会,因此他们可以尽力地向人们展示,在频率的使用上他们会比别人做得更好。这是续展手续中的一个新要素；广播电视业者再也不能仅仅是填写一些表格就能确保得到许可证的续展了。反对者有可能提出请愿书以拒绝给许可证提供续展，这种风险已成为广播电视业者的生活的一部分。

联邦通信委员会进一步打破了续展许可证的“橡皮图章”式传统，1969 年联邦通信委员会拒绝给波士顿现任的电视台进行许可证续展震惊了整个播放业界。由于竞争对手对 WHDH 电视台的许可证续展提出质疑，最后，联邦通信委员会裁定，在频率的使用上，质疑者能够比当前的许可证持有者做得更出色。

当许可证的续展受到质疑时委员会就得召开比较听证会，这并非是一个新政策，但是，有关规定是如此偏袒当前的许可证持有者，致使质疑者几乎没有获胜的机会。如果当前的许可证持有者所提供的服务恰好达到播放业界的平均水平，那么委员会就会优先考虑他的续展申请，而不是优先考虑那些只有承诺的质疑者。但在这起案件中，联邦通信委员会忽略表明当前业者所提供的服务达到行业平均水平的记录，而将许可证授予一位承诺提供更好服务的挑战者。在该决议中，联邦通信委员会特别强调，当前的许可证持有者，也即《波士顿先驱—旅游者报》(*Boston Herald-Traveler Newspaper*)的所有者几乎没有在电视台的有效管理方面花心思。实际上，对该报而言，电视台只是一种收入来源而已。1970 年，联邦上诉法院维持了联邦通信委员会的上述决定。

在申请许可证续展的过程中，当前的许可证持有者可能人会失去许可证而让挑战者获得，使当前的许可证持有者失去价值几百万美金的财产，这种观念令播放业界深感害怕。于是，业界很快要求国会通过一项立法，以剥夺联邦通信委员会召开比较听证会的权力，除非联邦通信委员会从一开始就断定当前的广播电视业者所做的工作不能令人满意。但是，就在国会展开行动之前，联邦通信委员会就已放弃了就绝大多数的许可证续展事件召开比较听证会的政策。

然而，一个市民团体却以联邦通信委员对这一政策的改动为由而将委员会告上了法庭。1971 年，联邦上诉法院否决了联邦通信委员会的这种做法，并命令联邦通信委员会在续展受到质疑的大多数情况下必须召开比较听证会(市民通信中心诉联邦通信委员会案(Citizens Communication Center v. FCC)，447 F. 2d，1201)。法院宣称，如果广播电视业者所拥有的记录可以显示出，它所提供的服务“远远超过业界的平均水平”，那么，当它的许可证续展受到挑战时，联邦委员会可以不必召开比较听证会。因此，在许可证续展受到挑战时，联邦通信委员会重新沿用了它的惯例，即召开比较听证会，尽管委员会可能不是很认真履行这一程序。直到 1996 年，国会才再次干预联邦通信委员会,并命令它废除有关许可证续展的比较听证会手续。

在20世纪70年代和80年代初,联邦通信委员会逐渐改进了许可证续展的比较听证会手续。委员会最终达成这样的认识,他们宣称,如果许可证持有者所拥有的记录可以显示出,他提供了"实质性服务"(与可以显示出广播电视业者提供的服务"远远超过业界的平均水平"的记录相对而言),就有权利获得许可证的续展,而几乎用不着考虑挑战者究竟许诺了什么。尽管这一变动只不过是在语义上做了些调整,但是,它还是招致了更多的诉讼。

1982年,在中心佛罗里达娱乐公司诉联邦通信委员会(Central Florida Enterprises v. FCC)(683 F.2d 503)一案中,华盛顿特区联邦上诉法院维持了联邦通信委员会在许可证续展上所采取的这一政策。法院认同假如许可证持有者所拥有的记录可以显示出它提供了"实质性服务",那么联邦通信委员会就有权力加大当前许可证持有者获得续展的可能性。实质上,联邦通信委员会强调:当前许可证持有者的记录表明其服务水平越佳,其所拥有的许可证获得续展的可能性就应该越大。在比较听证会上,所拥有的记录表明其所提供的服务量是最少的广播电视业者将不能享有超过挑战者的优先;而那些拥有记录可以表明其服务水平出众的许可证持有者将更会享受到优先考虑。

20世纪80年代期间,联邦通信委员会从其他角度对许可证续展手续进行简化。例如取消了续展过程中的许多文书工作和繁文缛节。在此之前,对播放者而言,这些都使得许可证续展成为一件充满官僚政治色彩而又令人头痛的事情。这使得大多数广播电视业者能够利用人们所熟知的"明信片续展"。广播电视业者无须提交详尽的报告,相反,他们只需要填写一份看起来有点像特大号双面明信片的续展申请书即可。尽管如此,采用"明信片续展"这一名称可能有点用词不当,因为广播电视业者在申请许可证续展时仍须填写其他表格,这些表格包括,用于证明他们遵守了平等就业机会规定的表格。联邦通信委员会规定,在所有许可证的持有者当中,5%左右的许可证持有者必须通过"会计审查",因此,被审查者必须填写一份篇幅更长的续展申请表。

面对数以千页计的表格,对明信片续展手续持批评意见的人士声称,无论如何,联邦通信委员会的官员们都没有时间来查看这些申请表,结果导致这些表格都被废除了。然而,一个少数族裔团体的联盟却将联邦通信委员会告上了法庭,对联邦通信委员会将更为详尽的申请表加以废除的权利提出质疑。他们声称,采用更加简略的续展申请表,对大多数广播电视业者而言,几乎可以不用出示服务公共利益的节目的任何记录。但是,在1983年的一场判决中,华盛顿特区联邦上诉法院却维护了明信片续展手续(黑人公民公平媒介组织诉联邦通信委员会案(Black citizens for a Fair Media v. FCC),719 f.2d.

407）。法院宣称，不定期的"会计审查"就足以确保广播电视业者履行了它的职责。

在20世纪80年代和90年代期间，国会和联邦通信委员会双方都采取多次采取行动来减轻广播电视业者在许可证续展上的负担。1981年，国会将广播台许可证的有效期从三年延长到七年，并将电视台许可证的有效期从三年延长到五年。《电信法案（1996）》对此作了进一步地规定，命令联邦通信委员会将广播台和电视台两者的许可证有效期都延长到8年。

1989年，联邦通信委员会采取了其他的措施限制许可证续展的费用与不确定性。考虑到许多挑战者提出申请反对给当前的许可证持有者进行许可证续展，其真正目的只是希望持有者可以给他们支付大笔的和解费，而不是出于对广播台、电视台的业绩进行合理关注，于是，对于用来解决许可证续展过程中所发生的争议的和解金额，联邦通信委员会强制实行了严格的限制。今后，许可证持有者将不准向质疑者支付高于挑战者实际开支的金额作为和解费。（如前文所述，1990年，对于新广播台、电视台许可证的竞争申请者之间所使用的和解费，联邦通信委员会也采取了同样的限制）

最后，在《电信法案（1996）》中，国会将许可证的续展手续大大地简化了。或许，最重要的变动就是《电信法案（1996）》废除了续展手续中比较听证会这一环节。现在，许可证续展手续只需两步程序。在这种手续中，联邦通信委员会首先就是判定许可证持有者是否有权利获得续展。其他人依然可以反对给当前的许可证持有者进行许可证续展，但是，联邦通信委员会所要考虑的仅是给予续展或者是不给予续展的问题，而无须考虑其他希望获得许可证的申请者所提交的竞争申请书。第二步程序之所以会出现，原因就是联邦通信委员会必须判定先前的许可证持有者犯下了严重罪行并导致其丧失了获得许可证续展的资格。在第二步手续中，先前对某一频道享有使用权的许可证持有者将得不到许可证的续展，而其他申请获得该频道使用权的申请者将可得到许可批准。

《电信法案（1996）》也对续展手续做了其他改动。尤其是规定广播电视业者必须提交一份来自公众的，跟广播台、电视台节目中的暴力有关的评论概要。而且它还批准联邦通信委员会就许可证续展进行三方面的评估。在审查每一份续展申请书的过程中，联邦通信委员会被命令必须确保广播台、电视台：1）必须满足"服务于公共利益、便利性和必要性"的条件；2）没有犯下任何严重违规的行为；3）没有犯下一系列可以构成一种"滥用模式"的、情节轻微的违反行为。

广播电视业者必须通过其他一些方式来表明自己遵守了联邦通信委员会

的规定以求获得许可证续展。在违反规定的诸多行为中,导致续展受阻的一种就是,广播电视业者未能充分提供文件来证明,他们遵守了联邦通信委员会的平等就业机会规定(已被废除)以及用于确保广播台、电视台发射塔装置安全的规定。对广播电视业者来说,在安全问题方面,最为重要的一点便是遵守联邦通信委员会在电磁辐射方面的规定。广播电视业者必须证明,在公众可以进入的区域内,他们的发射塔没有产生给人类带来危险的电磁场。

广播台、电视台要怎样才能表明自己遵守了所有的新旧规定以便获得许可证续展呢？确定 1996 年后续展手续的运作方式,人们需要花费几年的工夫,也需要通过法院的一些判决才能确定。现在,申请者所面临的一个事实就是,在申请许可证续展期间,他们依然需要为其行为负责。在广播电视业的发展史上,有关许可证续展受到拒绝的最为著名的个案或许就是雷电华总公司许可证续展受拒案(PKO)。该案不仅说明了《电信法案(1996)》所规定的续展程序的运作方式,而且也表明了其中所存在的不足。

雷电华总公司许可证续展受拒案

可以说,联邦通信委员会剥夺雷电华总公司旗下所有台的决定而引发的案件,乃是联邦通信委员会历史上最为冗长的有关许可证续展受到拒绝的案件之一。该案的诉讼从 20 世纪 70 年代一直持续到 80 年代。雷电华总公司一度是美国国内最大的广播电视业者,拥有各类广播台和电视台,其中包括:分别设置在纽约、波士顿和洛杉矶这些主要市场中的电视台。1980 年,联邦通信委员会收回了雷电华总公司设置在上述三大城市中的电视台许可证,而且明确表示,当雷电华总公司提出它所拥有的其他广播台和电视台的许可证续展申请时,这些许可证也将面临着失去的危险。

之所以会有该案的发生,原因就是,有关人士对雷电华总公司获得许可证续展的权利提出质疑,并通过比较听证会承诺将提供更好的服务。当然,由于雷电华总公司及其母公司 GenCorp(由以前的通用轮胎(General Tire)公司和橡胶(Rubber)公司合并而成)涉嫌犯下各种违法行为,因此,联邦通信委员会开始吊销雷电华总公司所持有的许可证。尽管如此,由于雷电华总公司一案给财政所带来的冲击,其意义依然深远。

雷电华总公司声称,被吊销的这三个电视台的许可证价值至少可达 4 亿美元。与此同时,公司迅速就联邦通信委员会的决议向法院上诉。1981 年,联邦上诉法院维持了联邦通信委员会的决议,即,拒绝对雷电华总公司设置在波士顿的电视台的许可证进行续展(雷电华总公司诉联邦通信委员会案(RKO v. FCC),670 F. 2d 215);最高法院也于 1982 年 4 月做出不受理该案的决定。因此，雷电华总公司极不情愿地关闭了其设置在波士顿的电视台，并将频道移交给新的许可证持有者使用。

然而，法院将有关吊销雷电华总公司设置在洛杉矶（KHJ-TV，现在的KCAL）和纽约（WOR-TV，现在的WWOR）的电视台的许可证的动议退回给联邦通信委员会进一步的审理，理由是联邦通信委员会还没有给出对这两家电视台采取措施的“雷电华总公司不具备资格的法理解释”。在维持联邦通信委员会将雷电华总公司设置在波士顿的电视台的许可证予以吊销这一决议的过程中，上诉法院作了这样的解释：

> 拒绝给拥有重要市场份额的许可证持有者提供许可证续展，这显然是件极其重要的事情，而且会给财政带来影响。在审查联邦通信委员会决议的过程中，我们并非冷血无情；同时，我们从联邦通信委员会的所有专家审核或者是管理的便利性出发，通过全面审视委员会的推论，尽力地考虑了该案中的复杂议题。呈递给本法院的记录无可辩驳地表明，在这场牵涉到子公司与母公司的重大诉讼中，许可证持有者犯了欺瞒行为。

在涉及该案的所有证据中，很明显，对法院来说，最具有说服力就是联邦通信委员会所出据的文件证明。该文件表明，在后期的申请手续中，雷电华总公司提供给联邦通信委员会的、有关自身的信息与它在早期申请手续中提供给委员会的、有关自身的信息互相矛盾。委员会指出，雷电华总公司“严重不够坦白”。

在法院对雷电华总公司诉联邦通信委员会（RKO General v. FCC）一案做出判决后，雷电华总公司设法与国会达成妥协，以此来保住它设置在纽约的电视台的许可证。国会通过了否决联邦通信委员会的决议，并准许给雷电华总公司的 WOR 电视台进行许可证续展的特殊立法，作为获得许可证续展的条件，WOR 电视台必须将其工作室从纽约迁到新泽西州。由于新泽西州接近纽约和费城，在当时，新泽西州在其州界内甚至还没有一个商业化的特高频电视台。多年来，新泽西州的居民（以及他们的立法者）一直要求拥有一个属于他们自己的特高频电视台。国会决定解决这一问题，同时也在一定程度让雷电华总公司免受责难。于是，雷电华总公司通过将工作室迁到哈德逊河的对岸，使得许可证得到续展。但是，就在 WOR 电视台将工作室迁往新泽西州西考克斯后，新泽西州的一些领导依然对特高频电视台的问题感到不满：WOR 电视台可以保留它在纽约的发射点（位于世界贸易中心的顶部），而且它还可以继续保留其在纽约的广告办公室。新泽西州的许多居民认为，尽管 WOR 电视台拥有了新泽西州的通信地址，但从根本来说，它依然是一家从属于纽约的电视台。

雷电华总公司随后以3.87亿美元的价格将WOR电视台出售给一个由MCA有限公司控股的集团。事实上,考虑到雷电华总公司即将失去其设置在纽约的电视台的许可证而且也得不到任何的补偿费,国会已经是给雷电华总公司送了一份厚礼,即,推翻了联邦通信委员会的决议,并准许雷电华总公司只要将WOR电视台的办公室移往哈德逊河的对岸就可使该电视台的许可证获得续展。

与此同时,联邦通信委员会接受了将近160份的竞争性申请书,而这些申请书全都是冲着雷电华总公司的其他13个许可证而来的。委员会宣称,一系列让洛杉矶KHJ电视台也牵涉其中的、有关拒绝续展的诉讼,其结果将决定这些广播台、电视台的最终命运。但是,由于这些错综复杂的诉讼被拖延至20世纪80年代,联邦通信委员会试图解决这些旷日持久的许可争议。1987年,一名联邦通信委员会行政法官裁定雷电华总公司并不适宜持有任何许可证,一年之后,联邦通信委员会投票决定让雷电华总公司出售其余下的广播台、电视台许可证(以取代那种不续展许可证的方式——那种方式无须支付补偿费)。

在出售广播台和电视台许可证的过程中,雷电华总公司也与许多企望获得它所拥有的许可证的竞争性申请者就费用进行协商。多数情况下,雷电华总公司可以获得售价大约三分之二的金额,而那些获得许可证的竞争性申请者则可以获得余下的三分之一。

当联邦通信委员会投票决定了结这桩长达20年、涉及雷电华总公司的案件时,对于让雷电华总公司将所有的广播台、电视台许可证予以出售而不是由委员会出面将这些许可证没收的做法,派金西亚·迪亚兹·丹尼斯委员并不同意。她认为,这会给其他广播电视业者传递一个错误信息(即,一旦一家公司可以将许可证的吊销拖延到足够长的时间,它就可以顺利地摆脱困境,而不管它的记录有多么糟糕)。

或许,雷电华总公司的案件也可以说明播放管制上的主要矛盾。从理论上讲,每一频率都是属于公众所有的:广播电视业者只不过是获得使用一个频率的临时权利,许可证可能随时被取消。但是,从实践上看,许可证是一份价值极高的财产,是一件能够以巨额被出售的物件。因此,在极少情况下,当联邦通信委员会行使《通信法案(1934)》所赋予它的权力并决定公众利益必须得到更好地服务而拒绝给一个许可证进行续展时,对某些人或者是许多人来说,当然包括无辜的出借人和股东在内,这样决定的结果就是一场经济上的灾难。

鉴于这一原因，除了实行拒绝续展的制裁外，联邦通信委员会还使用其他一些制裁措施来惩罚犯下不正当行为的广播电视业者。在这些制裁措施当中，最为可行的一种或许就是短期续展了。委员会可以将续展后的许可证有效期规定为短短一年。当广播电视业者遇到这种情况时，他们就会知道，委员会正在对他们实施审查，而对他们来说，最好就是迅速进行一些改革。

尽管考虑到上述的方方面面，联邦通信委员会还是于 1999 年发出通告，声称拒绝续展仍不失为一种可行的选择。十年来，委员会所进行的第一次拒绝续展事件发生在 1999 年的年中，当时，委员会投票做出决定，拒绝给佛罗里达州迈阿密的电视台——WHTF 电视台提供许可证的续展，该电视台的所有者是"三位一体广播网"（Trinity Broadcasting Network）。

委员会的大多数委员裁定，该宗教网并不具有获得许可证续展的资格。原因是，在 20 世纪 80 年代期间，它误导了委员会，从而使自己得以规避联邦通信委员会的所有权限制。委员会的一位行政法官总结指出，事实上，为了利用政府随后对少数族裔所拥有的公司而实施的高级所有权限制，宗教卫星电视三位一体传播网创立了一家以少数族裔为幌子的公司。这一做法误导了委员会，使其认为宗教卫星电视三位一体传播网正在经营的是一家少数族裔公司。

在此案进行判决之前，委员会已经禁止给宗教卫星电视三位一体传播网的整个网络——12 个高功率电视台和 300 个低功率电视台进行许可证续展。尽管如此，在 1999 年的投票表决中，联邦通信委员会同意了这样的意见，即，在判定三一传播网能否获得其他许可证续展资格的过程中，不考虑它所涉嫌的欺骗行为。

尽管如此，就在设立于迈阿密的电视台的许可证被委员会没收之时，宗教卫星电视三位一体传播网便起诉到联邦上诉法院。2000 年，法院推翻了联邦通信委员会的决议（佛罗里达三一传播公司诉联邦通信委员会案（Trinity Broadcasting of Florida v. FCC），211 F. 3d 618）。法院裁定，三一传播网涉嫌所违反的、有关少数族裔所有权以及管理方面的规定过于含糊，因此，不能将这些规定作为撤销三一传播网许可证的依据。结果，三一传播网被准许继续保留其设置在迈阿密的电视台的许可证，但是，它依然需要支付大约 3100 万美金，以便解决由私有团体所提出的、反对给三一传播网所属的几家电视台的许可证进行续展的挑战。

广播电视内容的管制

除了频率分配与授予许可这两项职能,联邦通信委员会的主要职责就是监督许可证持有者的运营状况。这些监督包括技术问题——频率的稳定性、调频比例、功率等级等等。与公众(包括大部分广播电视业者本身)更为密切的问题就是联邦通信委员会所制定的、用于管制播放内容的规定。

尽管《通信法案(1934)》第346款专门规定,禁止联邦通信委员会“审查”广播电视业者,但是,这些年来,委员会却制定了许许多多用于管制播放内容的规定。此外,除了其他联邦法律,《通信法案(1934)》和《电信法案(1996)》这两部法律都有对播放内容实施管制的规定。

颇具讽刺意味的是,20世纪80年代期间,联邦通信委员会的一个重要目标就是将自己从管制播放内容的工作中解脱出来。任何一个政府机关都没有权力去命令报纸或杂志出版商出版特定数量或特定种类的资料,或者是命令他们为那些意见与其不一致的人士在其报纸或杂志上开设专栏。联邦通信委员会反问道,为什么一旦涉及《宪法第一修正案》所规定的自由,广播电视业者就得成为二等公民呢?一些消费者团体对此问题做出了回应,他们辩称,广播电视业者获得政府准许的垄断权,作为回报,广播电视业者就得提供一些义务性的公众服务。毕竟,在每个社区内,联邦通信委员会确实只是选择一位广播电视业者使用特定的频率,同时,拒绝向其他所有人提供该频率的使用特权。

无论解除管制的利弊是什么,20世纪80年代期间,联邦通信委员会将其制定的、用于管制播放内容的许多规定取消了。之所以采取这样的措施,委员会的依据就是,虽然被取消的这些规定并没有触犯宪法,但它们的存在依然是不适宜的。另一方面,到了20世纪90年代,联邦通信委员会否决了它的前期观点,并制定了一些新的内容管制规定。

因此,本节将围绕管制和解除管制的问题展开讨论。针对播放内容而实行的许多重要管制原则依然是有效的,或者是最近才刚刚增加的。当然,这些重要的管制原则并没有被应用到占传播媒体大多数的其他媒体身上。但是,其他的一些管制原则,包括在所有内容管制原则中最受争议的公正原则,都已经被废除了。

有关政治性广播电视节目的规范

在播放内容的管制方面,最为重要的一点或许就是与政治性广播电视节目有关的规章制度。在这些法规与规定当中，最为关键的规定就是《通信法案（1934）》第315节的规定，人们常常称之为平等时间规则或者是“平等机会条款”。自从《通信法案（1934）》通过后，这一规定便成为《通信法案（1934）》的一个组成部分。除了作为一项国会法案而且联邦通信委员会不能单方面加以修改的第315节，联邦通信委员会还制定了许多规定，而且这些规定清楚阐明了广播电视业者在竞选活动持续期间必须履行的各项义务。1991年，联邦通信委员会对这些规定进行了大幅度地修订。

第315节规定，竞选活动进行期间，广播电视业者必须给符合法定资格而且是竞选同一公共职位的所有候选人提供平等的机会，使所有的候选人都能够使用隶属于本广播电视业者所有的广播台、电视台。第315节的部分规定如下：

> 就任何一个公共职位而言，倘若任何一位许可证持有者都应当做到，准许任何一位符合法定条件而且是竞选该职位的候选人来使用他所拥有的广播台、电视台，那么，他就应当给这一公共职位的其他所有候选人都提供使用该广播台、电视台的平等机会。

涉及平等时间规则的条款有许许多多，其中有一些令广播电视业者深感烦恼。第315节专门规定，对于“真诚的”新闻广播、新闻采访、新闻纪录片可以不受平等时间规则的管制。尤其值得一提的是，它还将新闻报道，如政治会议和候选人之间的辩论，也放置到不受公正原则管制的行列。这就意味着，广播电视业者在它的新闻报道中可以只是提及同一职位的某一位候选人，而无须对该职位的其他所有候选人也一一加以报道。

联邦通信委员会准许新闻和涉及公共事务的节目免受平等时间规则的管制。在此基础上，1984年，委员会将这种豁免进一步扩展到许多谈话节目上，随着这种豁免的推行，在竞选活动持续期间脱口秀主持人就可以在谈话节目中自主地决定政党候选人在节目中所出现的时间，而不用给竞选同一职务的所有候选人都提供平等的使用时间。1991年，当联邦通信委员会对1984年通过的规定进行修改时，就将之扩展为，第315节事实上的适应对象只能是：由某一位候选人所控制、认可或者提供资助对广播台、电视台的使用，诸如政治广告。

第315节并没有要求广播电视业者给政治家们提供免费时间来播放竞选广告。相反，它仅是规定，所有的候选人都必须得到平等的对待。假如某位候选人以某一价格购得一个播放时间段，那么，平等时间规则仅是要求同一职位的其他候选人也应该可以用同样的价格购得播放日内的同一时间段而且是同等的播放时间。倘若其他候选人购买不起播放时间,那么,广播台、电视台也没有义务向他提供免费的播放时间。但是,如果某位候选人获得了广播台、电视台所提供的免费播放时间,则竞争同一职务的其他所有候选人也应该可以获得相等的免费播放时间。

政府并没有要求广播电视业者必须向候选人提供免费播放时间。到了20世纪90年代晚期,这便成了联邦通信委员会和克林顿政府渴望改变的一件事。克林顿总统和他所任命的两位联邦通信委员会主席(里德·亨德特和威廉·肯纳德)经常呼吁广播电视业者在竞选期间给主要政党的候选人提供免费播放时间。电视广播电视业者及业界的其他领军人物对此做出回应。他们指出,为数众多的广播电视新闻节目已经为政治竞选做出了贡献。但是,控制播放时间的主体是广播电视记者,而不是候选人。没有记者对格式加以限制,也不会被记者问及那些可能会令人难堪的问题、随心所欲地使用播放时间,这便是克林顿政府和联邦通信委员会所追求的东西。事实上,他们是在要求广播电视业者给政治候选人提供免费的政治广告时间。

克林顿在1998年的国情咨文中提到了这一问题。而在他提出这一问题后的第二天,联邦通信委员会主席威廉·肯纳德就宣称,委员会将提议制定一项旨在给政治候选人提供免费播放时间的新规定。此言一出,立刻遭到国会中共和党人的强烈批评。面对这种情况,委员会仅仅是发出咨询各方意见的"聆讯通知书",而事实上,在这份"聆讯通知书"中,委员会并没有提及上述提议。

倘若第315节是《通信法案(1934)》唯一一项可以适用的条款,那么,广播台、电视台仅仅是拒绝播放政治广告,就等于是执行了平等时间规则。毕竟,这种做法给竞选同一职位的所有政治候选人都提供了平等的播放时间——各位候选人可以利用到的播放时间都为零。尽管如此,在另外的一些规定中,《通信法案(1934)》还是对广播电视业者提出了附加要求。第312节的a(7)规定,在联邦选举("联邦选举"是指众议院和参议院的选举,也包括总统和副总统的选举)持续期间,如果广播电视业者未能给候选人提供合理的使用,那么,它的许可证就可能被吊销。因此,广播电视业者并不能仅仅是将所有的联邦候选人都拒之门外,就可以规避平等时间规则。它必须将一定的播放时间出售给联邦候选人,使得候选人可以利用这一播放时间来播放政治广告。但是,1991年,这一规则的修订版本却明确指出,广播电视业者并没有义务给州和地方的公共职位候选人提供"合理的使用"——或者根本就无须给他们提供任何使用。第315节的确规定,广播电视业者必须"给人们提供合理的使用机会,以便使人们可以对那些涉及重要公众问题而且是相互冲突的观点进行讨论”。但是,在解释这一规定时,联邦通信委员会指出,这项规定仅仅意味着,各家广播台、电视台必须对这些重要的公众问题予以报道——而无须给任何一个非联邦职位的候选人都提供使用广播台、电视台的机会。尽管如此,假如一家电台确实将播放时间出售给一位非联邦职位的候选人,那么,它就得准许同一职位的其他候选人也可以购买到相等的播放时间。

1980 年总统竞选期间,第 312 节(a)(7)款的合宪性在法庭上受到了检验。1979 年年底,也就是离选举大约还有一年时间的时候,为了宣传卡特蒙戴尔的总统竞选活动,政府有关部门请求每家电视联播网都能出售为时 30 分钟的播放时间。尽管第 312 节(a)(7)款在这方面已经做了相应规定,但是,三大电视联播网均拒绝了政府有关部门的请求。哥伦比亚广播公司仅仅出售了五分钟的黄金时间,而国家广播公司电视联播网和美国广播公司电视联播网则断然拒绝了这一请求。随后,联邦通信委员会裁定指出,根据第 312 节(a)(7)的规定,三家电视联播网都没有履行向联邦候选人提供“合理使用”这一义务。

这几家电视联播网就联邦通信委会的裁定向法庭提起上诉。结果,1991 年,最高法院就这起案件做出了一个重要的判决,该判决维护了联邦通信委员会的裁定。最高法院以 6∶3 的投票结果批准联邦通信委员会可以根据第 312 节(a)(7)的规定,有权要求广播电视业者播放联邦职位候选人的政治宣言。法院维持了联邦通信委员会的裁定,即,竞选活动已经开始,尽管普选的时间与政府有关部门发出请求的时间相隔将近一年。当然,最高法院于 1981 年做出的这一判决终究来得太迟了,对于卡特蒙戴尔的竞选活动来说根本就帮不上什么忙,但是,它却象征着未来候选人的巨大胜利以及广播电视业者的挫败。

由多数法官通过的最高法院判决指出,在这一特殊的背景下,《宪法第一修正案》赋予候选人和公众的权利要胜过《宪法第一修正案》赋予广播电视业者的权利。首席大法官沃伦·伯格在他为法院所撰写的判决书中指出,联邦通信委员会没必要(或无须)尊重联邦职位竞选者所提出的、有关播放时间的所有请求。但是,他指出,联邦通信委员会根据其所享有的法定权利,在 1979 年年底要求广播电视业者播放卡特蒙戴尔政治宣言的行动是适当的。事实上,伯格指出,联邦通信委员会根据第 312 节(a)(7)的规定已经给广播电视业者提出了一个具体的指导方针,使其在确定候选人何时具有使用广播、电视频段的权利时有章可循。伯格声称,在此案中,联邦通信委员会裁定三大电视联播网违背上述指导方针的举措是有道理的。

由于平等时间规则仅是要求广播电视业者平等对待同一职位的所有候选人,因此,在非联邦职位的初选中,广播台、电视台可以仅是将广告出售给民主党和共和党所提名的候选人,而不将广告出售给那些寻求获得少数党提名的候选人。事实上,初选期间,来自少数党的候选人并没有与民主党和共和党候选人展开竞争。尽管如此,普选期间,同一职位的所有候选人都应当能够以同一价格购买到同等的播放时间。1970 年,在凯诉联邦通信委员会((Kay v. FCC)(443 F. 2d 638))案中,联邦上诉法院对第 315 节做出了上述解释。但是,务必记住的是,在联邦选举中,如果候选人能够付得起费用,那么,他们当中的所有人就应当可以"合理使用"播放时间。而且,无论某位候选人是联邦选举的候选人、州选举的候选人,还是地方选举的候选人,一旦广播电视业者将播放时间出售给这位候选人,那么,与这位候选人共同竞选同一职位的其他所有候选人都应当得到平等的对待。

根据这些规定,如果候选人竞选的是州或地方所设置的、最为显要的职位,那么,广播电视业者就会同意播放有关他的广告;而如果候选人竞选的是州或地方所设置的、不甚重要的职位,那么,广播电视业者就会拒绝播放有关他的广告。对广播电视业者而言,这已是司空见惯的事情。

政治活动者与最低单位费用

然而,对广播电视业者和候选人双方而言,有关政治广播的另外一项规定已经蜕变成一种令人感到可怕的要求:第 315(b)有关最低单位费用的规定。这一条款规定广播电视业者向政治候选人所收取的费用应该是最低的。费用的数额应当等同于初选 45 天内或普选 60 天内那些得到它最多价格优惠的商业广告客户所支付的费用。请注意:这一条款适应于所有层次的候选人,而不仅仅是联邦候选人。

最低单位费用规则意味着候选人所须支付的价格应该与该广播台、电视台的最大广告客户所支付的价格是一样的,尽管对于只有一次交易或者短期的广告客户而言,这种折扣价格非同寻常。在初选 45 天或者普选 60 天之前的时期内,候选人可能就得支付与其他广告客户"同等的"价格。这就意味着,若候选人在当时没有购买足够的广告使得自己拥有获取折扣价格的资格,那么,他就不能享受到折扣价格的优惠。

1991 年,在这一规定的修订版本中,联邦通信委员会竭尽全力对最低单位费用规则加以阐明。最近几年来,广播电视的广告销售情况比以前复杂多了。在提供总额折扣的同时,大多数广播台、电视台对抢占式播放时间(也就是说,若一个人准备在某一时间段上投放广告,但随后还有其他人也希望在此播放时间上播放广告，那么，先前这个人所投放的广告或许就不能在这一播放时间内播放了。因此，为了继续在该播放时间内播放他的广告，这个人就得支付更多的费用。）收取的费用也比较低廉的。另一方面，如果用户购买的是非抢占式的固定播放时间，那么，就可以保证让广播台、电视台在特定的时间内播放他的广告——但是，这种在固定时间内播放的广告往往是价格不菲。许多广播台、电视台发现，通过使用这种机制，自己在广告方面的收入可以达到最大化。

1990 年，联邦通信委员会实施了一场针对广播台、电视台的政治广告销售业务而展开的账目审核。在这一过程中，委员会了解到，事实上，许多政治活动者所支付的费用要高于商业广告客户。之所以会出现这种情况，原因在于，政治活动者被迫得去购买非抢占式的固定播放时间，而不是购买抢占式播放时间。这就使得第 315(b)条有关最低单位费用的规定流于形式。事实上，联邦通信委员会发现，通常情况下，并没有人会告知政治活动者他们能够以更为低廉的价格购买到抢占式播放时间。

为了纠正这些问题，1991 年，联邦通信委员会在修订后的规则中规定，广播电视业者必须将可供人们使用的播放时间的各种价格和种类告知候选人，同时，准许候选人以最低的价格购买到广播电视业者向任何人提供的播放时间。倘若一位候选人的广告被抢占了（即，该广告不能在其指定的播放时间内播放，而将这一播放时间提供给愿意支付更高价格的广告客户），那么，一旦广播台、电视台在以往的年份里已经给任何一位商业广告客户提供过“时效性”的弥补，它就必须在选举开始前给这一位广告受抢占的候选人提供“弥补”（即，广播台、电视台选择在另外一个播放时间内，播放该位候选人的广告）。此外，联邦通信委员会下令要求广播电视业者在确立客户优先权以使其广告免受抢占的过程中，对候选人与给予优惠最多的商业广告客户应一视同仁。

在最近召开的全国广播业者协会的大会研讨会上，一位电信方面的律师发言指出，“除去那些错综复杂的规定，最低单位费用规则确实极其简单”。

由于最低单位费用规则的复杂性，从而引发广播电视业者和候选人在政治广告价格上的诸多争议与诉讼。许多候选人向州法院提出对广播电视业者的控告，指控广播电视业者违背最低单位费用规则向他们收取价格过高的广告费用。这些诉讼的最终结果往往要比任何人（甚至包括律师在内）想象的复杂得多。

面对这些指控广播电视业者对政治广告要价过高的诉讼，作为回应，联邦通信委员会发表一项声明指出，有关最低单位费用的争议，委员会自身享有唯一的管制权。委员会宣称,法院对此没有任何管制权。随后,美国第十一巡回上诉法院将联邦通信委员会的裁决视为一种“机构意见”,而且这种“机构意见”不能阻止法院审理有关最低单位费用的诉讼(米勒诉联邦通信委员会案(MILLER v. FCC),66 F. 3d 1140,1995),并将其驳回。但是,几个月之后,美国第九巡回上诉法院却宣称,第十一巡回上诉法院的做法是错误的:联邦通信委员会的声明是有效的,同时剥夺了法院对这些案件的审决权(威尔逊诉培乐集团公司案(Wilson v. A. H Belo Corp.),87 F. 3d 393)。法院之间相互争辩,与此同时,那些认为自己被索价过高的政治候选人肯定会向联邦通信委员会提出申诉,而在国内的一些地方,法院或许也会审理他们的案子。

由于最低单位费用规则仅适用于候选人的广告而不适用于投票提案,因此,一些拒绝给所有竞选州和地方的小职位的候选人提供广告的广播电视业者非常愿意接受来自州和地方的投票提案广告——但是,它们对这类广告所收取的费用却高于候选人为自身的广告而支付的费用。

2002 年,国会通过了一部经过长期争论的《跨党派竞选改革法案》(Bipartisan Campaign Reform Act,BCRA),期望可以消除对“软钱”(由富有的个人、公司或协会提供给政党用于反对特定候选人的巨额而且不受管制的捐款)的滥用。该法的其中一条规定就是,禁止任何人使用软钱去资助那些带有浓烈的党派色彩以及专门针对特定候选人的“议题性广告”。此后,联邦选举委员会(The Federal Election Commission)正式的法令中却减轻了《跨党派竞选改革法案》对软钱使用的限制。

2003 年年中的时候,三位联邦地区法院的法官联席组裁定,对广播电视业者产生影响的《跨党派竞选改革法案》的一些规定是违反宪法的。最高法院快速批准了该案的判决(麦康利诉联邦选举委员会案(McConnell v. FEC),2003 U. S. Dist. Lexis 7459; cert. granted 2003 U. S. Lexis 4578)。

政治辩论与其他问题

与平等时间规则相关的另外一个棘手的问题也已成为候选人的争论点。多年来,人们将平等时间规则解释为,要求那些播放主要候选人之间的辩论的广播电视业者,同时也必须为所有次要候选人提供平等的播放时间来播放他们之间的辩论。但是,有较大影响力的联播网则宣称,它们永远都不会提供播放时间来做这种事。1960 年,当肯尼迪与尼克松进行总统选举的第一场全国电视辩论时,国会通过了一部置第 315 节于不顾的临时性法律,从而使次要候选人无法获取到平等的播放时间。

在随后的几场总统选举中,由于国会选择不放置第 315 节,因此,总统选举并没有进行全国性的电视辩论。例如,1964 年,民意调查显示,林登·约翰逊(Lyndon Johnson)的支持率远远领先于来自共和党的挑战者巴里·戈德华特(Barry Goldwater)。约翰逊的竞选策略顾问认为,如果与巴里·戈德华特进行全国性的电视辩论,约翰逊将一无所获,而且会一败涂地。因此,国会中的大多数民主党人拒绝搁置第 315 节。由于各种各样的原因,1968 年和 1972 年的总统选举,也没有举行全国性的电视辩论。

尽管如此,1975 年,联邦通信委员会对第 315 节重新加以解释并宣称,不是由广播台、电视台所发起的辩论将被视为一种"真诚"的新闻事件,因此可以免受第 315 节的管制(参见 In re Aspen Institute and CBS,55F. C. C. 2d 697)。在 1976 年的总统选举中,这一被人们称为"阿斯本原则"的新解释迅即遭到次要候选人奇泽姆(Chisholm)的反对,但是,联邦上诉法院却维持了这一原则(奇泽姆诉联邦通信委员会案(Chisholm v. FCC),538 F. 2d 349, 1976)。

因此,1976 年和 1980 年,由妇女投票者联盟出面组织了总统选举的全国性辩论,并由联播网以"真诚的"新闻事件进行了忠实地报道。辩论是由广播电视业者或联播公司发起的吗?如果答案是肯定的,那么,这种辩论必须有(或者是,广播电视业者或联播公司必须给总统候选人提供平等的播放时间)大约 30 位不甚出名的总统候选人参与其中。

联邦通信委员会在 1983 年的裁决中指出,广播电视业者可以直接发起有关选举的辩论,而无须让第三方,如妇女投票者联盟来发起这种辩论。与此同时,联邦通信委员会停止使用对新闻节目中的辩论或辩论片断加以限制的规定。针对联邦通信委员会所做出的、有关选举辩论规定的新解释,妇女投票联盟向联邦上诉法院提出了质疑,但最终还是失败了(妇女投票者联盟诉联邦通信委员会案(League of Women Voters v. FCC),731F. 2d 995, 1984)。

尽管如此,不管候选人的辩论究竟是由广播电视业者来组织,还是由外界组织来组织,当组织者只是邀请某一位候选人参与到这种辩论时,伦理问题就出现了。鉴于电视在人们中的广泛影响,有关人士声称,尽管有关平等时间规则的规定并没有要求在一个职位的竞选辩论中必须让该职位的所有候选人都参与到辩论中,但如果组织者没有让所有的候选人都参与其中,那么,他的行为就违背了平等时间规则的精神。在州和地方的选举中,有关某一职位的竞选辩论可能不会特别激烈,因为在这种选举中,参与该职位竞选的候选人可能也就三四位而已(与此相比,在总统选举中,候选人可能会有 30 位左右。通常情况下,这些人都具有参与总统选举的法定资格)。

在 1998 年的判决中,最高法院就平等时间规则进行了裁决(阿肯色州教育电视委员会诉《财富》案(Arkansas Educational Television Commission v. Forbes)(523 U. S 666))。备受人们争议的一个问题就是,由诸如州这样的政府机构所许可经营的公共电视台,它们是否必须被强制履行《宪法第一修正案》所规定的义务而准许同一职位的所有候选人,哪怕是那些根本就没有实际获胜机会的候选人都参与到这种选举辩论当中呢?

最高法院以6:3的投票结果而通过的判决指出,即便是政府所属的电视台,也没有义务被强制准许同一职位的所有候选人都参与到选举辩论中。这一由多数法官通过的判决还指出,由政府运营的广播台、电视台就跟私人运营的广播台、电视台一样拥有新闻判断力,并以此判断力来确定哪些候选人具有足够的资格可以参与到广播台、电视台发起的选举辩论中。

肯尼迪法官在他所起草的法院判决书中宣称,迫使公共广播电视业者准许同一职位的所有候选人都参与到选举辩论中,这"将只会导致更少的言论,而不会促进更多的言论"。因为在总统选举中,如果每一次辩论都有20位或30位不同的候选人参加,那么,这样的辩论根本就无法进行。

然而,肯尼迪进一步补充说,在根据自身的判断标准来确定哪些候选人可以参与到选举辩论这一过程中,政府所控制的广播台、电视台有义务保持一种"中立的立场"。例如,永远不能因为一位杰出的候选人反对堕胎或者反对"平等权利运动"就拒绝让他参与到辩论中去。

法官斯蒂文森、苏特尔和金斯伯格并不同意肯尼迪法官的观点,他们声称,政府机构将一些候选人排除在选举辩论之外,却允许另一些人参与其中,这不就暗示着,宪法所关注的乃是最高层人士的意见看法。由于阿肯色州涉案的这五个州有电视台并没有制定明晰而客观的标准来确定哪些候选人可以参与到选举辩论中,这使得对此做法持反对意见的有关人士深感棘手。

对广播电视业者而言,这一案件的判决显得特别重要。原因是,在全国350个公共电视台中,有三分之二许可证是由州政府颁授的。

在政治性广播电视节目中,依然有一些其他的伦理和法律问题存在。例如,新闻事件可以不受平等时间规则的管制。如果某一职位的现任者参与该职位下一轮的选举,那么,这一事实就使得这位现任者可以获得大量的媒体报道,而该职位的其他候选者却没有任何类似的机会。在参议员肯尼迪就卡特被提名为1980年的总统候选人而提出质疑时,他就请求联邦通信委员会让广播公司可以给予他平等的时间,好让他对卡特在某一次全国电视新闻会议上的讲话做出回应。联邦通信委员会拒绝了肯尼迪的请求,而且,联邦上诉法院也维持了联邦通信委员会就此所做出的裁决。(肯尼迪竞选总统委员会诉联邦通信委员会案(Kennedy for President Committee v. FCC),636 F. 2d 432,

1980)

多年来,放映那些后来成为政治家(如罗纳德·里根)的演员所参演的老电影往往会给广播电视业者带来一个严重的问题:有关平等时间规则的问题,若一个电视台所播放的电影有一位候选人(哪怕该候选人只是饰演一个与政治无关的戏剧角色)参演,那么,这家电视台就得为同一职位的其他所有候选人都提供平等的时间。针对平等时间规则而做出的这一解释一度受到联邦上诉法院的维持(鲍尔森诉联邦通信委员会案(In re Paulsen v. FCC),491 F.2d 887,1974)。尽管如此,1991 年,联邦通信委员会对平等时间规则加以修订。修订后的版本终使广播电视业者摆脱了这一窘境。在新规则中,委员会声称,第 315 节的适应对象只能是:由某一位候选人所控制、认可或者提供资助对广播台、电视台的使用。现在,广播台、电视台已经可以自由自在地播放那些由演员向政治家转型的候选人所参演的老电影了,而再也无须给这位候选人的竞争对手提供平等的播放时间。

第 315 条不允许广播电视业者审查政治性广播电视节目。如果一位候选人通过广播台、电视台来诽谤他人,那么,广播电视业者对此是无能为力的。然而,最高法院已经做出豁免决定,即,广播电视业者无须为这种诽谤性的评论承担任何责任。(参见:农民教育与合作联盟会诉 WDAY 案,第四章已对此进行了讨论)

对广播电视业者来说,禁止对政治性广播电视节目实施审查的命令也引致了其他的窘境。例如,倘若一位候选人的用语令广播电视业者反感,那么,广播电视业者该如何处置这种情况呢?有时候,候选人会一再坚持在政治宣言中使用一些粗俗的或带有攻击性的用语。通常情况下,电视台是不会播放这种用语的,以免激怒联邦通信委员会。1984 年,在一项声明中,联邦通信委员会宣称,尽管第 315 节规定,禁止对政治性广播电视节目实施审查,但是,广播电视业者依然可以阻止候选人使用那些通常被禁止在广播电视中传播的用语。

尽管如此,有些时候,广播电视业者也得准许候选人使用那些会令一些(或许多)电视观众感到不快的资料。例如,最近几年,许多反对堕胎的候选人会在他们的政治广告中使用到堕婴的照片。遵照联邦通信委员会的建议,许多电视台拒绝在黄金时段播放这些政治广告,即便是电视台已经在黄金时段为那些与投放这种广告的候选人持对立意见的候选人播放了政治广告。1996 年,一个联邦上诉法院认为,利用非黄金时段来播放反堕胎的竞选广告这种"渠道"违背平等时间规则。法院指出,政治候选人享有使用广播台、电视台的特殊权利,哪怕他们的政治广告会令人感到不快。(贝克诉联邦通信

委员会案(Becker v. FCC), 95 F.3d 75)

正当广播电视业者试图适用平等时间规则时,许多其他的问题出现了。当出镜员工参与公共职位的竞选时,该如何处理呢?假定一位有四个小时的节目播放时间的电台 DJ 参与了市政委员会的职位竞选,而且假定他/她在竞选期间还照常上班,那么,与他/她竞选同一职位的其他所有候选人,是否就应该得到四个小时的播放时间呢?

一直以来,联邦通信委员会对此问题的答案都是肯定的:广播台、电视台可以选择两种做法,一是在竞选进行期间,取消这名参与竞选的职员的出镜资格;二是为同一职位的其他所有候选人都免费地提供平等的播放时间。在1987 年布兰奇诉联邦通信委员会案((Branch v. FCC)(824 F.2d 37))中,美国上诉法院维持了委员会有关平等时间规则的上述解释。1988 年,最高法院拒绝重新审理这一案件。

作为涉案的一方,布兰奇是加州萨克拉曼多 KOVR 电视台的一名记者,他准备参与附近一座小城的市政委员会选举。他被告知,如果他参与了该职位的竞选,那么选举期间他就必须无薪离职。布兰奇向联邦通信委员会提出申诉,随之又上诉到法院,但都未能如愿。法院认为,平等时间规则正如其字面所言,即便参与竞选的候选人同时也是播放者时,亦照样适用。

公正原则

联邦通信委员会或许从来没有制定过一项像公正原则这样如此受争议的原则。该项原则于 1949 年制定,在 1987 年被废止了。

公正原则要求商业广播电视业者在公共事务节目的安排上必须保持合理的平衡:当商业广播电视业者对争论议题的一方加以报道时,他们必须力求播放与这一方的观点相对立的观点,以此来平衡正反双方的讲演,哪怕是广播电视业者必须为那些持对立观点的代表提供免费的播放时间。国会中的一些议员、一些公共利益团体和其他方面的许多人士依然认为,公正原则是一件受人们赞许的事情。他们希望,在将来的某一天,这一原则可以被恢复使用。另一方面,大多数广播电视业者(特别是广播电视记者)都激烈反对这一原则,理由是,该原则亵渎了《宪法第一修正案》赋予他们的权利,因为它允许政府官员对它们的新闻判断标准做出事后批评。

1987 年,联邦通信委员会将公正原则废除了,这或许是委员会有史以来最受争议的一项决议:国会中的大多数民主党人投票决定,驳回联邦通信委员会的决议,并把公正原则纳入到只有里根总统才能予以否决的成文法当中。1989 年,国会再一次酝酿通过立法来恢复公正原则,而且,布什总统也明确表示,他将否决任何诸如此类的立法。1992 年,当克林顿在总统选举中胜出并使得民主党人得以控制白宫以及国会的上下议院时,国会再次提出制定恢复公正原则的法规。由于种种原因,在 1992 年到 1994 年这一段时间内,国会从未通过有关公正原则的立法。当共和党人于 1994 年得以控制国会上下议院时,由国会制定法规来恢复公正原则的可能性已经是微乎其微了。

为何民主党人往往钟爱公正原则而共和党人却反对它呢?长期以来,坚持保守原则的共和党人比民主党和自由派利益集团有更多的资金来购买播放时间。民主党人支持公正原则而共和党人则反对公正原则,这种说法或许并非过于简单。因为公正原则可能使广播电视业者给予那些自由派利益集团候选人的免费播放时间多于他们提供给那些保守派候选人的免费播放时间(因为保守派候选人更有可能拥有足够的金钱来购买播放时间)。

公正原则始终是一项模糊而又笼统的政策。实施这一原则的结果就是委员会针对广播电视业者而采取的纪律行动少之又少,而且几乎没有一家广播台、电视台的许可证续展会受到拒绝。与这种结果格格不入的一个最为突出的例子跟一家保守的宗教广播台与关。当该广播台的所有者为了获得联邦通信委员会的许可以便购买该广播台时,他就向委员会许诺,平等对待所有的宗教信仰。可随后,当这家广播台在执行公正原则这一政策时,却仅仅是报道了一方的观点。联邦上诉法院维持了联邦通信委员会的裁决,即,拒绝给这家广播台的许可证进行续展(Brandywine-Main Line 电台诉联邦通信委员会案(Brandywine-Main Line Radio v. FCC),473 F. 2d 16,1972)。

然而,对于人们所提出的、有关广播电视业者违背公正原则的大多数投诉,联邦通信委员会甚至都没有向广播电视业者传阅。每年,委员会都会收到成千上万有关公正原则的投诉,而委员会着手进行调查的投诉仅仅只是众多投诉中的少数;至于让委员会采取抵制广播电视业者的正式行动,那更是不可能的了。

平等时间规则要求广播电视业者给竞争同一职位的所有候选人出售平等的播放时间。与此不同的是,公正原则从不要求广播电视业者给同一职位的所有候选人提供平等的使用时间,哪怕这种使用只有一分一秒。相反,它仅仅宣称,广播电视业者在其节目制作的过程中,必须迟早播放与受争议问题相关的各种不同观点,以确保一种总体上的平衡。广播电视业者可以选择在今天对某一问题的某一观点进行报道,而在下一周的某一天对这一问题的其他观点予以报道。

公正原则并没有受到广播电视业者的青睐。许多广播电视业者认为,公正原则不仅剥夺了《宪法第一修正案》赋予他们的权利,更是抑制了而非鼓励了他们对受争议的那些问题的报道。一些消费者和媒体监督组织则从公众的角度出发，认为公正原则是确保广播电视业者服务于公众利益，而不仅仅是服务于自身商业利益的唯一希望。

那么，联邦通信委员会为何要在公正原则制定38年后将其废除呢？

在投票决定是否将公正原则废除的过程中，联邦通信委员会的各位委员均针对新闻自由做了言辞激昂的讲演。但是，在他们的讲演中，有关废除公正原则的基本意见却只有三点。这三点分别是：

第一，公正原则给予政府官员对广播电视记者的新闻判断力进行事后批评的权力，这可能会导致违反《宪法第一修正案》的危险行为。没有一家政府机构拥有与此相同的、可以使它对印刷媒体的社论判断力实施监管的职权。

第二，事实上，公正原则阻止而不是鼓励了全面的新闻报道：由于担心给各个持反对意见的团体提供免费的播放时间，许多广播电视业者都避免对那些受争议的新闻予以报道；或者至少是淡化对这类新闻的报道以免得罪任何人。这种趋势乃是一个显证。它证明了公正原则给《宪法第一修正案》赋予广播电视业者的权利造成"冰冻效应"（根据一个由公正原则得出的、被人们称为"卡尔曼原则"的推论，如果对某一观点持反对意见的全部人都支付不起播放时间，那么，广播电视业者就必须为所有这些持反对意见的人士提供免费的播放时间）。

最后，一些委员辩称，由于公众可以通过使用有线和其他新兴技术获取大量新的节目源，因此，长期被政府用来作为对广播电视节目内容实施管制的依据的"稀有理论"已经不再适用了。

时任联邦通信委员会主席的帕特里克（Patrick）在解释委员会于1987年做出的、废除公正原则这一决定时指出：

> 今天，我们所采取的行动，应当成为我们举杯相庆的原由。因为，通过这样的行动，我们将《宪法第一修正案》带入了20世纪；因为我们相信，这一举措对公众利益大有裨益。从建国伊始，我们就一直在尝试拓展电子传播的版图，企望它可与《宪法第一修正案》所保证的印刷媒体并驾齐驱。……《宪法第一修正案》并没有保证新闻平等，而只是保证新闻自由。……有关这一行动的记录将会使人自然而然地得出这样的结论，即，公正原则"冰冻"了言论自由，它并不能完全适合实现政府的任何实质利益，因此，它违背了《宪法第一修正案》和公众的利益。

联邦通信委员会于1987年所采取的行动简直是虎头蛇尾：委员会于1984年到1985年期间对公正原则开展了大量的调查，并由此获得一份含有大量实例的文档资料。该文档资料所包含的实例表明,公正原则对于广播电视业者的言论自由产生了“冰冻”作用,而且抑制而非鼓励广播电视业者对重要问题予以报道。但是,联邦通信委员会当时却不具有法定权力来废除公正原则。几乎与其他所有人的观点一样,委员会的律师也认为,1959年,国会的一项法案已将公正原则纳入到法典之中。

然而,一年之后,华盛顿特区的美国上诉法院针对电讯研究行动中心诉联邦通信委员会((Telecommunications Research Action Center v. FCC)(801 F. 2d 501))一案而做出的判决可谓是给了《通信法案(1934)》迎头一击。大法官波克(Bork)(后来,他被提名担任最高法院的法官)在他为法院撰写的判决书中宣称,一直以来,公正原则都只是联邦通信委员会的一项规章制度而已;而决不是由国会所制定的法典。因此,联邦通信委员会可以自由地废除它。

公正原则被废除后,几个对此持反对意见的团体立马决定提起上诉,以质疑联邦通信委员会是否拥有权力来废除公正原则。由此引发的案件便是锡拉库斯和平委员会诉联邦通信委员会((Syracuse City Syracuse Peace Council v. FCC)(867 F. 2d 654))案。导致该案的原因乃是纽约锡拉库斯市(Syracuse)的WTVH-TV电视台播放了几个倡导修建核电厂的商业广告。由于该电视台拒绝给反对建造核电厂的和平理事会提供播放时间,因此,联邦通信委员会便裁决电视台违背了公正原则。

电视台就联邦通信委员会的裁决向联邦法院提起诉讼,联邦法院则将案件退回给委员会,并具体着令委员会斟酌公正原则对《宪法第一修正案》所造成的影响。联邦通信委员会便遵照此指示行事,最后决定将公正原则予以废除。此后,由反对废除公正原则的团体在背后支持的锡拉库斯市和平理事会就委员会的废除决议向法院提起诉讼,声称委员会没有权力废除公正原则。许多在背后支持委员会废除这一原则的团体也纷纷介入此案。

1989年,上诉法院裁决指出,联邦通信委员会拥有废除公正原则的权力。尽管如此,上诉法院却避免涉及一个重要问题:公正原则究竟有没有违背《宪法第一修正案》。1990年,最高法院拒绝重新审理锡拉库斯案,自此,由委员会废除公正原则这一决议而引发的诉讼也随之结束。但是,国会是否可能在将来某一天通过立法恢复这一原则,这只能是一个未知数了。

1993年年底,联邦上诉法院就阿肯色州AFL-CIO诉联邦通信委员会((Arkansas AFL-CIO v. FCC)(11 F. 3d 1430))一案做出判决。这是有关公正原则的另外一起重要判决。在这一案件中,美国第八巡回上诉法院进行了全席审判(跟惯常由三位法官组成的法官团进行判决不同,即全院审判由该法院的全体法官进行审判),再次确认联邦通信委员会具有废除公正原则的权力。该法院重申了其他法院在这方面所做出的结论,即,公正原则并不是由国会制定的法典。导致该案的原因就是,工会和其他协会向联邦通信委员会提出请求,希望委员会可以宣告:由于未能对1990年的公民投票选举的各方进行全面而公正的报道,因此,阿肯色州小石头城的卡尔电视台(KARK-TV)必须为此承担罪责。联邦通信委员会则宣称,电视台并没有义务对投票各方进行报道。理由是,公正原则业已被废除。法院维持了联邦通信委员会的判定,法院的裁决再一次到此就打住了。因为它并没有裁决指出,一旦恢复公正原则就会违背《宪法第一修正案》。

倘若国会准备通过公正原则的立法,那么,这必将引发出一种用来判定公正原则是否合乎宪法的新法庭标准。而且,新标准必将公正地阐述《宪法第一修正案》的真正含意。公正原则究竟是否会被恢复使用,结果尚未可知。但是,与此有关的争论依然没有消失。1996年,美国第九巡回上诉法院驳回了另外一起针对联邦通信委员会废除公正原则的决议而提起的诉讼。(加州健康联盟会诉联邦通信委员会案(Coalition for a Healthy California v. FCC),87 F 3d 383)

就在联邦通信委员会废除公正原则后,媒体组织联盟不久便要求联邦通信委员会做出澄清,即,与公正原则相关的其他原则是否也该废除。令许多广播电视业者大为震惊的是,联邦通信委员会最终宣布,反人身攻击原则依然有效,广播电视业者必须继续通报遭受人身攻击的受害人(而且,在一些情况下,广播电视业者必须为受害人提供免费的播放时间以便进行回击)。此外,联邦通信委员会还重申了它所制定的政治社论原则。该原则要求支持某些候选人的广播电视业者必须提供免费的播放时间,以让持对立意见的人士对广播电视业者所支持的候选人的意见进行答辩。

在一起诉讼中,美国广播电视新闻编导协会(RTNDA)就反人身攻击原则和政治社论原则的合宪性提出质疑。但是,直到2000年,这起诉讼依然悬而未决,此时距公正原则被废除已有13年之久,离广播电视新闻编导协会第一次就这些原则的合宪性向法院提出质疑也有20年之遥了。1998年,在投票决定是否废除这两条规则的过程中,联邦通信委员会陷入了2:2的对立僵局。但是,主席肯纳德却没有参与此次投票,原因是,20世纪80年代初期,身为美国全国广播工作者协会的一名律师,他所从事的工作与此问题密切相关。考虑到联邦通信委员会在投票方面难分胜负,联邦上诉法院要求投票反对废除这两条原则的委员就他们的投票做出可供法院在裁决广播电视新闻编导协会针对这两条原则所提出的、拖延已久的诉讼时予以斟酌的解释。一段时间后,法院最终还是要求联邦通信委员会废除这两条规则;或者是,提供理由证明这两条原则的继续生效是合理的。一年的时间过去了,联邦通信委员会依然没有对此做出任何正式回应。尽管在2000选举期间,它确实暂停使用这两条原则长达60天。

上诉法院裁决指出,联邦通信委员会这种做法并不能令人满意。2000年底,法院推翻了反人身攻击原则和政治社论原则。法院宣称,这两条原则"干涉了职业记者的编辑判断力,而且,它们使得政府插手到媒体的日常运作当中"。在美国广播电视新闻主持人协会(美国广播电视新闻主管联合会诉联邦通信委员会(Radio-Television News Directors' Association v. FCC))一案的判决中,法院发布了一份措辞强硬的判决书,命令联邦通信委员会将这两条原则予以永远废除。法院之所以会做这样的判决,理由是,委员会并未能提供理由证明,这两条原则的继续生效是合理的。

广播电视记者对法院的这一判决是称赞有加,并认为这是他们在争取《宪法第一修正案》权利上的一个重要胜利。从这些原则制定伊始,他们就指出,这些原则迫使他们未能对某些问题进行报道。因此这些原则对言论自由产生了"冰冻"作用。

联邦通信委员会主席肯纳德声称,他对法院的判决感到失望,并指出,联邦通信委员会将对广播电视业者在争论问题的处理方面实施监控以研究"如何才能够最好地保证公众获得平衡的新闻报道"。肯纳德说,联邦通信委员会或许会召开新一轮的会议,以便制定与公正原则相类似的原则。这也是法院准许联邦通信委员会可以采取的一些行动,当然,采取这些行动的前提是,联邦通信委员会必须能够证明,这些与公正原则类似的原则的存在是合理的。

然而,2001年年初,肯纳德却辞职了。遵照惯例,新主席就职典礼随之举行。肯纳德的继任者鲍威尔迅即做出声明指出,他认为,被废除的这两条原则以及联邦通信委员会有关广播电视节目内容管制的许多其他原则均与《宪法第一修正案》背道而驰。

当然,废除公正原则或者是取消与此相关的一些规定,这种决议一点也不会影响到《通信法案(1934)》所规定的平等时间规则(第315节)。从该法制定之日开始,直到今天,第315节一直要求广播电视业者给某一特定公共职位的所有候选人都提供购买播放时间的平等机会。

最高法院与公正原则

在围绕公正原则的合宪性而展开的争论中,争论双方都小心翼翼地审查了最高法院在此之前为数不多的相关判决。1969年,在红狮广播公司诉联邦通信委员会(Red Lion Broadcasting v. FCC)(395 U. S. 367)一案中,最高法院对公正原则予以维持。该案发生于1964年总统选举期间,当时,一位供职于广播台、名字为哈吉斯(Billy James Hargis)的福音传道者对库克(Fred Cook)(在他的一部著作中,库克对共和党候选人戈德华特进行批评)进行抨击。抨击通过宾夕法尼亚州的红狮广播台(Red Lion Broadcasting)向公众播放。库克要求广播台遵照反人身攻击原则给自己提供播放时间,以便回复哈吉斯的抨击。

红狮广播台对库克的请求做了答复,实际上告知库克向广播台购买一个用于播放广告的时间。库克向联邦通信委员会提出上诉,而委员会则下令要求红狮广播台给库克提供播放时间,以便让库克回复他所受到的抨击。红狮广播台也提出上诉。它控诉联邦通信委员会侵犯了《宪法第一修正案》赋予广播电视业者的权利,迫使自己得向诸如库克这样的一些人士提供播放时间。

最高法院同意了红狮广播台的观点,即,该案涉及有关《宪法第一修正案》的问题。尽管如此,法院宣称,《宪法第一修正案》赋予普遍民众的权利要优先于它赋予广播电视业者的权利。红狮广播台被命令给库克提供播放时间,以回复库克个人所受到的人身攻击。

与此恰恰相反的是,几年以后,最高法院宣称,无论如何,印刷媒体都没有义务给那些与他们意见相左的人士提供版面空间。在迈阿密赫勒尔德诉托尼罗案(Miami Herald v. Tornillo)(418 U. S 241,1974)这一起具有里程碑意义的案件中,最高法院推翻佛罗里达州的一部法律。该法律规定,如果有关人士通过报纸对某位政治候选人进行人身攻击,那么,这家报纸就得为该位受到人身攻击的政治候选人提供版面空间,以便让他进行还击。法院宣称,印刷媒体享有《宪法第一修正案》赋予的权利,他们可以做出两种选择:要么仅仅是发表争论问题的某一方的观点;要么就是允许相关人士利用印刷媒体本身提供的版面空间对他人进行抨击,而印刷媒体本身又无须给受抨击者提供回复的版面空间。因此,遵照《宪法第一修正案》的规定,公正原则或者是反人身攻击原则并不适应于印刷媒体。

许多广播电视业者认为,评论自由上的这种不平等使他们成为《宪法第一修正案》实施之下的二等公民。1984年,当最高法院间接表示出它在红狮广播台一案的判决中所采用的政策存在一定的偏向时,持有上述看法的广播电视业者更是深受鼓舞。

1984年,在联邦通信委员会诉加州妇女投票者联盟((FCC v. League of Women Voters of California)(468 U. S 364))一案中,最高法院声称,非商业性质的公共广播台、电视台享有《宪法第一修正案》赋予的权利。同时也间接表示出，是时候对公正原则的合宪性重新进行审议了。

该案是对国会制定的、有关广播电视业者发表评论的禁令的一个质疑。接着，法院宣布这一禁令违背了《宪法第一修正案》。这也是有史以来最高法院依据《宪法第一修正案》第一次推翻一项用于管制播放内容的联邦规则。法院的目的似乎就是在引发人们对包括公正原则在内的、许多其他用于管制广播电视节目内容的规则的有效性进行审查。

一些人士认为，由于公共广播电视业者接受了政府的财政资助，所以这些公共广播电视业者不应该刊登可以表达自身观点的评论。法院驳回了这种意见。国会已经下令，禁止那些接受政府资助的广播台、电视台发表评论。国会的这种举措乃是基于这样的理论，即，一旦这些接受政府资助的广播台、电视台发表评论，那么，他们就会觉得自己有义务来支持政府的政策。事实上，国会担心这些广播台、电视台完全沦为政府的宣传工具。

法院并不同意国会的这种看法。它宣称，人们可以通过许多方式使得公共广播电视业者与那些会对它的编辑政策产生影响的政治压力相隔离，而不应该只是简单地禁止他们就议题发表看法。

尽管最高法院以5:4的投票结果勉强通过这一判决，但是，由于多数人意见是如此的彻底，从而使人们对所有用于管制广播电视节目内容的规则的永久有效性产生怀疑。布伦南法官在他为法院撰写的多数人意见书中加入了一项脚注。该脚注指出，法院可能已在准备重新审查稀有理论（联邦通信委员会正是利用这一理论来证明用于管制广播电视节目内容的规则是合理的）。布伦南写道：

> 最近几年来，基于频谱的稀有性、用于管制广播电视节目的主要理论已越来越受到人们批评。包括联邦通信委员会现任主席在内的批评者公开指责说，随着电缆和卫星电视技术的出现，现在，公众已经可以使用各种各样的广播台、电视台。因此，稀有原则已经过时。尽管如此，我们并没有准备重新审议我们长期以来所使用的方法。除非国会和联邦通信委员会发出这样的一些信号，即技术发展已经是如此的先进，以致我们必须对广播电视节目的管理制度进行修订。

几年以后，当然，也就是在联邦通信委员会将公正原则废除之时，这种信号便出现了。最高法院将很有可能不得不重新面对这样的一些问题，例如，国会或者联邦通信委员会是否必须重新启用公正原则。

公正原则与广告

在有关公正原则的争议史上，值得我们关注的还有另外一种情况：公正原则被应用到一些商业广告时所出现的情形。曾经有一段时期，反对某一广告的人士所拥有的播放权利是有限的。在投放与他们所反对的广告相互对立的广告方面，他们的权利也受到了限制。有时候，为了播放与某一广告相互对立的广告，广播电视业者甚至得自己承担费用。

1967年，联邦通信委员会下令指出，遵照公正原则，播放香烟广告（后来被合法化）的广播电视业者必须给反对吸烟的团体提供免费的回应时间。在班茨哈夫诉联邦通信委员会案（Banzhaf v. FCC, 405 F. 2d 1082, D. C Cir. 1968）案中，一家联邦上诉法院维持了委员会的这一指令。尽管法院宣称，该案的判决仅是针对香烟广告，而且也没有必要将公正原则运用其他广告身上。然而，此案的结果却是，要求获得播放时间以回应受争议广告的其他请求如洪水般涌现。

1971年1月1日，国会颁布了禁止广播电视业者播放香烟广告的禁令。至此，一个时代结束了。在逝去的这个时代中，为了抗议香烟广告，美国癌症协会（American Cancer Society）、美国肺部协会（American Lung Association）以及其他力劝人们戒烟的人士纷纷行动起来，投放了各种绚丽多彩的、反对吸烟的广告。依据班茨哈夫案的判决，广播电视业者每播放三分钟的香烟商业广告就得提供一分钟的时间来播放反对吸烟的广告。结果，在这一时代中，这些反对吸烟的组织获得了价值上百万美元的免费播放时间。

不久，负责对班茨哈夫案进行判决的同一家法院裁决指出，尽管某一类汽车所配备的大型发动机必须使用高辛烷汽油来发动，但是，有关这类汽车的电视广告，公正原则依然可以适用。联邦通信委员会被命令做出这样的决定，即，虽然环境保护者反对使用耗油量巨大的汽车，但他们是否就拥有获得免费播放时间的权利呢；或者是，其他节目是否就足以驳斥汽车广告所传递的信息？（地球之友诉联邦通信委员会案（Friends of the Earth v. FCC），449 F. 2d 1164，D. C Cir. 1971）

1974年，联邦通信委员会发布了对公正原则重新做出解释的新原则，从而使自身从还击广告的窘境中脱离出来。新原则指出，自此以后，公正原则将不再应用到产品的商业广告上。1975年，法院在美国公共利益研究组织诉联邦通信委员会（（Public Interest Research Group v. FCC），522 F. 2d 1060）一案的判决中维持了委员会的这一新解释。但是，在此之前，最高法院已经宣布了另外一起跟商业广告有关的重要判决。该判决指出，《宪法第一修正案》并没有创建出一种权利，使得人们可以利用这一权利要求广播电视业者给受争议问题提供广告。1973年，法院就美国哥伦比亚广播公司诉民主党全国委员会((CBS v. Democratic National Committee) (412 U. S. 94,1973))一案所做出的上述判决起因于民主党全国委员会(Democratic National Committee)所提出的上诉。民主党委员会一度信誓旦旦地说，它可以通过购买广播电视业者的播放时间来获取资金，而且它还可以通过这种方式来表明民主党人在争论性问题上的观点。

最高法院以7∶2的投票结果毫不含糊地指出，假如广播电视业者愿意的话，他可以拒绝播放评论广告，并指出，无论是《宪法第一修正案》，还是公正原则，都没有给予任何特定的个人或者团体使用广播电视媒体的权利(除非是为了回应人身攻击)。例如，根据公正原则，一位广播电视业者或许应该找出这样的一个人，让他来发表跟电台在评论中所支持的观点相互对立的意见，但是，广播电视业者拥有权利来确定，由何人来发表这一意见。

就现在来说，由于公正原则业已不复存在，大多数情况下广播电视业者已经完全没有义务去播放相互对立的观点。遵照《宪法第一修正案》的规定，广播电视业者几乎拥有《宪法第一修正案》下全部的编辑权。美国哥伦比亚广播公司诉民主党全国委员会一案的判决，正是人们向这样一种现代观点迈进的重要一步。

公正原则已不复存在。大多数情况下，诸如报纸和杂志出版商这样的传播者拥有权利决定那些观点可以刊载，而那些观点不可以刊载。但是，在一定程度上，平等时间规则仍然对《宪法第一修正案》赋予广播电视业者的自由产生限制。它依然强迫广播电视业者将播放时间出售给广播电视业者所反对的政治候选人。然而，根据最高法院就迈阿密赫勒尔德诉托尼罗一案所做出的判决，报纸或杂志出版商并不需要履行这样的义务。

继公正原则之后的公正规则

1998年，在塞拉芬诉联邦通信委员会(Serafyn v. FCC)一案的判决中，美国华盛顿特区上诉法院指出，即便公正原则已经不存在，但是，通常情况下，广播电视业者对政府负有责任，仍须公平地对待新闻和公共事务节目。对于哥伦比亚广播公司电视网以及联邦通信委员会来说，双方都是深深地体会到这一点。

遵照《通信法案(1934)》第309节的规定，只有符合“服务于公共利益、便利性和必要性”这一条件，广播电视业者才能够获得由联邦通信委员会颁发的许可证。此外，该节还授权所有公民可以提出请愿书来否决许可证的施用，当然反对者必须证明这违背了公共利益。诚如前文所述,通常情况下,那些请求者都会称该台的节目非常糟糕,因此授予许可证给它不符合公共利益的需要。

塞拉芬案作为一个例子表明,即便没有公正原则,断言媒体播放的内容不公正,这依然是一项可作为质疑许可证的有效理由。

该案缘起于一个在《60 分钟》(*60 Minutes*)节目中出现的、有关乌克兰(前苏联加盟国)的片段。该片段取名为"自由的丑陋嘴脸"。哥伦比亚广播公司新闻杂志宣称,大多数乌克兰人都有"反犹太人的情结",而且,大部分人都是"没有受过良好教育并且是极为迷信的农民"。为了说明这一点,哥伦比亚广播公司采访了支持这一观点的人士,而拒绝采访那些不同意这一观点的、已经准备接受采访的人士。哥伦比亚广播公司还引述了乌克兰犹太教一名主教的言论,这名主教认为哥伦比亚广播公司的这种引用乃是断章取义,并将乌克兰语中的词语"Jew"(犹太人)翻译为"Kike"(犹太佬)。此外,在阐述乌克兰的历史方面,这一片段也存在着的一些事实性错误;该片段同时展示了乌克兰童子军行军游行的画面,配上已经录制好的、由行进中的靴子所发出的声音——这种声音却让人们联想到纳粹德国。

哥伦比亚广播网和转播其节目的台面临着美籍乌克兰人接踵而来的抗议。但是,他们却没有对此做出任何回应。哥伦比亚广播公司的直属台在它的公开文件中一点也没有提及抗议书,即便联邦通信委员会所制定的原则要求广播电视业者必须在公开文件中提及抗议书的内容。

塞拉芬和其他美籍乌克兰人向联邦通信委员会提出了正式申诉,声称哥伦比亚广播公司扭曲新闻事实,同时要求联邦通信委员会拒绝让哥伦比亚广播公司购买密歇根州底特律的一家电视台。但是,委员会并没有召开以事件本身的是非曲直为依据的听证会便驳回了他们的申诉。

随后,塞拉芬向联邦上诉法院就联邦通信委员会的裁决提起上诉。法院判决指出,联邦通信委员会驳回美籍乌克兰人的申诉的决定欠妥。与此同时,法院下令要求联邦通信委员会重新审议该申诉。涉案的被告哥伦比亚广播公司对此表示反对,并指出,由政府出面对新闻节目的公正性进行审查,此举必将违背《宪法第一修正案》的规定。尽管如此,法院依然命令联邦通信委员会重新审议这一申诉。

金斯伯格法官在他为法院所撰写的判决书中指出,"联邦通信委员会在其裁决中,既没有运用正确的原则,也没有给出一个合理的解释"。

尽管法院的判决仅仅是要求联邦通信委员会重新审议该案。但是,该判决却作为一个例子说明,在后公正原则时期,广播电视的新闻内容依然是政府监督的对象。

禁止广播电视中的不当内容

尽管20世纪80年代和90年代期间,联邦通信委员会采取多种方式解除对广播电视的管制,但它还是采取了一些重要措施,增订一些新的内容管制规则;并且加大力度推行现有规则。到了2000年,联邦通信委员会所增订的内容管制规则数量已极其庞大,以致对许多广播台、电视台而言,放松管制的那个时期正逐渐成为脑海中遥远的回忆。

由联邦通信委员会发起的、抵制广播电视中的不当内容的行动就是与此相关最受争议的例子之一。根据联邦法律,广播电视业者不得播放淫秽的、亵渎的和不当的节目。联邦通信委员会更是将这一法律阐述为,广播电视节目中不得出现不当的话题、用语以及图片,即便从法律的角度看,受到委员会质疑的一些节目并不具有法律意义上的淫秽,因而也不应该被禁止在广播电视媒体(包括有线电视。在成人节目的管制方面,用于管制有线电视系统的规则与用于管制广播电视媒体的规则并不相同。后文将对此展开讨论)中播放。

尽管联邦通信委员会所制定的、针对广播电视中的不当内容的禁令已经生效几十年,然而,多年来,它却很少被实施过。但是,1987年,联邦通信委员会却对播放不当言语和内容的行为采取了严厉制裁,并对违背相关规定的广播电视业者处以巨额罚款。这一举措导致了一系列的法院判决,同时也引发了广播电视业者、市民团体、国会和联邦通信委员会之间的一场大型争论。

在委员会实施的诸多制裁行动中,最具有新闻价值的或许就是针对那些播放了霍华德·斯特恩(Howard Stern)主持的辛迪加广播脱口秀的广播台实施的制裁。那些播放了这一备受争议的节目的广播台被委员会处以大约200万美金的罚款。仅隶属于无限广播公司(Infinity Broadcasting)的广播台,就被处以170万美金的罚款。

与此同时,美国华盛顿特区上诉法院作出了四起判决,这些判决都与联邦通信委员会所制定的不当内容管制规则有关。最后,法院发表了一份全席判决书(即由该法院的全体法官共同做出的判决,与通常由三位法官组成的法官组来做出判决不同)。该判决书指出,联邦通信委员会可以依据国会命令,要求广播台、电视台除了在晚上10点到次日6点这一几乎没有儿童收看、收听节目的、有"安全港湾"之称的时间段,不得在其他时间段内播放不雅节目(儿童电视行动协会诉联邦通信委员会案(Action for Children's Television v.

FCC),58 F.3d 654,1995)。以 7:4 的投票结果得以通过的判决书指出,在保护儿童使其远离含有不当内容的电视广播节目方面,政府所维护的利益具有强制性;而且,这种利益足以证明,禁止广播台、电视台在白天这一有许多儿童收看、收听电视广播节目的时段内播放不雅节目的举措是正当的。

几周之后,美国华盛顿特区上诉法院维持了联邦通信委员会针对那些播放了不雅节目的广播电视业者而做出的罚款制裁,其中的一些制裁却使得联邦通信委员会花了七年时间才执行完毕(儿童电视行动协会诉联邦通信委员会案,59F.3d 1249)。

早在围绕广播电视中的不雅内容而展开的争论开始之前,美国最高法院就已宣布,广播台、电视台不得在白天播放不雅节目,即使这些节目并非法律意义上的淫秽、可以合法地在其他媒体上传播。1978 年,在联邦通信委员会诉太平洋基金会案((FCC v. Pacifica Foundation)(438 U.S.726))这起著名的案件中,法院以 5:4 的投票结果维持了联邦通信委员会对太平洋基金所实施的轻度制裁。太平洋基金是一个基金会,运营着一些非商业性质的广播台,如纽约市的 WBAI 电台。WBAI 播放了一个有关当代语言观的节目,其中一段是由喜剧演员卡林(Carlin)表演的、名为"不洁之语"的 12 分钟独白。在这段独白中,卡林提到了"一个人不可以在诸如广播台这样的一些公众场合中使用"的"七种原始用语";同时,他还嘲笑社会对"狗屁、呸、操、王八蛋、卑鄙小人、混帐和乳头"这些用语的避忌。该节目于下午两点播出,而在播出前,电台还附加了一个警告,指出该节目的一些内容可能会令一些人感到不快。

一名男子在使用车载广播收听节目时不经意听到了这段独白,在他身旁的儿子也听到了同样的内容,于是,该名男子便向联邦通信委员会提出控告,联邦通信委员会在该电台的许可证续展文件中附加了一份警告通知。联邦通信委员会没有发现语言有淫秽之处,但认为这些言辞"明显具有冒犯性"和不当,因此,这些用语并不适合在广播节目中出现。联邦通信委员会宣称,更多这类事件可能导致许可证无法得到续展。

太平洋基金会向法院提出上诉。最高法院裁决指出,尽管该独白中的用语并非法定的淫秽用语,但是,这些用语也不适合在广播节目中出现,至少在白天的节目中不应该出现这样的用语。法院宣称,这些用语是不当的,哪怕在其他环境下这些用语可能受到宪法的保护。

为了对判决做出解释,法院对"妨害法"作了一个类比,并引用了先前的一个判决定义妨害为"对的事发生在它不该发生的地方,就好像一头猪本该进入猪圈,但却走进了客厅一样"。法院随后总结说,"我们只是支持当联邦通信委员会发现有一头猪进了客厅时,联邦通信委员会行使管制权力不需要证明这头猪是淫秽的”。

尽管联邦通信委员会一开始没有将最高法院的判决视为是可以加强不雅内容的管制的授权，但是，1987 年，情况却发生了变化。直到那时，大多数广播电视媒体才完全准确地领会联邦通信委员会对太平洋基金会一案的判决，避免在节目中出现卡林在独白中所提到的“七大脏话”，确保万无一失。广播电视行业也认为，对于成人节目来说，晚上 10 点以后的时段就是它的“安全港湾”。因为晚上 10 点过后，几乎没有儿童还在收看、收听电视广播节目。

但是，1987 年，联邦通信委员会却在几乎没有发出任何警告的情况下，顷刻之间就改变了它的执法政策，尽管这些针对不雅内容的管制规则本身并没有发生变动。由于播放的节目被联邦通信委员会断言为不雅节目，三家广播台、电视台受到了委员会的制裁。随后，在接下来的几年里，委员会又制裁了许多其他的广播台、电视台。

尽管联邦通信委员会 1987 年所采取的行动备受争议，但是，就在联邦通信委员会遵照国会的指令正式通过一项对广播电视的不雅内容实施严格管制的全天候禁令时，这种争议愈加激烈了。诚如前文所述，不久，该禁令便被美国上诉法院推翻了，尽管随后出现的、仅是针对白天出现的不当广播电视节目进行管制的禁令得到了维持。

1987 年，联邦通信委员会在宣告对那些播放不雅节目的广播电视业者实施制裁时指出，它的执法范围将不再局限于有“七大脏话”出现的情况。恰恰相反，委员会指出，它希望可以找到一项更为一般化（而用许多播放媒体的话来说，“更为一般”即为含糊）的标准，以便断定哪些节目是不雅节目以及哪些节目不是不雅节目。

1987 年，在大张旗鼓地对霍华德·斯特恩采取制裁的过程中，联邦通信委员会开始向播放霍华德·斯特恩主持的节目的两家广播台发出警告。就在霍华德·斯特恩非但没有停止他在节目中不时出现的伤风败俗言论，而且还将更多的广播台吸纳到他的阵线中时，联邦通信委员会开始对播放他主持的节目的广播台实施巨额罚款。1992 年，由于其在纽约、费城和华盛顿特区所拥有的电台播放了霍华德·斯特恩的节目，无限广播公司受到了联邦通信委会的制裁，并被克以广播史上最高的罚款：60 万美金。罚款额继续一路上涨，直到播放霍华德·斯特恩节目的广播台一共被罚了大约 200 万美金，上涨的情况才有所停止。使得联邦通信委员会的制裁行动备受争议的原因或许就是，虽然霍华德·斯特恩节目令到许多听众深感不快，但是，他还是拥有数目众多的支持者，而且他的节目常常是大洋两岸各城市中收听率最高的一个广播节目。

尽管如此,霍华德·斯特恩在业内所受到的恶意批评却是要比他所受到的支持来得多,联邦通信委员会对播放霍华德·斯特恩节目的电台所实施的制裁行动(以及联邦通信委员会针对那些播放不雅节目的广播电视业者而采取的一系列其他制裁行动)令多家广播电视业者身陷困境。这不仅引发出与《宪法第一修正案》有关的一些基本问题,更是使到广播电视业者无法确定规则的确切含义究竟是什么。多年来,联邦通信委员会所使用的、有关不雅的一般定义,仅仅就是最高法院在太平洋基金会一案中所使用的定义:

> (不雅是)描述或描绘性的、排泄活动或器官的言语或信息,依据当代社会对广播媒体所采用的准则,这种言语和信息具有明显的冒犯性。

就在联邦通信委员会宣布了它对不雅的新立场后,失去许可证的忧虑使得许多广播电视业者给他们的员工发布了新指令,开始对广播电视的内容实施严厉管制。业界要求联邦通信委员会对不雅给出更具体的定义,并制定更具体的指导方针。20 世纪 90 年代初,联邦通信委员会宣称,它正在计划发布有关这方面的文件,但由于种种原因在这一时期内并没有发表。这种情况使许多广播电视业者深为忧虑,他们担心,他们的员工一不小心就很有可能会触犯罚款金额巨大的不雅内容管制规则。

2001 年鲍威尔出任联邦通信委员会主席后不久,他便做出决策,重新启动联邦通信委员会制订的、受到长期拖延的许多计划。到了 2001 年 4 月,联邦通信委员会就已完成对不雅内容管制规则加以明朗化的工作,并将人们期待已久的、有关不雅内容管制规则的政策声明公诸于世。在这一政策声明中,联邦通信委员会通过清楚详尽的(以及用图表表示的)细目清楚地列出哪些信息是受禁止的哪些是不受禁止的。

联邦通信委员会保留了它多年来一直沿用的基本原则:不得在广播电视中播放被法律禁止的淫秽节目;在白天,也就是有许多儿童在收看、收听电视广播节目时(早上 6 点到晚上 10 点),广播台、电视台不得播放带有不雅内容的节目。联邦通信委员会还保留了它的夜间“安全港湾”政策,该政策允许广播电视业者在晚上 10 点到次日凌晨 6 点这一时间段内播放带有不雅内容但非淫秽的节目。

然而,颇具讽刺意味的是,这一举措却再次突显出,在美国无线传播的广播电视节目享有罕见的法律地位。该政策声明包含了许多在白天的电视广播节目中被严格禁止使用的用语。任何人都可以随时随地通过任何一台没有安装内容过滤软件的电脑去联邦通信委员会的网站上下载并阅读这些用语。(参见:www.fcc.gov/eb/Orders /2001/fcc01090.html)

随着联邦通信委员会将有关不当内容管制规则的政策声明予以公布，广播电视业者普遍消除了忧虑。尽管如此，许多广播电视业者还是指出，他们依然缺乏一项充分具体的规则来指导他们的日常决策。一些广播电视业者更是担忧接下来又会有什么情况出现。2001年年中的时候，由于触犯不当内容管制规则，一个科罗拉多州普韦布洛市的KKMG（调频）电台被联邦通信委员会处以7000美金的罚款。该电台所犯下的违法行为，就是播放了经过净化了的、由艾米纳姆（Eminem）所演唱的一首歌曲“The Real Slim Shady”。在艾米纳姆获得格莱美奖的专辑“The Marshall Mathers LP”中，这首歌曲是最为出色的一首。除了KKMG（调频）电台已经播放过这首歌，还有上百个电台也播放过这首歌曲。尽管联邦通信委员会的这一处罚令广播电视业者感到震惊，但是，委员会接下来的所作所为则更令广播电视业者瞠目结舌：几个月后，联邦通信委员会取消了该罚款，并撤销了制裁KKMG（调频）电台的案子。

联邦通信委员会的这一举措再次令广播电视业者不知所措。KKMG（调频）电台之所以会被罚款，难道就仅仅因为，有人向联邦通信委员会提出了正式的投诉？为何联邦通信委员会后来还要撤销原先的裁决呢？倘若其他电台受到投诉，情况又会怎样呢？

2003年，联邦通信委员会不但对另一家触犯不雅内容管制规则的无限广播公司电台——位于底特律的WKRK电台（WKRK-FM）进行罚款，而且还向无限广播公司、美国第二大电台集团发出警告，如果它继续违反不雅内容管制规则，委员会将采取行动，撤销其许可证。面对这种情况，广播电视业者更为担心与不雅内容管制规则有关的问题。几乎与此同时，联邦通信委员会主席鲍威尔在面向全国广播工作者协会的一次演讲中声称，对于那些屡次违背不雅内容管制规则的广播台、电视台，联邦通信委员会将撤销它们的许可证。一些给广播电视媒体提供法律服务的律师指出，总的来说，在联邦通信委会历年所发出的、撤销许可证的威胁中，上述声明是最为明确的一次。

显然，广播电视业者不能忽视因播放被联邦通信委员会断言为不雅的节目所带来的危险。如果一位电台DJ（或者甚至是谈话节目中的嘉宾）突然说出不适当的话，而且假如有人就此向联邦通信委员会提出了符合规定的书面投诉，那么，这位广播电视业者就很有可能被罚款，或者会被处以更为严厉的制裁。

导致针对广播电视节目中不雅用语的执法行动不常发生的一个原因，或许就是联邦通信委员会要求提交完整的文件。通常来说，投诉者需要提交有关冒犯性用语的磁带或者是配备有书面副本的图像以及与冒犯用语出现时间有关的具体信息。倘若节目中出现的不雅用语纯属因播放人员一时之兴才出现,因为通常情况下,下流用语似乎都是在这种情况下发生,那么,对任何一位公民积极分子来说,他们又怎能将这种带有冒犯性的话语或者图像录制下来呢?除非他一刻不停地开着他的磁带录音机。尽管如此,2002 年,联邦通信委员会的一名官员承认说,有时候,联邦通信委员会甚至没有根据磁带和副本,而只是根据“叙述充分”的投诉就可采取执法行动。

假如联邦通信委员会必须对投诉进行审查,那么,广播电视业者就有可能得面临联邦通信委员会长时间的审查。联邦通信委员会通过发布一个表达意见责任通知,便可向那些犯下任何一种违反规则行为的广播电视业者发出罚款通告。它可以在该令人不快的节目播出后的三年内发出这种罚款通告。广播电视业者也有 30 天的回复时间。紧接着,联邦通信委员会或许会维持原先所做出的罚款数额不变的措施或者也会减少罚款数额,又或者会取消罚款。究竟采取何种措施,这都取决于广播电视业者对其受投诉的违反规则行为所做出的解释。有些情况下,联邦通信委员会可能会拖延好几年,之后才做出应该采取何种措施的决定。

如果罚款不可避免,那么,广播电视业者要么就得交上全部罚款,要么就得面临美国司法部办公厅为收取罚款而提起的民事诉讼。只有在这种诉讼被提出后(这种诉讼可以在该冒犯性节目播出后五年内提出),广播电视业者才可以参与法院就该罚款的合理性而举行的全面听证会。与此同时,如果广播电视业者依然没有遵循联邦通信委员会就有关广播电视节目中不雅用语的规则做出的解释,即便这些解释的合宪性从来没有受过任何一家法院的审查,联邦通信委员会也会通过处以更为严厉的罚款,继续给广播电视业者构成威胁。更为严重的情况是,联邦通通信委员会可能会吊销广播电视业者的许可证或者是拒绝批准广播电视业者购并更多的台——广播电视业者没有任何机会向任何一家法院就罚款的合宪性提起上诉。对多数广播电视业者而言,支付罚款和进行自我审查远比对制裁查究来得更为经济与安全。

儿童节目的管制

除了制定规则以便管制政治性广播电视节目和不雅节目外,联邦通信委员会还在不同时期内对广播电视的其他许多内容实施管制。

针对儿童节目和儿童广告而实施的管制便是一个重要例子。经过一场围绕儿童电视节目而展开的、长达二十多年的争论后,1996 年,在联邦通信委员会正式制定的相关规则中,委员会要求,所有的商业电视台每周至少得提供三个小时而定期的节目,以满足儿童的教育需求和信息需求。

根据 1996 年所制定的这些规则,每家电台都得在早上 7 点到晚上 10 点的这段时间内,播放一个时长至少为30分钟的特定节目。儿童节目不应该被其他节目所取代,即便是新闻或体育事件,所占用的播放时间也不能超过10%。这就给西海岸的台带来了一个问题。原因就是,通常情况下,处于太平洋时区的西部台是在周六早上推出它的儿童节目板块,可当节目还没有结束时,东海岸举行的重要体育赛事已经开始了。

同样地,广播台、电视台必须对儿童教育节目加以清晰界定。它们还必须向人们通报节目的收听或收看指南,以指明每个节目适合的年龄段。此外,每个台都得配备一名员工专门负责儿童教育节目的联系事宜。而且,每个台都得向联邦通信委员会提交季度报告,以阐述它们是如何切实地执行有关儿童节目的规定。

在实施这些规则的过程中,与这些规则相随相伴的是一场长期的争论。支持推行这些规则的团体辩称,所有电视台都有义务给儿童提供教育节目。对此,联播网和主要的台集团回应指出,对儿童来说,他们已经提供的许多节目和社区服务都具有教育价值。相关人士也指出,尽管自夸节目制作质量上乘,但是,PBS(美国公共广播公司)所播放的教育节目,其收视率却非常之低。或许节目的质量有待提高,但是,假如观众有得选择的话,他们肯定会使用手中的遥控器去收看其他类型的节目(到了1999年,尼尔森收视率进一步印证了这一看法。该收视率表明,无线传递信号的联播网所播放的儿童节目仅仅吸引了一小部分儿童观众,其中,福克斯(FOX)电视联播网所拥有的儿童观众数占了这一小部分的一半左右)。

出于其他的原因,面对新制定的强制性儿童节目规定所带来的影响,商务出版和《宪法第一修正案》的拥护者忧心忡忡。他们特别提到,管制节目内容的政府机关命令商业广播电视业者提供政府所认为的、儿童必须收看的一类儿童节目,随后,政府机关要求播放这类节目的广播电视业者宣传这类节目,以便建议听众或观众来收听或收看对他们有益的节目,而不是按听众或观众可能的喜好来为他们编排节目。

到了2003年,联播网对强制性儿童节目的关注程度达到了历史最高点。就在几家有线频道提供全天候的儿童节目时,四大无线联播网眼睁睁地看着自身播放的儿童节目在收视率上不断下滑。其中的两家电视联播网——福克斯和国家广播公司更是将一直用来播放儿童节目的周六早晨这一时间段出售给外界。福克斯与4 Kids(美国专门经营儿童娱乐及相关商品授权的媒体公司)达成交易。4 Kids是一家专门从事玩具经营许可的公司,并已从"口袋妖怪"(Pokemon)的经营中获得了超过1亿美元的销售收入。根据双方达成的协议,4 Kids可以利用福克斯提供的周六早晨这一时间段来宣传它的新玩具和游戏。福克斯同意使用另外一种方式来播放联邦通信委员会规定的教育节目,要求4 Kids在周六早晨这一为时四个小时的播放单元中抽出30分钟的时间来播放该类节目。批评者指责说,实际上,这一播放单元的剩余时间所播出的节目都是玩具广告。国家广播公司则将周六早上播放时段出售给探索频道(Discovery Network),相对于福克斯与4 Kids之间的交易所引致的批评,此举并没有受到太多的批评。

1996年委员会制定用于管制儿童节目的规定决非其管制儿童节目的开端。1974年,委员会就已发表一项政策声明,号召广播电视业者停止某些业务,如利用儿童节目来给产品做广告。此外,委员会还极力主张,广播电视业者应主动提高儿童节目的质量。同时,在整个20世纪70年代,联邦通信委员会一直在考虑是否应该对广播电视业者强制实施更为严格的儿童节目规定。然而在1983年,联邦通信委员会改变了自身的看法,投票决定废弃1974年的政策声明,取消了有关儿童电视节目的任何正式规定。在1983年制定的政策中,委员会指出,广播电视业者必须为儿童提供节目,但是,委员会却拒绝为广播电视业者所须提供的儿童节目的其数量制定任何具体的规定。相反,广播电视业者被赋予了充分的决断力来确定自身应该提供何种类型的儿童节目。

然而到了20世纪80年代晚期,儿童电视节目已受到多方批评,其中一些批评者来自国会。他们认为,许多儿童节目似乎只是一种稍作掩饰并与儿童节目结合到一块的市场化玩具广告而已。1988年,国会通过一项立法,对儿童节目中所出现的广告数量实施限制,同时要求广播电视业者提供高品质的儿童节目,以此作为获得许可证续展的一项条件。尽管该法案受到前总统里根的否决,但是,1990年,它却再次获得通过。同时,布什总统批准该法案无须经过他的签署便可具有法律效力。

遵照这部被人们称为《儿童电视法案》(Children's Television Act)(1990)的法律,在周日播出的儿童节目中,广告在节目中出现的时间限制在12分钟/小时;而在周六播出的儿童节目中,广告在节目中的出现时间限制在10.5分钟/小时。这项规定仅适应于目标观众为12岁及其以下的儿童节目。有关广告的规定已经得到了强有力地实施。联邦通信委员会就广播电视业者遵守该法的情况实施了许多审查,那些播放过多广告的广播台、电视台通常会被罚款。在1999年的一次行动中,联邦通信委员会对伊利诺斯两家联营的电视台,即斯普林菲尔德(Springfield)的WRSP-TV电视台和厄本那(Urbana)的WCCU(电视台),处以11万美元的罚款——在1994年至1996年期间,这两家电视台违反有关广告时间限制的规定达304次之多。另外的一家电台,即密西西比州杰克逊市的WDBD电视台,也因为在1993年到1998年期间触犯广告时间限制规定 158 次而被处以 11 万美元的罚款。

此外,1990 年的这一法律还要求广播电视业者在申请许可证续展时提供证明,表明自己为满足 16 周岁及 16 周岁以下的儿童的"教育和信息需求"而专门制作了节目。有关广告时间限制的规定也适用于有线电视,包括有线频道的节目以及本地制作的节目。

《儿童电视法案》还规定,设立国家儿童电视基金以便给儿童教育节目提供资助。除此之外,国会还命令联邦通信委员会提交基于玩具的节目存在的问题的报告,以便判断这种节目是否成为不适当的"节目时长的广告",因为这种节目太过明目张胆地促销那些依据节目角色制成的玩具——十后之后,这样的关注再次被提起。

作为对国会指令的回复,联邦通信委员会于 1991 年采取了行动,正式通过与玩具节目有关的新规则。该规则禁止在节目中(或者是在该节目播出前后的一分钟内)播放依据该节目角色制成的玩具的广告。同时,该规则也禁止儿童节目的主持人在节目预告中做广告,因为儿童无法将广告从节目非商业性质的片段中区分开来。广告应当从节目非商业性质的片段中独立出来。但是,联邦通信委员会却拒绝对那些基于玩具的儿童节目实施完全禁止,它的这一决定受到了提倡播放高品质儿童节目的团体的广泛批评。

1995 年,面对这些批评,联邦通信委员会做出回应,发布了一份关于儿童教育节目规章制定的提议,该提议促使委员会于一年之后采纳了一项有关三小时儿童教育节目的强制性规定。

暴力节目的管制

在 20 世纪 90 年代期间,另外一场与政府对广播电视的管制有关、牵涉到电视和儿童的、最为激烈的争论就是:围绕所谓的童锁以及需要实现新的电视节目分级体系而展开的争论。

《电信法案(1996)》要求所有电视机制造商在除了最小型电视机外的所有电视机中安置童锁。此外,《电信法案(1996)》还要求电视业界制定一种"自律的"等级体系,使得那些所属等级允许其含有大量暴力和色情内容的节目能够被父母们过滤掉。如果某一节目属于不适合儿童收看的等级,广播台、电视台就得以加密的信号来传输它,以防止配有童锁的电视机接收到这类节目。若要收看到这类节目,则需由父母(或者任何一位电视机的管理者)输入正确的密码方可接收到。1998 年,联邦通信委员会正式通过一项新规则,要求电视机制造商从 2000 年 1 月起,在除了显示屏小于 13 英寸的电视机以外的所有电视机内配置童锁系统。

下令要求电视机制造商在电视机内配置童锁系统，是国会和联邦通信委员会面对公众就美国居高不下的青少年暴力犯罪率和怀孕率发出的大声疾呼做出的回应。国会显然同意父母和许多人士的观点，即，上述情况的产生，跟含有暴力和色情内容的电视节目有一定的关系。1996 年通过的这部法律给电视业界一年的时间来制定“自律的”等级体系，否则联邦通信委员会将召集顾问委员会来制定分级体系。

《电信法案(1996)》成为法律后不久，电视业界便成立了一支自己的特别工作组来制定电视节目分级体系，并借鉴了美国电影协会在制定电影分级体系方面的经验。长期担任美国电影协会主席的瓦伦蒂(Valenti)是一位电影分级体系方面的研究专家，在制定电视节目分级体系的过程中，他功勋卓著。

由电视业界委员会制定的电视节目分级体系于 1996 年年底得以公诸于众，它在极大程度上借鉴了电影等级体系。它建立了六个不同的等级：TVY(适合幼儿收看的节目)、TVY7(适应 7 周岁以上的儿童收看的节目)、TVG(老少皆宜的节目)、TVPG(一些父母认为不适合幼儿收看的节目)、TV14(含有一些被父母认为不适合 14 周岁以下儿童收看的节目)以及 TVMA(不适合 17 周岁以下的人士收看的节目)。

令多数人大为惊讶的是，最初的电视节目分级体系并没有提供许多电视节目批评团体最想要的作用：通过字母表示的等级清楚地将暴力或色情节目标示出来。

由国会和克林顿政府的核心成员在背后提供支持并对电视业界持批评意见的人士要求对该等级体系进行修改。1997 年年中的时候，电视业界同意对电视节目等级体系进行修改，将标示暴力节目的字母 V、标示性内容节目的字母 S、标示挑逗性对话节目的 D、标示冒犯性节目的字母 L 以及标示幻想暴力节目的字母组合 FV 通通加入到该等级体系中。每个已被划分好等级的节目在播出开始时，表明其所属等级的标示就会在电视机屏幕的边角上显示出来。

与此同时，政府强令电视台制定分级体系的整个构思受到一些人士的批评，当然，这些人支持《宪法第一修正案》赋予电视台的所有权利。《广播与有线(*Broadcasting & Cable*)》杂志将他们反对制定电视节目分级体系的主要理由加以列举。这些理由如下：

- 该举措侵害了《宪法第一修正案》赋予广播电视业者的言论自由权利；
- 电视台几乎没有可能时刻对其所播放的节目进行分级和加密；
- 有暴力和成人话题标示的节目将会使广告商逃之夭夭；
- 由于成人节目的剧情使得这类节目无可避免地被列入到含有暴力或色情内容的等级中，因此，童锁的实施将迫使联播网过多地依靠情景喜剧。

• 从来没有一个人给电视节目中的暴力行为下过一个恰当的定义。

或许针对童锁人们最为关注的一点就是，童锁能否真正发挥效用。就在《电信法案(1996)》通过后，一位电视网执行官指出，“除非给一台新出厂的、配置有童锁的电视机加上一对手铐，否则，父母们就无法阻止小孩通过种种渠道收看到受禁的节目”。

事实上，导致童锁技术发展缓慢的一个原因就是：人们难以设计出一种既可以复杂到令儿童无法理会而又能让大多数成年人一看就懂的电视节目等级体系。《消费电器制造商商业领袖协会》(Leaders of the Consumer Electronics Manufactures Association)预测说，许多儿童，尤其是青少年，都会想方设法来绕开节目过滤装置。

2000 年年初，当媒体对配置有童锁的电视机进行报道时，销售商普遍抱怨消费者对童锁系统无动于衷。到了 2003 年，包括国会议员与非国会议员在内的许多人士都存在这样的疑问，即，许多父母是否真正能够使用童锁来过滤那些令人不快的节目。

节目风格改变的管制

有时候，当广播台打算改变它独特/有的一种节目风格时，联邦通信委员会也会对之实施管制。20 世纪 70 年代期间，在一些城市中仅有的古典音乐广播台试图放弃古典风格，但却遭到了古典音乐爱好者的激烈反对。起初，联邦通信委员会拒绝卷入到这一争论中。尽管如此，当广播台放弃使用其独特/有的节目风格而进行受到普遍反对时，联邦法院命令联邦通信委员会审查节目风格改变。发生在亚特兰大的、有关广播节目风格改变的案件(亚特兰大保护艺术之声市民委员会诉联邦通信委员会案(Citizens Committee to Preserve the Voice of the Arts in Altanta v. FCC) 486 F. 2d 263, 1970)便是上述情况的一个例子。

随后，华盛顿特区的联邦上诉法院对亚特兰大保护艺术之声市民委员会诉联邦通信委员会((Citizens Committee to Save WEFM v. FCC)(506 F 2d. 246))一案做出了判决。多年来，该法院审理了许许多多与联邦通信委员会有关的诉讼。法院就该案所进行的满席审判指出，当独有的节目风格被废除并由此引致许多人的反对时，联邦通信委员会应举行听证会。

尽管如此，两年以后，联邦通信委员会却发布了一项政策声明，要求法院撤回判决，并让委员会远离这种争论。联邦通信委员会宣称，“要使公众在娱乐风格多样化方面的利益得到最佳保障，就得通过持有许可证的经营者之间的自由竞争”。

但是,华盛顿特区的联邦上诉法院拒绝撤销原先的判决。结果,联邦最高法院就联邦通信委员会在广播电台节目风格改变的过程中所能担当的合适角色做出了判决。1981 年,在联邦通信委员会诉 WNCN 电台听众协会((FCC v. WNCN Liseners Guild) (450 U. S. 582))一案的判决中,联邦最高法院确定联邦通信委员会拥有权力远离有关广播电台节目风格改变的争论。法院宣称,娱乐节目的编排当属于广播电台的判断力范围。七位法官的多数人意见指出:"我们拒绝推翻委员会的政策声明。在那些不满电台所为的听众的催促下,该声明更倾向于通过市场的力量而不是在不服听众的要求来监督广播台的节目风格改变。"

对于广播电视行业来说,最高法院的判决乃是他们的一大胜利。原因是,该判决竭力倡导联邦通信委员会放开对节目风格改变的管制,但对于古典音乐爱好者,以及其他一些认为一旦让广播电视业者自由地制作那些最能吸引广告商的广播电视节目则会使少数听众、观众的爱好无法得到满足的人士来说,这却是一大打击。

其他内容的管制

在将近 25 年的时间里,广播电视业者一直受制于另外一项广受争议的规则:《黄金时段使用规则》(the Prime Time Access Rule)。部分人认为,在有关这一规则的争议中,广播电视业者从未获胜过。《黄金时段使用规则》于 1971 年由联邦通信委员会通过并于 1995 年被委员会废除。遵照这一规则,通常情况下,美国广播公司电视联播网、国家广播公司电视联播网和哥伦比亚广播公司电视联播网只能在周一到周六的晚上 7 点到 11 点(在中心时区与山脉时区内,这一时间为晚上 6 点到 10 点)这一 4 个小时的时间段内播放 3 个小时的晚间节目,而新闻事件和特殊情况事件报道可不受此限制。这一规则仅仅是在前 50 的电视市场内实行。

联邦通信委员会声称,制定这一规则的目的就是,通过限制联播用来播放晚间节目的时长,从而给本地节目创造一个新的播出机会。但是,通常情况下,联播网的各个地方加盟台通常依靠播放诸如"财富之轮"(*Wheel of Fortune*)和"危险"(*Jeopardy*)这样一些辛迪加节目(辛迪加节目是独立制作、随后直接被出售给地方广播台、电视台,而不是出售给联播网的节目),而不是本地公共事务节目来充填非联播网播出时间。在废除《黄金时段使用规则》的过程中,联邦通信委员会强调指出,美国广播公司、国家广播公司和哥伦比亚广播公司"再也不能在电视市场中占主导地位"。这一规则的废除使得电视台可以根据自身的意愿,自由地选择他们希望的任何黄金时段节目,包括可以自由地重播联播网节目——在此之前、在《黄金时段使用规则》发生效力的时代，只有独立电视台才可以重播联播网的节目。

联邦通信委员会所制定的、用于管制内容的其他一些规则涉及赞助商的身份鉴别问题。广播台、电视台必须明确广告赞助商的身份，同时还得将这样的事实予以公布，即，一旦某人付费在广播台、电视台中播出非广告信息，那么，广播台、电视台就得将这一情况向公众披露。

1992 年，联邦通信委员会制定了另外一项针对内容的管制规则：禁止无线广播电视播放恶作剧节目。之所以制定这样的规则，是针对几起广播台播放虚假事件且已被广为公众注意的事件做出回复。例如，洛杉矶的一家电台播放了一份虚假的电话谋杀招供；波斯湾战争期间，圣路易斯一家电台则报道说，美国遭受了核袭击；弗吉尼亚州的一家电台则报道说，一个大型的垃圾场即将发生爆炸，而由这一报道所引发的恐慌，让人们想起了 1938 年威尔士的经典广播“星球大战”给当时人们所带来的那种恐慌。（在联播网为万圣节而特别制作播出的一个节目中，奥逊·威尔士将 H. G. 威尔士所撰写的一个有关火星人入侵地球的故事被改编成广播剧。在他的节目中，音乐突然被一则让人听起来毋容置疑的新闻简报打断，这使数以百万计的人，尤其是新泽西州靠近节目所说的火星人着陆地点的人极度惊恐。）

作为对近期出现的恶作剧所采取的应对管理措施，联邦通信委员会禁止广播台、电视台制作那些“以实质的公共安全资源为消遣对象”或者是“会对公共卫生和福利造成实质损害”的、与犯罪和大灾难有关的恶作剧节目。

毫无疑问，带有恶作剧性质的节目的出现引发了一些令人头痛的伦理问题。尽管如此，联邦通信委员会对此所采取的措施却成为限制《宪法第一修正案》赋予广播电视业者的权利的又一个例证。是否任意一家政府机关都有权力禁止小报型报纸将纯属捏造的事件作为新闻来公布呢？是否该准许政府禁止报纸刊载那些它认为是伪造的报道，或者仅仅针对广播电视做出禁止呢？是否应该禁止恶作剧在所有的大众媒介中传播呢？作为一种虚构作品的广播电视剧在什么情况下会成为一种恶作剧，从而使得播放它成为一种违法行为呢？

内容管制的另外一种便是管制那些宣扬赌博的广告和其他节目。有关赌博的广告不仅受制于联邦通信委员会的管制规则，还受到各州法律的约束。尽管如此，由政府发行的彩票则可以在其辖区内的本地广播台、电视台中播放广告。通常情况下，为慈善事业而发行的彩票可以免受这些限制，因为它们是由除了赌场以外的商务企业进行宣传和发放彩金的。根据 1988 年《慈善游戏广告澄清法案》（Charity Games Advertising Clarification Act）的规定，现在，只有赌场以及其他自主经营者必须遵照联邦法律的规定，不得在广播台、电视台中投放彩票广告。然而，1988 年的这一法案却使得各州可以自由地对彩票广告施加管制，即便是那些联邦法律所允许的彩票广告，各州也可以对之实施管制。

无论在什么情况下，彩票抽奖都是由下列三要素构成：(1) 价值不菲的奖金；(2) 获奖的情况至少在一定程度上是偶然的；(3) 为了参与抽奖，参加者必须支付一定的“酬金”。为了绕开这些规则，商业企业给放弃者提供抽奖的机会，并以“无须购买”的方式来取消“酬金”这一要素，从而使他们的抽奖广告可以得到法律许可。在许多州，对那些自开业伊始就不是以赌博为经营业务的商业企业而言，上述做法已经没有必要了。

倘若一个州存在由州政府发行的彩票，而与之相近的其他州的电台希望可以播放该彩票广告，结果会是怎样呢？1993 年，美国最高法院就一起涉及到为其他州政府发行的彩票做广告的争端做出裁决。最高法院认为，如果授予该电台许可证的州没有发行彩票广告，而且电台所在的州禁止播放彩票广告，那么该电台就不得为邻近州所发行的彩票做广告，即便是该电台在发行彩票的州拥有众多的听众(美国诉埃奇广播公司案(U. S v. Edge Broadcasting)，509 U. S. 418)。卷入该争端的一方是 WMYK-FM 电台，该电台位于北卡罗莱纳州辖下的一个镇，该镇距弗吉尼亚州边界仅有三英里。北卡罗莱纳州没有发行彩票，而且也禁止播放彩票广告。然而，在 WMYK-FM 电台所拥有的听众当中，有 90% 以上的人是住在州政府可以发行彩票的弗吉尼亚州。尽管如此，最高法院维持了这样的裁决，即，该电台不得为弗吉尼亚州所发行的彩票做广告，支持北卡罗莱纳州拥有权力禁止其管辖下的电台播放彩票广告，同时，法院的裁决指出，联邦授予各州禁止彩票广告的权力的法律并没有违背《宪法第一修正案》的规定。

然而，就在美国诉埃奇广播公司一案的判决出现后，包括美国最高法院在内的几家法院对赌场的赌博广告采取了一种更为宽容的态度，尽管它们并不是政府发行的彩票广告。

1997 年，一家联邦上诉法院指出，禁止赌场广告的成文法和联邦规则触犯了内华达州广播电视业者在《宪法第一修正案》上所享有的权利。在山谷广播公司诉美国地区法院一案中，联邦第九巡回上诉法院认为，有关彩票广告的禁令所存在的许多漏洞和豁免，使得政府声明的、用于对广播电视业者的言论自由实施管制的基本理论受到破坏。几个月之后，新泽西州的一家联邦地区法院做出了类似的裁决。该法院推翻了禁止让大西洋赌场投放广告的禁令(国际赌博业者联盟诉美国案(Player's International v. U. S.)，988 F. Supp.

497)。

随后,美国最高法院在大新奥尔良广播协会诉美国((Greater New Orleans Broadcasting Association v. U.S.), 27 U.S. 173,1999)一案中,做出对前者有利的判决。最高法院全体法官一致通过的裁决指出,联邦政府不得禁止私有赌场在广播电视投放赌博广告。对于新泽西州广播电视业者和其他州的许多广播电视业者而言,这一判决无疑是扫清了它们为赌场播放赌博广告的路障。而该判决所依据的基本理论我们将在第十三章加以阐述。这一基本理论看起来具有普遍的适应性,这使得它可以允许所在的州没有赌场但允许播放赌博广告的广播台、电视台可以为那些与它不在同一州的赌场播放广告。

在大新奥尔良广播协会诉美国一案做出判决后,由联邦通信委员会发布的一项声明指出,事实上,广播电视业者可以在赌博合法化的任何地方播放赌博广告,但是,对于禁止赌博的州,其辖下的广播电视业者的权利问题委员会却是避而不答。不过,联邦通信委员会不再实施有关彩票广告的管制规则,并允许那些没有禁止赌博广告的州辖下的广播电视业者可以自由地为其他州的赌场播放广告。然而,联邦通信委员会的这一举措并没有使美国对埃奇广播一案的判决失效。对于本身并不发行彩票而且也禁止彩票广告的州,由该州管辖的广播电视业者播放彩票广告的合法性不能得到承认。

一般而言,广播电视业者还得受制于用来管制广告的其他许多法律。例如,联邦《诚实租借法案》(Truth-In-Lending Act)规定,假如任何贷款条款在广告中有所涉及,那么,所有的贷款条款都得向公众全面公开,第十三章将对此加以阐述。几乎没有一个人会反对这种由法律做出规定的、确保贷款广告的真实性与完整性的明智之举。尽管如此,由法律所要求的公开有时却过于详尽,这使得简短的广播广告无法将这种公开的所有内容都包纳进去。

20世纪90年代晚期,联邦通信委员会就是否采用其他几种用于管制广播内容的联邦新措施进行考虑。此外,委员会还考虑是否采用新的儿童教育节目规定以及童锁规则。1997年,时任联邦通信委员会主席的亨德特提出了如下的几项倡议:(1) 禁止在广播台、电视台播放烈酒广告;(2) 每家联播网在每晚的黄金时间内,至少提供一分钟的免费时间用于播放“公共服务宣言”(Public service announcements, PSAs);(3) 给政治候选人提供免费的播放时间;(4) 新规定的“亲子时光”为每晚的8点到9点,在这一时间段内,广播电视业者所播放的节目必须适合家有儿童的家庭观看;(5) 作为获得新的数字许可证的回报,广播电视业者必须遵循有关公共利益的其他规定。尽管亨德特的继任者肯纳德并不完全赞同亨德特上述的所有倡议,但是,肯纳德确实赞同给政治候选人提供免费播放时间的倡议,并于1998年宣布,联邦通信委员会将对该问题开展新一轮的审查。

与此同时,美国数字广播电视业者公共利益与义务总统咨询委员会于1997年成立。该委员会的职责就是,给亨德特的第五项倡议提供实施建议。1998年,该委会员发布了10项建议,大部分都比较概括。其中有一项提到,联邦通信委员会必须对数字广播电视业者采取最小公共利益标准(但委员会并没有建议,该标准应该包括哪些内容)。而另外一项建议则是,联邦通信委员会应该要求,广播电视业者每年四次报道它所开展的、服务于公共利益的活动。此外,该委员会还宣称,国会应当为公共广播电视建立一项信托基金,并在每一个社区内留置一个电视频道以用于播放教育节目。同时,它还迫切要求美国全国广播工作者协会制定新的自律守则,以取代20世纪80年代初期为了解决一起反垄断诉讼而被废除的自律守则。

20世纪90年代晚期,美国出现了一起与"公共利益"的含义有关的全国性争论。联邦通信委员会、国会、媒体,围绕着诸如下列的问题展开了争论:政府要求广播电视业者必须给政治候选人提供免费的播放时间,这是否符合公共利益?假如符合,那么仅仅是主要政党的候选人才能得到免费时间吗?在数字化时代,广播电视业者还得为公共利益提供哪些其他的服务呢?由谁来决定公共利益的组成内容呢?国会?联邦通信委员会?还是广播电视业者自身?最重要的是,如果由政府来做出决定并由它来告知广播电视业者可以播放什么内容,那么,《宪法第一修正案》又该从何处入手来适应这种平衡呢?

在业界的一些聚会上,人们往往会就公共利益的本质而发表一些精彩纷呈的演讲。联邦通信委员会主席肯纳德也会激烈宣扬联邦通信委员会对公共利益所下的定义。但是,于2001年接替肯纳德成为联邦通信委员会主席的鲍威尔也同样言词激烈地指出,《宪法第一修正案》要求政府将这种决定交由广播电视业者自身来做出。

有线电视的管制

20世纪20年代,无线电广播成为一种不断得到推广的媒体;到了20世纪50年代,电视台也如雨后春笋般地涌现。与这两种情形相类似的是,在20世纪80年代和90年代期间,有线及类似于有线的技术也成了推动大众传播向前发展的领头羊。1980年,大约有四分之一的美国家庭使用了有线电视系统;而到了2000年,则有将近四分之三的美国家庭,要么是通过有线电视来收看电视节目,要么就是使用卫星电视来收看电视节目。

20世纪50年代,当有线电视刚刚出现时,人们称之为"公用天线电视"或者简称为“CATV”。在早期，透过它的名称人们完全可以知晓有线电视系统的实质：一个服务于整个社区的、精致的天线系统。由于它仅仅是提供效果更好的电视信号，有线电视系统起初只是在那些离附近的电视信号发射器较远的乡村地区谋求发展。通过共享资源，在一个社区内，人们只须购买一个大型的天线系统和信号调节器就可以接收到远处的电视台所发出的微弱信号。同轴电缆是一种特制的电线，它可以将电视信号传输到非常遥远的地方。基于这一属性，各家各户都可以通过同轴电缆连接到中央接收系统中。

正当有线电视系统在乡村地区逐步兴起时，那些可以接收到优良的电视信号的大都市对它并没有多大的兴趣。尽管如此，20 世纪 60 年代，这种情况却有所改变。这可归因于两种趋势的出现：首先，越来越多的人被禁止在共同使用区、公寓综合楼甚至是单户住宅的一些区域上架设天线。取而代之的是，通过支付一定的费用，他们得到一个有线接口。其次，更为重要的是，有线电视系统不再只是向订户提供清晰的电视信号，它已开始提供许多额外的节目频道，包括有非本地的“超级电视台”。“超级电视台”提供专为有线定制的节目编排和诸如音乐电视、最新电影和体育比赛这样的一些令人神往的特色节目。

有线管制史

事实上，由于有线电视系统并不传输无线信号，因此，它不能算是无线频谱的使用者，运营有线电视系统也就无须获得联邦通信委员会的经营许可了（尽管有线电视系统的确是使用卫星来接收节目，而且这些卫星所用的频道正是可供电视广播使用的频道）。除此之外，有线电视系统还拥有其他优势。例如，有线电视系统能够提供的频道数目主要取决于电视接收器或者有线变频器能够有效处理的频道数目。地方有线系统可以把节目放在它所有的任一个频道中，不会给其他有线电视系统或者无线广播电视业者造成任何干扰。

由于这些因素的存在，在发展之初，有线电视便没有受到太多的联邦规则的约束。尽管如此，到了 20 世纪 60 年代晚期，有线电视系统的发展态势引起了广播电视业者的惊惶。电视节目制作商也为此而感到惶惶不可终日——有线电视系统运营商并没有向他们支付费用就接收他们所制作的电视节目，随后却以收费的方式将这些节目传播给自己的订户。美国最高法院做出的两起判决均认为，有线运营商无须为他们的系统所传播的信号支付版权税，理由是法院将有线电视系统仅仅看做一个具备有信号接收功能的电视机附件（详见第六章）。版权节目的所有者则认为，最高法院的判决使得他们的合理利润正在被夺走。国会于 1976 年颁布了《版权法》，部分原因正是为了对这种情况做出救济。现在,有线电视系统运营商必须为他们传播的、来自非本地电台且受版权保护的节目支付版权税。此外,遵照1992年《有线电视消费者保护与竞争法案》的规定,有线电视系统运营商为了传播本地一些电视台所制定的节目,也必须向本地的这些电视台支付费用,或者至少得征得这些本地电视台的许可。有关这方面原因,我们将在后文加以阐述。

有线系统不断地发展,并开始传播远程信号。与此同时,广播电视业者已对这一新兴媒体的崛起感到恐慌。一旦有线电视系统运营商引入远程信号,对本地广播电视业者而言就意味着自己的经济损失。因为至少会有一些本地的有线电视系统订户,他们会收看远程电视台的节目而不收看本地电视台的节目。尤其对于那些设立在大城市而且拥有高预算额的电视台周边的小地方低预算的广播电视台来说,有线电视对他们的威胁更大。此外,毫无疑问地,将广播电视业者的一部分观众吸引走的额外的非广播节目,它的出现将标志着新竞争的到来。

20世纪50年代,考虑到有线电视系统处于初始发展状态,联邦通信委员会拒绝对CATV行使管辖权。委员会采取这样做的理由就是,CATV没有使用频谱,因此,委员会也没有特殊的法定权力来管制它。但是,到了1996年,联邦通信委员会却改变了它的初衷。为了保护广播电视业者和节目制作商,随后,委员会发布了用来管制有线电视系统运营商的规则。在新规则中,委员会制定了许多技术性很强的规定。但是,在这些规定中,最为重要的一款就是对远程信号的引进进行了严格限制。例如,有线电视系统运营商必须播放隶属于各家联播网、与自己距离最近的电视台所播放的节目,而不是播放那些距离更远的电视台所播放的节目。此外,该规则还清楚阐明了有线电视系统运营商与授予它专营权(实际是一种得到政府准许的垄断)的地方政府之间的关系。

通过阐明有线电视系统给无线传播的广播电视业者所带来的影响,联邦通信委员会声称,委员会拥有权力来制定这些规则。同时指出,它所采取的这种管制都是出于一种需要,即,履行委员会对广播电视业者实施管制的职责。从法律的角度来看,这种管制被人们称为"辅助性管制"。

由联邦通信委员会对有线电视系统所实施的规则而引发的诉讼很快就出现了。1968年,在美国诉西南有线公司((U.S. v. Southwestern Cable COR)(392 U.S. 157))一案中,最高法院断言,联邦通信委员会拥有对有线电视系统实施管制的权力。最高法院之所以能够做出上述断言,不仅是依据"辅助性管制"的观念,更是依据《通信法案(1934)》的一项条款。该条款规定,一般情况下,有线通信当属联邦通信委员会的管制之列。

管制、解除管制与重新管制

得到最高法院的支持,联邦通信委员会进一步扩展了管制有线电视系统的规则,对有线电视系统施加越来越多管制。许多有线系统运营商认为,联邦通信委员会之所以要制定这些规则,其目的就是为了保护委员会的主要客户,即,无线传播的广播电视业者,而不是为了增进公众利益。到了20世纪70年代早期,有线系统被要求完成下列任务:(1) 如果拥有的订户超过3500个,那么就得提供可供本地的公众和政府使用的频道;(2) 另外,如果有线电视系统运营商拥有3500个订户,那么,它所制作的地方节目在数量上应该符合最低数量要求;(3) 在提供各家联播网的节目方面,有线电视系统应避免传播远程信号;或者是,应该播放与自己距离最近的联播网会员台所播放的节目(这些规定被人们称为"非重复"与"信号传输"规定);(4) 遵守辛迪加协议。如果本地电视台对某一辛迪加节目享有独家播放权,则不能转播由远程电视台播放的这一节目。

此外,在与当地政府订立政府专营协议之前,每家有线系统都得从联邦通信委员会那里获得一种类似许可证的"守法证书"。与此同时,有线电视系统也必须遵循用来管制广播电视业者的其他大多数规定。例如,平等时间规则、公正原则以及平等就业机会政策。

面对这些涉及面广泛的(而且也是不可取代的)联邦管制规定,一家有线电视系统再一次就联邦通信委员会是否拥有权力来制定这些规定向法院提起诉讼。但是,1972年,美国最高法院以5:4的投票结果肯定了联邦通信委员会所制定的、用于管制节目的规定(美国诉中西部影视有限公司案(U. S v. Midwest Video Corp.),406 U. S. 649))。具有讽刺意味的是,尽管有线电视系统依然必须给那些企望通过公共使用的频道来播放节目的使用者提供设备上的支持,但是,就在法院审理该案期间,联邦通信委员却把它所制定的、有关广播台、电视台的使用及节目制作的许多规定废除了,随后也没有马上重新启用这些规定。

在20世纪70年代的大部分时间里,联邦通信委员会依然是一如继往地对有线系统实施严格管制,试图以此让有线系统无法扰乱委员会所制定的、依据本地市场来界定电视服务范围的政策。1976年,联邦通信委员会制定了有关公共使用的新规则,此外,委员会还要求订户数量超过3500个的有线电视系统最终的频道至少得是20个。

尽管如此,在1972年最高法院的判决中败诉的中西部影视(Midwest Video)再一次就联邦通信委员会是否拥有制定这些规则的权力向法院提起诉讼。

这一次,中西部影视却胜诉了。1979 年,最高法院推翻了联邦通信委员会有关公共使用与频道容量的新规定(联邦通信委员会诉中西部广播电台案(FCC v. Midwest Video),440 U.S.689)。法院宣称,事实上,这些规定使得有线电视系统被当成公共电信运营商来对待,并使有线系统承担着《通信法案(1934)》禁止联邦通信委员会将之施加于广播电视业者的义务。此外,法院还宣称,这些规定的内容已经超越了联邦通信委员会在广播管制上法定的合理辅助管制的责任的界限。事实上,法院告知联邦通信委员会,假如它所制定的规定确实属于公共利益的范畴,那么,它就得向提起国会请求,以获得制定这些规定的特殊授权:

> 委员会不可以像管制公共电信运营商那样来管制有线系统。这就如委员会不可以将这种义务强加于广播电视业者身上一样。我们认为,强制有线运营商提供用于公共通信的公共传播工具,这种权力必须征得国会的特别许可。

虽然最高法院的判决推翻了联邦通信委员会要求有线电视系统提供公共使用频道的全国性规定,但是,这并不意味着有关公共使用频道的问题结束了。首先,在自愿的基础上,一些有线电视系统仍继续提供可供公共使用的频道。此外,1984 年,由国会制定的一些法规重新启用了许多有关公共使用频道的规定。

在中西部影视提出的诉讼中败诉后,联邦通信委员会断定,放松对有线业主要管制的时机已经成熟。诚如前文所述,长期以来,有线运营商都认为,联邦通信委员会的规则倾向于通过打击有线电视系统的发展来保护广播电视业者,而不是服务公共利益。

1980 年,联邦通信委员会接受了有线系统的意见,并解除对它的管制。尤其值得一提的是,联邦通信委员会废除了有关播放远程信号的规定。这使得有线电视系统可以给它们的订户提供一个更为宽广的节目选择空间。但是,此举却会给那些只占有较小市场份额的电视台造成损害,它们所拥有一些观众将会更加倾向于通过有线来收看大都市电视台播放的节目。

此外,1980 年,联邦通信委员会还将"辛迪加排他性规则"(the Syndicated Exclusivity Rule)废除了。但是,这种废除只是暂时的。"辛迪加排他性规则"规定,如果本地电视台签订了播放某个辛迪加节目的排他性协议,那么,有线系统就不可以转播远程电视台(包括超级电视台)播放的同一个辛迪加节目。

在决定废除"辛迪加排他性规则"的过程中,联邦通信委员会强调指出,制定辛迪加排他性规则的目的就是,当节目制作者无法通过版权来保护自身的利益免受有线系统侵害的情况下，委员会可以利用这一规则来保护节目制作者的利益。随后，当看到有线电视系统必须为传播远程信号而支付版权税时，联邦通信委员会的大多数委员就认为，辛迪加排他性规则业已过时。时任联邦通信委员会主席的费里斯（Ferris）指出，联邦通信委员会的行动“消除了过去十年的管制残骸”。

具有讽刺意味的是，几年之后，这种“管制残骸”却卷土重来：1988 年，联邦通信委员会通过了重新启用“辛迪加排他性规则”的投票。1980 年委员会废除“辛迪加排他性规则”并没有受到许多广播电视业者和节目制作商的欢迎；到了 1988 年，在这些团体的心目中，恢复“辛迪加排他性规则”的决定更是臭名昭著（请注意：辛迪加排他性规则与财政利益辛迪加规则（Fin-syn）并不相同。直至被废除前，后者的作用就是，对联播网所享有的辛迪加权利和节目制作施加限制。第十二章将对此加以讨论）。

就在重新启用“辛迪加排他性规则”时，联邦通信委员会强调说，超级电视台所播放的节目大多是联播网播放过的节目，而地方电视台也在播放这些旧节目。联邦通信委员会主席帕特里克（Dennis Patrick）指出，“我们认为，通过使用辛迪加排他性规则，而不是采用当前的重播规则，我们可以更好地实现节目多元化，从而使节目能够吸引不同收视偏好的观众”。

与旧的“辛迪加排他性规则”相比，新的“辛迪加排他性规则”在几个方面与之是不同的。首先，新的“辛迪加排他性规则”允许超级电视台缔结排他的全国性的辛迪加播放合同。遵照这种合同的规定，只有超级电视台才可以播放某一节目，任何地方电视台都不可以获得播放该节目的权利。此外，订户数量少于 1000 的有线电视系统，以及那些播放邻近城镇的“远程”电视台所播放的节目而且观众只需使用性能良好的天线便可以接收到这些节目的有线电视系统，可以不用受到新规则的辖制。

1990 年，新的辛迪加排他性规则开始实施。几家有线系统的所有者和超级电视台就新出台的辛迪加规则向法院提起诉讼。但是，在联合视频诉 FCC（United Video v. FCC，890 F. 2d 1173）一案中，美国上诉法院认为，联邦通信委员会享有重新实施这一规则的法定权力。

1984 年，最高法院就另外一起与联邦通信委员会对有线电视系统实施管制有关的案件做出裁决；而且，当地方规则与联邦通信委员会所制定的联邦规则出现冲突时，法院对地方政府管制有线电视系统的权力做出了严格的限制。在大都会有线公司诉克里斯普（（Capital Cities Cable Inc. v Crisp）（467 U. S. 691））一案中，法院推翻了禁止有线电视系统播放葡萄酒和烈性酒广告的俄克拉何马州州法，尽管最初播放这类广告的媒体的行为合法。（尽管《俄克拉荷马法》禁止在俄克拉荷马州本州的广播电视台中播放葡萄酒和烈性酒广告,但是,与该州邻近的其他州的电视台却可以播放这类广告。)

事实上,俄克拉荷马州的州法与随后出现的联邦"必须传送"规定发生了直接的冲突。"必须传送"规定要求,有线电视系统必须原封不动地传播与其距离较近的电视台所播放的节目。遵照联邦通信委员会的这一规则,几家与州的分界线离得较近的有线系统必须传播跟它不在同一州的电视台所播放的所有节目,包括这些电视台所播放的酒精饮料广告。

结果,俄克拉荷马州有线运营商们遭遇了一种典型的尴尬局面。如果他们遵照联邦的"必须传送"规定而播放了酒精饮料的广告,那么,遵照俄克拉荷马州的州法的规定,他们将面临着被起诉危险;如果他们遵照州法律的规定而拒绝播放这类广告,那么,他们将会冒着违背联邦"必须传送"规则而受处罚的风险。

最高法院从有利于联邦管理的角度出发果断做出裁决,成功解决了这种矛盾。法院指出,很明显,联邦通信委员会就如国会一样,拥有权力将那些与联邦规则相冲突的州或地方法律予以先占。从本质上来说,法院认定,可以对有线内容实施管制属于联邦事务,而不应该受那些与联邦政策相冲突的地方法规管辖。

然而,法院并没有做出这样的裁决,即从本质上来说,禁止播放酒精饮料广告的州法律违背了《宪法第一修正案》,尽管广播电视业者和有线运营商都迫切要求法院能够得出这样的结论。相反,由最高法院的判决仅仅基于联邦优先权的概念,而不是《宪法第一修正案》。因此,州法律只要没有跟任何一部联邦法律发生冲突,那么,这个州就可以继续禁止酒精饮料的广告。

但是,大都会案的判决却清楚地表明,州和地方政府都不可以制定与联邦规则相冲突的、用于管制有线系统的规则。

1988年,最高法院就联邦通信委员会和地方政府在管制有线电视上所享有的权力做出裁决。在纽约诉联邦通信委员会((City of New York v. FCC)(486 U.S.57))一案中,最高法院认为,地方政府不得对有线电视系统强制实施比联邦通信委员会所制定的技术规定还要严格的技术规定。联邦通信委员会已经制定了有关方面的标准,如信号质量的标准,并已禁止地方政府制定与这些标准不同的标准。最高法院的这一意见即是表明,为了顺利开展业务,有线电视系统业界可以遵照联邦通信委员会制定的全国统一标准,而无须遵循那些可能会因州而异的州标准。

纽约市则辩称,联邦通信委员会所制定的标准要求太低。因此,各城市应该可以自主地制定比联邦通信委员会所制定的标准还要高的标准。最高法院裁决:联邦通信委员会拥有制定全国统一标准以及阻止各州制定不同标准的权力。

有线电视的立法

甚至早在大都会案的判决出现之前,地方政府和有线电视运营商就已在国会中进行游说,试图澄清联邦、州、地方政府在有线管制方面各自的角色。

当地方政府看到自身对有线实施管制的权力逐渐被国会和联邦通信委员会削弱时,地方政府的领导人便做出决定,他们需要一部由国会制定的、用于管制有线电视系统的法规,哪怕是这些法规的内容与他们最初所期望的内容并非完全相同。地方政府和联邦通信委员会都给有线业界做出让步。彼此相互较劲的地方政府和联邦通信委员会共同认可了被国会搁置了两年之久的、经过修正的"有线法案"。修正后的这一法案被人们称为《有线传播政策法案》(The Cable Communication Policy Act),于1984年年底获得国会通过。

在这项法规中,国会进一步削弱了地方政府对有线系统实施管制的权力。如果有线系统的运营时间已达两年之久,且在此时间段内,它处于一种"有效竞争"的状态之中,也即是说,在此时间段内,只要有三家本地电视台的信号可以让观众只须通过使用性能良好的天线而无须通过电缆就可接收到,那么,有线电视的订阅费便可以不受管制。此外,1984年通过的这部法规还禁止地方政府向有线电视系统收取超过其总收入百分之五的专营费。作为解除费用管制的回报,该法给予许多地方政府一些授权,使得这些地方政府有权要求有线电视系统提供为公共使用、政府和教育服务的频道——这是最高法院就中西部视频一案的二审判决中所禁止的①,而当时国会在这方面还没有出台相关的法规。

《有线传播政策法案》肯定了地方政府拥有将专营权授予有线电视系统的权力,但也保护有线运营商避免因地方政府在拒绝经营许可证续展上的武断性行为而受到损害。该法还规定,不许非郊区的电话公司经营有线电视业务(这一条款最终被《电信法案(1996)》废除),同时禁止广播电视台在自身的服务区域中拥有有线系统(尽管联邦通信委员会可以同意撤销这些限制)。该法还要求有线运营商在它享有专营权的整个服务区域内架设线缆,而不能只是在那些具有最大获利潜力、最为富裕的社区架设线缆。

1984年的《有线传播政策法案》使得有线电视系统业界在最低程度的政

---

① 最高法院指出,由地方政府出面,要求有线电视系统提供为公共使用、政府和教育服务的频道,这种行为是受禁止的。——译者注

府管制下得以自由自在地发展。然而,联邦通信委员会、国会和地方政府却开始听到许多这样的抱怨,即,有线电视系统在没有政府管制的情况下,提供劣质服务,而且所收取的费用也一路狂飙。批评者称有线是一种"无节制垄断",因为大多数地区仅仅拥有一家有线系统,这使想收看非广播型节目的用户别无选择。批评者还指责说,既无竞争、要么价格不受政府管制的情况下,许多有线系统为所欲为,而利益损失者则是消费者。

除了注册费用的迅速上涨,许多消费者所关注的另外一个问题就是,有线服务基本层与额外付费层之间的费用分配方式。在许多地区,有线服务基本层仅仅包含了广播信号(用户使用天线就可免费地收取到这种信号),但是,每个用户仍须为此支付高昂的费用。另一方面,就额外有线频道而言,通常情况是用户无法从其他渠道收看到的节目,用户为此支付的额外费用相对较少。批评者指出,有线电视系统向用户所收取的费用与它的节目制作成本并不成比例。

到了 1992 年,对有线的收费和服务的抱怨已是极其普遍。因此,国会重新对有线电视系统业实施管制,并于 1992 年通过了《有线电视消费者保护与竞争法案》。该法案赶在 1992 年总统选举前通过,时任总统乔治布什却否决了它。对此,国会汇集了占议员总数三分之二的议员来推翻总统的否决。对乔治·布什而言,这可是他担任总统以来从未出现过的事情。这或许可以显示出愤怒的选民是如何言辞激烈地将有线业犯下的、被指控的不法行为反映给国会。在一项专门法案中,国会对整个有线电视系统业的管制结构进行了修正。该法案彻底改变了有线业的管制现状,同时也彻底改变了无线业和有线业之间的关系。就现在来看,摆在人们面前的事实至少是,有线业不受管制的时代已经结束了。《有线电视消费者保护与竞争法案》(1992)不乏精彩之处:

• 费用管制:地方政府有权对辖区内各个有线电视系统的基本费用重新进行管制;而处于"有效竞争"区域的有线电视系统其基本费用则可以免受此管制。所谓的"有效竞争"就是指,在该地区内,有 50% 的住户可以在两家有线或类似于有线的服务商之间进行选择,而且在这两者之中,规模较小者必须拥有 15% 或更高的市场份额。

• 费用回落:联邦通信委员会被命令制定可以充分降低有线电视系统服务收费的规则。1993 年,联邦通信委员会制定了一些规则,期望可以使大多数有线电视系统的服务收费大约下降 10%。但是,这些规则却极其复杂和冗长。因此,几乎所有的人都对之感到迷惑。这些有关服务收费的规则,其篇幅上超过了 500 页!人们期望通过实施费用回落,每年可以给用户节约 15 亿美元的开销。但是，事实上，在一些社区，这方面的费用依然在上涨，而不是回落。1994年，联邦通信委员会对它所制定的费用回落规则进行了大幅度修改。结果，费用再一次平均下降了7%左右，尽管不同社区之间服务收费的实际降低情况普遍不同。联邦通信委员会准许一些经营规模极小的有线系统可以免受一些费用规则的管制。遵照《电信法案(1996)》的规定，在1999年年初，用于管制费用的许多规则都被废除了。

• 合理收费：有线系统必须使自己收取的服务费用与各种节目的制作成本相称。它还必须在各种基本频道与额外频道之间均匀地分摊系统本身的成本。

• 服务标准：联邦通信委员会被命令制定最低限度服务标准。例如，有线系统必须设置专职人员来接听电话并对用户有关接收不良的投诉做出答复。

• 给有线的竞争者提供无歧视性的使用：联邦通信委员会被命令制定这样的规则，即，该规则可以使得无线或其他非有线的视频传输系统能够以合理的价格公平地使用受大众欢迎的有线联播网。按照最初的计划，这些规则的有效期到2002年。但是，联邦通信委员会却已将它的有效期推延到2007年，并强调说，主要有线电视系统的所有者依然控制着许多节目，而有线电视系统的竞争者为了服务自身的客户往往就得向他们购买节目。

• 必须传送/协议转播：就1992年的《有线电视消费者保护与竞争法案》而言，或许最为重要的焦点是，每一家电视台都拥有权利做出选择，即，要么是采用“必须传送”，要么就是采用“协议转播”。如果一家电视台选择了“必须传送”，在其服务区域内的所有有线系统都得转播这家电视台的节目(尽管没有一家有线电视系统会被要求给商业电视台留出超过三分之一的频道容量)。然而，电视台却不得向强制播放其节目的有线系统收取费用。另一方面，每一家电视台也可以选择“协议转播”。因此，地方有线系统若要转播电视台的节目，就得获得电视台的许可，同时可能得以某种方式向其支付报酬。2001年，联邦通信委员会宣称，《有线电视消费者保护与竞争法案》(1992)的必须传送条款仅仅适用于广播电视业者传统的模拟信号，而不适用于新出现的数字信号。由于有三分之二以上的美国观众是通过有线或者是卫星来收看电视节目，因此，联邦通信委员会的这一举措将损害人们期盼已久、向高质量数字电视传播的过渡。

1993年年中的时候，所有电视台都必须向他们服务区内的有线系统告知他们的选择。大部分大型的电视台均选择协议转播。接着，一些重要的谈判开始了。谈判双方都清楚地知道，一旦电视台和地方有线系统未能在某一价位上达成协议,那么,有线系统便可自由地停止转播该电视台的节目。最后,几乎所有的电视台都同意,有线系统能够以某种非现金的补偿方式来获得转播电视台信号的权力。大多数情况下,有线业完全拒绝为转播信号支付费用,而广播电视业者也发现,他们缺乏足够的议价能力以让有线公司做出主要让步。广播电视业者从有线电视系统那里获得并用于代替现金报酬的,是对转播信号所进行的其他各种补偿。通过提供转播节目,几家主要联播网和广播电视台集团从有线电视系统那里获得了新的有线频道。美国广播公司、国家广播公司和福克斯这三大电视联播网也通过上述方式获得了有线频道。一些电视台和小规模集团也获得了有线提供的免费广告时间或免费宣传时间。哥伦比亚广播公司联播网坚持从协议转播中获得现金报酬——在 1993 年的谈判中什么都没得到,尽管在后来的谈判中如愿以偿(转播协议的谈判每隔几年就会重新进行一次)。

2000 年,在极其重要的五月收视调查期,美国第二大有线系统的所有者时代华纳中断播出美国广播公司电视联播网的节目长达 36 小时,这使协议转播成了新闻焦点。根据时代华纳与美国广播公司电视联播网所达成的转播协议,时代华纳必须转播美国广播公司联播网旗下在几个主要电视地区市场中的直属电视台的节目。时代华纳与迪斯尼公司所属的美国广播公司电视联播网双方在合作上陷入了僵局。转播的中断影响到几百万人,并给时代华纳的公共关系造成恶劣影响。联邦通信委员会宣称,这种中断是非法的。各城市纷纷要求,时代华纳必须根据双方签署的专营协议给本市消费者提供部分退款。迪斯尼公司则是满心欢喜地在报纸上刊登整版广告,鼓动愤怒的时代华纳消费者转去收看卫星电视。它甚至给那些愿意离开时代华纳进而选择卫星电视的观众提供免费的碟形卫星天线。数百万依然在享受着美国广播公司电视联播网所提供的服务的美国人,对观看发生在这两家堪称世界最大的媒介企业集团之间的激战似乎乐在其中。最后,时代华纳同意了迪斯尼公司的许多要求,并与之签署了转播许可协议。

- 频道的重新定位:有线系统被命令在没有征得电视台许可的情况下,不得调换那些选择必须传送的电视台的播放频道,使得调换后的频道与该电视台原先所拥有的播放频道不同。在它们的无线频道之外,电视台被授予权利,在有线中选择一个接近无线频道号的有线频道(广播电视业者的一个主要抱怨就是,假如处在其服务区内的有线系统将其信号调换到其他频道中进行传输,那么,他们将不可能给他们的节目进行广告,也不可能鼓励他们的观众去收看"频道二")。

除了上述这些精彩之处,1992 年的这一部法律还包括了其他各种各样的条款。总而言之,联邦通信委员会被要求制定一些规则来实现新法律中不少于 28 个条款的要求。

新规则极其复杂。因此,有线业及其批评者双方均预言,要让 1992 年《有线电视消费者保护与竞争法案》的全部细节一一得以澄清,可能得花上十年的工夫。

面对如此大规模的重新管制,有线业界提起了各种各样的诉讼,试图使 1992 年的《有线电视消费者保护与竞争法案》无法得到实施。然而大多数这样的诉讼都未获成功。到目前为止,有关 1992 年这部法律最重要的一次法庭检验出现在特纳广播系统有限公司诉联邦通信委员会(Turner Broadcasting System v. FCC)一案中。最高法院对该案做出了两次判决,一次判决是在 1994 年(512 U.S. 622),另外一次是在 1997 年(520 U.S 180)。在该案 1994 年的判决中,最高法院以 5:4 的投票结果,批准国会拥有权力授权联邦通信委员会可以对有线系统实施必须传送规定。为做出这样的判决,最高法院并没有采纳下级法院早先做出的几个判决,即,以前的必须传送规定侵犯了《宪法第一修正案》赋予有线系统运营商的权利。

最高法院强调说,通常情况下,在一个社区内,有线运营商会垄断主要的电视传输系统。如果一家具有垄断力的有线系统拒绝传送某家电视台的节目,那么,这将会使得多数观众无法接受到这家由联邦通信委员会许可经营的电视台的服务。最高法院指出,鼓励给全体民众提供多样化的无线电视服务,这一管制目标对于证明有线运营商必须传送地方电视台信号这一规定的正当性显得极其重要,尽管传送地方电视台的节目可能意味着取消为有线电视系统而制作的其他节目。

在 1994 年的判决中,最高法院将案子退回给下级法院,让其重新审议放弃传送地方电视台的节目是否确实会使得有线系统服务公众的能力受到削弱。

1997 年,最高法院重新审议了特纳广播系统有限公司一案,并再次以 5:4 的投票结果维持了必须传送规定。与此同时,下级法院也收集了相当多的证据来表明,一旦没有必须传送规定,地方电视台确实会失去三分之二以上的潜在观众,而且有些地方电视台最终还会破产。在此基础上,最高法院的多数人意见总结指出,对于实现政府所设定的目标,即,确保免费的地方电视台得以生存以及促进电视节目制作市场的竞争,必须传送规定必不可少。另一方面,据调查,必须传送规定给有线运营商所造成的压力是极其微小的。因此,法院于 1997 年做出裁决,必须传送规定是一项与《宪法第一修正案》赋予有线运营商的自由相适应的规则。

作为透纳广播系统有限公司案的判决结果,《有线电视消费者保护与竞争法案》(1992)中的必须传送条款依然有效。依据该条款,除了规模最小的有线系统,所有的有线系统都得传送地方电视台的信号。与此同时,挑战《有线电视消费者保护与竞争法案》(1992)其他各种条款的许多诉讼被汇合在一起重要的判决中——华盛顿特区的美国上诉法院驳回了有线业的大部分请求。在时代华纳诉联邦通信委员会((Time Warner Entertainment v. FCC)(56 F.3d,151))一案中,法院对联邦通信委员会所采取的费用回落措施予以支持,该措施只用两年多的时间就使有线的收费平均降低了17%。

除此之外,上诉法院还维持了这样的观点,即,联邦通信委员会根据《有线电视消费者保护与竞争法案》(1992)的规定,有权对包括服务基本层(通常包含有地方电视台)与扩展基本层(通常会包括诸如美国有线电视新闻网、娱乐体育节目电视网(Entertainment and Sports Programming Network,ESPN)和音乐电视(MTV)这样的频道在内)在内的收费实施管制。法院宣称,由联邦通信委员会对这两方面的收费进行管制是合理的,这可以阻止有线系统通过将流行节目在层与层之间的转移来逃避费用管制。或许最为重要的一点就是,上诉法院驳回了有线业界的基本意见:许多管制规则都违背了《宪法第一修正案》赋予有线电视系统运营商的权利。

1993年,另外一个备受争议的问题也在很大程度上得到解决。当时,几家主要的有线节目提供商同意将他们的节目出售给诸如直播卫星系统这样的非有线视频服务提供商,以此来回避反垄断诉讼。

《电信法案(1996)》再一次从几个方面对管制有线电视系统的法律进行修改。此外,1999年年初,《电信法案(1996)》废除了联邦通信委员会制定的大部分费用回落规则。这一举措使得有线电视系统可以自行制定除了服务基本层(包括配有公共和教育频道、无线电视台)的价格之外的所有价格。联邦通信委员会制定的针对小型有线系统(年收入低于2500万美元)以及那些面对着"有效竞争"(这种有效竞争是由另外一家提供相似视频服务的服务商挑起的)的有线系统的价格上限措施立即就被废除否决。

联邦通信委员会重新解除对有线的费用管制的举动受到消费者团体的怀疑,原因是尽管联邦通信委员会制定的费用回落规则依然存在,但有线的收费仍是一路暴涨。联邦通信委员会的规则包含了这样的豁免,即,有线运营商提高价格若只是为了收回各种成本,那么在收费方面它可以不用受制于联邦委员会的管制规则。一项研究表明,拥有1370万有线订户的电信传播公司(Tele-Communiation Inc., TCI)在1995年到1996年期间将服务收费平均提高了14%左右。1996年,当联邦通信委员会对其制定的规则进行修改时,消费者保护团体进一步被激怒了——因为只有专营权的授予者而不是个人才有权利就有线收费问题向联邦通信委员会投诉。由于地方当局在这一问题上并没有任何油水可捞，多数情况下，费用上涨的现象并没有引发他们争议。

有线电视系统的专营权与《宪法第一修正案》

在授予有线电视系统专营权的程序中，地方政府授权有线电视系统可以在社区内、跨越公共街道架设起纵横交错的各种线缆，这一程序已成为许多法律争论的对象，而且围绕着它而展开的法律争论往往会引发一些涉及《宪法第一修正案》的问题。

在洛杉矶市诉第一传播公司((City of Los Angeles v. Preferred Communication)(476 U. S. 488，1986))一案中，最高法院在某种程度上维持了美国上诉法院的裁决，即，地方政府授予专营权的程序侵犯了有线运营商作为“电子出版商”的《宪法第一修正案》权利。在做出这一判决的过程中，最高法院接受了一项意见，即，有线电视系统运营商已经经营多年，他们在《宪法第一修正案》上所享有的权利不应该受到地方政府的恣意剥夺。

第一传播公司宣称，它希望给洛杉矶市的一部分地区提供有线电视系统服务，可是，在这些地区内，另外一家公司已经从洛杉矶市获得了专营权。针对洛杉矶市究竟是否拥有权力可以将有线传播专营权授予一家公司而拒绝将此种专营权授予其他所有公司，第一传播公司提出了质疑。它声称，电线杆可以搭载不止一家公司的电线。

第一传播公司指出，由于电线杆可以搭载几套电视电缆。因此，有线电视系统所获得的专营权就跟一份报纸得到市政委员会授予的、只让它在该市发行而禁止其他所有报纸在该市发行的权利一样。从本质上来讲，第一传播公司认为，如同城市里的人行道一样，电线杆也属《宪法第一修正案》所定义的论坛，地方当局必须允许相互竞争的通信服务提供商在其辖区内传递他们各自的信息。

在此之前，这一意见从未被法院采纳过。但是，就在这一次，一家上诉法院接受了这一意见，并裁决指出，有线系统作为一种传播方式，从本质上来说，它就如同新闻和报纸出版一样，应当受到《宪法第一修正案》保护。

在 1986 年的这一判决中，最高法院拒绝采纳上诉法院的意见。伦奎斯特法官认为，法院同意这样一种意见，即，有线系统的问题“完全涉及《宪法第一修正案》的权益”。然而，伦奎斯特却拒绝将《宪法第一修正案》赋予有线的权利等同于《宪法第一修正案》赋予报纸发行商的权利。相反，他指出，有线所享有的权利应与"相互竞争的社会利益"保持平衡。或许,这种"相互竞争的社会利益"包括了市政委员会给商业经营者授予专营权的需要。

最高法院将第一传播公司一案退回给初审法院,让其重新进行审理。1990年,洛杉矶的联邦法官裁决指出,洛杉矶市的电线杆确实可以搭载不止一套的电线。因此,法院裁决,洛杉矶市所制定的、只允许一家有线电视系统在特定区域内经营的政策违背了《宪法第一修正案》的规定。此外,联邦法官还将洛杉矶市要求有线系统提供公共使用频道和满足最低技术标准的规定予以撤销。法院指出,这些规定侵犯了《宪法第一修正案》赋予有线运营商的权利。作为第一传播公司一案的结果,现在,大多数情况下,不管有没有得到某一城市的政府批准,刚开始运营的系统都有可能在该城市开展业务,并且与那些已在该城市开展业务的有线运营商同台竞争。尽管如此,由于建立一个新系统耗资巨大,因此,这种情况只在少数城市中出现。

禁止有线中的不当内容

政府试图禁止在有线频道中播放不当但非淫秽的成人节目,在对此提出挑战的几起诉讼中,有线业在获取《宪法第一修正案》保护上取得了几个胜利。

1987年,最高法院裁决州或地方政府不可以禁止有线系统播放不当节目。在威尔金森诉琼斯((Wilkinson v. Jones)(480 U.S. 926, affirming 800 F. 2d 989))案中,最高法院维持了下级法院的判决,即,犹他州制定的《有线电视文明法案》(Cable Decency Act)违宪。

对于此案,最高法院并没有发表自己的意见,甚至也没有进行口头辩论。尽管如此,通过维持下级法院的判决,最高法院已使得该案的判决具有了最高法院判例的效力。

被废除的犹他州法案禁止在有线系统上除午夜到凌晨7点这一时间段以外的时间里播放含有裸体画面或者性行为的节目。在推翻这一法案的过程中,法院宣称:"(犹他州法案)采取了一种(宪法的)'过度宽泛原则'所禁止的使合法表达'冰冻'的方式,条款用语所指的范围非常不确切,令人失望。"

1996年,在丹佛区教育电信联盟诉美国联邦通信委员会((Denver Area Educational Telecommunications Consortium v. FCC)(518 U.S. 727))一案中,最高法院再次就以性为导向的有线节目的问题做出解释。在这起案件中,最高法院就《有线电视消费者保护与竞争法案》(1992)中三款规定的合宪性做出裁决,而这三款规定涉及"明显冒犯"的、以性为导向的有线节目。

最高法院维持了《有线电视消费者保护与竞争法案》(1992)中第十节(a)

款的规定。该款规定指出,假如有线运营商愿意,他们可以在供商业租用的频道中公开禁止“明显冒犯”的节目。法院宣称,这款规定并没有违背《宪法第一修正案》。这使得有线运营商可以自由地选择播放或者不播放这类节目,就如有线电视系统运营商依据《宪法第一修正案》所赋予的权利可以选择播放或者拒绝播放其他有线节目一样。

尽管如此,最高法院还是将《有线电视消费者保护与竞争法案》(1992)中第十节(a)款和(b)款推翻了,并裁决这两款规定违背了《宪法第一修正案》的规定。第十节(b)款规定,有线电视系统运营商若要在租用出去的使用频道中播放“明显冒犯”节目,它必须使用专一频道将这类节目隔离,并只能将这一频道向那些预订30天收看的订户开放,不能向没有提出这种请求的其他订户开放这种频道。法院指出,这个例外给《宪法第一修正案》赋予观众的自由产生了一大压力:该规定不允许用户可以自主地决定是否收看这类特殊节目;对于那些惧怕自己的名字出现在“性频道”订户名单中的订户而言,这款规定也不能为其提供任何保护。

此外,最高法院还裁决,根据《有线电视消费者保护与竞争法案》(1992)中第十节(a)款的规定,有线电视系统运营商不得审查公共使用、教育和政府频道中以性为导向的节目。法院指出,长期以来,这些频道都是一种公共论坛,并不在受审查的范围之内。

作为《1996年电信法案》的一个组成部分,《文明传播法案》(the Communication Decency Act)进一步加强对有线成人节目的管制。它要求,如果有线电视系统开设了明显含有性内容的成人频道,那么,它要么是完全将这类频道加密,要么就是只能在晚上10点到第二天早上6点这一时间段内传送这类频道。

从技术上来讲,由于有“信号渗出”(这种情况就是,即便实施加密,非订户依然可以收看到模糊的图像并收听到微弱的声音)存在,对于一些设备陈旧的有线电视系统而言,频道加密的做法并不完全有效。这就意味着,根据法律的规定,成人频道只能在深夜时段播出。花花公子娱乐集团就此提出诉讼,称该法违背了《宪法第一修正案》的规定。由三位法官组成的联邦法庭裁决指出,加密规定违背了《宪法第一修正案》的规定。法院判决说,作为处理信号渗出的一种措施,给那些要求获得一个封锁装置的用户提供设备,对比起禁止成人节目在白天播出的规定,这是一种必要而且是最小限度[①]的管制措施。

---

① less restrictive alternative, LRA,即是指政府管制必须控制在最小限度内,超过了这种必要的最小限度,就会构成违宪。——译者注

2000 年,由联邦政府提起的上诉依然引来了另一场联邦最高法院的判决,也使得有线在《宪法第一修正案》上,获得了另一个决定性的胜利(美国诉花花公子娱乐集团案(U. S. v. Playboy Entertainment Group), 529 U. S. 803)。在这起案件中,最高法院以 5:4 的投票结果做出裁决,准许有线电视系统在白天播放成人节目,哪怕有线系统不能对所有的信号渗出加以防止。这一判决还指出,应允所有有意获得一个附加封锁装置的用户所提出的请求,这一规定已足以让父母们阻止自己的孩子通过模糊的或在一定程度上受到扰乱的屏幕来观看到成人节目。法院强调说,尽管有大量的邮件告知有线电视系统的订户可以获得附加封锁装置,但只有少于 1% 的有线电视系统订户提出了获得这种附加封锁装置的请求。这就表明,只有极少数的父母亲会担心信号渗出的问题。

多数人意见还指出,有些观众甚至不希望收看到模糊、画面在一定程度上被打乱的节目,为了保护他们的利益,政府对有线节目进行审查。如果附加封锁装置作为一种必要而且是最小限度的管制措施,是政府审查的一种有效替代,那么,在已经实施这种管制的情况下,政府若再不允许有线系统给数以百万计的、希望在白天收看到非淫秽成人节目的观众提供节目,则其行为就违背了《宪法第一修正案》的规定。

为法院撰写该案判决书的大法官肯尼迪指出,“本案仅仅涉及言论;即便言论是不当的而且已通过电视进入家中,面对这种情况,如果必要,而且最小限度的管制措施[①]已经足以给小孩提供保护,那么,给小孩提供保护这一目的就不足以证明全面禁令的存在是必要的”。他还指出,父母对此问题的反应就是“集体打呵欠”。

新的电子媒介技术

最近几年来,许多新的有发展前景的电子通信技术不断涌现。其中有些看来注定会给美国人的收视习惯带来根本性改变的技术,最后却得不到推广;有一些确实也完成了自己的历史使命。而对投资者来说,围绕着其余技术所进行的投资,却成了代价巨大的无效投资,一无是处,但却给它们的提倡者带来了数十亿美元的损失。

当然,有线电视系统几乎已不再是什么新技术了。但是,作为一种在 20 世纪 80 年代发展最快的视频传输系统,它的出现却让直播卫星(DBS)、多频

① 即给电视机安装附加封锁装置。——译者注

道多点发送系统(Multichannel Multipoint Distribution System,MMDS)以及其他一些曾是很有发展前景的新技术遭遇了令人扫兴的早期失败。可是,到了20世纪90年代末,新出现的类似于有线电视系统的直播卫星和多频道多点发送系统("Wireless Cable",无线线缆系统)已经与有线系统和广播电视一起,在一场高风险的赌注中争夺谁是未来电视传输系统的领头羊。在未来,电视传输系统很有可能是由另外一种新出现的技术——数字电视(DTV)一统天下。

数字化与高清晰电视

经过多年的调研、规划和争论后,1997年,联邦通信委员会批准在美国国内推行向数字电视的过渡。

遵照联邦通信委员会的规定,每一家全功率的电视台都分配到一个新的数字电视频道。联邦通信委员会下令,在最大的电视市场中的联播网直属电视台及其加盟电视台必须在1999年启用数字电视。到了2001年,尽管大约有200家电视台已经启用数字电视(此外,还包括它们常规的模拟传播),但由于种种原因,并非所有的电视台都能在限定期限内启用数字电视。较小电视市场中的电视台向数字电视过渡的期限可到2002年5月,但在1300家全功率的电视台中,却有大约三分之二的电视台没能在最后期限内启用数字电视。有几百家电视台向联邦通信委员会申请延期六个月,并得到委员会批准。与此同时,委员会指出,未来的延期申请将更加难以获得委员会批准。到2006年,所有的电视台都得退出他们原有的模拟频道,因此,这些旧的模拟频道将可以拍卖给最高出价者。

尽管如此,到了2002年,这一截止期限并不适宜已是一目了然。直到有85%的观众都能收看到数字电视时,广播电视业者仍没有被要求退出他们的模拟电视频道。而且到2002年,只有不到1%的美国家庭拥有数字电视机。与此同时,新出厂的模拟电视机,这种将在2006年被淘汰的机种,每年在美国国内的销量大约还有3300万。

业界许多人士希望,消费者将会去购买或者是租用机顶盒,如果他们没有购买新的数字电视机的话。然而,机顶盒却不能使用户享受到真正的、被提供商从一开始就视为数字电视主要卖点的高清晰电视(HDTV)服务。高清晰电视通过宽大的、具有剧场格调的屏幕向人们提供效果极好的电视图像。而机顶盒却不一定与高清晰电视服务完全兼容。2003年年中的时候,人们仍然无法确定,使用同一个机顶盒究竟能不能接收到所有的有线系统信号和无线广播数字电视信号。而有线系统并不愿意既传播广播电视业者的数字信号又传播广播电视业者的模拟信号。令广播电视业者感到沮丧的是,2001年,联邦通信委员会拒绝要求有线电视系统运营商同时传播这两种信号。

根据联邦通信委员会有关数字电视的规定,每一家电视台都得通过它的数字频道来播放人们长期期许的高清晰电视(HDTV),或者也可以选择在一个数字频道上同时播放四五个画质较低的节目。许多广播电视业者表态,在大部分的广播日中,他们将在一个数字频道上同时播放四五个画质较低的节目。因此,与以往相比,他们将可以提供更多的节目供公众选择。

然而,围绕数字电视的技术标准而展开的争论旷日持久,这使得广播电视业者、有线系统、设备制造商和消费者向数字电视过渡的进程受到了拖延。对于那些在数月或者(至多)几年之后就将被废置的硬件设施,没有人会打算在这上面进行巨额投资。另外一个争论依然发生了:包括好莱坞电影公司(Hollywood Studios)在内的内容制作商要求,假如一个节目被加密以便完全阻止被复制或者是通过加密来限制复制次数,那么,数字节目就应该配备有复制保护方案,以便防止观众使用数字录像机来复制电视节目。一些设备制造商和消费者团体都想知道模拟电视机和录像机允许消费者进行无限次复制,而对数字系统而言,这两者既不能让消费者进行复制,甚至也不能将高清晰电视那种受人们长期期许的优势带给消费者,这时候,消费者会不会将它们丢弃呢?

在1998年召开的广播工作者大会上,联邦通信委员会主席肯纳德说,"没有一位消费者打算去购买五个机顶盒、六个遥控器和一个价值6000美金但却不能收看到有线节目的电视机"。联邦通信委员会的委员苏恩·尼斯(Suan Ness)也补充说,"一旦电视机被连接到有线系统,那么,(消费者)刚购买的、可播放广播数字电视的真正的高清电视机是否就可以播放有线传输过来的信号呢?答案最好应该为'是'"。

但是,数字电视还存在其他一些问题。尽管主要电视市场中的一些电视台按规定期限启用数字电视。但是,其他许多电视台,特别是那些较小电视市场中的电视台依然在思索着这样的问题,即,当2002年5月这一最后期限过去后,他们该怎样将花费在数字电视转换上的数百万美金收回。为了向数字电视转换,他们需要配置新的演播室器材、新的电视信号发射装置,而且,通常情况下,他们还需要新的发射塔。业界经理人评估指出,一家普通的电视台向数字电视转换所需的成本为800万美元到1000万美元;对于各主要联播网来说,其所需的成本还得在此基础上再加上大约1亿美元的额外费用。由于有线电视系统和卫星电视也打算提供数字电视,许多广播电视业者同意这样的观点,即,他们必须转换为数字电视,这样才可以使自己依然具有竞争力。然而,巨额的转换费用却使许多电视台所有者束手无策。

1996年,在面向广播电视业者的一场演讲中,福克斯联播网的创建者默多克(Murdoch)对数字电视转换所需的资金从那里来提出质疑,“在我认识的人当中,没有一个人拥有一个已被证实过的、可以给他带来额外收入从而得以帮助他支付转换费用的商业计划。需要特别指出的是,从本质上讲,高清晰电视是一种防御性战略,它被用来帮助那些没有加入联播网的广播电视业者继续保住他们现有的市场和广告收入”。

另外一个令人伤透脑筋的问题是频谱拍卖。广播电视业者声称,他们无力在支付用于购买数字频道的费用的同时仅仅依靠广告收入的支持来提供免费电视节目。为了不需经由拍卖就能获得可供自己使用的数字频道,广播电视业者不止一次勉强同意了政府的要求,即响应联邦通信委员会和其他政府机构以公共利益的名义提出的节目改革要求。新近才制定出来的许多内容管制(前面章节对此已做了阐述)规则,就是使数字频道的分配无须经过拍卖的交换条件。但是,许多政府官员认为,将广播电视业者所拥有的旧模拟频道迅速拍卖掉,这对于帮助减少政府的财政赤字是急需的。另外,如果向数字电视过渡所需的时间远远超过预期,那将会发生什么呢?倘若到 2006 年,只有很少的一部分观众拥有数字电视机,而且剩余的电视台也不急于启用数字电视,情况又会是怎样呢?

在提供数字电视方面,广播电视业者依然面临着其他障碍。最为棘手的障碍之一就是最终获得政府的正式批准,以便建立新的发射塔或是对现有的发射塔进行修缮。所有的电视台都需要用于数字传播的新天线。如果电视台的发射塔上已经安装了模拟天线,那么,电视台就没必要再把新天线安装到发射塔上了。在许多地区,地方政府断然拒绝批准电视台建立新的发射塔,或者是在原先的发射塔上安装新的天线。对一些广播电视业者来说,尽管他们没有被拒绝他们享有权利来安装数字电视天线,但是,在获得地方政府的许可方面,他们通常也得面临漫长的拖延。这种情况使得许多广播电视业者不可能在联邦通信委员会指定的最后期限内启动数字传播。

2001 年,传播方面的律师、在任期内制定了数字电视技术标准的前联邦通信委员会主席瓦利(Wiley)声称,使数字电视得到快速发展的唯一方法就是,由国会制定一部如《全频道接收法案》(All-channel Receiver Act(1962))一样的法律。《全频道接收法案》规定,所有新上市的电视机都必须与超高频频道兼容,同时也应该兼容甚高频频道(Channels 2-13)。这部法律制定后,超高频广播首次有了成功的希望。而电视机制造商则回复说,假如他们必须让电视机具有数字接收性能,那么,哪怕只是让最小型电视机具备这种性能,他们也得为此多支付上百或者上千美元的成本。

2003 年 3 月,联邦通信委员会的一项记录显示,在 1315 家持有商业数字电视许可证的电视台中,仅有334家是以全功率来发射信号,而460家则是以缩减的功率来发射信号。另外有457家已经停播,但仍处在联邦通信委员会批准的宽限期内;有64家已关闭的电视台超过了联邦通信委员会批准的宽限期,面临着许可证被撤销的危险。

尽管存在诸多障碍,但是,每个人都认为,在将来的某一天,数字电视就会出现,观众也会收看数字电视。2002年,联邦通信委员会主席鲍威尔提出一个计划,企望可以打破高清晰电视所面临的僵局,这是一个鼓舞人心的迹象。在这个计划中,他号召四大电视联播网、HBO(时代华纳旗下的付费电视网)以及表演时间在2002年到2003年的一段时间内(2002—2003映季),利用一半的黄金时间来播放高清晰电视节目。此外,他还提倡,到2003年1月,主要联播网的加盟电视台传输联播网的数字信号,而有线电视系统也须在它们的一半黄金时间内传播五个数字节目频道。最后,他主张,在2004年1月1日前,电视机制造商应该给他们所制造的、36英寸及其以上的半数电视机配置数字电视调谐器,并在2006年12月31号以前给13英寸或者大于13英寸的所有电视机都配置上这种数码调配器。

在2002年后期,联邦通信委员会发出指令,强制要求制造商在2007年前在所有13英寸及其以上的电视机配备数字电视调谐器。同时下令,围绕版权保护问题而在节目制作商、电视联播网、设备制造商和消费者团体之间而展开的、旷日持久的争议必须得到解决。好莱坞的利益是不可动摇的,因此,包括免费的无线广播电视节目在内的所有数字节目都应该受得版权的保护。而消费者的利益更是坚如磐石,因此,录制电视节目的权利,这种被当前数以百万计的模拟录像机所有者认为是他们理所当然应该享有的权利,更不应该受到剥夺。与此同时,2003年,在制造商、广播电视业者和有线电视系统业之间,有关技术标准的争论仍无法得到彻底地解决。

那么,鲍威尔所做出的时间安排妥当吗?

有线—电话—因特网的融合

在《电信法案(1996)》的所有规定中,对美国人的生活方式产生的影响最为长远的或许就是那些旨在引导通信行业开展新一轮竞争的规定。在这些规定之中,最为重要的一项,就是准许电话公司(telcos)和有线系统相互进入彼此的业务领域开展业务,并将阻挡这种行为的州和地方法律予以先占(即是宣告无效)的规定。

甚至早在《电信法案(1996)》制定之前,许多州就已采取措施,准许经营有线公司开展电话业务;同时也准许电话公司提供有线电视服务。此外,联邦

通信委员会也在这方面采取了一些初步措施。而国会目前也声称,完全开放的竞争将成为一种准则。这将意味着:

- 本地电话公司可以运营有线系统,即便是在电话公司自身的电话服务区域内。
- 本地电话公司可以提供因特网接入服务。
- 本地电话公司可以经营长途电话业务。
- 有线系统可以提供本地电话服务和宽带(高速率)因特网接入服务。
- 如美国电报电话公司这样的长途电话公司可以自由地提供本地电话服务和因特网接入服务。
- 本地电话公司可以自由地制造电话机设备。而遵照法院命令,在很大程度上,本地电话公司不得开展一些会打破美国电报电话公司在美国国内垄断局面的业务。

为了使通信行业的这些巨大变革得以顺利实施,《电信法案(1996)》撤销了各种各样的联邦、州和地方的管制措施,并将那些可能会给阻碍变革的业内服务也予以取缔。2002 年,最高法院维持了一项判决,即,准许有线电视系统以低廉的价格来使用电线杆,哪怕是,有线系统是使用电线杆来提供高速率的因特网接入服务而不是用来传输电视节目(全国有线电视协会诉高佛电厂案(National Cable Telecommunication Association v. Gulf Power),534 U. S. 327)。

除了所有的这些规定外,《电信法案(1996)》还包括了其他的大量规定,鼓励竞争、制止那些阻挡竞争的商务活动。例如,给订户装置诸如机顶盒这样的"导航系统"就应该能与有线服务分离,可以外购,以免它们被用来给有线的竞争对手造成固有弱势。此外,各种各样的公司都不得利用从他们已经开展的、近乎是享有该行业垄断地位的业务中所获得的收入来"交叉补贴"它所新开展的业务。同时,诸如本地电话公司研究中心这样的实体,不得以一种有利于给电话公司营造竞争优势的方式制定技术标准。

所有的这些新竞争其发展进度究竟如何,这是无法确定的。但是,《电信法案(1996)》指导联邦通信委员会和其他的管制者精确地制定了数以千计的、可以尽快促进各种新竞争的规则。

甚至早在《电信法案(1996)》制定之前,联邦通信委员会就已采取行动来推动电视与电话服务的新竞争。在委员会一份名为"视频拨号"的会议录(1992)中,联邦通信委员会准许电话公司装设光纤。在性能上,光纤要比有线电视系统长期以来所使用的同轴电缆好得多。通过使用光纤,电话公司便可以给用户提供一个单向和双向的音频与视频服务的整合包,将高清晰电视、高速率因特网接入服务与电话服务囊括其中。

法院的几起判决推翻了《有线电视消费者保护与竞争法案》(1992)中的一些条款,而这些条款规定,禁止电信公司(telcos)在其电话服务区内提供视频服务。法院裁决这些条款触犯了《宪法第一修正案》(有关这方面的例子可参见 1994 年切萨皮克 & 波托马克电话公司诉美国案(Chesapeake Potomac Telephone Co. v. U.S.),42F.3d 181)。该案是《电信法案(1996)》明确准许电信公司在其电话服务区内提供视频服务后最高法院首次同意进行复审、随后撤销的案件。

直播卫星

20 世纪 80 年代期间,最令人感到失望的高科技业务当属直播卫星(DBS)业务。十年之后,直播卫星已经取得了巨大成功,同时,它也被政府管制者视为是有线必不可少的竞争对手,并得到了他们的扶持与推广。

20 世纪 80 年代早期直播卫星被作为一种未来的电视技术加以宣传,但在早期它却遭遇了惨败。最初投入运营的所有直播卫星公司纷纷另谋出路,而几乎就在人们首次提议将直播卫星作为一种重要的大众传播媒介来发展时,因技术、财政和销售问题而遭受损失的投资者也开始浮出水面。面对昂贵的成本以及有关经济服务潜力的严重问题,最初获得直播卫星广播电视许可证的所有公司纷纷取消了他们的计划。在这一过程中,一些准备开展卫星节目业务的供应商也不得不忍受着数百万美金的损失。直到很久以后直播卫星才站稳了脚跟。

直播卫星的概念相当简单,但是,实现它的技术却是既复杂又昂贵。许多卫星在赤道上空 22300 英里的轨道上运行。在这一高度上,每颗卫星都以和地球自转的角速度相同的速度围绕地球转动。这样的结果就是:每颗卫星看起来就像是地球上空一个固定不变的点,纹丝不动。人们称这样的卫星为"同步卫星"。这就使得用于接收卫星信号的碟形天线可以固定在一个位置上指向一颗卫星。假如通讯卫星不是与地球同步,那么,为了让每一个碟形天线可以指向一颗看起来是在天空四周移动的卫星,人们就得使用极其昂贵的跟踪硬件和软件。

一旦同步卫星进入轨道运行,地面发射站就会使用"卫星上行链路"频率向其发送信号;同步卫星接收到这些信号后,就会通过"卫星下行链路"将信号传送回地球。通常来说,"卫星下行链路"频率与"卫星上行链路"频率并不相同。

同步卫星通信并不是什么新鲜事。事实上,对所有在业界举足轻重的有线系统、广播电视业者、无线服务商以及报纸发行商来说,使用同步卫星来传播节目或者是信号已有多年的历史。尽管如此，早期通信卫星在运行时的发射功率都很低，因此，人们需要使用高灵敏度（因而体积也比较庞大）的碟形天线来接收它所发出的信号。或许20世纪80年代早期直播卫星的投资者未获成功的一个原因就是，观众必须在他的庭院里（或者是在房顶上）安装体积庞大的碟形天线来接收卫星信号。颇具特色的是，早期卫星天线的直径大约就有10英尺（许多房屋所有者协会、地方政府与社区认为早期卫星的外表并不雅观）。

今天，作为直播卫星的新发展，新一代的直播卫星拥有了更高的发射功率，而且使用了更高的频率。同时，它使得用户可以使用直径仅有二三英尺的碟形天线来接收它的信号。这种碟形天线非常小巧，因此，用户可以将它安装在窗户、阳台偏僻处，或者是把它装置在人们看不到的房顶拐角处。

20世纪80年代，尽管直播卫星的投资者全都以失败告终，但是，一些实力雄厚的通讯业务投资商依然在20世纪90年代创立了新的直播卫星系统；2003年，整个直播卫星业已拥有大约2000万的订户，这一数目足以对有线公司的财富产生巨大的冲击。

DirectTV公司（美国最大的卫星电视公司）和EchoStar通信公司，作为美国国内首屈一指的直播卫星电视运营商，在1999年年末拥有了许多新的订户；到了2000年，国会通过了新的《卫星电视家庭收视法案》，该法案准许卫星系统传播本地电视台的节目，而且包括那些提供联播网节目的本地电视台。法案实施后，这两大公司也增加了不少新订户。在《卫星电视家庭收视法案》出台前，直播卫星电视运营商被禁止传播主要联播网的节目，除非其服务对象是那些远离任何城市以致无法接受到无线广播电视服务的“信号盲区”（white areas）。为了让法案能够实施，新出台的这部法律对《版权法》进行了修改，第六章已对此做了阐述。

遵照《电信法案（1996）》的规定，联邦通信委员会采取了其他措施以让直播卫星系统与有线进行有效地竞争。例如，联邦通信委员会取消了有关地方分区（local zoning）和行为的禁令，使人们可以安装那些被用来接收直播卫星信号的碟形小天线。联邦通信委员会制定了一些规则，要求地方政府、房屋所有者协会以及房屋所有者不仅要容许碟形天线，而且也要容许电视天线。对于政府公寓，联邦通信委员会规则允许住户在阳台以及除了房顶和外墙以外的其他私人地方架设天线。

越来越多的用户架设了碟形小天线，除此之外，大约还有200万用户配备了更大型的碟形天线以便接收卫星传输的电视节目。尽管这些用户配备有更大型的碟形天线，但是他们依然无法收看到直播卫星传输的节目。相反，他们可以收看到那些最初预计通过有线系统而不是以直接到户的方式传送给公众的卫星节目。20 世纪 80 年代期间，国会有好几次准许订户通过支付一定的注册费用来收看这类卫星节目。配备有大型碟形天线的观众大部分集中在无法接收到有线系统服务的乡村地区。

其他技术

另外一项一度是很有发展前景的技术是多点分布服务系统（Multipoint Distribution Service，MDS），有时也被人们称为“无线线缆系统”（Wireless Cable）。多点分布服务系统（或者是叫多频道多点分布服务系统，multichannel multipoint distribution system，MMDS）使用微波频率以无线的方式给已经支付服务费用的订户传输电视节目。每一位订户都得在普通电视机上安装专门的天线和变频器以便接收到多点分布系统发出的信号。

20 世纪 80 年代期间，围绕多点分布服务系统的投资开始在美国国内的一些大城市兴起；到了 20 世纪 90 年代，许多先期投资商都以破产告终。许多投资商都无法以一个合理的价格来获得卫星电视节目（与有线业关系密切的许多节目提供商不愿意将它们的节目出售给那些与有线相互竞争的其他传播系统，直到 1992 年的《有线电视消费者保护与竞争法案》和其他法律做出规定他们须将节目出售给多点分布服务系统为止）。从最终的分析结果可知，有线业的市场渗透力与经济力不断增长，似乎使得早期的多点分布服务系统不可能与之一争高低。

尽管如此，到了 21 世纪早期，在与有线展开竞争的过程中，多点分布服务系统已经占据了一定的市场份额：在全国范围内，多频道多点分布系统已经拥有了大约 200 万的订户。《电信法案（1996）》要求地方当局必须允许人们在室外安装小型的 MMDS 天线，就如必须允许人们在室外安装电视天线和碟形卫星接收天线一样。

本地多点分布服务（Local Multipoint Distribution Service，LMDS）是另外一种可能获得一些市场份额的新技术。在一定程度上，它是多频道多点发送系统（MMDS）与蜂窝电话技术的结合体。它是以传输半径只有五六英里的“蜂窝”来传递电视节目的。这使得本地多点分布服务系统可以在每个“蜂窝”所传递的节目与其周围的“蜂窝”所传递的节目不同的情况下，传递适应于局部地区的个性化节目。

1997 年，联邦通信委员会制定了管制本地多点分布服务的规则，并于 1998 年开始拍卖可供这种新技术使用的频谱。

或许，与其他视频技术相比，使用流技术的因特网广播电视是一种最受公众瞩目的新兴视频技术。许多广播电视业者正在大刀阔斧地将流视频添加到他们的网页中,以便在因特网上全面开展业务。他们清楚地意识到,其他行业(其中包括报纸发行商)也正在迅速向因特网视频数据流靠拢。许多人做出这样的预测,即,由于因特网可以汇集来自报纸和广播电视业者的、有关本地与全国的竞争性视频新闻广播,因此,或许仅仅是在未来的一年内,观众就可以通过因特网,在多种新的视频节目源中进行选择。这种一体化将迫使政策制定者重新修改他们有关广播电视和出版的定义。在因特网上,广播电视业者与报纸发行商或者杂志发行商都同时提供交互式(双向)的广播电视,这将使得他们成了直接的竞争对手。

尽管如此,网络传播的发展已经遇到了障碍。其中之一就是版权问题(参见第六章)。另外一个问题就是,好莱坞联盟要求说,假如利用无线电传播的广播电视也可以利用因特网来传播,那么,他们就应该得到单独的补偿。这将导致许多合同与经济问题。

与此同时,电话业与有线业迅速合并(参见第十二章),并宣布了宏伟的计划,将花费数十亿美元把消费者的家庭用光纤连接起来,以便利他们提供服务。

另外还有一种被称为"卫星共用天线电视系统"(satellite master antenna television, SMATV)的视频传输系统。实际上,卫星共用天线电视系统与个人有线系统并没有多大的区别,但它却享有独特的法律地位,同时,它已经给运营者创造了一些利润。它可以给全国各大型公寓以及公共综合性建筑物的住户提供类似于私有的有线系统服务。

卫星共用天线电视系统的组成无外乎两种天线,即,一种用于接受无线广播电视信号、性能良好的天线,以及一种碟形天线,用以接收卫星传送的、额外付费的有线服务,如电影、体育和新闻频道。安装好这两种天线后,节目便可以通过同轴电缆输送给用户。

卫星共用天线电视系统并非真正是一项新技术。但是,当联邦通信委员会于 1979 年取消所有针对单向接收碟形天线的使用许可规定后,卫星共用天线电视系统就变得更加流行了。此外,在 20 世纪 80 年代期间,卫星电视接收系统的建造费用急剧下降,这使得综合公寓的所有者可以更加容易地构建卫星共用天线电视系统,取代给公寓内的各住户提供地方有线系统的接入。

此外,以损害社区性有线系统发展为代价下,几起诉讼促进了卫星共用天线电视系统的发展。1982 年,联邦通信委员会推翻了一部由纽约州制定的、有关"有线接收"法律。该法迫使房屋所有者必须准许有线运营商在其房屋中安装电缆,而仅仅需要为此支付一美元的费用。在罗托诉曼哈顿有线公司

((Loretto v. Teleprompter Manhattan Cable Corp.)(458 U.S. 419))一案中,法院宣称,这是一种没有给出合理补偿的私有财产征用。结果,纽约州的有线运营商必须与每一位房屋所有者进行协商,而且房屋所有者可以自由地将安装在自己房屋内的电缆拆除并使用自己私有的 SMATV 系统来取代它。

现在,数以千计的卫星电视共同天线系统(SMATV)已投入使用。它们中的许多都能给投资商带来利润,对这些系统的订户而言,他们都很难说清楚卫星电视共同天线系统与有线系统究竟不同在何处。对于同一个节目,在很多情况下,这两者所收取的费用都是相同的。

小功率电视(LPTV)是一种时常用“新颖”做标签的技术。事实上,它只不过是一种在 20 世纪 80 年代得到推行的、新型的常规电视广播。1982 年,联邦通信委员会准许“微站”(mini-station,即是指小功率电视台)在小城镇以及大城市的局部地方开展业务。委员会的用意就是,这些小功率电视台必须以低功率来传输信号,并且要低成本、高效率地运营,同时给那些很少能或者无法接受到本地电视服务的社区提供电视服务。为方便小功率电视台执行上述规定,联邦通信委员会并没有将许多用来管制全功率电视台的规定也应用到小功率电视台身上。小功率电视台可以在其信号发射点周围 10 英里到 15 英里内提供服务。到了 20 世纪 90 年代初期,已有 2200 个小功率电视台投入运营或者是正在筹建之中。

尽管如此,到了 2000 年,小功率电视却面临着数字电视的威胁:由高功率数字电视台而引发的新干扰。在一些社区内,小功率电视台不得不转而使用一些少有人问津的频道,无奈地忍受新干扰,或者更糟糕的是,为了让那些在法律上比小功率电视台享有更高优先权的新兴数字电视台免受他们的干扰,小功率电视台不得不将自己的经营业务予以缩减。最后,政府为了让小功率电视台免受新兴数字电视台的损害让小功率电视台获得了一些保护。但是,只有那些一天至少开播十八个小时而且使用三个小时来播放地方节目的小功率电视台才可以受到这样的保护。在全国 2200 家小功率电视台中,只有大约 400 家小功率电视台可以满足这一标准。

另外一种新兴的通信技术就是数字音频广播。它的正式名称是数字音频广播服务(DARS)。通过使用卫星来输送信号,数字音频广播服务可以给消费者提供许多高音质频道。

有四家公司申请得到经营数字音频广播的许可证。联邦通信委员会将超高频频谱中的频道留置给数字音频广播,同时也制定了面向新服务的管制规则。1997 年,数字音频广播的频谱拍卖活动开始了。两位胜出的投标者,即 SM 公司和 SIRIUS 卫星广播公司,总共支付了 1.73 亿美金来获得它们可以使用的频谱。这两家公司从2001年开始运营,并向他们的订户提供50个到100个节目频道,每月的收费大约是10美元。能够接收到数字音频广播的车载收音机,其价格最终可能也就比普通车载收音机高出100美元左右。数字音频广播的服务商往往更倾向于提供全国性的节目而不是本地节目。

为了与新兴的卫星传输数字广播服务展开竞争,无线电广播业者获得了开展"带内同频"(In-Band On-Channel,IBOC)数字广播业务的许可。2002年年底,带内同频广播获得联邦通信委员会的承认。委员会的用意就是,传统的调幅广播台和调频广播台可以给配置有设备来接收具有CD音质的语音以及正常模拟无线电广播的观众提供具有CD音质的语音。假如带内同频得到普及,那么,最大的赢家或许就是首次可以提供与调频广播电台同等音质的调幅广播电台。尽管如此,带内同频的管制规则仅仅是允许调幅广播电台在白天使用数字技术,而不准它在夜间使用数字技术,以免给远处的广播电台产生干扰。而调频广播电台则可以全天候的使用数字技术,无论是在白天,抑或是在夜间。

尽管如此,联邦通信委员会还是在2000年引进了另外一种广播:低功率调频广播。考虑到现有的大多数广播台都隶属于大型公司,联邦通信委员会的计划就是,准许功率较低的广播台给小社区或者是更大社区内的局部地区提供服务。在本书第十二章有关广播所有权这一节中,我们将对此开展更为全面地讨论。

或许,在所有的技术当中,最为古老的"新"技术就是调幅无线电广播。作为一种无法传输良好音质、已有好长时间不受人们关注的过时技术,凭借广播业与联邦通信委员会的支持,旧式的模拟调幅广播或许会卷土重来。联邦通令委员会已在1600千赫以上的频率中为调幅广播分配了10个新频率。而1600千赫以上的频率中,调幅广播一旦启动,调幅波段就会中止,两者几乎同时发生。除此之外,联邦通信委员会还制定了要求更为严格的新频道音质标准,并建立一套用来给当前广播台分配频道的优先制度。在缺乏全天候广播台的大城市中,一些只在白天开播的广播台可以在频道分配方面享有优先权,而那些在现有频道中受到干扰的广播台,也可享有这种优先权。

主要议题概述

今天,电子媒介面临着重大的法律、经济和政策问题。或许,我们正处于一场通信革命之中,而这种革命给我们所带来的影响,甚至远远超过了五十年前那场给我们带来了电视机的通信革命。在美国,至少已有四分之三的家庭拥有了电视机和录像机,而数字电视、因特网电视和数字音频广播已是随处可见或者是顷刻即至,许多以往的传播法律规则和经济规则业已过时。三大电视联播网雄霸美国国内娱乐市场的时光也已成过眼烟云。1979 年,美国广播公司、哥伦比亚广播公司和国家广播公司这三家电视联播网在黄金时段共同拥有的电视观众占到了这一时段内的观众总数的91%。而到了 2003 年,这一比例已明显低于 50%,同时,它还在继续下滑。

考虑到这些发展趋势,最近几年来,联邦通信委员会已在尝试使用不同的方法来实施传播管制。有些人或许会说,联邦通信委员会已经方寸大乱,并沿着一条曲曲折折的道路向一个模糊的目标迈进。

在电视机出现的早期,联邦通信委员会就试图运用公正原则和其他的内容管制规则来保护公共利益。随后,联邦通信委员会的一位主席开始声称,先前的规则为"规则丛林",并开始全面地解除对电子通信的管制。联邦通信委员会主要从市场竞争的角度寻求对策,而且尽力为广播电视业者、有线系统以及其他音频视频传输系统营造一个"公平的竞争环境"。之后,在 20 世纪 90 年代期间,联邦通信委员会制定并仔细考虑了一系列新的内容管制规则,提出了一些新问题,而这些新问题往往会涉及《宪法第一修正案》对电子媒介的保护应该到何种程度。

或许,最为基本的一个问题就是:联邦政府该不该管制传播内容?1961 年,当联邦通信委员会主席牛顿·迈诺称电视网络为"茫茫荒原"(Vast WasteLand)时,他无疑是这样认为,政府拥有权力,也负有责任对传播内容加以管制,以使之得到改善(而传播内容究竟有没有得到改善,取决于他和其他政府官员的内容评判标准)。

到了 20 世纪 80 年代,联邦通信委员会的另一位主席声称,电视机只不过是一台"有图像的烤面包机"。因此,对它而言,联邦政府所采取的许多管制都是没必要的。

诚如政府所阐述的,在一个拥有《宪法第一修正案》,同时也有着广播电视业者必须服务于公共利益这一传统的国度里,这些观点,孰对孰错?

联邦通信委员会所制定的规则,包括新的规则,还有先前的规则,真的是"规则丛林"吗?解除管制就是一个好主意吗?废除一项诸如公正原则这样的规则,其结果会是如何呢?广播电视业者是否也该如报纸出版者那样自由,看见到什么就可以报道什么吗?或者是,该不该由政府来决定广播电视业者以及其他媒体对时事要闻的报道方式?政府应该确定公共利益的范围吗?

诚如另外一位联邦通信委员会主席所建议,电视是否就该"对儿童友好"呢?对此问题,联邦政府能否真正地知道哪些节目最适合全国儿童,以及哪些节目最适合成年人？假如这样的话，仅是针对无线传播而没有施加到其他媒体的政府管制是否正确？而且最为重要的是，这种政府管制奏效吗？用新式电视机和童锁节目装置武装起来的父母们，他们是否就能真正使得孩子们无法收看到他们的朋友正在收看的电视节目？会不会有许多小孩仍在尝试，以求收看到他们的父母不允许他们收看的节目？

对于通过拍卖的方式来购买频谱的新兴媒体所有者来说，以上这些问题的答案是否会有所变动呢？当每位数字音频服务提供商（DARS）得花费超过9000万的美金来购买频道时，强制他们履行给公共利益提供服务的义务，这说得过去吗？如果政府还在实施内容管制，那么，确切地说，数字音频服务提供商究竟购买到什么呢？

此外，有线也遭遇过管制、放松管制、重新管制以及随后的放松管制。20世纪90年代期间，联邦通信委员会制定了一套对有线电视系统而言所曾见过的、最为复杂的一套管制体系。当然，依然存在的一个问题就是，随着这套管制体系的实行，公众确实是获益了，抑或是受损了？有线业声称，由于他们得降低服务收费，同时还得支付转播许可费以及其他新出现的费用，可供他们投入到新节目和新技术上的资金就少之又少了。另一方面，广播电视业者和一些维护公共利益的团体则将矛头直指有线业在其"无节制的垄断"时期犯下的、受到指控的不当行为。在谈论有线电视系统面临的这一套苛刻的管制体系时，一些人指出，"有线电视系统是自作自受"。

在新千年，我们是处于一个解除管制的时代，还是处于一个重新管制的时代呢？答案可能得取决于谈话者讨论的是新制定的内容管制规则，还是新制定的所有权规则（第十二章将对此展开阐述）。对于新兴的多渠道媒体"声音"来说，自身还需要下一番工夫来清除前进路上的阻碍。但是，是不是任何人都能真正地回答这个大问题：是不是所有新兴的音频和视频服务确实都能给我们带来更好的节目，还是说，它们仅仅是另外一个"茫茫荒原"？

因特网该从何处入手以便适应这种平衡呢？《宪法第一修正案》给因特网提供了广泛的保护，这将导致新的问题和新的荒谬。媒体正在向融合的趋势发展。这是否就意味着，一个四个字的低俗用语是通过因特网传输而且只让成年人看到，那么，它们就可以光明正大地出现在屏幕上，但如果它们是通过无线广播电视传输并大约在下午6点被接收到，那么就应该禁止呢？

假如因特网可以几乎完全不受政府的内容管制，那么，广播电视业者难道就不应该同样地完全享有《宪法第一修正案》所赋予的自由吗？那么，有线呢？倘若同样四个字的低俗用语通过有线出现在观众眼前，又假设观众已经订购了加密的成人频道，这可能没什么不妥；但是，假设观众没有订购这种频道,那么,这就欠妥了。如果这种低俗用语出现在租用的录像带中,情况又是如何呢?低俗用语是不是顷刻之间就能够得到观众、听众的认可呢,尽管它们可能会给广播电视业者带来170万美元的惩罚?针对不当节目的管制是不是就可以真正使得小孩无法听到或者看到那些他们在其他地方都未曾听过或看过的话语吗?

给政府管制广播电视提供依据的传统稀有理论,其情况又是怎样呢?在这个多渠道的世界里,它们依然有效吗?今天,限制新兴的视频节目服务进入市场的一个首要因素是市场饱和度,而不是无线电频谱的物理饱和度。在今天,倘若现存的传统广播电视可以被替换掉,那么,联邦通信委员会所收到的频率使用许可证申请数要多于委员会的批准数,这样的事实依然是最应该考虑的因素吗?在可以将视频节目传输给消费者的传输系统当中,无线广播电视仅是其中之一。

在这一点上,限制报纸发行量的经济因素同样也会对类似于电视的服务起到限制作用。假如市场允许,那么,任何一个行业都可以拓展无数个额外市场。确实,广播电视业者必须获得政府颁发的许可证才可开展业务,而报纸发行商却无须这样。但是,类似于电视的新兴服务已是遍地开花,而大部分报纸却是节节败退。这看起来几乎不是什么问题。

由于音频信号和视频信号可以通过因特网传输,现在,在无须征得政府许可的情况下,任何人都可以成为一位"广播电视业者"。一些人更是声称,这种事实将彻底推翻稀有理论,但是,包括联邦通信委员会的委员在内的政府管制支持者却回复说:"该如何解决数字鸿沟的问题呢?"他们强调,只要并不是任何人都可以使用因特网,而且无法使用因特网的绝对多数都是少数族裔成员,那么,政府就得依据稀有理论,继续实施传播管制。更为愤世嫉俗的人可能想知道:"面对高昂的版税,网络传播究竟享有多大的自由呢?"

变化中的技术和市场力量,而不是政府政策的制定者,将对上述的许多问题做出回答。

电子媒体管制概要

为什么广播电视业者必须遵循专门的法律?

广播电视业者并不能拥有频率。无线电频谱是一种贵重的有限资源;很早以前,国会就宣称,任何人想获得使用频率的特权,就必须满足"服务于公共利益、便利性和必要性"的条件。广播电视业者必须从主管电子媒介的联邦通信委员会那里获得频率使用许可证。

许可证是否必定可以得到续展？

不是。尽管如此，如果许可证持有者的服务记录可以显示出它提供了"实质性服务"，那么，他所持有的许可证几乎必定可以得到续展。与以往相比，许可证续展受到市民团体以及其他人士的质疑的现象已更加普遍。在某些情况下，由于触犯了联邦通信委员会的规则或者是触犯了刑法，广播电视业者就会失去他们当前拥有的频率使用许可证。但是，对那些犯下严重罪行的广播电视业者来说，通常情况下，他们可以将自己的许可证出售或者是转让，以免使该许可证被吊销。

管制广播电视内容的主要规章制度有哪些？

公正原则是一项由联邦通信委员会制定的、推行将近四十年的政策。它要求广播电视业者在他们的节目中必须维持一种全面的平衡。1987 年，联邦通信委员会将这一规则予以废除。此举使国会和一些维护公共利益的团体大为震惊；但是，对于那些反对政府官员对其新闻判断进行事后审查的广播电视业者来说，此举令他们感到高兴。人们不应该将平等时间原则与公正原则混为一谈。作为《电信法案》的一项规定，平等时间规则要求广播电视业者将同等的播放时间以同等的价格出售给参与同一职位竞选的所有政治候选人。平等时间规则并没有被废除。正如联邦通信委员会通过种种方式加以阐述的那样，电视台也必须在每周播放 3 个小时的儿童教育节目，而且所播放的节目必须符合公共利益，并不得播放许多带有恶作剧性质的节目。

如何管制有线电视系统？

有线电视系统的经营并不需要获得联邦通信委员会的许可，理由是它们的信号并不是采用无线电来传输。尽管如此，由于有线电视系统的运营会对依靠无线电来传输信号的广播台和电视台产生影响。因此，它们仍须受制于联邦通信委员会制定的许多管制规则。20 世纪 80 年代期间，有线电视系统被放松了管制。但是，1992 年，国会又对它实施管制，并对有线电视系统强行实施许多新的约束。1992 年的《有线电视消费者保护与竞争法案》批准了有关收费回落、必须传送或者是协议转播的规定，以此来给本地电视台提供保护。此外，有线系统必须签署专营协议，此举可使各城镇对有线系统实施一定程度的管制。对于 1992 年的《有线电视消费者保护与竞争法案》所规定的、一些有关费用回落和其他方面的规则，《电信法案（1996）》则将它们予以废除。

第十二章　媒介所有权

谁是美国大众传媒的所有者?媒介所有权的本地化是否要比连锁化更加合理?当同一家公司拥有很多报纸、杂志、电影和电视工作室、互联网服务、广播电台、电视台以及联播网和有线系统,或者是由以上媒介形成的联合体时,是否会对公众利益造成危害?

自从一个世纪前威廉姆·兰道夫·赫斯特(Hearst)和斯克里普斯(Scripps)家族建立这个国家第一个全国性的报系以来,这些问题一直颇具争议。媒介评论家们常常对大众媒体所有权的这种集中趋势表示忧虑,因为这种趋势很可能成为对新闻自由和公众利益的威胁。他们认为,不管这些巨型媒介联合体的管理人员有着多么良好的意图,媒介所有权的集中将剥夺媒体的独立性,而这种独立性恰恰是维护民主的重要保证。而其他支持大众传媒所有权连锁化的人则为这种所有权的实现方式辩护道:巨型公司正努力为他们服务的每一个社区提供良好管理和公共服务。此外,规模经济也能说明所有权集中的优越性:与小公司相比,大公司往往能够更有效地完成许多事情。例如,一家在某个城市中拥有八个广播电台的公司,与八家只拥有一个广播电台的公司相比,能够以更少的人力和更低的成本去更有效率地完成销售广告、制作节目以及广播电台的维护工作。

从另一方面来看,媒介所有权集团化的支持者们也承认许多弊端开始出现,而政府部门则早已不时地采取一些行动来纠正这些问题。例如,美国司法部频繁地采取行动以扼制大众媒体中不利于市场竞争的商业行为。联邦通信委员会已经采取行动对广播电视行业中的连锁所有权和印刷业与无线广播电视媒体的交叉所有权进行限制。但也存在着这种情况,无论是美国司法部还是联邦通信委员会,在大型的多媒体集团与其他媒体行业的大型公司谋求合并的时候,却往往抱以默许的态度。有时联邦通信委员会甚至不顾其固有的规定而去促进这种合并行为。国会在1996年修改了《电信法案》,从而放宽了相关的所有权限制,对于这种情况的解释是,公司应该能自由发展并且与其他的企业竞争,同时也具有进入对方商业领域的自由。1996年法案不仅取消了诸多所有权限制,也促使联邦通信委员会每两年就对其他仍在执行的各种媒介所有权限制重审一次，并决定哪些限制应该被取消。

在 2003 年一年中，联邦通信委员会根据国会的法令，取消或中止了许多长期执行的媒介所有权限制。这种行为引起了民众的恐慌，也包括国会中的两党议员——他们迅速通过立法程序来阻止并扭转联邦通信委员会放松媒介所有权限制的举措。2003 年一年中，在参议院委员会看来是十分清楚的法律却在参议院和众议院中变得不确定起来。

毫无疑问，关于媒体所有权及其商业行为的问题，包括已经成为日常新闻的巨额合并案、所有权规则的变更以及反垄断诉讼，都从来没有像今天这样饱受争议。

对反垄断法的全面回顾

美国政府对垄断商业行为的真正管制始于《谢尔曼法案》(Sherman Act)，该法案制定于 1890 年，目的在于遏制美国内战后工业化时期垄断行为的猖獗泛滥。谢尔曼法案是美国反垄断法的先驱，它禁止了“各种对贸易或商业活动造成抑制的合同、合并……或者共谋行为”。

1914 年《克莱顿法案》(Clayton Act)获得了通过。该法案明确禁止了垄断商业行为并扩大了联邦政府的反垄断执法权。1950 年，国会又通过了《塞勒—凯弗维尔反兼并法案》(Celler-Kefauver Act)，禁止造成垄断、减少竞争的公司收购行为。这个法案的通过进一步加强了反垄断法。因此，商业所有权变更和商业行为都在联邦法律的监督下进行。

大量的商业行为都为反垄断法所禁止，而部分其他可进行的商业行为则必须特别备案。例如，固定价格和利润分享就是被禁止的。这意味着，存在竞争关系的公司之间，通过协议规定非竞争性价格或者分享利润是违法的。相互竞争的公司应该通过竞争保证相互之间的价格是低廉的，而不是设法避免价格竞争。

另外，许多合并行为，捆绑策略或者联合行动(抵制或者出售商品)也是违法的。合并是指两个商业主体的联合。当合并参与方充分地减少了竞争行为，并有效影响消费者和其他企业，合并行为就被认为是非法的。因此，必须经过政府部门的核查并获得批准，大公司之间的合并才能完成。

捆绑策略包括迫使消费者在购买他们需要的东西时还必须额外购买自己不需要的商品，同时限制消费者不能在别处轻易获得自己真正想要的东西。联合行动有多种形式，其中一种普遍的表现形式是拒绝与某人或者某家公司进行交易，从而使对方(某人或者某公司)被迫做一些他不愿进行的商业行为。

这些多种多样的商业行为是否触犯法律,取决于具体的情况和特定的情形。在一些反垄断案例中,法院提供了相应的判断规则,以判断具体的商业行为是否违法。这些规则也许包括非常复杂的经济学分析,同时也经常含有一些判决意见。在一些特殊的案例中,本质"per se"规则是适用的:一些商业行为违法情节如此严重以至于在本质上就触犯了反垄断法。

联邦反垄断法确定了三种不同的执法行动作为对抗反竞争性商业行为(即垄断行为)的武器:(1) 由美国政府通过刑事诉讼来惩罚作恶者;(2) 由联邦政府通过提起民事诉讼阻止垄断性商业行为;(3) 由受到垄断商业行为损害的公民个人或其他公司提起三倍损害赔偿"treble damages"诉讼。三倍损害赔偿"treble damages"意味着垄断行为的受害者可以获得三倍于其损失的赔偿,这对于违反反垄断法的行为是有力的遏制。

以上所有内容都是由联邦反垄断法提供。它们适用于州际商业活动以及可能对州际商业活动产生影响的本地商业活动。美国司法部反垄断司是执行这些法律的主要部门。然而,当纯粹的地方商业活动也被囊括进来以后,处理反垄断法事务的权限也下放到了各州。这些州至少制定了一些反垄断商业行为的法律以处理州内的垄断商业行为。此外,各州官员也会提出获得执行联邦反垄断法权限的请求。例如,1990 年最高法院支持各州运用联邦反垄断法阻止存在竞争关系的公司之间的合并行为,即使该项合并已经获得联邦政府的批准。

最近几年,许多美国公司认识到反垄断行动并非仅仅是美国联邦政府与各州的事务。欧盟也有一个由 20 个成员组成的团体。该团体拥有驳回对欧洲的商业竞争产生负面影响的合并或并购商业行为的权力。有不止一项合并案在美国获得批准但是在欧洲却遭到否决。而在贸易全球化的情况下,没有一个美国大公司敢于忽视欧盟的规定而完成一项未获得欧盟批准的合并案。

微软反垄断法案例

在 21 世纪初,由于微软公司的反垄断法案件,公众要比以往的任何一个历史时期都更加关注反垄断法。在本案的开始阶段,美国司法部以及 20 个州(稍后减少为 18 个)针对这个软件巨人被控的各种违法商业行为提起了联合诉讼。托马斯·彭菲尔德·杰克逊(Thomas Penfield Jackson)法官主持了本案最初的调查,并在初审中认定微软公司的 Windows 在个人电脑操作系统市场上存在实质性的垄断。他随后做出裁决,认定微软公司的许多商业行为已经违反了反垄断法的有关规定。例如,他裁定微软公司采取了违法的捆绑策略,将其开发的互联网浏览器 Internet Explorer 与 Windows 操作系统进行捆绑销售,从而达到打击其在网络浏览器领域的竞争对手网景(Netscape)公司的目的。他还指出,如果其他购买 Windows 操作系统的电脑生产厂商在其电脑上预先安装微软竞争对手的应用软件,微软便会向其收取更高的价格。此外,微软公司还要求其软件工程师在编写软件时设置一些障碍以保证微软自己开发的应用程序比其他竞争者的应用程序在 Windows 操作系统环境下工作得更好,这种行为可以使微软通过其处于垄断地位的 Windows 操作系统扩大其在应用软件市场的份额。托马斯·彭菲尔德·杰克逊法官还裁定了微软其他的违法商业行为。

基于以上的判决,杰克逊法官命令微软对这些触犯反垄断法的行为做出赔偿。此外,他还要求微软公司将自身分拆为两个独立的公司,其中一个主要开发并销售 Windows 系统,另一个则负责目前微软公司的其他所有相关业务。他还要求微软公司将 Windows 操作系统以统一的价格销售给所有大型的电脑制造商,而不能考虑对方是否在其电脑中安装了竞争对手的软件。

杰克逊法官随后表示,微软可以就此判决在规定的时间内直接向联邦最高法院提出上诉。而微软公司则不仅仅对该法官的决定以及他提出的赔偿数额表示反对,还直接向最高法院提出上诉。最高法院否决了其直接上诉的请求,将该案发至位于华盛顿特区的美国上诉法院进行审理。

在 2001 年年中,上诉法庭取得了一致意见,推翻了杰克逊法官做出的赔偿判决以及对微软进行分拆的决定。由于杰克逊法官对媒体发表了数次煽动性的言论,上诉法院剥夺了其听审第二轮审判程序的权力。尽管当他们了解到并没有证据证明杰克逊有事实上的偏见时,上诉法庭表示,杰克逊的言论很可能会使该案的其他关注者对他的公正产生怀疑。

然而,上诉法庭同时支持了杰克逊法官对"微软公司的行为是'反竞争'的……而这些行为的目的在于维护其垄断地位"的认定,以及其他违反法律的事实的认定。所以,该案又被发回初审法院,对一些判决和观点进行重新确认,其中包括了对微软垄断造成损害的适当赔偿方案。但是,这次是由其他法官来主持本案的审理。

该案被指派给了科林·克拉尔·考特雷(Colleen Kollar-Kotelly)法官。在她就上诉法庭未解决的问题取得任何进展之前,美国司法部以及 18 个州中的 9 个与微软达成了庭外和解方案。科林·克拉尔·考特雷法官给出了一个为期 60 天的讨论期,让支持者与反对者可以对该方案进行充分的讨论。这个决定是依据联邦法律——《塔尼法案》(Tunney Act)做出的,该法案规定类似于本案的反垄断诉讼和解时应该有这样一个公众讨论期。关于本案的多达

30000 份书面意见被呈上法庭,这是前所未有的。这些意见中,既有主要的律师事务所从其客户利益出发所提出的极为复杂的法律辩论意见,也有简短的类似"我恨微软"这样来自公民个人的意见。至少有两名参议员,奥林·G. 海彻和帕特里克·J. 利恩对这个解决方案提出了批评,参议院司法委员会也为之举行了一场听证会。

其他坚持诉讼的 9 个州寻求微软为其垄断行为付出更多赔偿的附加制裁条款。最后,科林·克拉尔·考特雷法官支持了前述解决方案,而仅仅批准了坚持诉讼的 9 个州的少量要求——最突出的表现就是要求微软公司在美国司法部及其对手公司所期望的时间之前,向其竞争对手透露一些敏感技术。

坚持诉讼的 9 个州中,有 7 个州表示他们将不再上诉。然而,马萨诸塞州检察长托马斯·瑞里(Thomas Reilly)表示他们将继续上诉。他们认为被法院接受的解决方案存在很多问题。西弗吉尼亚州也加入了马萨诸塞州的上诉行动,该州(指西弗吉尼亚州)随即于 2003 年接受了微软公司的解决方案——由微软公司提供价值 2000 万美元的电脑硬件和软件以改善其学校设备,作为回报,该州撤销了对微软公司的上诉。2003 年 3 月,位于华盛顿特区的联邦上诉法院宣布他们将听取马萨诸塞州对解决方案的反对意见。

科林·克拉尔·考特雷法官保留了在该解决方案执行期间对微软公司进行监控的权力并保证该公司商业活动会受到持续的公正审查。但是,对于包含在解决方案中的,由加利福尼亚州以及其他 8 个州提出的对微软公司的商业行为进行改变的要求,则仅仅被接受了一部分。

同时,为了解决公民团体对其提出的反垄断法诉讼,微软公司承诺拿出价值 1 亿美元的软件和整修过的硬件提供给低收入地区的学校。但是,由于拷贝软件的成本极低,微软公司的这个建议依然引起了广泛的批评——微软的竞争对手认为,这样的行动不足以补偿微软的垄断行为给对手造成的损害。一个联邦法官认为该解决方案是不适当的,并迫使微软重新进行谈判。

2003 年,微软公司解决了另外一件棘手的反垄断法诉讼。微软同意支付 7.5 亿美元,换取美国在线时代华纳(AOL Time Warner)放弃对微软通过非法行为导致其网络浏览器市场中的竞争对手厂商网景死亡的诉讼。

《第一修正案》与反垄断法

大约 150 年前,根据第一修正案,国会以及美国司法机构一直抱持自己没有权力对媒体的商业活动进行管制的观念,但是这种情况在新政时期已经改变。在 20 世纪 30 年代经济萧条的巨大压力之下,记者劳工组织成立,罗斯福总统当政时期的政府部门采取了比以往任何时期都更为积极的态度对新闻媒体的经济活动重新进行详细审查。到1945年,联邦最高法院两次裁定大众媒体的商业经营活动应该充分纳入政府管制范围。这些早期的案例都涉及了美联社——美国最大的新闻通讯社。

联邦法院通过1937年一桩涉及劳工法的案件,裁定《宪法第一修正案》并不能使大众媒体逃避对其采取的管制。在美联社诉美国劳工关系委员会(AP v. National Labor Relations Board)(301 U. S. 130)的案件中,一名美联社的记者由于参加美国报业工会的组织活动而遭到解雇。该工会就美联社在劳工方面的不公正行为向全国劳工关系委员会提出抗议。而美联社则对全国劳工关系委员会对美联社违反劳工关系法的裁决提起上诉,联邦最高法院受理了此案。最高法院肯定了劳工关系委员会的裁决,不同意美联社关于工会活动会对编辑自由造成威胁的说法。最高法院认为:

> (国家劳工关系)法案并没有强迫美联社雇佣任何人;该法案也没有要求美联社与一个不合格的编辑或者那些由于受到偏见和成见影响而不能在编辑新闻时忠于事实的人保持雇佣关系。该法案允许根据除了员工参加工会活动或与雇主就报酬进行集体议价之外的其他任何理由将员工解雇。

接下来,最高法院指出:

> 美联社是通讯社不能作为其商业活动免受管制的理由。报纸的出版者也不能游离于现行主要法律之外。他没有任何特权侵犯他人的自由权利。

几年后,最高法院在里程碑式的案件——美联社诉美国((Associated Press v. U. S.)(326 U. S. 1,1945))中再次驳回了美联社要求根据《宪法第一修正案》解除政府管制的要求。这个案件涉及到反垄断法。

该案例的发生,是由《芝加哥太阳报》申请成为美联社成员资格被其同城主要竞争对手《芝加哥论坛报(*Chicago Tribune*)》所拒绝而引起的。根据美联社的规章制度,每一个成员都享有否决权,以阻止其竞争对手加入美联社并获得它在世界范围内的新闻报道服务。这个政策已经执行了将近100年,但是当它被一个颇具影响的报纸用来排斥其著名的竞争对手时,就会招致政府的详细审查。

美国司法部质疑将《芝加哥太阳报》排斥出美联社违反了联邦反垄断法。司法部指出与美联社成员没有直接竞争关系的报纸很容易加入美联社。然而,美联社成员的任何潜在的竞争者如果想要加入该组织,不仅需要扫除其竞争对手手中的否决权的阻碍,还必须交纳巨额的费用。而如果不加入这个组织,根据美联社的规章,该报纸就将无法获得美联社的新闻。

该案例被移送至最高法院。最高法院认定这些内部规章以及规定的确触犯了反垄断法。最高法院强调《宪法第一修正案》并没有给予大众媒体的商业行为免受法律规范的权利:

> 在商业行为中,出版商买卖新闻的商业活动与其他商业参与者买卖货物的行为性质一样,并不能给他们提供宪法上的避难所(指《宪法第一修正案》),从而使他们在商业活动触犯法律时免受惩罚。

此外,法庭认为,美联社拒绝为许多潜在成员提供新闻。它的内部规章与出版自由的目的相去甚远,实际上抑制了出版自由:

> 出版自由意味着全面的自由而并非局部的自由。宪法保障出版自由,但并不保障联合起来限制他人传播的自由。《宪法第一修正案》保障的不受政府干涉的出版自由并不支持因个人利益压制出版自由。

联邦最高法院针对美联社的两次裁决,确认了政府监管美联社商业行为的权力,由此司法部展开针对违反联邦反垄断法的某些新闻出版机构的一系列行动。

报纸反垄断案例

20 世纪 50 年代,两件涉及报纸的反垄断案在联邦最高法院进行审理。与此同时还有一些其他的重要案件由下级联邦法院作出裁决。

第一个涉及报纸的案例,是一家报纸被控拒绝刊登任何一个在当地一家广播电台购买节目时段的商家或个人的一切广告。这个案例(洛伦杂志公司诉美国案(Lorain Journal Company v. U. S.)(342 U. S 143,1951))导致最高法院取得了一致意见,支持政府的做法并抵制出版商的垄断行为。因为该报纸几乎覆盖了当地所有的家庭,它以拒绝刊登广告来威胁那些在当地广播电台投放了广告的商家及个人,可能导致的结果是商家和个人都被迫不得不取消在该广播电台放置广告。大部分商人必须在该报纸上投放广告,因为他们没有其他的方法来接触大量他们的客户。

在法庭上,该报纸不仅用《宪法第一修正案》为自己的政策做辩护,还提出一个著名的原则:出版者有权拒绝刊登广告。联邦最高法院没有接受这些辩护意见,并指出反垄断法给出了概念,界定了出版者拒绝广告的权利。法院认为,当拒绝刊登广告的行为是基于垄断商业的目的,那么就必须允许其他的商业主体从垄断竞争中获得自由的权利。之前一个较低级别法院对该报纸商业行为做出的判决得到了最高法院的确认——该报纸必须连续六个月每周刊登关于本次判决的布告。这样带有轻微的侮辱性的判决,并不常见。

十年后,洛伦杂志公司试图驱逐出市场的这家广播公司依据反垄断法获得了三倍赔偿(埃利亚·洛伦广播公司诉洛伦杂志公司案(Elyria Lorain Broadcasting v. Lorain Journal), 298 F.2d 356, 6th cir. 1961),即这家广播公司获得了因洛伦杂志公司的垄断性商业行为给其造成的实际损失的三倍赔偿。

20世纪50年代,一家报纸出版商在另一场联邦最高法院审理的反垄断法诉讼中的遭遇要好一些(皮尤卡恩时报诉美国案(Times-Picayune v. U.S.)(345 U.S.594,1953))。在这个案例中,司法部对捆绑策略提出了质疑:客户必须在名叫《新奥尔良州(*New Orleans States*)》的晚报上刊登广告才能获准在同属一个公司的新奥尔良《皮尤卡恩时报(*New Orleans Times-Picayune*)》的晨报上购买广告空间。而与之竞争的另一份晚报——《新奥尔良事项报(*New Orleans Item*)》则是本案中所宣称的受害者。

本案在联邦最高法院开庭审理,法官们的投票结果是5:4,皮尤卡恩时报公司胜诉。多数人意见同意司法部的判决,认为皮尤卡恩的行为是一种典型的捆绑策略。然而,法院认为,在这个具体的案件中,并没有有力的证据证明该报纸的捆绑策略对其他的报纸造成了损害,因而无法确定其是否违反了反垄断法。这是有道理的,因为《新奥尔良事项报》是盈利的。此外,《新奥尔良事项报》一直从广告收入中获得利润,而且实际上它所售出的广告比其竞争对手《新奥尔良州晚报》更多。

因此,最高法院中的多数法官拒绝将皮尤卡恩视为一个充分占据统治地位的产品。在这种情况下,皮尤卡恩公司利用捆绑策略并不违法。简而言之,美国司法部在该案中败诉。

联邦最高法院的这个裁决是正确的么?也许是。但是仅仅几年之后,《新奥尔良事项报》就陷入了极度的困境,并最终被皮尤卡恩吞并,组成了《新奥尔良州—事项(*New Orleans States-Item*)》。

尽管如此,针对报纸的另一项反垄断诉讼案于上世纪50年代出现。该诉讼案之所以著名,是因为它以实例说明了所有三种美国联邦法律允许的反垄断诉讼。堪萨斯市(位于堪萨斯州)星光公司诉美国案((Kansas City Star Corporation v. U.S.)(240 F2d 643, 8th cir. 1957))由雇员所拥有的堪萨斯市星光公司(Kansas City Star Corporation)各种可疑行为引起。星光公司是堪萨斯市唯一的早报和晚报出版商，同时也是该市领先的联播网附属电台和电视台的所有者。在这些诉讼完成之前，与之竞争的一家日报已经破产。

该公司涉嫌多项垄断行为。例如，广告客户必须同时在早报时报和晚报明星报上刊登广告，报纸读者也必须同时订阅两份报纸，而不能只在一家报纸上登广告或者只订阅一家报纸。该公司还威胁那些在竞争对手报纸上打广告的客户要取消它们在旗下报纸上刊登的广告。另外，一些广告客户为了能在该公司旗下的电台和电视台上播放广告，而被迫在时报和明星报上刊登广告。在一个案例中，一个美国职业棒球球队的主要商业合作伙伴遭到威胁：如果该公司继续在与星光公司具有竞争关系的报纸上刊登广告，在运动栏目中有关他的新闻就会被禁登。

总之，这是公然滥用所有权的实例，它对一个城市产生了过大的影响。评论家就这种状况指出，一家报纸被雇员拥有并不必然比它被一家巨大的外地报系控制时更有道德。其他观察家发现具有讽刺意味的是，一家由 19 世纪末最有公德心的出版商之一威廉姆·洛克希尔·尼尔森创建的报纸，竟会堕落到这种地步。明星报之所以能够取得其统治地位，是因为尼尔森为他的社区承担了义务，没想到该报竟然会在其创始人于 1915 年逝世后滥用其势力。

不论《堪萨斯市明星报》有多么卓著的过去，美国司法部对其发展现状进行了理性的评估，并同时发起了刑事和民事的反垄断诉讼。美国司法部寻求对该公司及其部分管理人员予以刑事制裁，并发出了要求停止这些非法行为的民事命令。一个联邦上诉法院在 1957 年判定该公司及其广告经理犯有刑事罪行。不久，该公司同意出售其电台和电视台，并停止强迫广告客户同时在两家报纸上购买版面，从而解决了民事诉讼问题。

与此同时，许多公司和个人针对这个已经四面楚歌的公司，发起了一系列三重损害赔偿的民事诉讼。该公司最终解决了大部分这类诉讼，并回归到其创始人尼尔森向往的商业模式上。关于这场复杂的诉讼，还有很有趣的附注：大约在二十年之后，雇员所有者以一亿一千五百万美元的价格将星光公司卖给了资本城市传播公司，结束了美国新闻业雇员所有制的最后大范围实验之一。

另一类反垄断的诉讼产生于上世纪 60 年代中期，起因是《洛杉矶时报》的发行商时代镜报公司（Times-Mirror Corporation）购买了南加州最后由家庭所有的日报——桑波那迪诺太阳电讯公司。美国司法部提出诉讼，要求《时代镜报》转售《太阳报》，理由是购买行为从实质上削弱了桑波那迪诺郡的报业竞争。桑波那迪诺市位于洛杉矶市区东部 60 英里，是美国最大的郡。

在一场联邦地方法院的诉讼中，美国司法部说明太阳公司在该郡中的主要竞争来自于《洛杉矶时报》。而且,郡中的其他几家报纸要么停止了日报出版,要么大约在同时被卖给了其他报业集团。法院裁定对太阳公司的并购触犯了联邦反垄断法,并命令《时代镜报》转售该报纸。地方法院的裁定因最高法院拒绝审理于1968年才得到确认。

时代镜报公司服从了法院判决,将太阳公司卖给了甘尼特公司。甘尼特公司是一个大型报业集团,当时总部设于纽约西部。尽管甘尼特拥有远比《时代镜报》多的报纸,但当时在南加州还没有报纸。因此,该出售并没有触犯针对削弱竞争的并购法律。

这件事情的整个过程使得观察南加州新闻业状况的专家感到困惑,主要有两个原因:首先,以防止垄断的名义,司法部强迫60英里外的外地所有者将报纸卖给2500英里外的外地所有者。而且,当时时代镜报公司还拥有另外一家郊区报纸《桔岸导航报》,这家报纸距离洛杉矶更近,与《桑波那迪诺太阳报》相比,和《洛杉矶时报》有更加直接的竞争关系。当然,无论从社区服务还是商业操守来看,时代镜报公司对于《桔岸导航报》的记录都显示良好。也许,如果在并购实施前受到政府详细审查,司法部也一样会反对时代镜报公司对《桔岸导航报》的并购。

尽管如此,反垄断法在这一点上是清楚明了的:在全美的不同市场上并购报纸是完全合法的,但在重叠市场上并购临近报纸是不合法的。离本地较近的管理层可能比千里之外的管理层更能够满足社区的需求,这个事实使得伦理问题变得复杂,但并不能改变法律。另外一方面,司法部对于此类事件有多重判断。近年来有多项接管、兼并和收购案似乎触犯了反垄断法,至少像《洛杉矶时报》对《桑波那迪诺太阳报》那样难以容忍。在上世纪八九十年代是放松管制时期,政府对并购持默许态度,在六七十年代可能无法为反垄断法所允许的交易有时可能会被批准。例如,美国司法部对于1991年和1992年《阿肯色新闻报》(*Arkansas Gazette*)和《达拉斯时代先驱报》(*Dallas Times Herald*)分别被本地竞争者《阿肯色民主党人公报》(*Arkansas Democrat*)和《达拉斯新闻早报》(*Dallas Morning News*)收购和关闭的事件并没有加以干涉,甚至没有寻找其他潜在买主。

然而,在克林顿时期,反垄断法执行的方法似乎发生了变化。在1995年,美国司法部发起诉讼,阻止费叶特威尔的《西北阿肯色时报》(*Northwest Arkansas Times*)被卖给唐瑞(Donrey)媒体集团,后者是邻近城镇一家竞争报纸《西北阿肯色早报》(*Morning News of Northwest Arkansas*)的出版商。司法部通过发布一份新闻稿解释了该行动:“除非这项交易被阻止,否则这两家报纸间对读者和广告者的竞争会被实质性削弱或停止,本地商行将需要支付更高的广告费率。”

一位联邦法官同意司法部的立场,命令该项交易必须于 1995 年中废止。一位司法部发言人指出,这是近 13 年来司法部首次提出停止报纸并购的诉讼。《西北阿肯色时报》后来被出售给一个不拥有任何临近报纸的公司。

联合经营协议

在上世纪 60 年代末,最高法院作出了一项令许多出版商感到困惑的裁决。公民出版公司诉美国((Citizen Publishing Co. v. U. S.) (394 U. S. 131, 1969))案由一份联合经营协议(即两家曾经有过竞争关系,但后来归于平常的报纸之间的合作协议)引发。根据联合经营协议的规定,在同一镇上的两个报纸出版商合并他们的商业和印刷业务,但保留各自的编辑人员,以保持两家报纸各自的特性。协议的目标当然是减少运营成本,例如只需要维护一个昂贵的印刷设备,而不是两个。显然,如果一家报纸是早报而另外一家是晚报的话,日程上的冲突能够减到最小,协议能够收到最好的效果。这类协议通常包括联合广告销售,将一揽子交易提供给广告客户,如果他们同时在两家报纸上刊登广告,就能获得折扣。

这份协议早在 1940 年就存在于《图森市民日报》(*Tucson Daily Citizen*)和《亚利桑那每日星报》(*Arizona Daily Star*)之间。协议不仅包括两家报纸生产、广告和发行业务的合并,还包括利润共享。在上世纪 60 年代中期,《星报》似乎处于财政困难之中,却拒绝了一个大报系的收购提议。不久后,《图森市民日报》的所有者组织了一个新公司,并收购了《星报》。作为一系列事件的结果,曾经独立的《星报》编辑部发现他们正在为图森市民日报的所有者工作。

美国司法部不仅反对所有权的变化,还反对整个联合经营协议,认为其触犯了反垄断法。该案于 1969 年送达美国最高法院,最高法院同意美国司法部的意见,认为该合作协议的大部分是非法的。为法庭起草判决书的大法官威廉·奥·道格拉斯说,图森市民日报为收购《星报》做出的唯一辩护就是“破产公司原则”,即允许一家公司在竞争对手濒于破产的情况下对其进行收购。这种行为得到反垄断法豁免的原因是,竞争对手的失败将不可避免地导致竞争的削弱。然而,道格拉斯认为破产公司原则在这里并不适用,因为在联合经营协议发起时两家报纸都没有破产。

该项裁决震动了全美的出版商,因为当时有 22 座城市的 44 家报纸参与了联合经营协议。如果该裁决完整无缺地保留下来,很多其他联合经营协议也会被判定为非法。出版商指出,许多参与联合经营协议的报纸将被迫关闭,因为他们无法独立运营一整套商业和印刷机构。

作为美国报业的主要行业组织,美国报刊出版商协会开始要求对反垄断法进行修改,以使联合经营协议合法化,并对此进行了游说。国会于1970年通过了《报纸保护法案》。该法案基本上使已存在的22个联合经营协议合法化,包括图森市的协议。最后的结果是国会对法律进行了修改以撤消了最高法院的解释。

除了保护现有的联合经营协议之外,《报纸保护法案》授予司法部批准类似新协议的权力,前提是有证据显示参与其中的一家报纸如果没有联合经营协议就会破产。

《报纸保护法案》遭到了司法部的强烈反对,认为该法将使得出版商即使在能够独立生存的情况下也能够参与反竞争协议。小型报纸的出版商也反对该项法案,担心本地的大型报纸会向广告客户提供富有吸引力的一揽子协议,使得小型报纸被挤出市场。同时,报业的工会组织也反对该法案,因为对联合的授权必将减少工作机会。尽管如此,该法案在国会迅速获得了通过,并由尼克松总统签署生效。

生效后不久,《报纸保护法案》就遭到了一家旧金山小报《海湾守护者》(*Bay Guardian*)基于宪法的起诉。这家擅长揭丑的另类报纸主张《旧金山纪事》(*San Francisco Chronicle*)和《旧金山观察家报》(*San Francisco Examiner*)的联合经营协议是对垄断的鼓励,导致其他报纸难以运营,违反了美国《宪法第一修正案》。

在1972年的裁决中,一个联邦地区法官驳回了海湾守护者的主张,确认《报纸保护法案》符合宪法(海湾守护者公司诉纪事出版公司案(Bay Guardian Co. v. Chronicle Publishing Co.), 344 F. Supp. 1155)。然而,对旧金山报纸基于其他范围的诉讼继续进行,并最终以超过百万美元的赔偿额解决。具有讽刺意味的是,近30年后赫斯特出售了《观察家报》,收购了其竞争对手纪事出版公司,并打赢了反对该交易的反垄断诉讼官司。这将在后面讨论。

新联合经营协议

自《报纸保护法案》制定以来,并没有发生新联合经营协议申请如雨后春笋般出现的情况。事实上,尽管第三对报纸在获得司法部同意前已经达成了协议,司法部在上世纪70年代只批准了两份联营协议。在80年代又有两个涉及大城市主要报纸的协议被批准,这两个案例都引发了法庭诉讼。

第一次新联合经营协议申请发生在1974年,运营良好的安克雷奇《时报》和“失败的”安克雷奇《每日新闻》(*Anchorage Daily News*)请求允许合并其非编辑类业务。该项协议获得批准,但并没能帮助《每日新闻》:它的发行量跌至12000份(《时报》是46000份)。最终,《每日新闻》退出了该项协议,对《时报》发起诉讼,并将控股权出售给麦克拉奇(C. K McClatchy)、加州领先的一个强大报系。麦克拉奇于1979年接管《每日新闻》并注入了大量资金,对其运营进行了现代化和计算机化改造。其编辑凯瑟琳·范宁(Katherine Fanning)——后来成为首位美国全国性报纸(《基督教科学箴言报(*The Christian Science Monitor*)》)女主编,使每日新闻的编辑工作质量得到了充分的提高,使其赢得了一项普利策奖。到1980年,其发行量上升到了3万份,而《时报》跌至44000份。到1990年,两份报纸的角色被完全扭转了——曾经处于统治地位的《时报》成为了“失败的报纸”。形势发生了富有讽刺意味的变化,《时报》于1992年停止发行,条件是《每日新闻》同意从《时报》接手部分栏目和编辑人员并至少保留十年以上!

1979年司法部批准了另外一项联合经营协议。该协议涉及斯克里普斯—霍华德(Scripps-Howard)报系旗下“失败”的《辛辛那提邮报(*Cincinnati Post*)》和《辛辛那提问询报(*Cincinnati Enquirer*)》,后者在审批过程中被更大的甘尼特报系收购。对于整个过程,批评家怀疑该协议的诞生究竟是由于《邮报》真的濒临破产,还是两大报系以此作为缩减成本、提高长期利润可能性的好方法。

与此同时,在田纳西州的查塔诺加发生了一系列奇事。“失败的”田纳西州《查塔诺加时报(*Chattanooga Times*)》没有根据《报纸保护法案》的要求得到政府的允许,就与《查塔诺加自由新闻(*Chattanooga News Free Press*)》达成了合作运营协议。这两家报纸要求美国司法部批准其合并,但当政府还在考虑的时候,《时报》突然解雇了102名生产部门的雇员,停转了它的印刷机,并将其印刷业务与其本地竞争对手合并。查塔诺加的出版商为他们的急躁受到了惩罚,但在度过了一些这样的难堪时刻后,美国司法部批准了田纳西州查塔诺加这两家报纸的联合经营协议。

西雅图和底特律的案例

史上关于联合经营协议最激烈的斗争之一发生在上世纪80年代初的西雅图。1981年,受到财政问题困扰的《西雅图邮讯报(*Seattle Post-Intelligencer*)》和《西雅图时报(*Seattle Times*)》寻求政府的许可,以合并他们的非编辑类业务。根据他们的提议,《时报》将出版周一至周五的晚报和周六的早报,《邮讯报》将出版周一至周五的早报,两家报纸将发行联合周日版。

该提议引起了来自于郊区报纸出版商、主要零售广告客户和雇员团体的联合激烈抗议。他们主张,该合并将会导致价格垄断、广告费用过高、报纸质量的下降和雇员的失业。然而,该计划于 1982 年被司法部长威廉姆·弗兰克批准。本来该协议应即刻生效,但一位联邦法官同意将该协议推迟 60 天执行,使得反对者可以向法庭提起诉讼。

在独立 P-I 委员会诉赫斯特公司(Committee for an Independent P-I v. Hearst Corp.)一案中,反对合并者在联邦地区法院打赢了官司,主要因为 P-I 的所有者赫斯特公司还不愿意将报纸出售给任何合乎条件且透露出购买兴趣的买主。该计划的反对者主张其他所有者将能够改造这家报纸,使其作为一家独立报纸也能够盈利。

然而,在 1983 年的一次判决中,第九巡回上诉法庭驳回了联邦地方法院的裁定,认为并不需要依靠出售破产报纸来证明联合经营协议的正当性。第九巡回上诉法庭认为,赫斯特公司已经充分证明了新管理者无法将报纸作为一个独立实体成功运营。出于该原因,美国司法部关于该合并的批准是有效的(独立 P-I 委员会诉赫氏公司案, 704F. 2d 467)。

在它的判决——一个关于《报纸保护法》中两家报纸合并权利的关键性裁定中,第九巡回上诉法庭认为,只要有足够的证据证明一家报纸无论为任何人所有都差不多会破产,所有者就无须出售报纸以证明联合经营协议的正当性。

在第九巡回上诉法庭作出否决之后,西雅图的反对合并者上诉至美国最高法院,但最高法院拒绝审理该案件,从而结束了针对西雅图联合经营协议的法律斗争。

另外一个关于联合经营协议的法律斗争发生于上世纪 80 年代末的底特律。底特律是全美少有的拥有真正相互竞争的、独立所有与控制的两家日报的几座城市之一。事实上,在其他城市很难发现像《底特律新闻(*Detroie News*)》和《底特律自由新闻(*Detroit Free Press*)》那样在发行量和新闻覆盖率上都势均力敌的两家竞争报纸。

两家报纸的有力竞争时代——长达一个世纪的底特律传统——由于 1988 年的一项联合经营协议结束。当时刚被甘尼特收购的《新闻》报和奈特-里德(Knight-Ridder)报系旗下的《自由新闻》报在司法部长埃德温·米斯离职前夕得到了关于联合经营协议的批准。这为史上参与此类协议的两家最大最强的报纸除新闻部门外的合并扫清了道路。

就在两家报纸合并之前,一个联邦上诉法院要求推迟合并,直到关于该联合经营协议的合法性诉讼解决为止。反对该合并的一个联合,密歇根州市民独立出版社(Michigan Citizens for an Independent Press)提出了针对合并者的起诉,理由是两家报纸都没有破产危险。该团体主张是两大报系导演了两家报纸之间的发行战争,使得双方都必然会损失金钱——而这完全是为了证明联合经营协议的合理性。

然而,在密歇根州市民独立出版社诉宋柏((Michigan Citizens for an Independent Press v. Thornburgh) (868 F 2d 1285, affirmed 493 U. S. 38))案中,联邦法院判决司法部拥有充分的法律依据批准该合并。1989 年,美国最高法院在拜伦·怀特大法官缺席的情况下,以 4:4 的投票结果确认了该判决,解除了对两家底特律报纸的合并限制(当最高法院正反双方票数相等时,下级法院的判决自动获得确认)。

1990 年,司法部反垄断部门又批准了两项联合经营协议,一项涉及《拉斯维加斯太阳报(*Las Vegas Sun*)》和《拉斯维加斯评论(*Las Vegas Review Journal*)》,另外一项则涉及《约克纪录日报(*York (Pa.) Daily Record*)》和《约克电讯报(*York Dispatch*)》。

联合经营协议和报纸破产

到 21 世纪初,联合经营协议能够拯救“失败的”报纸的观点遭到了广泛的质疑。虽然这些协议毫无疑问地拯救了一些报纸,使他们免于破产(或者至少延缓了他们的破产),但有一点很清楚,即大城市的日报(尤其是晚报)已成为了濒危物种——无论是否参加联合经营协议。

安克雷奇发生的事件(一家“失败的”报纸退出联合经营协议并繁荣发展,而它的不“失败的”竞争者最终破产)可能显得不同寻常。然而,联合经营协议并没能拯救很多破产报纸。在 1970 年由《报纸保护法案》认可的 22 项联合经营协议中,只有 12 项在 1995 年仍然保持有效;其他 10 项则以联合出版报纸双方中一方的倒闭而告终。

在其他很多有联合经营协议的城市中,两家报纸中一家的发行量和利润都只占另一家的一小部分。例如在旧金山,直到上世纪 90 年代末,《纪事报》有接近 50 万的发行量,而《观察家报》的发行量跌至 10 万。到 2000 年,《观察家报》的所有者赫斯特集团宣布了购买《纪事报》并关闭《观察家报》的计划——从而结束了该项联合经营协议,并造成旧金山市的报纸垄断。面对反垄断诉讼,赫斯特集团将《观察家报》出售给本地另外一家出版商和一家亚洲周报,合同的条款让很多观察家怀疑该报能否继续生存。虽然如此,一个联邦法官最终驳回了旧金山政客的反垄断诉求,支持赫斯特集团出售《观察家报》并购买《纪事报》((瑞里诉赫斯特公司案(Reilly v. Hearst Corp.), 107 F.

Supp. 2d 1192, 2000))。直到2003年,《观察家报》似乎是遭遇了可预见的财政困难,解散了大部分编辑人员。

即使是在底特律,《新闻》在联合经营协议被批准时还与《自由新闻》不相上下,但自从那次不太愉快的合并以来,《新闻》已经损失了它40%的发行量。

自从《报纸保护法案》于1970年生效以来,美国境内至少已有162家日报停止发行,使得媒体批评家们开始怀疑:"《报纸保护法案》真的保护了很多报纸吗?"此外,目前全美只有不到十座城市拥有两家以上独立发行的大城市日报,这种情况使得媒体经济学者们提出不应该有很多新联合经营协议。

一项新的联合经营协议于2000年被宣布,曾经竞争上百年的《丹佛邮报(*Denver Post*)》和《落基山新闻(*Rocky Mountain News*)》表示他们将合并除新闻部门外的所有业务,并将合并后的业务置于一个新的丹佛报纸代理公司(Denver Newspaper Agency)之下。

与此同时,在很多地区,郊区报纸尤其是周报运营良好,而邻近的大城市日报却在挣扎。事实上,现如今,占主导地位的报业反垄断问题要关注的趋势是现存的大城市日报买断所有附近的周报和小日报的问题。而且,在某些情况下,在大城市地区,一个报业集团已经购买了一些临近的郊区日报,试图借此来联合进行广告销售、制作节目甚至采集新闻以提高效率。到目前为止,还没有迹象表明司法部有兴趣关注这些趋势下的反垄断问题。

广播媒介的所有权问题

近年来,传播法里很少有问题像电子媒介的所有权和控制权问题那样存在着那么多的争议之处。国会、联邦通讯委员会、司法部与法院都对这些问题下了很多工夫。尽管2003年联邦通信委员会放宽广播所有权的限制上了新闻头条,但这并不是第一次针对此类问题产生纠纷。

在20世纪40年代初,美国司法部质疑美联社排他性经营活动时,联邦通信委员会正对广播网(特别是国家广播公司)主导电台广播的方式进行审查。从理论上讲,联邦通信委员会没有处理反垄断问题的权力,但是作为其许可证发放程序的一部分,联邦通信委员会有权考虑所有影响"公众权益、便利和需要"的因素。因此,联邦通信委员会有权来审查广播许可证持有者的商业活动和所有权模式。

20世纪30年代末,联邦通信委员会不满意电台广播领域的现状。大约有97%的夜间广播节目受到三家广播公司的控制,绝大多数最有影响的电台不是国家广播公司就是哥伦比亚广播公司的加盟台。事实上,国家广播公司经营着两家不同的广播网，这两个网在许多大城市中都有加盟台。

造成更多困扰的是，广播网对其加盟台采取了严格的合约控制。例如，广播网的加盟台不能播放其他广播网的任何节目。而且，加盟台需要与广播网签订为期5年的合约——联邦通信委员会发现这与广播网执照延展三年一次的现行规定相冲突。而广播网对其加盟台的黄金时间节目存在实际控制。此外，广播台拒绝播放广播网所提供的节目的能力十分有限。

为了终结这些权力滥用，1941年联邦通信委员会颁布了一系列称为"广播连锁规范"(Chain Broadcasting Regulations)的规定。这些条例禁止了许多广播网有问题的活动。其中一条规定是迫使国家广播公司出售其拥有的一家广播网。国家广播公司很快将联邦通信委员会告上法庭，控告联邦通信委员会的新规定超出了它的权力范围并违反了《宪法第一修正案》。

在国家广播公司诉美国((NBC v. U.S.)(319 U.S. 190))——一件1943年的重要案件中，预示了美联社诉美国(The Associated Press v. U.S.)案的结果，最高法院的裁决从所有方面驳斥了国家广播公司的主张。法院认为《宪法第一修正案》并没有将广播公司的商业活动豁免在政府管制之外。而且，法院还认为尽管联邦通信委员会制定反垄断法超出其职权范围，但它仍可以制定条例来约束广播网的垄断行为。

判决之后，国家广播公司不得不卖掉它两家网络之一，所以被公司管理层认为较弱的"蓝"网在1943年被卖掉。两年后，这家广播网发展为美国广播公司(The American Broadcasting Company)，与哥伦比亚广播公司和国家广播公司一起成为最大的三家广播公司。20世纪30年代的另一家广播公司(美国)相互广播公司(The Mutual Broadcasting System)拥有大量的加盟台，但是大部分加盟台是在小市场中。该公司在广播业中一直处于弱势地位。

广播所有权限制

联邦通信委员会花了几年的时间制定了一系列针对广播所有权的限制条例，以阻止对空中电波的垄断控制。反垄断法已经禁止广播公司反竞争的商业活动，这些条例将对反垄断法进行补充。不过，联邦通信委员会的宗旨有很大的区别。联邦通信委员会最初对个人或公司拥有的电视台数量进行严格限制，后来则逐步废除了其中的多条规定。联邦通信委员会——以及国会早在FCC出台备受争议的2003年放松管制法案之前就已经放宽了许多所有权限制。

在1996年的《电信法案》中，国会命令联邦通信委员会放宽其最初某些关于广播所有权条例的规定。1996年《电信法案》还要求联邦通信委员会对余下的所有权限制进行两年一次的综合性审查,并废除过时的条例。这些审查加上法院决议废除的其他联邦通信委员会条例,一起构成了2003年的管制放宽条例。

多年来,没有私人组织能够拥有全国范围内7个以上电视台,7个以上的调幅广播电台,7个以上的调频广播电台。这些条例有时也被称为《七条规则》(Rule of Sevens)。1984年,联邦通信委员会将上限改为12,这就是《十二条规则》(Rule of Twelve's)。1992年联邦通信委员会又放宽了对电台数目的限制,将所有权限制增至18个AM广播电台和18个FM广播电台。1994年上限数增至20,电视台数控制得少的公司可以拥有23个AM和FM电台。对电视台的数目上限在1992年还是12个。

1996年国会通过的《电信法案》废除了这些限制,不再对一家公司拥有的全国范围的电台或电视台数目做出规定。虽然该法案仍保留了对广播公司电视用户覆盖率的限制,但限制放宽了。在1984年到1996年的条例中,一家公司拥有的电视台的总覆盖率不得超过国内电视用户数的25%,而1996年该法案中上限升到35%。

在广为人知的2003年管制放松条例中,联邦通信委员会进一步放宽了限制,允许一家公司拥有的电视台的总覆盖率上限可达到国内电视用户数的45%。

注意到所有的上限——最初的25%、35%和新的45%——这些限制只适用于广播电视公司拥有的电视台,不适用于加盟台。每个主要的广播电视网络通过其加盟台几乎可以覆盖所有电视用户,每个网络又拥有其直属电视台的所有权和运营权,这些台大多在大城市。因此,这些限制仅适用于所有权的电视台或大的电视台集团。

这些电视台所有权限制都包括"UHF折扣":如果一家公司拥有的都是UHF电视台而不是VHF电视台,那么计算上限时只考虑城市中一半的家庭数(UHF是指14频道或更高的频道)。因此,在新制定的45%限制中,如果一家公司拥有的都是UHF电视台,那么它的用户覆盖率可以达到90%。制定这项条款的原因是UHF电视台覆盖率低,吸引的观众少。"UHF折扣规则"(UHF discount)是联邦通信委员会鼓励拥有UHF电视台所有权的条例之一。批评者认为,UHF折扣规则在大部分观众通过电缆或卫星而不是广播来收看电视节目时将不再有意义。当信号通过电缆或卫星传递时,VHF和UHF传递的信号在质量上没有什么差异。基于这种情况,2003年联邦通信委员会称一旦完成向数字电视的过渡,UHF折扣将不再用于计算四大广播公司所服务的用户数。

2003 年,联邦通信委员会将上限从 35% 增至 45% 的部分原因是由于联邦上诉法院的决议质疑其原有的限制。2002 年华盛顿的联邦上诉法院(the U.S. Court of Appeals)命令联邦通信委员会要么废除限制,要么更好地证明 35% 的限制是合理的。在福克斯电视台集团诉联邦通信委员会案((Fox Television stations v. FCC)(280 F.3d. 1027))中,法院废除了联邦通信委员会禁止一家公司在同一个市场中同时拥有电视台和有线系统的条例。

联邦通信委员会还有一条对有线系统的禁令:此条例中禁止任何公司拥有的有线系统为 30% 以上的国内订购电视节目的用户提供服务。2001 年,华盛顿的美国上诉法院废除了这条所有权限制((时代华纳诉美国联邦通信委员会案(Time Warner Entertainment Co. v. FCC)(240 F.3d 1126))。在 2003 年,联邦通信委员会一直考虑多大的有线所有权上限能够通过司法审查,但是并未设定一个具体限定。

这家上诉法院在 2002 年的决议中废除了联邦通信委员会电视所有权规定中的其他问题。在裁定辛克莱广播集团诉联邦通信委员会((Sinclair Broadcast Group v. FCC)(284 F3.d 148))案中,法院驳回了联邦通信委员会的电视双头垄断规则。双头垄断规则在 1999 年重新制定,新条例中如果同一市场上有 8 个"互相竞争的声音"则允许一家公司拥有两家电视台。联邦通信委员会将这种"互相竞争的声音"定义为,即使一家公司又购买了第二个电视台,而这个电视台属于 8 种不同所有权。法院否决了这种定义,认为它武断而反复无常,未考虑到其他媒介,比如报纸、广播电台和有线电视。

在 2002 年年中,联邦通信委员会主席迈克尔·鲍威尔组成了一个委员会来研究这些不同的所有权条例,宣称目标是在 2003 年纠正或废除剩下的条例。在 2003 年中,联邦通信委员会以 3:2 的投票比例决定废除或放宽许多限制。

在 2003 年的放松管制条例中,联邦通信委员会还废除了其他几条规定,包括一条对公司在大型市场上同时拥有广播电台和电视台的长期禁令。尽管部分电台和电视台的长期拥有者得到了豁免权,但这个条例阻止了一些公司获得同一市场上电台和电视台的所有权。联邦通信委员会不时会授予一些豁免权,1996 年《电信法案》授予联邦通信委员会扩大其行使豁免权的权力,可以在排名前 50 的市场上赋予豁免权。

尽管不再有禁令约束一家公司在全国范围内拥有的电台数目,但是地方性限制仍然存在,联邦通信委员会在 2003 年没有进一步放宽这些限制。在一个拥有 45 家以上电台(包括 AM 和 FM 电台)的大都市区,一家公司最多能拥有 8 家广播电台,其中的 AM 电台或 FM 电台不多于 5 家(这个规定防止一家公司在同一市场上拥有8家AM电台或8家FM电台)。在一个拥有30到40家电台的城区,一家公司最多能拥有7家广播电台,其中的AM电台或FM电台不多于4家。在一个拥有15到29家电台的城区,一家公司最多能拥有6家广播电台,其中的AM电台或FM电台不多于4家。在少于15家广播电台的市场上,一家公司可以拥有5家以内的电台或者低于市场总数一半的电台,而且AM电台或FM电台不多于3家。拥有3家电台的市场是个例外,如果有两家电台分别是AM、FM电台的话,一家公司可以拥有这两家电台。

2003年,联邦通信委员会在本地电台所有权条例中作了少量的改变。联邦通信委员会对地方市场进行了新的定义,以填补有时允许一家公司在小城市中拥有所有电台的漏洞。在有些情况下,一家公司拥有一个城市的所有电台而不会违反电台所有权条例。为此联邦通信委员会决定使用由阿比特隆(the Arbitron)收视率调查公司定义的市场概念而不是先前基于信号覆盖区域的市场概念。但是一些专门研究电台问题的律师说,使用阿比特隆公司的定义会在一些社区产生新的问题。另一个问题是原规定没有考虑到加拿大和墨西哥的电台,这些电台在边界附近的美国城市里会被清楚地收听到。一家公司可以通过控制外国电台和在美国边境城市中购买法律允许的尽量多的电台的方法来不超过限制。2003年的条例很大程度上解决了这些问题。

2003年联邦通信委员会放宽所有权条例备受争议的一个原因是1996年《电信法案》放宽了本地电台所有权限制(以及废除了国内电台所有权限制),导致电台广播业产生了很大的改变。几家大型广播电台集团迅速扩张,购买了更多的电台,并在此过程中提高了电台的售价。2000年初开始,清晰频道广播公司(Clear Channel Communications,美国第一大电台广播商)从一个在田纳西州拥有少量电台的公司发展为拥有1200个以上电台(大约为全美电台数的10%)的大型全国性公司。

许多广播电台集团的新所有者将大部分电台运营的工作合并起来。例如,很常见的是广播电台集团将几个电台联合经营、联合管理、联合出售其广告。现在一家公司可以购买一个大城市附近的几个小电台来播放地区性节目,包括在不同的电台同时播放。这使得一家公司可以花少成本购买小电台来与大城市中的广播公司相竞争,使听众同时收听节目,分辨出哪一家广播电台在本区内最好。但是,批评者认为没有考虑到某些因素:在由个人电台专门服务的郊区小镇里本地服务更少了。

在20世纪90年代末发生的几个合并案例中,电台联盟完全遵守了联邦通信委员会条例和1996年《电信法案》,司法部门拒绝批准这些合并,因为反垄断的官员认为在一个特定的市场上拥有着过大的经济力量。即使一个企业遵守了联邦通信委员会的条例,它也需要遵守反垄断法。

联邦通信委员会的所有权条例也解决了电视广播中的另一个现象:时间寻租或电台所有者授权他人运营电台的本地市场协议(Local marketing agreements,LMAs)。与在一个市场中拥有多个电台一样,电台所有者受到本地市场协议的吸引,因为一个电台的工作人员能为两个或更多的电视台播放节目并出售广告,这可以节省成本。所有权条例中在本地市场协议下运营的电台就像私人或企业实质上拥有此电台一样。所以,在一个城市中本地市场协议协定下运营电视台的公司不允许在那里拥有多家电台。

多年来,联邦通信委员会也采用了一些规则来约束交叉所有权。这些规定也在2003年放宽了限制。交叉所有权通常是指在一个市场上个人或公司拥有多于一种传播媒介的情形。最著名的一条规定是对报纸交叉所有权的规定。

联邦通信委员会在1975年采用报纸交叉所有权条例。该条例禁止公司在同一市场上拥有对报纸和电视的新的交叉所有权。但联邦通信委员会允许一些已经在同一市场上同时拥有报纸和电视台的公司继续持有其交叉所有权。

从开始起,这条规定就引起了各方的指责。广播者和报纸出版者都抨击对新兴交叉媒介的禁令。而消费者组织则指责联邦通信委员会没有坚持废除更多的交叉所有权。认为联邦通信委员会做得太多的一方和认为联邦通信委员会做得不够的一方都提起了诉讼。

由此而引发的联邦通信委员会诉国家广播电视市民委员会((FCC v. National Citizens Committee for Broadcasting)(436 U. S. 755, 1978))一案到达了联邦最高法院。法院一致决定联邦通信委员会的交叉所有权条例是正确的,这使得双方批评者都不满意。法院认为联邦通信委员会是在其职权范围内制定规则而且是以适当的背景为基础的。

自1975年以来,联邦通信委员会只授予了几次豁免权来让拥有多种媒介的所有者拥有同一市场上的报纸和电视台所有权(条例也禁止电台和报纸交叉所有权,但是20世纪90年代豁免成为经常性的)。1998年联邦通信委员会勉强同意论坛公司(the Tribune Company)拥有迈阿密(Miami Fla)电视台和罗德岱堡城(Fort Landerdale)附近的一家报纸。联邦通信委员会说以后将会很少准许这样的豁免权。然而事情在2000年联邦通信委员会对所有权条例做了两年一度的审查后发生了变化,联邦通信委员会称将会考虑发放更多的豁免权,特别是在有许多“媒介声音”的大市场上。当论坛公司控制了《洛杉矶时报》和《纽约日报(Newsday in New York)》的出版者时代镜报公司时,显然地它希望在2000年得到更多的豁免权。而论坛在洛杉矶和纽约这两个市场上都拥有电视台。

2003年,考虑到自从1975年以来大量的新媒介出现,联邦通信委员会投票废除了最小市场外的市场里对报纸与广播交叉所有权的规定,一家公司现在可以在任何有四个以上电视台的市场上同时拥有报纸和电视台。

2003年联邦通信委员会也放宽了对电视的"双头垄断规则"(the Duopoly Rule)的限制,通过投票表决后允许一家公司在大型市场上最多拥有3家而不是2家电台。在原有的一些规定中,一家公司在小市场中不能拥有1家以上的电台,而现在一家公司最多可以拥有2家。这是对2002年联邦上诉法院对辛克莱尔广播集团(Sinclair Broadcasting)的判决的回应。一般来说,现在一家公司在18家电视台以上的市场上能同时拥有3家电视台,在5家电视台以上的市场上可以同时拥有2家广播电台。

低功率电台:一个替代选择?

当大型公司购买越来越多的电台时,联邦通信委员会同意实施促进本地电台所有权的计划。1998年,联邦通信委员会的主席威廉·肯纳德号召对允许运营微型电台的提议进行研究,这些微型电台是本地拥有的低功率电台,为小型社区或者大城市中的某一地区提供服务。这项提案被认为是对越来越普遍的无证传播的非法电台事件所作的回应。

当一些大公司拥有成百的广播电台时,个人就不容易获得广播许可证了,稀少的可用新许可证以高价被拍卖,现有的电台也以高额价格出售。近年来,越来越多觉得有话要说但无处可说的人建起了违法的广播电台每天广播几个小时——直到被联邦通信委员会取缔。联邦通信委员会的官员说他们仅在1997年就关闭了近100家违法电台。为此,委员会派遣了大部分的执法人员来关闭这些非法电台。

非法电台的推动者是加利福利亚一个自称为自由电台伯克利(Radio Free Berkeley)的电台。当联邦通信委员会寻求法庭命令来关闭这个电台时,该电台律师称没有相关条款说明低功率电台广播违反了第一修正案。起初,联邦法院拒绝关掉自由电台伯克利。联邦通信委员会花了两年时间来说服法院制定永久性禁令来阻止这些非法电台继续广播节目。在1998年中,法院终于命令自由电台伯克利停止广播,但它已经开始神奇地出现在互联网上了:模仿者在国内大量出现,并得到自由电台伯克利创建者的免费建议和经验支持。

显然,这预示了低功率、低程度规范的电台来为本地区提供服务的需要,肯纳德声称联邦通信委员会考虑为这样的电台授予许可证。考虑到这些新电台将带来的干扰问题，这个计划受到许多已被授权的广播公司的激烈反对。许多广播公司担心，一旦低功率电台被授权运营，联邦通信委员会将无法再控制这些电台。广播公司预言，这些电台将出现在所有未被授权的频道上。

尽管有这些考虑，联邦通信委员会还是在2000年开始了低功率FM无线电广播服务。为了给被排斥在广播公司组织外的本地组织开放广播频道，联邦通信委员会批准通过了2个级别的低功率FM广播电台，最大功率分别是10瓦特和100瓦特。新的10瓦特和100瓦特的电台节目将分别在1—2英里和3.5英里内可以被收听到。

这些新的低功率电台是非商业性的。现有的电台和电视所有者、有线系统和报纸都不适合得到这项许可证。开始这些许可证只优先颁发给本地的实体，但是以后非本地的实体也会被颁发所有权。这些实体不允许在全国范围内拥有10个以上本地低功率FM电台。

为了给这些低功率电台提供空间，联邦通信委员会放松了对保护广播公司免受附近电台干扰的距离英里数的规定。但是，国会进行了干预，在联邦开支法案中附加了条款来将低功率FM电台限制在更小的市场上，以免违反联邦通信委员会原有的距离英里数。公共电台与商业广播公司担心由新的低功率FM电台产生的干扰会造成他们听众的流失，于是联合起来游说国会恢复原有的干涉标准。国会答应了他们的要求。尽管通过的条例中允许联邦通信委员会在9个市场上进行试验，放宽它的距离标准，在这些地方发放更多的低功率电台运营许可证，但在大部分主要的市场上恢复了旧标准，只给低功率FM电台留下少数几个可用的频道。

到2003年，另一个问题出现了。2000年最初被授权的255家低功率FM电台，到2003年只剩18家仍在定期广播节目。只有35家完成了他们电台的建设并申请运营许可证，这让人对低功率FM电台的生存能力提出了质疑。

商业利益与辛迪加条例

另一个被废除的所有权限制是长期受争议的“财政利益和辛迪加条例”（“The Financial Interest and Syndication Rule”）（常被简称为芬辛条例（the Fin-Syn rule））。它是1970年通过的，从被提出到90年代经过几个阶段终被废除一直都备受争议。

劳辛条例限制了三个稍后主导市场的联播网制作和辛迪加发行娱乐节目的权利。因为联播网电视节目的辛迪加发行权价值几十亿美元，所以一直以来联播网和好莱坞节目制作者之间都存在着争斗，对劳辛条例所进行的修订次数及其对法院提出的挑战与公平原则（the Fairness Doctrine）一样多。

其实,在1970年初,劳辛条例取消了主要联播网自制娱乐节目的特权。它阻止了广播公司通过独立制作广播节目来获取商业利益。这条规定还禁止联播网通过获取其播放的节目的辛迪加发行权来得益。也就是说,这个规定禁止联播网从辛迪加“重播(rerun)”电视网节目中获取利润。联邦通信委员会相信假使没有联邦条例的规定,联播网将具有过大的谈判优势,他们不会让独立制作公司控制辛迪加发行权。

独立制作公司抱怨他们很少或者并没有从联播网最初使用他们的节目中获得利益,因为联播网支付的费用仅仅能抵消生产成本。独立制作者称他们主要的利润来自于本地电台重播这些节目。所以,制作者说它们需要商业利益和辛迪加条例来将联播网排除在辛迪加业务之外。

在这条规定下,20世纪70年代到80年代,许多好莱坞的独立制作商都繁荣起来。但是到了90年代,美国广播公司、哥伦比亚广播公司和国家广播公司不再占主导地位。他们所拥有的电视观众百分比从90%下降到50%以下。越来越多的观众收看有线电视节目、独立电台和新联播网的节目,特别是福克斯电视网。显然3个领先的广播公司没有对他们曾有的观众造成经济冲击和影响。

联邦通信委员会对发生变化的经济现象做出了回应,通过1991年到1995年间的一些措施废除了劳辛条例。

到2000年,废除劳辛条例的效果变得明显起来:根据业界媒体的报告,2000年度的秋季有37部被美国广播公司、哥伦比亚广播公司和国家广播公司挑选出的新系列剧中,24部是由这些公司所有或共同所有。2003年,独立制造商游说制定新的劳辛条例,声称没有这些规定他们无法在大广播公司中播放节目。他们的竞争对手指出,与劳辛条例有效时相比,现在比过去有更多的电视网。

早期广播反垄断案例

尽管对广播所有权和商业运营的管制主要由联邦通信委员会负责,美国司法部时不时也会介入到广播公司的商业运营监管中来。早期一个著名的案例就是1959年提交到美国最高法院的美国诉美国无线电公司((U.S. v. Radio Corporation of America)(358 U.S 334))案。在该案中,美国司法部认为国家广播公司的母公司RCA利用国家广播公司作为一家联播网的影响力,迫使西屋广播(Westinghouse Broadcasting)公司用自己的费城(Philadelphia)电视台与国家广播公司在克里夫兰(Cleveland)市的较低价的电视台交换。

这个案例是联邦通信委员会在1953年关于多电台所有权规定的间接产物。当时联邦通信委员会限制每个所有者(包括主要广播网)最多只能拥有5个VHF(甚高频)电视台,每个主要广播网公司都想将自己直营的5个电视台设在最大的前五个市场。那时,费城电视台全国排名第4,而克里夫兰电视台排名第10。

美国司法部声称,国家广播公司曾威胁西屋同意用自己的费城电视台和克里夫兰电视台做交换,否则就将取消西屋在波士顿和费城的两家国家广播公司电视台的加盟关系。政府也指出,国家广播公司曾经拒绝授予西屋在其匹兹堡电视台加盟国家广播公司(的网络中),除非西屋同意这项不公平交易。简而言之,美国司法部认为国家广播公司行使了垄断权力来迫使西屋达成不公平的商业交易,尽管国家广播公司支付了西屋300万美金来使得交易更公平一点。这两个电视台拥有的频道使用权是相同的:都在VHF3频道。

RCA回应说,联邦通信委员会已经批准了整个交易,而且联邦通信委员会当时也完全清楚所有事实。RCA认为,由于联邦通信委员会已经在批准这项交易前考虑过了反垄断问题,美国司法部不该就此起诉。美国联邦法庭同意了RCA的主张,对这起诉讼不予受理。

美国最高法院改变了驳回判决。最高法院指出,虽然联邦通信委员会在是否批准一项所有权交易前鉴定过了反垄断因素,但联邦通信委员会不是一个法律执行机构。最高法院规定,联邦通信委员会批准了此项交易的事实并不能阻碍美国司法部之后对此再次审查的权力。

这个案件被退回到联邦法庭重审,但同时联邦通信委员会重新审视了局势,决定利用它的许可权整顿这件事情。在这个电视台交易事件8年后,1964年,联邦通信委员会拒绝给费城电视台更新许可权,除非国家广播公司废除它和西屋的交易。国家广播公司曾经试图通过安排另一笔交易将自己从这次纠纷中解脱出来,即将费城电视台提供给RKO总部以回报RKO的波士顿电视台。联邦通信委员会没有批准这个交易,相反,命令国家广播公司将费城电视台的所有权归还西屋,收回克里夫兰市电视台。这场联邦通信委员会下令执行的交易发生在1965年。

尽管RCA案例上报到了美国最高法院,并引发了全国范围的争论,但至今美国司法部所涉及的全国范围的广播网反垄断诉讼还是很少的。幸运也好不幸也罢,除了联邦通信委员会间接通过许可过程的情况外,尽管联邦通信委员会缺乏执行反垄断法的权力,美国司法部一般还是认可联邦通信委员会作出的关于广播所有权的决议的。

美国最高法院在有线电视特许经营权和反垄断法方面还有一个决议。在审判 1982 年的社区通讯诉玻尔得市((Community Communications v. City of Boulder) (455 U. S 40))案时,美国最高法院认为当城市授予排他性的有线电视经营特许权时,不应该免除反垄断法诉讼。州政府长期以来都被免除于反垄断法制约,但是法庭认为这种豁免权不能够自动延伸到当地政府。然而,尽管决议存在,各州依然自由的将反垄断法的豁免权赋予地方政府。

在这个案例中,科罗拉多州的玻尔得市批准社区通讯公司在本市电视信号弱的一小部分地区提供有线服务。大约 13 年后,社区通讯希望在这个城市更多的地方获得提供服务的许可。但这个城市通过了一个紧急布告禁止这家公司的业务扩张,然后起草了一份有线管理条例,依据此项条例,其他公司可以受邀后申请城市特许经营权。

社区通讯公司提起了诉讼。它认为:拒绝它在此城市更多地方开展业务,却让其他公司有机会获得政府批准的专营权这种做法违反了联邦反垄断法。最高法院没有判决这个城市的条例是否不合法,它指出这个城市不能未经批准具有反垄断法诉讼的豁免权。这个案例被送往较低一级的法庭来判决。正如 11 章指出的,从那以后美国最高法院规定,在第一传播公司诉洛杉矶市(Preferred Communications v. City of Los Angeles)案例的类似情况下,赋予有线专营权的做法违反第一修正案。

大众媒体兼并和反垄断法

在过去的 20 年中,发生了很多意外的公司兼并和并购事件。那时大多数情况下,联邦监管人员对反垄断法的执行是持很宽松的态度的,因此美国的很多公司加入了高风险的合并热潮。然而,在一些案例中,美国司法部在控制公司合并方面还是扮演着非常积极的角色。

大众媒体也卷入了这次合并浪潮中。当时有很多起传媒公司的全盘接管和整体购买的事件,经常会牵涉到一些反垄断问题;而这些问题如果发生在美国早些时候,联邦政府是会出面执行反垄断法的相关措施的。在 20 世纪 90 年代中期,美国最大的三家电视台都被购买或者合并了。通用电器(General Electric)接管了国家广播公司,西屋购买了哥伦比亚广播公司,沃尔特·迪斯尼公司(Walt Disney Co.)购买了 Capital Cities/ABC。接着在 1996 年,西屋-哥伦比亚广播电台(Westinghouse-CBS)联合公司与无限广播公司合并,成为了美国最大的和最有影响力的集团公司之一(在规模上第二,仅次于由清晰频道广播公司建立的电台集团)。

1999 年,哥伦比亚广播公司又宣布了另一项“强强联合计划”:它加入了维亚康姆,使用维亚康姆的名字,并附带了其他业务和它一起加入维亚康姆:西屋、无限、派拉蒙影业公司(Paramount Pictures)、MTV,尼克农丹(Nickelodeon)、35 家电视台、约 163 家电台、美国最大的音像连锁租赁公司(Blockbuster)、几个主要的制片公司、两大联播网(哥伦比亚广播公司和 UPN)以及其他几个有线网络,这些所有业务都将从属于一个单一的所有权。联邦通信委员会称它将在 2000 年年中修改其规章,以允许两个联播网可以由一个所有权运营。联邦通信委员会在 2001 年实现了这个规章的修改,允许每一个最大的联播网拥有一个较小的网络。

同时,时代华纳通过一次前所未有的高风险的合并成为了一个巨大的媒介集团,它接管了特德·特纳(Ted Turner)的传媒公司特纳广播公司(Turner Broadcast System)。美国在线(American online)是美国领先的因特网服务提供商,之前曾合并了网景,2000 年它又宣布将拥有整个时代华纳帝国,而这笔交易最初估价竟达到了 1810 亿美元。当合并完成后,由于 2000 年末科技股市的迅速走低,其市值跌到了 990 亿美元。即使如此,如此数量级规模的合并在美国联邦政府及公众权益维护组织等中引起了极大的关注,尤其在 2000 年 5 月,时代华纳在一场与迪斯尼的补偿争辩中将美国广播公司节目停播 36 小时后,对此事的关注尤甚。在合并宣布一年后,2001 年初,美国在线—时代华纳合并案获得了政府的最终批准。为了获得政策批准,美国在线—时代华纳不得不做出了一系列妥协,其中包括同意向美国在线的竞争对手开放其宽带网络等。

当广播公司在快速合并时,其他电信公司也在进行着合并。1996 年西南贝尔(Southwestern Bell)公司的母公司 SBC 电信(SBC Communication),花了大约 170 亿美元收购了太平洋贝尔(Pacific Bell)的母公司太平洋电信集团。这是两个"贝尔兄弟"的第一次合并,以前这两个地区性的电话公司都是美国电报电话公司的一部分。3 年后,SBC 再次获得政府批准收购了另一个"贝尔兄弟"——位于芝加哥的亚美达科公司(Ameritech Corp.),花费 610 亿美元。这使得 SBC 获得了一大批本地电话用户群。不久,两个更大的电话公司太平洋贝尔和尼奈克斯(Nynex)电信公司也宣布了合并。

然而,另一宗制造 2000 年头条新闻的巨型公司合并则遭到美国司法部反对——最终引发了反垄断诉讼以阻止这次合并的完成。这个案例是关于在远程电话通讯服务中处于领先地位的世界通信公司(WorldCom)的。它刚合并了 MCI 电信公司,又宣布计划和美国电信运营商斯普林特(Sprint)合并,它是另一家大型远程通讯服务提供商,这次交易金额为 1290 亿美元。

当 SBS 电信和其他公司在忙着构建电信业巨人时,还有许多有线多系统运营商(multiple system owners,MSO)的合并事件。美国电报电话公司通过合并当时美国最大的 MSO——TCI(Tele-Communication,Inc.)有限公司成为了美国最大的有线 MSO,交易金额为 480 亿美元。接着在 1999 年,美国电报电话公司合并了有线巨型公司——第一媒体集团(MediaOne Group),而第一媒体集团本身就是一个刚通过 572 亿美元完成合并后形成的有线巨头。这两次合并为美国电报电话公司这个电信巨擘带来了 6000 万有线美国家庭用户;美国电报电话公司高层表示他们将为这些用户提供本地电话服务、因特网接入以及电缆服务。很明显,其他的巨型通讯公司的合并也有这些类似的整合服务理念。

有些合并案使许多政策制定者开始警觉,不仅是因为他们的巨大规模,还因为他们为有线电视系统支付的价格。在这些合并案中,其中有些有线电视系统的支付价格是每个家庭用户 5000 美元。按照现行的价格比率,即使一个有线运营者不为它传送给订户的节目付费并且也完全不支付其他费用,那么他得花费数年时间收取足够的订户费,才能偿清每个家庭用户 5000 美元的投资。很明显,这些巨型公司是在从网络投机中寻求巨大的未来的盈利,以补偿他们的投资。

2000 年出现了另一个事件。当地政府开始使用他们对经销权转移审批的行政权力,来迫使有线电视系统公司提供对高速因特网的免费访问服务。包括俄勒冈州波特兰市等在内的几个城市不批准当地有线经营权转移给美国电报电话公司,直到美国电报电话公司答应了开放因特网接入。这直接影响了美国电报电话公司的商业计划,它本来计划通过其宽带有线电视系统开展的因特网业务大赚一笔。最终联邦上诉法院规定,波特兰市及其他各市不可强迫有线公司向其竞争因特网服务提供商开放业务(AT&T v. City of Portland, 216 F.3d 871)。法院规定,只有联邦通信委员会才有权要求有线公司向其竞争者开放业务。2002 年,联邦通信委员会结束了有关这个问题的冗长争论,宣布说,在多数情况下,它不会强迫有线公司向其竞争者开放业务。同样在 2002 年,有线运营商们赢得了另一场服务接入战役。当时美国高级法院规定,即使有线系统打算用自己的网络提供因特网服务和电信服务,他们也有权享受降价的电线杆使用权(全国有线与电信协会诉高佛电厂案(National Cable & Telecommunications Association v. Gulf Power Co.),534 U.S. 327)。

这些合并案例仅仅是近年来美国大型媒介合并案少数的几个例子。在涉及的数以亿计的美元以及影响到的传媒数量这两个方面,这些合并和购买的许多案例都使 20 世纪 80 年代的那些合并黯然失色——那些合并的规模和复杂度在当时看起来可是惊人的。

在早一轮的合并浪潮中，传媒业巨头鲁珀特·默多克（Rupert Murdoch）的新闻集团（News Corp.）购买了原先都市媒体（Metro-media）公司的连锁广播业的所有权，然后购买了20世纪福克斯制片公司（20th Century Fox Film Studio）。之后，默多克用前都市媒体公司的电视台作为基础构建福克斯电视网，通过后继的合并不断扩大它的帝国版图。

在20世纪90年代早期，默多克继续进行着高风险的传媒业合并，宣布了一项它和新世界通讯公司（New World Communications）达成的极其奢华的交易：数十家电视台解除与三大联播网的加盟合同，转归福克斯门下。这样，出现了美国广播公司、国家广播公司或哥伦比亚广播公司在主要市场上没有VHF加盟台的情况。哥伦比亚广播公司损失尤为惨重：在这次默多克与新世界公司的交易中，它失去了8个加盟台。这在全国范围内引发了一系列联播网加盟合同转换的狂热交易。

默多克进行的这场战役使得福克斯和其他的电视网产生了激烈的竞争，致其成为无线广播行业历史上最具争议的所有权战役之一。在1995年默多克集团达成的一项会使4家国家广播公司加盟台转到福克斯门下的交易使国家广播公司警觉起来，它开始向联邦通信委员会投诉，质疑默多克集团的行为是否符合联邦通信委员会的规定：外资对美国广播和电视台的所有权不得超过25%。这个问题在两年前已经由全国有色人种促进协会（National Association for the Advancement of Colored People）第一次提出，并使得福克斯购买费城电视台的企图成为泡影。

作为回应，联邦通信委员会的大众传媒局对默多克新闻集团开始了调查。这时，已经距当年批准默多克新闻集团对都市媒体公司电视台（现在是福克斯电视台）的收购有大约十年了。（默多克生于澳大利亚，就在进行此次购买前不久，他加入了美国国籍。新闻集团花了巨资购买福克斯电视台，总部设在澳大利亚，但是由现在是美国公民身份的默多克掌管。）

这项调查所面临的形势变得严峻起来：默多克及其拥护者称其为“政治迫害”（这是默多克公开使用的术语）。大众传媒局提出一项重组福克斯电视台所有权的提案，这项提案将花费默多克5亿美元税款。然而，联邦通信委员会至少有3位委员不同意这个提案。最后，联邦通信委员会确认了默多克的福克斯电视台在25%上限的外资所有权方面是违法的，但是联邦通信委员会也注意到了默多克在建立第四个联播网上的功劳——这正是联邦通信委员会多年来倡导的。基于默多克在公共利益方面的贡献，委员会邀请默多克寻求对外资所有权限制的自动豁免。这对于一个世界上最强大的传媒业企业界大亨来说，似乎只是一个小问题。然而，这场争论至少推迟了默多克收购6个电视台的计划,并且,至少有一笔交易失败了。同时,其他的联播网在默多克可以逼迫他们之前纷纷忙着续签一个新的十年合同以维持原有的加盟关系。也是在那个时候,默多克宣布了另一项引人注目的不需要联邦通信委员会事前批准的交易:MCI 电信公司以 20 亿美元换取新闻集团 13.5% 股份——这使得默多克拥有了进行更大胆并购的资本。

2001 年,默多克获得了管制机构对另一项广播业务合并的批准:此计划将收购属于克里斯-卡夫工业(Chris-Craft Industries)的 10 个电视台。2003 年,默多克新闻集团同意收购处于领先地位的卫星电视供应商 DirectTV,正待管理机构批准。

其间,在广告业发生了一些高价合并案例。例如本顿—鲍尔斯广告公司(Benton & Bowles)和狄阿斯·马克曼纳斯·曼苏斯世界公司(D'Arcy MacManus Masius Worldwide)合并形成了 D'Arcy Masius & Bowles。当两家日本电子巨人控制了美国娱乐公司后,在美国娱乐业外资投资变得常见起来:索尼购买了哥伦比亚影业公司(Columbia Picture)的控股股份;松下电器(Matsushita)成为了 MCA 有限公司的母公司。几乎与此同时,一批主要的报纸企业被大型传媒集团收购,导致在美国拥有独立所有权的报纸企业越来越少了。

反垄断法的规章条例是如何影响所有这些高价合并和并购事件的呢?1976 年的《哈特—斯科特—罗迪诺反垄断改进法案》(Hart-Scott-Rodino Antitrust Improvements Act)要求,所有的大型公司合并及并购都需要事先得到政府批准。在合并进行前,必须告知美国司法部和联邦贸易委员会。当合并牵涉到广播所有权时,联邦通信委员会对许可证转移的批准也是必不可少的。

绝大多数情况下,这些合并案几乎没有被美国司法部的反垄断法律师提出过抗议,并且联邦通信委员会例行公事地对一些跨所有权交易进行豁免,以允许这些交易得以达成。即使如此,许多合并的公司为了符合法定要求,最终不得不卖掉一些他们新购买的股权。

此外,在 1996 年和 1997 年,美国司法部认真监控了狂热的无线和电视行业的购买及合并风潮。有好几次,美国司法部拒绝批准合并案,尽管这些合并案完全符合联邦通信委员会的条例和《电信法案》。例如,1996 年美国司法部拒绝批准一项可能会使一家公司(即美国电台系统公司(American Radio System Corp))控制纽约罗切斯特地区的 8 家电台的合并申请——8 家是联邦通信委员会在所有权规章方面所能允许的最大数额。美国司法部官员指出,那家公司可能会控制罗切斯特市场上 64% 的电台广告收入。此外,公司还会拥有罗切斯特地区 8 个功率最强大的频道中的 6 个频道。直到这家公司卖掉了这 8 家电台中的 3 家后,美国司法部才批准了这次合并。

在美国的辛辛那提也发生了类似的情况。在1996年的一次合并案中,杰科尔通信公司(Jacor Communication)有可能控制当地电台广告市场53%的份额。杰科尔通信公司最后不得不高价卖掉了一个电台来获得美国司法部对其合并案的同意。

美国司法部官员在解释这些举措时,说他们是考虑了许多因素来判断一个合并案是促进竞争还是削弱竞争的。会导致削弱竞争的合并的因素可能包括:过多的电台广告市场份额、对某一种流行格式的统治地位(如在一个市场上拥有所有专辑导向(album-oriented)的摇滚电台)、在一个市场上拥有太多大功率台,甚至或者是在某一个特定的受广告主青睐的年龄段客户群体中占有统治地位。

也许所有这些合并和控股的底线在于:联邦通信委员会、美国联邦贸易委员会和美国司法部能够在决定何时让两个大公司联手合作,何时让他们在比赛竞争方面拥有广泛的决定权。

主要议题概述

当这个国家的大型传媒集团试图获得大众传媒市场更大的份额时,传媒所有权和反垄断法中还有一些尚待解决的问题。

最近,一方面美国司法部很少干涉大规模的传媒业合并案,而这些合并案本应该受到反垄断法的约束,以防止合并带来的竞争削弱的发生。然而另一面,一些规模相对较小的合并案受到了美国司法部相当详细的审查。

到底哪种合并是"削弱竞争"的而不是"加强竞争"的?当一家公司拥有了节目制作能力,数以百计的广播台、有线电视系统、电视网、全国发行的杂志以及报纸时,就真的削弱了竞争吗?对美国通讯公司拥有所有权的外资公司呢?联邦通信委员会对广播台的外资所有权有规章限制,但是却没有对好莱坞制片公司的外资所有权进行限制。那些好莱坞的外资所有权对公共利益有影响吗?应该放宽对电台和电视台的外资所有权的限制吗?

2003年,联邦通信委员会撤销对广播所有权限制的规定,在美国国会和全国范围内都引起了很大的争议。联邦通信委员会允许一个电视网(或者其他传媒公司)拥有覆盖全国45%的而不是35%的电视用户的做法是不是有些过头了?大幅放宽对报纸与电视交叉所有权规定的做法是不是也不合适?允许一个大公司在最大的市场上拥有3个电视台而不是2个的做法是否合适?联邦通信委员会在面对国会授权的两年一次的所有权审核时,或者接到一系列颠覆各种规章的法庭决议时,联邦通信委员会有权作出选择还是必须得执行？在如今存在着如此之多的新的家庭娱乐方式选择的市场上，传统的所有权限制规章是否还行得通？全国范围内电台所有权限制被1996年《电信法案》取消，从取消后所发生的事情中我们学到了什么教训？现在拥有1200个无线电台的清晰频道广播公司是否是一个有社会责任的美国企业？

上述问题将会影响到我们所有人的生活。财富或者创造或者流失，公共利益或者被照顾或者被损害，私有行业和政府管理者都在不断寻找这些问题的答案。

媒介所有权问题概要

反垄断法能应用于传媒业吗？

很多年以来，出版者主张《第一修正案》保护他们免予受反垄断法的管制，但是美国最高法院在1945年作出了不同的执法判决。如今，大众传媒业和其他商业一样需要遵守反垄断法。

哪些商业行为是非法的？

反垄断法禁止不适当的定价、不正当的获取盈利、捆绑协议、联合抵制以及其他的一些强制性的商业行为。当然，那些实质上会削弱竞争的合并也是非法的。

什么是联合经营协议？

在一个联合经营协议下，两家竞争性的报纸企业合并了他们的业务、广告、印刷，同时独立保持各自的编辑队伍。一些出版商称，如果没有这样的合同，他们就不能够保持商业运营。美国最高法院曾经作出规定，认为联合经营协议违反了反垄断法，但是美国国会接着通过了《报纸保护法案》，将现行的协议合法化，并设定了程序以批准新的协议。

什么是交叉所有权（Cross-Ownership）？

当一方在同一个大城市的市场中拥有报纸、广播电视所有权并且/或者有线电视系统就是交叉所有。在美国最高法院支持的联邦通信委员会规章下，新的报纸与广播电视交叉所有是禁止的，直到2003年联邦通信委员会才宣布了放弃这些限制的计划。许多其他的所有权组合也曾经被禁止过。近些年来，许多限制已经被取消了。

什么是广播电视所有权限制（Broadcast Ownership Restrictions）？

据1996年颁布的《电信法案（Telecommunications Act）》，一家公司在全国范围内可以拥有的无线电台或电视台的数量不受限制。然而，在一个大型主要城市中,一家公司拥有的电视台数量不得超过 3 个,拥有的无线电台不得超过 8 个。在规模较小的市场上,一家公司可以拥有的电台的数量也相对减少。根据联邦通信委员会在 2003 年采用的法案,一家公司拥有的电视台覆盖的用户数量范围不得超过全国电视家庭用户总数量的 45%。

新科技如何影响传媒所有权?

随着光纤、卫星通信、数字电视和高速因特网接入等新科技的发展,印刷和电子媒介正在趋于融合,运用这些技术的公司也在不断合并,以寻求提供尽可能多的传播交流服务。

第十三章　广告与法律

如同广播电视业一样，广告业也存在不同于其他大众传播业特殊的法律问题。除了和其他传播媒体面临同样的法律约束之外，类似广播电视台需要接受某个联邦机构的监管，广告商必须要受联邦贸易委员会的监管。然而，随着范围的扩大，广告商还要与其他联邦机构和州一级的广告执法机关打交道，其中还要与包括许多主要的州执法官员打交道。

近年来，广告产业与政府管制部门曾发生多次遭遇战，也在一些案件中胜诉。然而，他们在管制战场上的胜利与他们在最高法院所获得的显著收获相比似乎仍然还是很少。自从 1975 年以来，最高法院则完全彻底改写了广告和商业言论的宪法原则。

《宪法第一修正案》与广告

许多年来，盛行一时的规则是广告不受《宪法第一修正案》的保护。如果一种有关事实或观点的特殊表达形式被认为是商业言论而受到限制，这种言论可能会被依法任意加以禁止。商业言论原则，如其为公众所知的那样，简单地意味着广告处于受到政府各级机构的摆布，并不能够保证像大多数其他各种言论和出版一样受宪法自由原则的保护。

自 1975 年开始，这种局面完全改变了。在 1975 年和 1980 年之间，最高法院作出了一系列的判决，为商业言论自由提供了大量的宪法保护措施。在 20 世纪 80 年代，最高法院一时左右摇摆不定，有时支持政府的广告管制限制措施，看起来与 70 年代的一些案子的判决并不一致。但是，到了 90 年代，最高法院重新坚持确认《宪法第一修正案》对于商业言论自由的保护。在 1996 年，最高法院作出一个关于酒类价格的广告法判决，其保护的宽泛程度看起来给予了商业言论几乎与非商业言论同等的《宪法第一修正案》的保护。

这一系列的案子的判决是显示美国法律随着法律程序成长的最佳事例之一，法律这样的进步在大众传播领域到处可以见到。

广告的《宪法第一修正案》适用之争的起点是 1942 年最高法院的判决，

该判例否定了宪法修正案对商业言论的保护,这是一个里程碑式的判决,并维持了许多年。案子是瓦伦丁诉克里斯汀森案((Valentine v. Chrestensen)(316 U.S. 52))。它起源于一个异乎寻常的情况,恰在世界二战之前,一位名叫克里斯汀森(Chrestensen)的男子得到了一艘美国海军退役潜艇,并想将它停泊在纽约市政拥有的港口。纽约市政当局不允许他将其停放在那里,所以他不得不想办法找其他的停泊地点。然后,他开始做广告宣传潜艇游览项目,但是市政当局不允许他在市镇街道上散发他的宣传单,因为有关的反乱丢废物的法规禁止除了政治传单之外的一切小册子散发行为。所以,他在宣传单的背面加注了一段批评市政当局拒绝为他提供船舶停放地点的内容。然后他将市政当局送上法庭,指控市政当局剥夺了他散发文学作品的权利。最高法院当时刚刚在第一个耶和华见证(Jehovah's Witness)案件(见第三章)中作出判决支持了这一权利。

当案件送达最高法院之后,让克里斯汀森觉得诧异的是最高法院认为他在传单背面所印的政治言论实际上不过是商业广告为了达到合法性目的而采取的一种计策,而这与耶和华见证案例是不同的。最高法院裁定,当言论涉及的是纯粹的商业广告,不适用于《宪法第一修正案》的保护范围。

许多年来,瓦伦丁诉克里斯汀森案判例被视为在商业言论自由方面主导性的司法判决。事实上,当 1964 年作出里程碑性的《纽约时报》诉沙利文诽谤案判决之后,法院面临了一些麻烦,它难于解释为什么瓦伦丁判决不适用宪法自由保护(沙利文案就是基于一个广告的诽谤诉讼)。法院认为,在沙利文案中涉及的广告是一个支持民权运动的意见广告,而不是像在瓦伦丁案中所涉及的问题是一个纯粹的商业产品或者服务。因此在之后的十年中,尽管存在《纽约时报》诉沙利文案判例,瓦伦丁规则仍然使商业广告被排除在《宪法第一修正案》的保护之外。

在 1973 年,最高法院再一次否决了《宪法第一修正案》对商业广告的保护,这次涉及的案子是由一份较大的报纸上的"招聘广告"引发的。在匹茨堡出版社诉匹茨堡人际关系委员会案((Pittsburgh Press v. Pittsburgh Commission on Human Relations)(413 U.S. 376))中,人际关系委员会要求报纸停止在其招聘广告中将广告划分为"工作机会:男士感兴趣的"和"工作机会:女士感兴趣的"。报纸方声称在招聘信息的分类方式划分上,报纸编辑可以作出其个人决定,这些决定受《宪法第一修正案》的保护。

最后法院却不同意这一作法,裁定分类广告不仅是商业言论,它还通过这种商业言论宣传了一种歧视性的违法信息,法院不费力气地判决即使涉及某种程度上的《宪法第一修正案》问题,但相比市政当局禁止非法商业活动的广告的权力来说都是第二位的。

和本案相关的另外一个有趣的判决发生在1979年宾夕法尼亚最高法院。当年人际关系委员会试图禁止匹兹堡报社接受“招聘”广告主希望暗示他们的年龄、性别、种族或宗教信息的广告。委员会反对在广告中出现诸如“30岁的销售员”,“重生的基督徒寻找基督类工作”或“白人妇女寻求家佣工作”等语言,州高等法院认为求职者享有《宪法第一修正案》所保护的传播这类信息的权利,尽管雇主不一定会考虑这些因素,美国最高法院拒绝重审该匹兹堡报社判决。

早期商业言论的胜诉

在最初的匹兹堡报社判决仅仅两年之后,最高法院作出了将第一修正案保护范围扩展至商业言论的一系列主要判决中的第一个判决(比奇洛诉弗吉尼亚案(Bigelow v. Virginia),421,U. S. 809,1975)。案子始于1971年,杰弗里·比奇洛(Jeffrey Bigelow)在《弗吉尼亚周刊》刊发了一则在纽约提供堕胎服务的广告。当时,堕胎在纽约刚被法律许可。最高法院通过在瑞欧诉韦德(Reo v. Wade)判决规定任何州都不得禁止堕胎的规定在1973年才出现;在1971年的弗吉尼亚州,无论是堕胎以及发布堕胎广告都是违法的。

比奇洛(Bigelow)被指控违反了弗吉尼亚州的法律。他对自己的有罪判决提起了上诉,美国最高法院利用这一案子重新修改了“商业言论准则”。最高法院强调指出,引人争议的服务在其服务地点并不违法,读者享有宪法保护的权利接受这一信息。法院将这个案子与匹兹堡报社的案子加以区分,指出,匹兹堡报社案件中有争议的商业活动在当地是违法的。然而,重要的是最高法院在比奇洛案子中宣布这条信息并没有失去宪法对它的应有保护,尽管看起来它仅仅是一种广告形态的信息。最高法院认为在将来应当采用“关乎重大而迫切的国家利益”原则来审查禁止商业广告言论的合法性目的。

一年以后,最高法院基于《宪法第一修正案》采取了另一个重要的步骤进一步保护商业言论。在弗吉尼亚药物委员会诉弗吉尼亚消费者委员会案中((Virginia State Board of Pharmacy v. Virginia Citizens Consumer Council)(425 U. S. 748,1976)),最高法院推翻了弗吉尼亚州法律针对药品价格广告所作出的限制规定。其他许多州有类似的对药品价格广告的禁止,但是最高法院在推翻州立法时再一次强调依据宪法修正案,消费者有权获得有关的信息。

法院又一次强调,有争议的信息是受《宪法第一修正案》保护的,尽管其具有商业本质。在这一点上,它似乎很明确地表明旧的瓦伦丁诉克里斯汀森案所确立的准则已经死亡:商业言论的确受宪法保护。然而,法院同时意识到价格广告对自由企业制度具有重要意义,法院也强调了这个判决并不影响政府拥有控制虚假和误导性广告信息的权利。

在1977年,最高法院作出了更多加强《宪法第一修正案》对商业言论保护的判决。首先,在林麦协会诉威灵伯勒案((Linmark Associates v. Willingboro)(431 U.S.85))中,最高法院认为,房主享有宪法保护的权利,在他们的房屋前面放置“房屋出售”的标志牌。新泽西威灵伯勒镇在一个地区的人口种族构成发生变化时取缔了“出售房屋”的标志。这主要考虑到“白人迁移”问题,市政当局希望阻止这种被白人房主制造的恐慌性出售行为,认为要做到这些有个办法,就是不允许标志出现,以免看起来好像整个相邻的房屋都在出售。一个地产商针对这一条禁令提出质疑,认为其违反了宪法原则。

为了维护法令的合法性,市政官员强调了种族和睦的重要社会意义和“白人迁移”的危害。而且他们认为,如果房主真的需要出售他们的房屋,可以通过其他方式作宣传(如由房地产经纪人列出他们的房屋信息或利用报纸的分类广告)。然而,最高法院反对市政当局的做法,作出了与此相反的判决。由法官瑟古德·马绍尔撰写的多数意见中指出,市政当局不能违反宪法原则剥夺居民提供房屋销售信息的权利。马绍尔写道:“如果这类信息的传播被限制,那么全国任何地方当局都可以对影响地方形象的任何事情加以压制。”

尽管林麦判决支持了房屋主人拥有《宪法第一修正案》保护的放置“房屋出售”标志的权利,许多城市都继续采用各种方式限制房产交易标志来与“白人迁移”作斗争。例如,一些城镇允许设置“出售”招牌但是禁止设置“已售出”的招牌,其理据是许多“售出”标志的出现也会发出信息表明许多房主已经离开了。在2000年,宾西法尼亚州费城的房地产经纪人放弃了六年来希望市政当局取消对放置“售出”标志的限制,提起诉讼重新提出要求政府取消对房屋交易信息限制的老议题。

除了林麦案外,1977年,最高法院作出了一个就比奇洛诉维吉尼亚案而言一点也不令人吃惊的商业言论自由的判决。在凯里诉人口服务国际案((Carey v. Population Services International)(431 U.S.678,1977))中,法院推翻了纽约的一些法律,这些法律禁止发布避孕器具广告。即使这些器具在纽约是合法的,州法律禁止做广告,或在店堂展示,甚至不允许在除了有执照的药剂师准许的情况下销售这些器具。既使是药剂师也不能将这些器具出售给任何未满16岁的年轻人。最高法院从这些法律中发现违反《宪法第一修正案》的地方,指出,不像比奇洛案需要的那样,这里并不存在紧迫的基于国家重要利益的理由来限制这些活动。

在1980年,最高法院确立了一个新的法律规则,自此之后用来检验政府管制商业言论自由的合法性。该规则源于中央哈得逊燃气电力公司诉纽约公共服务委员会案((Central Hudson Gas and Electric v. Public Service Commission of New York)(447 U. S. 557))。

在中央哈得逊案子中,该能源供应商针对纽约公共服务委员会在1977年采用的促进节约能源、限制能源使用的管制规则提出了质疑。委员会禁止利用广告鼓励对于能源设施服务的消费而不是节约。中央哈德逊气电公司质疑其作出如此大范围的广告管制。公司在纽约上诉法庭输掉了官司,上诉法院判决指出该项禁令是合乎法律要求的,因为保护能源的需要在价值上超出了该案所涉及的轻微的言论自由问题。

而美国最高法院则推翻了纽约法院的判决,主张针对促销广告的禁令对于能源消费或设施利用率可能只会产生"高度推测性的"效果,因而对于此类广告完全禁止走得太远了。法院说,假如对此存在任何疑问,商业言论也是受宪法保护的,如果它关乎"合法意义上的行动"且并没有误导或欺骗。

如果商业言论是受宪法保护的,那么法院怎样判断一个特殊的政府限制措施在《宪法第一修正案》原则下是合适的呢?在中央哈德逊燃气电力公司案子中,最高法院指出,法院应当评估政府针对广告的限制是否符合下面四个标准:

> (1) 表达内容是否受《宪法第一修正案》的保护(如果其涉及欺骗或者不法的行为,它就不受《宪法第一修正案》保护并且不需考虑这一标准就可加以禁止);(2) 采取的限制措施是否对所主张的政府利益来说是非常重要的;(3) 规范是否直接增进前项利益并且;(4) 所制订的规范是否过于宽泛,超出了政府利益要求之外的需要。

这个规则在1980年中央哈德逊气电公司案确立之后,被后来的几百个案子所采用,无论是州还是联邦法院都必须针对各种政府限制广告的措施据此作出判决。

在中央哈德逊气电公司作出判决的同时期,最高法院在另外一个涉及非商业公司言论的不同案子中作出了另一个判决,作为与商业言论相反的一个判决。法院对于这类言论确立了另外的审查政府管制言论合宪性的不同的标准,本章后面将讨论这一话题。

作为商业言论的律师业广告

最高法院已经反复强调了律师及其他专业人员享有通过广告宣传自己服

务的宪法修正案权利,他们属于受特殊规则限制的广告权利人。最高法院于1977年最早处理律师业广告问题,宣布了其最有深远意义的商业言论判决之一,即贝茨诉亚利桑那州律师团案((Bates v. Arizona State Bar)(433 U.S. 350))。该案推翻了亚利桑那州针对律师业广告的禁令,此类禁令几乎普遍存在于其他每个州。案子涉及两位年轻律师开办的一个法律事务所。这两名律师受到州律师协会的处罚,因为在他们作的广告中所提供的法律服务的正常价格远远低于其他律师所收取的"现行费率(going rate)"。

针对律师协会所作出的判决,最高法院再一次强调《宪法第一修正案》保护消费者获知商业信息的权利。法院认为,律师(以及其他推定的专业人员)发布的宣传广告除非误导或者欺诈,否则不能被禁止,然而,法院表示对于广告中表达一些关于提供的服务的质量的一些表述(如"我们是全城最好的律师")是持保留态度的,因为如此广告可能会成为误导性信息。

有关专业服务人员的误导性广告的警告预示着更多的最高法院的判决的发生,最高法院在奥拉利克诉俄亥俄州律师协会案((Ohralik v. Ohio State Bar Association)(436 U.S. 447,1978))和弗里德曼诉罗杰斯案((Friedman v. Rogers)440 U.S. 1,1979))中作出判决。在奥拉利克案中,最高法院确认了禁止律师为招徕客户采取不择手段的方式进行广告宣传,有时被称为"追逐救护车之招徕手法"。法院认为第一修正案并不阻止一个州的律师协会通过法令反对这种恶意诉讼做法。

在弗里德曼的案子中,法院进一步支持了这一主张,判决支持德克萨斯州禁止配镜师使用商标的执法措施,法院认为一个商标会误导并且不能向消费者提供重要信息,如同早期案例中商业广告所引发的争议一样。法院认为一个商业名称可能会误导消费者,因为配镜师会发生人员变化(因此提供的服务品质也会发生变化)而商标没有随之而变化,因此,一个州要求配镜师在业务工作中采用自己的名称而不是商业名称并不违反宪法修正案。该案被认为是一种言论自由轻微倒退,批评者认为其实配镜师的商标宣传完全是合法的惯例,如在律师事务所,就可以持续使用他们的合伙人所共同起的名字,甚至到他们死后很长时间都可以继续使用,难道这样一个名字从某个意义上不是商业上的名称吗?难道这不也是一种误导吗?法院并没有对此作出评论。

近年来,最高法院审结了一系列其他涉及律师的广告或宣传的商业性言论自由的案子:诸如R. M. J(In re R. M. J)(455 U.S. 191,1982)案,萨乌德热诉律师纪律办公室案(Zauderer v. Office of Disciplinary Counsel)(471 U.S. 626,1985),向波尔诉肯塔基州大律师公会案(Shapero v. Kentucky Bar Association)(486 U.S. 466,1988),皮尔诉律师注册与纪律委员会案(Peel v. Attorney Registration and Disciplinary Commission)(496 U. S. 91,1990),伊宾尼斯诉佛罗里达州职业与商务管理局案(Ibanez v. Florida Department of Professional and Business Regulation)(512 U. S. 136)以及佛罗里达律师团诉温特弗伊特公司案(Florida Bar v. Went for It Inc.)(515 U. S. 618)。或许最高法院作出如此多判决的事实是律师广告不仅表明法律界在这一问题上分歧之大,而且也表明律师乐于对于他们不喜欢的事情提起法律诉讼。

在诸如R. M. J的案子中涉及密苏里州严格限制律师作广告的州法规只允许律师使用一定的词汇来描绘他们从事的法律种类,并且只允许其用法律专业词汇而不能用普通词汇。例如,一个律师不能广告宣传说他或她可以处理个人损害赔偿或房地产案件,一名不具名的律师因违反这些规定受到了处罚。最高法院推翻了这一处罚处理,主张律师广告受《宪法第一修正案》保护。然而,法院又再次强调,只有非欺诈性广告(不论广告主是律师还是其他任何人)才应受到《宪法第一修正案》的保护。

萨乌德热(Zauderer)案发生在俄亥俄州哥伦布市。在该起案件中,律师萨乌德热因为广告内容不当而受到法院处罚。在一份报纸广告中,萨乌德热使用了达尔康·施尔德避孕器的图片,并将之与流产、伤害,甚至癌症联系起来。萨乌德热在广告中称他正在诉讼中代理大量妇女起诉达尔康·施尔德公司,并可接洽与此相关的更多的诉讼业务。

最高法院以5:3的投票结果废除了俄亥俄州禁止律师在业务广告中使用描述性图片的规定。法院认为,从本质上说,律师协会可以要求律师的广告更加符合实际。

参照先前有关商业言论自由的判例,在萨乌德热案中,法院裁决指出,消费者有权获得当地政府试图禁止的信息,广告主也有权发布这样的信息。

然而,最高法院的确赞成俄亥俄州根据该广告中某些不切实的内容来处罚萨乌德热。比如,在这则报纸广告中,萨乌德热承诺说,即便败诉,起诉达尔康·施尔德公司的妇女也可以不必支付任何律师费,因为他处理这些案件基于"成功酬金(contingent fee)"的方式。可是,事实上,败诉的妇女仍然需要支付一定的法庭费用。但是,萨乌德热并没有在他的报纸广告中阐明上述问题,俄亥俄州法律委员会便据此对他进行处罚。

1988年,在向波尔诉肯塔基州大律师公会一案中,最高法院的裁定推翻了对律师向目标客户发送直邮广告进行业务宣传的限制。肯塔基和其他大约二十个州的法律规定,即使接收者可能需要律师的特别要求,律师也不得利用邮件来宣传自身的业务。

1990年,在皮尔诉律师注册与纪律委员会案这起案件中,联邦最高法院再次作出的判决对律师通过媒介宣传自身业务是有利的。法院指出,伊力诺斯州政府不应该阻止律师在媒体上宣传事实,说明自己是某一特殊法律领域的持有执照的专业人士。在5:4的表决下存在严重分歧的法庭指出,在某些情况下,律师的自我广告宣传会存在虚假性或者误导性。尽管如此,多数意见依然认为,这项对律师广告的全面禁令未免过于宽泛,尤其对于那些本身就是符合事实的广告,该禁令更是显得相当苛刻。

到了1994年,在另一起案件中,最高法院依然作出与上述类似的判决。法院指出,佛罗里达州会计委员会不应该阻止那些同时具有律师资格的会计从业人员通过媒介宣传自己是一名律师。在伊宾尼斯诉佛罗里达州职业与商务管理局一案中,法院判决认为,伊宾尼斯(Ibanez)不仅是一名认证财务规划师,而且也是一名有专业资格的律师与会计师,她理所当然可以在她的名片以及黄页上对她的身份进行广告。如果限制她享有这项权利,将意味着法律对商业言论实行不合理的约束。

另一方面,在此案判决之后,也就在同一年,最高法院对发生在佛罗里达州的另一起案件作出判决。法院认为,在事故发生后的30天内,律师不得向事故受害人发送电子邮件,表明自身可以接洽事故受害人的诉讼业务。在佛罗里达律师协会诉温特弗伊特公司一案中,法官桑德拉·戴·奥康纳在多数人通过的判决书中指出,佛罗里达州相关部门禁止律师采取这种业务广告行为并不违反美国《宪法第一修正案》的规定。理由是,州政府有责任保护事故受害人及其亲属的隐私和生活秩序,使其不受律师的打扰和不必要的接触。

20世纪80年代:有关商业言论的限制

最高法院对几起涉及商业言论权的案件作出判决,但判决结果却不尽相同。

1981年,在美讯公司诉圣地亚哥(Metromedia v. San Diego)一案中,最高法院对地方政府审查路边广告牌违法与否的权力进行规范。最高法院推翻了圣地亚哥市禁止政治与商业广告牌信息的法令。然而,在此案件中法官意见分歧极大,伦奎斯特法官认为这项判决是一个“虚幻的巴别塔,从中无法抽出任何清晰的原则”。

尽管如此,在多数人通过的判决书中,法院指出,圣地亚哥(San Diego)市有关路边广告牌的禁令太过宽泛了,因为它禁止既利用路边广告牌进行政治宣传,也不让人们通过路边广告牌宣传商业言论。在符合宪法规定的范围内,是否允许适应范围严格受控制的法令对纯粹的商业言论而不是政治广告实施管制,法院对此持一种开放态度。不过,5:4的多数人意见却表明,法院对此问题也是相当迷惘。

1984 年,最高法院再次对一项限制政治符号的地方法令是否合宪作出裁决,但这一次最高法院认为该地方法令并没有违背《宪法第一修正案》。在洛杉矶市议会成员诉文森特(Members of Los Angeles City Council v. Taxpayers for Vincent)一案中,法院判决指出,洛杉矶市政府有权禁止在公众财产上的政治招贴。法院进一步说明,禁止在城市所有的设施与建筑物上张贴宣传广告并不是对《宪法第一修正案》倡导的言论自由实施过度管制。法院认为,此案的判决并没有跟美讯公司诉圣地亚哥案的判决相抵触。由于圣地亚哥市出台的法令禁止利用所有类型的路边广告牌进行商业或者政治宣传,受禁的广告牌不仅包括在公共财产出现的,也包括那些征得许可、在私有财产出现的广告牌,因此,法院判决该项法令违背了《宪法第一修正案》的规定。与此相反,法院却认可了洛杉矶市政府出台的类似法令。其依据在于,洛杉矶市政府制定的法令只是禁止在公共财产上放置招贴广告,而没有禁止在私有财产上放置广告牌或标语。

作为对洛杉矶政府这一法令的认可,最高法院指出,市政府有权保证市民免受视觉污染,即禁止在公共财产上利用各种广告牌进行政治或者商业宣传。

那么,在私有财产而不是在公共财产上开展政治宣传,其结果又会是如何呢?诚如第三章所述,最高法院曾经做出这样的判决,即,对于私有财产张贴的各类政治标语,市政府不应该出台法令对之全部加以禁止(参见拉都市诉吉里奥案,512 U.S. 43)。

参照法院对商业言论案的一些早期判决,人们对最高法院在 1983 年布杰诉"你的药片"公司案((Bolger v. Your Drug)(463 U.S. 60))一案中的判决也就见怪不怪了。法院推翻了邮政部门制定的、不准通过信件推销节育用品的禁令。法院判决指出,宪法赋予每位公民知情权,而邮政部门出台的有关规定却是阻止了民众获取与自身生活息息相关的重要信息。在多数人意见书中,马绍尔法官强调指出,家庭计划和性病预防是需要人们高度关注的社会问题,邮政部门并没有充足的理由可以证明其所制定的这类禁令是正确的。

令人深感遗憾的是,最高法院针对商业言论案的判决不像在 20 世纪 70 年代晚期和 80 年代早期看来的那样稳定,经常不一致,往往让人无法预料。1986 年,在波多黎各波萨达斯协会诉波多黎各((Posadas de Puerto Rico Associates v. Puerto Rico)(478 U.S. 328,1986))一案中,最高法院的判决令到那些自以为精通商业言论准则的法律人士大跌眼镜。可以说,此案的审判结果是所有商业言论案中最广为人知而且是最受争议的。法院判决指出,1948 年实施的《波多黎各博彩法案》(Puerto Rico's Game of Chance Act)允许在岛内的娱乐场所开展博彩活动，但是，该法案并不允许向当地居民宣传娱乐场所及相关娱乐项目，而可以向游客宣传此类信息。在此案中，该法案却受到波萨达斯公司——总部在德克萨斯的合伙公司，由坎大多假日饭店（Condado Holiday Inn Hotel）和金沙娱乐场（Sands Casino）联合出资创办——的质疑。此案的被告是波多黎各旅游公司，作为公共法人公司，波多黎各旅游公司负责实施岛内各项与博彩有关的法律。在本案中，波多黎各旅游公司认为波萨达斯公司违背有关规定，向当地居民宣传博彩，从而两次对波萨达斯公司处以罚款。最后，波萨达斯公司对波多黎各旅游公司作出罚款所依据的相关法律是否合宪提出质疑并上诉到法院。这些地方“广告”包括将博彩作为火柴盒外包装及电梯的标识广告。

由伦奎斯特法官撰写的多数意见书不仅肯定了与此案相关的《波多黎各人》法案，而且还援引了有关烟酒广告的法律规定。法院认为，有关烟酒产品的广告可以施加更严格的管制而不违背《宪法第一修正案》。法院还进一步指出，事实上，凡是“被认为是有害的”产品的广告相比其他广告更少受到《宪法第一修正案》的保护，即使这些广告涉及的产品是合法的。颇具讽刺意味的是，十年之后，当最高法院再次对这类问题作出审议时，其作出的一系列判决却是对烟酒及博彩广告的《第一修正案》权利加以维护。这些现象再次表明，法院对这一法律领域的认识与判断的不确定性。

在给这些禁止向当地居民进行博彩广告的法律提供合宪性辩护时，波多黎各政府官员指出，制定此类法律的目的不外乎是，尽可能少地降低博彩对波多黎各当地居民的健康、安全和收入带来的不利影响，同时尽可能多地从旅游者身上获取更多的利润。他们进一步阐述道，道德与文化模范的日渐瓦解、地方犯罪率的增多、卖淫嫖娼的猖獗、腐败的滋长以及有组织犯罪的渗透都是罪恶的具体体现，通过法律的形式禁止向当地居民宣传娱乐场所或者相关娱乐项目，目的就是为了尽力减少这样的罪恶发生。

在5:4通过的多数意见书中，法院同意这里存在着坚实的管理用途——其重大价值足以使对商业言论加以管制合情合理。

这个裁决招致持不同意见的四名法官激烈地反对，其中包括布伦南法官，他认为，波多黎各的这些法律规定，其目的就是限制传播那些与合法行为有关的事实信息，最终只能使得当地居民相当无知。另一名对判决持反对意见的法官斯蒂文森则表示，这些法律造成对大众媒体的歧视，违反了《宪法第一修正案》的有关规定。“竟然使用两套不同的标准分别适用于《纽约时报》和《圣胡安星报》（*San Juan Star*）”。

很明显，最高法院对波萨达斯一案的判决将给广告行业、广播与报纸行业以及出版业带来极其不利的影响。于是,上述相关行业纷纷提出书面请求,要求法院撤销对该案的判决。

1989 年,在纽约州立大学诉福克斯公司((State University of New York v. Fox)(492 U. S. 469))一案中,最高法院依然作出与波萨达斯案类似的判决,支持政府对商业言论进行限制。在这起案件中,法院支持了纽约州立大学现行权力机构针对校园商业活动的有关限制性规定。依照这些规定,利用校园内的相关设施从事商业销售将被禁止。结果,一位厨具销售员被逮捕了。原因就是,这位销售员拒绝离开该校的科兰德校区的校园宿舍,并在宿舍中举行"塔珀家用塑料制品派对",其行为明显触犯了纽约州立大学针对校园商业活动的有关规定。

最高法院不仅赞成纽约州立大学系统制定的有关规定,更是以此为例进一步指出,在管制商业言论方面,政府不需要遵循"使用最低程度的限制手段"原则。当然,一旦涉及政治性言论,那么,"使用最低程度的限制"这一原则依然适用。尽管如此,在以 6:3 通过的多数意见判决书中,法院声称,遵照《宪法第一修正案》的相关规定,管理机构在管制商业言论方面拥有相当大的回旋余地。该判决进一步指出,如果政府的目标与用于辅助实现政府目标的商业言论管制之间存在一种"合理协调",那么,中央哈得逊标准(如前文所述)依然可被应用到商业言论的管制中。

针对法院这种类似于对法律进行重新阐释的判决,法官哈里(布伦南法官和马绍尔法官附议)在反对意见中指出:

> 多数人意见书认为与商业言论有关的案件可以无须遵循"使用最低程度的限制"这一标准。如果这一观点成立,那么,我们将需要对那些出现在以往判决中的矛盾用语加以改写。

最高法院针对纽约州立大学案所作出的判决使得在类似案件中对商业言论权的限制进一步加强。与 20 世纪 70 年代广泛保护商业言论权相比,20 世纪 80 年代晚期,法院似乎在不断从将保护扩展到商业言论的立场上倒退。但到了 20 世纪 90 年代,非常不同的趋势出现了。

20 世纪 90 年代:不断得到扩展的商业言论权

以 1993 年一起涉及广告函件的案件为触发点,20 世纪 90 年代期间,最高法院重申并进一步扩展了宪法对商业言论的保护。到了 1996 年,毫无疑问的是,那些符合事实的有关法律活动的商业言论得到切实的保护,从而避免管制机构的审查。

在1993年辛辛那提诉探索发现网络案((Cincinnati v. "Discovery Network")(507 U.S. 410))这起案件中,法院判决指出,辛辛那提市不应该断然禁止在报架中摆设商业性读物,同时允许报纸自动贩售机。正如本书第三章对报架法令所作出的解释那样,政府曾一度要求,免费杂志出版商必须将他们用于摆放那些主要依赖广告的免费杂志的62个杂志架从市内公众场所撤离,取而代之的是2000多个报摊。

在6:3通过的多数人判决中,法院指出,政府并未能为其行为提供合理的依据。参照法院在纽约州立大学案的判决意见,法院强调指出,尽管商业言论并没有享有与非商业言论同等的保护待遇,但也不能对其随意加以限制。法院再次认为,禁止商业言论的政府必须出示证据证明,其所采取的禁止行为与政府的合法目的(比如,出于安全或者是审美的目的)存在一种"合理协调"的关系。多数意见指出市政府为自己行为辩护的理由的明显矛盾之处:它反对62个用于摆满免费杂志的杂志架带来的视觉混乱与污染,取而代之以2000个摆放着报纸的报摊。对此,法院指出,辛辛那提市严重低估了《宪法第一修正案》赋予商业言论的意义。

在判决书,斯蒂文森法官指出:

> 辛辛那提市制定的商业言论政策过于宽泛,严重限制了公众场所中受宪法保护的言论自由。法院认为,辛辛那提市此项有关商业言论的政策并不合法。

虽然辛辛那提案的判决是法院对商业言论享有《宪法第一修正案》权的重大认可,但是,多数人意见在给予商业言论全面《第一修正案》保护的问题前止步了。法院再次重申,只有政府的合法目标与政府对商业言论加以限制的行为之间存在"合理协调"关系时,政府才能对商业言论实施管制。在非商业言论的审查方面,政府必须依据非商业言论涉及的内容来证明其对非商业言论实施审查的行为是合法的,与此相比,针对商业言论实施政府限制的标准相比之下远低得多。此外,辛辛那提案的判决公布后,在美国诉埃奇(Edge)广播公司(509 U.S. 418)一案中,法院再次支持对商业言论加以约束。尽管该电台90%以上的听众来自弗吉尼亚州,但法院还是准许北卡罗来纳州政府使用本州有关法律禁止该位于北卡罗来纳的电台播放弗吉尼亚州政府发行的彩票广告。法院认为,北卡罗来纳州政府负有合法的管制权益劝阻本州居民从事博彩活动,而禁止博彩广告促进了那项权益;尽管此举会使得弗吉尼亚州的居民无法收听本州政府发行的彩票广告。

然而到了1999年,法院裁决,对博彩广播广告的禁令不能强加在那些博彩合法的州的广播业者身上。诚如本书第十一章所述,在大新奥尔良广播协会诉美国一案中,最高法院依据《宪法第一修正案》的有关规定无异议地推翻了有关商业言论的禁令。在这起案件中,最高法院推翻了下级法院依据法令禁止新奥尔良广播业者播放本地博彩广告的判决。

斯蒂文森法官在法院的判决书中指出,被质疑的联邦法律未能通过中央哈德逊案件所设定的标准中的两条。他提请注意对赌博广告的禁令对印第安人经营的赌场和州政府发行的彩票进行了豁免。由于用来禁止博彩广告的法律漏洞百出,因此,它并不能实质地推动政府去履行自身宣称的职责,即减少居民从事博彩活动。

"第1304条(用于禁止博彩广告的条款)以及之后建立起来的法规体系因为豁免及不一致性的存在而显得千疮百孔,正因为这样,政府无法使该法免于错误"。斯蒂文森继续指出,政府"始终无法避免这样的指责。即,对于那些正确而没有误导的合法行为信息,理应是广告商及广告的听众,而不是政府本身来评估它的价值。政府是否已经出台了一项更为条理分明的政策,或政府是否能够接受本地居民的言论权并使之成为居民的日常规范,这些都应该另当别论。"斯蒂文森概括说。

两年前,在内华达案(山谷广播公司诉美国地区法院案,107 F. 3d 1328)中,美国联邦第九巡回上诉法院就裁决指出,禁止博彩广告的法令触犯了《宪法第一修正案》。这一判决使得第九巡回上诉法院管辖范围内西部各州的广播公司可以不受限制地播放各类博彩广告。不过,就目前情况而言,美国国内其他州的广播公司在播放博彩广告方面也不再受到政府的管制。法院对大新奥尔良多广播协会诉美国一案的判决表明,只要一个州政府没有出台相应的法律禁止广播公司播放博彩广告,即便这个州没有发行博彩,其州内的广播公司就可以不受限制地播放博彩广告。事实上,在最高法院对本案作出判决后,联邦通讯委员会也取消了博彩广告的限制。不过,如果广播电台或者电视台所在的州没有发行博彩而且以法律的形式禁止发行博彩,那么,这些广播电台或者电视台就不得为其他州的博彩活动播放广告,否则就会受到法律制裁,其结果只能跟埃奇广播公司(Edge Broadcasting)案的最终判决一样。

烟酒广告与《宪法第一修正案》

如果你还记得最高法院对波多黎各波萨达斯协会诉波多黎各案的判决结果,如果你还记得它对"被认为是有害的"产品和服务广告严加限制的用语,那么,你确实会感到相当惊诧。近年来,法院不仅决然地支持博彩广告,更是赞成香烟和酒类广告。

1995 年,最高法院推翻了美国财政部联邦烟酒及武器局(Bureau of Alcohol, Tobacco and Firearms)强制执行的有关啤酒标识(beer labeling)规定。在鲁宾诉库尔斯啤酒酿造公司(Rubin v. Coors Brewing)一案中,参与此案审理的最高法院全体法官一致认为,对于联邦法律和联邦烟酒及武器局政策禁止标示的啤酒酒精度,啤酒制造厂家有在标签上公开的第一修正案权利。

托马斯法官在法院的判决书中指出,法院赞成政府对啤酒业的"度数战争"的规范有其充足的理由。尽管如此,联邦烟酒及武器局制定的这项规定未免过于宽泛,政府完全可以通过采用其他有效的办法,使得啤酒生产厂家在促销时,不会以强调其酿造的啤酒具有高酒精度为卖点。托马斯法官进一步解释道,"在本案中,库尔斯(Coors)公司在啤酒外包装上标示的内容,只涉及那些跟酒精度有关的、有据可查的真实信息。"

对那些从事的职业与商业言论密切相关的人士而言,如果说,1995 年库尔斯啤酒酿造案的判决是他们的一大胜利,对政府监管机构的一大打击,那么,在 1996 年第 44 酒类贸易行诉罗得岛州案(44 Liquormart v. Rhode Island)这起也跟酒类有关的案件中,最高法院作出的判决——《宪法第一修正案》保护商业言论则是一项更为重要的胜利。

作为一起被广告业界人士认为是决定性胜利而津津乐道的判决,在第 44 酒类贸易行诉罗得岛州案这起案件中,参与审判的全体法官一致认为,罗德岛不应该禁止有关酒类价格的广告。九位法官一致认为,即便是规定将全国范围内的禁酒令加以废除的《宪法第二十一修正案》(个别州可以继续使用禁酒令)也没有允许各州可以在将酒精饮料的生产合法化的同时禁止酒精饮料的广告。法院还强调指出,《宪法第二十一修正案》并没有违背《宪法第一修正案》。

尽管九位法官均投票同意否决罗德岛有关酒类价格广告的禁令,不过,法官对各自作出这种表决所持的理由却不尽相同。尽管如此,法院最终的观点却是非常明确。

斯蒂文森法官撰写多数意见书。至少九位法官中的七位要么否决了波多黎各波萨达斯协会诉波多黎各案的判决,要么将它与本案区别对待(即,法官们认为,尽管未推翻波多黎各波萨达斯案判决,但该案的判决显然不适用本案)。他进一步指出,如果一个政府不对某种广告进行合理的管理,而只是采取禁止的做法,那么,法院就有必要实施中央哈得逊案中使用的"特别照顾"(special care)原则。显而易见,包括斯蒂文森法官在内,其他三名完全或者部分与他持相同意见的法官都希望,通过此案的判决进一步提升《宪法第一修正案》对商业言论的保护力度,或许能够享有非商业性言论那样的《宪法第一修正案》保护。

托马斯法官走得更远，他说法院在中央哈得逊案中使用的判决标准根本就不值得考虑，理由是，对与本案相类似的一些商业言论的限制本质上就是违反宪法的。他进一步补充说，“所有企图阻止民众作出合法选择的行为都是不允许的”。

多年来，法院对此案的判决一直是广告业界提倡的各类权利得以实现的最有力证明。一位广告行业的律师更是夸张地将法院判决书的内容雕刻在办公室的匾额上。

斯蒂文森法官撰写的多数意见略显谨慎，指出：

> 《宪法第一修正案》指引我们对那些政府为了他们自己的利益而竭力让人们处于被隐瞒状态的管制措施重点提出质疑。

与桑德拉·戴·奥康纳法官持相同意见的四位法官则认为，罗德岛禁止酒类价格广告的法令违反了宪法，导致这种结果的根本原因仅是该禁令不符合法院在中央哈得逊案中设定的判决标准。桑德拉·戴·奥康纳法官指出，该禁令与罗德岛宣称的政府目标之间根本就不存在什么“合理性协调”：通过保持高酒价的方式来抑制酒类消费。其中令几位法官明显认为有问题的是罗德岛该类法律适应范围的广泛性：它没有为希望广告酒类价格的商业活动提供任何替代传播渠道。

从法官所持的四种不同的观点来看，法院此次的判决并没有对商业言论应该享有《宪法第一修正案》权利作出明确表达。尽管如此，自 1948 年最高法院宣称商业言论完全不受《宪法第一修正案》保护以来，商业言论已经走过了相当长的一段坎坷历程。

第 44 酒类贸易行诉罗得岛州案的判决使得管制烟酒广告的多数法律受到质疑。例如，巴尔的摩市出台了一项法令，并利用它几乎是无所不能地禁止广告商利用户外广告板从事烟酒宣传。针对那些与此禁令相关的诉讼案件，联邦诉讼法院都一一予以驳回。可是，到了 1996 年，最高法院却要求下级法院必须依据第 44 酒类贸易行诉罗得岛州案的判决，重新审查该项法令的合宪性。尽管联邦上诉法院的确对该禁令进行复审，但最后还是对其持赞成态度。法院指出，巴尔的摩市政府有权禁止利用户外广告板从事烟酒广告，理由是，尽管未成年人可以通过成年人获取有关烟酒信息，但是，采用这种方式广告烟酒产品，很容易引诱未成年人吸烟、酗酒，这是违法的。随后，从事户外广告的广告商将政府此举上诉到最高法院，但是，最高法院却拒绝就此问题再次审理该案（参见安豪瑟-布什有限公司诉施莫克案以及潘广告公司诉施莫克案

((Penn Advertising v. Schmoke)(101 F.3d 325, cert. den. 520 U.S. 1204))。法院的判决使得其他城市和州纷纷效仿巴尔的摩的做法,对香烟和酒精饮料类的广告,特别是户外广告和有关烟酒销售点的广告,实施严格管制。

在此案之后,最高法院再次对此类法律实施干预。2001 年,法院裁决认为,管制烟酒广告的有关法律与《联邦烟草标识和广告法》(Federal Cigarette Labeling and Advertising Act)相抵触。因此,由各州所制定的数量达到几百部的烟酒广告管制法律纷纷被予以废除。在罗瑞拉德烟草公司诉雷利公司案((Lorillard Tobacco Co. v. Reilly) (533 U.S. 525))这起案件中,马萨诸塞州制定的烟酒广告管制法律受到原告的质疑。最后,法院在 5∶4 通过的判决意见中指出,用于管制烟酒广告的法律不仅超越了相关的联邦法律规定,更是违反了《宪法第一修正案》。

桑德拉·戴·奥康纳法官在法院判决意见中指出,州政府不应该专门针对香烟广告实行特别限制。各州依然需要依据自身拥有的行政权力来管理辖区内的各类广告,但是,各州对烟酒类广告的管制不得凌驾于联邦法律之上。

这起案件的判决,可以说,在将近一年左右的时间里,是法院否决政府管制香烟广告或香烟市场的第二件大事。2000 年,法院裁决指出,食物与药品管理局缺乏足够的权力将香烟视同为药物并以此对香烟市场实施管制(美国食品与药物管理局诉布朗与威廉逊烟草公司(FDA v. Brown & Williamson)案。后文将对此开展专门讨论)。与此同时,法院认为,联邦贸易委员会也不具备权力来管制香烟广告。

罗瑞拉德案是对马萨诸塞州香烟广告法律的重大质疑。依照该项法律的有关规定,任何香烟广告商都不得在学校、公园或者是公共操场周围 1000 英尺以内张贴香烟广告,而且香烟零销商张贴的香烟出售点广告也必须使得未成年无法一望即及,其与住宅门的距离至少要在 5 英尺以上。法院推翻了上述与香烟广告有关的法律。在此过程中,法院指出,有关香烟广告的管制法律已经超越了联邦法律的有关规定。结果,许多州对香烟广告施加的各类限制也随之被取消。

此外,在罗瑞拉德案中,法院认为,马萨诸塞州有关户外及销售点香烟广告的法律之所以会被推翻,其真正原因并不在于这些法律超越了联邦有关法律,而主要是因为它违背了《宪法第一修正案》的有关规定。正如法院否决罗德岛政府利用禁止酒类价格广告的法律来制裁第 44 酒类贸易行那样,也正如大新奥尔良多广播协会诉美国案中法院取消一项用来阻止博彩广告的联邦法律一样,在波多黎各酒类贸易行协会诉波多黎各一案中,法院再次拒绝在遵循《宪法第一修正案》上使用“罪恶豁免”(vice exception)。即是说,法院拒绝使用《宪法第一修正案》中的有关罪恶豁免条款来证明波多黎各有关香烟广告的法律是合乎宪法的。

在一份有斯卡利亚法官和安东尼法官参与其中的附和意见书中，托马斯法官再次坦率地表达了自身对“罪恶豁免”的支持。他指出，“《宪法第一修正案》保护对民众有害的物品，包括有害的思想。”此外，针对法院在中央哈得逊案的判决中为了平衡四位法官的观点而被灵活使用的许多不确定性用语，他也表示反对，并认为法院在商业言论方面不应该使用“未能确定的原因”这样的用语。

桑德拉·戴·奥康纳法官起草的多数意见判决书更是显得相当保守。但是，该判决还是指出，马萨诸塞州有关户外及销售点香烟广告的法律违反了《宪法第一修正案》，同时也触犯了联邦商标法律。其原因就在于该法律太过于宽泛：1000 英尺范围内不得张贴香烟广告，这将意味着市区内的主要地区都不得张贴此类广告。桑德拉·戴·奥康纳法官还援引里诺诉美国公民自由联盟案（详见本书第十章）的判决进一步指出，在里诺诉美国公民自由联盟案中，法院取消了有关因特网猥亵言语的禁令。理由是，该项法律虽然保护了未成年人的权利，但却限制了成年人享有《宪法第一修正案》规定的权利。同样的道理适用于本案。“保护未成年人免受有害信息的污染是合理的，但是，并不能据此对那些面向成年人的言论实行不必要的、过于全面的压制”。

这样的结果就是：除非禁烟组织能够说服国会取消联邦法律的最高优先权，否则，香烟广告就必须接受联邦法律的管制，同时遵循 1998 年香烟业界与 46 个州共同达成的诉讼协议。在这份涉及金额高达 2060 亿美元的协议书中，业界自愿承诺，停止使用户外广告板来宣传香烟，不再在商业广告中使用卡通文字或者是不再将目标客户定位为未成年人。与此同时，业界将为禁烟组织提供财政资助，以便通过户外广告板开展禁烟宣传运动。但是法院对罗瑞拉德烟草公司诉雷利公司案的判决并没有影响到该协议。

《联邦烟草标识和广告法》要求在香烟广告或者是香烟的外包装中插入或者贴上“吸烟有害健康”的标识，否则，就不能作香烟广告。从法院最近一段时间有关“罪恶的”广告（vice advertising）的判决中，我们可以看到，如果联邦法律或者联邦贸易委员会的有关规定企望对烟草广告施加过于严格的限制，那么，法院将会依据《宪法第一修正案》的有关规定对其进行矫正。纵观大新奥尔良多广播协会诉美国案有关博彩广告的判决、库尔斯啤酒酿造公司案和第 44 酒类贸易行诉罗得岛州案有关酒精饮料的判决以及罗瑞拉德烟草公司诉雷利公司案有关烟草广告的判决，不难明了自 1986 年波多黎各波萨达斯协会诉波多黎各案判决以来法院在此类案件上的处理力度。

强制性广告与《宪法第一修正案》

在20世纪90年代晚期以及21世纪早期,最高法院还就两起涉及《宪法第一修正案》权利的商业广告案件作出判决。在此期间,一些地方法院也审判过一些类似案件。这些案件集中涉及到:种植者必须为农作物广告缴纳费用。许多种植者并不愿意为州或者联邦政府发起的、他们并不乐意的农作物广告计划支付费用。

2001年,最高法院裁决指出,强制性广告计划违反了《宪法第一修正案》的规定。在美国诉联合食品公司(U. S. v. United Foods)一案中,最高法院推翻了涉案的一项联邦项目。理由是,该项目要求所有的蘑菇养植商都必须支付广告费用。联合食品公司(United Foods),田纳西州的一个蘑菇栽培公司反对这个裁定,他们宁愿自己做广告强调蘑菇质量而不是强调蘑菇产地。

大法官安东尼·M.肯尼迪作出的裁定指出,广告的评估构成了“强迫言论”。他追踪了包括政府机关强迫所有工人支付用于判定威胁言论这一费用的做法等的先前的案例,认为威胁言论同政府言论禁令一样是违宪的。

就在四年前,最高法院支持了加利福尼亚要求所有种植者为一般农产品广告付费的计划,所以联合食品公司裁定让许多法庭观察家吃惊(格利克曼诉威廉兄弟与埃略特公司案(Glickman v. Wileman Brothers & Elliot Inc. ,521 U. S. 457)。大法官肯尼迪指出较早案例中的栽培者参加了有营销管理规划的协会,这是新案例与格利克曼案的不同,并指出在蘑菇业中没有这样的安排存在。

和格利克曼相关的另一个事件是它引起了《宪法第一修正案》保护言论自由的学者们的许多指责,并且加利福尼亚最高法院找到了个方法把它传播开来。在对格利克曼的追踪中,加利福尼亚法院指出即使联邦宪法没有选择退出特定强制广告计划的权利,州宪法中也可能会有(杰拉万庄园公司诉里昂案(Gerawan Farming v. Lyons,24C. 4th 468,2000)。加利福尼亚法院指出州宪法赋予“在所有方面……言论自由”的权利并反对削弱商业言论的法律保护的想法。

美国最高法院没有在联合食品公司中那么深入下去,但是法院的确推翻了政府委任广告评估的体制。

公司言论自由

当最高法院正在把第一修正案保护言论自由扩展到商业言论时,法院也开始保护另一种类型的非商业的企业言论。在1978年,法院在这一方面采取了一个重要步骤,规定公司也享有第一修正案保护言论自由的权利,在第一国有银行诉贝洛蒂案(First National Bank v. Bellotti,435 U. S. 765)中,法院推翻了马萨诸塞州的一个关于禁止企业赞成或反对投票措施的法律,除非当这样的措施对公司生意有"实质影响"时。在达成这一共识方面,法院强调了信息自由流动的重要性,即使一些数据来自公司而非个人。这一裁定在其他大约30个州引发了关于企业政治广告上宪法权限制的质疑。

马萨诸塞州试图维护企业政治广告禁令并辩解说,如果允许这样做广告,企业有这么多钱足以用来淹没其他的观点。然而,没有证据能够证明这一点,法院也没有支持这个意见。另一个马萨诸塞州的法律问题是它允许公司致力于大众传媒（报纸、电视台及其他)讨论任何他们在政治议题上愿意说的事,但是这种自由对其他的公司来说是不允许的。最高法院指出,无论如何银行和其他财务机构要比大众传媒更加了解经济问题。

因此,第一国有银行诉贝洛蒂案使企业广告获得一次重要胜利。当媒体拒绝接收他们的议题导向广告(这一问题在这一章的稍后讨论)时,它没有保障公司进入的任何特殊权利,但是它明确指出只要媒体愿意接收来自公司的广告,该州就不能因为广告是来自公司而不是个人或组织活动委员会而禁止它。

正如前边所解释的,最高法院在在1980年裁定中央哈德逊案时(判定公用事业公司权利多数是商业性广告,即使广告可能鼓励使用能源而非保护),法院也对非商业的企业言论作出了重要裁定:爱迪生公司诉纽约公共服务委员会案(Consolidated Edison v. Public Service Commission of New York,447 U. S. 530)。在那个案例中,法院称纽约公众服务委员会(New York Public Service Commission)不能阻止公用事业公司把插入有讨论"政治问题"或者"公共政策争议议题"的账单向用户寄发。

在中央哈德逊案中,爱迪生公司向1977年被纽约州公众服务委员会采用的法规发出了挑战。在这个案例中,纽约最高法院坚持认为向用户寄发有插入物的传单禁令是对言论的时间、地点和方式的合理规定。

在这一点上,联邦最高法院推翻了纽约州法院,规定传单插入物禁令是对企业的《宪法第一修正案》保护言论自由的过度限制。

这是企业的第一修正案保护言论自由的一个重要胜利,不像第一国有银行(First National Bank)的裁定是5:4险胜,这一案例是以7:2获得大多数支持——有七个大法官投票支持企业对当天的论题说出自己的看法。另外,法院确定了用来裁定将来企业言论限制是否合理的指导方针。

法院为商业广告和非商业企业言论进行了注解说明,前者目的是公司为寻求产品或者服务的促销,后者是公司为表达它在有争议的社会或政治问题上的见解。当政府试图像反对商业言论那样限制非商业言论时,最高法院确立了比中央哈德逊案中用于规范商业言论更加严格的标准。当涉及到非商业企业言论时,最高法院称只有当如下三个条件满足其中之一时,政府的限制才可以成立:(1) 限制问题是"正好服务于一个重要的政府利益的手段";(2) 限制目的是实现"重要的政府利益"而且仅仅是规定时间、地点、方式,让"充足的交互沟通渠道"开放。(3) 在一些政治分裂活动必须被避免的特殊环境下,比如军事基地,有对言论方面的最低限度的限制。

1986 年,在太平洋煤气与电力公司诉公共事业委员会案(Pacific Gas & Electric Company v. Public Utilities Commission, 475 U. S. 1)的案件中,最高法院再度重申企业拥有第一修正案所保护的言论自由权利。在这起案件中,公共事业委员会(Public Utilities Commission(PUC))命令大公用事业公司美国太平洋燃气和电力公司(PG&E),在消费者消费账单中插入某公共监督团体的资料来取代该公司每年四次的简讯,法庭坚持认为 PUC 命令触犯了第一修正案保护公用事业公司言论自由的权利。四个大法官形成了多数意见,认为公司的简讯"受到第一修正案保护言论自由的全面保护",他们指出迫使公司插入外部团体的资料来代替内部的资料是违宪的。

第五个大法官瑟古德·马绍尔认为 PUC 不能迫使公用事业公司在消费者账单中插入来自外部团体的布告,但他也说明企业并不能完全享受第一修正案保护言论自由的权利。有另外三个大法官不同意马绍尔的观点,并表示说他们允许 PUC 要求公用事业公司在费用账单中插入监督机构的资料。

总之,藉着最高法院的深刻分歧,这是第一修正案保护言论自由权利的一个混合胜利。企业言论自由在 1990 年最高法院对奥斯汀诉密歇根州商会案(Austin v. Michigan State Chamber of Commerce, 494 U. S. 652)的裁定中并没有什么积极进展。在这个案件中,法庭肯定密歇根州法律禁止来自企业或者民营协会的对政治候选人的募捐的观点,但同意来自特殊目的基金的捐献。大多数人认为这种企业言论的限制并不违反第一修正案,至少部分是因为它允许企业通过独立的基金或政治行动委员会来支持或者反对候选人,同时法院并没推翻它早期在这个案件中有关企业言论自由的裁决。尽管如此,这个案件表明了第一修正案保护企业和民营协会言论自由存在着局限性。

在最高法院最初同意审理随后在 2003 年又被驳回的耐克诉卡斯基案(Nike v. Kasky, 2003 U. S. lexis 5015)的案件中,商业企业的言论和非商业企业的言论的界限被模糊化了。在这个诉讼案中,耐克(Nike)作为一个体育服装和鞋制造商通过发布新闻、读者来函和其他企业控诉信息回应了对海外公司劳动条件的指责。

耐克随后被消费者活动家马克·卡斯基(Marc Kasky)依据加利福尼亚州虚假广告法,怀疑公司在这一问题上声明的真实性而提起诉讼。加利福尼亚一个上诉法庭认为耐克的声明不能受到第一修正案保护言论自由的保护,因为这一声明并不是商业言论。加利福尼亚州最高法院推翻了这一裁定并认为耐克的信息确实是商业言论,因为它们的目的部分在于使消费者相信公司在海外的工厂条件的声明,并使消费者购买更多的公司产品。在卡斯基公司诉耐克案(Kasky v. Nike Inc. ,27 C. 4th 939, 2002)的案件中,加利福尼亚最高法院以4:3多数裁定公司的声明并不享有第一修正案保护言论自由的保护,相反要去接受虚假广告法律的制裁。这样,卡斯基将有权使他的要求得以满足。大法官秦明旺(Ming W. Chin)提出了异议,他认为在公共争议中只限制耐克一方,让耐克的批评家随便去说他们想说的,这是对耐克极大的不公正。他说:"在这一重要的世界性辩论中阻止一方是用心不良和欠考虑的,也是违宪的。"

联邦最高法院同意审理耐克案,但随后在2002—2003期限的最后一天驳回此案,明确的理由是绝大多数的大法官认定这一案件应该在被联邦最高法院考虑之前加以审理。这引起了大法官斯蒂芬·G.布雷耶的反对,参与的还有桑德拉·戴·奥康纳,他们甚至争辩说暂缓对本案的判决将对其他希望能对有争议问题发表建议的其他企业的权利发生寒蝉效应。

所有的这一切意味着第一修正案保护的言论自由仍然有一个等级,这一等级依讯息的性质和来源而定。商业广告比起理念为本、"社论"广告或者相似形式的非营利企业言论仍然享受较少的宪法保护。事实上即使是非营利企业享受的权利也比全部的第一修正案保护的言论自由权利要少,而且商业言论和非商业言论的区别在2000年初以来越来越不清晰了。

广告和媒体发布权

宪法是否规定有在媒体上刊登广告的权利?换句话来说,是否只要媒体控制者愿意接受广告者可能购买的空间(或者广播中的时间),那么就有对报纸、电台或者电视台的发布权?

传统意义上这些问题的答案是简单而且直接的:不管是编辑的目的还是广告目的都没有对媒体的发布权。随后,在20世纪70年代早期,针对这一问题有几次重要的法庭裁定。然而在某些特殊情况下,广告的发布权也可能存在——特别是如果广告拒绝者能够证明自己的行为不属于垄断或不公平的商业模式实践。同样,在某种情况下,政府赞助的媒体不能拒绝公众发布权。

概括广告和发布权原则的一个好的起点是1993依阿华州高级法院裁定。这是支持报纸随心所欲接受或者拒绝广告权利的法院裁定的先行者。在沙克诉卡罗尔每日先驱报(Shuck v. Carroll Daily Herald,247 N.W.813)讼案中,简单裁定为报纸是私人企业,它没有责任成为公用载体为所有人服务。

几十年来,当想要在商业报纸上刊登广告的人要求空间的时候法院都用同样的方式进行了裁定。比如,1970年,一个联邦上诉法庭驳回了一个劳动者协会对芝加哥论坛报的广告栏目的发布权的要求。在这一讼案中(美国服装工人联合会芝加哥分会诉《芝加哥论坛报》案,Chicago Joint Board-Amalgamated Clothing Workers of America v. Chicago Tribune),435 F.2d 470),法院驳回了联合会提出的主要报纸应该是公共论坛的上诉请求,联合会希望用广告抗议某百货公司销售进口成衣,但是芝加哥没有日报愿意接受这些广告。联合会争论说在这种情况下他们应该有一个第一修正案保护言论自由的发布权。尽管如此,联邦法院还是肯定了出版者拒绝发布广告的权利,尽管另一方面它也意味着有争议的问题不能被公之于众,联邦最高法院依然拒绝重新审核这个裁决。

1971年,另一个联邦上诉法庭判定一个电影制片人不应拒绝《洛杉矶时报》对其广告的审查。在这个联会与阿尔德里希公司诉时代镜报公司(Associates & Aldrich v. Times Mirror,440 F.2d 133)案中,法庭裁决报纸没有任何责任刊登电影广告,更不用说严格按照提交的原样来刊登。

对公众参与新闻自由的倡导者来说,这些判决无疑是一个倒退,但更严重的打击出现在1974年,联邦最高法院作出了关于参与应用印刷型媒体的里程碑式的裁决。这个对迈阿密赫勒尔德诉托尼罗案的裁决(418 U.S.241)推翻了佛罗里达的地方法律,该法律赋予了对信息发布的限制性权力。

这个案例缘起于帕特·托内罗(Pat Tornillo),一个迈阿密教师协会的参加竞选州议会活动领导。米亚米·赫勒尔德(Miami Herald)两次在报纸上以编辑身份攻击托内罗,托内罗要求报纸给他相应的版面刊登他的回应。当他提出这个要求时,法律看起来是站在他这一边的:因为佛罗里达有一条答辩权(a right-of-reply law)的地方法律,当报纸编辑攻击政治候选人的时候,该报纸必须刊登出此候选人的回应。米亚米·赫勒尔德拒绝了托内罗,于是他引用佛罗里达法律,提起了诉讼,佛罗里达最高法院判托内罗胜诉,于是报纸向联邦最高法院上诉。联邦最高法院全体一致推翻了佛罗里达的判决,确定报纸拥有《宪法第一修正案》赋予的权利,可以控制报纸的内容而不受政府干涉。

因此，最高法院也废除了佛罗里达答辩权的地方法律。

负责法庭记录的首席大法官沃伦·布鲁格写道，“成为一个具有责任感的媒体无庸置疑是一个理想的目标，但媒体的责任并不是宪法要求的，并且和其他很多美德一样，也无法由法律来规定执行。”《宪法第一修正案》仅仅是不允许政府控制报纸出版者什么可以出版，什么不可以出版。

当然，这个案例是关于一个州试图控制编辑内容，而不仅仅是控制广告，但这个裁决还是确定了出版者有决定出版物全部内容的权力，这个裁决并不限于新闻方面。在托内罗事件后的几年，法庭继续否定任何试图干涉报纸和杂志上编辑或广告栏的内容的作法，除非有证据证明其中存在不公平或垄断的商业行为。（注意这个案例仅适用于印刷媒体，正如在第 11 章中阐述的，广播公司受制于一些不适用于印刷媒体的强制性发布条例。）

哪种类型的商业垄断行为会致使法庭强迫一份报纸接受它不想要的广告呢？一个典型例子就是反对普罗维登斯杂志（*Providence Journal*）和《普罗维登斯晚报杂志》（*Providence Evening Bulletin*）分类广告政策的系列诉讼案件。这些报纸不接受租赁咨询服务者的广告，因为他们认为租赁咨询服务者可能有欺骗行为。

在这一系列复杂的诉讼案件中，一些租赁咨询服务者挑战了报纸的这个政策。他们声称这个政策违反了联邦反垄断法（federal antitrust law），因为普罗维登斯杂志在其市场上享有实质性的垄断地位，而且，事实上，成为了租赁咨询服务者的竞争对手。（报纸广告和租赁咨询服务者都帮助人们寻找房屋。）

一开始，联邦法庭支持普罗维登斯杂志的政策，认为它是合理的反欺骗措施：他们认为租赁咨询服务者反对这个政策是因为对欺骗行为的心虚。然而，1983 年，联邦上诉法院裁决没有证据证明一个租赁咨询服务者的欺骗。于是，法庭裁决普罗维登斯杂志违反了反垄断法律，因为它拒绝提供广告版面给潜在的竞争对手。但当时，这个租赁咨询服务者已经破产了，于是法庭只判决了 3 美元作为象征性的赔偿。（参见家庭就业服务处诉《普罗维登斯杂志》案例（*Home Placement Service v. Providence Journal*, 682 F. 2d 274, 1982, 和 9 Med. L. Rptr. 2518）。

此案的重点在于：在其服务地区享有实质性垄断地位的报纸（正如很多报纸确实享有的），当它拒绝为某人提供广告版面，而此人又被认为是这个报纸的竞争对手的时候，报纸就会冒有可能受到反垄断诉讼的风险。但不论怎样，除了潜在的反垄断的情况，印刷和广播媒体一般都可以按照它们的意愿自由地拒绝它们不想要的广告。当然，如 11 章所阐述的，在某些情况下，广播公司必须接受那些印刷媒体可以自由拒绝的广告。这其中最重要的是联邦选举中的政治广告,依据《通信法案》第 312 条款(a)(7),广播公司必须接受这些政治广告。而相反,报纸和杂志却可以拒绝所有的政治广告,或者,甚至可以只接受一个候选者的广告而拒绝其他人的。对印刷媒体来说没有时间均等原则(Equal Time Rule)。

但是在其他一些情况下,广告客户可能认为,相比广播公司他们其实有更多的机会进入印刷媒体。许多广播公司会自动排斥那些支持有争议的观点的广告,一些大公司曾经试图在电视上播放关于社会问题的广告,却都遭到拒绝。而这些大公司,特别是美孚石油(Mobil Oil)和凯瑟尔公司(the Kaiser Corporation)都曾经购买到报纸和杂志广告,来宣传他们拒绝电子媒体广告的观点。不管是因为什么实际原因,印刷媒体比广播公司有更大的意愿来传播那些有争议的观念性的广告,尽管两者都没有任何法律义务来做这些。

对某些种类的广告来说, 印刷媒体也是更容易进入的。举例来说,很多广播公司都会自动拒绝烈性酒的广告,自从 1971 年,联邦法律也禁止广播公司播出香烟的广告。然而,印刷媒体却一如继往地为这些商品刊登广告。

如果印刷媒体和广播公司都不能刊登管理者禁止传播的广告,会解决公众对全部媒体的参与权问题吗?

答案是:不一定。一个提供了相当大的公共参与途径的传播媒介就是有线电视。然而事实上,很多年期间,有线电视的公共参与权利是由联邦通信委员会条例授权管理的。联邦最高法院对联邦通信委员会诉中西部视频案的裁决,最终推翻了那些条例,判定联邦通信委员会对有线电视采用相当于一般传输信息的载体要求的作法,超越了联邦通信委员会的权力范围。

政府资助的媒体的发布权

对这个规则的另一个例外,就是包括政府拥有的媒体在内,都没有对这些媒体强制性的使用权利。在某些情况下,政府资助的媒体有义务保持观点中立,包括接受他们也许更希望拒绝的广告。

从 1960 年代开始,一些州法庭和联邦法庭开始赋予在城市公交车上做广告的限制性权力。当政府行为参与进去时,正如对待媒体一样,法庭有时会判决公交公司需要去接受那些有争议的广告。比如,纽约的联邦法院和加利福尼亚的州法院,都禁止公共交通系统断然拒绝刊登它们不喜欢的广告。(参见基辛格诉纽约交通运输管理局案(Kissinger v. New York City Transit Authority, 274 F. Supp. 438)和威尔塔诉阿拉米达县-康特拉科斯塔县交通区案(Wirta v. Alameda-Contra Costa Transit District, 68 C. 2d 51)。

然而,认为在政府运营的媒体上公众应该有广泛的平等权利的想法,却因为另一条联邦最高法庭对莱尔曼诉沙克尔·海茨案(Lehrman v. Shaker Heights)的判决,受到了严重的打击。在这个与1974年和托内罗的判决在同一天宣布的裁决中,联邦最高法院驳回了一个政治竞选人的上诉,此竞选人想在一个城市公营的公车线路上发布自己的广告。而这个公车线路的政策则是只接受商业广告,不接受政治广告,联邦最高法院也认为《宪法第一修正案》并没有赋予人们任何权利一定可以在类似这样的国营媒体上作广告。尽管联邦最高法院已经重申过几次,例如城市街道和公园这样的场所,都是受到《宪法第一修正案》保护的"公共论坛",但法院仍然拒绝承认城市公营的公交车上的广告空间是公共论坛。

法庭裁决指出:在另一方面,如果国营媒体拒绝了某个政治候选人的广告,却接受了其他候选人的广告,那根据宪法第十四修正案"平等保护"(equal protection clause)的条例,被拒绝的候选人可以提起诉讼。但是在莱尔曼案例中,所有的政治广告都被拒绝了,因为没有歧视,所以公交车的这个广告接受政策被认为是中立的。

作为莱尔曼案件裁决的结果,这些年来法庭一直在拒绝提供广告空间的使用权,甚至在国营媒体上,只要媒体的负责人始终如一地执行他们的广告政策。

然而,对国营媒体使用的问题,有时会呈现出不同的看法,特别是当管理者提供了一个公共论坛,却只接受支持某些政治和社会问题观点的广告,而不接受支持他们不喜欢的观点的广告的时候。在关于华盛顿特区的公共运输系统的案件中,联邦上诉法庭就是这样判决的。在勒布朗诉华盛顿都市地区交通管理局(Lebron v. Washington Metropolitan Area Transit Authority)案件中,法院裁决运输公司的领导者既然运输公司已经接受了很多其他的政治广告就不能拒绝一个由艺术家迈克尔·勒布朗(Michael Lebron)创作的批评里根政府的图像蒙太奇广告。

在1998年,当一个公共交通系统拒绝了一个反堕胎的广告,却接受了其他关于性和计划生育的广告时,联邦上诉法庭做出了同样的裁决,在基督教新娘牧师组织诉宾夕法尼亚州交通管理局案(Christ's Bride Ministries v. Southersterm Pennsylvania Transportation Authority,148 F.3d 242)中,法庭认为交通系统通过它接受的政治广告,创造了一个公共论坛。因此,法庭裁决交通系统违反了《宪法第一修正案》,因为它拒绝了反堕胎群体想要宣传的观点:"选择堕胎的女人会受到更多的伤害,并且更有可能罹患乳癌。"

另一方面,如果一个国营媒体始终如一地只接受商业广告,并不为任何政治和社会问题的宣传提供任何公共论坛,那么它就可以拒绝这样的广告。在玫瑰园儿童诉凤凰城案(Children of the Rosary v. City of Phoenix,154 F. 3d 972)——另一个 1998 年做出的裁决中,联邦上诉法庭支持亚利桑那州凤凰城的公营公交系统的权利,拒绝这个反堕胎的广告,因为这个公交系统一直只刊登商业广告。

协调这些所有不同的法院裁决,包括是否有在国营媒体上做广告的权利并不容易。但自从莱尔曼案件后,主流的裁决似乎是否决这样的权利,除非政府的代理者接受了某些类型的广告,却无端地拒绝了其他类似的广告。

1995 年,联邦最高法院又一次引起了人们对这个问题新的关注,这是对勒布朗诉全国铁路客运公司(Lebron v. National Railroad Passenger Corp. ,513 U. S. 374)案例的裁决——另一个有关艺术家迈克尔·勒布朗的案例。根据《宪法第一修正案》,法庭裁决美国铁路阿玛克(Amtrak)是政府的代理人。因此,法庭认为,美国铁路拒绝勒布朗购买空间、在纽约宾夕法尼亚火车站(Penn Station)(由美国铁路控制的)设置一个巨大广告版,以做一个关于"The Spectacular"的政治广告要求的作法,违反了《宪法第一修正案》。这个案件被退回到下层法院,进行基于《宪法第一修正案》的分析,判断美国铁路作为政府代理人是否有责任去接受这个广告版的宣传。勒布朗设计的广告结合了图像蒙太奇和文字宣传,目的是攻击那些因为支持保守的政治势力而拥有库尔斯啤酒酿造公司的家庭。

联邦上诉法院重新审议了这个案件,认为美国铁路作为政府代理人的事实并没有改变任何事情。关键的观点是法庭裁决美国铁路没有违反《宪法第一修正案》,因为在它之前没有接受过任何关于 The Spectacular 的政治广告——而且在未来也没有任何责任去这样做。因此,美国铁路有权利拒绝勒布朗的广告(参见勒布朗诉全国铁路客运公司案,74 F. 3d 371,1995)。就像之前记录的,联邦最高法院在莱尔曼诉莎尔克·海茨案中裁决,即使国营媒体也被赋予了权利去拒绝政治广告,只要这些国营媒体始终如一地坚持不刊登任何观点的政治广告。

联邦广告法规

包括广告渠道和商业言论在内,广告法是一个由多方支配的领域,包括联邦贸易委员会、程度不断增长中的其他联邦机构和国家与地方法规机构。

对广告者来说,美国联邦贸易委员会毋庸置疑是最重要的单独法律机构。1914 年《联邦贸易委员会法案》规定,在美国,独立的联邦机构负责审查多种类的商业行为。1914 年的法案中规定:"在商业中不公平的竞争手段据此被宣布为不合法的,委员会据此被授权和命令审查个人、股份企业或者公司,禁止它们在商业活动中使用不公平的竞争手段。”

美国联邦贸易委员会最初的任务是防止不公平的商业行为——但只是对其他商业从业者的保护。它最初的工作并不包括保护消费者免受欺骗性的行为。

也许这是因为一个在美国广告界非常古老的传统。主流的态度是“货物出门概不退换”(粗略地可翻译为“买主须自行当心”),有好几个世纪,这意味着广告可以为所欲为夸大他们产品的好处。19 世纪的报纸充斥着欺骗性广告,最明显的是关于特效药的广告。这些药被吹嘘成可以治疗从感冒到癌症的一切病症,然而,事实上很多药一点疗效都没有。

受这些虚假广告所欺骗的消费者在普通法下面基本没有寻求法律补偿的途径,唯一可行的办法是进行一场程序复杂而又难有胜算的诉讼。大多数受广告欺骗的人(虚假广告的上当受骗者)除了自认倒霉接受损失,并且发誓不要再被愚弄以外别无选择。

然而,联邦贸易委员会很快就将虚假广告作为它的主要关注对象之一,到了 20 世纪 20 年代,绝大多数联邦贸易委员会的执法行动涉及到广告。联邦贸易委员会认为虚假广告是对其他企业的不公。例如,在一个一直申诉到联邦最高法院的著名案例中,联邦贸易委员会指控一家公司在广告中吹嘘其服装是“全天然羊毛”,而实际上其羊毛含量仅有 10%。在美国联邦贸易委员会诉温斯泰德·豪斯瑞公司(FTC v. Winsted Hosiery Co. ,258 U. S. 483,1922)案中,联邦最高法院认为虚假广告是不正当竞争的一种形式,因为虚假广告将消费者的注意力从诚信商人的商品身上转移到那些非诚信的竞争对手身上。

不过几年后,联邦最高法院通过裁决,剥夺了联邦贸易委员会针对虚假广告的变革行动。联邦最高法院认为联邦贸易委员会缺少关于虚假广告对于竞争企业不公的证据,因而无权代表消费者进行立法。上述情况发生于 1931 年,见美国联邦贸易委员会诉拉莱达姆公司案(FTC v. Raladam,283 U. S. 643)。

因而,联邦贸易委员会被剥夺了大部分权利,但这只是暂时性的。在 20 世纪 30 年代的另两个案例中,联邦最高法院支持联邦贸易委员会针对欺诈性销售策略所采取的行动。(参见美国联邦贸易委员会诉 R. F. 克派尔兄弟公司案(FTC v. R. F. Keppel & Brother,291 U. S. 304),和美国联邦贸易委员会诉标准教育协会案(FTC v. Standard Education Society,302 U. S. 112)。在 1938 年,国会颁布了惠勒里亚法(Wheeler-Lea)修正案,授予联邦贸易委员会针对可能误导消费者的“不公平的欺诈性的行为或行动”进行立法的权力。

惠勒里亚法(Wheeler-Lea)同时也扩大了联邦贸易委员会的执行权利。

联邦贸易委员会一直按此授权进行立法操作,直到1975年《麦格纽森—莫斯瑕疵担保法案》(Magnuson-Moss Act)再一次扩大了其权限。《麦格纽森—莫斯瑕疵担保法案》特别授予委员会针对虚假行为的立法权,此项权利能一直扩展到地方法律层面。联邦贸易委员会可以针对仅仅是"影响"跨州际贸易的行为采取行动,而在此之前,联邦贸易委员会的权限只能被限制在州内贸易中。《麦格纽森—莫斯瑕疵担保法案》同时也赋予联邦贸易委员会发布《贸易管理条例》(Trade Regulation Rules)的权利,此项条例具有管理整个行业中商业行为的法律效力。

有了这些范围更广的新权力,联邦贸易委员会在20世纪70年代末进入了一个史无前例的激进时期,但是它的一些行为触怒了很多企业主管,以致于他们说服了国会搁置联邦贸易委员会的预算,直到其改变政策为止。结果,1980年联邦贸易委员会只得暂时的关门大吉,中止一切事务。最终,联邦贸易委员会获得了维持运行的预算,但是1980年的《联邦贸易委员会改进法案》(Federal Trade Commission Improvements Act of 1980)对其权力进行了严格的限制。20世纪80年代见证了一个在行动上更加沉闷的联邦贸易委员会,其追踪虚假性广告的积极性与十年前相比大打折扣。到了20世纪90年代,联邦贸易委员在执行有关广告的法规时,又回复到一种更为激进的状态。

在讨论这些发展趋势以前,我们先讨论一下联邦贸易委员会的基本结构和执行力,并解释一些在国会看来是滥用联邦贸易委员会权利的行为。

联邦贸易委员会执法手段

联邦贸易委员会与联邦通讯委员会一样,是一个独立的管理机构。它由一个五人的委员会管理,同时有1000多位行政管理人员。联邦贸易委员会的五个委员是由主席委任并经参议院批准的。

联邦贸易委员会是如何执行针对欺骗性广告的法规呢?第一,联邦贸易委员会利用一种三维的分析法去判断某个广告是否存在欺诈:1)识别广告内容里的每个承诺性宣称或实际性的缺失,并要求广告主将广告内容记录成文档;2)判断广告里的这种宣称是否可以误导典型消费者的行为;3)判断这种宣称是否是"实际性的"(例如,它是否可能影响购买决策?)。在作出这些判断的时候,联邦贸易委员会关注由广告产生的"基本印象"。

联邦贸易委员会又是怎样找到可能存在欺骗性的广告消息呢?除了依赖于消费者和竞争对手的投诉外,联邦贸易委员会自身也对传统媒介,乃至因特网进行监控。联邦贸易委员会一旦认定某个事件是普遍的问题,其有可能就会采取检查行动，即一种针对同属于某一特定领域内的某一类型的众多交易采取的实时强制执法行动。在采取这些行动时，联邦贸易委员会的工作人员通常会同州司法部长紧密协同工作。调查人员可能会“试验性购买或消费”一些商业产品或者服务——或者针对正在调查的某一特定种类的广告有系统地漫游因特网。这些大规模清查通常会产生意想不到的戏剧性效果——而且可以警告他人联邦贸易委员会正在着手寻找虚假性或误导性广告。

联邦贸易委员会一旦裁定某条广告消息是违法的，就授权采取搜查行动，委员会可能会采取一系列的强制执行手段。虽然大多数强制执行手段涉及执法行动，但联邦贸易委员会控制虚假广告最有效的途径却是大规模曝光。既然广告发布者的唯一目的是为了劝服一部分公众去购买或认可某一产品，对其最大的打击莫过于在播放这则广告的同一媒体上发布新闻，即政府机构认为此则广告是虚假广告。

然而，联邦贸易委员会除了利用新闻发布会对虚假广告进行打击外还有多种执行权力。它通常针对来自消费者或其他经营者的投诉采取行动，但是无论投诉的来源是什么，执法行动的第一步通常是由联邦贸易委员会告知广告发布者，委员会认为其广告涉嫌欺骗或误导。广告发布者可能会收到一份建议其中止广告发布的指令，指令里包含有相关支持证据。与其为了一份判决的发布经历如此漫长耗时的程序，广告发布者可能会乐于选择签订一份同意书，即在不承认其有过失的前提下终止发布这则有争议的广告。

虽然这是一种解决投诉的相对非正式途径，但是同意书仍会纳入公众记录。通常可以有 60 天的时间进行公众评议，在此之后，联邦贸易委员会发布一个具有法律效力的承诺同意指令。

在某些情况下，联邦贸易委员会宁愿让广告发布者仅仅签署一份名为“自愿遵守规定”的保证书。但是，不论是采取此方法还是更为正式的同意指令，联邦贸易委员会通常都会与广告发布者协商以达成一致。联邦贸易委员会尽可能的选择避免这种非正式的程序，不仅为了节约工作人员的时间，同时也为了尽快中止误导性广告以保护公众利益。这是因为一轮广告宣传通常只持续几个月的时间，因而在联邦贸易委员会完成正式程序前，整个宣传活动可能早已结束。

然而，如果广告发布者拒绝签署同意书，联邦贸易委员会可能会启动争议案件审理程序。这些程序包括向行政诉讼法官提出对广告发布者的诉讼，法官会听取双方的辩护，同时进行裁决。委员会有权对法官的裁定进行审核，并颁布一份正式的中止发布指令，广告发布者可以就此向联邦上诉法院提出上诉。由于以上都是民事审判，因而作为被告方的广告发布者不享有在刑事审判中所享有的全部权利。例如，行政诉讼法官可能裁定联邦贸易委员会有错而受争议的广告是完全合法的，在刑事审判中，那意味着宣告无罪并可以中止整个审理，但是在这里，联邦贸易委员会可以无视法官的裁决而判定广告是违法的，并发布一项判决。广告发布者除了将联邦贸易委员会的裁定上诉至联邦上诉法院外没有其他的办法可寻。

一旦同意指令或中止发布指令生效，广告发布者如果违反了其中的条款，则将面临巨大的民事罚款，有时是一天 1 万美元或者更多。

除了这些执行手段外，联邦贸易委员会也使用其他的程序。例如，联邦贸易委员会可以向联邦区域法庭提出对广告发布者的诉讼，以避免由于采用中止发布指令所带来的滞后效应。

联邦贸易委员会的另一种选择是仅仅发布建议性的指南。这些小册子告知广告发布者联邦贸易委员会如何看待法律中的某一特定要点，诸如在广告中使用证明书或者产品定价之类。违反了指南并不代表违反法律，但是对于广告发布者来说，指南的价值在于它们深层次反映了联邦贸易委员会现阶段对于各种广告行为的看法。联邦贸易委员会采取的另一种相似的行为是发布咨询意见。与指南一样，咨询意见也都是自愿性的，但是它们不是由委员会主动发布，而是针对广告发布者的询问而发布的。

同样是政策性指南但却具有法律效力的是《贸易管制条例，Trade Regulation Rule》，简称“TRR”。这些法规通常适用于整个行业，该行业需要一部分特定的广告同时禁止其他广告。贸易管制条例的自由使用很大程度上导致了《1980 年限制联邦贸易委员会权力的国会法案》(Congressional action to limit the FTC's authority in 1980)的出台。

在 20 世纪 70 年代，联邦贸易委员会通过一个广告诚信化计划发起了旨在控制广告欺骗的另一项主要行动。在此项计划里，联邦贸易委员会要求某些行业将他们广告中存在的所有承诺记录成文档，在某些案例中这种行为产生了具有高技术含量的长篇报告。

1984 年，在新任主席詹姆斯·C. 米勒(James C. Miller)的领导下，联邦贸易委员会修正了广告诚信政策，詹姆斯·C. 米勒并不认同委员会早期的很多管理举措。新政策促使联邦贸易委员会要求单个企业进行诚信计划，而不是要求整个行业证实它们的广告承诺。

联邦贸易委员会最受争议的强制执行手段还有两个：《承诺披露指令与更正广告规则》(*Affirmative Disclosure Orders* and *Corrective Advertising*)。该规则要求广告发布者除了展示产品好的方面外，同时也要展示不好的方面。在一个此类案例中，联邦上诉法庭支持联邦贸易委员会的一项针对杰瑞托尔制造者的规定。在广告里杰瑞托尔被描绘成可以治愈中老年人的“疲惫血液”，而制造者被要求说明:对于某些种类的贫血症杰瑞托尔没有什么功用。(J. B. 威廉斯诉美国联邦贸易委员会案(J. B. Williams Co. v. FTC,381 F. 2d 884, 1967)。

在此项裁定后,联邦贸易委员会要求数百位广告发布者同样地披露它们产品里的负面因素。银行和储蓄机构不得不登广告以说明提前取出存款会有“实际的利息罚款”,而引用经政府测试的里程数的汽车制造商不得不告知消费者,“您的里程数可能会不同”。

许多广告主发现这些要求不仅繁重而且令人困窘,但是“更正广告规则”使得企业界更为愤怒。联邦贸易委员会最著名的更正广告规则是针对李斯德林(Listerine)漱口水的制造商华纳-兰勃特制药公司(Warner-Lambert Company)。将近一个世纪,李斯德林都被宣传成可以治疗感冒和喉咙疼痛,而这种宣称实际上没有任何医学研究的证明。

联邦贸易委员会不仅要求华纳-兰勃特制药公司花费 1000 万美元进行广告,承认李斯德林不能治疗喉咙疼痛,同时要在更正的广告前加上一段话“与以前广告相反,”华纳-兰勃特制药公司对于联邦贸易委员会的裁决提出上诉,但是联邦上诉法庭认可更正规则——虽然法庭也承认“与以前广告相反”的说法是过度的惩罚。华纳-兰勃特制药公司被允许播放其经过更正的广告而不必承认过往的错误。(华纳-兰勃特制药公司诉美国联邦贸易委员会案(Warner-Lambert Co. v. FTC,562 F. 2d 749,1977)。华纳-兰勃特制药公司要求联邦最高法院复审这一裁定,但是最高法院拒绝这么做。

联邦贸易委员会在 20 世纪 70 年代颁布了一系列其他的更正广告规则,其中之一是针对 STP 油添加剂制造商的。联邦贸易委员会要求其发布广告告知公众:关于 STP 将减少汽车油耗的宣称是基于不可靠的道路测试。

20 年后,联邦贸易委员会又要求一家石油公司对其广告进行更正。1997 年,埃克森有限公司为了解决联邦贸易委员会对其的投诉,同意播出电视广告告知消费者其价格最高的汽油并不能使引擎更干净或者减少保养费。埃克森此前播出的广告都宣称埃克森 93 号超级汽油“能够降低保养费”并且“使你的引擎更干净。”美国联邦贸易委员会指出,事实上,埃克森所有等级的汽油都含有相同的清洁引擎添加剂,与其他牌子的汽油没有什么两样。在同意在 18 个主要的市场作出更正性广告的时候,埃克森没有承认自己以前的广告有什么错误之处。

美国联邦贸易委员会于 1999 年命令在另一个领域要求杜安(Doan)药物的制造公司作出更正广告,要求公司花费 800 万作一个关于治疗背痛的更正广告,其中包括以下句子:“尽管杜安公司的药品是一个有效的缓解疼痛的药物,然而没有证据表明这个药比其他背痛缓释药更加有效。”联邦贸易委员会之所以采取这个行动是因为杜安的制造公司诺华以及它的前身汽巴—嘉吉公司花了大约6500万美元做了20年广告,声称杜安药品比其他背痛缓释药更有效,而实际上并没有任何依据。

2000年,拜尔公司同意花费100万美元用于消费者教育当中,以解决美国联邦贸易委员会针对它所作的不符合实际的阿司匹林药物的广告的处罚。拜尔广告声称阿司匹林可以预防心脏病,然而并没有解释一些人可能没有这些效果或许还会因为药物的副作用而有害。拜尔同意发放消费者免费的小册子来更正这些广告内容,并且作出印刷广告来告诉消费者到哪里可以找到这些小册子。

其他执法案例

除了在诉讼中要求广告主以各种形式来弥补过失之外,美国联邦贸易委员会对数以千计虚假的、误导性的或者欺诈性的广告活动采取了相应的抵制措施。以下就是美国联邦贸易委员会在广告规范上的一些案例。

多年以来,有关美国联邦贸易委员会的最著名的一场官司也许莫过于砂纸刀片案(FTC v. Colgate Palmolive Co. ,380 U. S. 374,1965)。除了具有一定的代表性外,此案件引人注目的另一个原因是美国最高法院对此案作出了终审判决。

作为当时最著名的电视广告之一,高露洁棕榄有限公司(Colgate Palmolive)在广告中用快速刮刀刮砂纸以说明所生产的快速刮刀质量上乘。但问题是观众所看到的砂纸上的沙子其实是从一个透明的塑料片上刮下来的。美国联邦贸易委员会认为该广告内容属于欺诈行为,因此勒令停止播出该广告。高露洁棕榄有限公司没有服从美国联邦贸易委员会的禁令,并试图证明快速刮刀可以从一片砂纸上刮下那些沙子。事实上,公司也做到了这点,只不过花的时间要比广告中长得多:大约90分钟。

美国最高法院最终支持美国联邦贸易委员会的意见,认为这是一个欺诈广告。最高法院做出这样的裁决并不意味着所有在电视广告中出现的道具都是带有欺诈性的。法院表示,只有那些涉及广告重点宣传对象或者夸大产品性能的道具是带有欺诈性的。例如,由于电视聚光灯产生的热量可以融化冰淇淋,所以行家常在广告中用土豆泥代替冰淇淋。法院就此举了一个例子来解释它的观点。在一则广告中,一个演员品尝由土豆泥代替的冰淇淋,如果广告的目的是宣传其他事物的话,那么就不能说这是欺诈行为。但是,如果广告是为了更好地出售冰淇淋而展示冰淇淋的充分品质以及鲜艳色彩,那么用土豆泥代替冰淇淋就构成了欺诈行为。

自从高露洁棕榄有限公司之后,美国联邦贸易委员会还抵制了其他多起广告活动。美国联邦贸易委员会追究了那些在广告中使用其他道具的广告主的责任,尽管这些道具很难说和快速刮刀广告中的砂纸一样具有欺诈性。例如,在利华兄弟公司的一则清洁剂广告中,演员站在一个大型清洗机旁,穿着一件沾满尘土的衬衣,水从他的颈部流下,衣服上的尘土也随即消失。美国联邦贸易委员会认为这是欺诈性的广告,因为整个清洗过程不可能有那么快。

在另一则案件中,美国联邦贸易委员会追究普利斯通防冰剂制造商(makers of Prestone Anti-Freeze)在一则广告中向观众展示用普利斯通的“磁性薄膜”保护一条金属棒不受酸性物质的侵蚀。美国联邦贸易委员会对此提出异议,因为广告中使用的酸性物质和汽车散热器中的酸性物质并不相同,并且测试的环境也与汽车内部的真实环境具有差异。

美国联邦贸易委员会常常针对那些从表面上没有任何问题但实质上仍具欺诈性的广告表示不满。早在1950年,美国联邦贸易委员会反对一个烟草制造商在广告中声称,经测试自己的香烟,在焦油和尼古丁的含量上比其他牌子的香烟都要低。虽然这是事实,但是该测试还得出了另一个结论:所有经测试的香烟,焦油和尼古丁含量都达到了一个危险的高度。所以美国联邦贸易委员会认为,尽管从字面上来看这则广告没什么问题,但实际上仍具有欺诈性。

美国联邦贸易委员会还抵制那些存在争论的和科学意见不统一的广告言论。1974年,美国联邦贸易委员会对国家蛋类营养委员会(National Commission on Egg Nutrition)提出了意见,并希望发布禁令停止该协会发布的一则声称“没有科学证据表明,吃鸡蛋会提高心脏病和循环性疾病发病率”的广告。一个联邦上诉法院支持美国联邦贸易委员会的观点,勒令停止这则广告声明;不过法院也驳回了美国联邦贸易委员会要求今后所有涉及鸡蛋的广告都要声明关于这个健康问题是有争论的,并且专家意见不一致的请求。

美国联邦贸易委员会对误导性的推荐广告也表现出相当高的关注。它要求那些推荐产品的名人必须是真的在使用这个产品,给出推荐建议的专家必须是真正的专家。此外,在推荐广告中使用者所做出的言论必须被证实是可靠的。在一则草根性的或者消费者现身说法的广告中,如果声称使用他的设备古兹尔摩尔·迪塞尔(Guzzlemoile Diesel)每加仑的油可以跑50英里,但测试显示事实上没有超过40英里的话,这样的广告是不允许的。同样,一个由内华达古兹尔·古尔奇(Guzzle Gulch, Nevada)的赫丽·豪林斯沃斯(Holly Hollingsworth)女士推荐的产品广告必须出现真正的赫丽·豪林斯沃斯女士,而不是一个假扮她的演员。

在1978年，美国联邦贸易委员会甚至还起诉了著名歌手派特·伯尼，因为美国联邦贸易委员会认为他为一个皮肤护理产品所作的推荐广告具有误导性。美国联邦贸易委员会控告该产品的制造商、广告商以及派特·伯尼参与策划了这则虚假的误导性的广告。美国联邦贸易委员会指出该产品并没有像广告中暗示的那样可以治疗粉刺。派特·伯尼被罚款5000美元，并签署了一份承诺书，同意将这5000美元纳入为补偿受广告误导的消费者而设的基金。

第一次让名人承担误导性推荐广告的责任对其他给产品作推荐的名人来说，是一个很大的打击。在派特·伯尼事件之后，所有的名人都要求在他们的推荐广告合同中添加保障条款。（保障意味着广告主应该承担名人可能因广告而招致的处罚。）

然而在80年代后期，另外两位著名的演员，乔治·汉弥尔顿（George Hamilton）和劳埃德·布里奇斯（Lloyd Bridges）因为给一则事后证实具有欺诈性的投资计划做推荐广告而遭到控诉。在计划发起人破产，投资者损失百万美元后，两位演员通过向投资损失者支付一笔未透露金额的支票才解决了这起诉讼。

像推荐广告一样，比较广告也引起了美国联邦贸易委员会的注意，这种情况在20世纪70年代尤其明显。按照传统，广告主一般都不愿评论别人的产品。部分是因为害怕引起官司，部分是因为行业自律守则抵制这种行为。但是在1979年，美国联邦贸易委员会出台了一项政策声明，要求广告商和广播电视台撤销它们对比较广告的限制，并且呼吁广告主们“客观地”将自己的产品和指名的竞争品牌进行比较。

如果说20世纪70年代见证了美国联邦贸易委员会积极地置身于广告证实、矫正广告以及比较广告这些新领域中的努力，那么到了20世纪80年代，美国联邦贸易委员会在广告规范上的热情则不断减退。事实上，在80年代中期，人们对美国联邦贸易委员会基本条例中规定的欺诈广告构成因素的不确定感开始增强。1983年，美国联邦贸易委员会主席米勒发表了一份“执行政策声明”表示，从今往后美国联邦贸易委员会只在广告伤害了假定的“理性消费者”时才视其具有欺诈性。然而，这份新声明所拥有的法律效力并不清楚，同时还遭到了国会议员的普遍批评，指责其没有充分地保护公众抵制虚假和误导性广告。

直到20世纪90年代，美国联邦贸易委员会才重新积极地投入到将误导消费者的广告主绳之以法的行动中。例如，在1993年，它努力地发起了一个有力的宣传，以停止五个全国最大的商业减肥计划中筹划的欺诈广告。美国联邦贸易委员会指控这五个计划做出了不真实的产品减肥言论，并且散布那些非典型消费者体验的消费者推荐广告。美国联邦贸易委员会还要求那些减肥产品公司在它们的广告中加入“对许多减肥者来说，减肥只是暂时性的”或者“这项结果并非普遍性的，你可能并不能取得预想的成功”等等类似的声明。

有三家公司签订了承诺书同意服从美国联邦贸易委员会的要求。另外两家公司，珍妮·克雷格（Jenny Craig）和韦特·沃彻斯（Weight Watchers）则准备与美国联邦贸易委员会打一场长久的官司。1994 年，韦特·沃彻斯取得了对美国联邦贸易委员会的微弱胜利，联邦上诉法院裁定该公司有权利起诉美国联邦贸易委员会，挑战这个机构在减肥行业内的强制政策。韦特·沃彻斯指责美国联邦贸易委员会在对不同案件的处理中改变了管理减肥产品广告的条例，但在整个过程中，美国联邦贸易委员会并没有进行一个修改条例的正式程序，见减肥中心国际公司诉美国联邦贸易委员会案（Weight Watchers International v. FTC，47 F.3d 990）。

美国联邦贸易委员会还对爱斯基摩饼业公司（Eskimo Pie Corp.）所作的甜点产品“无糖”生产线的广告言论提出了质疑。美国联邦贸易委员会指责这家公司虚假地在广告中宣称自己的产品含有低量或者与其他产品相比明显偏低的热量，尽管其中一些产品每份含有 16 克全脂，10 克饱和脂，共 260 卡路里。针对爱斯基摩饼业公司在广告中提到该产品已受美国糖尿病学会（American Diabetic Association）批准的言论，美国联邦贸易委员会指出该广告隐瞒脂肪和卡路里真实含量的行为构成了欺诈。1995 年，爱斯基摩饼业公司签订了一份承诺书同意揭示任何向糖尿病患者出售的产品的全部脂肪含量，并且禁止做出某某产品经过某某组织认证的错误声明。另一方面，爱斯基摩饼业公司否认有意误传产品信息，但同时表示会解决美国联邦贸易委员会的诉讼并“摆脱这个问题”。公司还放弃了在产品中使用“无糖”标志。

几乎就在美国联邦贸易委员会采取行动抵制减肥计划和爱斯基摩饼业公司的同时，美国联邦贸易委员会还向拥有 1500 个连锁店的健安喜保健品公司（General Nutrition Center，GNC）索要了 240 万美元的民事罚款，这是当时违反广告规则的最大处罚。健安喜保健品公司因为无法证实所发表的各种健康导向产品的言论而被指控违反了之前签订的承诺书。该公司最终签订了一项承诺书同意支付 240 万美元的赔偿，并停止为其产品做出无法证实的健康言论。

在 2002 年，美国联邦贸易委员会计划了一次新行动来抵制有关减肥的误导性言论。这次，它召集了大众媒体来抵制那些谎称神奇减肥效果的传统广告和商业信息片。美国联邦贸易委员会对媒体发布了这些言论的评估指南。

这引起了许多媒体和《宪法第一修正案》法官的抗议,他们指出媒体有权利在评估每个广告的真实性之前发布广告。反对者们还引用了一位代表主流媒体利益的律师弗洛伊德·艾布拉姆斯(Floyd Abrams)的一句话,"这种要求报纸在刊登广告之前确定其真实性的观念是很麻烦的,会引起强烈的宪法争论。"

美国联邦贸易委员会的惩罚有时候是相当重的。1999 年,马自达公司(Mazda Corporation)因违反了早期美国联邦贸易委员会要求汽车厂商在印刷物和电视广告中揭示出租汽车各个款项的规定,接受了共 525 万美元的罚款和民事处罚,这也是史上金额数最大的此类罚款。除此之外,美国联邦贸易委员会还指出马自达公司所揭示的信息出现在看不清的小片印刷物上,或是在荧幕上一闪而过,以转移消费者的注意力。

美国联邦贸易委员会抵制不公平广告

从 20 世纪 70 年代开始,美国联邦贸易委员会抵制的对象逐步从虚假广告和误导性广告扩大到不公平广告,即使这些广告的内容是真实的。许多批评家认为与联邦通信委员会在广播电视业的公平条款相比,这条政策更像是不公平的教条。

美国联邦贸易委员会在 1994 年的政策声明中对不公平广告的定义进行了总结。一条广告在以下几种情况下是不公平的:(1) 引起了或有可能引起对消费者实质性的伤害,(2) 这些伤害不是消费者自己可以适当避免的,(3) 没有对消费者或竞争者提供足够的补偿。

1972 年,美国最高法院在审理美国联邦贸易委员会诉斯波瑞与哈钦森公司(FTC v. Sperry & Hutchinson Co. ,405 U. S. 233)一案中,确立美国联邦贸易委员会有权对仅仅是"不公平"的广告予以取缔。法院认为美国联邦贸易委员会有权利抵制"那些会对消费者带来不公平影响的商业活动,无所谓这些活动是否是欺诈性的……或传统意义上反竞争的"。

从此之后,美国联邦贸易委员会作出了一系列抵制"不公平"广告的有争议行动。例如,在 1979 年,它对一则带有不安全骑车习惯的自行车广告做出了回应,要求该自行车厂商播发有关安全骑车的公益广告。

美国联邦贸易委员会还在这个期间利用权力发布了贸易规范条例来禁止各种企业开展所谓的不公平活动。这些举措在商业机构中激起了许多反对意见,并且最终将其上达国会。

例如,在 1978 年,美国联邦贸易委员会提出了一个极具争议的方案来严格限制有关儿童的电视广告。就在美国联邦贸易委员会对此方案投票之前,美国联邦贸易委员会主席迈克尔·珀楚克(Michael Pertschuk)就这个问题发布了一份带有偏见的公众声明,以至国家广告组织请求法院禁止美国联邦贸易委员会对这个方案投票。尽管这个请求最终被联邦上诉法院驳回,可商业领袖们再也不信任他了。

美国联邦贸易委员会还颁布一些条例强迫殡仪业者列出他们的服务项目和对应价格,以及要求旧车经销商检查代售汽车并且在每辆车上贴上一张各种旧车问题的单子。另外,美国联邦贸易委员会还试图解散一个名为新奇士果农公司(Sunkist Growers)的农业联合组织,反对各种商标活动,试图从业主那里拿走商标,并用普通的措辞取而代之。美国联邦贸易委员会还签署了一些条例要求那些商业性质的职业学校向新来的学生提供大量信息,在学习期间退还部分学费。

美国联邦贸易委员会有关矫正广告的政策激怒了广告业。禁止儿童电视广告这种对不公平条令的过分使用激化了这种不满。珀楚克主席的公众声明更加速了商业团体联合反对美国联邦贸易委员会。最后,那些针对殡仪业者、旧车经销商、新奇士公司(the Sunkist cooperative)以及职业学校的条例导致了美国联邦贸易委员会的衰败。

为了平息全国上下对美国联邦贸易委员会过度规范的抗议,1980 年国会拒绝为美国联邦贸易委员会提供适当的预算,并在此后制定了限制性的《美国联邦贸易委员会改进法案》。在这款法案中,美国联邦贸易委员会以一个较高的代价换来了政府继续资助其三年。它暂时禁止了美国联邦贸易委员会抵制那些仅仅是“不公平”而非欺诈性或误导性的广告。为了平息各行业的抱怨,以及为了最高法院扩展《宪法第一修正案》对广告的保护范围,国会表示美国联邦贸易委员会不能抵制那些内容真实的广告。

另外,《美国联邦贸易委员会改进法案》还停止了美国联邦贸易委员会在儿童电视问题上采取的行动,直到美国联邦贸易委员会发布了一条新的针对“欺诈”广告的特殊提议。同时还要求美国联邦贸易委员会在制定条例程序初发布各种新条例的提议文本。美国联邦贸易委员会最终在 1981 年停止了对儿童广告的规范。

1980 年法案明确取缔了美国联邦贸易委员会对殡仪业和新奇士果农公司这样的农业协会所采取的行动(尽管美国联邦贸易委员会在之后对殡仪业广告采取宽泛的规则)。此外,国会还要求美国联邦贸易委员会提交新条例提议的预先通知并声明国会有权否决美国联邦贸易委员会未来的条例。最终美国联邦贸易委员会减少了它施加在商业上的文书工作负担,并停止对商标的过分管制。

从整体上看,这些修订都对美国联邦贸易委员会的权力范围构成了实质性的缩减。商业利益集团深入地游说国会以求利用美国联邦贸易委员会,他们的这些活动恰好又与当时的情况相符。公众对政府规范的普遍厌恶感是罗纳德·里根在1980年总统大选中获胜的重要因素之一。

詹姆斯·C.米勒在里根执政后被任命为美国联邦贸易委员会主席,他保证调整美国联邦贸易委员会在20世纪70年代制定的许多政策。例如,米勒要求国会保留1980年美国联邦贸易委员会改进法案中禁止美国联邦贸易委员会抵制那些只是“不公平”而非欺诈广告的条例。在之后的几年,国会多次就不公平条例的价值进行讨论——并最终同意美国联邦贸易委员会抵制不公平广告。

国会曾在1982年行使权力否定美国联邦贸易委员会的一些规则,试图推翻美国联邦贸易委员会期待已久的要求汽车经销商告知二手车缺点的条例。但是,在此之后,联邦上诉法院判定国会没有权力给予自己这种否决权。在1983年,最高法院在一个独立的案件:移民归化局诉查哈案(Immigration and Naturalization Service v. Chadha, 462 U. S. 919)中表达了这层意思。从那以后,高等法院取消了大约两百条不同的、给予国会对联邦政府分支行政机构行使否决权的法律效力。

从此,美国联邦贸易委员会在广告规范中的正确角色一直都是国会争论的主题之一。在90年代早期,美国联邦贸易委员会放下了80年代在广告规范上的冷漠姿态,在老布什政府时代担任美国联邦贸易委员会主席的珍妮特·斯泰格尔(Janet Steiger)还表示,从今往后美国联邦贸易委员会将在广告法律的执行上采取更加积极的态度。她说,美国联邦贸易委员会要消除公众认为该机构无兴趣继续抵制虚假和误导广告的错觉。

美国联邦贸易委员会用行动证实它的承诺。在2000年,美国联邦贸易委员会以近乎于它在20世纪70年代的那种热情,每年都针对广告主计划数百起规范行动。美国联邦贸易委员会重点打击那些做出不真实言论的减肥产品和营养品厂商以及几乎所有类型的虚假、误导或不公平的互联网广告。

美国联邦贸易委员会还在1992年发布了抵制虚假或误导性的“绿色”环境广告言论的行业规则。新的条例要求那些声称产品具有“再生功能”的厂商证明该产品确实是用再生材料制成。这些条例还禁止那些产品中包含了破坏臭氧的化学成分的生产厂商使用“无害臭氧”或“无破坏臭氧成分”等词语。另外,美国联邦贸易委员会还禁止厂商使用“可生物分解”等词汇,如果他们的产品在垃圾堆里并不能快速地分解。

美国联邦贸易委员会，乔骆驼“Joe Camel”与香烟广告

在美国历史上最具争议的广告活动有乔骆驼“Joe Camel”卡通形象，R. J. 雷诺（R. J. Reynolds）利用卡通形象来宣传骆驼牌香烟。“Old Joe”或“Smokin' Joe”，就像他的影迷们经常称呼他的一样，在20世纪70年代第一次为骆驼牌香烟出现在欧洲的广告上。1988年，美国国内进行了大量的“Old Joe Camel”活动并引起了烟草业评论家的猛烈攻击。他们主要声称：“Old Joe”广告不公平地以未成年吸烟者为目标进行香烟宣传。

在争论结束之前，整个烟草业都在与新的烟草广告限制作斗争，这些限制最终导致了最高法院在罗瑞拉德烟草公司诉雷利公司案（之前有讨论）中作出了推翻州和地区烟草广告规范法律的决议。

在20世纪90年代中期，美国联邦贸易委员会用了几年时间来决定如何处理烟草广告，特别是如何处理“Old Joe”这类的问题广告。在1994年，美国联邦贸易委员会以三对两票多数否定继续对“Old Joe”以不公平广告的理由进行抵制。但是三年之后，美国联邦贸易委员会又以同样的票数同意采取法律措施停止“Old Joe”广告活动。

这个奇怪的案例起始于27个州的检察官联合起来要求美国联邦贸易委员会停止这则广告，他们认为“Old Joe”广告活动导致了青少年吸烟者的数量大幅度增加。有各种公众健康和消费者组织的加盟，他们给出了青少年吸烟率大幅度上升的数据，并且指出骆驼香烟在青少年市场的占有率随着“Old Joe”广告活动的开始有着显著的提升。他们认为这个卡通骆驼——这个“活泼（温文尔雅）的单峰骆驼”——对青少年的吸引力是相当大的。在1994年否定禁止“Old Joe”广告活动中，美国联邦贸易委员会在判断R. J. 雷诺针对的是青年还是青少年的问题上产生了严重的分歧，最终这家公司在《宪法第一修正案》的保护下，有权使用这个卡通形象。为了达成这个结论，美国联邦贸易委员会以三对两票否决了内部职员提出的“Old Joe”确实鼓励未成年人吸烟的观点。另一方面，R. J. 雷诺则强烈地否认“Old Joe”广告活动是以青少年为目标，尽管它在那部分市场取得了极大的成功。

就在美国联邦贸易委员会投票表决之后，美国主流的广告业出版物《广告时代》，采取了不寻常的举动催促R. J. 雷诺停止“Old Joe”广告活动，尽管该公司已经取得了对美国联邦贸易委员会的胜利。这个具有影响力的商业杂志认为这此行动是明智的，因为“Old Joe”为那些试图禁止所有香烟广告的反吸烟组织提供了一个很明显的目标。一周之后，R. J. 雷诺的主席给《广告时

代》的编辑回了一封信，拒绝停止该广告活动。

然而，到了 1997 年公众的态度又有了改变，烟草制造商处处受阻，并且还有更多的事实证明烟草制造者确实开始以青少年为目标。美国联邦贸易委员会于是再次考虑“Old Joe”问题，并以三对两票（两位新委员投了赞成票）同意采取法律行动以针对未成年人的不公平广告为由来禁止“Old Joe”广告活动。美国联邦贸易委员会不仅投票表决要禁止“Old Joe”，同时还要求 R. J. 雷诺开展一个矫正广告活动来劝阻未成年吸烟。

在此期间，R. J. 雷诺还面临着其他许多“Old Joe”广告活动引起的法律问题。例如，在 1994 年，加州最高法院规定任何公民都可以起诉该公司，因为“Old Joe”广告活动以未成年人为宣传目标，这就鼓励他们违反州法律中反对未成年吸烟的规定。在曼吉尼诉雷诺烟草公司案（Mangini v. R. J. Reynolds Tobacco Co. ,7 C. 4th 1057）中，州法院表示依据《联邦烟草商标和广告法》，有关烟草广告的诉讼无须优先遵循联邦法律。加州法院认为，尽管联邦法律对多数有关烟草广告的州法律规定具有优先权，但是它不能阻止那些对鼓励“青少年违法吸烟”广告的诉讼。虽然美国最高法院之后规定规范烟草广告是联邦优先的，但是高等法院拒绝在审核加州法院条例时考虑这一点，这就为曼吉尼案件的审理铺平了道路。在这种情况下，R. J. 雷诺开始和反吸烟激进分子代表及主要原告詹内特·曼吉尼（Janmet Mangini），以及参与诉讼的不同政府机构进行谈判。

在 1997 年，R. J. 雷诺同意永远停止在美国进行“Old Joe”广告活动以了结此案。尽管雷诺已经在早些时候声明停止“Old Joe”活动，但是这只是解决措施的一部分，该公司还需要支付一大笔钱用于投资针对青少年的反吸烟广告。

在烟草业赔偿了 46 个州共 2060 亿美元后，美国联邦贸易委员会最终放弃了它对 R. J. 雷诺的民事诉讼。该行业同意停止使用广告牌，停止使用卡通形象以及避免以未成年吸烟者为宣传目标。烟草行业还同意就吸烟导致的治疗费用赔偿各个州。（其他四个州——密西西比州、得克萨斯州、佛罗里达州和明尼苏达州一在早些时候从烟草业中得到了 400 亿美元的单独赔偿）。

尽管烟草业做出了这样的承诺，但是美国联邦贸易委员会在 2001 年的报告中表示该行业在那次事件解决后，又开始显著地增加在广告和市场上的投资了。与此同时，五个州联合起诉 R. J. 雷诺破坏了协定中的规定，指责雷诺是烟草业以青少年为市场的罪魁祸首。（在 2000 年，美国最大的烟草制造商菲利普·莫里斯（Phillip Morris），已经保证停止在 40 份青少年经常阅读的杂志中刊登广告，这是雷诺以及其他的一些烟草商所没有采取的措施。）

2003年,世界卫生组织支持的全球反烟草广告条约在瑞士日内瓦得到了四十个国家的认可。依据这个条约,所有签订条约国家都需要在未来的五年内停止烟草广告。但是,美国参议院并没有明确批准这个条约。即使美国已经签署了这个条约,但是条约本身还存在一个可能有碍它完全执行的漏洞。其中一条规定是这样表述的,每一个国家必须"根据它的宪法体制"来执行这个条约,然而完全禁止烟草广告也许并不能与《宪法第一修正案》相一致。

其他联邦广告规范机构

尽管美国联邦贸易委员会作为一个联邦机构,在最高机构级别上对广告的规范负有主要责任,但是许多其他的联邦机构对这个涉及面广泛的问题也承担了一定的责任。

根据《1938年食品药品与化妆品法案》(Food, Drug and Cosmetic Act of 1938)规定,美国食品与药品管理局(FDA)具有确保食品安全、卫生和清洁、化妆用品安全、配方合理、药品和医疗器械安全、有效等权限。美国食品与药品管理局的一个主要的职责是抵制虚假的、欺诈性的标签和包装说明,在这一方面,它与美国联邦贸易委员会授权抵制虚假的食品、药品和化妆品广告的职责是相似的。这两个机构通过合作来履行它们的规范职责,美国联邦贸易委员会主要负责检查产品广告,而美国食品与药品管理局则负责检查产品说明书,那些涉及到环保问题的产品商标和广告还要受到美国环境保护局(Environmental Protection Agency)的规范。1994年,美国食品与药品管理局和美国联邦贸易委员会在食品广告的评估标准上达成了一致。

在90年代后期,美国食品与药品管理局因其以药品的标准来规范烟草,并严格地限制香烟广告,而受到世人的广泛关注。在有克林顿政府支持的情况下,美国食品与药品管理局采用了一系列的条例限制烟草广告出现在公告牌以及大部分杂志中,要求烟草广告只能以没有描述性文字的黑底形式出现。美国食品与药品管理局还要求烟草公司停止以烟草商标的名义发起的体育活动和音乐会(尽管他们仍然可以以公司的名义发起这些活动)。除此之外,美国食品与药品管理局还禁令出售香烟制造机,并要求烟草行业出资1.5亿美元用于鼓励青少年远离吸烟的活动。这个活动包含了大量的电视费用。

美国食品与药品管理局针对烟草的大多数规范条例都没有生效:它们很快就受到来自美国联邦法院的挑战。2000年,美国最高法院裁定美国食品与药品管理局缺乏法定授权以药品的标准来规范烟草。在美国食品与药品管理局诉布朗与威廉逊烟草公司案(FDA v. Brown & Williamson Tobacco, 529 U.S. 120)中,法院最后推翻了美国食品与药品管理局许多针对烟草商的限制条例。

法院并没有否认,将来国会有可能授权美国食品与药品管理局以药品的标准来规范烟草。事实上,法院仅仅只是认为在现有的美国联邦法律下,美国食品与药品管理局没有这个权力。除非国会修改法律,美国食品与药品管理局无权以其他理由限制未成年人吸烟。

为了结束此案,最高法院根据国会管理美国食品与药品管理局的立法纪录,以 5:4 过半票数做出国会未授权美国食品与药品管理局以规范药品的名义管理烟草业的定论。事实上,在 1996 年美国食品与药品管理局声称将对烟草市场采取新的限制条例之前,它多年来也一直否认自己具有规范烟草业的权力。

最高法院的新决议并没有影响烟草业为了解决诉讼而自愿减少广告的协议,这个协议依然有效。同时,这件案子也没有影响到美国联邦贸易委员会管制香烟广告的权力。事实上,考虑到烟草市场其他方面的情况,最高法院的这个判决甚至并没有直接地影响到美国食品与药品管理局在香烟广告上的大多数限制。作为无碍大局的单独事件,联邦法院在早些时候推翻了美国食品与药品管理局针对烟草广告的部分条例。在比姆诉美国食物与药品管理局案(Beahm v. Food and Drug Administration,966 F. Supp. 1374)中,一个法官指出这些条例超出了美国食品与药品管理局的法定权限。

与烟草广告的法律之争黯淡了美国食品与药品管理局其他更具坚实的法律依据的规范行为。多年以来,美国食品与药品管理局禁止食品供应商声称他们的产品对一些疾病症状具有治疗甚至痊愈的效果。这些产品被许多人使用,它们不仅在健康食品柜台上有出售,在百货店和药品店的销售量也有上升的趋势,并形成了一个总资产 60 亿美元的行业。治疗特殊病症的医疗方法必须经过严格的测试,而这些食品供应商们常常没有经过任何政府监管部门的测试,在未证明具备治疗实效的情况下出售他们的产品。2000 年,美国食品与药品管理局放松了它对食品供应商的限制,宣布他们可以声称自己的产品能够治疗一些与年龄段有关的普通症状,如孕妇的疾病或记忆力下降等等。但美国食品与药品管理局同时表示,这些产品不能在未经完整测试和文件证实的条件下,在广告中声称其具备治疗特殊疾病的作用。

2002 年,美国食品与药品管理局对药物的管理活动再次受阻。美国最高法院推翻了一条抵制复方药广告的联邦法律。在美国卫生及公共服务部部长汤普森诉西方州立医疗中心案(Thompson v. Western States Medical Center, 535 U.S. 357)中,法院以 5:4 票取消了 1997 年美国食品与药品管理局《食品及药物管理现代化法案》中有关复方药广告的规定。

复方药是由药剂师准备的，将各种处方药物混合起来，按医嘱提供给患者使用的药物。在美国联邦法律下，只要不给复方药做广告，那么它可以在未经新药测试的情况下混合制成。

桑德拉·戴·奥康纳法官是这么解释法院为何以不合法的名义否决了这条法律，“如果《宪法第一修正案》意味着什么的话，它表明规范言论必须是最后考虑的，而不是首先考虑的解决问题的方法。尽管从目前来看它是政府考虑尝试的第一步策略。”

为了证明这一观点，奥康纳法官根据经典的商业言论四个标准（中央哈得逊准则），来检测政府通过限制商业言论而取得的实效，并以此评价对复方药物广告的禁令。她指出联邦政府除了广告禁令之外，还可以通过其他的许多种方法来实现它所希望的目标——阻止未经新药检测的复方药品的大量生产和销售。因此，她写道，对广告的禁令并没有达到商业言论四个标准中最后一部分的要求：在实现政府目的的过程中，禁令更像是多余的，而非必要的。

其他的联邦机构也有授权对广告的不同方面进行约束。联邦通讯委员会在广告领域具有一些权力，尽管很多都是间接的，从联邦通讯委员会颁发许可证的权力中派生出来的。多年以来，联邦通信委员会都对广播电视台可以播出的广告量做出了限制性指南，让它们避免在重新审查的时候因为这个问题而领不到许可证，但是这些限制性指南最终因为缺乏法律效力而被取消。现在，联邦通信委员会在重新颁发许可证的时候仍然有权力考虑广告的数量和质量，但是广播电视台不需要遵守什么特殊的规则了，除非涉及儿童内容的广告，如第 11 章解释的那样。事实上，大部分广播电视台含有的广告量都比以前联邦通信委员会的限制指南中所允许的广告量要少。

联邦通信委员会对广告还有其他的一些规范，其中最著名的也许是那些需要赞助者证明的规范。

另一个在广告方面有授权的联邦机构是证券交易委员会（SEC：Securities and Exchange Commission）。SEC 有责任阻止股票上市公司发布那些不完全的或者欺诈性的信息。因此，SEC 对股票出售或者其他投资广告负有责任。这个机构经常通过停止股票交易的方式来对那些提供虚假广告的公司行使自己的权力。它要求那些给股票做广告的公司确定这么一点，那就是既然媒体广告并没有给出公司的详细信息，那么它们也不能建议出售股票或者诱使别人购买股票。公司的详细信息是以书面样张的形式给出的。

美国邮政局也有监察广告的权力，特别是对那些邮购业务的公司。如果邮政局确定了一条广告是欺诈性的，那么它就有权力截取所有寄给广告发布者的邮件，并贴上“欺诈广告”的标示，然后退还给发件人。邮政局有一套管理程序来判断企业是否从事于邮件欺诈，并可以根据判断在联邦法院提出上诉。

还有一个联邦机构也有授权对广告进行规范，这就是联邦烟酒及武器局，它规范酒精饮料的商标和广告。近些年来，这个机构因为多次抵制酿酒商们作出饮酒有利健康的言论（即使酿酒商们可以证实这些言论）或者禁止在酒的商标和广告中加入了名画复制品中的裸体图案，引起了很大的争议。尽管该机构有权力禁止那些“淫秽的，下流的”酒类广告，公民们指责该机构人员在一些问题上的处理方式显得过于专横。

《联邦诚实租借法案》（Federal Truth-in-Lending Act）也对广告作出了规范限制。联邦储备委员会（美联储）则采用《Z 条例》来补充这条法律，它要求如果在广告中提到了资金相关的方面，那么广告也需要揭示一系列有关利益分配的细节。例如，任何一个有关利率的报表都必须包括一个年利率的声明。类似的，一个给出了预付资金或月付资金的广告必须同时给出附加在财政上的细节，例如你不能只说一辆车“首付 500 美元，每月分期付款 200 美元”而不给出其他方面以及年利率等信息。现实中房地产和汽车广告往往没有符合《Z 条例》的要求，而美国联邦贸易委员会也经常发起一些良好的宣传活动来要求广告主遵从这条法律。

联邦诉讼案中涉及的赔偿

美国联邦商标法，又称《兰汉姆法案》（第 6 章有讨论）的第 43 章对虚假广告作出了处罚规定。根据《兰汉姆法案》对虚假广告的规定，公司可以通过民事诉讼来控告那些使用虚假广告并对他们的业务造成不良影响的竞争者。值得注意的是，现在《兰汉姆法案》准许法院对那些私营的虚假广告诉讼作出三重赔偿的决定，并且虚假广告的受害者可以要求法院勒令停止该广告的播出。

依据《兰汉姆法案》，很多法院在联邦虚假广告诉讼的处理中都做出了相应的处罚。其中最大的欺诈广告处罚是美国上诉法院在犹豪尔国际公司诉贾特兰公司案（U-Haul International v. Jartran, 793 F. 2d 1034, 1986）中判罚的 4000 万美元。在这件案子中，贾特兰公司在进入物流市场时筹划了一个带有侵权性的宣传活动，犹豪尔国际以此（贾特兰主要的竞争者）提出了诉讼。法院认为贾特兰的一些言论是虚假的，并对犹豪尔国际的业务造成了损害。这笔巨额的罚款是由犹豪尔国际损失的 2000 万美元加上贾特兰花费在这个虚假广告上的两千万美元构成的。

另一则虚假广告招致的巨额罚款是在 1991 年美国地方法院判决爱宝宠

物食物公司胜诉的那件案子中所作的1200万美元的处罚。在此案中爱宝宠物食物公司声称美国宠物食品制造商罗尔斯顿·普里纳(Ralston Purina)在广告中虚称它的一种称为Puppy Chow可以帮助抑制犬髋关节紊乱(爱宝宠物食物公司诉罗尔斯顿·普里纳公司案(Alpo Pet Foods v. Ralston Purina,778 F. Supp. 555.)。

依照1992年美国联邦法院的决议,《兰汉姆法案》不仅要有针对广告主的惩罚措施,对违法的广告商也要有实质性的处罚。在吉列公司诉威京逊公司(The Gillette Co. v. Willkinson Sword Inc.)案中,纽约联邦地方法院并没有对广告主做出任何处罚决定,而是要求弗里德曼·本杰明(Friedman Benjamin)广告代理商对吉列(The Gillette)公司支付近一百万的赔偿。因为它在制作广告的时候虚假地宣称威京逊的刮胡刀比吉列(Gillette)的刮胡刀可以使消费者的面部更加光滑。

也许在根据《兰汉姆法案》处理的广告欺诈案中,再没有比"比萨饼之战"必胜客公司诉棒约翰国际公司案(Pizza Hut Inc. v. Papa John's International Inc.,227 F.3d 489,2000)更吸引媒体注意的了。棒约翰(Papa John)开展了一个主题为"好的馅料,更好的比萨"的广告活动,并且在后续的广告中将自己比萨饼中的特殊馅料和竞争对手的比萨饼进行了对比。必胜客(Pizza Hut)指控棒约翰的广告带有欺诈性并试图误导消费者。陪审团经过讨论后决定按照必胜客的要求对棒约翰进行处罚,后者提出上诉。上诉法院重新作出了判决,认为必胜客没能够证明客户被完全地欺骗,棒约翰的广告也没有改变了消费者的购买意愿,法院称这是"典型的吹捧类广告"。在根据《兰汉姆法案》对欺诈性广告案件的处理中,不仅欺骗了消费者,同时消费者的购买意愿也受到欺诈性广告的影响,是判断广告是否具有欺诈性一个重要的因素。美国最高法院在2001年拒绝重新审理此案。

各个州对广告的规范

事实上,美国所有的州都有相应的法律,授权他们的官员抵制广告欺诈行为。至少有45个州采用了以"印刷用墨水法案"(Printer's Ink Statue)为基础的法律条令,在1991年印刷用墨水(Printer's Ink)杂志中,第一次提出了广告欺诈法的立法计划。

这条法律将广告欺诈行为定义成为一种犯罪行为,并赋予州和地方检举人强制执行的权利。因为这条法律必须由那些官员强制执行,而他们认为自已有许多更重要的犯罪事件要处理，所以对这条法律的落实往往十分松懈。

认识到这条法律的缺陷后，许多州都制定了其他的法律，在处理广告欺诈案时给予消费者和商业竞争者民事赔偿：虚假广告的受害者可以依据州法律或者联邦的《兰汉姆法案》投诉自己受到的损害。另外，一些州还赋予地方和州检举人民事上的执行责任，这就有些像美国联邦贸易委员会法案赋予美国联邦贸易委员会的责任。在其他的州，不同独立的机构有强制执法的职责。

一些州法律是强硬的，并被严格地执行。但是其他地方的广告欺诈行为在很大程度上都被忽视。这些州广告法律的最大问题在于执行的矛盾性。

然而，任何准备播出广告的人都需要熟悉有关虚假或误导性广告的州法律。如果你计划从事广告行业，那么你必须调查你所在州在这一方面的法律。你可以通过查找注有“广告”或者“不公平交易案例”的资料来查阅你所在州的守则和法律。

填补广告规范的空白

在20世纪80年代，美国联邦贸易委员会彻底地减少了在抵制虚假和误导性广告上的投入。削减财政预算以及一些委员以学理性原因要求机构减弱强制执行法律的努力，使得美国联邦贸易委员会在许多广告主眼中成为了纸老虎。

然而，50个州的主要立法官员计划通过合作来填补广告规范的空白。在大多数州，检察官负责州广告欺诈法的执行，他们发现合作可以起到比美国联邦贸易委员会早期所能起到的更大的强制作用。

通过全美检察官协会(National Association of Attorneys General，NAAG)的共同努力，在1988年检察官们采纳了全国航空公司广告指南，试图减少存在问题的航空公司广告。然后，NAAG通过汽车租用中介查找带有欺诈性的广告，并在1989年采用了汽车出租中介广告指南。即使美国联邦贸易委员会不愿意再插手每件案子，50个州也可以有效地提醒每个广告主，仍然具有国家级别的法律来抵制广告欺诈行为。

在缺乏美国联邦贸易委员会的行动下，加州、纽约、德州以及其他几个大州联合起来，为建立规范的广告国家标准而努力。管制汽车出租广告的国家条例是由加州的检察官约翰·范德·坎普(John Van de Kamp)在华盛顿宣布的，他声称全美检察官协会的全国航空公司广告指南大大减少了这一行业的欺诈广告数量。与此同时，纽约检察官罗伯特·艾布拉姆斯(Robert Abrams)指出统一的国家条例可以清楚地告诉汽车出租中介在他们的广告中什么是可以接受的什么是不可以接受的。德州的检察官吉姆·马托克斯(Jim Mattox)

在与虚假和误导性广告的斗争中也起到了重要的作用。

1990 年,NAAG 成员策划了许多其他针对欺诈性广告的打击。例如,他们对甜点制造商萨拉·李公司出售的未降低卡路里量的“清淡级”食品提出了质疑。他们还因为在以干酪为名出售的“Cheez Whiz”中没有发现干酪应具备的某些成分,调查了卡夫食品(Kraft)公司(该公司同意将这个产品称为“干酪食品”)。他们还强制美孚化工公司(Mobil Chemical Co.)停止以可分解物的名义出售的大型垃圾袋,因为他们发现这些垃圾袋在一个标准的垃圾处理场里多年都无法分解。他们还抵制了谷物制造商家乐氏(Kellogg)和通用磨坊(General Mills),因为他们做出了虚假的健康食品声明。

然而,这些州的律师们在 1992 年遭到了一个重大的挫折。美国最高法院规定,依据 1978 年的《航空公司放松管制法案》(Airline Deregulation Act),只有美国交通局可以管制航空公司的广告(莫拉莱斯诉 TWA 案(Morales v. TWA, 504 U.S. 374))。因此,法院认为在缺少美国联邦规范的条件下,航空公司可以自由地发布他们喜欢的广告。

法院最后以 5:3 票否决了管制航空广告的州法律。安东尼·斯卡利亚指出,航空公司放松管制法案禁止各个州强制执行任何涉及航空公司价格、航线或是服务的法案。因为这些广告都是直接与旅客有关的,所以只有联邦政府才有权规范航空公司的广告。尽管如此,但在其他行业却并不是这样。这条规定对州检察官们在其他行业的针对欺诈性广告的联合抵制并没有造成什么影响。来自他们的压力肯定让这些广告主们怀念以往只受一个联邦机构约束的日子。现在他们被迫同时面对 50 个不同州的法律监察。大多数广告主感觉他们没有其他的选择只有遵从 50 个检察官的方针政策。讽刺的是,就在 NAAG 建立自己的广告规范系统之后,美国联邦贸易委员会也开始更加关注广告的规范。对于广告主来说,在 NAAG 和美国联邦贸易委员会抵制虚假的、误导性的、不公平的广告行动面前,他们将受到比以往更大的约束。

自律机制

除了各种政府机构以外,广告行业内部的自律机制也对广告内容产生了一定的影响。广告业和媒体自发地制定了许多方法,用来抵制虚假的和低俗品位的广告。

1971 年,四个主要的广告商业组织联合成国家广告审查理事会(NARC:National Advertising Review Council)。这个理事会是由美国广告公司协会(American Association of Advertising Agencies)、美国广告联合会(American Advertising Federation)、美国国家广告协会(Association of National Advertisers)以及美国交易改善局理事会(Council of Better Business Bureaus)构成的一个合作机构。

这个组织的审查理事会中有国家广告主的代表、广告代理商的代表以及非广告产业或民意代表。它接受各方有关广告的控诉,并且要求广告主证实他们的广告言论。在广告言论无法得到证实的情况下,理事会将要求广告主修改他们的广告。如果广告主拒绝按要求行事,理事会有权将他们的意见上交到一个合适的政府强制机构,但是这种情况几乎从未发生过。

尽管国家广告审查理事会的主要手段是说服和同级施压,但是它已经处理了数百起问题广告,并在该领域建立了一个无须政府参与自律行业秩序的优秀示例。

国家广告审查理事会的总部设在美国交易改善局理事会,它有一个员工分级的国家广告部来执行解决广告现实问题的管理工作。

多年以来,美国广播电视协会(National Association of Broadcasters)坚持采用类似的自律守则来规范广播、电视广告以及规划项目,支持并遵循这些守则的广播电视公司可以得到一个印有“良好表现”标签的文件。曾经一度有大约 4500 家电视台和无线广播公司都遵守这套守则。

美国广播电视协会(NAB)的守则对商业广播电视节目的数量作出了限制,并且还对广告和非广告节目的内容取材建立了相应的标准。美国广播电视协会的“守则管理局”和“守则委员会”保障了这些条例的强制执行,尽管他们真正的强制权利只是阻止违反者使用印有“良好表现”的文件。

然而,1979 年美国司法部针对美国广播电视协会提出了反垄断诉讼,认为美国广播电视协会的守则抑制了贸易的正常发展。美国司法部指出,通过限制允许范围内的商业广告数量和时间,美国广播电视协会的守则人为地提高了政府建议的广告价格。

在联邦地方法院输掉了这场官司后,美国广播电视协会在 1982 年签署了一项承诺书,同意删除电视守则中的许多规定。为了避免今后再次陷入反垄断的诉讼,美国广播电视协会决定减少守则的数量并解散守则管理局和守则委员会。就这样,广播电视业建立自律机制的努力因为政府的反垄断诉讼而陷入困境。

在印刷媒体中,没有适用于整个行业范围的广告规范守则。不同的组织都有相应的伦理守则,但他们一般处理的是编辑中的问题,而不是广告内容本身。不过,许多主要的报纸都有自己的广告刊登政策,并且这些政策都非常有影响力。例如,《纽约时报》不仅有政策对可接收广告进行规范,还有一个专门的广告审查部在广告出版前对其进行评论。这个机构可以独立地审阅广告,并且禁止发布那些违反公司标准的广告。总之,纽约时报抵制那些低俗品位,攻击他人或者竞争产品的广告。

许多报纸都禁止刊登影院制作的含有 X 级电影图片的广告,并经常因此而对簿公堂。事实上,最主要的一个原因是美国电影协会(Motion Picture Association of America)对成人电影采用了 NC-17 分级制度,这就对广告作出了限制。许多报纸都拒绝接受 X 级的电影广告,但愿意接受以 NC-17 分级的电影广告。

尽管如此,只要他们愿意,许多报纸还是有法律授权拒绝刊登成人电影的广告。例如,洛杉矶时报拒绝刊登了一部 X 级电影的广告,尽管有电影商指控其违反了《宪法第一修正案》中所有反垄断的条例,《洛杉矶时报》还是成功地捍卫了自己的政策。甚至就在此事发生后,电影院可以提供许多其他的南加州的报纸禁登 X 级电影广告的证据,他们也永远不能让法院相信这些行为构成了任何形式的违反垄断法的罪行(成人影片协会诉时代镜报公司案(Adult Film Association v. Times Mirror,97 C. A. 3d 77, 1979)。

对互联网广告的规范

20 世纪 90 年代后期,因特网广告爆炸性的增长致使政府开展了一系列规范网络广告的活动。

政府此举最主要的动机是回应公众的强烈要求:国会和许多州的立法机构已经考虑了或者通过了一些法律来抵制垃圾邮件,或大量未经许可的广告邮件。利用 E-mail 技术可以很轻松地建立一长串的邮件名单——这样就可以把泛滥的信息传送到名单上的每个人,一个广告主可以在瞬间无成本地把信息传送至数千个 E-mail 地址,所有这些情况都必然导致对这个强大技术的滥用。

在 2003 年,至少有 26 个州通过了缩减垃圾邮件的州法律,而且国会也在考虑联邦反垃圾邮件的立法。具有代表性的是,州法律常常用来帮助消费者免受大量未经许可的邮件的困扰。例如,加州法律规定,那些未经许可的广告邮件必须在邮件名称开头标示“ADV”的字样,并且里面的内容必须给出免费电话或者邮箱地址,以便收件人可以通过这些途径要求停止广告主发送更多类似的邮件。E-mail 广告主如果没有履行这些要求将受到刑事起诉。但这必然会出现一个问题,很难对世界范围内的媒体进行规范:当垃圾邮件来自其他州或者其他国家时,这些州法律如何可以对其进行约束?

在2003年,弗吉尼亚州制定了一条强硬的法律来处理跨州的垃圾邮件问题。因为弗吉尼亚州是通讯的中心,并且许多重要的在线公司,如AOL和MCI电信公司的总部都设在那里,许多互联网通信都从这个州发出。依据弗吉尼亚州法律,这些垃圾邮件发件人的资金将被冻结并判处五年以上的有期徒刑。大多数其他州法律只是规定对垃圾邮件发件人进行民事上的罚款。但是缉捕滥发邮件者依然是一个很大的挑战。

用州法律来规范垃圾邮件可能带来的另一个问题是,可能与联邦法律或《宪法第一修正案》发生冲突。2001年,华盛顿最高法院在一件案子的处理中支持州反垃圾邮件法。这件案子的起因是一个垃圾邮件制造者每周通过发送近一百万封未经许可的邮件来获得40美元的报酬,尽管他声称这只是"从互联网上盈利的一种方法",但法院表示反垃圾邮件法并没有违反《宪法第一修正案》或者宪法中的州际商业条款,见华盛顿州诉赫克尔案(State of Washington v. Heckel,24 P.3d 404)。2002年,一个加州的上诉法院在受理此类案件时,同样支持加州的反垃圾邮件法,见福格森诉寻友者公司案(Ferguson v. Friendfinders,94 C.A. 4th 1255)。

其他保障消费者利益的协会也会关注网上的欺诈广告问题。美国联邦贸易委员会已经发起了一系列的针对网上广告的清理行动。其中关注的一个重点是虚假的、误导性的或者不合理的网上健康言论。到1999年,美国联邦贸易委员会已经通报了几百个网站的运营商,他们的一些健康宣传言论可能违反了联邦法律。在1999年一个公告中,美国联邦贸易委员会宣称在两年内有四分之一的网站接到了类似的通知,并且在没有进一步联邦强制行动的情况下,他们删除了存在问题的言论或者直接关掉了他们的网站。美国联邦贸易委员会表示还将考虑其他多种方法来处理无视警告的网站,包括通过法律强制手段来抵制虚假的或者误导性的网络广告。

2001年,美国联邦贸易委员会对那些利用"9·11"事件造成的恐怖主义恐慌在网站上贴出各种疾病治疗的虚假广告作出了回应。美国联邦贸易委员会警告了四十家网站的运营商删除那些声称食补可以治愈炭疽热和天花的广告,并且要求他们在网上标示锌矿物油可以治疗炭疽热。那些出售防毒面具、防护衣、邮件杀菌器以及可以探出炭疽热产品的网站同样被警告并要求其删除那些欺诈性的言论。

美国联邦贸易委员会还采用了其他的方法来对抗虚假和误导性的网络广告,并就这个问题在官方网站上增添了一个版面发布有关的信息。可以通过链接http://www.ftc.gov/opa/2000/05/dotcom.htm查阅这一类报告的新闻,并且这个站点还有完整报告的全文链接。这个报告还包含了对案例的链接以及美国联邦贸易委员会因特网标准广告示例。虽然网站上可利用的信息只是美国联邦贸易委员会对互联网广告的建议而非法律意义上的约束，但是任何广告主都不敢忽视美国联邦贸易委员会公布的指引。事实上，在标有"网上公司信息披露"（"Dotcom Disclosures"）的美国联邦贸易委员会报告中，同样也有许多美国联邦贸易委员会的建议性指引链接指向不同产品和广告。对那些受到这方面影响的广告主而言，这些指引还是十分有吸引力的。

总而言之，美国联邦贸易委员会的立场是所有在其他类型广告中起作用的消费者保护机制也同样适用于网络。这就意味着，互联网广告主也需要遵守那些针对一般的欺诈性和不公平广告作出的规范条例。互联网广告的客户必须为履行它们的承诺作好准备，并且在许多情况下还必须作出"清晰和明确的"保证声明。

主要议题概述

自从美国经历了传播技术的新一轮革命，有关广告和媒体经济的主要问题也随之产生。

有线和卫星电视的订户增多，再加上广告商支持的免费广播电视市场占有率的下降，那么对大众媒体而言，广告是否可以继续充当主要的收入来源？如果不是的话，那么会出现什么情况？现在数百万人将他们原来看电视的时间花在了收看无广告的节目上，如看 DVD 电影或者录像带。高新科技带来的小玩意儿可以让消费者比以往更轻松地"打败"在无线广播电视上花费了广告主数百万美元的商业活动。广告主还愿意花这笔钱吗？

针对香烟广告的批评在最近几年来显得格外的激烈，但是是否就应该对香烟广告做出全盘的抵制？R. J. 雷诺在 1997 年放弃了成功但具争议的"Old Joe Camel"广告活动。2003 年，已经有许多其他的政府努力规范或者禁止香烟广告。这是否真的像美国最高法院受理罗瑞拉德烟草公司（Lorillard Tobacco）时所说的，触犯了《宪法第一修正案》中烟草公司的权利？对香烟广告的限制或者完全的禁令是否真的可以合适地解决青少年吸烟的问题？如果是这样的话，那么青少年酗酒的问题又该如何解决？在国家规范烟草业的全盘步骤中，取缔香烟广告牌是否是一个不错的开始？

在广告规范的问题上，国会和法庭应该扮演何种角色？法庭是否还会坚持始于 1975 年的意识形态，对商业言论实施宪法上的保护？或者法庭是否还会声称一条消息只有在它的制造者是从事出售创意业务的情况下才会受到保护，而其他行业如出售商品和服务的就不行？最高法院在第 44 酒类贸易行，大新奥尔良和罗瑞拉德烟草案中所作出的决议是否标志了保护商业言论的《宪法第一修正案》的新时代即将到来，即使这种商业言论可能带来负面的效果？那么2003年美国最高法院对耐克公司的态度又说明了什么？法院在驳回耐克公司提出的一项诉讼时，布雷耶法官甚至表示如果再接受此案将会对其他想对这种有争议的问题发表观点的公司造成不良影响，这种说法是否正确？按照《宪法第一修正案》，难道耐克的新闻发布会、寄给主要媒体的信件以及其他公开场所的声明不应该以非商业的自由言论视之吗？

为什么美国联邦贸易委员会在强制执行法律时的态度会产生变化？如果美国联邦贸易委员会在抵制虚假和误导性广告中没有强硬地执行这些条例，其他的规范主体是否也应该加入？例如广告审查理事会（NAAG）？50个州的主要立法长官，在他们国家化的组织中协调一致的行动，是否应该承担制订国家广告标准的重任？国会是否会涉足并且禁止那些有害商品和服务的广告？还有，自律机制在未来对广告的约束中到底可以起到多大的作用？

公众如何看待依据《兰汉姆法案》对虚假广告给出的巨额处罚？三重赔偿是否可以让广告活动之前的审查方式有所改变？这种处罚是否会对那些有创意的、有激情的广告制作构成潜在的威胁？

简言之，我们是正迈向一个自由广告的新时代？还是一个政府对广告作出更多限制的新时代？

广告及其相关法律概要

《宪法第一修正案》是否保护广告？

直到1975年，我们还可以说《宪法第一修正案》一般不保护商业言论。但是，自从最高法院扩大了对商业言论的宪法保护以及进一步保护公司的非商业言论，情况就有所不同了。

媒体法是否普遍适用于广告？

既然广告具有自己独特的法律体系，那么媒体法中的一般条例自然也适用于广告。一条广告引起的法律诉讼可能是有关诽谤、侵犯隐私、商业非法拨款、侵犯版权或者商标侵权等等。

广告主是否有媒体发布权？

一般说来，广告主是没有媒体发布权的。出版商或者广播公司可能按自己的意愿接受或拒绝广告，除非他们的行为出现了不公平或者业务垄断的问题。然而,广播电视公司(其他媒体除外)必须为联邦选举候选人做广告,并且有些时候国有的媒体必须批准播出特殊的广告。

谁来规范广告内容?为什么?

对广告进行规范的最高级别联邦机构是美国联邦贸易委员会。为了保护公众不被虚假和误导性广告的影响,美国联邦贸易委员会具有国会的授权来监控广告以及抵制那些它认为不合适的广告活动。有一段时期,美国联邦贸易委员会在抵制存在问题的广告活动上表现得比早些时候消极,但是现在它又重新关注对广告的规范,并逐步进入角色。

美国联邦贸易委员会是怎样保障规范条例的执行?

美国联邦贸易委员会在强制执行条例时会用到各种手段,包括通过非正式信件默许,颁发批准书,以及下达停止不正当竞争的指令。美国联邦贸易委员会还可以要求广告主出示广告凭据以证实广告的真实性,并对某些虚假和误导性广告提出矫正广告内容的要求。

是否存在其他机构规范广告?

许多其他的联邦机构也有授权规范特定种类的广告。所有 50 个州也有各自的州法律抵制欺诈性商业广告。有些州的态度比较强硬,有些则表现得没那么积极。广告业自身也有一个自律的评估系统。在近些年,全国广告审查理事会(NAAG)联合了各个州的立法机构抵制欺诈性广告。

第十四章　学生新闻自由

几乎所有的学生媒体，不管它的编辑、制作有多么好，最终都不得不面对管理者的愤怒，因为那些管理者并不喜欢一些事情被公开在印刷出版物、网络或者广播上。他们对这种情况所做出的强烈反应有许多种表现形式，有打电话、写愤怒的办公室便函、甚至制订赤裸裸的审查制度。

从学生报纸诞生的那天起，学生新闻就一直受到审查，但是审查制度在要求方面却不断变化。直到 20 世纪 60 年代，管理性质的审查制度看起来几乎已经成为许多中学和学院的校园惯例。在那个时候，全体学生和他们的指导教师对此所能够做的努力只有很少甚至几乎无能为力。然而，20 世纪 60 年代的学生风潮改变了这一状态。那个时期的学生不愿意他们的表达受到限制，比如在社论中哀叹学校精神的匮乏或者抨击自助餐厅的食物质量。取而代之的是许多中学和学院的报纸把焦点集中在其他一些议题上，诸如战争与和平、市民的权利和后来的关于药物的使用、性咨询以及其他一些敏感问题。令人惊诧的是，它们之中的许多问题都侥幸取得了成功，开创了《宪法第一修正案》保护学生新闻记者的先河，并延续下来——至少是在学院范围内。

但在 20 世纪 80 年代和 90 年代之前，校园新闻自由就非常明显地偏离了这个方向。大多数的学生编辑都不再像他们的前任那样关注这一时代的重要话题了。也许，美国最高法院在 1988 年对中学新闻记者自由的剥夺就是对这种情绪做出的一种反应。

校园新闻自由的历史开始于联邦最高法院，并且结束在那里。1969 年法院首先将《宪法第一修正案》的保护扩展至学生，其后至少有 125 项法院判决遵循了那一判例，多次否决了对学生出版物和其他校园表达自由的管理性审查制度。

在越南战争时期，一个又一个案例之后，法院裁决公立学校和学院管理者无权对学生的表达进行任意的审查，而在这之前他们曾经是任意审查的。只要一个审查的实例涉及了国家行为（也就是，由一个政府公务员所实施的行为，如公立学校的校长），法院认为《宪法第一修正案》和其他宪法性质的安全措施就应该适用。而另一方面，对于私人机构而言，学校的管理者并不是政府官员,法院在他们的行为中很少能发现有国家行为。这就产生了一个我们稍后将会讨论的不同的问题。

20 世纪 80 年代,法律一直在这个问题上绕圈子:下级法院对于他们支持校园自由的立场开始动摇,而其后美国最高法院判决了一个非常著名(有些人更愿意将之称为声名狼藉)的案例:黑泽尔伍德校区诉凯尔迈尔案(Hazelwood School District v. Kuhlmeier ruling,484 U. S. 260, 1988),法院认为中学里官方主办的正式的学生报纸并不必然地受到《宪法第一修正案》的保护。但法院并没有把这个判决扩展应用到学院报纸,它甚至也并不适用于一些非正式出版的中学报纸这一范围内。事实上,当地的州法律或者当地的学校政策禁止管理性的审查制度,法院甚至也没有给管理者自由审查正式出版的中学报纸的权力。然而,黑泽尔伍德一案的判决还是明确地表达了法院在对待学生新闻自由问题上有所转变的趋势。关于这一案例,我们将在后面进行充分地讨论。

在这一章里,我们将看到一些在学生新闻自由方面具有里程碑意义的法院判决。在这一章开篇之前应该指出的是,每一年都会有数十次——也许是数百次——的敌对情形发生在管理者和学生新闻记者之间。因为没有人有钱、有兴趣或者有合法的资源将学校官员拖进法院,所以虽然大部分这些事件(甚至包括一些明目张胆的事前限制)在今天看来可能是不合法的,但是审查机构的这些行为却时常变得不成问题。

美国最高法院的第一个判决

在许多有关传媒法领域的基本原则中,我们可以追溯至一些具有划时代意义的美国最高法院的判决,而学生新闻自由就是其中之一。1969 年,美国最高法院判决了廷克诉德梅因独立社区校区一案(Tinker v. Des Moines Independent Community School District,393 U. S. 503),这个案例通常被称为"黑色臂章案"(black armbands case)。这个案件发生之时,约翰和马里·贝丝·廷克(Mary Beth Tinker)只有 15 岁和 13 岁,他们和另外一个 16 岁的朋友一起在学校里佩带黑色臂章来表达对越南战争的抗议,他们的行为被学校禁止。德梅因学校校长事先已经听说了尚未开始的抗议行动,并且匆忙地采取了应对措施:做出一项规定,禁止学生在校园内佩带臂章。

这种禁令引发了有关《宪法第一修正案》的争议。两个下级法院支持了学校官员所采取的行动,但是美国最高法院却推翻了他们的判决,宣布学生的行为是象征性言论,应该受《宪法第一修正案》的保护。法院认为:

《宪法第一修正案》的权利，应该根据学校环境的特有性质，而适用于教师和学生。无论是学生还是老师在校园内行使他们的宪法权利，享有言论自由，这几乎是无可争议的。

法院指出这三名学生的所作所为并没有破坏正常的教学秩序。法院认为，“在我们的系统中，州政府控制的学校不应该是被极权主义所包围的地方。学校官员并不能享有对学生的绝对支配权”。

然而，法院明确地说明这样一个问题，即学生的权利与校园之外的成人的权利并不具有共同的范畴。法院认为，当自由是一种“实质性地影响学校运作过程中适当的纪律要求”的实际活动时，可以受到查禁。

从廷克案开始的判例应用

廷克案判决之后引发了更多的案例，如学生们断言的那样，他们重新获得了宪法所赋予的权利。一些最早发生在廷克案之后的案例仅仅是由联邦地方法院判决的，因此它们作为判例所具有的价值非常有限，但是学生在对抗学校官员的诉讼中却逐渐取得胜利。

1970 年，在安东内利诉哈蒙德一案(Antonelli v. Hammond,308 F. Supp. 1329)中，马萨诸塞州的一个联邦法院认为，一个学院的校长不能在缺乏适当安全措施的前提下对一个校园报纸强制实施事前控制。约翰·安东内利(John Antonelli)是费切伯哥州立大学学生报纸的编辑，他宁愿辞职也不愿将黑人激进主义分子埃尔德里奇·克利弗(Eldridge Cleaver)的一篇文章提交给校园周刊委员会。这个委员会是学院校长詹姆斯·哈蒙德(James Hammond)成立的，该委员会的主要目的是对淫秽内容进行事前审查，并确保“对学生报纸的新闻自由负有责任”。

安东内利对哈蒙德提起了控告，并赢得了诉讼的胜利，法院认为校园报纸应该受到《宪法第一修正案》的保护，那个周刊委员会实际上在缺乏适当保护措施的前提下实施了事前审查。而且，法院判决，哈蒙德拒绝向那些可能“不可靠的”的报纸提供赞助的行为构成了一种威胁。

第二年，另外一个联邦地方法院在特鲁希略诉拉芙一案(Trujillo v. Love, 322 F. Supp. 1266)中驳回了对一个学生编辑的停职决定，这个学生编辑因为刊登了一个批评学院校长的漫画和一篇批评当地法官的评论而被停职。多利斯·特鲁希略(Dorothy Trujillo)是一个由南科罗拉多州立学院大众传播系所刊行的一份“实验室”报纸的编辑。指导教师和系主任认为评论和漫画并不符合新闻规则，并且存在损害名誉的潜在可能性。

特鲁希略就她的停职处罚决定向法院提交了诉讼请求，并且赢得了胜利，因为法院感觉到尽管这份报纸具有学校内部“实验室”一样的特性，但它仍然应该是受到《宪法第一修正案》保护的学生刊物。法院认为，如果仅仅将它视为一种教学工具而非非常明确并且已经在实践中得到证明的《宪法第一修正案》保护的论坛，审查制度和停职处罚也许会是一种合宪行为。然而，实验室的地位定义得并不清楚，而且报纸已经成为受到《宪法第一修正案》保护的表达平台。在1971年的时候还没有人能够了解，但是在将近20年后这种困境——一个学生报纸到底是一种教学工具还是一个受第一修正案保护的平台——在美国最高法院审理黑泽尔伍德校区诉凯尔迈尔案时却是那么的至关重要。

美国最高法院的另外两个判决

在20世纪70年代的早期，美国最高法院在另外两个案例中对《宪法第一修正案》有关学院的学生地位问题进行了阐述，这两个案例都扩大了学生在校园里的权利。

在第一个案例中，争取民主社会学生会（Students for a Democratic Society，SDS，一个因好战而闻名的民族主义学生组织）的一个分部希望获得中康涅狄格州立学院校园社团的官方认可，但是却遭到拒绝，因为他们所坚持的民族分裂策略在全国有不好的声誉。没有官方认可，这个团体便无法使用校园设备举办会议和其他活动。于是，这个团体向法院提起了诉讼，在希利诉詹姆斯一案（Healy v. James，408 U. S. 169，1972）中，美国最高法院认为地方性的团体不能仅仅因为其全国性组织的声誉而被拒绝享有某些校园内的基本权利。法院认为，公立学院“并不应排除在《宪法第一修正案》外”，并且裁定学院校长的决定剥夺了学生的宪法权利。

一年之后美国最高法院对另外一个有关学院学生权利的案件做出了判决，这个案件是对一个“地下的”或者说是非主流的校园报纸的编辑所进行的纪律处分。在帕比什诉密苏里州大学监护人组织一案（Papish v. University of Missouri Curators，410 U. S. 670）中，高等法院撤销了对于芭芭拉·帕比什（Barbara Papish，一名担任该校《自由新闻报》编辑的研究生）予以开除的处罚决定。

在这之前，帕比什就曾经因为在中学生和他们的家长都在学校的时候向他们分发她的文章而令大学官员非常恼火，而当她再次发表文章时，他们将之视为非常事件而采取了行动。导致她被开除的那份报纸上有一幅政治漫画，它刻画了一个正在亵渎自由女神像和正义女神的警察，并且冠以标题为“强暴母亲的人被宣告无罪”。

美国最高法院判决漫画和标题都不构成淫秽。法院认为，帕比什的行为也没有“严重地和实质性地影响校园秩序”。法院认为除非学院能够在他们的领域内证明对于帕比什的开除处罚是公正的，否则应该恢复她的学籍，法院援用了希利案的判决“我们认为希利案已经使这样的问题非常明确，即对于观念的宣传——无论对正统的观念来说它是多么的无礼——在一个州立大学校园里，不能仅仅因为‘风化’之由而被禁止”。

关于学院出版社自由的案例

在帕比什案判决做出后的两年内，又有三个值得关注的有关学生新闻自由的案例，均由联邦上诉法院作出了判决，每一个判决都更加肯定了学生在这方面的权利。

在巴扎诉福琼一案（Bazaar v. Fortune，476 F.2d 570，1973）中，联邦上诉法院第五巡回法庭推翻了对密西西比大学的一本文艺杂志所实施的事前审查制度。这本杂志是由尤吉恩·巴扎编辑的，其中刊载了两篇涉及种族问题的用土语创作的小说。这本杂志由英国语言文学系赞助的，并准备在学校印刷，但是印刷社的负责人注意到了杂志中的一些内容，并报告给学校校长波特·福琼（Porter Fortune），于是他命令对该杂志进行审查。

当这个案例进入法院程序之后，大学的官员们意识到《宪法第一修正案》保护密西西比大学的学生报纸，但是他们争辩说这本杂志并不同于其他学生报纸，因为它是由一个班级制作的。尽管上诉法院并不支持他们的这种观点，并要求大学允许这本杂志的出版，但是法院也明确地要求，大学可以在报纸封面上刊登一个拒绝承担任何责任的法律声明（“该出版物非经校方认可……”）。

几乎是在同一时间，另外一个暗示了种族问题的有关出版自由的案例由联邦上诉法院第四巡回法庭进行判决，这个案例就是乔伊纳诉怀廷（Joyner v. Whiting，477 F.2d 456，1973）案。这个案例是由北卡罗莱那州立中央大学校长艾伯特·怀廷（Albert Whiting）切断了《校园回声》（*Campus Echo*）杂志的资金支持而引起的，因为这份报纸的编辑约翰尼·乔伊纳（Johnnie Joyner）以编辑身份反对学校对这所原来全部是黑人的学校进行民族融合。在这一点上，乔伊纳表示报纸并不欢迎白人来当职员，报纸也不接受任何来自白人拥有的企业的广告业务。怀廷说他担心报纸编辑的立场会导致学校失去联邦政府的资金支持。

法院认为怀廷的行为违反了《宪法第一修正案》和第十四修正案。法院还认为,即使乔伊纳正在运用他所享有的表达自由的权利去公然反对另外一个受宪法保护的基本原则,《宪法第一修正案》也依然应该适用。法院指出乔伊纳作为一个编辑所表达的态度并没有对校园造成任何破坏性的影响。上诉法院认为,作为一个大学的管理者,其首要任务并不是必须要在校园内创办一份学生报纸,但是,报纸一经创办,它便不能仅仅因为管理者不喜欢它的内容而被随意关闭。

两年之后,曾经判决了巴扎一案的同一个联邦上诉法院在希夫诉威廉斯一案(Schiff v. Williams, 519 F.2d 257, 1975)中对一个大学校长解雇三名学生编辑的决定予以了否定。肯尼斯·威廉斯(Kenneth Williams)是东佛罗里达亚特兰大大学的校长,他开除了三名编辑,因为"编辑的责任水平和能力不断下降,在某种程度上,它使学校蒙受了耻辱,并使学校感到难堪"。校长说,报纸参与了诽谤和传播谣言,"而不是正确地报道符合大学团体利益的那些消息"。

在推翻校方的解雇决定时,联邦上诉法院认为这是企图把行政管理的控制强加于报纸的违反宪法精神的行为。法院引用了廷克案,认为诸如此类的行政管理控制,只有在特殊的环境下才可实施,即可能导致其他无序状态的情况下,这种控制措施才是合法的。即使这些编辑制作的报纸充满了就像威廉斯所描述的那样乏味的语言、错误的拼写和低劣的内容,法院认为,那也并不能导致令其解散的严重结果。法院得出结论认为,如果不存在破坏性的威胁,那么学院的出版检查制度就是违宪的。

所有的这些案例都是在20世纪60年代那个校园动荡时期之后迅速做出的判决。其后数年之中,很少有关于学院出版自由的争议提交到联邦上诉法院。不过,1983年,联邦上诉法院第八巡回法庭宣布了一项判决,它标志着大学出版社在新闻自由方面所取得的一个重要胜利,这就是斯坦利诉马格丽思案(Stanley v. Magrath,719 F.2d 279)。

明尼苏达大学的《明尼苏达日报》(*Minnesota Daily*)在1979年出版的一篇幽默文章引发了这个案件。在这篇文章中,作者声称与耶稣基督进行了一次面谈,并把他描述成一个犹太人的"崇拜英雄"。这篇文章激怒了许多明尼苏达州人,包括一些校外人士。因此,校方对此做出的反应是改变它的资金政策,不再允许学生保留他们报纸的预付款。

虽然这一政策的变化所起到的现实作用微忽其微,但是,《明尼苏达日报》还是以《宪法第一修正案》为由采取了法律行动,向校方提出了挑战。在推翻了一个法官所做出的有利于校方的裁定之后,联邦上诉法院判决,校方这一改变报纸的资金来源的决定是一种试图控制报纸内容的尝试，这种行为违反了《宪法第一修正案》。

1984年，大学校方和学生报纸达成了一项和解协议，大学董事会同意向学生报纸支付诉讼费（总额为182000美元），并且恢复对报纸的资金支持。协议还同意提供两万美元为学校和报纸建立一个基金，用来主办一个有关出版自由和责任问题的研讨班。

截止到20世纪90年代，对于学院和大学的报纸是受到《宪法第一修正案》保护的这一点，好像是确定无疑的。但是《宪法第一修正案》是否保护那些传播到学生那里的校外报纸的权利呢？这个问题在1992年的一个案例，即海斯郡监护人组织诉萨普案（Hays Country Guardian v. Supple, 969 F. 2d 111）中得到了阐述。一个联邦上诉法院认为，南德克萨斯州立大学的管理者们不能强迫要求一份自由的、依靠广告支持的社团报纸拒绝那些商业宣传，并用这种方式无理地限制其发行。法院指出，校方的官员们应该允许那些正式的学生报纸（它们也包含广告）和很多种不包含广告的文学期刊无拘无束地发行。法院指出，并不能仅仅因为在一份报纸中出现了广告就缩减《宪法第一修正案》对它的保护水平。法院还判决，校园是一个具有公众论坛性质的地方，这个地方不应任意地对报纸的发行予以限制。法院认为，学院官员可以采用具有一些合理的时间、地点和方式的规则，但是他们不能强行制定那些限制发行的规则，因为这些规则会严重导致社区报纸对学生联络能力的降低。

至此可以总结说，这些案例作为一个整体，学院新闻记者已经非常确定地得到了《宪法第一修正案》的保护。也许在有些情况下一个校园刊物无法成为受《宪法第一修正案》保护的论坛，就如法院在特鲁希略一案中所建议的那样，但是，即使一个学生刊物是由学校资助的教育部门，这样的情形也是很少出现的。这也不止一次地暗示，学院报纸有一点像弗兰肯斯坦博士（Dr. Frankenstein）的怪兽：校园的官员们不必非得制造这样一个东西，但是一旦制造了，它却是非常难以驾驭的。同时，联邦的法院已经一致认为，由学院学生创办的报纸享有更为广泛的《宪法第一修正案》的保护。

在20世纪90年代期间，一个新的问题令许多学院报纸非常苦恼：大规模的报纸盗窃行为不是在一些案例中被宽容就是被一些校园的管理者所鼓励。截止到2003年，至少在200个学校中出现过这样的事件，有的个人或者团体从报架上大规模地将所有新闻报纸取走。有时这种行为只是对于报纸上的特定文章或者报纸编辑的整体政策表示的一种不满，但是另一种情况是，没有任何理由来解释这种偷窃行为。在一些案例中，校园警察采取行动阻止偷窃报纸的行为，并逮捕那些将报架一扫而光的人。但是在其他的校园里，管理者命令警察不要采取行动并且公开地袒护那些偷窃报纸的人。既然大多数的校园报纸是免费索取的,一些管理者就不把拿走全部报纸的行为视为一种错误行为,尽管为了印刷那些可分发的副本可能花费了上百或者上千美元的费用。

学生新闻法律中心对于这一问题的回应是,建议在校园报纸上增加一个声明,表明单一的副本是免费的,但是拿走大量副本的行为则可能要承担相应的责任。这至少更明确地表明了拿走全部报纸的行为是一种偷窃。然而,即使这样,对一些学校也没有任何影响:一些管理者已经宣布,这样的一个声明构成了一项新的强制性的不符合法律规定的学生活动。

在大多数的学院校园里,管理者都很清楚地知道他们不能直接对学生新闻进行审查,那样做会使他们冒法律诉讼的风险或者背上恶名。但是只要使用一些眼神和动作的暗示,他们就能够鼓励一些人去做那种卑劣的事情,将所有令他们不快的报纸副本全部取走。

校园广告和《宪法第一修正案》

令一些校园困扰的另外一个问题是,校园媒体是否有权接受那些有争议的广告,例如,如果管理者命令校园报纸拒绝刊登酒精类饮料的广告,那将会如何?而如果职员自己决定不接受某一种类型的广告,那又会如何呢?

这个问题对簿公堂的历史已经超过 30 年了。在 20 世纪 60 年代的时候,纽约州和威斯康星州的联邦法院就推翻了对学校和学院管理者行为的支持,这些管理者们阻止学生报纸接受那些对有争议的话题采取支持态度的广告,见李诉州教育委员会案(Lee v. Board of Regents,441 F. 2d 1257)和朱克诉潘尼兹案(Zucker v. Panitz,299 F. Supp. 102)。

20 世纪 70 年代时,当一个联邦上诉法院在密西西比同志联盟诉古德洛克案(Mississippi Gay Alliance v. Goudelock, 536 F. 2d 1073,1976)一案中拒绝了一项对密西西比州立大学报纸的广告专栏使用权的申请请求时,一些类似的问题产生了。同性恋联盟(Gay Alliance)想刊登一个有关他们活动的公告,但是遭到了该报职员的拒绝。法院认为,因为在这个案例中是职员,而不是管理部门拒绝刊登广告,使得这一个案例不同于早先的公立学校广告刊登权的案例。因此,法院认为在这个拒绝刊登同性恋组织广告的决定中没有国家行为。但是另外,法院认为先前的法院判决已经赋予了编辑在内容方面的最后决定权。

1997 年,另外一个联邦上诉法院支持了学生出版社拒绝刊登广告的权利——这次是在中学。在依奥诉列克星敦城一案(Yeo v. Town of Lexington, 141 F. 3d 241)中,联邦上诉法院第一巡回法庭判决,列克星敦的列克星敦高中(Lexington High School)可以自由拒绝那些鼓吹性的广告,在该案中就是一个禁欲团体的鼓吹广告。法院认为,非常明显,在这个案例中是学生而不是学校的官员对学校的报纸和年鉴享有完全的控制权,他们有权利自己做出拒绝刊登广告的决定。法院认为这里并没有搀杂国家行为,因此,使用学生报纸和年鉴的权利是缺乏法律基础的。

在大学范围内,一个联邦上诉法院在2000年做出的一个判决非常值得讨论,这个案例就是:皮特新闻诉费希尔(Pitt News v. Fisher,215 F.3d 354)案。在这个案例中,一个由匹兹堡大学学生运作的报纸向宾夕法尼亚的州法律提出了挑战,这个州的法案禁止诸如酒吧和销售酒的商店在学生媒体上做有关酒精类饮料的广告。

皮特新闻(Pitt News)的诉讼依据是站不住脚的,因为这个法案所直接针对的是广告客户,而不是媒体。依据商业言论规则,一个州有权力对诸如酒精类饮料这样的产品进行广告管制,只要这一管制符合中央哈得逊规则的要求。但是皮特新闻辩称,这造成了他们广告收入的减少,这一禁令迫使报纸缩小了版面,而这是违反《宪法第一修正案》的。

联邦上诉法院第三巡回法庭驳回了这一观点,《宪法第一修正案》并没有赋予学生这样的权利,即他们的报纸应享有特定的数量,以使得报纸可以印刷出特定的张数。(皮特新闻说因为禁令迫使那些客户从校园报纸上撤回他们的酒精类饮料广告,使得他们在1997年到1998年度的广告损失将近17000美元。)法院指出,报纸可以自由刊登一个清单,它可以列上当地的酒吧,甚至指出哪个酒吧提供更为便宜的酒精类饮料,只要那些商户没有为这样的内容支付费用。而另一方面,法院指出,如果一个商户真的为这样的内容支付费用,这个商户(但不是这个报纸)就会因违反州的法律而被起诉。

皮特新闻一案引发了许多法律和道德方面的问题。例如,如果是大学的管理部门不顾职员的反对而命令报纸拒绝刊登酒精类饮料广告,那这个案件的结果是否又有不同呢?如果这个案例是发生在学院范围内,它可能引发更为严肃的有关《宪法第一修正案》的问题,而超出由皮特新闻诉费希尔案所引发的这类问题。

校园费用和学生自由

1995年,美国最高法院对另外一个有关学生新闻自由方面的问题做出了一项判决:一个有宗教信仰的学生团体有权利接受大学的印刷补助,如果其他团体也接受了这样的补助。在罗森伯格诉弗吉尼亚大学教区长与访问者组织一案(Rosenberger v. Rector and Visitors of the University of Virginia,515 U.S.

819）中，美国最高法院判决如果弗吉尼亚大学的学生活动基金向其他学生团体报纸的印制拨款了的话，那么它必须也从中拨款用于印制基督教学生报纸。在这样一个判决中，法官以5∶4的多数认为，如果一个公立大学支持其他学生组织创办的报纸，那么《宪法第一修正案》的建立条款①（establishment clause，这一条款已经解释了禁止政府对诸如在公立学校进行祈祷等宗教活动进行审查）并没有要求一个公立大学要抑制对宗教性学生报纸的支持。

在多数意见中，法官安东尼·M.肯尼迪认为，大学持有违反《宪法第一修正案》言论自由规定的差别待遇的观点（viewpoint discrimination），因为它对于学生报纸在某些观点上的表达比起其他的报纸更为偏爱。肯尼迪写道，这种固有在大学行为中的差别待遇观点是“对言论自由权利的一种否认，并有培养出一种对宗教普遍而深入的偏见或者仇视的风险，这会渐渐破坏建立条款中所要求的（对于宗教的）非常中立的态度”。

美国最高法院在2000年判决了一个与之相关的有关大学学生费用的案例。这一次，法院认为如果那些来自于托管的学费资金可以被用于那些具有中立观点（viewpoint-neutral）的各种组织，那么一个公立的大学应该允许这部分资金给予那些有争议的组织。在董事委员会诉索思沃思一案（Board of Regents v. Southworth，529 U.S. 217）的判决中，法院拒绝审理一个由威斯康星大学的保守派学生因校方向那些他们不支持的团体颁发学生奖学金的行为而提起的诉讼。

在这项意见一致的法院裁决中，肯尼迪法官认为将学生奖金给予那些支持有争议观点的团体的行为并不违反《宪法第一修正案》。尽管这确实迫使一些学生向那些与他们立场不一致的团体支付费用，但是，肯尼迪认为，只要奖金授予程序是向持有不同观点的各种组织开放的，它就不违反宪法的规定。肯尼迪说，这与那种学生（或政府职员）被迫支付费用用以支持唯一一个特定的观点的情形不同。举例来说，法院认为政府职员绝对不能被强迫支付会费，用以支持一个联盟的政治活动。与之相对比的是，在本案中的被托管的学生奖金是可以给予许多持有不同观点的不同团体的——而不仅仅是持有某种观点的那个特定团体。

在做出这个最终判决之前，美国最高法院命令下级法院重新对威斯康星

① 美国《宪法第一修正案》规定：“国会不得制定建立宗教的法律，或者禁止其自由行使……（Congress shall make no law respecting an establishment of religion, or prohibiting the free exercise thereof.）”。一般宪法判例书中都把这一规定分为两款，前者称为“建立条款”（establishment clause），后者称为“自由行使条款”（free exercise clause）。表面看来，前者禁止政府帮助信仰，后者禁止政府惩罚信仰，目标似乎都是维护个人宗教信仰自由。——译者注

大学的奖金授予体系进行确认，以确保它是从一种中立的观点出发的。这个案例与弗吉尼亚大学的案例不同，在那个案例中学生奖金授予政策并不是针对观点中立者：学生奖金只给予那些非宗教性质出版社的发行物，而拒绝给予那些宗教性质团体制作的校园刊物。

学院范围内的有关《宪法第一修正案》的其他问题

在21世纪之前，许多法院对学生所享有的《宪法第一修正案》的权利和其他章节中所讲述的有关学院校园的权利都已表明了支持的态度。例如，2001年，联邦上诉法院第七巡回法庭在林尼莫尔诉普渡大学信托委员会(Linnemeir v. Board of Trustees of Purdue University,260 F.3d 757)一案中支持了学生在印地安那位于Fort Wayne的普度大学校园内上演一部有争议的戏剧的权利。这部戏剧，名为《圣体节》(Corpus Christi)，将一个如耶稣一样的形象描写成一个同性恋，并使用了许多这方面的语言，这引起了许多基督徒的愤怒。一群居民对学生提出了控告，并要求停止表演，他们认为如果允许这样反基督教的内容的演出，大学就违反了《宪法第一修正案》有关宗教条款的基本规定，这一规定要求政教分离。

上诉法院驳回了这一观点，允许戏剧继续演出，法院认为停止戏剧的表演就剥夺了《宪法第一修正案》赋予学生的表达自由的权利。法官理查德·A.波斯纳在法庭意见中写到："关于《宪法第一修正案》禁止一个州立大学向那些持有与传统基督教信仰敌对态度观点的人提供一个表达场所的论点是荒谬的。这就意味着一个州立大学的老师不能教授那些由伏尔泰(Voltaire)、霍布斯(Hobbes)、休谟(Hume)、达尔文(Darwin)、密尔(Mill)、马克思(Marx)、尼采(Nietzsche)、弗洛伊德(Freud)、耶茨(Yates)……创作的重要作品。"

另一方面，在2001年，联邦上诉法院第九巡回法庭判决一所学院在校园内禁止基督教信仰的表达违反了《宪法第一修正案》。在奥林诉伯克雷一案(Orin v. Barclay,272 F.3d 1207)中，法院认为位于华盛顿特区布莱默顿的奥林匹克社区学院禁止反对堕胎的示威者讨论其信仰的基本教义的决定侵犯了他们言论自由的权利和宗教信仰自由权利。学院的官员对两个反对堕胎的抗议者强加了许多条件，包括一项对于"宗教仪式或者信仰教导"的禁令。

在法庭意见中，法官理查德·托尔曼(Richard Tallman)认为："已经为示威者创建了一个表达的论坛，与《宪法第一修正案》的规定保持一致，理查德研究院院长伯克雷不能限制他们对世俗内容的表达。"

在2001年，对奥林案做出判决的同一个法庭裁定一个学院的教学人员有权利张贴对学院的管理者进行猛烈抨击的时事通讯，尽管其中有时使用的语言非常尖锐刺耳。在鲍尔诉桑普森(Bauer v. Sampson,261 F.3d 775)一案中,法院否决了尔湾学院(加利福尼亚州)的管理者认为该院教授罗伊·鲍尔(Roy Baller)的时事通讯中那些措辞激烈的"暗示"已经足以证明对于鲍尔的纪律处分决定是正当的观点。法院认为,只有在鲍尔的时事通讯里确实包含有犯罪威胁的情况下,它才会失去《宪法第一修正案》对它的保护,但是,法院认为它并不包含这样的内容。

在黑泽尔伍德校区诉凯尔迈尔案例之前的一些中学案例

除了廷克案,我们目前所有已经讨论过的案例都是有关学院出版自由的问题,而没有涉及到中学。在20世纪60年代期间和70年代的早期,出现了一些将《宪法第一修正案》的原理像应用于学院新闻自由那样应用于中学新闻自由范畴的案例。然而,在20世纪70年代后期,一些法院开始在涉及到中学的案例中支持校方的管理性审查制度,这在那些学院的案例中是没有出现过的——即使在以后的数年之中也没有。而且,在1988年美国最高法院的黑泽尔伍德校区诉凯尔迈尔案的判决中也认为《宪法第一修正案》并不保护正式的中学出版物。法院在判决书的一个附注中提到,黑泽尔伍德校区诉凯尔迈尔案的判决中所确立的原则是否应用于学院这一范围还没有确定。法院并没有对非官方的中学出版物的地位进行直接地说明。然而,黑泽尔伍德校区诉凯尔迈尔案做出判决还不到一年的时间,一个联邦上诉法院就重新肯定了一个非官方的中学出版物应享有《宪法第一修正案》赋予的权利。

在黑泽尔伍德校区诉凯尔迈尔案之前,有关支持中学新闻记者享有《宪法第一修正案》保护的方面,法院系统的判决一直有非常悠久的历史传统,尤其是对那些非官方的或者"地下的"报纸。那些案例值得在这里重新探讨。

从整体来看,比起学院范围的新闻自由案例,有更多的有关中学范围内新闻自由的案件被提交到法院处理:有多达13个联邦上诉法院的判决已经推翻了由中学管理者所制定的那些对于学生记者的审查和纪律处分决定。几乎在所有这些案例中,管理者都试图进行一些事前的限制,许多都是指向那些亵渎性的语言或者在他们的标准看来是伤风败俗的描述。但是法院反复告诫那些学校的管理者,无论是否有亵渎的语言或者那些带有淫秽意味的粗话,事前审查都是非法的。法院经常裁定那些独立的或者地下报纸是一个受《宪法第一修正案》保护的论坛,管理者不能对其进行任意审查。

在对这些案例判决之前,联邦法院经常会将焦点放在学校对学生出版物的评议程序上。法院通常认为,当事前审查并不是在整个社区范围内时,对于校园的事前审查是可以被允许的，但是管理者要承担非常繁重的举证责任，并且要为学生提供许多程序上的安全保障，以证明审查制度的合法性——事实上，在所有已经提交到法院的案例中，学校的管理者都不能做到这些事情。

然而，在一个联邦上诉法院（第七巡回法庭，它管辖伊利诺斯州，威斯康星州和印地安那州）最重要的判例中是禁止对一个非官方的学生出版物进行事前限制的，除非对这一商业性质报纸的事前限制也符合宪法的规定（也就是说，这几乎是不可能的事情）。在藤岛诉教育委员会一案（Fujishima v. Board of Education，460 F.2d 1355，1972）中，联邦法院推翻了暂时中止两名学生发行一份叫做《宇宙青蛙》（*The Cosmic Frog*）的报纸的决定。法院认为廷克一案并不允许学校的官员仅仅以预言一种破坏将会发生为借口而确立一种审查制度：

> 廷克案的判决绝对没有提出这样一种建议，即，学生必须在他们采取某种行动之前就宣布他们的意图，以使得那些有权力的人可以决定是否要阻止这样的行为。将这样一种事前限制的概念应用于具有悠久保护历史的出版领域同样是令人不满的。

在藤岛案的判决中，法庭参考了艾斯纳诉斯坦福教育委员会（Eisner v. Stamford Board of Education，440 F.2d 803，1971）一案，在这个时间更早的判决中，另外一个联邦上诉法院认为如果提供了某种程序上的安全保障，事前限制是可以被接受的。

> 我们相信法院在艾斯纳案的判决中，对廷克案中允许对出版物进行事前限制的解释是错误的——一种始终为宪法所禁止的权力——它是学校管理者用来"预测"学校活动的实际危害性的一种工具。

然而，大部分联邦法院已经采用艾斯纳案而不是藤岛案的观点，认为如果有足够的程序上的安全措施，那么事前限制是被允许的。但是法院却从来没有发现有适当的程序上安全保障的案例。

即使是在艾斯纳一案中，法院也推翻了一个由康涅狄格州的学校做出的系统审查程序，因为它们不能规定一个迅捷的行政评议程序或者将对于什么人或者什么样的作品需要提交事前评议进行详细化。尽管如此，在艾斯纳这一判例之下，由联邦上诉法院第二巡回法庭（管辖纽约州，佛蒙特州和康涅狄格州）所做出的判决，与其他几个联邦上诉法院所做的决定相比，学生们都因事前审查而享有较少的自由。每个联邦上诉法院都将那些适合自己辖区的判例作为依据，而不是其他那些他们认为不适合的判例，尽管其他的一些法院经常遵循非地区性的判例。

1977 年,联邦上诉法院第二巡回法庭在特拉奇曼诉安克尔(Trachtman v. Anker,563 F.2d 512)一案中,支持了一个管理性审查行为。严格来讲,那个案例并不是一个学生出版问题:一群学生想要在纽约中学分发一份关于性态度的调查问卷,法庭允许管理者阻止他们。但是,法庭认为作品的分发在这个案例中并不是一个问题,专家作证证明一些处在青春期的学生对这份调查问卷的反应可能会对他们的心理造成伤害。事实上,持多数意见的两名法官中的一名与另外一名持不同意见的法官联合强调:不应该为任何将来可能用以限制学生言论自由的目的而将此判例加以任意应用。

然而,在 1979 年,当一个纽约联邦地方法官在支持一个中学校长对学生报纸进行审查的决定时,他援用了特拉奇曼判决。在弗拉斯科诉安德鲁斯一案(Frasca v. Andrews,463 F. Supp. 1043)中,一个法官认为他不愿意对预言报纸中的两则消息将会导致破坏性结果的校长进行事前劝告,这两则消息是关于学校长曲棍球队队员和编辑之间的一次愤怒的口角,以及一篇指责一个学生会官员没有能力的文章。

在弗拉斯科一案中,一个联邦法官认可一位校方官员将对于破坏的一种预测作为事前审查的辩护理由,而这正好是在藤岛一案中被禁止的。然而,藤岛案是第七巡回法庭审理的,而弗拉斯科案则是由联邦上诉法院第二巡回法庭判决的。

然而,即使是第二巡回法庭自己在稍后的托马斯诉格兰维尔一案(Thomas v. Granville,607 F.2d 1043 1979)中,也做出了对学生自由有利的判决。在那个案例中,法院推翻了一项给予在学校周围(而不是学校里)发行一份地下报纸的学生们纪律处分的决定。因为报纸中关于手淫和卖淫方面的文章惹恼了校方的官员。然而,这并没有引起任何破坏性结果,因此法院认为这样的纪律处分侵犯了学生的宪法权利。

在美国其他地方的联邦上诉法院在学生自由的问题上通常都已经采取了介于联邦上诉法院第二巡回法庭和第七巡回法庭之间的态度。第四巡回法庭和第五巡回法庭(辖区是南方的州)所有的判决已经几乎都是在否定学校官员们在审查出版物和惩罚编辑们方面所做的决定,同时也强调他们并不是只对那些针对学校出版物的事前审查行为采取无力地禁止。第四巡回法庭和第五巡回法庭这样判决的案例有:尼茨伯格诉帕克案(Nitzberg v. Parks,525 F.2d 378,1975)、鲍曼诉弗雷恩姆思案(Baughman v. Freienmuth,478 F.2d 1345,1973)、夸特曼诉伯德案(Quarteman v. Byrd,453 F.2d 54, 1971)、甘比诺诉费尔法克斯郡学校董事会案(Gambino v. Fairfax Country School Board,29 F. Supp. 731, affd 564 F.2d 157, 1977)以及沙维奇诉东北独立校区案(Shanley v. Northeast Independent School District,62 F.2d 960, 1972)。

法院认为,在许多这样的案例中,像弗里德曼诉马里兰州案(见第十章)中对于电影的事前审查所要求的程序上的安全保障条件得到满足时那样,如果事前限制也能满足这样的条件时,它可以被认为是宪法所允许的。因此,鲍曼案的判决强调对于任何审查决定提出评议是必需的,评议包括明确地规划出指导方针,描述出要进行审查的材料的种类等。在鲍曼案中,法院推翻了一项学校的政策,这个政策允许在素材可能损害名誉或者淫秽的情况下进行事前限制。法院认为这是艺术的术语,它们过于模糊而无法被学生和校长应用于实际的有关审查的案例中。此外,法院还指出,自从《纽约时报》诉沙利文和格茨诉韦尔奇(见第四章)案后,那些表面上看起来是有损名誉的语言,现在也已经被认为无罪了。

尼茨伯格案回应了鲍曼案的判决,但是又认为当校方官员欲以预言破坏将要发生来证明事前审查的合法性时,他们必须已经非常明确地拟订出将要用于预言一个出版物会产生那样一种破坏性结果的标准。

曾经审理了藤岛案的联邦上诉法院第七巡回法庭也已经对其他两起有关学生新闻自由的案例进行了判决,这两个案例是:史高维尔诉教育董事会案(Scoville v. Board of Education,425 F.2d 10, 1970)和雅各布斯诉印第安纳波利斯学校董事会案(Jacobs v. Indianapolis Board of School Commissioners,490 F.2d 601,1973)。美国最高法院同意重新审理雅各布斯案,但是又将其作为一个没有实际意义的案例予以取消(因为案件所涉学生已经全部毕业了)。雅各布斯案非常值得关注,因为上诉法院强调,使用粗俗的语言并不一定会被认定为符合法律上有关淫秽内容的规定。依据这样的判决,法院援用美国最高法院有关帕比什案的判决,仅仅认为是低俗的并不构成淫秽。

另外一个值得关注的上诉法院的判决是甘比诺诉费尔法克斯郡学校董事会案(前面曾经引用过)。这个案例之所以出名是因为它的起因是每年都要在美国各地重复发生上百次的类似情形:正式出版的校园报纸的编辑面临审查,因为他们所写的东西被认为对于中学生而言过于敏感和有争议性。吉纳·甘比诺(Gina Gambino)和她的同事想要在弗吉尼亚州的一份学生报纸上刊登一篇有关避孕方法的文章。它的标题是"性欲强烈的学生未能使用避孕工具"。校长对此进行了评估并决定审查这篇文章的部分内容。因为性教育指导在这所学校里是被禁止的,所以校长认为学生报纸不应该写那些禁止教师在课堂上教授的内容。

联邦地区法院推翻了学校的审查决定,对那种认为这份报纸是由一个班级制作的,属于学校课程的一部分,所以对公共论坛原理不应该适用于本案的论点予以了否定。法官裁定，即使抛开它的这种地位，这份报纸也是受到《宪法第一修正案》保护的一个公共论坛。联邦上诉法院第四巡回法庭支持了这一判决。

然而，同一个联邦上诉法院在非法吸食毒品而不是节育的问题上，支持了一个管理性的审查行为。在1980年威廉斯诉斯宾塞一案（Williams v. Spencer，622 F.2d 1200）中，法院肯定了学校官员所做的决定，该决定要求停止发行一份名为《共同努力》（*Joint Effort*）的地下报纸，因为这份报纸包含了一个"旗舰店"的广告，而校方官员感觉这可能会鼓励吸食毒品。援用廷克案中的语言，学生的权利是不"必然与成人的那些权利扩及同样范围的"，法院肯定了学校的决定，禁止了这份出版物。法院认为，即使它没有将准备对什么类型的材料进行审查予以详细化，一个反对散布那些对学生的健康和安全有危害的信息的规定也并不是违反宪法的极端规定。法院在证明审查制度合法性的外部标准上给予了学校官员比较宽松的态度，他们可以提出主张认为一篇文章或者一个广告可能是鼓励毒品的使用或者他们认为可能存在导致危险发生或者对健康产生不利影响的其他问题。

所有的这些案例如今都离开我们去哪里了呢？直到1988年，法院的判决很清楚地表明学校官员不可以任意地对学生出版物进行审查（即使是正式出版的、学校资助的学生报纸），否则他们将面临在法庭上被撤职的风险。然而，随着激进的学生风潮在历史上逐渐褪色，学校和法院很明显也在随着社会环境的变化而变化。美国最高法院做出的一个新的有关学生出版自由的判决就是与这种环境相符合的。

同时，加利福尼亚州制定了成文法用来明确描述公立学校学生享受新闻自由的范围——这是这个国家第一部相关的法律。在1977年的立法行动中，加利福尼亚州的立法机关宣布正式出版的和地下的学校出版物均享有某些自由。它说明了一个原则，即出版自由适用于学校报纸，但这部法律同时批准了对于诽谤、淫秽和其他一些可能引起破坏规则或者校园骚乱的内容进行事前审查。这部法律制定在《加利福尼亚州教育条例》（California Education Code）第48907节规定中，不仅仅要求审查的材料要符合这些目录，而且将审查的主要责任交由指导教师负责。这项法律对于事前审查的批准范围是很广泛的，美国公民自由联盟（American Civil Liberties Union，ACLU）因此针对这一法案向该州的立法机构提出了抗议。

美国公民自由联盟认为，美国最高法院曾经做出判决认为事前限制是为一个之前的保证学生享有表达自由权利的法律所不允许的，仅仅在该判决做出一年之后，第48907节规定就对加利福尼亚州的学校报纸重新加以事前审查,他们对此尤其感到困扰。早先的法律为学生提供了非常广泛的表达自由权利,但是并没有提到正式出版的学校报纸。1976 年加利福尼亚州最高法院在对这部法律的解释中,推翻了对于一份地下报纸的管理性审查(布赖特诉洛杉矶联合学区案(Bright v. Los Angeles Unified School District, 18C, 3d 450))决定。这份报纸因为一篇文章的内容指责一个学校校长的欺骗行为而遭到审查。法院认为事前审查在学校的环境下是应该的,但是依据当时所施行的法律是不可能的。立法机关在颁布 48907 节规定一年之后弥补了这一法律漏洞,并批准了对中学报纸而不是学院报纸,进行有限的事前审查。

美国最高法院标准的改变

到 20 世纪 80 年代末期,国家的态度有了很明显的改变。学生运动时代已经结束,大多数的学校官员决定重新恢复他们的权威。美国最高法院认为这是一个非常好的时机来支持那些主管当局。

在学生风潮的鼎盛时期过去之后的第一个有关学生享有《宪法第一修正案》权利的判决中,美国最高法院大幅度地缩减了学生的宪法权利。甚至在黑泽尔伍德校区诉凯尔迈尔案这一具有里程碑意义的判决之前,法院就已经开始逐渐地削减《宪法第一修正案》所赋予学生的权利了。

在 1986 年贝瑟尔校区诉弗雷泽案(Bethel School District v. Fraser,478 U. S. 675)的判决中,法院认为一个华盛顿州立中学的学生因为在其所做的一个演讲中包含有性暗示而应该受到惩罚,即使这个演讲中并没有使用粗俗的语言,也并没有明显的法定意义上的淫秽内容。

弗雷泽案的起因是马修·弗雷泽(Matthew Fraser)在 1983 年贝瑟尔一所中学集会上为了支持一个朋友竞选学生会的职务而进行的一次演讲。作为一个演讲竞赛的州冠军,弗雷泽在竞选演讲中避免使用那些淫秽的用语,但是,那些明白他所暗示的意思的学生可以从他的语言里彻底地了解他所要表达的内容并感到那些说法非常好笑。学校管理者却并不认为那是好笑的事情:他们给予弗雷泽停课两天的惩罚,并将他的名字从由学生选举的毕业演讲者候选名单上删除。弗雷泽在一个补名选票的选举中赢得了毕业演讲者的资格,学校管理者同意他在其毕业典礼上进行演讲——但在他提出最终导致美国最高法院的判决的法律诉讼之后。

下级的法院判决,学校官员对于弗雷泽的停课惩罚已经侵犯了他依据《宪法第一修正案》所享有的权利,但是美国最高法院并不同意这样的判决。首席大法官沃伦·伯格在代表 7:2 的多数法官意见中写道:

学校，作为州政府的工具，可以决定有关礼仪的最基本的课程，一所容忍这个困惑的男孩沉湎于这样下流、淫秽或者冒犯性语言和行为的学校不可能传递那些成熟的行为。

伯格法官将此案与廷克案这一里程碑意义的案例之间的区别进行了耐心地辨析，将近20年前，在廷克案中美国最高法院坚决地支持了《宪法第一修正案》所赋予学生的权利。伯格法官认为这个案例之所以不同是因为"在这个案例中所给予的处罚是与任何政治观点无关的"。而在廷克案中，学生是因佩带黑色袖标反对越战而受到处罚。

因此，廷克案的先例不应被遵循，伯格法官补充道："那只是因为，如果演讲者认为其表达是一种政治观点，那么成人演讲者所选择的一种无礼的表达形式就不应该被禁止，在公立学校里，这种言论自由的范围对于那些孩子们应该同样适用。"

在对马修·弗雷泽做出不利判决之后，美国最高法院在两年之后处理黑泽尔伍德校区诉凯尔迈尔（Hazelwood School District v. Kuhlmeier）一案时所遇到的阻力就小得多了。美国最高法院做出了不利于密苏里州黑泽尔伍德东区中学学生报纸《光谱》（*The Spectrum*）的编辑的判决。该校校长对报纸将要发表的两篇文章进行了审查：一篇文章是关于青少年怀孕的问题，在文章中对已经怀孕的学生进行了采访，另外一篇文章中学生对因父母离异而对他们所造成的影响进行了描述。在这两篇文章中均未使用所涉及的学生的真实姓名。

美国最高法院以5:3的投票结果做出判决，认为该校校长有权力对文章进行审查，即使这些文章没有侵犯其他学生的权利，也没有导致破坏学校秩序的危害性结果（这是由具有里程碑意义的廷克案判决所确立的唯一允许进行校园审查的原因）。在代表法院所写的意见中，法官拜伦·怀特写道：

我们认为，只要教育者的行动是出于合理的教育目的，那么他们对于学校资助的表达行为中的学生言论风格与内容实施的编辑控制就不违反《宪法第一修正案》。

怀特法官认为本案中学校官员从没有打算将这份学生报纸视为一个公开的用来表达学生观点的论坛，这与许多早先那些支持学生权利的法院判决中所涉及的"地下"报纸以及校外报纸并不相同。相反，怀特法官总结说，学校官员"可以将论坛视为新闻专业学生的一种需要受到监督的学习实践来保留论坛所预先设定的目的。因此，学校官员有权力以各种合理方式对《光谱》的内容予以规范。"怀特法官在多数意见中还补充道：

学校不需要容忍那些与它的基本教育任务不协调的学生言论,即使政府不允许对那些与之相似的校外言论进行审查……只有在对学校资助的出版物、戏剧性的作品或者其他学生表达的手段进行审查的决定没有正当的教育目的的时候,保护学生权利的司法行为才被证明是正当的。

黑泽尔伍德校区诉凯尔迈尔案的判决怎样才能与最初法院坚决支持学生权利的廷克案判决相协调呢?怀特法官对于法院认为这两个案例不同的原因进行了解释:

《宪法第一修正案》是否需要学校容忍特定的学生言论这一问题,正是我们在廷克案中所讨论的问题,与《宪法第一修正案》是否要求一个学校应该坚决地鼓励特定的学生言论的问题是不同的。前一个问题表明教育者压制一个学生刚好发生在学校范围内的个人表达问题上的能力。而后一个问题则表明教育者对于学校资助的出版物、戏剧性作品和其他表达活动的权力,对于这些学校许可的出版物,学生、家长和公众应该可以适度忍受。

法官威廉·布伦南撰写了一份反对意见,在这份意见中他与另外两名在《宪法第一修正案》的问题上经常持自由主义观点的法官瑟古德·马绍尔和哈里·布莱克曼一起对于多数法官向学生所传达的信息表示了不满:

黑泽尔伍德的年轻人期待一次公民课,但是却并不是法院今天所教授他们的这样……如此不加思考地对个人权利予以藐视是任何国家官员都不能容忍的。这对于从一个学校的校长到那些接受公众的委托而对年轻人进行谆谆劝导,使他们对我们的国家所保证给予的尤为珍惜的自由与民主给予正确认识的人们尤为阴险。

然而,黑泽尔伍德校区诉凯尔迈尔案所确立的先例是非常明显的:《宪法第一修正案》通常不保护正式出版的学生报纸(和其他学校资助的行为,例如戏剧作品)免受管理性控制。然而,这并不意味着学校报纸对于管理性审查就必然地全部不受保护:美国最高法院的判决并不使那些保护学生新闻记者言论自由权利的州法律和地方政策无效。美国最高法院所要表达的全部意思是,在缺乏其他的禁止管理性审查的规则时,《宪法第一修正案》不保护学生报纸免受这样的审查制度。

在加利福尼亚州,这个案例对于《加利福尼亚州教育条例》第48907节规定的有效性并没有产生影响,这一规定禁止对于学校报纸的管理性审查,除非是淫秽的、诽谤的或者其他一些可能引起破坏规则或者导致校园骚乱的内容。

一个加利福尼亚州上诉法院明确地判决48907节规定在黑泽尔伍德判决之后仍然有效(见利布诉德朗案(Leeb v. DeLong,198 C. A. 3d 47, 1988))。在黑泽尔伍德校区诉凯尔迈尔案判决之后不久,其他五个州——阿肯色州、科罗拉多州、爱荷华州、堪萨斯州和马萨诸塞州——均通过了与加利福尼亚州非常相似的法律,给予学生一些免受管理性审查的自由。其他超过20个州的立法机关也已经在考虑进行相似的立法。

然而,当美国最高法院对于这样一个问题宣布了一个判决以后总会产生一种心理上的作用:黑泽尔伍德校区诉凯尔迈尔案的判决确实会鼓励学校校长对学生报纸进行审查,他们不会考虑当地的规定是否允许他们这样做。

弗雷泽案和黑泽尔伍德校区诉凯尔迈尔案判决的结果是,在今天,许多关于学生出版自由的早期案例的重要性降低了。虽然黑泽尔伍德校区诉凯尔迈尔案判决只适用于那些学校资助的正式活动,但是那些在非正式报纸上表达了有争议观点的学生可能被那些并不是直接涉及事前限制的方法所惩罚,就像马修·弗雷泽被美国最高法院的判决所确定的那样。对一篇文章可能给一份非正式报纸或者小册子的出版带来麻烦有强烈预感的那些学生通常会像不使用政治修辞一样,不去使用那些具有冒犯性的语言。因为依据弗雷泽案的先例,学校官员可以仅仅依据语言而证明处罚他们是合法的。

依据廷克案的判决,只有在学生依据《宪法第一修正案》所享有的权利有可能破坏学校的正常教学秩序或者危害他人的权利时,学校官员才被允许削减学生的这些权利。而依据新的判决,在证明审查制度的合法性的时候并不需要提供破坏性威胁存在的证据。相反,只要是在违反了学校官员所认为的对学生的口味和行为标准有益的适当标准的情况下,学校官员就非常理所当然地被允许对学生的权利予以限制。

黑泽尔伍德校区诉凯尔迈尔案所引起的副作用

弗雷泽案和黑泽尔伍德校区诉凯尔迈尔案对于学生的法定权利具有非常深远的影响,这种影响延伸到超越了学生发表的有关离婚和怀孕的文章或者在一个演讲中包含几个性暗示词语的这些权利范围。而且即使在学院范围内,黑泽尔伍德校区诉凯尔迈尔案的冲击力都能够被感受到。当审理黑泽尔伍德校区诉凯尔迈尔案的法院拒绝就学院范围内学生出版物的地位问题进行说明时,美国最高法院的这样一个判决不可避免地对那些有关《宪法第一修正案》在学院校园内的自由问题上有管辖权的法院判决产生影响。近几年来,两个联邦上诉法院已经做出决定,认为黑泽尔伍德校区诉凯尔迈尔案的判决并不适用于公立的学院和大学出版物,虽然其中一个法院后来又表示他们将重新考虑这个判决。

最初,看起来黑泽尔伍德校区诉凯尔迈尔案判决好像会缩减学院范围内的学生出版自由。虽然在黑泽尔伍德校区诉凯尔迈尔案后没有上诉法院支持对于学院学生报纸的管理性审查制度,但是确实有一个联邦上诉法院认为如果学生的行为(包括校园报纸)是课程的一部分,那么他们就不能享有完全的《宪法第一修正案》的保护,见阿拉巴马州学生联谊会诉 学生管理协会案(Alabama Student Party v. Student Government Assn.,867 F.2d 1344,1989)。当然,在黑泽尔伍德校区诉凯尔迈尔案判决很早以前,一个联邦法院就在特鲁希略诉拉芙(前面已经讨论过)案中做出了本质上相似的判决。而且一份对那些指导学生行为的学院和大学管理者非常重要的学术出版物在1996年的一篇文章中认为黑泽尔伍德校区诉凯尔迈尔案并不适用于学院范围(见"黑泽尔伍德校区诉凯尔迈尔案(Hazelwood v. Kuhlmeier):美国最高法院的判决确实影响了学院和大学的《宪法第一修正案》权利",发表于 NASPA journal, Vol.33, No.4, p.307)。那篇文章导致许多学院管理者们相信他们有权力控制校园媒体——此时正是新闻专业的教育者们正在坚决地抵制这一观点的时候。

然而,法院在2001年做出的一个非常值得关注的判决遏制了这一倾向:联邦上诉法院第六巡回法庭在金凯特诉吉普森(Kincaid v. Gibson,236 F.3d 342)一案中坚决地支持了新闻专业教育者的立场。

第六巡回法庭进行了满席听审(en banc,也就是,由第六巡回法庭所有法官一起做出决定,而不是像通常那样由三个法官组成合议庭做出决定),并做出判决认为肯塔基州立大学的官员因没收1994年KSU年鉴的全部副本而违反了《宪法第一修正案》。

在这之前,由三名法官组成的合议庭判决肯塔基州立大学的官员并没有违反《宪法第一修正案》,因为这份年鉴并不是一个受到《宪法第一修正案》保护的公共论坛。校方官员因许多原因不喜欢这一年鉴,包括它的颜色(紫色的)、许多照片都缺乏说明,以及含有过多的校外材料等。

在新的判决中,法官认为肯塔基州立大学的这份名为 *Thorobred* 的年鉴是一个有限制的公共论坛,它不应被管理者进行任意审查。值得注意的是,法院判决美国最高法院对于黑泽尔伍德校区诉凯尔迈尔一案的判决并不适用于学院范围的学生出版物,至少在本案这个特例中如此。由八名法官形成的多数派甚至认为如果审查制度是一种非中立的观点,那么即使是非公共论坛性质的校园媒体也不能被审查。

多数派法官对肯塔基州立大学管理这份年鉴的书面政策、大学对于它所进行检查的实际惯例、这份年鉴作为一种行为和校园生活的一种表达的本质属性进行了分析，并得出结论认为这份年鉴是一个有限制的公共论坛，它有权利享有《宪法第一修正案》的保护。

这一判决获得了新闻专业教育者和其他支持校园出版自由的人们的广泛赞同。作为一个有效的判例，它只在第六巡回法庭所辖的四个州内具有约束力：密歇根州、俄亥俄州、肯塔基州和田纳西州。然而，它对于其他地区也确实产生了相当大的影响。

在满席听审判决之后，肯塔基州立大学的官员同意向两个提起这项诉讼的学生每人支付5000美元，另外支付60000美元的律师费以解决这个问题。肯塔基州立大学也同意将没收的年鉴全部发还，并尝试将他们分发给那些在七年之前就应该收到它们的学生。

2003年，联邦上诉法院第七巡回法庭在霍斯蒂诉卡特（Hosty v. Carter, 325 F.3d 945）一案中做了相似的判决——但是后来这个法庭又通过一次满席听审的再审撤回了它的判决。在这个案例中，帕特里西娅·卡特（Patricia Carter），伊利诺斯州戈弗诺斯州立大学学生事务院长，命令学生报纸 *The Innovator* 的印刷者在她对副本进行评议和批准之前不得出版下一期版本。玛格丽特·霍斯蒂（Margaret Hosty）和报纸的其他编辑对此提起了控告，宣称这一事前管理性评议行为违反了《宪法第一修正案》。

上诉法院最初同意并认为黑泽尔伍德校区诉凯尔迈尔案的原则并不适用于学院范围。法院也判决，在这一方面的法律规定是非常明确的，卡特应当亲自承担责任并因侵犯学生所享有的《宪法第一修正案》权利而必须做出损害赔偿。

在最初的霍斯蒂案判决之后，似乎很明显地表明《宪法第一修正案》仍然在公立的学院和大学范围内保护学生的出版自由：两个不同的联邦巡回法庭都已经这样进行裁决。但是在2003年中旬，第七巡回法庭取消了对于霍斯蒂案的判决并同意以满席听审的方式对其重新审理——这一步骤看起来似乎有可能削弱或推翻最初的判决而形成一个新的判决。

黑泽尔伍德校区诉凯尔迈尔案的原则在学院范围适用吗？在联邦第六法庭，依据金凯特诉吉普森案，它并不适用。第七巡回法庭——和其他地区的联邦法院——怎样做，尚待分晓。

在中学范围内，在那些没有地方性法律或政策禁止的地方，黑泽尔伍德校区诉凯尔迈尔案非常明显地为广泛的管理性审查制度打开了许可之门。而且在1989年，一个联邦上诉法院认为管理者也可以对一个中学报纸、年鉴和体育比赛节目的广告内容进行控制。在计划生育父母组织诉克拉克郡校区一案

(Planned Parenthood v. Clark County School District,887 F.2d 935)中,法院支持了一个由学校官员所做出的禁止计划生育诊所在拉斯维加斯学校出版物上刊登一个广告的决定。法院声明,依据黑泽尔伍德校区诉凯尔迈尔案的先例,学校官员也可以和禁止那些关于"潜在的敏感话题,如那些有关青少年的性活动问题"等文章内容一样,禁止这类内容的广告。

然而,如果学校官员选择不再控制学校出版物的广告,而是将全部责任都交由学生编辑来承担,那么就不得再对学校报纸或者年鉴刊登有争议的广告行为采取反对的官方行为。在此情况下,学生可以自由接受或者拒绝广告,如一个联邦法院在依奥诉列克星敦城(前面曾提到过)案中所判决的那样。

黑泽尔伍德校区诉凯尔迈尔案的一个例外

即使是影响甚为广泛的黑泽尔伍德校区诉凯尔迈尔案判决也有它的局限:仍然有一些情况使得学校官员在对学生报纸进行审查的时候有可能违反《宪法第一修正案》。

1994年,新泽西州最高法院否决了一个对一所初中正式出版的报纸实施管理性审查行为的决定——其理由就是《宪法第一修正案》。在德希莱茨诉克利尔维地区教育董事会一案(Desilets v. Clearview Regional Board of Education,647 A.2d 150)中,州最高法院认为克利尔维初中校长没有充足的理由对德希莱茨所写的准备发表在学校正式出版的学生报纸《先锋新闻》(*Pioneer Press*)上的关于两部在当时都是第八级电影的评论进行审查。这两篇评论所介绍的《密西西比在燃烧》和《雨人》都是R级电影。尽管校长在后来承认,他对任何一篇评论的内容都没有反对意见,但是他还是将它们从学校的报纸上删除了,其原因仅仅是因为这两部电影是R级。他说,学校官员不希望鼓励初中生看R级电影。

在随之而来的法律诉讼中,新泽西州高等法院上诉庭并没有参考黑泽尔伍德判例,而认为这一管理性审查行为违反了《宪法第一修正案》,而新泽西州最高法院最后支持了这一观点。该校校长和负责人提出R级影片是被列入了"鼓吹使用或者对某些确信对学生的健康构成威胁的物质的实用性进行广告的那些材料"目录的观点,以证明依据学校董事会对于学生出版物的政策所采取的审查制度是合法的。但是任何一篇评论中都没有述及任何能够影响"学生健康"的"实质"。也没有任何一部电影是关于这样的主题。学校官员们甚至承认一位慈济的老师曾经在课堂上讨论过《密西西比在燃烧》这部电影并鼓励学生去观看它的行为并无不当。

法院将这一案例与黑泽尔伍德校区诉凯尔迈尔案进行了辨析,拒绝了学校官员在评级系统本身是将这种决定交由家长完成，并且 R 级影片已经至少在那个学校中的一个课堂上被讨论过了——这明显是经过学校官员批准的情况下仍然具有一种合法的教育学理由阻止学生观看 R 级电影的观点。

新泽西州最高法院强调该案中有关的学校官员对于诸如学校报纸内容这样的出版问题并没有进行适当的政策管理。因为未能保证学校对于这样的问题有明确的政策，因此法院对于州教育委员会进行了严惩。

法院并不认为学生报纸有《宪法第一修正案》所赋予的发表关于 R 级电影评论的权利。法院也并未向黑泽尔伍德校区诉凯尔迈尔案所确立的基本原则提出挑战——在他们有合法的教育学理由去控制正式出版的校园出版物内容时，那所学校的官员就可以那样做。新泽西州最高法院所表达的就是，如果缺乏一个合理的政策，学校官员就没有一个合法的基础对特定的报纸进行审查。

仍然自由的非正式报纸

仅仅在黑泽尔伍德校区诉凯尔迈尔案判决做出十个月之后，一个美国上诉法院就重申了这样一个原则，即学校官员仍然不可以对非正式的(unofficial)学生出版物进行任意的审查。在伯奇诉巴克一案(Burch v. Barker, 861 F.2d 1149, 1988)中，上诉法院推翻了华盛顿特区瑞顿学校制定的政策，这一政策要求对所有学生制作的出版物进行审查。

一群学生制作了一份名为 *Bad Astra* 的非正式报纸，并且向全体教员的邮筒大约分发了 350 份副本。法院的结论是，报纸是对学校官员进行了通常的批评，它并没有包含任何被认为是猥亵淫秽、诽谤或者商业性的材料。

虽然该校校长布莱恩・巴克(Brian Barker)认为他并没有反对这份报纸的内容，但是他将申诉信放入了五个学生的档案之中，因为他们未获预先管理性审核就分发了该报纸。但是法院判决学校要求所有的学生出版物均需事前评议的政策是超越了权限，因而这种政策侵犯了《宪法第一修正案》所赋予学生的权利。法院认为，这样全面的管理性审批的要求就构成了一种不适当的事前限制。

在对学区的政策予以否决的判决中，法院声明这种情况与黑泽尔伍德校区诉凯尔迈尔案是不可比较的，因为该案中的政策适用于所有的非正式出版物——而不是黑泽尔伍德校区诉凯尔迈尔案中所涉及的正式出版物。法院判决，学校官员不可能对非正式出版物进行大规模的事前审查而不违反《宪法第一修正案》。

伯奇案重申了不能够对非学校资助的出版物实施任意审查的原则，但是它并不排除在一个特定的出版物包含有攻击性内容的情况下对其采取行政制裁。事实上,伯奇案的判决强调,当一个广泛的事前限制违宪时,如果学生散发了那些攻击性或破坏性的材料,学校官员仍然保留有在事后对学生进行处罚的自由。而且如同美国最高法院在弗雷泽案的判决中所指出的那样,学校官员享有广泛的权力来决定什么是和什么不是中学校园所能够接受的事情。

非正式网站:并不真正自由

随着互联网的发展,一种新的有关学生新闻自由的问题被提出来:对于校园外的学生网站的审查制度,它通常伴随着那些在校内的针对学生的纪律处分行为。这提出了一个有关《宪法第一修正案》的非常严肃的问题,尽管到了2003年的时候,有权设定先例的上诉法院还没有产生对于这一问题的有关判决。

在一个相对于其他众多案例还算比较典型的案例中,宾西法尼亚州卡伯恩(Carbon)镇沃泰克(Vo-Tech)中学的几个学生制作了一个名为"Babbitt"的互联网站点(thebabbitt.com)。2002年初,在当地的报纸和电视台对站点进行了一番报道之后,学校官员在一个向大多数卡伯恩镇和莱海恩镇的学校提供互联网接口的服务器上封闭了该站点,并威胁要对两名学生进行纪律处分。

2002年,在蒙大那州大瀑布区,一个中学的高年级学生被学校的董事会开除并被迫转学到另外一所学校,因为他在自己的站点上一个冠以"10个最热门的新女生"的标题之下放置了许多相关的照片。

私立学校的自由

我们在这一章中都在致力于讨论公立中学和学院的言论自由问题。而私人的机构又是怎样的情形呢?

在私立学校,一般的规则是只有在学校的官员觉得它符合他们的利益的情况下予以批准,自由才会存在:当不存在国家行为时,《宪法第一修正案》就不适用。当一份私立大学的报纸被审查或者它的编辑被解雇时,通常情况下管理者需要担心的最糟糕的情况也就是会产生比较坏的公共影响而已。学校可能会遭到来自专业媒体和新闻业团体的责难,但是通常那些权利受到侵害的学生却很难有机会在法律诉讼中赢得胜利。

这个问题在1980年的一次事件中很好地得到了展示,这次事件发生在德克萨斯州瓦柯的贝勒大学,这是一所与浸信教会有关的研究机构。当时《花花公子》杂志正在“西南联会的女孩”上进行一次照片特写活动，一个《花花公子》的摄影师正准备到达该城。大学校长阿布纳·麦考尔（Abner McCall）警告说任何贝勒大学的学生如果为《花花公子》拍摄裸体照片就将受到惩罚（据推测就是开除）。贝勒大学的报纸——《套索》（*The Lariat*）——以编辑的身份发表文章说，贝勒大学的学生应该有自由来决定他们是否要去拍这样的照片。于是麦考尔告诉《套索》的编者不要再去涉及逐渐发展的有关《花花公子》的争论。编者拒绝了那个无理的审查制度，几个编辑因而被解雇。不久，更多的职员和两名新闻专业教授也提出辞职以示抗议。一个辞职的大学教员甚至被无理地要求在学期的中间离开贝勒。在这一切结束之前贝勒事件已经引发了全国的争议，但是《套索》的职员们没有得到任何司法救济。他们只有离开。

尽管招致审查的议题并不总是像贝勒大学的那个问题那样轰动一时，但是审查问题在私立大学也非同寻常。

在学生运动年代，许多法律诉讼被提起，认为私立的机构违反了宪法，但是法院却始终如一地支持学校官员——除了极少数被证明有国家行为存在的案例之外。

如果要确认国家行为，那么就必须证明政府不但资助了该机构，而且也非常深入地参与了该机构的管理工作。在个案之中（这两个案例同样都不涉及学生新闻自由问题），已经证明在宾夕法尼亚州的两所重要的私立大学中存在国家行为：匹兹堡大学和坦普尔大学。然而，在这两个实例中，宾夕法尼亚州与学校官员一起订立了协议，约定由州政府对学校提供主要的资助，而条件是学校实质性地给宾夕法尼亚州居民学费上的减免优惠。而且，州政府有权力向每所大学的董事会委派三分之一的委员，见艾萨克诉坦普尔大学案（Isaacs v. Temple University, 385 F. Supp. 473, 1974 和 Braden v. Pittsburgh University, 552 F. 2d 948, 1977）。

除了宾夕法尼亚州的两个案例之外，由法院的判决来确立私立学校和学院中国家行为的情形是很难找的。纽约州的一个法院曾经签发了一份备忘录意见，与解决一个针对霍夫斯特拉而提起的学生纪律处分问题有关。这份意见阐述了学生在程序上的权利，但是并没有就该案中是否涉及国家行为的基本问题发表意见（赖安诉霍夫斯特拉案（Ryan v. Hofstra, 324 N. Y. S. 2d 964, 1971））。

另一方面，许多法院的判决已经认为国家行为在各种各样的私立大学中并不存在。例如，在古本诉莱曼一案（Furumoto v. Lyman, 362 F. Supp. 1267, 1973）中，一个法院并没有在斯坦福大学中找到任何国家行为存在，更不用说数量繁多的政府许可和地方章程。联邦上诉法院第七巡回法庭在科恩诉伊利诺斯理工学院一案(Cohen v. Illinois Institute of Technology,581 F. 2d 661,1978)中做出了相同的判决。

美国最高法院应该已经解决了有关在私立教育机构中的国家行为的问题。在伦德尔-贝克诉科恩(Rendell-Baker v. Kohn,457 U.S. 830)一案中,法院判决国家行为在一个专门为具有特殊问题的学生所设立的私立中学中并不存在,尽管这所学校的收入有90%来自于政府的资助。在一个7:2多数通过的判决中,法院使得要证明一个纯粹的私立学校或者学院中是否存在国家行为成为一件不太可能的事情。

因此,结论似乎很清楚了:在一个缺乏像坦普尔大学和匹兹堡大学那样的协议的情况下,就不存在国家行为,而私立学校的管理者就可以因此而不必在乎《宪法第一修正案》。

然而,可能还有另外一个救济途径。在一篇题为"私立大学学生的普通法权利:超越国家行为原则之上"(Common Law Rights for Private University Students: Beyond the State Action Principle, 84 Yale Law Journal 120, 1974)的文章中艾布拉姆斯(Paul G. Abrams)和霍夫曼(Peter M. Hoffman)提出观点认为普通法有关私立社团法的原则应该适用于有关学生权利的案件。这样就很好地确立了一个原则,即私立社团的运作必须要与它自己制定的规章制度相符合。他们指出,如果社团没有按照这个原则去做,那么它的成员可以向法院寻求帮助。这一原则还没有被学生经常利用,但是假如一个大学的政策是允许出版自由而该学校又非常明显地破坏了这一政策时,这一原则是可以利用的。也许在一个适当的案例中,法院会采用和认可艾布拉姆斯和霍夫曼的观点,认为私立大学的学生应该享有一些权利,至少在这些机构接受了一个政策并表示将遵照执行的情况下。

实践问题

到现在为止,我们主要讨论了具体案例和《宪法第一修正案》方面有关学生出版自由的问题。因为这一章将会被那些面临审查威胁的学生当成一个指南来阅读,因此一些实践经验的资料更为适宜。

首先应该强调的是,宪法权利只有对那些准备为它而在法庭上去斗争(如果需要的话)的人们才具有意义。学校的管理者通常会漠视《宪法第一修正案》,直到他们被迫去承认它的存在。如果没有任何人对此做出任何反应,那么学生报纸每年都会遭到审查。

赢得一个人的宪法权利是要付出相当大的代价并要耗费很多时间的，这一点非常令人失望，但的确如此。如果你曾经经历过审查制度，那么你选择起来可能更加困难。问自己一些问题：审查制度真的是非法吗？现在中学的管理者有在很大的范围内可以对正式出版的学生报纸（而不是非正式报纸）的内容进行控制的权力，除非州法律或者地方性政策明确禁止审查制度。虽然最近法院的判决对此有所变化，但是学院管理者对学生报纸内容的控制范围相对而言要小。

还有，你被告知不能发表的文章有多么重要？一个法官会对此产生如何的反应？法官奥利弗·温德尔·霍尔姆斯（Oliver Wendell Holmes）的法律格言是："难以处理的案件造成法律上的例外"（……hard cases make bad law）在这里当然适用。不要追求一个案例引起一个不良的司法判例，它可能在其他地方会被用来否认学生的自由。一个有许多文件证明的有关学院的管理者的不法行为的故事是一回事，而一个使用了无礼粗俗的语言报道是另外一回事。

在权衡了这三个问题之后，如果你觉得你的案件值得提起诉讼，那么需要完成一些特别的步骤。首先，走访你可以获得帮助的所有渠道。如果你有指导教师，那么你要向他们请教。如果当地有出版方针管理局，向他们提出你的案子。只有当所有的内部救济都不能获得的时候，才是考虑一个司法诉讼的时候。但是真的走到这一步，建议你再重新权衡一下你的观点。是否能有一个当地的律师愿意在一个很低的代理费的基础上为你代理案件？美国公民自由联盟已经在大量的有关《宪法第一修正案》权利的案例中为学生进行了代理。设在华盛顿的学生出版中心也可能提供建议或者帮助你寻找一位律师。如果不能得到司法帮助，采取妥协的姿态也许更为适宜。但是，另一方面，如果你真的有一个好的案情和一位好的律师，也许有一天你将会像本书中所提到的那些人一样名留史册。

主要议题概述

关于学生出版自由的问题是本书所阐述的其他许多问题的一个缩微模型。为了尝试解决这一问题，美国最高法院将《宪法第一修正案》的权利扩展至公立的中学和学院的学生——然后又在中学的范围内缩减了这些权利。依据最近的法院判决，学院学生仍然享有比较广泛的《宪法第一修正案》所赋予的权利；而那些权利在中学范围内已经很有限了。

依据这些法律原则，仍然有一些问题没有达成共识。在什么样的范围内学生应该受到《宪法第一修正案》的保护？在一个公立的学校或者学院，在什么时机进行事前限制是合法的？中学和学院应该有不同的规则吗？为什么私立学校的规则不同？地下报纸应该与正式出版的报纸不同对待吗？

如果将《宪法第一修正案》的权利扩展至学生这种基本原理视为一种国家行为的概念，那么这与纳税人应该对在一所公立学校所发生的事情享有最终发言权这一点相冲突吗？学校董事会成员是由选民代表民主选举产生的吗？学校校长是由学校董事会指定、并承担起执行公众命令职责的人吗？校长不是真正的学校报纸的出版者吗？实际上，美国最高法院已经裁定校长确实具有出版者的权利。

在其他法律领域中，民意使然，法院判决经常对《宪法第一修正案》对于国家行为剥夺公民个人权利的情况设置严格的限制。那些限制至少在一定程度上适用于学校官员。最后，也许学生出版自由问题最基本的一点在于：学校应该是一个普通意义上的小社会吗，还是它们应该是一个世外桃源，有更为严格的规则和更少的宪法安全保障？

学生新闻法概要

《宪法第一修正案》适用于学生吗？

在具有里程碑意义的廷克诉社区学校校区案中，美国最高法院将《宪法第一修正案》的保护扩展至公立学校学习的学生。

学生的表达自由有限制吗？

美国最高法院认为，在校中学生的权利并不像那些校外人士通常可以得到的那些权利一样广泛。在需要保护他人的权利和维护学校的正常教学秩序的情况下，学生的表达自由可能受到限制。法院可能对学院学生所享有的《宪法第一修正案》的权利已经扩展得有些宽了。

学生出版自由是受宪法保护的吗？

联邦法院一贯地认为中学的非正式的或者“地下”出版物是受《宪法第一修正案》保护的，学校的管理者不应对其实施任意的审查。法院经常在一些案例中拒绝允许对这样的出版物进行审查，即使其中包含一些粗话或者有争议的、有影响的话题。在某些情况下，联邦法院已经认为《宪法第一修正案》在学院范围内应该对正式的学生媒体和非正式的学生媒体予以同样的保护。具有代表性的案例就是金凯特诉吉普森一案。

这在中学范围内仍然是正确的吗？

美国最高法院在20世纪80年代的末期宣布了几个判决，这是有关学生权利问题的转折点。在贝瑟尔校区诉弗雷泽一案中,法院认为《宪法第一修正案》不能阻止学校管理者对一个在学校的集会演讲中使用了尽管不是淫秽的但却是无礼语言的学生进行纪律处分。在黑泽尔伍德校区诉凯尔迈尔一案中,法院认为《宪法第一修正案》不能阻止管理者对正式出版的中学报纸进行审查。法院认为在公立学校的官员必须容忍的自由演讲活动(如廷克案那样的情况)和《宪法第一修正案》所要求的在正式出版物或学校活动中获得许可的情况下才能支持这种演讲之间是有区别的。两个联邦上诉法院已经做出判决认为这样的案例在学院范围并不适用。它们也不能替代一些州所制定的那些禁止管理性审查制度的州法律或者地方性政策。

私立学校被不同对待吗?

将《宪法第一修正案》的保护扩展至学生所依据的最基本的法律原理是公立学校官员的行为构成了国家行为。《宪法第一修正案》禁止政府而不是私人实体对于表达权利的否定。除非私立学校官员的行为构成国家行为(这种情况很少发生),否则《宪法第一修正案》就不适用于私立的学校和学院。

法律节选

《宪法第一修正案》

国会不得制定关于下列事项之法律：确立宗教或禁止信仰自由；剥夺人民言论自由；剥夺人民和平集会及向政府请愿的权利。（1791 年通过）

《宪法第四修正案》

公民的人身、住宅、文件和财产享有不受无理搜查和扣押的权利，不得侵犯。除依照合理根据，以宣誓或代誓宣言保证，并具体说明搜查地点和扣押的人或物，不得发出搜查和扣押状。（1791 年通过）

《宪法第六修正案》

在一切刑事诉讼中，被告享有下列权利：

由犯罪行为发生地的州和地区的公正陪审团予以迅速而公开的审判，该地区应事先已由法律确定；得知被控告的性质和理由……。（1791 年通过）

《宪法第十四修正案》

……。任何一州，都不得制定或实施限制合众国公民的特权或豁免权的任何法律；不经正当法律程序，不得剥夺任何人的生命、自由或财产；对于在其管辖下的任何人，亦不得拒绝给予平等法律保护……。（1868 年通过）

《通信法案》第 326 节

本法案中的任何条款都不能被理解为或者解释为授予（联邦通信）委员会如下权利：对于无线电通信或者任何经由广播传送的信号的审查；委员会不得发布或者确立任何规则或者条件以妨碍公民经由无线电通信而作出的言论自由权利。

《美国刑法》第 1464 节

无论何人经由传媒发表任何淫秽、猥亵或者亵渎的语言依据本条而被处以罚款或者两年之下的监禁，或者同时处以这两种处罚。

译 后 记

《媒介法原理》是一本系统描述美国媒介法律问题的教科书，如同我在英文影印版导读中所强调的那样，该书作者韦恩·奥弗贝克（Wayne Overbeck）是美国加利福尼亚州立大学富尔顿分校（California State University，Fullerton）传播媒介法学教授。他具有丰富的媒介法实践经验，在从事教学之前，曾在加州和华盛顿特区从事法律事务工作。同时，在媒介法研究领域也具有近四十年的教学经验和研究阅历，该书再版更新了二十余次，是媒介法领域重要的参考教材之一。因此，这一成果的译介，无疑对于我国日渐凸显的传播媒介法律冲突的法理与司法解决具有重要的参考价值，并且也会成为在校学生的一本很好的学习参考书。

本书中译本从翻译到出版历时多年，译者深刻体会到翻译特别是组织翻译和统稿校对工作的艰辛，这是一个跨文化传播和法律语义的再诠释过程。众所周知，法律文本的翻译需要既尊重原文法律体系的特定语境含义，同时还要转述成中国法律的贴近性语汇，这个过程有诸多的困难，加上内容篇幅较大，虽然我们尽了最大努力，至少进行了十余次校对修改，但是难免有些表述和语汇的使用不一定十分准确，敬请专家、读者批评校正。

本书中文版的出版，首先要非常感谢北京大学新闻与传播学院积极引进版权并支持我完成这项艰巨的任务，更要感谢北大出版社的责编胡利国、编辑室副主任周丽锦老师的审阅、支持和协助，陶楠也进行了认真校对。谢新洲、耿协峰、诸葛蔚东、徐克敏等老师对翻译工作给与了热情支持并提出了宝贵的意见。对于诸位的热心帮助和支持在此一并致谢！

本书的翻译并校对的分工如下：第一章、第十章、第十二章、第十三章由周庆山主译并校对修改，李翰瀛、王雯、彭琴、殷夏、韩楠、骆杨、徐涵、黄国彬翻译其中部分内容并校对，第二章、第九章、第十一章由黄国彬翻译并校对，第六章、第七章、第十四章由回颖翻译并校对，第四章、第五章由胡文倩翻译，第三章由李佐娟翻译，第八章由蔡箐翻译并校对，全书由周庆山统筹协调、统稿、校对和修改。

译者

2011 年 6 月 5 日

